세계 속
한국 근대사

1

세계 속 한국 근대사 1

지은이 | 이윤섭

1판 1쇄 펴낸날 | 2012년 8월 20일
1판 2쇄 펴낸날 | 2012년 11월 30일

펴낸이 | 이주명
출력 | 문형사
종이 | 화인페이퍼
인쇄 | 한영문화사
제본 | 한영제책사

펴낸곳 | 필맥
출판등록 | 제 300-2003-63호
주소 | 서울시 서대문구 충정로2가 184-4 경기빌딩 606호
이메일 | philmac@philmac.co.kr
홈페이지 | www.philmac.co.kr
전화 | 02-392-4491
팩스 | 02-392-4492

ISBN 978-89-97751-03-7 (세트)
ISBN 978-89-97751-04-4 (04910)

잘못된 책은 바꾸어 드립니다.
값은 뒤표지에 있습니다.

이 도서의 국립중앙도서관 출판시도서목록(CIP)은 e-CIP 홈페이지(http://www.nl.go.kr/cip.php)에서 이용하실 수 있습니다.(CIP제어번호: CIP201000****)

세계 속 한국 근대사

1

이윤섭 지음

필맥

머리말

심리학에서 '정신적 외상'을 트라우마(trauma)라고 하는데, 이는 생명을 위협하는 신체적, 정신적 충격을 경험한 후에 나타나는 정신적 질병이다. 증세는 과민반응, 충격의 정신적 재경험, 감정회피, 신체마비 등으로 나타날 수 있으며, 중증인 경우에는 사회생활로 복귀하기 어려운 상태에까지 이를 수 있다. 트라우마 증세가 있는 사람은 정신과적 치료와 약물 치료를 함께 받아야 하며, 주변에서 계속해서 끊임없는 관심과 인내심을 가지고 옆에 있어 주면서 그 사람에게 현 상황에서 벗어날 수 있도록 도움을 주는 것이 중요하다.

개인적 차원뿐 아니라 부족, 종족, 역사적 공동체로서의 민족 등 집단 차원에서도 트라우마 증세가 나타날 수 있는데, 대개 전쟁이나 엄청난 규모의 천재지변이 원인이 된다. 외침에 적절히 응전하지 못하고 무기력하게 당하기만 한 경우에 특히 집단적 트라우마 증세가 심각하다. 임진왜란 이후 외침에 속수무책으로 당하고 부패한 정부에 끊임없이 침탈당한 한민족의 정신적 트라우마는 심각한 것이었다.

19세기 이래 서양 제국주의의 침략에 희생됐던 아시아 약소민족은 거의 모두 트라우마 증세를 가지고 있고, 이에 대한 대응방식은 다양하지만 자존자

대하는 역사교육으로 '민족의 긍지'를 고취시키는 공통점이 있다. 이는 이웃 나라에게는 '역사왜곡'으로 인식된다. 일본과 중국의 역사서술에 한국이 심각하게 반발하는 것은 그 두 나라의 역사교육이 단순히 자존자대하는 정도가 아니라 한민족에 부당한 피해를 주었던 객관적 사실마저 부인하고 호도하기 때문이다.

한국의 역사교육은 민족적 트라우마를 치유하려는 목적이 저변에 깔려 있어 중요한 사실을 왜곡, 은폐, 외면하는 경향이 있는데, 특히 제국주의의 침탈을 받은 근대 이후의 역사에 대한 서술에서 그 정도가 심하다. 한국사가 세계사의 일부가 된 근대 이후의 역사도 일국사 수준으로 기술하는 경우가 많은데, 그 이유 가운데 하나도 바로 그와 같은 목적에 부합된다는 점에 있다.

역사적 공동체로서 민족이 발전하는 데는 적당한 수준의 자존감이 필수적이므로 이러한 경향의 역사서술은 불가피하다. 그러나 국가발전이 일정 수준에 이르면 궤도수정을 해야 한다. 그렇게 하지 못하면 황국사관에 입각한 일본 제국주의의 말로가 잘 보여주었듯이 자국 국민에게도, 이웃나라 국민에게도 불행을 가져올 개연성이 커진다.

한국의 이른바 '재야사학'이 '대제국 고조선'을 상정하는 등 어떤 면에서는 일본의 황국사관을 능가하는 곡필을 일삼고 있는 현실은 몹시 우려할 만하다. 이런 '판타지 사관'은 이미 '유사 역사학'의 단계를 넘어 신흥종교 수준에 이르고 있다. 이를 거부하는 사람들을 가리켜 그 신봉자들이 '매국노'라고 공격하는 것은 일본의 천황 숭배자들이 반대파를 '비국민'이라고 규정하는 것과 매우 비슷하다. 그러나 학교에서 빈약한 역사교육만을 받은 이들은 그들의 논리나 주장에 넘어가기 십상이다.

1948년의 건국 이후 매우 불리한 환경 속에서도 많은 것을 이룬 한국인은 그동안 트라우마 증세에서 많이 벗어났지만, 역사서술은 그에 못 미치고 있다. 이 책은 그러한 역사서술에서 벗어나기 위한 하나의 시도다. '외면하고 싶은 역사적 사실'도 기술한다는 취지에서 한국사의 치부라 할 수 있는 일도 많이 다루었고, 한국의 국제적 위상을 살필 수 있도록 국제정세 서술에 큰 비중을 두었다.

2012년 7월 이윤섭

1장

근대 개막 시기의 동아시아 정세

동서교역

고대부터 중국을 중심으로 한 국제교역이 성행했다. 고대부터 14세기까지는 국제교역이 중국의 은과 비단을 중심으로 이루어졌다. 북방 유목민들은 실크로드 무역에 지대한 관심을 가지고 있었기에 흥기할 때마다 교역로 장악에 집착했다. 이들이 중국에 세폐로 은과 비단을 요구한 것은 자체 소비만이 아니라 국제교역을 하기 위해서였다. 거란과 금은 송으로부터 세폐를 받아 실크로드를 통해 그것을 교역했고, 원 제국은 송을 멸망시키고 육상과 해상의 교역을 독점하려고 했다. 7세기 이후에는 이슬람 상인들의 활동도 활발했다. 이들은 유럽, 러시아, 중국 등지와 교역했다. 이슬람 상인들은 이슬람권의 물산을 송의 은과 교환했다. 동서교역으로 동아시아에서 은이 계속 유출됐다. 은의 부족은 금 제국과 몽고 제국이 지폐를 발행한 이유 가운데 하나였다.

1368년 명을 건국한 주원장(朱元璋)은 국제교역에 관심을 갖고 있지는 않았으나 그것을 금지하지는 않았다. 조선은 왕조 개창 이래 명·청과의 조공무역과 교린정책의 하나로 일본과의 제한적 교역만 인정했다.

1402년 즉위한 영락제는 강남 지역의 은광들을 새로 개발했다(중국의 은 산지는 주로 양자강 남쪽에 있었다). 이에 따라 은이 다시 기준화폐가 됐고, 이를 계기로 15세기 중반부터 조세를 은으로 내는 은납제(銀納制)가 시행됐다. 이는 상공업 발달에 새로운 전기가 됐다. 16세기에는 명의 비단, 면포, 도자기 등이 아시아를 벗어나 유럽에까지 보급됐다. 지리상의 발견 이후 중국에도 오기 시작한 유럽 상인들이 은으로 그런 중국 물산을 사 가지고 갔기 때문이다. 은의 대량 유입으로 명은 1581년 조세를 은으로 납부하는 일조편법(一條鞭法)을 전국적으로 시행할 수 있었다. 15세기 후반 이래 명의 경제에 일어난 변화가 동아시아 국제무역에 큰 변화를 일으켰다. 명의 상인들이 은으로 결제를 요구함에 따라 조선과 일본 등 명의 교역 상대국들이 은광 개발에 나섰다.

조선의 농업생산력 증대도 국제무역 활성화에 기여했다. 조선에서는 15세기에 연작상경(連作常耕)이 확고하게 자리 잡아 소농민도 시장에 내다 팔 잉여 농산물을 가질 수 있게 됐다. 15세기 말에는 지방 각지에 장시가 등장했다. 16세기에는 내란을 겪고 있던 일본은 조선의 곡물을 수입할 수 있기를 끊임없이 희망했다.

고려 말에 시작된 한반도의 면화 재배는 15세기 중반을 거치면서 북부 지역으로 확산됐다. 면화 재배지역의 확대로 생산이 늘어난 면포가 곡물과 더불어 일본에 대한 주요 수출상품이 됐다. 16세기 말까지는 일본이 면화를 재배하는 기술을 획득하지 못한 탓에 조선에서 대량으로 면화를 수입해야 했다. 일본에 대한 조선의 면포 수출은 15세기 후반부터 늘어나기 시작해 성종 21년(1490)에는 1만 906필에 달했다.

처음에는 조선이 일본에 곡물과 면포를 수출하는 대신 일본에서 소목(蘇木: 염료의 재료)과 구리 등을 수입했다. 그러나 16세기에 들어서는 은으로 수출대금을 받았다. 조선은 그 은으로 명의 비단과 그 원사인 백사(白絲)를 수입했다. 명의 비단과 백사는 조선의 수요를 충족시키는 데만 사용된 것이 아니라 동래의 왜관(倭館)을 통해 일본으로 수출되기도 했다.

조선과 명에 상주하던 일본 상인들은 교역관계에 불만을 품고 자주 난동을 부렸다. 삼포왜란과 영포(寧浦)의 난이 대표적인 예다. 일본은 국제교역에서 역조가 심했는데, 이는 임진왜란이 일어난 원인 가운데 하나였다.

1657년 청은 해상세력가 정성공(鄭成功, 1624~1662)의 반청 운동을 막는 방안으로 해금령(海禁令)을 발표하여 해안 주민들이 바다에 나가는 것도, 외국 상선과 교역하는 것도 금지했다. 정성공의 활동무대가 복건성(福建省) 연해를 중심으로 강소성(江蘇省), 절강성(浙江省), 광동성(廣東省)까지 이른데다가 그가 일본과 동남아를 상대로 해상무역을 하여 군사비용을 충당했기 때문이다.

왜관

조선시대에 일본의 사절과 상인이 조선에 와서 외교와 무역을 하던 곳이다. 조선 왕조는 조선인의 외국 왕래를 엄금했으므로 일본인이 조선으로 건너와 무역을 해야 했다. 조선 정부는 포구를 지정하여 일본인의 거주와 상행위를 허용했다.

조선 전기에는 내이포(乃而浦: 진해 웅천), 부산포(釜山浦: 부산 범일동), 염포(鹽浦: 울산 염포동) 등 세 곳에 왜관이 있었고, 일본인과 조선인은 허가를 얻어서 이들 왜관을 출입할 수 있었다. 그러나 임진왜란으로 인해 이들 왜관이 폐쇄됐고, 일본 사절이 서울로 올라가 조선 국왕을 알현하는 것도 금지됐다. 일본에 도쿠가와 막부가 성립한 뒤인 1609년에 일본과의 국교가 재개되자 조선은 부산에만 왜관을 두어 외교와 무역을 허락했다. 이때 설치된 것이 두모포(豆毛浦) 왜관이다.

일본은 두모포 왜관이 부지가 좁고 선착장의 수심이 얕을 뿐 아니라 남풍을 직접 받아 각종 배가 정박하기에 부적합하다면서 왜관을 다른 곳으로 옮겨달라고 거듭 요청해왔다. 조선의 입장에서도 왜관 이전의 필요성이 있었다. 두모포는 부산진성 등 조선의 군사시설과 가까웠고, 이 때문에 두모포 왜관이 국가기밀 누설 통로가 될 위험이 있었다. 이에 따라 왜관을 옮기는 문제가 논의됐고, 결국은 1678년(숙종 4년)에 10만 평 규모의 초량 왜관이 개설되면서 두모포 왜관이 폐쇄됐다. 초량 왜관에 거주하는 일본인은 처음에는 200호 정도였다가 나중에는 500호 규모로 늘어났다.

1661년 청은 해금령보다 더 강력한 천계령(遷界令)을 내려 대만과 인접한 복건
성 등 5개 성의 주민을 해안에서 15km 떨어진 내륙으로 이주시켰다.

정성공은 1661년 봄에 새로운 근거지를 확보하기 위해 2만 5천 명의 병력
을 이끌고 네덜란드가 지배하는 대만에 상륙하여 네덜란드가 요새화한 젤란디
아 성을 포위했다. 네덜란드는 자바에 있던 10척 규모의 함대를 대만에 파견해
젤란디아 성의 자국 군대를 도왔다. 그러나 네덜란드 군은 9개월 간의 농성 끝
에 결국 1662년 봄에 젤란디아 성에 백기를 내걸었다. 처음에 성 안에 있었던
1600명의 네덜란드 군 병력 가운데 절반이 전사했다.

정성공은 대만을 점령한 지 3개월 만에 사망했다. 그의 아들인 정경(鄭經)
과 손자인 정극상(鄭克塽)이 대만을 근거지로 하여 계속해서 반청 투쟁을 벌였
다. 그러나 1683년 청이 대만에 군을 상륙시켜 정극상의 투항을 받았다. 이 해
에 대만은 청의 행정구역상 복건성 대만부(臺灣府)가 됐다. 청은 대만을 점령
한 지 2년 뒤인 1685년에 해금을 일부 해제했다. 이때 청은 오문(澳門, 마카오),
장주(漳州), 영파(寧波), 운태산(雲台山) 등 4개 항을 유럽 열강 등 외국에 개항
했다.

4개 항을 개항함에 따라 청의 상인 가운데서 양화(洋貨: 서양 물품)만을
취급하는 무역회사인 양행(洋行)을 세워 서양과의 교역에 전념하는 자들이 나
타났다. 이들 양행 상인은 강희 59년(1720년)에 독점적 상인 길드인 공행(公
行)을 조직했다. 행상(行商: 공행의 상인)은 수출품으로는 차와 비단을 독점했
고, 수입품으로는 면화와 모직물을 독점했다.

건륭 22년(1757년) 청의 6대 황제 건륭제(乾隆帝, 재위 1735~1795)가 서
양 상인에 대한 통제를 강화하기 위해 4개 항구를 폐쇄하고 광동성의 광주(廣
州)에서만 교역을 하도록 했다. 이는 서양 상인과 한족이 결탁하여 반청운동을
벌일 수 있다는 우려에서 취해진 조치였다. 광주는 황포(黃埔)와 호문(虎門) 등
의 군사요새가 있어서 서양 선박을 감시하는 데 유리한 곳이었다. 외국 상인은

음력 10월부터 다음해 1월까지 광주의 외국인 거주지에서만 교역을 할 수 있게 됐다.

청과 서양의 교역에서는 영국이 양적으로 다른 모든 서방 국가를 압도했다. 영국의 동양무역은 1600년 엘리자베스 1세의 특허장을 근거로 설립된 동인도회사(East India Company)가 독점했다. 동인도회사는 스스로 무역을 하기도 했고, 일반 상인이 독자적으로 인도, 동남아시아, 중국에서 무역을 하는 것을 허가하기도 했다. 영국은 일반 상인의 동양무역을 가리켜 지방무역(Country Trade)이라고 불렀다. 지방무역은 급속히 증가하여 1775년에는 광동에서 이루어지는 영국의 무역 총액 중 40%에 이르렀다.

서양 상인은 청으로부터 모욕적인 대우와 일방적인 규제를 받았다. 청의 공행은 무역 독점의 특권을 누리는 동시에 관(官)을 대신하여 관세를 징수하는 역할도 맡았다. 이는 관이 양이(洋夷: 서양 오랑캐)를 직접 대할 수 없다는 중화의식에 따른 것이었다. 공행은 관세에 붙는 누규(陋規: 관례적 부가세)를 자의적으로 부과했다. 또한 공행은 서양 상인의 모든 행동을 감독했다. 그럼에도 불구하고 영국 동인도회사와 지방무역상은 막대한 이익을 올렸다.

쇠락하는 청

청은 중국 지배를 확립해 나가는 과정에서 한족에게 변발을 강요했고, 청 왕조를 이적(夷狄)으로 여기는 한족 지식인을 철저히 탄압했다. 그러나 청조는 성리학을 통치이념으로 삼아 중국의 다른 어느 왕조보다 이를 존중했고, 중국의 전통문화를 잘 보존했다. 시간이 흐르면서 한족 지식인도 대부분 청을 중국의 정통 왕조로 보게 됐다. 청조 아래서 번영하던 중국 사회는 18세기 후반부터 정치사회적으로 이완현상을 나타냈다.

첫째, 행정체계의 비능률과 침체가 두드러졌다. 황제에게 권력이 집중되어 관료의 창의성이 억제됐고, 오랜 세월 공부해야 합격할 수 있는 과거시험으로 인해 관료집단이 노령화됐다. 이들은 현실을 안주하고 무사안일을 지향했다. 이러한 현상은 외국인 관찰자의 눈에도 분명했다. 예를 들어 연암 박지원은 《열하일기》에서 "거리에는 황제에 대한 비방이 가득하고 정신(廷臣)들은 모두 목전의 미봉책을 상책으로 여겼다"고 평가했다.

둘째, 사치풍조와 부패가 심해졌다. 청나라 황제들은 사치했던 명나라 황제들과 달리 궁중생활이 매우 검소했다. 청의 4대 황제인 강희제(康熙帝, 재위 1661~1722)는 궁중경비를 더욱 절약했다. 그는 환관의 청사인 13아문(衙門)을 없애고 환관의 수를 불과 48명으로 줄였다. 명 말기인 신종 때 환관이 10만 명에 달했던 것과 비교하면 환관이 거의 없어진 셈이었다. 이에 따라 궁중경비는 명대에 비해 40분의 1로 줄어들었다. 강희제 자신도 질이 낮은 비단으로 만든 복장에 만족했다. 그러나 6대 황제 건륭제는 사치스러웠고, 그의 치하에서 귀족관료, 대지주, 대상인들 사이에 사치풍조가 만연했다. 관료들의 부패도 날로 심해져 뇌물이 공공연하게 오가기에 이르렀다. 관료들의 부패상은 "아무리 청렴한 지부(知府: 부(府)의 장관)라도 3년이 지나면 눈과 같이 흰 은이 10만 량이나 쌓인다"는 당시의 속언에 잘 나타난다.

셋째, 토지의 겸병과 인구의 급격한 증가로 인민이 궁핍하게 됐다. 건륭제가 재위한 시기에는 경작가능 토지의 50% 이상을 지주들이 소유했다. 지주들은 상업과 고리대금업을 동시에 하여 축적한 부를 가지고 토지를 구매했고, 상인들마저 상업이윤을 토지 구매에 사용했다. 토지의 과도한 집중으로 인해 소작농의 항조(抗租)운동이 폭동으로 발전하는 일이 많았다. 특히 건륭 11년(1746)에 농민들의 항조운동이 대규모 폭동으로 이어졌는데, 이때 수확물 분배를 농민 6 대 지주 4로 하자는 구호가 나왔다.

이 당시 청의 인구를 정확하게는 알 수 없으나, 1741년의 통계에 따르면 1

억 4천만 명 정도였다고 한다. 1790년에는 3억 명이 조금 넘었고, 아편전쟁이 일어나기 7년 전인 1833년에는 3억 9894만 2천 명으로 늘어났다. 도광(道光) 30년(1850)의 통계로는 인구가 4억 3천만 명이었다. 100여 년 사이에 인구가 약 3배로 증가한 셈이었다. 이러한 인구증가율에 비하면 경지면적 증가율이 훨씬 낮아 1인당 평균 경작지 규모가 대폭 감소했고, 인구의 3분의 1이 기아 혹은 반(半)기아 상태에 놓였다.

청의 지배층도 이 문제를 절감했다. 건륭 58년(1793)에 건륭제는 인구과잉으로 인해 악화된 민중의 전반적인 빈곤상태에 대해 이렇게 말했다.

> 태평성대가 오랜 기간 지속되면서 인구는 날로 증가하는데 창고에 물건은 그만큼 쌓이지 못하고 … 먹을 것은 적은데 먹을 사람은 많으니 짐은 이를 몹시 염려하지 않을 수 없다. … 그러나 이를 해결할 수 있는 방책은 멀기만 하고, 야산이 아니면 경작할 수 있는 토지를 찾기도 힘들다. 집에 약간의 식량이 남아 있을 정도가 된다고 하더라도 태평성대의 복을 누릴 수 있는 사람은 매우 드물다.

인구증가율은 대만, 봉천(奉天: 심양), 사천, 광서, 운남 등지에서 두드러지게 높았다. 이는 이들 지역의 경제형편이 상대적으로 나아서 다른 지역에서 이들 지역으로 대규모 이주가 있었기 때문이다. 동남아시아로의 이주는 금지됐지만 18세기 후반 이후에는 해마다 증가했다. 오늘날의 화교(華僑)가 이때부터 형성되기 시작한 셈이다.

넷째, 반란이 잇달았다. 18세기 후반에 신강에서 조십(鳥什)의 반란, 산동에서 왕윤(王倫)의 반란, 감숙에서 회교도의 반란이 일어났다. 특히 1796년에 일어난 백련교도의 난은 9년을 끌었는데, 이는 청이 부패하면서 허약해진 탓이었다. 이 반란을 진압하는 과정에서 청의 군사력에서 중심인 팔기와 녹영(綠營: 한족으로 이루어진 군부대로 군기가 녹색이어서 녹영으로 불렸다)이 전투력을 상실했음이 드러났다.

아편전쟁

이러한 시기에 청은 서양의 침입을 맞았다. 영국은 1757년 플라시 전투(Battle of Plassey)의 승리로 인도를 놓고 프랑스와 벌인 경쟁에 이겨 인도 남부를 식민지로 확보했다. 이때부터 영국은 인도를 동방무역 기지로 삼았다.

청과의 교역에 종사한 영국 동인도회사와 지방무역상은 큰 이익을 보았으나, 영국 전체로는 무역적자로 청으로 은이 유출되는 큰 문제점이 있었다.

영국이 청에서 들여오는 수입품은 차(茶), 비단, 도자기, 목면(木棉) 등이었다. 중국의 차는 17세기 중엽 네덜란드 동인도회사에 의해 영국으로 처음 수입됐고, 1668년부터는 영국 동인도회사가 직접 수입했다. 강희제의 해금 이후 차의 가격이 떨어지자 차는 영국인의 일상 필수품이 됐다. 반면에 비단과 도자기는 사치품이므로 그 수요에 한계가 있었다. 1720년대에 이르러 차가 비단을 제치고 영국이 청으로부터 가장 많이 수입하는 품목이 됐다.

이에 따라 차에 대한 관세가 영국 정부의 주요 세입원이 됐고, 미국의 독립은 이와 깊은 관련이 있다. 해외팽창 활동을 지속하기 위해 영국은 막대한 군사비가 필요했으므로 차에 대한 관세율을 대폭 올려 17세기 후반에 이르면 관세율이 100%에 가깝게 된다. 차가 일상음료가 된 영국인들과 영국의 북아메리카 식민지 민중이 밀수된 저가의 차를 구매하여 영국 정부가 세수에 큰 타격을 입었다. 영국은 북아메리카 식민지에 영국 동인도회사가 수입한 차만 구입하도록 강요했는데, 이에 반발하여 저항운동이 일어났다. 이것이 결국 독립운동으로 발전하여 북아메리카 식민지가 1776년 독립을 선언함으로써 미합중국이 탄생했다.

1783년 파리조약으로 미국을 승인한 영국은 이듬해인 1784년 차 수입세를 119%에서 거의 10분의 1인 12.5%로 인하하는 조치를 취했다. 이후 중국 차 수입이 비약적으로 늘어났다. 영국이 청으로부터 수입하는 품목 가운데 차의 비중은 1785년 이후에는 90% 전후에 이르렀다.

반면 영국의 수출품은 모직물, 시계, 완구, 동남아시아산 향료 · 후추 · 진주, 인도의 면화 등이었다. 영국의 주요 수출품인 모직물은 청에서는 기대만큼 팔리지 않았다. 중국의 광주가 아열대 지역이어서 수요가 적었을 뿐 아니라 모직물은 고가품이었기 때문이다. 이에 따라 영국은 청과의 교역에서 무역적자가 누적되어 은 부족에 직면했다. 금과 은으로만 국제무역을 결제하고 그 보유량이 나라의 부를 결정한다는 생각이 지배적이었던 이 시기에 이것은 심각한 문제였다.

청과의 무역적자를 타개하기 위해 1781년 영국의 인도 총독 헤이스팅스(Warren Hastings)는 동인도회사가 인도에서 생산한 아편을 청에 밀수출하도록 했다(동인도회사는 1773년 아편을 전매품으로 지정). 그러나 영국 국왕의 특허로 설립된 동인도회사가 직접 밀수출하는 것이 꺼림칙하여 1797년부터는 지방무역 상인들을 대상으로 경매에 붙여 원가의 8배에 해당하는 가격에 아편을 팔았다. 지방무역 상인은 여기에 많은 이익을 덧붙여 청에 팔았다. 이들 지방무역 상인 가운데 거부가 된 자가 여럿 있었다.

아편이 중국에 전래된 때는 당나라 시대인 7세기 말경이었다. 그 뒤로 중국에서는 양귀비를 재배하여 그 씨와 액즙을 의약품으로 사용했다. 명나라 때인 15세기 후반에 이르자 외국산 아편이 중국 남부에서 거래됐다. 네덜란드는 1624~1662년에 대만을 점령하여 지배했는데, 이때 네덜란드인들에 의해 아편을 담배에 섞어 피우는 흡연방식이 대만에 사는 중국인들에게 전해졌다. 이런 흡연방식은 1640년 무렵에는 하문(廈門)에, 1660년 무렵에는 복주(福州)와 광주에까지 전파됐다.

1729년 청의 5대 황제 옹정제(擁正帝, 재위 1722~1735)는 아편의 흡연과 판매에 대한 금지령을 내렸다. 아편을 매매하다 적발된 자는 변경에 유배하여 병졸로 삼고 아편굴을 여는 자는 사형에 처하게 했다. 이때 중국으로 아편을 반입한 자들은 주로 포르투갈 상인이었고, 그 양도 1년에 100상자, 1만 근 정도였으므로 크게 사회문제가 되지는 않았다. 그러나 영국 동인도회사가 적극적으로 밀수출에 나서자 중국 내 아편 흡연자와 아편 반입량이 급증했다.

청 정부는 1796년에 다시 아편 흡입을 엄격히 금지한 데 이어 1800년에는 아편 수입과 중국 내 양귀비 재배를 금지했으나 효과가 없었다. 관리들이 부패하여 아편 밀매업자들이 언제나 뇌물로 매수할 수 있었고, 아편을 밀매하다가 적발되어도 뇌물을 쓰면 처벌을 피할 수 있었기 때문이다. 영국의 아편 밀수출은 갈수록 늘어나 1807년부터는 오히려 청의 은이 영국으로 유출되기 시작했다. 영국이 1834년 동인도회사의 중국무역 독점권을 폐지하자 영국과 미국의 수많은 상인들이 아편 밀수출에 뛰어들어 청에 아편이 더욱 퍼져나갔다. 청의 아편 수입량은 1835년에 3만 상자를 넘었고, 1839년에는 4만 상자(400만 근)를 넘었다. 4만 상자는 금액으로는 2500만 냥이었는데, 19세기 초 청의 1년 세입이 약 7천만 냥이었으니 정부 재정수입의 3분의 1이 넘는 거액이 아편 수입에 사용된 것이다.

아편은 처음에는 주로 상류계층과 부유한 상인계층이 피웠으나 점차 환관과 황족은 물론이고 날품팔이나 농민 능 빈민층도 아편에 중독됐고, 부녀자와 승려 중에도 아편을 흡입하는 자가 많았다. 19세기 초에 이르면 지방관리와 병사들 중에도 아편을 흡입하는 자가 많이 생겨났다. 1830년대 후반에 청의 아편중독자 수는 최소 200만 명 이상이었던 것으로 추산된다.[1]

이때 인삼은 아편중독 치료제로 활용됐으므로 아편의 만연으로 청의 조선 인삼 수입이 급증했다. 조선의 역관과 만상(灣商: 의주 상인), 송상(松商: 개성 상인) 등이 주로 홍삼을 청에 수출했다. 나중의 일이지만 노년에 아편을 흡연하던 서태후는 홍삼을 입에 달고 살았다. 은의 국외유출로 중국 내 은의 가치가 상승하여 은 1냥이 동전 700~800문(文) 정도였던 것이 1830년대에는 1400~1600문 정도가 됐다.

이에 따라 청의 경제는 혼란에 빠졌다. 청의 농민들은 전부(田賦: 토지와 관련된 세금)를 은의 가치를 기준으로 납부했는데, 그들이 농산물을 팔아 얻는

---

1 광주에 거주한 영국인 의사 다우닝(T. Downing)은 1836년에 청으로 수입된 아편의 양으로 보아 중국 내 아편 흡연자가 약 1250만 명일 것으로 추산했다.

것은 동전이었다. 즉 농민들은 동전으로 세금을 냈으나 그 액수는 은을 기준으로 한 액수였으므로 은의 가치가 상승하면서 농민들의 조세부담이 급증했다. 이에 따라 파산하여 유민(流民)이 되는 농민들이 늘어났고, 상인들도 형편이 어렵게 됐다. 조세수입 감소로 청의 재정은 더욱 나빠졌다.

영국이 청에 시장의 확대 개방을 요구했으나 청은 거부했다. 영국의 산업혁명은 19세기 전반에 이미 성숙기에 들어섰고, 영국 자본가 계급은 중국시장의 확대를 갈망했다. 영국 정부는 1792년에 매카트니(George Macartney), 1816년에 애머스트(William Pitt Amherst), 1834년에 네이피어(William Napier)를 파견하는 등 여러 차례 사절을 보내어 통상의 확대를 요구했으나 청은 일체 거절했다.

청에 아편중독이 만연하면서 사회경제적 위기상황이 전개되자 청 정부는 이런 상황을 타개하기 위한 대책을 논의했다. 그 과정에서 1836년 이금론(弛禁論)과 엄금론(嚴禁論)이라는 두 가지 방안이 제안됐다.

이금론자들은 아편 거래에 하급관리와 무뢰배가 결탁하고 있어 아편의 금절은 불가능하며 아편을 엄하게 금지할수록 밀수의 이익이 커져서 은의 유출만 심해질 것이라고 지적했다. 이들은 아편 수입을 공인하여 세금을 거두면서 사대부, 관리, 병사 등에 대해서만 아편 흡입을 금지하고 일반인의 아편 흡입은 방임할 것을 주장했다.

엄금론 가운데 가장 강경한 주장은 1838년에 나왔다. 이는 단속하기 어려운 아편 밀매자를 처벌하려고 하기보다 흡연자에게 1년간의 교정기간을 주고 그 기간에 아편을 끊지 못하는 자는 사형에 처하자는 것이었다. 청의 8대 황제 도광제(道光帝, 재위 1820~1850)가 총독과 순무 등 고위관료들에게 이런 엄금론에 대한 찬반 여부를 물으니 반대가 찬성의 2배를 넘었다.

양광총독 임칙서(林則徐, 1785~1850)는 이런 가장 강경한 엄금론에 찬성했다. 그는 호광총독 시절부터 철저한 아편 단속으로 이름이 높았다. 도광제는 실현가능성이 높은 방안을 제시한 임칙서를 19차례나 소견(召見)하고 흠차대신(欽差大臣: 특명전권대신)으로 임명하여 광동에 파견했다. 1839년 3월 임칙서가 부임하여 치밀하고 단호하게 아편 단속을 시작하자 영국과 충돌이 일어났다.

영국의 무역감독관 찰스 엘리엇(Charles Elliot)은 이에 크게 반발하여 5월에 모든 영국 상인을 마카오로 철수시키고 영국 정부에 군대 파견을 요청했다. 7월 7일에는 영국 선원이 구룡(九龍)의 주민과 충돌하여 중국 농민 임유희(林維喜)를 살해한 사건이 일어났는데, 엘리엇은 범인 인도를 거부하고 선상에서 재판하여 6개월 감금 판결을 내렸다. 이는 당시 청의 형법은 물론 영국 형법에 비추어도 너무나 가벼운 판결이었다. 이에 임칙서는 8월 16일 군함을 동원하여 마카오를 봉쇄하고 식량과 식수 공급을 중단했다.

9월 임칙서가 아편을 금지하고 몰수했다는 소식이 런던에 전해지자 영국의 상공업계는 외무장관 파머스턴(Henry John Temple Palmerston, 1784~

총독과 순무

청은 명의 지방제도를 답습하여 전국을 18개 성(省)으로 구획하고 총독(總督)과 순무(巡撫)를 보내어 통치했다. 직예성(현재의 하북성)과 사천성을 제외한 16개 성에는 순무를 한 명씩 임명했고, 전국을 8개 구역으로 나누어 각 구역마다 총독을 파견했다.

이에 따라 직예성에 직예총독(直隸總督), 사천성에 사천총독(四川總督), 강소성 · 안휘성 · 강서성에 양강총독(兩江總督), 섬서성과 감숙성에 섬감총독(陝甘總督), 복건성과 절강성에 민절총독(閩浙總督), 호북성과 호남성에 호광총독(湖廣總督), 광동성과 광서성에 양광총독(兩廣總督), 운남성과 귀주성에 운귀총독(雲貴總督)이 각각 임명됐다.

총독과 순무는 성의 장관으로 황제에게 직접 상주할 권한이 있었고 군정과 민정을 장악했다. 품계는 총독이 정2품, 순무는 종2품이었다. 따라서 총독이 순무보다 품계가 높았으나, 이 둘은 상하 관계가 아니라 황제에게 직속된 동등한 지위였다.

1865)에게 청에 대한 강경대응을 요구했다. 10월 영국 정부는 청과 전쟁을 벌이기로 결정했다. 영국 정부는 이때 재정이 어려웠지만 전쟁에 승리하여 배상금을 받아내면 그것으로 전쟁비용을 충당할 수 있다고 판단했다.

1840년 2월 파머스턴은 찰스 엘리엇과 그의 사촌동생인 해군 소장 조지 엘리엇(George Elliot)을 전권대표로 임명하고 원정군을 파병했다. 파머스턴은 청과 담판할 조약 내용의 초안까지 작성하여 엘리엇에게 주었다. 4월 영국 의회도 9표 차로 전쟁을 승인했다.

영국은 이미 정치, 경제, 군사, 지리 등 모든 방면에서 청에 대한 자세히 조사를 마친 상태였으나, 청은 영국의 군사력이나 전략에 대해 아무런 정보도 갖고 있지 않았다.

1840년(조선 헌종 6년) 4월에 조선 정부가 전년에 보냈던 동지사(冬至使)가 돌아와 중국의 사정에 대해 보고한 내용을 보면 아편 문제의 심각성에 관한 내용도 들어 있다. 다음은 그중 ‘수역(首譯: 수석 역관)의 별단(別單)’에 나오는 내용이다.

중국에 들어온 서양 사람이 사교(邪敎)를 퍼뜨려 인심이 빠져들고 아편을 몰래 가져와 몸과 목숨을 다치게 하는데, 그 해독을 입은 어리석은 백성이 처음에는 남의 유혹을 받고 이어서 사악한 말에 물들어 심하면 가산을 탕진하고 생명을 잃기에 이르러도 뉘우쳐 고칠 줄 모릅니다. 그러므로 황제가 진노하여 여러 번 유지(諭旨)를 내려 엄히 금지하였습니다. 그래서 위로 조정의 관리로부터 아래로 군민(軍民)에 이르기까지 이 때문에 죄받은 자가 수만 명을 밑돌지 않습니다.

《헌종실록》 6년 3월 25일

6월 육군 병력 4천 명과 군함, 수송선, 병원선 등 32척의 선박으로 구성된 영국 원정군이 남지나해의 마카오 해역에 도착하여 하문을 공격함으로써 아편전쟁이 시작됐다. 7월 영국군은 주산열도의 중요 도시인 정해(定海)를 점령했고, 8월에는 엘리엇이 천진의 백하(白河) 하구에 도착하여 파머스턴의 서신을 전달했다. 그 내용은 청의 아편 몰수는 대영제국의 위엄을 무시한 처사이므로 육군과 해군을 파견했으니 몰수한 아편에 대한 보상금을 지불하고 섬 하나를 할양하라는 것이었다.

정해가 함락되고 영국 함대가 천진에 도착한 것을 알게 된 청 조정은 크게 놀라 직예총독 기선(琦善)을 파견하여 영국 측과 교섭하게 했다. 그러나 영국 측의 무리한 요구로 인해 협상은 1841년 1월 초에 결렬됐다.

영국군은 공격을 재개하여 1월 26일 홍콩을 점령하고 2월 1일 영국령으로 선포했다. 도광제는 기선을 파직하고 북경으로 압송하게 했다. 이어 도광제는 자신의 조카인 혁산(奕山)을 정역장군(靖逆將軍)에 임명하고 1만 6천 명의 병력을 주어 광주로 파견했다. 2월 말부터 전투가 재개됐다. 5월에 2400명의 영국군이 광주를 포위하자 혁산은 찰스 엘리엇과 홍콩 할양 문제를 협상하기로 하고 휴전했다.

8월에 새로 영국 전권대표로 임명된 포팅거(Henry Pottinger)가 마카오에 도착했다. 그는 무력을 사용해서라도 청 황제가 영국 정부의 모든 요구를 받아들이게 하라는 파머스턴의 지시를 받고 왔다. 공격을 재개한 영국군은 8월 하순에 하문, 10월에는 정해, 진해(鎭海), 영파 등을 점령했다. 겨울에는 전투가 소강상태였으나, 1842년 6월 초 1만 명의 영국군이 중국 연안에 상륙하면서 전투가 다시 치열해졌다. 영국군은 6월 19일 상해(上海), 7월에는 양자강과 대운하의 교차점인 진강(鎭江)을 점령하여 대운하가 봉쇄됐다. 이에 도광제는 기영(耆英)과 이리포(伊里布)를 흠차대신으로 파견하여 영국 측과 교섭하도록 했다.

청군이 완패한 원인은 여러 가지였지만, 청 조정이 국제정세에 너무나 무지했던 것이 가장 큰 원인이었다고 할 수 있다. 청은 중화사상에 젖어 세계 속에서 자국의 입지가 어떠한지도 몰랐고, 주권국가 사이의 동등한 외교가 무엇인지도 몰랐다.

청의 전쟁준비는 너무나 졸렬했다. 청군은 모든 면에서 낙후되어 무기도 칼이나 창이 주종이었고, 심지어 전투에서 돌까지 사용할 정도였다. 청군의 병사들은 육군과 수군을 막론하고 전혀 군사훈련을 받지 못한 상태였다. 이에 비해 영국의 해군은 철갑함대였고, 영국군 부대는 최신 전투장비로 무장했을 뿐 아니라 훈련이 잘 돼있었다.

영국이 파병한 규모는 4천~1만 5천 명에 불과했고, 군수물자 수송도 인도에서 청까지 1개월, 영국에서 청까지는 4개월이나 걸렸다. 더구나 아편 밀수출을 정당화하기 위한 전쟁이었으므로 전쟁의 명분도 전혀 없었다. 그러므로 청에 약간의 전쟁준비와 끝까지 버티겠다는 의지만 있었어도 결과가 크게 달라질 수 있었다. 그러나 영국군의 실정을 전혀 모르는 청 조정은 영국 함대가 천진 앞바다에 나타나면 위협을 느껴(천진은 북경에서 120km 거리) 교섭을 청했고, 영국 함대가 남쪽으로 물러나면 군대에 전투재개를 명령했다. 전쟁전략이 부재했던 것이다.

1842년(조선 헌종 8년) 8월 29일 기영과 이리포는 영국 전권대표 포틴저와 13개 조항으로 이루어진 남경조약을 체결했는데, 그 주요 내용은 다음과 같다.

(1) 홍콩을 할양
(2) 광주, 하문, 복주, 영파, 상해를 포함하여 5개 항구를 개방
(3) 개항하는 5개 항에 영국인 가족의 거주를 허가하고, 영국 영사(領事)가 상주
(4) 공정하고 정규적인 수출입 관세를 설정, 공포
(5) 아편 배상금 600만 달러 등 총 2100만 멕시코달러를 1845년 말까지 지불

19세기 초 청의 1년 세입은 은 7천만 냥 정도였다. 은 1냥은 약 1.4멕시코달러였으니, 청이 치러야 할 아편전쟁 배상금은 연간 세입의 5분의 1이 넘

었다.

1843년 6월 청의 도광제는 남경조약을 비준했다. 이어 7월과 10월에 남경조약을 보완하는 오항통상장정(五港通商章程)과 호문채조약(虎門寨條約)이 각각 영국과 청 사이에 체결됐다. 이 두 조약의 주요 내용은 다음과 같다.

(1) 관세는 5%가 원칙
(2) 영사재판권 인정
(3) 편무적인 최혜국대우 인정
(4) 개항한 5개 항구에 군함 1척을 정박할 수 있음

남경조약에는 아편금시 조항이 없었으므로 청 정부가 아편무역을 묵인한 셈이었다. 이후 관세가 크게 낮아져 외국상품이 싼 가격에 수입됐다. 청의 차와 생사(生絲: 고치에서 뽑아낸 가공하지 않은 상태의 실, raw silk) 수출도 급증했으나 아편 수입이 계속 더 많이 증가하여 청의 무역적자는 갈수록 늘어났다.

아편전쟁이 발발하자 미국 정부는 자국 함대를 청 연안에 파견하여 청에 거주하는 자국민을 보호하는 임무를 수행하게 했다. 영국과 청 사이에 남경조약이 체결되자 미국 정부도 청과 이와 유사한 조약을 체결하려 했고, 미국의 10대 대통령 타일러(John Tyler)는 1842년 12월에 발표한 연두교서에서 이런 의지를 구체적으로 피력했다. 미국 정부는 커싱(Caleb Cushing)을 전권대표로 하는 사절단을 파견했다. 커싱은 1844년 2월 마카오에 도착했다. 청 조정은 5월에 기영을 양광총독 겸 외무판무관에 임명하여 미국 측과 교섭하게 했다. 그 결과로 7월 3일 34개 조항으로 이루어진 망하조약(望廈條約)이 미국과 청 사이에 체결됐다.

망하조약의 내용은 남경조약과 비슷했지만 보다 구체적이었다. 망하조약

은 미국인이 중국인으로부터 서적을 구입하고 중국인을 통역 등으로 고용하는 것을 인정했다. 최혜국대우 조항 때문에 조약을 체결한 다른 서양국가도 동일한 혜택을 입을 수 있게 됐다. 그리고 망하조약에는 특이하게도 아편무역 금지 조항이 들어있었다. 그러나 최혜국대우 조항으로 미국은 언제라도 아편무역을 할 수 있었다.

프랑스의 전권대표 라그르네(T. de Lagrene)는 망하조약을 모델로 삼아 기영과 수호통상조약 체결을 위한 교섭을 벌였다. 이에 따라 10월 24일 청과 프랑스 사이에 황포조약(黃埔條約)이 체결됐다. 라그르네는 조약이 체결된 뒤에도 청에 머물며 천주교 신앙의 자유를 획득하고자 애썼다. 당시 프랑스에서는 가톨릭교회의 지지 없이는 정권유지가 어려웠다는 점에서 이런 그의 행동은 자연스러운 것이었다. 1844년 12월 14일 청 조정은 개항한 5개 항구에서 프랑스가 가톨릭을 포교하는 것을 허용했다.

1847년 3월 청은 스웨덴과 광동조약을 체결했다. 이 조약은 망하조약과 내용이 같았다. 러시아도 1848년부터 청에 5개 항구에서 무역할 수 있도록 요구했으나 청이 거절했다. 그러자 러시아는 청에 중앙아시아의 일리, 타르바가타이, 카슈가르를 무역장소로 개방할 것을 요구하여 1851년 7월 일리조약을 체결하는 데 성공했다. 이 조약으로 러시아는 일리와 타르바가타이를 개방시켰고 무관세 무역권, 영사재판권, 포교권 등의 특권을 획득했다.

이들 조약으로 중국과 서방국가 사이에 중국의 전통적인 제도인 조공제도 대신 근대 국제법에 따른 조약제도가 도입됐다. 남경조약을 비롯한 중국과 서방국가 간 일련의 조약은 청의 무력 열세와 국제 외교관행에 대한 무지를 기초로 한 불평등조약이었다. 결국 아편전쟁에서 패배한 것을 계기로 중국은 근대세계에 편입됐다. 오늘날 학계는 이것을 중국 근대사의 시발로 본다.

1843년 11월 영국의 초대 영사 밸포어(George Balfour)가 상해에 상륙했다. 1845년 11월 청은 상해조지장정(上海租地章程)을 선포했고, 밸포어는 상해를 관통하는 황포강(黃浦江)의 서쪽에 있는 외탄(外灘)에 외국인 거류지인 조계(租界, settlement)를 설치했다.

이화양행(怡和洋行, Jardine, Matheson & Co.), 보순양행(寶順洋行, Dent & Co.) 등 아편과 차 무역을 하는 영국 거상들이 상해에 몰려왔다. 이들은 자유무역을 통해 부를 쌓았다. 미국도 망하조약의 최혜국 조항에 따라 개항장에서 영국인과 동등한 권리를 누리게 해달라고 요구하여 1852년 상해의 홍구(虹口)에 조계를 얻었다. 1852년 상해의 인구는 54만 4413명이나 됐다. 상해의 외국 조계는 청나라의 영토이나 1854년 태평천국이 상해를 위협하자 외국 상인들이 7인으로 구성된 행정기관인 참사회(Municipal Council, 工部局)를 열어 자치를 실시했다. 초창기 참사회의 구성은 영국인 6명에 미국인은 1명뿐이었다. 이들은 징세권을 행사하며 항만과 도로 건설 등 공공업무를 수행했다.

일본의 문호개방

청 왕조가 서방 열강의 압력에 의해 문호를 전면적으로 개방할 때 도쿠가와 막부의 지배 아래 있었던 일본도 조금씩 문호를 개방하기 시작했다.

1603년에 성립된 도쿠가와 막부(에도 막부)는 초기에는 서양에 대해 개방 정책을 폈다. 에도 막부(江戸幕府)의 1대 쇼군(將軍)인 도쿠가와 이에야스(德川家康)는 일본에 들어온 외국인을 외교 및 무역 분야 고문으로 적극 활용했다. 1600년 네덜란드 무역선 리프데(Liefde) 호가 규슈(九州)에 표류해오자 그는 리프데 호의 선원인 네덜란드인 얀 요스텐(Jan Joosten), 영국인 윌리엄 애덤스(William Adams) 등을 에도(江戸: 동경)로 불렀다. 그는 이들로부터 유럽 사정을 듣고 이들을 외교와 무역 분야 고문으로 삼아 네덜란드, 영국과의 무역을 추진했다.

이후 네덜란드 동인도회사(Dutch East India Company)는 1609년, 영국 동인도회사는 1613년에 각각 일본에 내항하여 도쿠가와 이에야스의 허가를 받아 규슈 연해의 히라도(平戶) 섬에 상관(商館)을 설치했다. 도쿠가와 이에야스는 또한 스페인과의 교역에도 열의를 보여 1609년 일본에 표류해온 루손의 전 총독 로드리고(Rodrigo de Vivero y Velasco)를 교토(京都)의 대상인 다나카 쇼스케(田中勝介)에게 소개하여 무역교섭을 시도하기도 했다.

도쿠가와 이에야스는 처음에는 기독교를 관용했다. 도요토미 히데요시의 집권기에 기독교 금지령이 발표됐지만, 예수회를 비롯한 기독교의 외국인 선교사들이 계속 일본에 찾아왔다. 도쿠가와 이에야스는 이들을 지배체제에 편입하면서 해외무역 확대를 꾀했으므로 이들의 포교활동을 묵인했다. 그러나 기독교가 일본의 종교인 신도(神道)와 대립하고 일본의 풍습을 인정하지 않으면서 갈등을 빚자 결국 도요토미 성씨의 잔당 가운데 기독교도가 많다는 것을 명분으로 삼아 선교사와 신자들을 탄압하는 정책으로 전환했다.

도쿠가와 이에야쓰는 1612년 에도, 오사카(大阪), 교토에 기독교 금지령을 내렸고, 이듬해 말에는 전국으로 금지령을 확대했다. 그는 기독교 금지령을 발표한 뒤 모든 백성을 불교도로 만들려고 했고, 기독교도에게는 신도나 불교로 개종할 것을 강요했다.

에도 막부의 3대 쇼군인 도쿠가와 이에미츠(德川家光)은 1638년 천주교를 믿는 농민이 주축이 되어 일으킨 '시마바라(島原)의 난'을 잔혹하게 토벌한 데 이어 1639년에 기독교를 전면 금지하면서 철저한 쇄국정책을 단행했다. 서양과의 통상, 대형 선박 제조, 해외 이주, 서양서적 열람 등을 금지했다. 일본의 쇄국정책은 이후 200년이 넘도록 유지됐다.

그러나 네덜란드는 기독교 포교를 하지 않는데다가 서양문화를 이해하는 통로로 가치가 있기 때문에 이에미츠는 예외로 네덜란드에 대해서는 나가사키의 데지마(出島)를 통한 제한적 교역을 허락했다. 네덜란드와의 교역을 계기로 일본에서 이른바 난학(蘭學)이 발달함으로써 훗날 일본의 서구화에 큰 도움이 됐다.

일본의 쇄국이 심각한 도전을 받지 않고 오래 유지될 수 있었던 것은 서양인들이 일본을 인도와 중국과는 달리 교역의 이익이 별로 없는 나라로 인식했기 때문이다. 그러나 1790년대에 러시아가 경제적인 이유로 일본에 관심을 보이게 된다. 특히 러시아의 모피 상인들이 사할린과 쿠릴 열도에 정착하기 시작했다.

러시아는 1793년부터 통상을 위해 세 차례 일본에 탐험대를 보냈는데, 막부는 그때마다 그들을 물러가게 했다. 니콜라이 레자노프가 이끈 세 번째 탐험대가 1804년 일본에 와서 통상을 요구했지만 뜻을 이루지 못하자 1806년과

데지마(出島)

에도 막부가 쇄국정책의 일환으로 나가사키에 건설한 부채꼴 모양의 인공섬으로, 면적은 약 4천 평 정도다. 막부가 나가사키의 마치슈(町衆: 부유한 상공업자)들에게 건설하도록 명령하여 1634년부터 2년간에 걸쳐 포르투갈인들을 수용하기 위한 시설로 만들어졌다. 건설비용은 우선 건설을 담당한 마치슈들이 부담한 다음, 나중에 입주할 포르투갈인(후에 네덜란드인으로 교체)들로 하여금 토지사용료를 매년 지불하게 하여 보상받도록 했다.

막부는 1639년 가톨릭 선교활동을 하는 포르투갈인들을 추방한 뒤 1641년 네덜란드 동인도회사의 상관을 히라도에서 데지마로 옮겼다. 이후 약 200년 동안 네덜란드인과의 통상활동과 서양인의 일본 내 활동에 대해 막부의 통제가 실시됐다. 공무상 출입이 허용된 일본 관리 외에는 출입이 금지됐고, 네덜란드인도 예외적인 경우를 제외하고는 일본에 체류하는 동안 좁은 데지마 안에서만 지내도록 했다. 그러나 네덜란드인은 실제로는 일본 여성과 결혼하는 등 자유롭게 생활했다고 한다.

1641년부터 1859년까지 일본과 네덜란드 사이의 무역은 오직 이곳에서만 독점적으로 허용됐다. 이런 점에서 이곳은 일본이 쇄국정책을 펴던 시기에도 서양과의 교류에 숨통을 터놓았음을 상징하는 장소다. 도쿠가와 막부는 네덜란드 상관이 정기적으로 전해주는 정보로 서양 사정을 조선과 청보다 훨씬 더 정확히 알았다.

1856년 일본과 네덜란드 사이에 화친조약이 체결됨으로써 네덜란드인이 나가사키를 자유로이 출입할 수 있게 되면서 데지마는 존재가치의 측면에서 유명무실해졌다. 데지마의 네덜란드 상관은 1859년에 폐쇄됐다.

1807년에 각각 사할린과 쿠릴 열도의 일본인 거류지를 공격했다.

1808년에는 영국 군함 페이튼(Phaeton) 호가 네덜란드 배를 수색하러 나가사키에 들어왔다. 당시 영국은 나폴레옹과 전쟁 중이었고, 네덜란드는 프랑

에도 막부 시대에 네덜란드를 통해 일본에 들어온 유럽의 의학, 과학, 기술지식 등을 통칭하는 말이다. 주로 네덜란드를 통해 전래됐다는 의미에서 난학(蘭學)이라 한다. 네덜란드는 '홀란드(Holland: 바다보다 높은 땅)'로 자칭했고, 한자로는 이것이 '아난타(阿蘭陀)'로 표기됐다. 이후 일본에서는 네덜란드를 아난타의 가운데 글자인 '난'으로 약칭하는 것이 관례가 됐다.

일본은 쇄국 이전에는 나가사키를 통해 유입된 서양학문을 남만학(南蠻學) 또는 만학(蠻學)이라 하고 막부 말기에 네덜란드 이외의 다른 서양 국가에서 들어온 학문을 양학(洋學)이라 하여 구별하기도 했다. 그러나 난학, 만학, 양학을 통틀어 양학이라고 부르기도 했다.

일본에서 새로운 세력으로 부상한 상인들을 중심으로 네덜란드와의 교역을 통해 유입되어 보급된 서양의 기술서적을 읽고 서양의 문물을 연구하는 학문활동이 활발하게 일어났고, 이들은 '난학자'라고 불렸다. 근대화에 대한 일본의 각성은 이들 난학자에 의해 시작됐다.

특히 8대 쇼군 도쿠가와 요시무네(德川吉宗, 재위 1716~1745)가 양서수입 금지를 완화하고 아오키 곤요(靑木昆陽)와 노로 겐죠(野呂元丈)에게 네덜란드어를 배우도록 명한 이후로 서양학문 연구가 활발해졌다. 그 과정에서 서양서적이 대량으로 유입되고 일본어로 번역됐다. 에도 시대의 후기로 가면 다이묘(大名: 봉건제후) 가운데 사쓰마 번(薩摩藩)의 시마즈 시게히데(島津重豪, 1745~1833)와 같이 난학에 심취하는 자들이 생겨나 난학을 지원하기도 했다.

도쿠가와 막부는 1804~1829년 일본 전국에 학교를 개설했는데, 이들 학교와 사립교육기관인 데라코야(寺子屋: 에도 시대에 설치된 일본의 사설 초등교육기관으로 조선의 서당에 해당하며, 교육은 승려가 맡았다)에서도 난학을 일부 가르쳤다.

이 무렵 네덜란드의 과학자들은 일본에 보다 자유로이 접근할 수 있게 됐다. 1823년에는 네덜란드 상관 소속 독일인 의사인 지볼트(Phillip Franz von Siebold)가 일본 학자들을 초대해 서양과학의 성과물을 보여주었다. 지볼트는 1824년 쇼군의 허가를 받아 나가사키에 나루타키주쿠(鳴瀧塾)를 세우고 여기서 일본인 학생 50명에게 서양의학을 가르치기 시작했다. 나루타키 주쿠는 일본 난학자들의 사교장으로 이용되기도 했다.

후쿠자와 유기치(福澤諭吉), 오토리 게이스케(大鳥圭介), 요시다 쇼인(吉田松陰), 가쓰 가이슈(勝海舟), 사카모토 료마(坂本龍馬) 등 이때 난학을 익힌 자들이 일본 근대화 과정에서 핵심적인 역할을 했다.

스의 동맹국이었다. 페이튼 호의 함장은 물과 식량을 주지 않으면 정박 중인 중국과 네덜란드의 배를 모조리 불사르겠다고 협박했다. 서양 선박이 일본 연해에 점점 더 자주 나타나고 그 선원들의 표착이 많아지자 막부는 쇄국을 더욱 강화했다.

1825년 영국 선박의 선원들이 필요한 물자를 얻으려고 히라도 섬을 습격하는 일이 벌어졌다. 이에 도쿠가와 막부는 '이국선 타파령'을 내려 외국 선박은 무조건 격침시키고 생존 선원은 '두 번 생각할 것 없이' 곧바로 체포하거나 살해하라고 명령했다.

이 당시 국내외 정세를 함께 연구하고 있었던 일본의 지식인 모임 쇼시카이(尙齒會)는 이런 막부의 조치에 대해 비판했다. 이때 씌어진 비판서 가운데 난학자 와타나베 가잔(渡邊華山, 1793~1841)의 《신키론(愼機論)》과 다카노 조에이(高野長英, 1804~1850)의 《유메모노가타리(夢物語)》는 지식인들은 물론이고 막부의 관리들에게도 영향을 미쳤다.

1837년에는 이른바 '모리슨 사건'이 일어났다. 중국 광주에서 활동하는 미국 상인 킹(Charles W. King)이 일본과 통상하려고 일본인 3인을 데리고 상선 모리슨(Morrison) 호를 타고 일본을 향해 출항했다. 모리슨 호는 에도 만 부근의 우라가(浦賀) 해협에 이르렀으나 포격을 당했다. 가고시마(鹿兒島)에서도 포격을 당하자 킹은 단념하고 광주로 돌아갔다.

이 '모리슨 사건'을 계기로 막부는 난학자들을 탄압하기 시작해 1839년 5월 와타나베 가잔, 다카노 조에이 등 26명을 체포했다. 와타나베는 고향에 칩거하라는 명령을 받았고, 나중에 할복자살했다. 다카노는 종신형을 받고 투옥됐다가 5년 후 탈옥했으나 나중에 체포되는 과정에서 자살했다.

그러나 1842년 일본에 아편전쟁의 경과가 자세히 전해지자 이국선 타파령은 폐기됐다. 도쿠가와 요시무네는 신속히 신수급여령(薪水給與令)을 내렸다. 이는 서양 선박에 포격을 가하지 말고 땔감과 식수를 공급하라는 것이었다.

1790년대부터 일본에서 일어나기 시작한 대외위기 의식은 아편전쟁 소식이 전해지자 공황의 수준으로 높아졌다. 일본의 정치지도자, 관료, 학자들은 서양의 문호개방 요구에 어떻게 대응해야 하는지를 놓고 고심했다. 쇄국론과 서양의 과학기술과 병기를 받아들여야 한다는 주장이 맞섰다.

쇄국론자들은 서양과 교역하면 금과 은이 유출되고 이윤만을 탐하는 상인들의 배를 불려주어 이미 만연된 사치풍조와 도덕적 타락이 더 심해질 것이라고 주장했다. 이들은 나라가 도덕적으로 재무장하여 서양의 위협에 대처해야 한다는 입장을 보였다. 반면 다카시마 슈한(高島秋帆, 1798~1866), 다카노 죠에이, 사쿠마 쇼잔(佐久間象山, 1811~1864) 등 난학자들은 일본의 군사적 후진성을 인정하고 서양의 과학, 기술, 총포를 받아들여야 한다고 주장했다.

폐쇄된 일본의 문호를 열려고 18세기 말부터 러시아가 여러 차례 접근을 시도했으나, 포함외교(砲艦外交, gunboat diplomacy)로 일본의 문호를 여는 데 성공한 나라는 미국이었다. 미국은 다른 어떤 나라보다 일본을 개국시킬 필요가 있었다.

미국은 독립한 지 얼마 지나지 않은 18세기 말부터 청과 교역하기 시작했다. 미국은 북아메리카 대륙의 동해안 지역에 편재한 13개 주로 이루어진 대서양 연안 국가로 출발했다. 당시 미국 동북부 뉴잉글랜드(New England)의 상인들은 대서양을 남하하여 아프리카 남단의 희망봉을 돌아 인도양을 거쳐 광주에 가서 청과 무역을 했다.

미국은 주로 면(綿)을 해외에 수출했는데, 미국의 면 수출 총액에서 청에 대한 수출이 20%가 넘는 비중을 차지했다. 미국과 청의 무역량은 해마다 증가하여 이미 1830년대 초 청의 무역에서 서방 열강 중 영국 다음으로 미국이 2위를 차지했다. 1835년 미국은 동아시아에서 미국의 이익을 지키기 위해 동인도 전대(East India Squadron)를 조직했다. 1844년 미국이 청과 망하조약을 체결하여 최혜국 대우를 인정받은 뒤로 미국과 청의 무역량은 더욱 늘어났다.

건국 이후 계속 영토를 늘리던 미국은 1848년 멕시코와 벌인 전쟁에서 승리하여 텍사스, 캘리포니아, 애리조나를 포함한 멕시코 영토의 40%를 할양받아 명실 공히 태평양 연안 국가가 됐다.

이후 성세를 누리게 된 미국의 포경업계는 대서양뿐 아니라 태평양에도 진출했다. 미국의 포경선은 하와이 왕국의 호놀룰루를 기점으로 하여 태평양 동부는 물론이고 캄차카 반도, 오호츠크 해, 일본 근해, 동해에까지 진출해 고래를 잡았다. 미국 포경선이 난파하거나 표류하여 일본에 기항하면 막부 정권은 선원을 모두 구속했다. 이 때문에 포경선을 보호하는 것이 미국 정부의 주요 과제가 됐다.

미국은 캘리포니아에서 태평양을 횡단하여 청으로 직행하는 항로를 개척하려 했다. 그런데 태평양을 횡단하는 항로는 당시의 기술 수준에서는 중간 지점에서 기선에 연료를 보급해줄 석탄 공급지가 절대적으로 필요했다. 당시 기선은 대개 일주일치의 석탄만 적재할 수 있었다. 미국이 보기에 청은 4억 명이 넘는 인구를 갖고 있는데다 교역량으로 봐도 이미 큰 비중을 차지하는 나라였으므로 미래에 무궁한 가능성이 기대되는 시장이었다. 이런 중국 시장으로 가는 태평양 항로의 안전과 태평양 포경업의 발전을 위해 일본을 개방시켜 그 항구를 이용하는 것이 미국으로서는 중요한 과제였다. 당시 일본은 미국에 시장으로서보다는 중국으로 가는 미국 선박에 식량과 연료를 보급해줄 기항지(寄港地)로서 가치가 있었다.

일찍이 일본을 개항시키려 한 제정 러시아는 아편전쟁을 계기로 아시아에 발판을 마련하려는 영국과 태평양에 진출하려는 미국의 팽창 의도를 실감했다. 이에 1842년 니콜라이 1세(재위 1825~1855)가 아무르 강(Amur, 黑龍江) 유역과 사할린 지역에 대한 러시아의 영향력을 평가해볼 목적으로 특별위원회를 설립했다.

한편 1848년 5월 미국 하원 해군위원회 소속 토머스 킹(Thomas Butler King) 의원은 중국에 대한 면 수출에서 앞으로 미국이 영국을 능가할 것이라며 태평양 항로 개설이 절대 필요하다고 역설했다.

1849년 4월에는 미국 해군 중령 글린(James Glynn)이 일본 나가사키에 억류됐던 미국인 표류 선원들을 인수하여 돌아가는 데 성공했다. 그는 무력을 사용해서라도 일본을 개국시켜야 한다는 내용의 보고서를 테일러(Zachary Taylor) 대통령에게 제출했다. 1851년 5월 미국 필모어(Millard Fillmore) 행정부는 일본을 개국시키기 위해 함대를 파견하기로 결정했다.

이러한 미국 정부의 움직임이 알려지자 러시아의 니콜라이 1세는 해군 소

멕시코-미국 전쟁

1845년 미국이 텍사스를 합병하여 멕시코와 미국 사이에 일어난 전쟁이다. 미국은 1819년 노쇠한 제국 스페인으로부터 플로리다를 매입한 데 이어 스페인의 영토인 텍사스에 침투했다. 이후 텍사스 지역과 미국 사이의 교역이 증대했다.

스페인의 식민지였던 멕시코는 11년간의 독립전쟁 끝에 1821년 스페인으로부터 독립했다. 이때 멕시코의 영토는 487만 제곱킬로미터로 지금의 멕시코 영토 전역과 지금은 미국의 영토인 캘리포니아 주, 네바다 주, 유타 주, 애리조나 주, 뉴멕시코 주, 텍사스 주의 전체, 콜로라도 주와 와이오밍 주의 일부, 기타 중미 전체(파나마는 제외)에 걸쳐 있어서 미국의 영토보다 컸다.

텍사스의 멕시코인들은 인디언의 공격을 완화시키고 그 지역에 대한 미국의 야욕을 미리 견제해 두려는 의도에서 1820년대 초부터 미국인 이주민의 정착을 허용했다. 그런데 미국인 이주민이 급증하여 여러 가지 사회문제가 발생한데다가 미국 정부가 텍사스를 구입하려고 하자 멕시코 정부는 1830년에 미국인의 이주를 금지시켰다.

당시 멕시코의 국내 사정은 복잡했다. 1823년에 제정(帝政)이 공화정으로 바뀌었고, 이때 현재의 중미 국가들이 이탈하여 중미연방공화국(Federal Republic of Central America)을 결성했다. 이후 연방정부를 선호하는 자유파(Liberales)와 중앙집권을 주장하는 보수파(Conservadores)의 대립이 심각해졌다.

1835년 멕시코의 대통령 안토니오 로페스 데 산타 안나(Antonio Lopez de Santa Anna)

장 푸차틴(Putyatin)을 동아시아 특명전권 순회공사로 임명하고 중국과 일본을 포함한 관련국들과 교섭할 수 있는 권한을 주었다. 일본과의 수교에서 최소한 미국과 대등한 성과를 얻어내라는 명령을 받은 푸차틴은 10월 19일 기함 팔라다(Pallada) 호를 비롯해 4척의 군함으로 구성된 함대를 이끌고 크론슈타트(Kronshtadt) 항을 출발했다. 러시아의 저명한 작가 곤차로프(Goncharov)도 푸차틴의 비서로 이 항해에 참가했다. 푸차틴 함대는 대서양을 남하해 아프리카 해안을 돌아 인도양을 거쳐 서태평양에 진입했다.

1852년 11월 24일 미국 해군 준장 페리(Matthew C. Perry)는 일본을 개국시키는 임무를 띠고 버지니아 주의 군항 노퍽(Norfolk)에서 출항했다. 페리가 이

가 대통령에게 권력을 집중시키는 내용의 헌법을 만들어 시행하자 멕시코 정부에 대해 불만이 큰 텍사스 거주 미국인들이 주둔하고 있는 멕시코군과 충돌을 일으켜 그들을 축출하고 1836년 3월 텍사스의 독립을 선언했다. 텍사스가 미합중국의 한 주가 되려고 연방 가입을 요청하자 미국은 정치적으로 분열했다. 텍사스에서는 노예제가 인정되고 있었으므로 노예제에 반대하는 북부의 자유주들이 텍사스의 연방 가입에 반대했다. 연방 가입에 실패한 텍사스는 텍사스공화국이라는 이름의 독립국으로서 영국과의 긴밀한 관계를 도모했다.

텍사스공화국과 영국의 밀착은 미국 전체의 이익에 타격이 되는 일이었으므로 미국에서 텍사스의 연방 가입에 찬성하는 여론이 우세해졌다. 마침내 1845년에 미국 의회가 텍사스의 연방 가입을 승인함으로써 텍사스가 미국의 스물여덟 번째 주가 됐다. 이에 멕시코는 반발하여 미국과 단교했다.

이어 리오그란데(Rio Grande) 강을 국경으로 설정하려는 미국과 이를 거부하는 멕시코 사이에 전쟁이 일어났다. 1846년에 일어난 이 전쟁에서 미군이 연전연승했다. 이듬해인 1847년에는 미국군이 멕시코의 수도인 멕시코시티마저 점령했다. 1848년 2월 '과달루페 이달고 조약(Treaty of Guadalupe Hidalgo)'이 체결되어 미국은 캘리포니아, 네바다, 유타의 전부와 콜로라도, 애리조나, 뉴멕시코, 와이오밍의 대부분을 얻었다. 이로써 텍사스까지 합하면 미국이 멕시코로부터 획득한 영토가 200만 제곱킬로미터에 이르게 됐다.

1853년에 프랭클린 피어스(Franklin Pierce) 미국 대통령은 멕시코로부터 현재의 애리조나 주 남부와 뉴멕시코 주 남서부 일대 7만 6800 제곱킬로미터를 구입했다. 이때 결정된 미국과 멕시코의 국경이 지금까지 유지되고 있다.

끄는 4척의 미국 동인도전대(戰隊)는 함포 61문을 갖추었고, 해병 967명이 타고 있었다. 이 함대는 대서양을 횡단하여 케이프타운, 실론, 홍콩, 상해를 거쳐 일본으로 갔다. 광주에서 활동하던 미국인 선교사 새뮤얼 윌리엄스(Samuel Wells Williams)가 도중에 통역으로 동행했다.

푸차틴은 먼저 중국에 도착해 5개 항구에서 교역을 하는 문제를 놓고 청 정부와 교섭했으나 목적을 이루지 못했다.

1853년 7월 8일 페리가 미국 동인도전대를 이끌고 일본 에도 만 입구에 나타났다. 기함(旗艦)인 서스케하나(Susquehanna) 호는 2450톤의 화륜선(火輪船)[2]으로, 당시 세계 최대의 군함이었다. 이때 일본의 군함은 가장 큰 것도 100톤 정도에 지나지 않았다. 페리가 지휘하는 4척의 미국 동인도전대는 일본이 보유한 군선을 모두 합친 것보다 더 큰 규모였다.

14일 페리는 도쿠가와 막부의 12대 쇼군인 도쿠가와 이에요시(德川家慶)에게 보내는 필모어 13대 미국 대통령의 서신을 현지 관헌에게 전달하고 통상 관계 수립을 위한 교섭의 개시를 요구했다.

도쿠가와 막부는 이 서신을 접수하기로 결정했다. 이는 네덜란드를 통해 미국 함대의 위용이 어떠한지를 사전에 알았기 때문이었다. 네덜란드는 일본에 단편적이나마 세계정세에 관한 정보를 전달했고, 특히 아편전쟁이 종결된 1842년 이후에는 도쿠가와 막부의 요구에 따라 보다 상세한 정보를 일본에 제공했다. 페리의 확고한 태도와 일본의 군비 부족을 알게 된 막부 지도층은 쇄국을 유지하려고 전쟁을 하기는 어렵다고 판단했다.

---

2 화륜선(火輪船, paddle steamer)은 증기기관으로 운항되는 외륜선(外輪船)을 가리킨다. 외륜선은 스크루(screw)가 아닌 수차(水車) 모양의 외륜(外輪, sidewheel)으로 추진되는 선박을 말한다. 최초의 화륜선은 1783년 프랑스에서 건조됐다. 1818년 건조된 미국의 사바나 호(SS Savannah)는 1819년에 화륜선으로는 처음으로 대서양 횡단에 성공했다. 이후 화륜선은 원양 항해용으로 각광을 받았으나 스크루가 발명되어 이용되면서 급격히 쇠퇴했다.

미국 함대는 당황한 일본의 도쿠가와 막부가 교섭 요구에 즉시 응할 수는 없으리라는 점을 고려하여 다음 해 봄에 다시 올 것을 약속하고 7월 23일 일본을 떠나 유구(琉球: 오키나와)로 향했다. 불과 나흘 뒤인 7월 27일에 쇼군 도쿠가와 이에요시가 갑자기 사망했다.

미국 함대에 이어 8월 12일에는 푸차틴의 러시아 함대가 나가사키에 도착했다. 무력으로 일본을 위협한 페리와 달리 푸차틴은 통상조약을 체결해주면 러시아가 일본을 위해 미국의 공격을 막아주겠다고 제의하는 등 좀더 외교적으로 접근했다. 노중(老中: 쇼군 직속으로 국정을 돌보는 직책) 가운데 수좌(首座)인 아베 마사히로(阿部正弘, 1819~1857)는 200년 이상 지속돼온 관행을 깨고 전국의 다이묘들에게 개국 요구에 대한 의견과 대책을 물었다. 아베 마사히로는 영어를 아는 나카하마 만지로(中濱萬次郎)를 초빙해 필모어 대통령의 서신을 번역하게 하여 전국의 다이묘에게 보내고는 의견을 물었다.

페리 함대의 위용에 놀란 도쿠가와 막부는 한편으로는 총포와 군함 제조에 힘을 쏟았다. 페리가 내항한 직후인 8월 사가번(佐賀藩)에 대포 주조를 명령했고, 9월에는 유시마(湯島)에 총포제작소를 설치했다. 그러나 일본이 자체 제작한 총포는 서양 제국의 것과는 비교할 수 없을 정도로 그 성능이 떨어졌다.

10월 4일 오스만투르크가 선전포고하여 제정 러시아와 오스만투르크 사이에 크림전쟁(Crimean War)이 일어났다.

11월에 푸차틴은 페리처럼 회신을 받으러 이듬해 봄에 다시 오겠다고 말하고 일본을 떠나 스페인의 식민지인 필리핀의 마닐라로 향했다. 푸차틴은 도중에 유구에 들러 페리에게 일본을 개국시키기 위해 두 나라 함대가 공동으로 행동하자고 제의하기도 했다. 이는 영국과 프랑스가 크림 전쟁에 참전할 경우 '동아시아에서의 크림 전쟁'도 불가피할 것이라고 판단했기 때문이었다. 페리는 '대외관계에서 동맹관계를 일절 피한다는 미국 정부의 방침'을 내세우며 거절했다.

12월 도쿠가와 이에요시의 아들 가운데 유일하게 생존한 4남 도쿠가와 이에사다(德川家定)가 13대 쇼군으로 취임했다. 이에사다는 뇌성마비 증세가 있는 등 병약하여 실질적으로는 노중의 수좌인 아베 마사히로가 정치를 맡았다. 일본인 다이묘들은 거의 전부가 조종(祖宗)의 법인 쇄국정책은 절대로 변경할 수 없음을 강조하면서도 무력충돌은 피해야 한다는 의견을 도쿠가와 막부에 내놓았다. 그러나 구체적인 대책은 아무도 제시하지 못했다.

1854년(조선 철종 5년) 2월 13일 페리는 약속대로 다시 7척으로 증강된 함

나카하마 만지로(中濱萬次郞, 1827~1898)

일본의 막부 말기와 명치유신 시기에 영어통역 및 교사로 활동한 인물이다. 1827년 도사 번(土佐藩) 나카노하마(中濱) 마을에서 가난한 어부의 차남으로 태어났다. 부친이 일찍 사망하고 모친과 형이 병약하여 어린 시절부터 가족을 부양해야 했다. 가난하여 데라코야(寺子屋, 초등교육기관)에 다니지 못해 문맹이었다.

만지로는 1841년에 고기를 잡으러 바다에 나갔다가 조난을 당해 표류하다 5일 만에 태평양의 무인도인 도리시마(鳥島)에 동료 어부 4인과 함께 표착했다. 그뒤 143일 만에 미국 포경선 존 하울랜드(John Howland) 호에 의해 구조됐다. 만지로는 이 포경선에서 처음으로 세계지도를 보고 일본이 작은 나라인 것을 알고 크게 놀랐다. 존 하울랜드 호가 하와이 왕국의 호놀룰루에 도착하자 동료 어부 4인은 하선했다. 당시 일본인이 외국으로 가는 것은 사형에 처해질 수 있는 큰 죄였으므로 일본으로 돌아가지 않은 것이다.

만지로는 존 하우랜드 호의 선장 휘트필드(William H. Whitfield)의 호의로 본인의 희망에 따라 미국으로 가게 됐다. 만지로는 1843~1844년에 영어, 수학, 측량기술, 항해술, 조선기술 등을 배운 다음 휘트필드의 도움을 받아 포경선 프랭클린(Franklin) 호에 취업했다. 남태평양에서 포경 활동을 하던 프랭클린 호는 1847년 10월 호놀룰루에 기항했다. 만지로는 옛 동료 4인과 재회하고 일본으로 돌아가기로 결심했다.

프랭클린 호의 선장 데이비스(Ira Davis)가 정신이상으로 마닐라에 남겨지자 선원들은 새로 선장을 뽑았고, 나카하마 만지로는 부선장(First Mate)이 됐다. 프랭클린 호는 1849년 9월 미국 매사추세츠 주의 뉴 베드포드(New Bedford)에 도착한 뒤 임금을 지불했다. 만지로는 350달러를 받았다. 1848년 캘리포니아에서 금광이 발견되면서 골드러시가 일어난 상황이었으므로 만지로는 금

대를 이끌고 와서 요코하마(横浜)에 정박했다. 청나라와 달리 서양의 우월한 군사력을 정확히 인식하고 있었던 도쿠가와 막부는 강력한 무력을 배경으로 한 페리의 교섭 요구에 응했다. 페리는 망하조약과 비슷한 조약을 체결하기를 희망했고, 중국도 개국으로 큰 이익을 보고 있다며 통상관계 수립을 요구했다. 도쿠가와 막부는 가능한 한 시간을 끌려고 했다. 이에 페리는 미국 함대를 나마무기(生麦) 근처에 집결시켜 놓고 무력으로 압박했다. 막부는 수교, 표류인 보호, 2개 항구 개항에는 동의했으나 통상에는 반대한다는 입장을 밝혔다.

광채굴에 뛰어들어 1850년에 불과 몇 달 만에 600달러를 벌고는 귀국길을 모색했다.
만지로는 호놀룰루에 가서 옛 동료 2명과 함께 포경 보트 어드벤처(Adventure) 호를 구입해 상해로 가는 상선 사라 보이드(Sarah Boyd) 호에 실었다. 사라 보이드 호는 1850년 12월에 출항했는데, 만지로는 항해 중 선장의 양해를 얻어 1851년 2월 어드벤처 호를 타고 유구에 상륙했다. 만지로 일행은 사쓰마 번으로 이송되어 나가사키의 봉행소(奉行所)에서 오랫동안 심문을 받았다. 석방된 뒤에야 만지로 일행은 비로소 고향으로 돌아갈 수 있었다. 1853년 7월 페리 함대가 나타나자 9월 도쿠가와 막부는 만지로를 에도로 호출하여 신분을 하타모토(旗本)로 올려주었다. 만지로는 고향 이름을 딴 성씨를 갖게 됐고, 두 자루의 칼을 찰 수 있게 됐다.
1854년 2월 페리가 다시 오자 만지로는 통역으로 임명됐으나 간첩 의혹을 받아 페리를 직접 접촉하지는 못했다. 그러나 미일 화친조약 체결 과정에서 그가 중요한 역할을 한 것은 틀림없다. 만지로는 이후 영어회화 책 《일미대화첩경》을 집필했고 《보디치 항해술서》 등 기술서적 번역, 조선작업 지휘, 강연, 통역, 외국선박 구입 등 다양한 업무에 종사했다. 1859년 번교(藩校: 에도 시대에 번주가 무사의 자녀들을 교육하기 위해 설립한 교육기관)인 교이쿠칸(敎授館)의 교수로 임명됐지만 곧 그만두었다. 본래 미천한 신분인 그가 미국인들과 대등하게 교제하는 것을 못마땅하게 여기는 자들이 많았기 때문이다.
만지로는 1860년에 일미 수호통상조약의 비준서 교환을 위한 일본 사절단의 통역으로 함림환을 타고 도미했다. 귀국 후에는 동경대의 전신인 개성학교(開成學校)의 교수에 임명됐고, 1870년에는 보불전쟁 시찰단의 일원으로 유럽에 파견됐다. 귀국 후에는 뇌일혈을 일으켜 조용히 요양하면서 지냈다.
만지로는 정치인이 될 것을 권유받기도 했으나 일관되게 교육자로서 활동했다. 그러나 정치인들과의 교분이 깊었다. 만지로는 출세한 뒤에도 자만하는 일이 없이 겸허했고, 빈민구제 등의 일에 헌신적이었다고 한다.

2월 28일 푸차틴 함대가 마닐라에 도착했다. 그러나 영국과 프랑스가 오스만투르크를 편들어 참전할 가능성이 커진 상황이었으므로 스페인 총독이 푸차틴 함대에 퇴거하라고 명령했다. 푸차틴은 마닐라를 떠날 수밖에 없었다. 그는 휘하의 군함 4척 가운데 올리부차(Olivutsa) 호를 오호츠크 해로, 보스토크(Vostok) 호를 유구로, 멘시코프 대공(Prince Menshikov) 호를 상해로 각각 보냈다. 영국과 프랑스의 크림 전쟁 참전에 대비해 캄차카 반도 방어를 강화하는 동시에 유구 일대에 대한 해도를 작성하고 현지 정보를 수집하려는 목적에서였다. 푸차틴은 보스토크 호와 멘시코프 대공 호에 "임무를 마치면 조선의 거문도(巨文島)로 집결하라"고 지시했다. 푸차틴 자신은 기함인 팔라다 호를 이끌고 조선의 거문도로 향했다.

3월 27일 영국과 프랑스가 오스만투르크 제국을 편들어 크림 전쟁 참전을 선언했다. 3월 31일에는 도쿠가와 막부와 페리가 미일 화친조약에 조인했다. 그 주요 내용은 다음과 같다.

(1) 시모다(下田)와 하코네(箱根) 2개 항구를 개항하여 미국 선박에 석탄, 물, 식량을 보급 (2) 미국에 대해 최혜국 대우
(3) 표류 선원의 구조
(4) 영사의 주재 허용

이 조약은 통상까지 원한 미국으로서는 만족스럽지 못한 것이었다. 2개 항구는 물자만 공급할 뿐 무역항으로 개항한 것이 아니었다. 이 조약은 일본이 미국의 과도한 요구를 완화시켜 반영한 것이었다. 이는 도쿠가와 막부가 협상 과정에서 러시아의 통상 요구를 언급하며 잘 활용한 결과였다. (1855년 2월에 미국 상원이 이 조약을 비준했다.)

페리는 일본 대표단과 교섭하면서 모스 전신기(電信機), 소형 증기기관차

등 서양 과학기술의 성과인 여러 가지 발명품을 선물로 주었다. 일본은 이를 재빨리 분석하고 연구했다.

캄차카 방어를 위해 북상하던 올리부차 호가 4월 6일 독도를 발견했다. 함장은 독도의 동도(東島)에 메넬라이(Menelai), 서도(西島)에 올리부차라는 이름을 붙였다.

4월 9일 팔라다 호가 거문도에 도착해 19일까지 체류했다. 이는 1845년 영국 군함 사마랑 호에 이은 두 번째 외국 선박의 거문도 방문이었다.

거문도에 상륙한 러시아 수병들이 마을 안으로 들어가자 아녀자들은 산으로 도주하고 남자들은 몽둥이를 들고 그들의 접근을 막았다. 러시아인들은 한자로 "부녀자들은 안심하라. 우리 러시아인들은 해안을 조사하고 얼마간 산책하기 위해 왔다"라고 써 보였다. 푸차틴은 조선인들을 배로 초대해 홍차, 빵, 비스킷, 럼주 등을 대접했다. 푸차틴은 또한 조선 정부에 개항을 요청하는 내용의 공문을 제출했다. 보스토크 호의 함장인 림스키 코르사코프(Rimski

전신기

모스 부호 등 전류변화에 의한 신호를 전선으로 원격지에 보내고, 부속기계(음향기)에 의하여 신호를 귀로 들을 수 있는 형태로 수신하는 통신장치.

미국의 화가인 새뮤얼 모스는 1832년 유럽에서 미술을 공부하고 귀국하는 배에서 전자석을 보고 전신(電信, electric telegraph)이라는 개념을 착상했다. 그는 1838년에 모스 부호를 개발했고, 이를 토대로 1844년에 워싱턴과 볼티모어 사이에 전신선이 개통되어 전신이 실용화됐다. 1851년에는 영국과 프랑스 사이에 해저전선이 부설됐고, 1866년에는 미국과 유럽을 연결하는 해저전선이 부설됐다. 이어 1870년에는 인도와 유럽 사이에 1만km나 되는 해저전선이 부설됐고, 1872년에는 오스트레일리아까지 해저전선이 부설되어 전 세계에 걸쳐 실시간으로 정보의 전송이 가능하게 됐다.

이후 에디슨이 전신기를 개량하여 그 성능을 대폭 향상시켰다. 그는 1871년에 자동중계기와 인자전신기(印字電信機)를 발명했고, 1872년에는 2중전신기, 1874년에는 4중전신기와 6중전신기를 발명했다. 이로써 전신선 한 가닥당 이용효율이 높아져 회선을 절약할 수 있게 됐다.

Korsakov)는 훗날 거문도의 경치가 매우 아름답고 물이 매우 깨끗하고 맑았다고 회상했다.

거문도에서 합류한 푸차틴 함대는 19일 거문도를 떠나 20일 다시 나가사키에 입항했다. 영국 함대가 추격해 오고 있었으므로 푸차틴 함대는 조약 체결을 요구하는 각서(覺書)[3]를 현지 관리에게 전달하고는 황급히 일본을 떠났다.

푸차틴 함대는 한반도의 동해안을 따라 북상했고, 영일만에 이르러 팔라다 호 함장의 이름을 따서 그곳을 '운코프스키 만'으로 명명하기도 했다. 북상을 계속한 푸차틴 함대는 5월 초순에 함경도 영흥부(永興府)의 대암진(大巖津)에 도착했다. 푸차틴은 영흥만에 자신의 상관이었던 라자레프 제독을 기념하여 '라자레프 만'이라는 이름을 지어 붙였다. 팔라다 호는 두만강 어귀에서도 수역을 측량했다. 푸차틴은 일본으로 돌아가지 못하고 영국과 프랑스 함대의 공격에 대비하여 아무르 강 연변과 캄차카 반도를 방위하는 데 몰두했다.

8월 29일 영국의 프라이스(David Price) 해군 소장이 지휘하는 영국-프랑스 연합 함대가 캄차카 반도의 아바차 만(Avacha Bay)에 나타났다. 연합 함대는 31일부터 9월 4일까지 여러 차례 상륙을 시도했으나 실패하고 9월 7일 철수했다.

9월 영국-프랑스-오스만투르크 연합군이 크림 반도에 상륙하여 러시아 흑해함대의 기지인 세바스토폴 요새를 포위하기 시작했다.

9월 7일 영국 동인도함대 사령관 스털링(James Stirling)은 군함 4척을 이끌고 나가사키에 입항했다. 그는 일본이 러시아와 수호조약을 체결할 것을 우려하여 도쿠가와 막부에 일본의 중립을 요구했는데, 통역이 정확히 그 요구를

---

3 각서(覺書, memorandum)는 특정 주제에 관한 회담의 내용이나 국가정책의 대의를 기록한 간략한 문서 또는 통신문이다. 약식 문서이기는 하지만 공식 문서의 효력을 지닌다. 이처럼 국가 간의 합의를 나타내는 문서는 조약이나 협정과 같은 구속력을 갖는다. 각서는 양해각서(Memorandum of Understanding), 합의각서(Memorandum of Agreement), 기본약정(Memorandum of Association) 등으로 구분된다.

이해하지 못해 궁여지책으로 미일 화친조약과 같은 내용의 조약 체결을 제의했다. 스털링이 이를 받아들여 10월 14일 영일 화친조약이 체결됐다(조약 체결은 스털링의 권한을 벗어난 일이었으나 영국 정부가 사후에 이를 추인했다).

11월 영국 함대의 추격을 피해 비밀리에 일본의 시모다 항에 입항한 푸차틴은 1855년 2월 7일 러일 화친조약을 체결하는 데 성공했다. 그 주요 내용은 다음과 같다.

(1) 하코다테, 나가사키, 시모다 등 3개 항구를 열고 통상한다.
(2) 하코다테와 시모다에 러시아 영사관을 설치한다.
(3) 사할린은 공유하고, 쿠릴 열도는 우루프(Urup) 섬 이북은 러시아 영토, 이투루프(Iturup) 섬은 일본 영토로 한다.

1855년 5월 말 영국 태평양함대 사령관 브루스(Henry William Bruce) 해군 소장이 지휘하는 12척의 영국–프랑스 연합 함대가 아바차 만에 다시 도착했고, 병사들이 상륙하여 캄차카 반도의 러시아 요새인 페트로파블로프스크에 무혈입성했다. 방어가 불가능하다고 판단한 동시베리아 총독 무라비요프가 이미 병력을 철수시켰기 때문에 무혈입성이 가능했다.

이렇듯 동해에 유럽 열강의 함대가 출몰하는데도 세도정치로 어지러운 조선에서는 무슨 일이 벌어지고 있는지를 전혀 알지 못했다.

페리가 일본과 화친조약을 체결했다는 소식을 들은 프랑스의 나폴레옹 3세는 세실(Jean Baptiste Thomas Cecille) 제독을 대표로 하는 사절단을 일본에 보내 11월 24일 화친조약을 체결했다.

1856년 1월 도쿠가와 막부는 이전부터 통상관계를 유지해오던 네덜란드와 새로이 근대적인 화친조약을 맺었다. 이 조약은 데지마를 벗어나 희망하는 지역으로 여행할 수 있는 자유를 네덜란드인에게 보장했다. 또한 일방적인 영사재판권을 인정하고 일본이 다른 나라에 항구를 개방하는 경우 네덜란드도 동일한 권리를 갖는다는 최혜국대우 조항을 두었다.

일본은 이렇게 서양 열강과 잇달아 조약을 체결하여 그동안 200년 이상 지속된 쇄국의 벽이 일부 무너졌다. 그러나 화친조약만 체결된 것일 뿐 경제교역을 위한 통상조약은 체결되지 않았다.

국내의 반대 여론에도 불구하고 도쿠가와 막부가 서양의 군사적 위협에 굴복하여 문호를 개방하자 이를 비난하고 서양세력을 배척하자는 양이론(攘夷論)이 일어났다. 또한 요시다 쇼인(吉田松陰)을 중심으로 무사계급 일부에서는 "조선을 정복하여 금, 은, 물산의 이익을 취하여 서양과의 무역에서 입은 손실을 메우자"는 정조론(征朝論)이 일어나기 시작했다.

요시다 쇼인(吉田松陰, 1830~1859)

에도 막부 말기의 사상가, 교육자로 1830년 조슈번(長州藩) 하급 무사의 차남으로 태어났다. 1834년 숙부인 요시다 다이스케(吉田大助)의 양자가 됐다. 1835년 숙부가 죽은 뒤 또 다른 숙부인 다마키 분노신(玉木文之進)이 세운 쇼카손주쿠(松下村塾)에서 공부했으며, 11세 때 번주(藩主)에게 어전강의(御前講義)를 하여 그 재능을 인정받았다. 1850년 서양의 군사학을 배우기 위해 나가사키에 유학했고, 이듬해 에도로 가서 난학자 사쿠마 쇼잔(佐久間象山)에게 난학을 배웠다.

1853년 미국의 페리 제독이 함대를 이끌고 와서 개항을 압박할 때 스승인 사쿠마 쇼잔과 함께 미국 함대를 시찰하고 큰 충격을 받아 해외유학을 결심했다. 동향 친구인 가네코 지게노스케(金子重之輔)와 함께 나가사키에서 러시아 군함에 몰래 들어가 밀항하여 해외유학을 떠나려 했으나 실패했다. 1854년 페리 제독이 이끈 함대의 압박으로 미일 화친조약이 체결되자 정박 중인 미국 군함에 승선하여 밀항하려 했지만 또 다시 실패하여 투옥됐다. 조슈번으로 이송된 뒤에 감옥 안에서 밀항 시도의 동기와 그 사상적 배경 등을 담은 《유수록(幽囚錄)》을 썼다.

이 책에서 그는 이렇게 주장했다. "무비(武備)를 서둘러 군함과 포대를 갖추고 즉시 홋카이도를 개척하여 제후(諸侯)를 봉건(封建)하여 기회를 보아 캄차카와 오호츠크를 빼앗고, 유구와 조선을 정벌하여 옛날의 성세를 되찾아야 한다. 북으로는 만주를 얻고, 남으로는 대만과 필리핀 제도를 노획하여 진취적인 기세를 드러내야 한다. … 우리가 러시아, 미국과 강화한 것은 이미 결정된 일이

1856년 8월 초대 주일 미국 총영사 해리스(Townsend Harris, 1804~1878)
가 부임하여 도쿠가와 막부와 협상하고 9월 시모다에 영사관을 설치했다. 이
어 그는 통상조약 체결을 위해 에도에 들어가 쇼군과 담판하겠다고 요구했다.
도쿠가와 막부가 다이묘들에게 의견을 물었는데, 이들은 통상조약 체결이 불
가피하다고 보았다.

태평천국의 난

아편전쟁 이후 청의 농민은 더욱 궁핍해졌다. 재정 잉여분도 아편전쟁으로 바

므로 우리 측에서 먼저 조약을 어겨서 오랑캐에게 신임을 잃어서는 안 된다. 다만, 규칙을 엄격히
하고 신의를 두텁게 함으로써 이 사이에 국력을 길러 쉽게 얻을 수 있는 조선, 만주, 중국을 차지
해 굳게 지켜야 한다. 무역에서 러시아와 미국에 대해 손해를 본 것은 반드시 조선과 만주의 토지
로 보상받아야 한다.”

　또한 요시다 쇼인은 서양이 제작한 지도에서 독도를 발견하고는 대나무가 자라지 않는 독도에
다케시마(竹島)라는 이름을 지어 붙이고 일본 영토라고 주장했다.

　그는 1855년에 석방됐으나 영지(領地)에 유폐(幽閉)한다는 처분을 받았다. 1857년 숙부가 운영
하던 글방의 이름을 물려받아 영지에 쇼카손주쿠를 열었다. 여기서 다카스기 신사쿠(高杉晉作), 구
사카 겐즈이(久坂玄瑞), 기도 다카요시(木戸孝允), 이토 히로부미(伊藤博文), 야마가타 아리토모(山
縣有朋) 등 뒷날 명치유신의 주역이 되는 지도자들이 다수 나왔다.

　1858년 미일 수호통상조약이 조정의 허락 없이 체결되자 각지에서 막부 타도 운동이 활발히 전
개됐다. 요시다 쇼인도 막부의 고위관리 마나베 아키카츠(間部詮勝)를 암살하려 했으나 제자인 구
사카 겐즈이 등이 동조하지 않아 실행하지 못했다. 막부가 반대세력을 대대적으로 탄압하는 이른바
‘안세이(安政)의 대옥(大獄)’ 이 시작되면서 그는 투옥됐고, 1859년 11월 21일 에도에서 처형됐다.

　이토 히로부미 등 그의 제자들은 대부분 명치유신 이후 일본 정부에서 중심적인 역할을 했다.
홋카이도 개척과 유구의 일본 영토화, 조선의 식민지화, 만주와 대만, 필리핀 영유 등을 주장한 요
시다 쇼인의 사상은 일본의 대외정책에 큰 영향을 끼쳤으며, 오늘날 일본 우익에도 일정한 영향을
끼치고 있다.

닥이 나 청은 황하나 양자강 치수공사를 소홀히 하게 되어 자연재해가 심해졌고, 난민을 구제할 자금도 지출할 수 없었다. 홍수전(洪秀全)이 태평천국을 건설할 수 있었던 것은 이러한 상황과 깊은 관련이 있었다.

홍수전은 1814년 중국 광동성 화현(花縣)의 중농 객가(客家) 가정에서 태어났다. 객가는 광동의 원주민이 아니라 본래 황하 유역에 살던 한족 가운데 5호 16국의 혼란기에 강남으로 이주한 집단으로 고유의 풍습을 유지했다. 광동과 광서에는 객가가 많았다. 이들은 광동·광서인과 언어, 풍속 등이 달라 대립하는 사이였다. 마을에서 수재로 이름난 홍수전은 1827년 동시(童試: 국립학교 입학시험)의 1단계인 현시(縣試)에 합격했다. 그러나 최종단계인 원시(院試)에서는 낙방을 거듭했다.

중국에서는 명나라 때부터 과거를 볼 수 있는 자격자는 생원(生員: 국립학교 학생)에 한정되어 과거 지망자는 모두 동시를 쳤다. 동시는 3년에 2회 정도 치러졌고, 현에서 행해지는 현시(縣試), 부에서 행해지는 부시(府試), 최종시험인 원시(院試) 등 모두 3단계로 구성됐다. 국립학교로는 수도에 태학(太學), 지방에 부학(府學), 주학(州學), 현학(縣學)이 있었다.

1836년 광주에서 치러진 원시에서 낙방한 홍수전은 거리에서 얻은 기독교 전도용 팸플릿인 《권세양언(權世良言)》을 대략 통독하고 서가에 꽂아두었다. 1837년에 다시 동시에 낙방한 홍수전은 충격을 받아 열병에 걸렸는데, 병석에서 금발에 검은 옷을 입은 노인이 나타나 '악마를 절멸하라' 고 지시하는 환상을 보았다. 그 뒤에도 동시를 준비하다가 아편전쟁이 끝난 다음해인 1843년 동시를 쳐서 또 다시 낙방했다. 그는 좌절과 분노 속에서 《권세양언》을 정독하고 그 내용을 6년 전에 본 환상과 결부시켜 상제교(上帝敎)를 창시했다.

아편전쟁 이후 광동성과 광서성은 홍수 피해가 심해졌고 치안도 매우 문란해졌다. 아편전쟁 때 광동 지방에서 다수의 향용이 모집됐는데, 이들은 전후에 해산되자 광동과 광서 지역을 떠도는 무뢰배가 됐다. 향용은 대개 떠돌이

유민이 지원했는데, 해산된 뒤에도 무기를 반납하지 않고 몰래 가지고 나가 유구(流寇) 노릇을 했다. 또한 남중국해에서 활동하던 해적들이 영국 해군에 쫓겨 광동과 광서 지역의 강으로 들이닥쳐 치안불안을 부채질했다. 그런가 하면 개항장이 된 강소성의 상해가 번영하여 광주는 이전의 영화를 잃고 각종 무역 관계자들이 실직자가 되어 사회불안 요소가 됐다. 이러한 환경 속에서 홍수전의 상제회는 광서성에서 신도를 늘렸다.

상제교의 우상파괴 운동으로 상제교와 향신 계급 사이에 충돌이 격화되는 가운데 홍수전은 1850년 봄부터 2만여 신도와 더불어 거병을 준비했다. 홍수전은 38세 되는 생일인 1851년 1월 11일 태평천국(太平天國) 건설을 선포하고 3월에는 정식으로 천왕(天王)이라 자칭했다. 그는 1851년 8월 양수청(楊秀淸)을 중군주장(中軍主將), 소조귀(蕭朝貴)를 전군주장(前軍主將), 풍운산(馮雲山)을 후군주장(後軍主將), 위창휘(韋昌輝)를 우군주장(右軍主將), 석달개(石達開)를 좌군주장(左軍主將)으로 정하여 지휘체계를 정비했다.

태평군은 9월 소도시 영안(永安)을 점령했으나 청군에 포위됐다. 12월 홍수전은 양수청을 동왕(東王), 소조귀를 서왕(西王), 풍운산을 남왕(南王), 위창휘를 북왕(北王), 석달개를 익왕(翼王)에 봉했다.

1852년 4월 초 태평군은 영안을 빠져나가 광서성의 성도(省都)인 계림(桂林)을 공격했으나 함락하지 못했다. 6월 태평군은 호남성으로 진출하여 빈농과 유민을 규합하고 북상했다. 태평군은 가는 곳마다 관청과 관리, 거상, 지주의 집을 습격하여 재물을 약탈했고, 도교의 신상이나 공자상은 우상이라 하여 철저히 파괴했다. 태평천국은 멸만흥한(滅滿興漢)을 호소하고 '3년 동안 토지세 면제', '세금을 적게 하고 빈부를 균일하게' 등의 구호를 내걸어 민중의 지지를 얻었다.

진군 중 6월에 남왕 풍운산, 9월에는 서왕 소조귀가 전사했다. 12월 하순 태평군은 한양(漢陽)과 한구(漢口)를 점령했다. 여기서 민간 선박 5천 척을 얼어 수군을 건설했다. 1853년 1월 태평군이 호북성의 성도 무창(武昌)을 점령하자 호남성과 호북성의 농민이 대대적으로 호응하여 태평군 세력은 50만 명으로 늘어났다. 태평군은 2월 무창을 포기하고 양자강을 따라 수륙으로 동진하여 구강(九江), 안경(安慶), 무호(蕪湖)를 연이어 점령했다. 3월 8일 선봉대가 남경에 이르렀고, 70만 명이 넘는 대군이 남경을 포위했다. 3월 19일 성벽을 폭파하고 입성하여 양강총독 육건영(陸建瀛)을 죽이고 3월 20일 남경의 청군을 몰살시켰다.

홍수전은 남경을 수도로 정하고 천경(天京)으로 개칭했다. 4월 하순 주청 영국 공사이자 홍콩 총독인 본햄(George Bonham)이 군함을 타고 남경을 방문해 서양 열강에 대한 태평천국의 태도를 파악했다. 북왕 위창휘, 익왕 석달개와 회견한 본햄은 태평천국이 성공하면 선교와 통상은 인정할 것이나 아편은 엄금할 것이라고 본국에 보고하고 중립을 지킬 것을 주장했다. 서양 상인은 청과 태평천국 양측에 무기와 탄약을 판매했다.

홍수전은 토지의 국유화와 경작지의 균등 할당을 공포했으나 팽창된 군대와 관료를 부양할 필요 때문에 지주제를 승인했다. 태평천국의 지도부는 모두 객가 출신이었다. 홍수전과 풍운산은 과거에 응시했던 서생이었고, 양수청과 소조귀는 숯구이패 두목 출신으로 문맹이었다. 위창휘와 석달개는 대부호 출신으로 어느 정도 한문을 읽고 쓸 수 있었다. 이에 따라 홍수전과 풍운산이 정책, 양수청과 소조귀가 군사, 위창휘와 석달개가 재정을 각각 담당했다.

태평천국이 남경에 수도를 세우자 이에 호응하여 본격적으로 염군(捻軍)의 반란이 시작됐다. 염(捻)은 무리를 의미하는데 그 기원은 1804년에 진압이 완료된 백련교도의 반란으로 올라간다. 그 반란군 잔존자와 반란 진압에 향용으로 동원됐다가 귀향한 빈민들은 하남성, 안휘성, 강소성, 산동성 지역에서 수십, 수백 명씩 무리지어 비적 활동이나 소금 밀매로 먹고 살았다. 염군은 지주, 향신, 대상인, 고리대금업자를 공격대상으로 삼았고, 약탈물의 일부를 빈민에게 나눠주기도 했다. 아편전쟁 이후 염군의 반관(反官)적 성격이 뚜렷해졌다. 태평군의 활동으로 자위를 위한 향촌의 무장화가 추진되자 염은 향촌의 유력자를 수령으로 삼게 됐다. 염군은 향촌을 보호하며 주변 약탈과 귀향을 주기적으로 반복했다. 1852년에 수령 18명이 연합하여 장락행(張樂行)을 지도자로 추대했다. 염군의 전술은 기병대를 주축으로 기동성을 발휘하여 유격전을 벌이는 것이었다.

태평군에 의해 청의 정규군인 팔기와 녹영이 궤멸 상태에 빠지자 각지에서 향용과 단련이 만들어졌고, 청의 함풍제(咸豐帝, 재위 1850~1861)도 향신과 지방관에게 향용과 단련의 결성을 명령했다. 호남성 상향현(湘鄕縣)의 지주 출신인 증국번(曾國藩, 1811~1872)이 조직한 상용(湘勇)은 향용 가운데 하나였고, 나중에는 상군(湘軍)이라 했다. 증국번은 진사(進士) 급제 후 한림학사, 예부우시랑, 병부우시랑 서리를 역임했는데, 1852년 모친상으로 귀향했다(조선의 진사는 소과 급제자였지만 청의 진사는 최종 급제자였다). 고향에는 이미 단련이 만들어져 있었다. 1852년 12월 함풍제는 증국번을 단련을 감독하는 단련대신으로 임명했다. 1853년 초에는 안휘성, 강소성 등에도 단련대신이 임명됐다. 증국번은 향촌 보위를 목적으로 하는 단련으로는 태평군을 당해낼 수 없음을 잘 알고 있었다. 그는 단련을 통합하여 새로이 성 단위의 향용인 상군을 만들었다. 성 단위의 비정규군이 창설되고 청 조정이 이를 승인한 것은 그만큼 정규군인 팔기와 녹영이 무능했기 때문이다.

향용을 모집하면 신원불명에 주소가 없는 유민이 모여들었으므로 군사적 가치는 별로 없었다. 그래도 민란이 일어났을 때 향용을 모집하면 민란을 진압하는 데 효과가 있었다. 민란에 가담할 만한 무리가 급여를 받으려고 향용에 들어오기 때문이었다. 그러나 증국번이 모집한 상군은 달랐다. 증국번은 고향의 학식 있는 자들과 그 제자들을 장교로 임명했고, 장교들은 각자 자기가 신뢰하는 자를 하사관으로 삼았다. 증국번은 일반 병졸도 '시정잡배 기질이 있는 자’ 와 ‘관리 기질이 있는 자’ 는 제외하고 ‘질박하고 농부다운 자’ 만을 뽑았다. 상군은 훈련도 엄격하고 급여도 녹영의 2배, 일용노동자의 10배나 되었다.

상군은 처음에는 과거급제, 관료직함 등의 증서를 판매하여 재정을 충당했다(청 조정은 이러한 군자금 마련 방안을 허가했다). 그러나 점차 이금(釐金: 1853년 신설된 중국 내지의 상품 통관세)이 상군의 주요 수입원이 됐다.

1853년 5월 태평군은 북경을 향한 북벌을 개시했고, 6월에는 양자강 상류 지역으로 서정(西征)도 시작했다.

북벌하는 태평군은 병력 2만 명에 지휘관은 천관부승상(天官副丞相) 임봉상(林鳳祥), 지관정승상(地官正丞相) 이개방(李開芳), 춘관부승상(春官副丞相) 길문원(吉文元)이었다. 북벌군은 지름길로 북경으로 질주하고 도중에 성을 함락하는 데 시간을 허비하지 말라는 지시를 받았다. 북벌군은 5월 황하를 건너 온현(溫縣)을 함락하고 회주(懷州)를 포위했다. 회주에서는 성 안팎에 있는 청군과 2개월간 대치했다. 7월 23일 북벌군은 포위를 풀고 서진하여 산서성으로 들어가 평양(平陽), 홍동(洪洞), 여성(黎城)을 거쳐 동진하여 형태(邢台)를 함락했다. 청군과 교전하게 되자 진공의 방향을 바꾸어 천진을 목표로 정했다. 헌현(獻縣), 교하(交河)를 함락하고 대운하를 따라 북상하여 창주(滄州)와 청현(靑縣)을 함락했다. 1853년 10월 천진 근교까지 이르렀으나 흠차대신 승보(勝保), 대장군 면유(綿愉), 참찬대신(參贊大臣)인 몽고 귀족 셍게 린첸(僧格林沁)이 인솔한 군사가 앞뒤에서 포위 공격했다. 1854년 1월 포위망을 뚫고 후퇴했으나 3월 셍게 린첸에게 큰 타격을 입었다. 산동성으로 들어간 북벌군은 악전고투하면서 버텼으나 1855년 4월 산동성에서 셍게 린첸에게 전멸당했다. 이 공으로 셍게 린첸은 친왕(親王)으로 봉해졌다.

서정군 파견은 남경에 이르는 동안 점령하거나 포기한 지역을 안정적으로 지배하려는 것이었다. 1천여 척의 전함과 2만 명의 보병으로 구성된 서정군은 양자강을 거슬러 올라가 6월 안경(安慶)을 함락하고 남창(南昌)을 포위했다. 남창을 3개월간 포위했으나 함락하지 못하자 후퇴하여 군을 둘로 나누었다. 석상정(石祥禎)이 인솔하는 부대는 호북 점령을 목표로 나아가 9월 구강(九江)을 함락했다. 호이황(胡以晃)이 지휘하는 부대는 안휘성 북부로 진격하여 동성(桐城)과 서성(舒城)을 점령했다. 계속 청군 수만을 격파하고 안휘성의 성도 합비(合肥)를 함락했다. 1854년 1월 황주(黃州)에서 수륙으로 진공해오는 청군을 격파하고 호광총독 오문용(吳文熔)을 죽였다. 2월에는 한양과 한구를 점령했으나 4월 정항(靖港) 전투에서 증국번의 상군에 패해 악주(岳州)를 포기하고 호남성으로 후퇴했다. 상군은 10월 호북성의 무창과 한양을 탈환했다. 그래도 익왕 석달개가 1855년 초 상군과 전투하여 승리하여 무창을 수복하는 등 태평천국은 1856년 중반까지는 군사적으로 우세했다.

2차 아편전쟁과 일본의 통상조약 체결

아편전쟁으로 영국은 청과 불평등조약을 체결했으나, 청에 대한 영국의 수출은 조약 체결 이후 몇 년 동안에만 급증했을 뿐 1846년부터 약 10년 동안은 거의 늘어나지 않았다. 청의 영국 제품 수입은 네덜란드의 영국 제품 수입액의 2분의 1에 불과했다. 영국 자본가들은 이를 청의 제도적 장벽 탓이라고 보았다. 이에 따라 영국은 청에 조약의 개정을 여러 차례 요구했으나 청 조정은 거부했다. 이에 영국에서는 무력을 사용해서라도 조약의 개정을 강요해야 한다고 생각하는 자들이 늘어났다. 이러한 견해를 가진 파머스턴이 1855년 2월 영국 수상이 됐다. 1856년 3월 파리 조약으로 크림 전쟁을 종결한 파머스턴은 청과 전쟁을 벌일 구실을 찾았다.

1856년 10월 8일 광동성 광주에서 청의 관헌이 정박 중인 청의 화물선 애로(Arrow) 호의 선원 12명을 해적 혐의로 체포했다. 이것이 '애로 호 사건'인데, 오랫동안 청을 상대로 전쟁을 벌일 구실을 찾고 있었던 파머스턴은 기회를 유럽에서 외교사절(diplomatic envoy)의 서열에 대한 논란이 끊이지 않아 1815년 빈 회의에서 외교사절을 특명전권대사(extraordinary and plenipotentiary ambassador), 특명전권공사(extraordinary and minister plenipotentiary), 변리공사(辨理公使, minister resident), 대리공사(代理公使, charge d' affaires) 등 4가지 등급으로 구분하게 됐다.

대사(大使)와 공사(公使)는 좌석의 차례나 의전에 관한 경우를 제외하고는 차별받지 않으며 향유하는 외교특권도 동일하다. 2차 세계대전 이전에는 최고등급 외교관인 대사는 거의 없었고 대부분 공사였다. 1961년 빈 외교관계법 회의에서는 외교사절을 대사, 공사, 대리공사의 3가지로 나누었다. 현재는 국가를 대표하는 외교사절은 거의 모두 대사다.

놓치지 않았다.

애로 호는 중국인 소유였고, 그 선원들도 중국인이었다. 단지 선장이 영국인이었고, 선적(船籍)이 홍콩이었다. 그러나 선적도 등록 만기가 11일이나 지난 상태였다. 애로 호 사건이 일어나자 광주 주재 영국 영사 파크스(Harry Smith Parkes, 1828~1885)가 재빨리 행동에 나섰다.

파크스는 10월 22일 홍콩으로 가서 청 주재 영국 전권공사 겸 홍콩 총독 보우링(John Bowring) 및 동인도함대 사령관 세이무어(Michael Seymour)와 장시간 회담하여 무력행사를 결정했다. 23일 세이무어가 인솔한 영국 군함 3척이 광주를 공격하기 시작하여 27일에는 양광총독 관저를 파괴했다. 이것이 2차 아편전쟁(The Second Opium War), 즉 2차 중영전쟁(The Second Anglo—Chinese War)의 시작이었다.

중국 연안을 항해하다가 영국 군함의 광주 공격 소식을 듣게 된 미국 군함 포츠머스(Portsmouth) 호와 레반트(Levant) 호는 해군 육전대(해병대) 150명을 광주에 상륙시켰다. 이 두 군함은 미국 교민을 보호하는 임무를 맡고 있었다.

이어 미국 동인도전대 사령관 암스트롱(James Armstrong)이 기함 샌 하신토(San Jacinto) 호를 타고 광주에 입항했다.

11월 15일 미국 해군은 광주에서 철수했다. 포츠머스 호의 함장인 해군 중령 앤드루 푸트(Andrew Hull Foote)가 소형 보트를 타고 포츠머스 호로 가는데 주강(珠江) 포대가 포격했다. 이에 대한 보복으로 16일 미국 군함 3척이 광주의 연안 포대 4곳에 포격했다. 미국과 청의 관리들은 협상으로 문제를 해결하려 했으나 협상은 20일 결렬됐다. 미국 군함 3척은 또 다른 광주 연안 포대 2곳을 포격하고 병력 287명이 상륙하여 포대 한 곳을 점령했다. 양광총독 섭명침(葉名琛)은 3천 명의 병력을 동원해 반격했다. 격전 끝에 24일 미군이 청군을 격퇴했다. 이 9일간의 교전에서 청군의 사상자는 약 500명이었고, 미국 해군에서는 11명이 전사하고 38명이 부상을 입었다. 미국 정부와 청 정부는 다시 협상을 벌여 청과 영국의 분쟁에서 미국이 중립을 지킨다는 내용의 협정을 체결했다.

수에서 열세인데다가 민중의 저항이 거셌으므로 파크스는 1857년 1월 일단 광주에서 철수하고 증원군을 기다렸다. 파크스의 보고를 받은 영국의 파머스턴 내각은 청과 전쟁하기로 결정하고 1857년 2월 하순에 원정군 파견안을 의회에 제출했다. 이 안이 3월 3일 하원에서 부결되자 파머스턴은 의회를 해산하고 총선을 실시했다. 파머스턴 수상은 총선에서 압승함으로써 원정군을 보낼 수 있게 됐다. 파머스턴 내각은 프랑스에 공동 파병을 제의했고, 프랑스의 나폴레옹 3세가 이에 동의했다. 프랑스는 1856년 2월 광서성에서 일어난 프랑스 선교사 샤들렌(Auguste Chapdelaine) 살해 사건을 파병의 구실로 삼았다.

고등판무관(High Commissioner)으로 임명된 엘긴(James Bruce Elgin) 백작이 이끄는 영국군 5천 명이 5월 영국을 출발했다. 이때 영국의 고등판무관은 전권대사와 동격으로 특별한 외교임무를 처리하는 직위였다. 나폴레옹 3세는 주영 프랑스 대사인 그로(Jean Baptiste Louis Gros) 남작을 대표로 임명했다.

영국과 프랑스는 미국과 러시아에도 공동 출병을 제의했으나, 이 두 나라는 파병하지 않고 조약 개정 교섭에만 참여하기로 했다. 미국은 리드(William B. Reed), 러시아는 푸차틴을 각각 대표로 보냈다.

이때 러시아와 청은 흑룡강 유역에서 영토분쟁을 벌이고 있었다. 1854년 5월 러시아는 1차 아무르 강(흑룡강) 남하를 계기로 만주 북부에 대해 식민(植民)을 적극 추진했다. 이 일은 동시베리아 총독 무라비요프가 담당했다. 러시아는 1856년에는 4차 아무르 강 남하를 시도했다.

1856년 9월 태평천국 지도부 내 권력투쟁으로 북왕 위창휘가 동왕 양수청과 그 무리 2만 명을 학살하는 일이 벌어졌다. 이에 익왕 석달개가 군사를 정돈하여 북왕을 공격하러 했고, 홍수전도 북왕의 전횡에 반발했다. 홍수전은 군을 동원하여 11월 북왕을 살해했다. 홍수전은 석달개를 남경에 맞아들여 군권을 일임하고 회유했다. 그러나 홍수전에게 암살될 것을 우려한 석달개는 1857년 5월 말 자신을 추종하는 군사 20만 명을 거느리고 남경을 떠나 독자적 활동을 시작했다. 이로써 태평천국이 시작될 때의 수뇌부 6인 가운데 홍수전만 남았다. 홍수전이 평범한 두 형 홍인발(洪仁發)과 홍인달(洪仁達)에게 실권을 위임하여 태평천국은 홍수전 일족의 사유물이 됐다. 그래도 태평군 병사에서 군사 지도자로 성장한 진옥성(陳玉成)과 이수성(李秀成)이 있어 태평천국은 버틸 수 있었다.

1857년부터는 태평군과 염군이 종종 합동작전을 수행하기도 했다. 1857년 3월 장락행은 태평군의 진옥성과 더불어 회남(淮南) 전투에 참전했고, 여름에는 안경 방어전에 참가했다.

초대 주일 미국 총영사 해리스가 도쿠가와 막부와 꾸준히 교섭하여 1857년 6월 17일 시모다 조약을 체결했다. 이 조약에는 시모다와 하코다테에 미국 상인이 거주하고 미국 영사가 주재하는 것을 허용하고 개항장에 대한 미국의 영사재판권을 인정하는 등의 내용이 담겼다. 그런데 해리스는 이 조약을 미흡하다고 간주하고 더 광범위하고 포괄적인 통상권을 얻으려 했다. 이를 위해 그는 막부의 고위 당국자와 담판하려고 에도 방문을 강경히 요구해 마침내 동의를 얻었다.

11월에 영국 원정군과 프랑스 원정군이 홍콩에서 합류했다. 리드와 푸차틴도 홍콩에 도착했다.

11월 30일 에도에 도착한 해리스는 12월 7일 쇼군 도쿠가와 이에사다를 만나 14대 미국 대통령 피어스(Franklin Pierce)의 친서를 전달한 데 이어 12일 막부의 실력자인 노중 수좌 홋타 마사요시(堀田正睦, 1810~1864)와 회견했다. 이 자리에서 해리스는 영국의 청에 대한 침략정책의 본질을 설명하고 영국이나 프랑스가 무력으로 통상을 요구하기 전에 미국과 평화적으로 통상조약을 체결하는 것이 일본에 유리하다고 설명했다. 아울러 일본이 쇄국을 고집한다면 자신은 귀국하지 않을 수 없고 다음에는 함포가 오게 될 것이라고 협박했다. 이에 막부는 통상조약 체결을 위해 해리스가 작성한 16개 조항의 초안을 기초로 교섭을 진행했다.

12월 12일 영국과 프랑스는 광주 입성, 조약 개정, 손해 배상을 내용으로 하는 최후통첩을 양광총독 섭명침에게 보냈다. 섭명침이 거부하자 28일 영국-프랑스 연합군 5700명이 공격을 개시해 29일 광주를 점령했다. 1858년 1월 6일 연합군이 섭명침을 사로잡았다(섭명침은 캘커타로 이송됐고, 1859년 4월 14일에 병사했다).

1858년 1월 25일부터 해리스가 작성한 16개 조항의 초안과 무역장정 6칙을 기초로 교섭이 진행되어 2월 25일 조약안이 완성됐다. 그러나 도쿠가와 막부는 조약 체결을 주저했다. 막부체제에서 일본 국왕은 쇼군에 연금된 상태였고, 모든 권력은 쇼군에게 있었다. 그러나 권력기반인 무력이 약화되어 외적의 침입을 격퇴하지 못한 상황에서 지방 영주에 대한 통제력도 약화된 도쿠가와 막부는 조약 체결을 위해 경도(京都)에 있는 천황의 칙허를 얻어야 한다고 결정했다. 이는 막부의 허약함을 드러낸 것이었다. 홋타 마사요시는 경도로 향했다.

1858년 2월 영국, 프랑스, 미국, 러시아 4개국 대표들은 공동협상을 거쳐 각국 공사의 북경 주재, 개항장의 증설, 내지(內地)에서의 자유로운 여행과 선교 등을 내용으로 하는 조약개정 교섭을 상해에서 하자고 요구했다. 태평천국 진압에 몰두하느라 서양 열강의 요구에 대처할 여유가 없는 청 왕조는 영국, 프랑스, 미국에는 신임 양광총독 황종한(黃宗漢)과 광주에서 협상하라고, 러시아에는 흑룡강 유역으로 가서 흑룡강 장군 혁산과 협상하라고 응답했다. (청에서 만주는 특수 행정구역으로, 총독이나 순무가 아닌 장군이 민정과 군정을 관할했다. 청은 만주를 3분하여 흑룡강 장군, 성경 장군, 길림 장군을 배치했다.)

이에 4개국 대표가 20여 척의 군함을 이끌고 북상하여 천진(天津)의 외항(外港)인 대고(大沽) 앞바다에 머물며 교섭을 강요했다. 4월에 직예총독이 대고에 파견됐으나 영국과 프랑스 두 나라 공사는 그가 전권대사 자격을 갖추지 않았다는 구실로 회담을 거부했다. 5월 20일 영국-프랑스 연합군이 대고 포대를 점령하고 천진으로 나아갔다.

5월 28일 무라비요프와 혁산 사이에 아이훈 조약이 체결됐다. 이 조약의 주요 내용은 다음과 같다.

(1) 아르군(Argun) 강 하구로부터 아무르 강 하구까지의 아무르 강 좌안은 러시아 영토로 하고, 우수리(Ussuri, 鳥蘇里江) 강 하구까지의 아무르 강 좌안은 중국 영토로 한다.

(2) 우수리 강과 바다 사이의 중간지대는 양국의 공동관할로 한다.

(3) 아무르, 숭가리(Sungari), 우수리 등 3개 하천에는 두 나라의 선박만 항행할 수 있다.

　6월 청 조정은 내각대학사(內閣大學士) 계량(桂良)과 이부상서 화사납(花沙納)을 흠차대신으로 천진에 파견하여 여러 외국과 교섭하게 했다. 그 결과로 청은 러시아(6월 13일)를 시작으로 미국(6월 18일), 영국(6월 26일), 프랑스(6월 27일)와 차례로 조약을 체결했다. 이 4개의 천진조약은 서로 약간의 차이가 있었으나 모두 최혜국대우 조항을 둠으로써 4개국이 동일한 혜택을 보장받았다. 다음은 그 주요 내용이다.

(1) 조약을 체결한 국가들의 외교사절은 가족을 동반하고 북경에 상주하며 청의 내각대학사 또는 그와 동등한 대관과 동등하게 접촉한다.

(2) 이미 개방된 5개 항구 외에 우장(牛莊), 등주(登州), 한구(漢口), 구강(九江), 진강(鎭江), 남경(南京) 등 11개 항을 추가로 개방한다.

(3) 외국인의 내지 여행과 통상활동 및 기독교 포교를 허가한다.

(4) 양자강을 외국 상선에 개방한다.

(5) 상해에서 세칙(稅則) 개정에 대해 교섭한다.

(6) 영문 텍스트를 조약의 정문(正文)으로 삼아 해석상의 문제를 해소한다.

(7) 영국에 400만 냥, 프랑스에 200만 냥의 배상금을 지불한다.

(8) 청은 모든 공문서에서 외국인을 '이(夷)'라고 호칭하지 않는다.

　서양 외교관의 북경 상주를 허용하는 것은 청과 서양 제국(諸國)의 위상이 동등하다고 인정하는 것이므로 청이 가장 꺼리던 것이었다. 영국-프랑스 연합 함대는 청의 함풍제가 이 조약을 재가한 것을 확인한 뒤 천진을 떠나 일본으로 향했다. 다음 차례로 일본에 통상조약 체결을 강요하기 위해서였다.

　홋타 마사요시는 경도에서 2개월간 체류했으나 칙허를 받지 못하고 돌아왔다. 이로써 도쿠가와 막부의 위신은 크게 떨어졌다. 6월 홋타 마사요시가 노중 수좌에서 물러나고 이이 나오스케(井伊直弼)가 대로(大老: 비상시에 두는 막부의 최고위직)에 취임하여 난국 타개의 임무를 맡았다.

해리스는 도쿠가와 막부에 천진조약 체결 소식을 전하고 일본도 빨리 조약에 조인하는 것이 현명할 것이라고 충고했다. 이에 놀란 도쿠가와 막부는 서둘러 7월 29일 해리스와 미일 통상조약을 체결했다. 14개 조항으로 이루어진 이조약에는 미국이 요구하던 것이 거의 다 반영됐다. 주요 내용은 다음과 같다.

(1) 미국과 일본 두 나라는 서로 수도에 외교대표를 파견하고 개항장에는 영사를 주재하게 한다.

(2) 일본과 유럽 국가 간에 분쟁이 발생하고 일본 정부의 요청이 있을 경우 미국 대통령은 화친의 중개자가 될 수 있다.

(3) 시모다, 하코네 외에 가나가와(神奈川), 나가사키, 니가타(新潟), 효고(兵庫) 등 4개 항구를 개항하고, 에도와 오사카에 시장을 연다.

(4) 일본인을 상대로 범죄를 저지른 미국인은 미국 영사재판소에서 심리하고 미국 법에 의하여 재판한다.

(5) 일본에 거주하는 미국인에게 신앙의 자유를 인정한다.

(6) 일본에 거주하는 미국인은 일본인을 고용할 수 있다. 일본 정부는 미국으로부터 군함, 증기선, 상선, 병기 등을 구입할 수 있으며 미국인 과학자, 군인을 고용할 수 있다.

8월에 엘긴, 그로 남작, 푸차틴이 각각 함대를 이끌고 에도에 도착했다. 8월 14일 13대 쇼군 도쿠가와 이에사다가 자식 없이 사망했다. 이이 나오스케는 8월 18일 네덜란드와, 8월 19일 러시아와, 8월 26일 영국과, 10월 9일 프랑스와 각각 비슷한 내용의 통상조약을 잇달아 체결했다. 이들 조약에는 불평등조약의 3대 요소인 일방적인 영사재판권, 협정세율, 최혜국대우 조항이 모두 담겼다. 이로써 1639년 이래 220년에 걸쳐 유지된 일본의 쇄국체제가 무너지고 일본의 역사가 서양이 주도하는 세계사에 편입됐다.

이이 나오스케는 도쿠가와 이에모치(德川家茂)를 다음 쇼군으로 옹립한다고 선언하고는 반대하는 많은 가신들을 체포하여 처벌했다. 11월 도쿠가와 이에모치가 14대 쇼군으로 취임했다.

중국번의 상군은 1858년 5월까지 호남성, 호북성, 강서성 등 태평천국의 영역을 탈환했다. 그러나 태평천국의 진옥성과 이수성이 활약하여 9월 태평군이 안휘성 북부에서 상군을 격파했고, 11월에는 안휘성 삼하(三河)에서 상군 정예를 괴멸시키는 대승을 거두었다. 삼하 전투에서 상군 지휘관 이속빈(李續賓)과 중국번의 아우 증국화(曾國華)가 전사했다. 12월에는 태평군이 포구(浦口)의 강북대영(江北大營)을 괴멸시켜 안경과 남경의 안전을 확보했다.

천진조약에 규정된 대로 10월부터 상해에서 청 대표와 영국–프랑스 대표 사이에 관세 개정에 관한 협상이 진행되어 11월 8일 통상장정선후조약(通商章程善後條約)이 체결됐다. 그 내용은 대략 다음과 같다.

(1) 아편 무역을 합법으로 승인하고 아편을 '양약(洋藥)'으로 부른다. 수입 아편 100근마다 은 30량을 세금으로 납부한 상인이 항구에서만 아편을 판매해야 한다. 항구를 떠날 때 팔고 남은 아편은 중국 상인만이 내륙에 판매할 수 있다.
(2) 관세율은 시가의 5%로 하고 수출입되는 외국 상품과 중국 상품의 내지통과세는 2.5%로 한다.
(3) 모든 해관의 세무(稅務)는 외국인을 초청하여 도움을 받는다.

청이 아편 무역을 합법화한 것은 영국과 프랑스의 압력도 있었지만 태평천국을 진압할 군자금 마련이 시급했기 때문이었다.

　그런데 천진조약 비준서를 어디서 교환하느냐가 문제가 됐다. 청이 영국, 프랑스, 미국과 체결한 천진조약에는 "서명한 날로부터 1년 이내에 북경에서" 비준서를 교환한다고 규정됐다. 그러나 외국 사절이 수도인 북경에 오는 것을 꺼린 청 조정이 북경이 아닌 상해에서 비준서를 교환하겠다고 발표했다. 하지만 영국 정부와 프랑스 정부는 북경에서 비준서 교환을 강행하기로 결정했다.

　1859년 6월 중순에 영국 대표와 프랑스 대표가 천진조약 비준서를 교환하기 위해 21척의 군함과 수병 2200명으로 구성된 영국 함대와 함께 대고에 도착했다. 이들은 천진을 관통하는 강인 백하(白河)를 거슬러 북경으로 가려고 했다. 대고 포대의 책임자인 셍게 린첸은 영국 함대가 대고에 상륙하는 것을 꺼려 3km 북쪽에 있는 북당(北塘)에 상륙하라고 권고했다. 그러나 영국 함대는 뜻을 굽히지 않고 6월 24일 밤 백하 입구에 설치된 장애물을 제거했다. 25일 아침 영국 함대는 백하를 거슬러 올라가기 시작하면서 대고 포대에 포격을 가했다. 대고 포대가 반격하여 하루 밤낮에 걸쳐 전투가 벌어졌다. 영국 함대는 군함 6척이 침몰되거나 대파되고 사망자 89명, 부상자 345명이 발생하는 큰 피해를 입었다. 함대 사령관 호프(James Hope)마저 중상을 입었다.

　이때 미국 동인도전대 사령관 조사이어 태트놀(Josiah Tattnall)이 영국 함대의 철수를 도왔다. 이는 중국에서 미국은 중립을 지킨다는 미국 정부의 정책을 위반한 것이었다. 태트놀은 "피는 물보다 진하다(Blood is thicker than water)"는 말로 자신의 행동을 정당화했다.

　영국 함대가 대고 포대의 공격으로 큰 피해를 입었다는 소식이 전해지자 영국 신문들은 청이 조약을 파기했으니 보복하기 위해 북경을 공격해 점령해야 한다고 주장했다. 그러나 천진조약에 의하면 영국과 프랑스의 함대는 백하에 진입할 권리가 없었다. 카를 마르크스는 프랑스 공사가 런던에 주재할 권리가 있다고 하여 프랑스 공사가 원정대를 이끌고 템스 강에 침입할 권리가 있는 것은 아니라는 비유를 통해 이 점을 적절히 지적했다. 조약을 어긴 것은 청이 아니라 영국이었다. 영국 외무장관 러셀(John Russell)도 이 점을 인정했다.

7월 말 미국 공사 워드(John Ward)가 북당에 상륙하여 비준서를 교환했다. 8월 1일 함풍제는 영국, 프랑스와 맺은 천진조약을 파기하고 오히려 두 나라에 배상금을 요구하는 상유(上諭)를 포고했다. 이에 영국과 프랑스는 다시 청을 침략하기로 결정했다. 1860년 2월 영국 파머스턴 내각은 그랜트(James Hope Grant) 장군을 사령관으로 하여 1만 1천 명, 프랑스는 몽토방(Cousin Montauban) 장군을 사령관으로 하여 6700명의 병력을 각각 파병했다.

태평군은 5월 남경 근처의 강남대영(江南大營)을 붕괴시킨 데 이어 6월 2일 강소성의 경제 중심지인 소주(蘇州)를 점령했다. 증국번이 조직한 상군은 지휘관에 대한 사적인 충성을 기반으로 하여 결집된 군대이므로 함풍제와 일부 중앙관료는 의구심을 떨칠 수 없었다. 그러나 태평군이 소주까지 점령하는 지경에 이르자 함풍제는 상군을 태평천국 진압의 주력으로 삼을 수밖에 없었다. 1860년 6월과 8월 증국번은 양강총독과 흠차대신에 임명되어 강소성, 절강성, 강서성, 안휘성 등 4성의 군무를 맡았다. 8월 이수성의 태평군이 상해에 육박했다.

영국-프랑스 연합군은 발해만을 봉쇄하기 위해 연대(烟臺: 산동반도의 지부)와 대련(大連: 요동반도 남단의 항구)을 점령하고 7월 말 대고 앞바다에 도착했다. 8월 3일 방어시설이 없는 북당으로 상륙하여 당일로 천진을 점령했다. 이어 연합군이 북경으로 진격하자 함풍제가 황급히 사신을 보냈다. 이에 따라 천진과 통주(通州)에서 협상이 벌어졌다(통주는 북경과 25km의 거리에 위치). 21일 연합군은 대고 포대를 후면에서 공격하여 함락했다.

8월 말 천진이 함락됐다는 소식이 북경에 전해지자 북경 주민은 대거 피난길에 올랐고, 하층민 무뢰배가 공공연히 시내 약탈에 나섰다.

9월 18일 통주에서 교섭이 결렬되고 영국 대표 파크스를 비롯해 영국인과 프랑스인 40명이 청의 포로가 됐다. 21일 통주의 팔리교(八里橋)에서 전투가 벌어져 셍게 린첸이 지휘하는 청군 1만 명이 영국-프랑스 연합군에 궤멸당했다. 몽고 기병 4천 명이 포함된 청군은 정면공격을 여러 차례 시도했지만 영국-프랑스 연합군의 압도적 화력에 거의 전멸당했다(나폴레옹 3세는 이 승전 소식을 듣고 프랑스군 사령관 모방에게 백작 작위를 주었다).

이 패배로 인해 북경을 탈출하기로 결정한 함풍제는 이복아우인 공친왕(恭親王) 혁흔(奕訢)을 흠차대신으로 임명하고 그로 하여금 영국과 프랑스의 대표와 교섭하도록 지시했다. 다음날인 22일(음력 8월 8일) 함풍제는 후궁들을 거느리고 열하로 피난길을 떠났다.

(이날 조선에서는 도쿠가와 막부의 사신이 가져온 서계(書契)가 동래부사(東萊府使) 정헌교(鄭獻敎)의 장계(狀啓)와 함께 비변사로 올라왔다. 도쿠가와 막부는 14대 쇼군인 도쿠가와 이에모치(德川家茂)의 취임을 알리려고 조선에 사신을 파견한 것이었는데, 이때 일본이 1858년에 러시아, 프랑스, 영국, 미국과 통상조약을 체결한 사실을 알리는 서계를 별도로 갖추어 보냈다. 조선 조정은 "구미 4개국과 통상하는 일은 유원(柔遠: 먼 나라를 회유함)하는 도리에 해로움이 되지 않는다"는 내용의 답장을 일본에 보냈다.)

함풍제가 몰래 북경을 빠져나갔다는 소식에 피난민이 급증해 북경 내성은 텅 비고 외성도 대부분 비었다. 성문이 닫혀 북경 시내로 들어오지 못한 패잔병과 몽고병들은 약탈에 나섰다.

10월 6일 프랑스군은 청 황실의 여름 궁전인 이화원(頤和園)과 북경 교외에 있는 원명원(圓明園)을 약탈했다. 원명원에는 보물과 서적이 많이 보관돼 있었다. 프랑스군 장교와 사병들은 원명원을 약탈할 때 은을 가지고 가려다가 금이 보이면 은을 버리고 금을 가져가고, 그러다가 주옥이 박힌 시계와 보석이 보이면 금을 버리고 그것을 가지고 가곤 했다. 가지고 갈 수 있는 최대한으로 약탈하다보니 프랑스군 병사의 호주머니가 2만~4만 프랑, 심지어는 100만 프랑어치의 귀금속이 채워질 정도였다. 일요일인 7일에는 외출할 수 있게 된 영국군 장교들이 원명원을 약탈했다. 외출하지 못하여 약탈에 참여하지 못한 병사들의 불만이 커지자 영국군 사령관이 약탈위원회를 구성하고 이를 통해 노략한 귀중품을 경매에 붙여 이익을 분배하기도 했다.

10월 8일 청은 파크스 등 감금했던 서양인들을 석방했다. 감금된 서양인들 가운데 이미 절반 정도는 능지처참(陵遲處斬)으로 죽었고, 그 밖의 고문으로도 부상자가 많이 생겨났다. 사망자 가운데는 영국 신문 〈타임스〉의 특파원도 있었다. 10월 13일 연합군이 북경의 안정문(安定門)을 점령했고, 그곳을 수비하던 8만 6천 명의 팔기병은 모두 도주했다. 그들은 훈련도 미비했고, 식량도 배급받지 못하고 있었다.

18일 영국인이 능지처참으로 죽은 것에 대한 보복으로 영국군이 이화원과 원명원에 방화하여 북경이 사흘간 연기로 뒤덮였다(영국 대표 엘긴은 북경 전체를 파괴할 생각도 했으나 러시아 대표 이그나티에프와 프랑스 대표 그로가 말렸다). 20일 영국과 프랑스가 공친왕에게 최후통첩을 보냈다. 공친왕은 이에 응해 24일에 영국, 25일에는 프랑스와 각각 북경조약을 체결했다. 그 주요 내용은 다음과 같다.

(1) 천진조약의 모든 내용을 곧 실시한다.
(2) 천진을 개항한다.
(3) 중국 노동자의 해외이주를 인정한다.
(4) 홍콩 맞은편의 구룡반도 남단을 영국에 할양한다.
(5) 프랑스 선교사가 토지를 매입하거나 임대하여 교회를 짓는 것을 인정한다.
(6) 영국과 프랑스에 해관 수입으로 각각 배상금 800만 냥을 지불한다.
(7) 배상금이 완불될 때까지 영국과 프랑스가 천진, 등주, 대고, 광주 등지를 점령한다.

11월 6일 미국에서 대통령 선거가 실시되어 링컨(Abraham Lincoln)이 당선됐다.

11월 9일 영국 공사와 프랑스 공사가 북경에서 천진으로 퇴거하자 이그나티에프 러시아 공사가 아이훈 조약을 마무리 짓는 협상을 하여 11월 14일 북경조약을 체결했다. 이 조약에서 청은 아이훈 조약에서 공동관할 구역으로 설정하기로 합의했던 우수리 강 동쪽에서 바다에 이르는 연해주(沿海州) 지역을 러시아에 넘겨주었다.

북경조약으로 청의 개국은 완료됐고, 중국은 유럽이 주도하는 국제사회에 완전히 편입됐다. 물론 불평등한 구성원으로 편입된 것이다.

아편 무역 합법화로 아편 흡연은 더욱 번져나갔다. 중국 전역에 아편 흡연자가 넘쳐났고, 만주와 몽고에도 아편이 퍼졌다. 아편 재배 면적도 크게 늘어났다. (1880년에 이르면 중국에서 생산되는 아편이 수입되는 아편보다 더 많아졌다.)

대외관계 업무가 급증하자 청으로서는 이를 관장할 기관이 필요하게 됐다. 이에 따라 1861년 1월 청은 군기처(軍機處)에 임시기관으로 총리각국사무아문(總理各國事務衙門, 약칭 총리아문)을 설립했다. 또한 총리아문의 부설기관으로 총세무사(總稅務司)와 동문관(同文館: 외국어 교습소)을 설치했다. (총리아문은 1865년에 공식 기구로 승격되어 서구 열강과 관련된 모든 업무를 담당하게 됐다).

청에 고용된 외국인 세무사들은 부패한 청 관리와 달리 업무에 충실하여 호평을 받았다. 청 정부의 신임을 얻은 이들은 정치적 고문의 역할까지 맡게 됐다.

1861년 1월 일본이 프로이센과 우호통상조약을 체결했다. 프로이센의 대사인 오일렌부르크(Friedrich Albrecht zu Eulenburg) 백작이 이끄는 사절단이 1860년 가을 일본에 도착한 뒤 4개월간의 협상 끝에 일본과 체결한 것이었다. 이로써 일본은 서구 국가와 또 하나의 불평등조약을 체결한 셈이 됐다.

북경이 서양 오랑캐에게 함락되고 황제가 열하로 피난 갔다는 소식이 새 자관(賣咨官)에 의해 신속하게 조선에 전해졌다. 1861년 1월 19일(음력으로 경신년 12월 9일) 조선은 청에 위문사신을 보내기로 했다.

> 비변사(備邊司)에서 아뢰기를,
>
> "이제 막 재자관(賣咨官)의 수본(手本)을 보건대 황제가 열하(熱河)로 이필(移蹕)하여 아직도 환도(還都)하지 않았다고 하니, 마땅히 전개(專价: 사신)를 보내어 분문(奔問)하는 거조가 있어야 하며, 사명(使名)은 열하 문안사(熱河問安使)로 계하(啓下)하여 차출(差出)하게 하소서."
>
> 하니, 이를 윤허하였다.
>
> *《철종실록》 11년 12월 9일*

조선에서는 위정자들 사이에 위기의식이 고양되고 민간에서 혼란이 일어났다. 양이가 곧 조선에도 쳐들어올 것이라는 소문이 퍼지자 깊은 산곡으로 피난하는 사람들이 속출했고, 성경책을 구입하거나 십자가를 목에 걸고 다니는 자도 많았다.

1861년(조선 철종 12년) 2월(음력 정월)에 함풍제가 피신한 열하로 가는 조선의 위문사절단이 출발했다. 열하문안사(熱河問安使)라는 이름이 붙은 이 사신단의 정사(正使)는 조휘림(趙徽林), 부사(副使)는 박규수(朴珪壽, 연암 박지원의 손자)였다.

함풍제는 조선이 위문사절단을 보낸 것에 몹시 감동했지만, 자신의 초라한 모습을 보이기 싫어 대신들로 하여금 자기 대신 사신들을 접견하게 했다. 예부(禮部)에서 관례대로 연회를 베풀고 조선의 사신들에게 여의(如意), 단자(緞子), 자기, 칠기 등을 선물로 주었다.

5월 초에는 조선 조정이 전년에 청에 보낸 동지사가 돌아와 청의 사정을 전했다. 철종은 돌아온 동지사를 소견(召見)했다. 《철종실록》에 그 대화 내용이 전한다.

철종: 중국의 비적(匪賊)은 어떠하며 인심은 어떠한지를 듣고 본 대로 상세히 진달함이 옳겠다.

신석우(申錫愚): 양이(洋夷)와 억지로 화친했지만 외구(外寇)가 점점 치성하여 황가(皇駕: 황제의 가마)가 북수(北狩)하기에 이르렀으니 천하가 어지럽지 않다고 말할 수 없다고 봅니다. 그러나 성궐(城闕), 궁부(宮府), 시창(市廠), 여리(閭里)는 편안하기가 옛날과 같고, 장병이 교루(郊壘)에 주둔해 있는데 기색(氣色)이 정돈되어 태연하며, 적이 가까운 성(省)에 숨어 있는데 방어함이 침착하고 여유가 있으니 이는 민심이 일에 앞서 소란스럽게 하지 않고 조정의 계략도 기한을 주어 군색하게 하지 않기 때문입니다.

7월에는 열하문안사가 귀국해 철종에게 청의 정세를 보고했다.《철종실록》에 그 대화 내용이 다음과 같이 전한다.

철종: 중국의 형편은 어떠한가?

조휘림: 각 성(省)에 적비(賊匪)가 창궐하여 창졸간에 토멸하기는 어려우나 총독(總督)에 적합한 사람을 얻어서 방어가 심히 견고하여 적도 또한 병졸을 거두어 자수(自守)하고 있는 형편이라 다시는 감히 침략하지 못할 것입니다.

양이(洋夷)는 별로 침요(侵擾)하는 사단이 없기 때문에 도성의 백성은 안도하고 있었습니다. 그리고 이번의 별행(別行)에 특별한 은상(恩賞)이 있었던 것으로 보아 황제가 특별히 우대하는 뜻을 보인 것을 헤아릴 수 있습니다. 또 조사(朝士)가 전하는 바를 들으면 '이번 사행은 곧 열국(列國)에서 없었던 것을 조선에서만 유독 있었으니 한결같은 마음으로 사대(事大)하는 정성이 깊이 흠탄(欽歎)할 만하다. 참으로 예의의 나라이다' 라고 하였다고 합니다.

철종: 이 어렵고 위험한 때를 당하여 사대하는 도리에 있어 어찌 한번쯤 문안하는 예가 없을 수 있겠는가?

북경을 방문하고 돌아온 조선 사신들의 보고에서 거론된 '비적(匪賊)',

‘적비(賊匪)’ 등은 태평천국군과 염군을 가리킨다.

1861년 8월 함풍제가 열하에서 병사하여 여섯 살인 아들 재순(載淳)이 제위에 올랐다. 그가 동치제(同治帝)다. 10월에 새 황제와 대신들이 북경으로 귀환했다. 11월에 동치제의 생모인 자희태후(慈禧太后: 西太后, 1835~1908)가 공친왕과 더불어 정변을 일으켜 함풍제가 임명한 고명대신(顧命大臣: 황제가 후사를 부탁한 신하) 8명을 살해하고 함풍제의 황후인 자안태후(慈安太后: 東太后, 1837~1881)와 더불어 섭정이 되어 실권을 쥐었다. 공친왕은 의정왕(議政王)이 되어 군기대신으로서 군기처와 총리아문을 주관했다. 내각대학사 계량은 군기대신 겸 총리아문대신으로 임명됐다.

1862년 5월에는 섬서성에서 회교도들이 한족의 횡포에 대항하여 봉기했다. 이는 태평천국과 염군이 왕성한 가운데 일어난 일이었기에 청의 위기의식이 더욱 커졌다.

러시아의 남진

러시아는 16세기 중반인 이반 4세(재위 1547~1584) 때부터 시베리아 개척에 나섰고, 17세기에 만주족이 명을 정복하는 틈을 타서 만주 방면으로 남하했다.

청은 1650년대에 군대를 보내 러시아군을 격퇴하고 러시아가 강점한 네르친스크, 알바진 등을 수복했다. 조선도 이 원정에 2차례 파병했는데(1654년, 1658년), 이것이 이른바 ‘나선(羅禪: 러시아) 정벌’ 이다. 그러나 강희 4년(1665)에 체르니코프스키가 러시아의 반란군을 이끌고 알바진 요새를 다시 건설했고, 러시아 정부의 도움 없이 20여 개의 농경부락을 건설하여 자급자족했다. 이러한 자유이주자들의 성공을 본 러시아 정부는 이 지역을 적극적으로 개척하려 했다.

모피 교역에 관심이 많았던 러시아의 차르 알렉세이(재위 1645~1676)는 흑룡강 지역에 대한 정보를 수집하려고 청에 사신을 파견했다. 1656년과 1660년 북경에 파견된 러시아 사신들은 의례 문제에 막혀 외교관계 수립에 성공하지 못했으나, 1670년 파견된 밀로바노프(Milovanov)는 강희제에게 삼궤구고두(三跪九叩頭: 세 번 무릎을 꿇고 아홉 번 머리를 조아림)의 예를 행하고 공물도 상납하여 청 왕조가 그를 조공 사신으로 맞이했다. 청은 그에게 하사품도 주고 연회에 세 번이나 초대했다. 이때 청은 1666년 러시아로 귀순한 간티무르(Ghantimur)와 그가 이끄는 부족민 170명을 송환하라고 요구했다. 1676년 러시아 사신이 북경에 도착하여 "간티무르는 이미 러시아 정교에 입교하여 귀족이 됐으므로 송환할 수 없다"는 러시아 정부의 입장을 전달했다. 이에 강희제는 간티무르를 송환하지 않으면 전쟁도 불사하겠다는 뜻을 선교사 페르비스드(F. Verbiest)를 통해 러시아 측에 전했다.

그러나 이때 강희제는 '삼번의 난(1673~1681)'을 진압하기 위해 수많은 군사를 중국 서남쪽으로 이동시켰으므로 러시아의 침투를 막을 여력이 없었다. 강희제는 몇 년 뒤 삼번의 난을 평정한 다음에야 러시아의 침입에 눈을 돌릴 여유가 생겼다. 1682년(강희 21년) 봄에 강희제는 적정을 탐지하기 위해 친히 요동반도의 심양까지 갔다.

1683년 대만까지 점령한 강희제는 준비를 마치고 사신을 알바진 요새에 보내 러시아군의 철수를 요구했다. 그런데 제정 러시아가 오히려 알바진 요새의 병력을 증강시키자 강희제는 공격을 명했다. 그는 1685년 봄 팽춘(彭春)을 사령관으로 임명하고 육군과 수군을 합쳐 1만 5000명의 병력으로 알바진 요새를 포위했다. 러시아군이 수년간 공들여 요새를 견고하게 구축해놓은 탓에 함락하기가 쉽지 않았으나 청군의 맹공에 러시아군은 결국 백기를 들고 말았다. 팽춘은 강희제의 지시대로 포로를 살려 러시아로 추방했다. 러시아군 사령관 톨부진은 패잔병을 이끌고 물러갔다.

이어 팽춘은 알바진 성을 허물고 그 지역 농민에게 땅을 나누어주어 경작하게 했다. 청군이 물러갔다는 소식을 들은 톨부진은 자원병 826명을 모집해 알바진을 다시 점령하고 요새를 구축했다. 이 소식을 들은 강희제는 크게 분노하여 철저히 응징하기로 마음먹었다.

강희제는 1687년 봄에 다시 병력 7000명을 보내어 알바진 요새를 공격하게 했다. 청군의 공세에 러시아군은 여러 차례 성 밖으로 나와 반격했지만 그

태평천국과 염군의 최후

1860년 북경조약이 체결된 후 영국과 프랑스는 청을 군사적으로 적극 원조했다. 증국번이 발탁한 이홍장(李鴻章)은 1861년 자신의 고향인 안휘성 합비현에서 합비현과 노강현(盧江縣)의 단련을 재편성하여 6500명 규모의 향용인 회군(淮軍)을 조직했다. 회군은 서양식으로 편성되고 서양식 총포로 무장했으며, 외국인 교관에게 훈련받아 전투력이 뛰어난 부대로 성장했다.

1860년에는 서양 군대를 차용하여 태평천국을 진압하는 방안이 활발하게 논의됐다. 절강성 순무 왕유령(王有齡)과 영국, 프랑스와의 교섭을 담당한 오후(吳煦)가 이 방안을 강력히 주장했다. 오후는 거상 양방(楊坊)으로부터 자금지원을 받아 외국인 용병 부대인 양창대(洋槍隊)를 조직하고 미국인 워드(Frederick Townsend Ward)를 지휘관으로 고용했다. 1861년에 워드는 중국인 용병 수백 명을 고용하여 부대를 확대하고 연발총으로 무장시켰다. 1862년에 이르면 양창대의 병력이 3천 명으로 늘어난다. 병사들 가운데 필리핀 용병이 많았는데, 이들은 공식적으로는 강소성 순무에 예속된 '중국군'이었다.

1862년 1월 이수성의 태평군이 상해에 대해 총공세를 폈다. 영국-프랑스 원정군과 워드의 부대가 이를 격퇴했다. 3월 청 왕조는 워드의 부대에 상승군(常勝軍)이라는 칭호를 부여했다. 이홍장의 회군 2만 명은 영국 회사에서 차용한 기선을 타고 4월 상해에 도착했다. 도착 직후 이홍장은 증국번의 추천으로 강소성 순무 서리로 임명됐다. 5월 중순에 영국-프랑스군과 상승군은 상해 주변 100리 이내의 주요 도시들을 탈환했다. 6월 초에는 이수성의 태평군이 상해를 대대적으로 공격했으나 회군이 이를 격퇴했다.

9월에 워드가 자계(慈溪) 전투에서 승리를 거두고 부상으로 죽자 버저빈(Henry Burgevine)이 상승군 지휘관이 됐다. 그러나 그를 마땅찮게 본 이홍장이 12월에 그를 해임하고 영국 원정군 사령관 스태블리(Charles William Dunbar Staveley)에게 영국군 장교 추천을 요청했다. 스태블리는 고든(Charles George Gordon, 1833~1885) 대위를 선발하여 소령으로 진급시켰다. 고든은

때마다 청군에 의해 격퇴됐다. 청군의 맹포격에 러시아군 지휘관인 톨부진이 죽었다. 그럼에도 러시아군의 저항은 완강했다. 알바진을 포위한 지 6개월이 지나자 성 안에 살아남은 러시아군은 150명에 불과했다.

이때 러시아에서는 이반 5세와 그의 이복동생 표트르 1세가 공동으로 차르 자리에 앉아 있었다. 그러나 이반은 정신박약자이고 표트르는 미성년자였으므로 이반의 누이인 소피아(Sophia Alekseyevna)가 섭정(攝政)의 역할을 맡

군인 가문 태생으로 크림 전쟁에 참가해 훈장을 받았고, 2차 아편전쟁에 자원해 1860년 9월 천진에 도착해 북경 공략에 참여했다. 영국 파머스턴 내각은 1863년 3월 고든의 상승군 사령관 취임을 승인했다.

하북의 8개 성에서 염군의 활동이 활발한 가운데 1863년 셍게 린첸이 염군의 지도자 장락행을 죽였다. 이에 따라 장락행의 조카 장종우(張宗禹)와 임화방(任化邦)이 새로이 염군의 지도지기 됐다.

연발총과 대포 등 근대적인 무기로 무장한 상승군은 1863년 강소성 동부 지역과 절강성 북부 지역을 태평군으로부터 탈환했다. 12월 회군과 상승군은 경제중심지인 소주를 탈환했다. 이때 태평군에서 20만 명이 투항했고, 이홍장은 포로 가운데 1만 명을 학살했다. 포로 학살에 반대한 고든은 상승군을 이끌고 소주 인근의 곤산(昆山)으로 이동해 더 이상의 전투 참여를 거부했다. 12월 말 이홍장은 11만 명의 회군으로 태평군의 주요 거점인 상주(常州) 포위전을 시작했다. 1864년 3월에는 증국번의 아홉째 아우 증국전(曾國荃)이 지휘하는 상군이 남경 포위전을 시작했다. 이홍장과 화해한 고든은 상승군 4천 명을 이끌고 5월 태평군의 주요 거점인 상주를 점령했다. 전세가 절망적이 된 1864년 6월 홍수전은 병사하고(일설에는 음독자살), 이어 7월 상군이 남경을 점령하여 태평천국은 멸망했다. 상군은 남경을 약탈, 방화하고 주민 15만 명을 학살했다.

태평천국은 멸망했으나 양자강 이북에서 활동하던 뇌문광(賴文光)이 잔여 무리를 이끌고 염군에 합류했다. 이리하여 염군은 더욱 세력이 커졌고, 1865년에 셍게 린첸을 전사시켰다. 이에 공포를 느낀 청조는 양강총독 증국번을 흠차대신으로 임명하고 그에게 염군을 소탕하는 일을 맡겼다. 증국번은 '견벽청야(堅壁淸野)' 전술을 동원하고 기병을 편성하여 1년 이상 진압에 나섰으나 큰 성과를 거두지 못했다.

1866년 말 이홍장이 증국번의 추천으로 흠차대신이 됐다. 염군은 1866년 동염군과 서염군으로 나뉘어 활동했다. 뇌문광, 임화방이 지도하는 동염군은 산동, 호북, 하남, 강소 지역으로 진출하고 장종우가 이끄는 서염군은 섬서 지역으로 진출했다. 동염군은 1868년 1월 양주(揚州)에서 이홍장의 회군에 패해 소멸했다. 서염군은 1868년 이홍장과 좌종당(左宗棠, 1812~1885)의 연합작전으로 큰 타격을 입은 뒤 8월 붕괴됐다.

았다. 그녀는 황급히 사신을 북경에 파견하여 협상을 제안했다. 강희제는 이를 수락하고 청군의 공격을 중지시켰다. 이는 몽고 부족의 하나인 준가르 부가 몽고를 통일하려는 움직임을 보였기 때문이다. 강희제는 몽고와 러시아라는 두 세력이 연합할 가능성을 사전에 차단할 필요를 느꼈다.

준가르 부의 수령인 갈단(Galdan, 噶爾丹)은 1677년에 서몽고(외몽고) 전체를 지배하는 칸이 됐다. 5대 달라이 라마는 그에게 '보숙투 칸(Boshughtu Qan)' 이라는 칭호를 주었다. 이는 '하늘의 축복을 받은 칸' 이란 뜻이다. 갈단은 1688년 초에 3만 명의 기병을 이끌고 동몽고(내몽고)를 공격했다. 이때 참패한 동몽고의 유목민 수십만 명이 남쪽으로 피신하여 강희제에게 구원을 요청했다.

1689년에 청과 러시아 사이의 국경을 확정하기 위한 두 나라의 외교협상이 흑룡강 북쪽에 있는 네르친스크(Nerchinsk, 尼布楚)에서 시작됐다. 러시아측 대표는 골로빈(Golovin)이었고, 청나라 측 대표는 송고투(索額圖)와 통역을 맡은 서양인 신부였다. 교섭은 난항을 겪었으나, 청 대표가 거느리고 온 1만 명의 군대가 위협적이었기에 러시아가 청의 주장을 대체로 수용했다. 그 결과로 외흥안령(外興安嶺)이 국경이 됐다. 청은 몽고와 러시아의 경계도 설정하려 했으나, 러시아 협상단은 그 문제에 관해서는 황제의 지시를 받지 못했으므로 나중에 논의하자며 거부했다. 이때 체결된 네르친스크 조약의 원문은 만주어, 러시아어, 한문, 라틴어 등 4개 언어로 기록됐다. 중국의 역사상 외교조약이 이러한 국제적인 형식을 갖춘 것은 이 조약이 처음이었다. 네르친스크 조약의 골자는 다음과 같다.

(1) 흑룡강(아무르 강)의 지류인 아르군 강(Argun River)과 외흥안령(外興安嶺: 스타노보이 산맥)을 양국의 국경으로 한다.
(2) 알바진 요새는 파괴한다.

(3) 국경을 침범한 자는 서로 인도하고 처벌한다.

(4) 네르친스크에서 양국 민간인의 자유교역을 허용한다.

(5) 과거의 일은 모두 불문에 붙인다.

　이 조약에 의해 청과 러시아는 각각 소기의 목적을 달성했다. 러시아는 네르친스크에 대한 지배권을 확보하여 약 25만㎢에 이르는 영토와 교역권을 얻었다. 이에 따라 1693년부터 러시아 상인들이 200명 이하의 규모로 3년마다 북경에 가서 무역활동을 했고, 청은 이들을 조공국 상인의 예에 따라 대우했다. 러시아는 청과 서몽고(외몽고)의 준가르 부 사이에 전쟁이 벌어질 경우 중립을 지키겠다고 확약했다.

　1690년에 갈단이 2만 명의 기병을 이끌고 흥안링을 따라 남하하자 강희제가 파병했다. 준가르 부와 청은 현재의 요녕성 적봉(赤峰) 근처의 울란부퉁(Ulan Butung)에서 격전을 벌였다. 전세가 청에 불리하여 청군 사령관인 강희제의 외삼촌이 전사했다. 청의 증원군이 도착했을 때 갈단은 이미 퇴각한 뒤였다.

　이에 강희제는 1696~1697년에 세 차례에 걸쳐 고비 사막을 건너는 '막북(漠北) 친정'을 단행하여 갈단의 정예부대를 격파했다. 이때 서양 선교사들이 만들어준 대포와 소총이 위력을 발휘했다. 1693년(강희 32년)에 강희제는 러시아가 미래에 청의 안녕에 심각한 위협이 될 것이라고 말했다.

　그들의 나라는 우리 수도에서 상당히 멀지만 육로로 직접 그들의 영토에 도달할 수 있다. 우리가 가욕관(嘉浴關: 만리장성의 서쪽 끝)을 지나서부터 11~12일 정도 여행하면 하미에 도착하고, 하미에서 투루판까지는 12~13일 정도면 갈 수 있다. 투루판에는 5개 부락이 있는데, 이들을 지나면 바로 러시아와의 경계다. 듣자하니 그들의 국토는 광활하여 2만여 리 이상이라고 한다. 그들이 지금은 외번(外藩)으로 조공을 하지만 여러 세대 후에는 중국의 안녕에 위협적인 존재가 될 것이다.

강희제의 우려는 훗날 현실이 됐다. 네르친스크 조약이 체결된 뒤에도 러시아는 청에 계속 위협적인 존재였다. 1723년 준가르 부가 다시 티베트로 세력을 확장하려고 하자 청의 옹정제(擁正帝, 재위 1722~1735)가 팔기군과 녹영병을 파견했다. 1727년 청은 러시아와 캬흐타(恰克圖) 조약을 체결했다. 이 조약에서 청은 10만㎢에 이르는 영토를 러시아에 건네주는 동시에 네르친스크 이외에 캬흐타와 쭈루하이투에서도 무관세 무역을 허가했다. 또한 그리스 정교회가 북경에서 포교하는 것도 허락했다. 그 대가로 러시아는 서몽고의 준가르 부와 연합하지 않겠다고 약속했다. 옹정제의 뒤를 이어 즉위한 건륭제는 준가르 부의 내분을 이용해 1755년과 1757년의 두 차례 원정으로 최후의 유목국가인 준가르 부를 멸망시키고 영토를 크게 늘렸다.

캬흐타 조약으로 소기의 성과를 거둔 러시아는 몽고 방면으로 남진하는 것을 포기하고 시베리아 동부로 진출했고, 1741년에 러시아의 항해가 베링(Bering)이 알래스카를 발견했다. 이후 러시아는 캄차카 반도를 근거지로 하여 태평양으로 나아가 1799년부터는 본격적으로 미국과 교역했다.

네르친스크 조약과 캬흐타 조약에 의해 설정된 청 제국과 제정 러시아 사이의 국경은 19세기 중엽까지 유지됐다. 그러다가 애로 호 사건을 명분으로 영국이 청을 침략하자 이에 개입하고 나선 러시아가 1858년 5월 아이훈 조약으로 외홍안령 이남에서 흑룡강 이북에 이르는 지역을 획득했고, 1860년 11월에는 북경조약으로 우수리 강 동쪽 지역(연해주)을 획득했다. 이로써 만주에서는 우수리 강과 흑룡강이 중국과 러시아의 국경이 되어 지금까지 유지되고 있다. 러시아가 이 두 조약에 의해 청으로부터 얻은 영토는 100만㎢가 넘는다(1960년대 후반에 중국과 소련이 이 국경에서 자주 충돌했는데, 이는 중화인민공화국이 이 국경선을 러시아의 제국주의적 팽창에 따라 정해진 부당한 것으로 인식했기 때문이다).

1861년 3월 농노 해방령을 내린 알렉산드르 2세(재위 1855~1881)는 이어 4월 27일 이민법을 제정해 흑룡강 유역을 러시아인과 외국인에 개방했다. 이 지역 정착민들은 한 가구당 토지를 100데시아틴(약 33만 평)까지 소유할 수 있었고 10년간 징집 면제와 20년간 면세 혜택이 주어졌다. 그럼에도 이주해오는 인구가 적어 이 지역의 인구과소가 계속 문제가 됐다.

러시아가 연해주를 획득함으로써 조선과 러시아가 국경을 맞닿게 됐다. 이를 계기로 러시아는 만주 전역과 조선에도 관심을 갖게 됐다.

연해주를 획득한 러시아는 이어 부동항(不凍港: 겨울에도 얼지 않는 항구)을 획득하기 위해 대마도를 노렸다. 영국 군함이 대마도 해안을 성찰했다는 정보를 입수한 러시아는 영국이 대마도를 차지하려고 그렇게 한 것으로 이해했다. 러시아는 이에 대응해 군함을 보내 1861년 3월 대마도에 수병을 상륙시키고 도쿠가와 막부에 조차를 요구했다.

도쿠가와 막부는 주일 영국 공사 올콕(Rutherford Alcock)을 통해 영국 정부에 도움을 요청했다. 이에 영국 함대가 대마도에 와서 무력시위를 벌이며 러시아 측에 철수를 요구하는 최후통첩을 보내자 러시아 함대는 9월 대마도를 떠났다. 대마도에서 철수한 러시아 함대는 10월 조선의 원산(元山)에 와서 통상을 요구했다.

2장

조선의 문호개방

조선 후기의 대외 교역

1609년(광해군 원년) 조선은 일본과 기유약조를 체결하여 국교를 재개했다. 이로써 임진왜란으로 두절됐던 교역이 재개됐다. 왜관에서의 관무역은 매월 6회 (5일장)로 제한됐으나 사무역과 밀무역이 성행했다. 조선의 역관과 사상(私商)들은 인삼과 중국의 비단, 백사(白絲, 생사)를 수출했고, 일본 상인은 주로 은과 구리로 조선의 수출품을 구매했다. (일본은 임진왜란 중 명에서 목화 종자를 얻어 재배에 성공함으로써 더 이상 조선으로부터 면포를 수입하지 않았다.) 이러한 중개무역으로 얻는 이득은 매우 컸다.

1689년 일본 나가사키 교외에 중국 상인의 거주지인 당인옥부(唐人屋敷)가 완성되어 청과 일본의 교역이 활성화됐다. 1635년 도쿠가와 막부는 중국 상선의 입항을 나가사키 항구로 제한했는데, 1688년에 나가사키 교외에 있는 막부 소유의 약초밭에 당인옥부 건설에 착수하여 1689년 완성한 것이었다. 넓이는 약 9400평이었고, 수용규모는 2천 명 정도였다.

이후 청 또는 네덜란드 선박에 실려 일본으로 수출되는 중국의 비단, 백사가 크게 늘어났다. 이로 인해 조선 상인의 비단, 백사 중개무역량이 감소했다. 임진왜란 이전에도 은이 유출되던 일본은 도쿠가와 막부 성립 후에도 사정이 달라지지 않았는데, 조선으로부터의 인삼 수입이 은 유출의 주요 원인이었으므로 8대 쇼군 도쿠가와 요시무네는 인삼 재배법을 익히려고 애썼다. 마침내 조선으로부터 인삼 묘종을 얻고 인삼 재배법을 배워 국산화에 성공하여 1738년 일본에서 일본산 인삼이 판매되기 시작했다. 이후 조선과 일본의 무역량은 더욱 줄어들었고, 조선으로 들어오는 왜은(倭銀)이 크게 감소했다. 중간에서 큰 이득을 올리던 대마도의 경제도 나빠졌다.

조선은 청으로부터 비단, 백사, 서적 등의 물품을 수입하고 왜은으로 결제했는데, 1740년대 이후 왜은 유입이 급감하자 청과의 교역이 어려워졌다. 이에 따라 왜은을 대체할 안정적인 결제수단을 개발해야 했는데, 가삼(家蔘: 재배한 인삼)을 가공한 홍삼으로 이 문제를 해결했다. 《고려도경(高麗圖經)》에 "고려 인삼은 생삼(生蔘)과 숙삼(熟三) 두 가지 등급이 있는데, 생삼은 빛이 희고 허하며 약에 넣으면 맛이 없고 여름이 지나면 좀이 먹어 손상되지만, 탕부(湯釜)를 거쳐 열을 가한 숙삼은 오래 보존할 수 있다"는 구절이 있는 것으로 보아 홍삼은 고려시대부터 제조된 듯하다.

인삼은 중국에서도 채취됐고, 요동에서 나는 것이 최상품이었다. 18세기 중반 요동의 야생 인삼이 절종 상태에 빠지자 청의 심마니들이 조선의 강계로 넘어와 몰래 인삼을 채취하여 청과 조선 사이에 이것이 외교문제가 되기도 했다. 이는 고려인삼에 대한 청의 수요가 많음을 보여주는 일이었다. 조선시대 이전부터 성가가 높았던 야생 고려인삼 채취량이 줄어들자 조선 전기부터 각지에서 인삼을 재배하게 됐다. 청의 수요가 커짐에 따라 영조 대에 이르러 인삼 재배는 더욱 성행했다. 19세기에 들어서서는 개성이 가삼과 홍삼 생산지로 이름을 떨쳤다. 홍삼 수출로 18세기 후반부터 조선과 청의 무역은 다시 활기를 띠었다.

조선은 청에 해마다 평균 3~4차례 사신단을 보냈다. 조선은 건국 초기부터 명으로 가는 사신단의 부족한 경비를 보충하려고 사신단 가운데 정관(正官)이 인삼이나 은을 가지고 가서 사적으로 무역하는 것을 인정했다. 포(包) 8개에 넣어 가져갔으므로 이를 팔포무역(八包貿易)이라 했다. 포 1개의 한도는 인삼 10근이었는데, 인삼 1근은 은 25냥이었으므로 인삼 8포의 값어치는 은 2천 냥이었다. 정관이 34~35명이었으므로 은 7만 냥 정도의 교역을 할 수 있었다. 수행원으로 따라가는 역관이 주도하는 교역의 규모는 더 컸다.

18세기 말부터 조선 정부는 인삼을 주요 세입원으로 삼으려 했다. 1797년 팔포에 들어가는 인삼 허용량을 대폭 늘린 것도 그러한 의도에서였다. 1814년(순조 14년)에는 의주에 관세청(管稅廳)을 설치하여 책문후시(柵門後市: 압록강 넘어 120리 거리인 봉황성의 책문에서 하는 교역)에서 거래되는 상품에 대한 세금 징수를 주관하게 했다. 관세청은 만상의 책임 아래 포삼세(包蔘稅), 후시세(後市稅) 등 여러 가지 상세(商稅)를 거두어 청으로 보내는 사신단의 여비에 충당했다. 1851년(철종 2년) 관세청은 호조 소속이 되어 정부의 주요 재원 조달창구가 됐다.

조선 사신단의 구성

조선이 청에 보내는 사신단은 정사, 부사, 서장관(書狀官), 통사(通事: 통역), 군관(軍官), 의원(醫員), 화원(畵員: 화가) 등의 정관(正官)과 마부, 노복 등의 종인(從人)으로 구성됐다. 정관은 평균 34~35명이었고, 종인이 200~300명이었다. 말은 200필 정도가 동원됐다.

서장관은 문서기록 및 그 처리에 관한 일을 맡은 벼슬아치로 정사와 부사 다음 가는 자리였다. 역관(譯官: 통사)은 당상역관(堂上譯官) 3인과 상통사(上通事), 차상통사(次上通事), 소통사(小通事) 등 모두 19명이었다. 당상역관 3인은 정사, 부사, 서장관의 통역을 맡았다. 군관은 5~6인 정도로 사신 일행을 호위했고, 의원은 2명 정도로 일행의 건강을 보살폈다. 화원은 정보수집의 일환으로 청의 궁궐, 관공서, 풍물을 그렸다.

18세기 말까지 인삼의 공무역량은 연간 1000~1800근이었으나 1827년 3000근, 1832년 5000근, 1847년 2만 근, 1851년(철종 2년) 4만 근으로 급증했다. 고종 때에는 6만 근에 이르렀다. 인삼 밀무역은 훨씬 규모가 컸는데, 고종 때에는 20만 근이 거래됐다. 19세기 중반에는 개성에서 가까운 장산곶 해상에서 인삼이 밀거래되기도 했다.

청으로부터의 주요 수입품목도 비단, 백사 등에서 모자, 서양목면으로 바뀌었다. 서양목면은 청의 개항장인 광주로 수입된 뒤 다시 조선으로 들여오는 것이었다. 서양목면은 1830년대 후반부터 수입됐는데, 얼마 지나지 않아 조선이 청에서 수입하는 품목 가운데 절대적인 비중을 차지하게 됐다. 조선과 청의 교역은 홍삼과 서양목면을 교환하는 방식으로 이루어지게 됐다.

이양선 출몰

'지리상의 발견' 이래 유럽 각국과 미국의 선박이 조선의 근해에도 나타나기 시작했다. 서양의 배는 그 모양이 조선의 배와 매우 달랐기에 이양선(異樣船: 모양이 다른 배)이라고 불렸다. 이양선은 풍랑을 만나 조선의 해안에 표류하는 경우도 있었고, 조선의 해안을 측량하고 조선에 통상을 요구하려는 목적을 가지고 접근하는 경우도 있었다.

조선의 문헌에서 이양선에 관한 기록은 18세기 중반 영조 시대부터 보이기 시작하며, 순조 시대 이후로 크게 늘어난다. 다음은 영조 31년(1755) 12월 22일의 기록이다.

전라감사가 장달(狀達)하기를 "이국인(異國人) 8명이 함평(咸平) 땅에 표류하여 도착하였는데, 3명은 익사하고 그들이 탔던 배는 파손되었으니 육로(陸路)를 통하여 송환해야 하겠습니다"하니, 그대로 따랐다.

《영조실록》 31년 12월 22일

서양 선박 출몰에 대한 조선 조정의 대응은 무조건 조선에서 물러가게 하는 것이었다.

영국 해군 대령 윌리엄 브로턴(William Robert Broughton)은 범선인 프로비던스(Providence) 호를 타고 1797년과 1798년에 걸쳐 북아메리카의 태평양 연안과 동아시아를 탐사했다. 이때 그는 조선의 동해안도 탐사했다.

프로비던스 호는 승무원 115명과 2년분의 식량을 싣고 1795년 2월 15일 영국에서 출항했다. 이후 대서양을 횡단해 남아메리카를 돌아 오스트레일리아를 거쳐 하와이 왕국에 도착했고, 다시 항해를 계속해 북아메리카의 몬테레이(Monterey: 현재의 캘리포니아)에 도착했다. 이때까지 영국 탐험가들이 중국과 일본의 해안을 제대로 탐사한 적이 없었으므로 브로턴은 동북아시아로 기수를 돌렸다. 프로비던스 호는 1796년 9월 6일 일본 혼슈 북단의 해상에 이르렀고, 브로턴은 곧바로 쿠릴 열도를 조사했다. 이어 그는 유구 열도를 거쳐 마카오에 도착했다. 그는 마카오에서 겨울을 보낸 뒤 그곳에서 구입한 선박 헨리 왕자(Prince William Henry) 호도 거느리고 일본을 향해 출항했으나, 1797년 4월 프로비던스 호가 유구 열도의 한 섬인 미야코 섬 부근에서 난파했다.

브로턴은 헨리 왕자 호를 프로비던스 호로 개명하고 북상하여 사할린 해역을 탐사했다. 이어 캄차카 반도 남단을 따라 남하하다가 1797년 10월 3일 함경도 청진 근해를 탐사했다. 프로비던스 호는 조선의 동해안을 측정하며 남하하다가 10월 13일 경상도 동래부 용당포(龍塘浦)에 정박했다. 용당포는 오늘날로 치면 부산시 남구 용당동에 있는 신선대(神仙臺) 부두다. 14일 아침에 비가 멈추고 날이 개자 브로턴은 육안으로 대마도를 볼 수 있었다.

많은 조선인이 프로비던스 호를 구경하러 나왔다. 브로턴은 조선인의 용모와 피부가 중국인을 닮았다고 보았는데, 성인 남자들이 머리에 튼 상투가 그의 눈길을 끌었다. 동래부사 정상우(鄭尙愚) 등 조선 지방관들이 브로턴 등을 접촉했다. 경상도 관찰사 이형원(李亨元)과 삼도 수군통제사 윤득규(尹得逵)가 조정에 장계(狀啓)를 올렸다. 그 내용은 각각 다음과 같았다.

이국의 배 1척이 표류하여 동래(東萊) 용당포 앞바다에 이르렀습니다. 배 안의 50인이 모두 머리를 땋아 늘였는데, 어떤 사람은 뒤로 드리우고 머리에 백전립(白氈笠)을 썼으며, 어떤 사람은 등(藤)으로 전립을 묶어 매었는데 모양새가 우리나라의 전립(戰笠)과 같았습니다. 몸에는 석새(三升) 흑전의(黑氈衣)를 입었는데 모양새가 우리나라의 협수(挾袖)와 같았으며 속에는 홑바지를 입었습니다.

그 사람들은 모두 코가 높고 눈이 파랗습니다. 역관을 시켜 그 사람들의 나라 이름 및 표류해 오게 된 연유를 물었으나 한어(漢語), 청어(淸語: 만주어), 왜어(倭語), 몽고어를 모두 알지 못했습니다. 붓을 주어 쓰게 하였더니 모양새가 구름과 산과 같은 그림을 그려 알 수 없었습니다.

배의 길이는 18파(把)이고 너비는 7파이며 좌우 아래에 삼목(杉木) 판대기를 대고 모두 동철(銅鐵) 조각을 깔아 튼튼하고 정밀하게 만들었으므로 물방울 하나 스며들지 않는다고 했습니다.

동래부사 정상우(鄭尙愚)의 정문(呈文)에 "용당포에 달려가서 표류해온 사람을 보았더니 코는 높고 눈은 푸른 것이 서양사람인 듯했다. 또 그 배에 실은 물건을 보니 곧 유리병, 천리경(千里鏡), 구멍이 없는 은전(銀錢)으로 모두 서양 물산이었다. 언어와 말소리는 하나도 알아들을 수 없고, 오직 '낭가사기(浪加沙其: 나가사키)'라는 네 글자가 나왔는데 이는 바로 왜어로 장기도(長崎島)이니 아마도 상선(商船)이 장기도로부터 표류하여 이곳에 도착한 것 같다. 우리나라 사람을 대하여 손으로 대마도 근처를 가리키면서 입으로 바람을 내는데, 이는 순풍을 기다린다는 뜻인 듯하다." 했습니다.

《정조실록》 21년 9월 6일

정조는 대신들과의 회의에서 이 사건을 화제로 삼았는데, 하멜 일행의 난파를 연상하여 그들을 아난타 사람 같다고 하면서 아난타가 어디 지방이냐고 질문했다. 한 대신이 아난타는 하란(賀蘭)으로 대만이 바로 그곳이라고 대답했다. 17세기 초에 네덜란드가 대만을 점령한 일이 있었기에 이런 인식이 있었던 것이다. 정조는 그들이 원하는 대로 순풍이 불면 떠나보내도록 하라고 명령했다.

1801년(순조 원년)에 이른바 신유사옥(辛酉邪獄)이 일어나 천주교가 탄압받았다. 신유사옥은 외국문물 수용 측면에서 획기적인 사건이었다. 17세기 초부터 중국의 예수회 신부들이 한역한 서양서적이 조선에 전래되어 널리 읽혔다. 이들 서적의 내용 가운데 천주교와 관련된 부분은 40% 정도였고, 나머지는 지리와 과학에 관한 것이었다. 조선 유자들은 그 가운데 천문과학과 측량술에 관심이 많았다. 그러나 신유사옥으로 인해 일체의 서양서적이 금서가 됐다.

1816년(순조 16년) 2월 영국 정부는 청과의 통상 확대를 위해 제프리 윌리엄 피트 애머스트 경(Lord Jeffrey William Pitt Amherst)을 특사로 파견했다. 애머스트 경은 맥스웰(Murray Maxwell) 대령이 지휘하는 알세스트(Alceste) 호, 홀(Basil Hall) 대령이 지휘하는 리라(Lyra) 호와 더불어 8월 천진 북쪽에 있는 연하구(蓮河口)에 도착했다. 애머스트 경이 북경을 방문하는 동안 맥스웰과 홀은 우선 9월 1일부터 10일까지 조선 서해안과 남해안을 탐사했다. 이들은 청에서 선교하는 예수회 신부들의 저술을 통해 조선에 대해 약간의 지식을 얻었는데 그 내용은 다음과 같았다.

(1) 이 나라를 중국인은 차우치엔(Chautsien, 조선)이라고 부르고, 만주족은

솔호(Solho)라고 부른다.

(2) 조선은 중국 황제에게 조공을 바치는 나라이나 국왕이 절대권을 갖고 자
　　신의 나라를 통치한다.

(3) 밀과 쌀을 많이 생산한다.

(4) 몸집이 작은 말이 있다.

(5) 조선의 해역에는 어종이 풍부하며 동북쪽 바다에는 고래가 많다.

(6) 섬이 많은 나라이므로 조선 국왕은 '1만 개 섬들의 왕' 으로 불린다.

(7) 외국인과의 교제를 금하는 법이 아주 엄격히 집행된다.

　맥스웰과 홀은 산동성 해안을 따라 동쪽으로 항해하다가 9월 1일 백령도, 대청도, 소청도 근방에 이르렀다. 맥스웰은 에든버러 왕립학사원 원장이자 자신의 부친인 제임스 홀의 이름을 따서 이 세 개의 섬에 '제임스 홀 군도(Sir James Hall' s Group)' 라는 이름을 지어 붙였다.

　맥스웰 일행은 소청도에 상륙해 섬을 관찰하고 당일로 떠났다. 9월 3일에는 충청도의 격렬비열도(格列飛列島)와 외연도(外煙島)에 잠시 정박했고, 4일에는 마량진(馬梁鎭)과 갈곶(葛串)에 정박했다. 이곳은 오늘날의 장항만(長項灣)이다. 비인(庇仁) 현감 이승렬(李升烈)과 마량진 첨사 조대복(趙大福)이 배에 올라 맥스웰 일행과 만났다. 홀은 이승렬에게는 체리브랜디 몇 병을 주고 그 부하들에게는 럼주를 주었다. 이승렬과 조대복은 알세스트 호를 방문했는데 손짓으로 의사소통을 했다. 맥스웰은 두 사람에게 성경책을 선물로 주었고, 이승렬은 홀에게 큰 갓과 장죽 등 토산물을 선물로 주었다.

　맥스웰 일행은 갈곶을 떠나 9월 8일 고군산열도(古群山列島)의 한 섬에 잠시 내렸다가 떠났고, 10일 아침에는 제주도 해안에 잠시 머물렀다. 이승렬과 조대복은 충청수사(忠淸水使) 이재홍(李載弘)에게 이양선을 타고 온 외국인들과 만난 일을 보고했고, 이재홍은 조선 조정에 이를 보고했다.

　　1817년 초에 홀 대령은 먼저 귀국하는 길에 세인트헬레나 섬에 들러 나폴레옹을 알현했다. 이때 영국 탐험가들은 기회만 되면 세인트헬레나에 유배된 나폴레옹을 찾아가 알현했다. 홀은 나폴레옹에게 조선이라는 나라를 탐사하고 돌아가는 길이라고 설명했고, 선물로 받은 장죽과 큰 갓을 보여주며 조선의 풍물을 소개했다.

　　1832년(순조 32년) 7월 영국 상선 로드 애머스트(Lord Amherst) 호가 통상을 요구하러 조선 서해안에 접근했다. 로드 애머스트 호에는 영국 동인도회사의 광동 주재 수석 화물관리인 린지(Hugh Hamilton Lindsay)와 중국어에 능한 독일 개신교 선교사 귀츨라프(Karl Friedrich Gutzlaff) 등 67명이 타고 있었다. 린지의 목표는 영국 모직물의 판매시장을 개척하는 것이었고, 귀츨라프의 목표는 선교였다.

　　로드 애머스트 호는 7월 17일 오전 10시 조선의 백령도 북쪽에 접근했고, 오후 5시에는 황해도 장산곶 녹도(鹿島)에 정박했다. 섬 주민들은 이들에 대해 강한 적대감을 드러냈지만, 선원 중 한문을 아는 젊은이가 있어 그와 간단한 필담을 나누기도 했다.

　　7월 25일 녹도를 떠난 린지 일행은 곧 충청도 홍주(洪州)의 고대도(古代島)에 도착해 정박했다. 린지 일행은 홍주 목사(牧使) 이민회(李敏會)와 수군 우후(虞候) 김형수(金瑩綬) 등과 만나 한문으로 의사소통했다. 이 일을 보고계통에 따라 공충도(公忠道: 충청도) 관찰사 홍희근(洪羲瑾), 공충 수사 이재형(李載亨)이 조선 조정에 알렸다. 조정에서는 역학(譯學) 오계순(吳繼淳)을 보내어 같이 문정(問情)하게 했다.

　　처음에는 린지 일행이 마을을 돌아보는 것을 조선 관리들이 막았으나, 며칠 지나자 이런 금지가 풀려 린지 일행은 정박지 주변 일대를 돌아볼 수 있었다. 귀츨라프는 "조선인들은 아주 비참한 상태에서 살고 있다"고 평했다. 귀츨라프는 섬을 돌아보고는 토지가 비옥해 나무나 꽃이 잘 자라고 있음을 알았다.

그는 "주민들이 열심히 일하면 이 황야를 에덴동산으로 바꿀 수 있다"고 생각
했다. 귀츨라프는 주민들이 게으른 이유를 다음과 같이 설명했다. "우리는 주
민들이 게으르다고 비난할 수는 없었다. 그러나 그들이 힘을 쓰는 데 필요한
자극이 부족하다는 사실을 염려하지 않을 수 없었다. 정부는 주민들이 노동의
열매를 향유하도록 허용하지 않았다. 그들은 겨우 하찮은 생활필수품 외에는
어떠한 물건도 소유하는 데 무관심했다."

귀츨라프는 노동의 대가를 허용하지 않고 모두 수탈하는 조선 조정 때문
에 조선인들이 게으르고 가난하다고 본 것이었다. 이러한 관점은 이후 조선을
방문하는 서양인들의 기록에도 거듭 나온다.

귀츨라프는 조선이 잘 살려면 외국과 통상해야 한다고 생각했다. 조선인
들을 동정한 그는 린지와 함께 조선인들을 위해 감자를 심어주고 감자 재배법
을 가르쳐 주었다. 린지 일행은 어느 정도 그 지역에 친숙해지자 작은 배로 태
안(泰安)의 주사창리(舟師倉里) 앞 포구에 가서 그 마을 백성에게 한글로 번역
된 주기도문과 성경책을 전해 주기도 했다.

린지는 조선 관리들에게 영국이 조선과 교역하고 싶어 하니 조선 조정이
이를 허락해 주기를 바란다는 뜻을 반복하여 전했다. 조선 관리는 "우리나라는
우리의 상국인 대청에 예속되어 있다. 어떻게 속국이 감히 비밀리에 다른 나라
와 외교할 수 있는가"라고 반문했다. 린지는 시암(Siam: 태국)과 코친(Cochin:
베트남)도 중국에 조공을 바치는 나라인데 영국과 교역한다고 대답했다.

이에 조선 관리는 "우리나라는 중국과 밀접하게 접경하였으므로 상국의
명령과 재가 없이 큰 일이건 작은 일이건 새로운 관행을 세운다는 것은 감히
상상할 수 없다"고 말했다. 린지는 시암과 코친이 모두 중국과 밀접히 접경했
으나 외국과의 교류를 거절하지 않는다고 대답했다. 그러나 조선 관리는 전혀
태도를 바꾸지 않았다.

린지 일행은 목적을 달성하지 못하고 고대도를 떠났다. 다도해를 지나 9

월 17일 제주도 연해에 도착했다. 귀츨라프는 이 섬이 일본, 북중국, 만주 등지 와 교역하기에 최적의 입지를 갖고 있다고 평가했다. 린지 일행은 제주도에 상 륙하지 않고 곧바로 유구로 향했다.

공충 감사 홍희근이 린지 일행과의 교섭을 자세히 기록한 장계를 조정에 올렸는데 이중 린지 일행이 설명해준 영국의 지리에 관해 서술된 부분은 다음 과 같다.

국명은 영길리국(英吉利國: England) 또는 대영국(大英國: Great Britain)이라고 부르고, 난돈(蘭墩: 런던)과 흔도사단(忻都斯担: 힌두스탄, 인도)이란 곳에 사는데 영길리국, 애란국(愛蘭國: 아일랜드), 사객란국(斯客蘭國: 스코틀랜드)이 합쳐져 한 나라를 이루었기 때문에 대영국이라 칭하고, 국왕의 성은 위씨(威瓦)이며 지 방(地方)은 중국과 같이 넓은데 난돈(蘭墩) 지방은 75리(里)이고 국중(國中)에는 산이 많고 물은 적으나 오곡(五穀)이 모두 있다고 하였고, 변계(邊界)는 곤련(昆 連)에 가까운데 곧 운남성(雲南省)에서 발원한 한 줄기 하류(河流)가 영국의 한 지 방을 거쳐 대해(大海)로 들어간다고 했습니다. 북경까지의 거리는 수로로 7만 리 이고 육로로는 4만 리이며 조선까지는 수로로 7만 리인데 법란치(法蘭治: 프랑 스), 아라사(我羅斯: 러시아), 여송(呂宋: 필리핀)을 지나고 지리아(地理亞) 등의 나라를 넘어서야 비로소 도착할 수 있다고 했습니다. …

나라의 풍속은 대대로 야소교(耶蘇敎)를 신봉해왔으며, 중국과의 교역은 유래가 200년이나 되었는데 청국(淸國)과 크기가 같고 권세가 비등하므로 조공도 바치 지 않았고 그 나라에서 북경에 가도 계하(階下)에서 머리를 조아리지 않는다 하 였으며, 대청 황제는 먼 나라 사람을 너그럽게 대해주려 하였으나 요사이는 관 리들이 황제의 뜻을 잘 받들지 않으므로 황은(皇恩)이 외국인에게 미치지 못하고 있으며, 또 외국 상인은 관리의 횡포로 인하여 많은 어려움을 당하고 있다고 했 습니다.

교역하고 있는 나라는 우라파국(友羅巴國), 법란서국(法蘭西國), 아임민랍국(阿壬民拉國), 자이마미국(者耳馬尾國), 대여송국(大呂宋國), 파이도사국(波耳都斯國), 아비리가국(亞非利加國), 식력국(寔力國), 영정도국(伶仃都國), 대청국(大淸國)이며 교린(交隣)하는 나라는 아라사국(我羅斯國), 법란치국(法蘭治國), 하란국(荷蘭國: 네덜란드), 파려사국(波呂斯國: 페르시아)이라 하고, 영국(英國)의 지방은 구라파(歐羅巴: 유럽)에 있는데 사람을 귀히 여기고 있으며, 지방이 또 아미리가(亞未利加: 아메리카)에 있는데 그 역시 크고 좋은 땅이고, 또 서흔경(西忻慶)에도 있어 섬들이 많으며, 아비리가(亞非利加: 아프리카)의 가장 남쪽 끝에 있는 호망(好望)의 갑(甲)[희망봉]은 수위(垂圍)의 속지(屬地)이고, 또 태평양의 남쪽 바다에도 영국에 소속된 허다한 미개척 지방이 있으며, 그 끝은 아서아주(亞西亞州: 아시아)에 있는데 섬들이 많고 또 흔도사단(忻都斯担), 고위(古圍) 각 지방도 모두 영국의 판도(版圖)에 들어왔다고 했습니다. 최근에 중국에서 영국으로 옮겨 소속된 미개한 지방으로는 익능부(檜能埠), 마지반부(馬地班埠), 마랍가부(馬拉加埠: 말라카 해협), 선가파부두(先嘉陂埠頭: 싱가포르)라 했습니다.

린지 일행과의 만남으로 조선은 상당한 정도의 세계지리 지식을 얻었지만, 조선의 위정자는 국왕을 비롯하여 누구도 관심을 갖지 않아 그 지식이 사장됐다.

조선 조정은 공충 수사 이재형, 수군 우후 김형수, 홍주 목사 이민회를 문정이 지연되고 처리가 전착(顚錯)되었다는 죄목으로 파직했다.

순조 34년(1834) 11월 13일 순조가 사망했다. 8세의 세손 이환(李奐)이 즉위했다. 그의 묘호는 헌종(憲宗)이다. 이환은 익종(翼宗: 순조의 세자로 순조보다 먼저 죽음)의 아들로 모친은 조만영(趙萬永)의 딸 신정왕후(神貞王后) 조 씨다.

이환은 나이가 어려 순조의 비 순원왕후(純元王后)가 대왕대비로서 대리청정했다. 이에 따라 순원왕후의 친정인 안동 김 씨 김조순(金祖淳)의 가문이 계속 권력을 유지했으나, 순조가 생전에 조만영(趙萬永: 조인영의 아우)에게 세손을 보도(輔導: 올바른 길로 이끌어 줌)하도록 유촉(遺囑: 죽은 뒤의 일을 부탁함)하였으므로 풍양 조 씨도 국정운영에 참여했다.

1839년(헌종 5년)에 조선왕조가 천주교를 사학(邪學)으로 단정하고 천주교도를 박해하면서 프랑스 신부 3명을 처형했다. 이것이 이른바 기해박해다. 기해사옥(己亥邪獄)이라고도 하는 이 사건은 표면적으로는 천주교를 박해하기 위한 것이었으나, 속사정을 들여다보면 시파(時派)인 안동 김 씨를 약화시키려는 벽파(僻派)인 풍양 조 씨의 의도가 내재되어 있었다.

1801년(순조 1년)의 신유박해로 천수교의 교세는 몹시 위축됐으나 안동 김 씨가 세도를 누리면서부터는 김조순이 시파였기 때문에 천주교에 대한 탄압이 없었다. 그러는 동안 천주교에서 조선이 조선교구로 독립했고, 서양인 천주교 신부로는 처음으로 파리 외방전교회(外邦傳敎會) 소속의 모방(Maubant), 샤스탕(Chastan), 앵베르(Imbert) 등이 들어와 천주교의 교세가 회복되고 신도가 늘어났다.

대왕대비인 순원왕후는 오빠 김유근(金逌根)의 적극적인 보필을 받았다. 1836년부터 병으로 인해 말조차 하지 못하던 그는 1839년 역관 유진길(劉進吉)의 권유에 따라 천주교 세례까지 받았다. 이러한 상황에서 안동 김 씨의 천주교에 대한 태도는 관용적일 수밖에 없었다.

그러나 김유근이 은퇴한 뒤에 천주교를 적대시하는 우의정 이지연(李止淵)의 영향력이 강해지면서 상황이 변했다. 형조판서 조병현(趙秉鉉)으로부터 그동안의 천주교 전파 상황을 보고받은 이지연은 1839년 3월 입궐하여 "천주교인은 무부무군(無父無君)으로 역적이니 근절해야 한다"는 내용으로 천주교에 대한 대책을 상주했다. 조정에서 이를 받아들여 천주교를 탄압하기 시작하여 포도청에서 형조로 이송된 천주교인이 43명에 이르렀다. 그중 대부분이 배교하고 석방됐으나 남명혁(南明赫)과 박희순(朴喜順)을 비롯한 9명은 끝내 배교 요구에 불복해 처형당했다. 5월 25일에는 척사(斥邪: 악을 배척함)를 명하는 윤음(綸音: 왕이 백성에게 내리는 훈계하는 내용의 문서)이 반포됐고, 이어 천주교 박해가 전국적으로 확산됐다.

군주의 호칭

군주를 태조, 태종 등으로 부르는 것은 중국에서 유래했다. 이를 묘호(廟號)라 한다. 묘호는 한 왕조의 시조와 조상을 모시는 조묘(祖廟)의 제사절차에 맞추어 군주 사후에 그 자손이 붙여주는 존호(尊號)다. 구체적으로 그 신위(神位)를 모시는 종묘의 각 현실(玄室)에 붙이는 이름으로 생전의 업적을 고려해 짓는다.

사마천의 《사기(史記)》에 따르면 묘호는 은(殷) 왕조 때 태종(太宗), 중종(中宗), 고종(高宗) 등이 있었다고 하나, 한(漢)나라에 와서 창업주 유방이 죽은 후 숙손통(叔孫通)의 건의에 따라 태조(太祖)로 정한 것이 확실한 첫 사례다.

'조(祖)'는 창업주에게 붙이는 것이 원칙이고, 그 후의 군주에게는 '종(宗)'을 붙인다. 업적이 뛰어나면 태(太), 세(世), 성(成) 등을 써서 태종, 세종, 성종 등으로 짓는다. 그러므로 어느 왕조의 군주든 묘호가 이러하면 상당한 업적을 쌓은 군주라고 여겨도 무방하다.

그러나 창업주가 아니어도 창업 못지않은 큰 공을 세운 경우에는 조호(祖號)를 쓸 수 있다. 이미 망한 한나라를 부흥시킨 후한(後漢)의 광무제에게 붙여진 묘호는 세조(世祖)이며, 남송을 멸해 중국 전역을 정복한 원나라의 쿠빌라이도 새 왕조를 창건한 것이나 다름없다고 해서 사후에 세조라는 묘호를 받았다.

조선왕조를 보면 태조 이성계를 제외하고도 세조, 선조, 인조 등 조호가 붙은 왕이 6명이다. 이는 실제로 공적이 컸기 때문이 아니라 공적에 대해 억지해석이 이루어진 탓이다. 즉 선조는 임진왜란으로 망할 지경에 이른 나라를 살려냈고, 인조 역시 병자호란의 위기 속에서도 사직을 지켰다고 하여 큰 공로를 인정해 사후에 그런 묘호가 지어진 것이다.

왕조마다 태조, 태종 등이 있으므로 구별하기 위해 흔히 나라 이름을 앞에 붙여 송 태조, 명 태조, 당 태종 등으로 부른다.

황제를 호칭할 때 묘호로 하는 것이 일반화된 것은 당 왕조 이후다. 그 전에는 시호(諡號)로 불이때 정하상(丁夏祥), 유진길, 조신철(趙信喆) 등 천주교 측의 중요한 인물들이 체포됐다. 주교 앵베르는 교인이 고초를 당하는 것을 막기 위해 모방과 샤스탕에게도 자현(自現)할 것을 권고하는 내용의 쪽지를 보내고 자현함으로써 조선에서의 교회재건 운동이 큰 타격을 입었다. 이때 정하상은 척사 윤음에 대응해 '상재상서(上宰相書)'를 올려 천주교를 변호했다. 조정에서는 6월에

렀다. 시호는 생전 통치의 성격이나 업적을 평가해 사후에 붙이는 것으로 무제(武帝)니 문제(文帝)니 하는 것이 그것이다. 시호는 군주 외에 공적을 기릴 만한 신하에게도 붙여주었다. 충무공(忠武公), 문충공(文忠公) 등은 널리 알려진 신하의 시호다.

당 왕조부터는 모든 황제가 묘호, 즉 조(祖)나 종(宗)이 붙은 칭호를 갖고 있지만 그 전에는 특정한 황제에게만 묘호를 붙였다. 이에 비해 시호는 누구에게나 붙여졌다. 왕조의 마지막 군주는 자손이 더 이상 군주가 아니므로 묘호가 없고 시호만 있다. 마지막 군주의 시호는 보통 바칠 헌(獻), 끝 말(末), 공손할 공(恭), 슬플 애(哀) 등을 써서 헌제(獻帝), 말제(末帝), 공제(恭帝), 애제(哀帝) 등으로 지어졌다.

한 무제의 이름은 유철(劉徹)인데 흉노를 정벌하고 베트남과 조선을 공략하는 등 무위를 떨쳤으므로 사후에 무제라는 시호를 얻었다(한 무제의 묘호는 세종이다). 사실상 위를 건국한 조조의 시호도 무제다. 시호도 동일한 것이 많으므로 구별하기 위해 나라 이름을 붙여 한 무제, 위 무제 등으로 부른다.

명나라 건국 후로는 군주의 연호(年號)를 재위 시에 하나만 정하고 바꾸지 않는 1세1원 제도가 확립됐다. 이에 따라 '연호+제'라는 호칭이 등장했다. 예를 들면 명 태조 주원장의 연호는 홍무(洪武)였으므로 그를 흔히 홍무제(洪武帝)라고 부른다. 이렇게 보면 사후에 군주는 생전의 이름, 묘호, 시호, 연호명 등 4가지 이름을 갖는다.

이 밖에 군주였다고 하더라도 정통성을 부인해 칭호를 붙이는 경우가 있다. 여진족이 세운 금 왕조의 4대 군주인 해릉왕은 3대 희종(熙宗)을 시해하고 집권한데다가 정변으로 죽음을 당했다. 이어 즉위한 세종은 그를 황제가 아닌 황위 찬탈자로 보아 시호를 해릉왕으로 지었다. 조선의 연산군과 광해군도 폐위되어 정통성을 인정받지 못했으므로 왕자 시절의 칭호인 연산군, 광해군으로 그냥 불리고, 그들의 치세를 다룬 역사기록도 '실록'이라 하지 않고 '일기(日記)'라 하여 《연산군일기》, 《광해군일기》라고 부른다.

삼국시대에는 중국식 묘호를 도입하지 않았다. 삼국의 군주 가운데 묘호가 있는 이는 김춘추뿐인데, 그의 묘호는 태종이다. 고려왕조에서 중국식 묘호를 본격 도입했다. 본래 묘호는 황제만 쓸 수 있는 것이나 황제국 체제를 갖추었던 고려와 제후국을 자처한 조선도 묘호를 지었다.

이광열(李光烈), 김녀(金女), 장금(長金) 등 8명을 참수했고, 8월 14일에는 앵베르, 모방, 샤스탕 신부를 군문효수(軍門梟首)하고 정하상과 유진길도 참형에 처했다. 다음은 이 시기의 천주교 박해와 관련된 실록의 기록이다.

> 서양인 범세형(范世亨: 앵베르), 나백다록(羅伯多祿: 모방), 정아각백(鄭牙各伯: 샤스탕)과 정하상(丁夏祥), 유진길(劉進吉)을 추국(推鞫)하고 베었다.
>
> 정하상은 신유사옥 때 정법(正法: 처형)된 정약종(丁若鍾)의 아들로 양술(洋術: 서양학문)을 가계(家計)로 삼고 유진길, 조신철(趙信喆)과 주무(綢繆)하여 양한(洋漢: 서양인)을 맞이해 와서 신부(神父), 교주(敎主)를 삼았으며, 또 김(金)과 최(崔) 두 어린이를 서양에 보내어 그 양술을 죄다 배울 것을 기필하였다. 유진길은 역관(譯官), 조신철은 종[徒隷]이었다.
>
> *《헌종실록》 5년 8월 14일*

《헌종실록》에 따르면 기해박해로 피해를 입은 천주교도는 배교하여 석방된 자 48명, 옥사한 자 1명, 처형된 자 118명 등이었다. 그러나 천주교도 현석문(玄錫文)이 쓴 《기해일기》에 따르면 참수된 자 54명, 교수형과 곤장에 맞아 죽은 자와 병사한 자 60여 명이었다. 이 사건 이후 풍양 조 씨 가문의 세도가 안동 김 씨 가문을 능가하게 됐다.

이 사건을 계기로 조정은 오가작통법을 적용하여 어느 한 집에서 천주교 신자가 나오면 인근의 네 집도 처벌하도록 하는 등 천주교에 대한 탄압을 계속했다.

1845년(헌종 11년) 6~7월에 영국 군함 사마랑(Samarang) 호가 조선 남해안을 탐사했다. 1842년 남경조약이 체결된 뒤 영국 정부는 개항된 항구와 수로를 정밀하게 탐사하려 했고, 그 일환으로 1843년 1월 사마랑 호를 아시아에 파견했다. 함장은 측량이 전공인 벨처(Edward Belcher) 해군 대령이었다. 9월 15

오가작통법(五家作統法)은 1455년(단종 3년) 절도와 강도를 방지하기 위해 평민 다섯 집을 1통(統)으로 조직하여 연대책임을 지운 것이 그 기원이다. 《경국대전》에 따르면 서울에는 5호(戶)를 1통(統)으로 하여 통주(統主)를 두고 지방에는 5통을 1리(里)로 하여 이정(里正)을 두었으며, 몇 개의 리를 합쳐 면(面)을 두어 면마다 권농관(勸農官)을 두었다. 이러한 오가작통법의 실시는 호패법과 향약의 실행과 밀접한 관계가 있는데 그 시행과정에서 많은 어려움이 있어 두고두고 논란의 대상이 됐다. 19세기에는 천주교도와 동학교도를 색출하거나 화적을 잡기 위해 통의 연대책임을 강화했다. 특히 1896년 전국의 호적을 작성할 때 열 집을 1통으로 편성했다.

일 홍콩에 도착한 사마랑 호는 싱가포르, 보르네오, 필리핀 일대를 측량했다. 이어 유구 왕국을 탐사한 사마랑 호는 1845년 6월 21일 제주도로 향했다.

사마랑 호는 6월 25일에 제주도 남쪽 만에 정박했다. 벨처는 7월 14일까지 약 3주 동안 제주도에 체류하면서 조선의 관리 및 주민과 친교를 맺으면서 제주도의 주민과 생활상을 다각적으로 파악했다. 벨처는 중국인 통역을 통해 아편전쟁에 대해 설명했다. 조선 관리들은 아편전쟁에 대해 아는 것이 없었다. 이는 일본과 너무나 대조적인 일이었다.

벨처는 제주도 탐사가 끝나자 다도해를 향해 북상했다. 그는 7월 16일 세 개의 섬을 발견했는데, 바로 거문도였다. 동도(東島), 서도(西島), 고도(古島)의 3개 섬으로 이루어진 거문도는 당시에 삼도(三島)로 불렸다. 다음날 벨처는 대원들과 더불어 거문도에 상륙해 탐사했다. 벨처는 영국 해군성 부장관 해밀턴(W. A. B. Hamilton)의 이름을 따서 거문도에 '해밀턴 항(Port Hamilton)' 이라는 이름을 지어 붙였다. 벨처는 나흘 동안 이 섬을 측량하고 해도를 작성한 뒤 떠났다. 《헌종실록》은 사마랑 호의 거문도 방문에 대해 다음과 같이 기록하고 있다.

이 달에 이양선이 호남(湖南) 흥양(興陽)과 제주(濟州)의 바다 가운데 출몰 왕래하며 스스로 대영국(大英國)의 배라 하면서 이르는 섬마다 곧 희고 작은 기를 세우고 물을 재는 줄로 바다의 깊이를 재며 돌을 쌓고 회를 칠하여 그 방위를 표하고 세 그루의 나무를 묶어 그 위에 경판(鏡板)을 놓고 벌여 서서 절하고 제사를 지냈는데, 역학통사(譯學通事)가 달려가서 사정을 물으니 녹명지(錄名紙)라는 것과 여러 나라의 지도와 종려선(棕櫚扇) 두 자루를 던지고는 드디어 돛을 펴고 동북으로 갔다.

《헌종실록》 11년 6월 29일

조선 조정은 사마랑 호가 온 것을 심각하게 받아들여 청과 일본에 통보했다. 1609년 체결된 기유약조에 따라 조선과 일본은 변경에 문제가 생기면 서로 통보했고, 특히 이양선이 출현하면 늘 통보했다.

청 조정은 통보를 받고는 북경에 파견된 영국 전권공사에게 조선은 중국에 조공을 바치는 나라로 독립국이 아니므로 스스로 외국과 통상할 수 없다고 말했다. 또한 조선은 너무 빈곤하여 영국이 조선과 무역해도 아무런 이익이 없을 것이라고 덧붙여 말했다.

1846년 4월 무렵 프랑스 정부는 기해박해 때 자국 신부들이 처형된 사실을 알게 됐다. 이에 프랑스 국왕 루이 필립(Louis Philippe, 재위 1830~1848)은 중국 및 인도양 주둔 해군 사령관 세실 제독에게 조선으로 원정해 '학살'의 책임을 물으라고 명했다. 이에 세실 제독은 3척의 군함을 이끌고 5월 20일 마카오를 출항했다.

6월 한국인 최초의 신부 김대건(金大建)이 백령도 부근을 답사하다가 체포됐다. 그는 곧바로 서울로 압송됐다. 김대건은 1821년(순조 21년) 8월 오늘날의 충남 당진군 우강면(牛江面) 솔뫼 마을의 독실한 가톨릭 가문에서 태어났다. 그의 증조부 김진후(金震厚)는 10년 동안의 옥고 끝에 1814년 옥사했고, 숙부 김한현도 1816년 대구 감영에서 참수형으로 순교했다.

김대건은 7세 때 천주교 공동체가 있는 경기도 용인군 내사면(內四面) 미리내 마을로 이사해 그곳에서 성장했다. 1836년(헌종 2) 파리 외방전교회의 프랑스 신부 모방은 청소년 신자들에게 세례를 주기 위해 미리내 마을을 방문했는데, 이때 김대건을 예비 신학생으로 선발하여 서울로 보내 기초적인 신학 공부를 하게 했다. 이때 김대건은 유진길에게 중국어를 배웠다.

김대건은 1836년 12월 모방의 소개장을 가지고 청으로 건너가 1837년 6월 마카오에 도착했다. 그곳에서 그는 조선 전교(傳敎)의 책임을 진 마카오의 파리 외방전교회 칼레리 신부에게 신학, 철학, 지리, 역사, 프랑스어, 중국어, 라틴어를 배웠다. 그가 신부 수업을 받는 동안 일어난 기해박해 때 아버시 김세준(金濟俊)도 순교했다.

김대건은 1842년 수업을 마치고 조선 밀입국을 시도했으나 의주의 검문이 심해 되돌아갔는데, 마카오에서도 아편전쟁으로 중국 민중의 반기독교 운동이 활발해져 청에 가서 신학 공부를 계속했다. 그는 페레올(Férreol) 주교로부터 고국에 잠입하라는 명령을 받고 이번에는 함경도 경원을 거쳐 입국하려다 또 실패했다. 그는 팔가자(八家子)로 돌아가 매스트르 신부 문하에서 신학을 연구하다가 1845년(헌종 11) 초 단신으로 국경을 넘어 서울로 들어왔다. 그는 기해박해 이후 위축된 교세의 확장에 전력을 기울이다가 다시 프랑스 외방전교회에 지원을 요청하기 위해 4월 현석문 등 교우 11명과 쪽배를 타고 상해로 건너갔다. 8월에 그는 금가항(金家港) 신학교에서 천주교 조선교구장 페레올 주교의 집전으로 사제 서품을 받아 한국인으로서는 최초로 신부가 됐다.

페레올 주교와 김대건 신부 등은 8월 라파엘이라고 이름 붙인 작은 배를 타고 상해를 떠나 제주도를 거쳐 1845년 10월 충청도 은진군의 나암(羅岩)에 잠입했다. 각지를 순방하며 전도하던 김대건은 프랑스 신부들의 입국을 돕고 선교부와 연락을 취할 수 있는 비밀항로를 찾다가 1846년 6월에 체포됐다.

세실이 이끄는 프랑스 함대는 8월 2일 제주도 남쪽을 통과하여 6일 오늘날의 충남 보령시와 서천군 일대에 해당하는 몇몇 섬에 접근했다. 7일 아침 세실은 약 60척의 조선 선박이 선단을 이뤄 움직이는 것을 보았다. 충청 수사 소속의 배였던 듯하다. 세실은 전투준비를 명령했으나 조선 선단은 남쪽으로 항해했다. 프랑스 함대는 해안을 따라 남하하여 외연도 인근에 정박했다.

8월 9일 프랑스 신부 1명, 중국인 신부 1명, 프랑스 장교 1명이 외연도에 내려 조선 정부에 보내는 세실의 서한을 조선 관리에게 전달했다. 중국인 신부 아우구스틴(Augustine)이 한문으로 번역한 이 편지에는 다음과 같이 씌어 있었다.

이후에 우리나라의 사민(士民)을 가혹하게 해치는 일이 있으면 귀 고려(高麗)는 반드시 큰 재해를 면할 수 없을 것이다. 그렇다면 재해를 임시하여 위로 귀국의 국왕에서부터 아래로 대신, 백관에 이르기까지 모두 다른 사람에게 원망을 돌릴 수 없고 오직 자기가 불인(不仁)하고 불의(不義)하며 무례했던 것을 원망할 수 있을 뿐일 것이다. 이를 알기 바란다.

아우구스틴은 외연도에서 조선의 관리 및 유지들과 필담을 나누었다. 세실은 작은 섬인 외연도에 외국인과 필담할 수 있을 정도의 학식을 갖춘 사람이 있다는 사실에 매우 놀랐다. 세실은 부대원들이 오랜 항해로 지쳐 있고 외연도 일대의 해로가 복잡하고 풍랑이 심해 오래 머무는 것은 바람직하지 않다고 판단했다. 그는 내년에 다른 프랑스 군함이 올 때 회신 받기를 기대한다는 뜻을 밝히고 떠났다. 조선 조정은 세실의 편지를 보고 격앙했고, 김대건을 처형하여 효수했다.

　　1847년 7월 28일 세실이 전달한 서신의 답장을 받으러 라피에르(Lapièrre)
해군 대령이 이끄는 프랑스 군함 2척이 조선을 향해 마카오에서 출항했다. 이
들은 8월 9일 제주도를 지나 북상하다가 안개와 강풍을 만나 좌초했다. 약 600
명의 프랑스 해군은 신치도(新峙島)에 상륙했다. 고군산진(古群山鎭)의 관리
와 병사들이 그곳에 가니 신치산 아래 모래밭에 천막을 치고 있던 프랑스 해군
이 무기를 들고 경계태세를 취했다. 라피에르는 조선 관리들에게 구제를 요청
했고, 조선 관리들은 쌀, 고기, 채소 등 식량을 공급했다. 라피에르는 보트 2척
을 상해로 보내 그곳의 영국 영사에게 구조선을 보내줄 것을 요청했다. 영국

2월혁명

1830년 7월 혁명의 결과로 세워진 프랑스의 7월 왕정은 입헌군주정이었다. 중도를 표방한 이
왕정은 대외관계에서 평화를 가져오고 경제적으로 상당한 번영을 누렸으나 어떤 계급도 만족
시키지 못했다. 산업혁명으로 노동자 계급이 급성장했는데, 이들은 1840년대에 들어 사회주의
에 심취했다. 중소 자본가들은 선거권 확대와 공직 취임권을 요구했으나 보수적인 기조
(François Pierre Guillaume Guizot)가 지배하는 내각은 관계 법안을 거푸 부결시켰다.

　1846년의 흉작이 경제위기를 가져와 식량 가격이 폭등하고 기업 파산이 속출하여 실업률
이 크게 올랐다. 고위 공직자 부패 사건도 빈발하여 왕정에 대한 민중의 신망이 크게 떨어졌
다. 1847년부터 자유주의적 개혁을 요구하는 정치집회가 널리 열렸는데, 1848년 2월 22일
에는 파리에서 대규모 정치집회가 열릴 예정이었다. 정부가 이 집회의 취소를 명령하자 집회
당일 수만 명의 노동자와 학생이 항의에 나서 경찰과 충돌했다. 23일 저녁 국왕 루이 필립은
기조를 수상 직에서 해임했으나, 군중과 기조의 공관을 지키는 군부대가 충돌하여 40여 명
이 피살됐다. 24일 아침 분노한 군중이 왕궁으로 몰려들자 루이 필립은 내전 발생을 우려하
여 퇴위하고 손자에게 양위했다.

　의회는 공화국으로의 전환을 요구하는 시위대의 주장에 따라 임시정부를 구성하고 공화국
을 선포했다. 4월 성립된 제헌의회는 직접선거에 근거한 대통령 중심제를 채택했다. 12월 실
시된 대통령 선거에서 나폴레옹의 조카인 루이 나폴레옹이 압도적인 표차로 대통령에 당선됐
다. 그는 두 차례 쿠데타를 일으켜 1852년 12월 황제로 즉위했다. 그가 나폴레옹 3세다.

영사가 배 3척을 보내주어 프랑스 해군은 9월 12일 조선을 떠날 수 있었다. 1848년 프랑스에서 2월 혁명이 일어남에 따라 프랑스 정부는 더 이상 조선에 관심을 기울일 수 없게 됐다.

1848년 여름 이후로는 미국, 영국 등 서양의 포경선이 조선 해안에 자주 출몰했다. 미국에서는 포경업이 번창하여 중요한 산업이 됐다. 미국 포경선은 북태평양의 베링 해와 캄차카 반도 일대, 그리고 동해에까지 와서 고래를 잡아 갔다. 다음은 이에 관한 《헌종실록》의 기록이다.

> 이 해 여름, 가을 이래로 이양선이 경상, 전라, 황해, 강원, 함경 등 다섯 도의 대양(大洋) 가운데 출몰하는데 널리 퍼져서 추적할 수 없었다. 혹 뭍에 내려 물을 긷기도 하고 고래를 잡아 양식으로 삼기도 하는데, 거의 그 수를 셀 수 없이 많았다.
>
> 《헌종실록》 14년 12월 29일

1849년 1월 프랑스 포경선 리앙쿠르(Liancourt) 호가 고래를 잡으러 동해에 왔다. 리앙쿠르 호는 1월 24일 대마도 북쪽을 통과하여 27일 독도를 발견하고는 거기에 '리앙쿠르 바위(Rocher de Liancourt)' 라는 이름을 지어 붙였다. 이것이 영어로는 'Liancourt Rocks' 로 번역됐다. (독도는 한자로는 '獨島' 라고 쓰지만 이는 '돌섬' 을 한자음에 맞게 표기한 것에 불과하다. 1851년 프랑스 해군성 해도국이 《태평양 전도》를 발간했는데 여기에 독도가 명확하게 그려졌다.)

1849년 헌종이 후사 없이 죽자 순원왕후의 명령으로 사도세자의 서자 은언군(恩彦君) 이인(李禋, 1754~1801)의 손자인 19세 이원범(李元範)이 즉위했다. 묘호는 철종(哲宗)이다. 1786년(정조 10년) 은언군의 장남인 상계군(常溪君) 이담(李湛)은 혼례를 올린 직후 음독사했다(자살설과 독살설이 있다). 이

어 정순왕후가 상계군을 역적으로 지목하며 처분을 요구하는 언문 하교문을
내렸다. 정조 3년 상계군이 홍국영(洪國榮)에 의해 왕위 후계자로 이름이 오르
내렸던 일을 지적한 것이다. 정순왕후가 역적의 가족도 처분할 것을 요구했기
때문에 은언군 일가는 강화도로 유배됐다. 1801년 신유박해 때 은언군은 처 송
(宋) 씨와 며느리 신(申) 씨가 청나라 신부 주문모(周文謨)로부터 영세를 받은
일로 송 씨, 신 씨와 함께 사약을 받았다.

철종의 부친 이광(李壙, 1785~1841)은 은언군의 5남인데 강화부 교동도
에서 빈농으로 일생을 마쳤다. 이광에게는 이원경(李元慶, 1827~1844), 이경
응(李景應, 1828~1902), 이원범 등 아들이 셋 있었다. 1844년(헌종 10년) 민진
용(閔晉鏞)이 이원경(李元慶)을 왕위에 추대하려는 모반을 꾀하다 사전에 발
각되어 능지처사됐고, 이원경도 사사됐다.

철종은 이광의 3남이다. 아들이 왕이 되자 이광은 전계대원군(全溪大院
君)으로 추증됐다. 이원경은 회평군(懷平君)으로 추증됐고, 이경응은 영평군
(永平君)으로 봉작됐다. 철종이 교육을 제대로 받지 못하고 성장했으므로 순원
왕후가 헌종 즉위 때처럼 다시 수렴청정했다. 철종 재위 시에 안동 김 씨의 세
도정치는 견제세력 없이 독주했다.

임술민란

임술년인 철종 13년(1862)에 민란이 일어나 삼남 지방을 휩쓸었다. 이를 임술
민란(壬戌民亂)이라 하는데, 이 농민항쟁은 대토지 소유의 발달과 국가의 가
혹한 수탈로 인해 농민경제가 극도로 피폐해진 탓에 일어난 것이었다. 소수에
의한 대토지 소유는 곧 대다수의 토지 없는 농민의 존재와 그들의 곤궁을 의미
한다.

지주들은 개간을 통해서도 농지를 확대했지만 주로 토지를 매입하거나 수탈하여 보유농지를 늘렸다. 특히 토지매매가 활발하여 권세가나 부호에게 토지가 집중됐다. 이러한 사정은 정조(正祖) 대에 윤면동(尹冕東)이 상소에서 잘 지적했다.

전에 권세가들이 이리 같은 탐욕을 부리자 온 세상 사람들이 이를 본받았습니다. 수십만, 수백만 냥의 돈을 팔도에 유통하여 한 뼘의 토지라도 매입할 수 있으면 곧 가격을 더 쳐주어 매입하므로 토지가격이 몇 배로 올랐습니다. 이에 가세가 미약하고 재산이 적은 이들은 처음부터 감히 다투어 사들이지 못하여 온 나라의 거의 모든 토지가 세력 있는 자들의 수중에 들어갔습니다. 또한 기근이나 흉년이 들면 농촌의 부호들이 이때를 이용하여 강제로 헐값에 사들입니다. 이 때문에 백성들의 약간의 땅마저 모두 이들의 소유가 되었습니다. 이것이야말로 오로지 이익을 취하는 겸병의 폐해입니다.

《정조실록》 2년 7월 정미일

조선 후기에 상품화폐 경제가 발달하면서 급속도로 토지의 집중 현상이 일어났다. 농민 중에서도 상품화폐 경제를 잘 이용한 자는 부농으로 성장하고 토지를 매입하여 지주가 되기도 했고, 상인 가운데서도 축적한 부로 토지를 매입하여 지주로 변신하는 자가 있었다. 고리대도 토지집중의 원인으로 작용했다. 농민들은 조세를 납부하거나 생계를 유지하기 위해 고리대를 쓰는 경우가 많았고, 고리대를 감당하지 못한 농민들이 토지를 내놓게 되면서 고리대를 운용하는 지주, 상인, 부농 등이 토지를 헐값에 매입하여 늘려 나갔다. 이렇게 하여 소수 지주들에게 토지가 집중됐고, 많은 농민들이 아주 적은 토지만을 소유하거나 전혀 토지가 없는 상태가 됐다.

게다가 삼정(三政)의 문란이라고 일컬어지는 관의 수탈은 농민들이 견딜 수 없을 정도로 가혹했다. 삼정은 전정(田政), 군정(軍政), 환곡(還穀)을 말한다. 전정은 토지에 부과되는 세금이었고, 군정은 정남(丁男: 16~60세의 남자)에게 부과되는 군포였다. 환곡은 춘궁기에 가난한 농민에게 곡물을 빌려주었다가 추수기에 이자와 더불어 거두어들이는 것이었다.

전정이 공정하려면 양전(量田: 토지측량)을 제대로 해야 하는데 법으로는 20년에 한 번씩 양전하도록 규정되어 있었지만 숙종 46년(1720)에 양전이 이루어진 뒤로 단 한 차례도 전국적인 양전이 이루어지지 않았다. 이 때문에 지방 관리들은 농민들이 실제로 소유한 토지보다 몇 배나 많은 토지를 장부에 올려가며 전세(田稅)를 부과해 농민들을 수탈했다.

삼정과 관련된 관의 부패행위는 이루 말할 수 없을 정도였지만, 특히 군역(軍役)을 대신하는 군포 징수에서 부패행위가 심했다. 군역 의무는 16세에서 60세까지 지므로 이 연령에 해당하지 않으면 군포를 낼 의무가 없었다. 그러나 백골징포(白骨徵布)니 황구첨정(黃口添丁)이니 하여 관리들은 죽은 자와 아기마저 그 대상으로 삼아 농민들을 수탈했다.

전세나 군포도 큰 부담이었지만 폐해가 가장 큰 것은 엄청난 고리대인 환곡이었다. 헌종 7년(1841) 9월 환곡에 시달리던 문경(聞慶)의 농민 수백 명이 환곡 포흠(逋欠: 횡령)을 왕에게 알리겠다면서 상경하여 대궐 앞에서 여러 날 농성하기까지 했다.

지방관의 탐학을 억제하려고 중앙에서 암행어사를 자주 파견했지만, 대다수 지방 수령들이 서울 출신이자 세도가문과 연줄을 갖고 있었기에 그들을 처벌하기가 어려웠다. 암행어사들이 지방 수령의 뇌물을 받고 감찰을 중단하거나 더 나아가 직접 부유한 백성을 붙잡아 재물을 강탈하는 일도 있었다. 이러한 관의 횡포와 부패로 부민 계층과 겨우 삶을 꾸려가는 소농층, 빈민층 등이 모두 절망했다.

임술민란은 철종 13년(1862) 2월 4일 경상도 지리산 기슭의 벽지인 단성현(丹城縣)에서 처음 일어났다. 단성은 가구가 수천 호에 불과한 작은 현이었으나 이 무렵 환곡의 총규모가 10만 3천 섬에 달했고 착복된 환곡이 5만 섬이 넘었다. 단성의 역대 현감과 아전들이 토색질을 일삼은 결과였다. 분노한 백성이 향반(鄕班)인 김령(金欞)의 주도로 현청에 난입하여 곡식창고를 불태우고 환곡장부를 빼앗았다. 또한 읍내 장터에서 연일 시위를 벌이자 현감 임병묵은 달아나 서울로 갔다.

이어 2월 18일 진주에서 경상도 우병사 백낙신(白樂莘)의 탐학에 대항하여 덕산 장터에서 농민들이 시위를 벌였다. 유계춘, 김수만, 이귀재 등 3인이 주동한 이 시위에 수만 명이 참가하여 나흘 간 향리들을 습격하여 4명을 타살하고 수십 명에게 부상을 입혔다. 2월 29일 조선 정부는 박규수를 안핵사(按?使)로 임명해 진주로 파견했다.

민란은 곧 전라도 쪽으로 번져나갔다. 3월 16일 함양에서 박만수, 허형, 이서구 등을 중심으로 민란이 일어났다. 26일에는 성주 읍내 모래사장에서 읍회가 열렸는데 곧 봉기로 발전했다. 전주 감영에서 '읍폐를 시정하겠다'는 내용의 관문이 도착하자 농민들은 해산했다.

27일에는 익산에서 농민 3천여 명이 불법적인 도결(都結)의 시정을 요구하려고 군수 박희순(朴希淳)에게 몰려갔으나 박희순은 침묵으로 일관했다. 이에 농민들은 박희순의 옷을 찢고 그를 포박하여 고을 경계 밖으로 내던졌다. 그리고 탐학하기로 이름 난 전라도 관찰사 김시연(金始淵)도 습격하기로 했다. 이에 김시연은 홀로 서울로 달아났다.

4월 1일 울산에서 농민들이 들고 일어나 경상좌병영으로 몰려갔다. 이때 병사 정주응(鄭周應)이 발포 명령을 내려 9명이 살해됐다. 2일자로 부호군(副護軍) 이정현(李正鉉)이 안핵사로 임명되어 익산으로 파견됐다. 이정현은 10일 전주에 도착하여 익산 민란에 대한 조사에 착수했다. 16일에는 함평에서 정한순(鄭翰淳)의 주도로 민란이 일어나 농민들이 현감 권명규(權命奎)를 추방했다. 22일 철종은 함평 민란이 과격하다는 보고를 듣고 강경대처를 지시했다. 지시의 내용은 다음과 같았다.

> 영남과 호남에 패악이 계속된다는 사실을 듣게 되었는데 매우 놀랄 일이다. 함평 사건은 칭병소란(稱兵김亂)보다 심한 바가 있다. … 설령 수령이 실정(失政)한 바가 있더라도 백성의 도리상 명분을 범하고 윗사람을 능멸함이 이토록 심할 수가 있는가. … 백성은 수령을 대하기를 부모 받들 듯해야 하거늘 구타하고 짓밟기가 이에 이르렀는가. 오로지 법을 좇아 난의 싹을 잘라야 한다.

이후 조선 조정은 강경진압에 나섰다. 그러나 5월에 공주, 은진, 청주 등 충청도 일대에서 집중적으로 민란이 발생했다. 충청도는 서울의 관문으로 여겨졌으므로 조정의 위기감이 더욱 고조됐다.

5월 15일 조선 조정은 봉기의 주모자에 대해 선참후계(先斬後啓: 먼저 칼로 베고 나중에 보고함)하도록 한다는 방침을 정했다. 이때부터 봉기의 주동자는 예외 없이 효수당했고, 적극 가담자도 무거운 처벌을 받게 됐다.

16일 순천의 농민들이 관아를 부수고 방화했다. 17일 이정현은 익산 민란을 주동한 죄를 물어 임치수, 이의식, 소성홍, 천영기, 문희백, 장순복, 오덕순 등 농민 10명을 처형하고 효수했다. 관찰사 김시연과 군수 박희순은 귀양 갔고 이방, 임종호, 좌수 최학손 등은 효수됐다. 19일에는 공주 민란의 지도자인 이형하, 진유완, 서종호, 유태노, 유상보가 효수됐다. 27일에는 금구 민란의 주동자 박용운, 부안 민란의 주동자 김흥상, 신재형이 효수됐다. 30일 박규수는 진주 민란의 지도자인 유계춘, 김수만, 이귀재를 효수했다.

박규수는 3개월에 걸쳐 사태를 수습했다. 그 사이에 그가 처벌한 내용을 보면 농민은 10명이 효수되고 20명이 귀양 갔으며, 관리는 귀양 간 자가 8명, 파직된 자가 4명이었다.

6월 4일 이정현이 정한순 등 함평 민란의 주동자 6명을 효수하고 11명을 귀양 보냈다. 현감 권명규를 비롯하여 아전들도 귀양 갔다. 6월에 들어서자 전라도와 충청도에서는 민란이 차츰 가라앉는 모습이었으나 경상도에서는 민란이 여전했다.

7월 조선 조정은 '이하전(李夏銓) 역모사건'을 발표했다. 내용은 전직 오위장(五衛將) 김순성(金順成)이 무사들을 모아 종실 이하전을 다음 왕으로 옹립하려 했다는 것이었다. 이하전은 제주도로 유배됐다가 8월에 사약을 받아 마시고 죽었다.

9월에는 제주도 대정현에서 화전민 1천여 명이 민란을 일으키고 제주목 성내로 진입했다. 10월에 함경도 함흥에서도 민란이 일어났다.

조선왕조는 삼정의 문란을 시정하기 위해 5월 26일 이정청(釐整廳)을 설치했고, 6월 10일에는 시험의 형식으로 전국의 관리들과 초야에 있는 인사들에게까지 시정책을 물었다. 이에 수많은 인사들이 시정책을 내놓았는데, 대개 제도의 불합리성을 지적하고 제도운영 과정에서 향리가 부리는 농간을 비판하는 것이었다. 이정청에서는 전정과 군정은 옛 제도를 기본으로 하고 그 폐단만을 고치되 환곡은 근본적으로 고쳐 토지에 부과하는 방안을 내놓았다. 이정청은 윤8월에 《삼정이정절목》이라는 책을 펴내고 폐지됐다. 그 시정책은 지배층의 이해관계로 실시가 유보되다가 10월 29일 취소되어 기존의 제도가 복권됐다. 조선 정부는 "삼정 이정책이 너무 서두른 탓에 완벽하지 못할 염려가 있어 옛 규정으로 돌아가는 것이 편리하다"고 변명했다. 이에 따라 삼정의 문란은 계속됐다.

민란은 흥선대원군 집권기에는 소강상태에 접어들었으나 1880년대 이후 다시 빈발했다. 그러나 민란은 아무리 자주 일어나도 조선 왕조의 유지에 별다른 위협이 되지 못했다. 민란에 가담한 농민들의 의식이 근왕주의(勤王主義)에서 벗어나지 못했기 때문이다. 민란이 발생하면 아전이 살해되는 경우는 있었

으나 중앙에서 파견된 관리는 아무리 악질이라 해도 구타를 당하는 데 그칠 뿐
이었다. 민란은 그 투쟁의 목적이 탐관오리를 규탄하거나 조세수취의 부당성
에 대해 항의하는 등 경제적인 것에 머물렀고, 투쟁의 공간도 대개 각 고을의
범위를 벗어나지 못했다.

일본의 정세

청과 일본은 각각 1840년대와 1850년대에 서양에 문호를 개방했다. 그러나 조
선은 그 뒤로도 20년이 넘도록 쇄국을 유지할 수 있었다. 서구 열강이 볼 때 지
리적으로 조선은 동서항행의 요충에 있는 나라가 아니었다. 이 때문에 서구 열
강은 일본이나 청에 대해서와는 달리 조선에 대해서는 시급히 개국시켜야 할
필요성을 느끼지 않았다.

당시 서구 열강의 자본주의 발전 수준으로 보아 영국만이 해외시장 개척
의 필요성을 절실히 느끼고 있었으나, 영국도 청과의 통교에 만족하고 있었다.
러시아는 1860년에 연해주 지방을 획득한 뒤로 조선에 관심을 가졌으나 자국
극동지역을 경영하는 데만도 힘이 벅찼다. 미국만이 태평양을 건너 중국 상해
로 진출할 경우에 조선의 지리적 위치가 중요했으므로 일찍부터 조선의 문호
를 여는 데 관심이 많았다.

개국 후 일본의 사정을 돌이켜보면, 도쿠가와 막부가 구미에 사절을 보내
어 서양의 사정을 알려고 했고 자강을 위해 서양의 군사과학 및 기술을 도입하
려고 애썼음을 알 수 있다.

페리 함대의 위용에 놀란 막부는 서양의 위협에 맞서기 위해 1853년 11월
서양식 증기군함인 코르벳(corvette: 연안 방어용 소형 군함) 2척을 20만 달러

에 네덜란드에 주문했다. 당시 20만 달러는 막부의 1년 세입 중 6분의 1에 가까운 거액이었다. 일본 주재 네덜란드 상관의 대표인 쿠르티우스(Janus Henricus Donker Curtius)가 이 구매를 중개했는데, 그는 막부 해군의 사관(士官)을 양성하는 기관을 설립할 것을 도쿠가와 막부에 권유했다. 막부는 이를 받아들였고, 네덜란드 해군에서 교사를 파견하도록 주선하겠다는 약속을 받았다.

쿠르티우스는 군함을 건조해 일본에 전달할 때까지 걸리는 시간을 고려해 네덜란드 동인도회사에 배치된 네덜란드 해군의 군함 1척을 일본 정부에 기증해줄 것을 본국 정부에 요청했다. 네덜란드 정부는 배수량 400톤의 증기외륜선 섬빙(Soembing) 호를 일본에 기증하기로 결정했다. 이에 따라 1854년에 함장 파비우스(Gerhardus Fabius)가 이끄는 섬빙 호가 일본에 도착했다.

1855년 나가사키에 해군전습소가 세워졌는데, 그 위치는 데지마 입구 옆이었다. 1기 전습생(傳習生)으로 막부에 충성하는 하타모토(旗本)[4] 출신 37명이 선발됐다. 교육목표는 네덜란드에 발주한 증기선 2척을 운용할 승무원 양성이었다.

섬빙 호는 1855년 네덜란드 국왕 빌렘 3세(Willem III)가 도쿠가와 이에사다에게 선물로 기증하는 형식으로 양도됐다. 도쿠가와 막부는 배의 이름을《역경》에 나오는 '관국지광(觀國之光: 나라의 빛을 봄)'이라는 구절에서 따온 글자를 사용해 관광환(觀光丸)으로 정했고, 나가사키 해군전습소에서 연습함으로 이 배를 사용했다. 해군전습소의 교관은 네덜란드 해군 장교 레이켄(Gerhard C. C. Pels Rijcken)을 비롯한 22명의 네덜란드인이었다. 이들은 항해술, 포술, 측량술은 물론이고 수학, 물리학, 화학, 의학 등 서양 과학도 가르쳤다.

개항된 나가사키의 연안을 경비할 요원도 양성할 필요가 있었으므로 막

---

4 에도 막부 가문 직속의 가신단 중에서 석고(石高: 토지의 생산성을 나타내는 단위)가 1만 석 미만이면서 의식 등에서 쇼군이 출석할 때 참석해 알현이 가능한 가격(家格)을 가진 이들을 가리킨다. 본래는 주군의 군기(軍旗)를 지키는 무사단을 가리키는 말이었다.

부는 1856년에 2기 전습생으로 나가사키 출신 12명을 추가로 선발했다. 이어 근대적 해군 장교를 양성할 목적으로 3기생 26명을 뽑았다. 또 막부 직할령 출신 외에 번 출신도 전습생으로 받아들였다. 1855년부터 모두 128명이 해군전습소에서 교육을 받았다.

도쿠가와 막부는 에도의 추키지(築地)에 군함조련소를 신설하고 1857년 4월 다수의 막부 전습생을 이 군함조련소의 교원으로 임명했다. 일본이 네덜란드에 주문한 군함 가운데 먼저 완성된 함림환(咸臨丸)이 9월 나가사키에 도착했다. 함림환은 배수량이 300톤인 증기선이었다. 함림환을 타고 온 네덜란드 해군 장교 카텐데이케(Willem Huyssen van Kattendijke) 일행이 레이켄 일행에 이어 전습생을 가르쳤다. 1858년 6월에는 주문한 또 한 척인 조양환(朝陽丸)이 일본에 인도됐다.

에도에서 멀리 떨어진 나가사키에 설치됐던 해군전습소는 1859년에 폐쇄됐고, 이때 카텐데이케 일행은 본국으로 돌아갔다. 이후 막부의 해군 사관 양성은 군함조련소가 도맡았다. 나가사키 해군전습소 졸업생들은 막부의 해군이나 각 번(藩)의 해군에서 근무했다.

1859년 도쿠가와 막부는 미국에 답방 외교사절을 파견하기로 결정했다. 공식 목적은 미국과 체결한 수호통상조약에 대한 비준서를 전달하는 것이었지만, 일본이 서양의 항해술을 습득했음을 과시하려는 목적도 있었다.

1860년 2월 9일 가쓰 가이슈 선장의 지휘 아래 함림환이 우라가(浦賀) 항구에서 출발했다. 이 배에는 일본의 계몽사상가 후쿠자와 유키치와 영어에 능통한 나카하마 만지로도 승선했다.

같은 날 일본 사절단 약 100명은 시나가와(品川) 항구에서 배수량이 3800톤으로 함림환보다 약 13배 큰 미국 군함 파우하탄(USS Powhatan) 호에 승선했다. 파우하탄 호는 요코하마에서 4일간 정박한 후 2월 13일 출발해 샌프란시스코로 향했다. 함림환의 선장인 가쓰 가이슈를 비롯한 일본 승무원들이 배 멀미를 심하게 하자 나카하마 만지로가 사실상 선장대리로서 선내 질서유지 업무를 총괄했다.

태평양을 횡단하여 3월 17일 샌프란시스코 만에 입항한 함림환은 바로 태평양을 다시 횡단하여 일본으로 돌아갔고, 일본 사절단은 3월 28일 샌프란시스코에 도착하여 한 달간 머물렀다. 여기서 후쿠자와는 영중 웹스터 사전을 얻어 영어를 학습하면서 영일사전을 만들기 시작했다.

일본 사절단은 파우하탄 호를 타고 파나마로 갔다(북미대륙 횡단철도가 완성된 때는 1869년). 사절단은 파나마 철도로 대서양 연안 항구인 아스핀월(Aspinwall, Colon)에 도착하여 미국 군함 로아노크(USS Roanoke) 호를 타고 5월 15일 워싱턴(Washington, D.C.)에 도착했다. 워싱턴에서는 그들을 환영하는 연회가 여러 차례 열렸고, 백악관에서도 한 차례 열렸다. 사절단은 제임스 뷰캐넌(James Buchanan) 대통령을 접견하고 비준서를 교환했다. 그들은 워싱턴에서 25일간 체류하면서 스미소니언 박물관, 의사당, 워싱턴 해군 공창(Washington Navy Yard), 미국 해군 천문대 등을 시찰했다. 이어 배수량 5540톤의 미국 군함 나이아가라(USS Niagara) 호를 타고 필라델피아를 경유하여 뉴욕으로 갔다.

6월 30일 일본 사절단은 나이아가라 호에 승선하여 뉴욕을 떠나 귀국길에 올랐다. 일본 사절단은 뉴욕에 정박 중이던 당시 세계 최대의 영국 여객선 그레이트 이스턴 호(SS Great Eastern)를 볼 수 있었다. 이 여객선은 만재 배수량 3만 2천 톤, 전장 211m나 되어 함림환에 비해 100배나 큰 배였다. 일본 사절단은 일본과 서구 열강 사이의 과학기술 수준 차이를 절감했다.

나이아가라 호는 8월 27일 희망봉을 돌아 인도양에 진입했고 자카르타, 자바, 홍콩 등을 들른 뒤 11월 9일 에도만에 도착했다.

도쿠가와 막부는 유럽에도 사절단을 보냈다. 그 목적은 서양문명을 배우는 것,

조약 비준서를 교환하는 것, 항구와 시장을 여는 시기를 연기하기 위한 교섭을 하는 것이었다. 1862년 1월 21일 40명으로 구성된 사절단이 영국 해군의 증기선 프리깃(frigate)함인 오딘(Odin) 호를 타고 유럽으로 떠났다. 후쿠자와 유키치도 2명의 통역 중 1명으로 동행했다.

일본 사절단은 홍콩, 싱가포르, 실론, 예멘을 경유하여 수에즈 운하에 도착해 하선했다. 이어 철도로 알렉산드리아로 가서 다시 배를 타고 지중해를 건너 영국령 몰타를 경유해 4월 3일 프랑스의 마르세유 항구에 도착했다. 사절단은 4월 7일 파리에 도착하여 프랑스 정부와 개항의 연기를 교섭했으나 동의를 얻지 못했다. 이어 칼레(Calais)에서 영불해협을 건너 4월 30일 런던에 도착했다. 사절단은 런던에서 열린 1862년 만국박람회를 참관하며 최신 과학기술로 만들어진 공업제품들을 살펴보았다.

런던에서는 일본의 내정을 잘 아는 주일 영국 공사 올콕이 휴가차 귀국해서 기다리고 있었다. 일본 사절단은 올콕의 도움을 받아 영국 정부와 교섭하여 6월 6일 영국 정부와 런던 의정서(London Protocol)를 체결했다. 일본의 배외정서를 고려하여 에도, 오사카의 개시(開市)와 효오고, 니가타의 개항을 1868년 1월 1일까지 연기하는 내용이었다. 이어 일본 사절단은 6월 13일 네덜란드에 도착했고, 7월 18일에는 프로이센의 수도 베를린에 이르렀다. 사절단은 네덜란드, 프로이센과도 런던 의정서와 같은 내용의 협정을 체결했다.

사절단은 8월 8일 러시아 수도 상트페테르부르크에 도착하여 사할린 경계 획정 문제를 교섭했으나 합의를 보지 못했다. 귀국길에는 프로이센, 프랑스를 경유하여 포르투갈 왕국을 방문했다. 이어 영국령 지브롤터 해협을 경유하여 출국 때와 동일한 항로로 1863년 1월 일본에 도착했다.

일본에서는 서양과의 통상에 반대하는 존왕양이 운동이 활발히 일어났다. 도쿠가와 막부에 소속된 고관에 대한 암살 기도가 끊임없이 이어졌고, 외국인이 습격을 당하는 일도 자주 일어났다.

1861년 1월에 미국 총영사 해리스의 통역관 휴스켄스(Hendrik Heuskens)가 암살됐고, 6월에는 영국 공사관이 습격을 받아 공사관 직원들이 살해됐다. 요코하마의 외국인 거류지에 사는 외국 상인과 외교관은 밤에 습격에 대비해 침대 밑에 권총이나 칼을 놔두고 자기도 했다. 1862년 9월에는 일본을 유람 중이던 영국인 일행 4명이 말을 타고 사쓰마 번 다이묘의 행렬 앞을 지나가다가 그중 리처드슨(Charles Lennox Richardson)이 행렬을 호위하던 무사에 의해 살해됐다.

리처드슨의 살해에 대해 영국 대리공사 닐(Edward St. John Neale) 중령이 사과할 것과 배상금으로 10만 파운드를 지불할 것을 막부에 요구했다. 10만 파운드는 당시 막부의 1년 세입 중 3분의 1에 해당하는 거액이었다. 닐은 배상을 하지 않으면 에도를 포격하겠다고 위협했다. 영국은 사쓰마 번에도 2만 5천 파운드의 배상금 지불과 호위무사 처벌을 요구했다.

1863년 1월 조슈 번의 하급무사 다카스기 신사쿠와 이노우에 가오루(井上馨, 1836~1915)가 에도에 건설되고 있던 영국 공사관에 방화했다. 3월에는 일본 국왕이 '양이칙명(攘夷勅命)'을 발표했다. 이에 따라 조슈 번은 6월 25일부터 시모노세키(下關) 해협을 지나는 서양 상선과 군함을 포격했다. 이에 대한 보복으로 7월 16일에 미국 군함이, 20일에는 프랑스 군함이 잇달아 시모노세키 해협에 들어와 포격했다. 이후에도 조슈 번은 존왕양이를 고집했다.

도쿠가와 막부는 서양의 침략을 우려하여 영국, 프랑스와 교섭한 뒤 1863년 7월 2일 리처드슨이 살해된 사건에 대해 사과하고 10만 파운드(44만 멕시코 은화 달러)를 배상하기로 합의했다. 그러나 사쓰마 번은 사과와 배상, 호위무사 처벌을 거절했다. 이에 7척의 영국 함대가 8월 사쓰마 번의 중심지인 가고시마를 포격했다. 사쓰마 번은 굴복하여 영국과 협상하고 2만 5천 파운드를 배상했다(사쓰마 번은 이 엄청난 배상금을 도쿠가와 막부로부터 빌렸는데 1868

년 막부가 몰락하여 갚지 않아도 되게 됐다).

　미국, 프랑스, 영국, 네덜란드는 시모노세키 해협을 통과하는 해로를 다시 열려고 조슈 번과 교섭했다. 교섭이 타결될 가망 없이 질질 끄는 가운데 1864년 5월 에도의 미국 공사관과 외국인 거주지, 교회가 배외주의자들에 의해 파괴됐다. 이에 주일 영국 공사 올콕은 미국 공사 프룬(Robert Pruyn)과 연합공세를 논의했다. 7월 3일 도쿠가와 막부는 영국-프랑스 군이 에도에 가까운 요코하마에 주둔하는 것을 승인했다.

　1864년 9월 5일과 6일 이틀 동안 영국, 프랑스, 네덜란드, 미국[5]의 연합함대 17척이 폐쇄된 시모노세키 해협을 열려고 조슈 번의 해안 포대를 맹렬히 포격했다. 해안 포대를 지키던 조슈 번 병사 150여 명이 전사했다. 9월 8일 조슈 번은 굴복하고 다카스기 신사쿠를 협상대표로, 이토 히로부미를 통역으로 하여 협상에 임하여 14일 4개국 함대와 5개조로 이루어진 강화협정을 체결했다.

　사쓰마 번과 조슈 번 등 양이를 내건 일본 번의 봉건 제후들은 이런 교전을 통해 서양의 압도적인 무력을 절감하고 그것에 대항하는 것이 불가능함을 깨달았다.

　개국 후 도쿠가와 막부는 여러 분야에 걸쳐 공업의 발전을 추구했고, 이에 필요한 재원을 생사 수출과 금, 은, 동, 석탄 등 광물자원 개발로 마련하려고 했다. 일본은 쇄국에서 개국으로 전환함에 따라 무역량이 급증했는데, 수출에서 생사가 차지하는 비중이 50~80%에 이르렀다.

　이 무렵 유럽의 제사업(製絲業)은 스페인에서 여러 가지 누에병이 유입된 탓으로 초토화된 상태였다. 유럽에서 제사업과 견직업이 가장 발달한 프랑스

5 　미국은 남북전쟁 중이었으므로 군함을 보내지 못하고 상징적인 조치로 기선 한 척을 빌려 연합함대에 합류시켰다.

도 1855년에 생사의 61%를 수입해야 했고, 수입 비중이 계속 높아져 1860년에는 84%에 이르렀다. 이에 따라 세계시장에서 일본 생사에 대한 수요도 급증했다. 일본의 생사는 세계시장에서 품질이 가장 뛰어나다는 평가를 받았다. 외국의 생사 무역상들이 요코하마 항에 거주하고 지사를 차렸다. 일본의 누에는 누에병에 잘 견디는 성질이 있다고 하여 프랑스가 수입해 갔다.

일본의 수입품은 주로 면직물과 모직물이었고, 그 외에 금속, 선박, 무기 등도 일본에 수입됐다. 생사 수출이 급증하면서 제사업과 양잠업은 빠르게 발전한 반면에 기계로 짠 면직물의 수입이 급증하면서 일본 재래의 면직물 산업은 큰 타격을 입었다.

조선기술을 얻고 싶어 한 막부의 요청에 따라 프랑스 정부가 조선기사 베르니(Lèonce Verny)를 일본에 파견했다. 1864년 11월 일본에 온 베르니는 일본 최초의 근대적 병기제작소인 요코스카(橫須賀) 조병창(造兵廠)을 건설하는 일을 책임졌다.

모두 더해 약 100명의 프랑스 기사와 노동자가 요코스카에서 제철소, 벽돌공장, 상수도시설 등을 건설하는 일에 참여했다. 이들의 활동은 일본이 근대적 공업기술을 익히는 데 큰 도움이 됐다.

고종의 즉위

1864년 1월 16일(음력으로는 계해년 12월 8일) 철종이 33세의 젊은 나이로 재위 13년만에 후사 없이 사망했다. 그는 5남6녀를 낳았으나 넷째 딸인 영혜옹주(永惠翁主)를 빼고는 모두 유아기에 죽었다. (1859년생인 영혜옹주는 숙의(淑儀) 범(范) 씨 소생이었다. 영혜옹주는 1872년 두 살 어린 박영효(朴泳孝)와 혼례를 치렀으나 석 달 뒤인 8월에 사망했다.)

국왕이 사망한 당일 왕실의 최고 어른으로 익종의 비였던 신정왕후 조 씨가 왕위 후계자를 정하기 위해 전현직 대신들을 소집하여 흥선군(興宣君)의 적자로서 둘째 아들인 이명복(李命福)으로 익종의 대통을 이으라는 한글 교서를 내렸다.

흥선군 이하응(李昰應)은 순조 20년 12월에 태어났다. 그의 가계는 사도세자와 연결된다. 사도세자가 궁녀에게서 얻은 아들 가운데 은신군(恩信君) 이진(李禛, 1755~1771)이 있었다. 은신군은 영조 47년(1771) 제주도에 유배되어 17세의 나이로 사망했다. 은신군은 자식이 없었으므로 인평대군의 5세손 이병원(李秉源)의 아들인 이구(李球)를 양자로 삼았다. 이구는 이창응(李昌應), 이정응(李晸應), 이최응(李最應), 이하응 등 네 아들을 두었다. 즉 이하응은 이구의 네 번째 아들이다. 그러나 철종이 사망할 때 4형제 가운데 이최응과 이하응만 살아 있었다.

아들이 왕이 됨에 따라 흥선군은 대원군(大院君)으로 봉작(封爵)됐다. 아들이 왕이 되어 대원군 작위를 받은 이는 그 전에도 두 명 있었다. 선조의 생부인 덕흥 대원군과 철종의 생부인 전계 대원군이 그들이다. 그러나 덕흥 대원군과 전계 대원군은 자신이 죽은 뒤에 자식이 왕으로 즉위했다. 살아있는 상태에서 대원군 작위가 내려진 것은 이때가 처음이었다. 조정은 대원군이 된 이하응을 대군의 예로 대우했다.

1월 21일 이명복이 왕으로 즉위했고, 이날 대왕대비 조 씨가 수렴청정 의식을 거행했다. 대왕대비는 곧바로 대원군 이하응에게 모든 정사를 위임했다. 이명복의 '명복' 은 아명(兒名)이고, 그의 정식 이름은 '재황(載晃)' 이고 묘호는 고종(高宗)이다.

3월 18일 이하응은 비변사와 의정부의 업무한계를 규정하여 비변사는 외교, 국방, 치안만을 담당하도록 했다. 이로써 비변사의 역할이 크게 축소됐다.

4월 7일 조선 조정은 동학 교조 최제우(崔濟愚, 1824~1864)를 혹세무민

죄로 참형에 처하기로 결정했다. 이 일에 대해 실록은 다음과 같이 전한다.

의정부에서 아뢰기를,

"이번에 동학(東學)이라고 일컫는 것은 서양의 사술(邪術)을 전부 답습하고 특별히 명목만 바꿔서 어리석은 사람들을 현혹하는 것일 뿐입니다. 만약 조기에 천토(天討)를 행하여 나라의 법으로 처결하지 않는다면 결국에 중국의 황건적이나 백련교(白蓮敎)라는 도적들처럼 되지 않을지 어떻게 알겠습니까?

대왕대비의 자세한 전교는 간악한 것을 밝혀내고 요사스러운 것을 들추어내어 그 죄상을 낱낱이 밝히면서도 죄지은 자를 가엾게 여겨 보살펴주는 뜻을 베푼 것이므로 참으로 엄숙하게 여기고 우러르는 마음을 금치 못하겠습니다.

그러나 조사한 문건에서 단정한 내용을 가지고 미루어보건대, 최복술(崔福述: 최제우)이 그들의 두목이라는 것은 자기 자백과 사실 조사를 통한 단안(斷案)이 있으니 해당 도신(道臣: 관찰사)에게 군사와 백성을 많이 모아놓은 가운데 효수하여 뭇사람들을 경각시킬 일입니다. 그리고 강원보(姜元甫) 등 12명은 분등(分等)하여 형배(刑配)하고, 그 나머지의 여러 죄수들은 도신에게 등급을 분등하고 참작하여 처리하게 할 것입니다.

이 자들은 서로 물들여 도당을 이룬 죄로 조율(照律)하면 처음부터 피차(彼此)와 천심(淺深)의 구별이 없으니 전부 처분을 내린다고 해도 아까울 것이 없지만 생명을 소중히 여기는 대왕대비의 덕을 받들어 억지로 차등을 두었습니다. 정학(正學)이 밝아지지 못하고 사설(邪說)이 횡행하므로 혼란을 좋아하고 재앙과 화(禍)를 즐기는 무리들이 거짓말과 헛소문을 퍼뜨려 점점 젖어들고 익숙하게 하여 결국 이 지경에까지 이르렀습니다.

경상도는 우리나라에서 노(魯)나라나 주(鄒)나라와 같이 음악 소리와 글 읽는 소리가 그치지 않는 고장이었으나 이런 일종의 요사스러운 무리들이 나타나서 많은 도당(徒黨)을 집결하기에 이르렀습니다. 이야말로 음과 양이 사라지고 자라나는 기회와 같은 것입니다. 삼가 등대(登對)한 자리에서 따로 진달하려고 합니다만, 먼저 이런 내용으로 행회(行會)하는 것이 어떻겠습니까?"

하니, 윤허하였다.

《고종실록》 1년 3월 2일

4월 15일(음력 3월 10일) 최제우는 대구 감영에서 참수형에 처해졌다.

대원군의 천주교 탄압

1860년 북경조약으로 조선과 국경을 접하게 된 러시아는 성부 차원에서는 새로 얻은 영토를 관리하기에도 벅찬데다가 1855년 즉위한 알렉산드르 2세가 국내 개혁에 치중하였으므로 조선과의 수호통상을 서두르지 않았다. 그러나 민간 차원에서 러시아 상인들은 조선과 교역하고자 했다. 식량 등 여러 물자가 부족하기 때문이었다.

러시아인이 조선에 처음 나타난 때는 1864년 3월 20일(음력 2월 13일)이었다. 이날 5명의 러시아인이 두만강을 건너 경흥(慶興)에 와서 경흥부사에게 서신을 전했다. "아라사(俄羅斯: 러시아) 사람으로 조선에 통상을 요구하며 회답을 바란다"는 내용이었다. (13세기 러시아를 정복한 몽고인이 러시아를 '오로스'라고 불렀는데 이것의 한자 표기가 '아라사(俄羅斯)'다.)

러시아인의 서신은 함경감사 이유원(李裕元, 1814~1888)을 거쳐 곧바로 조선 조정에 전달됐다. 조정은 청에 사신을 보내어 아라사와 관련된 정세를 탐문하게 했다. 다음은 5월 23일 수석 통역 이상적(李尚迪)이 보고한 내용 가운데 일부다.

양이(洋夷)들이 황성(皇城: 북경)에 들어와 살게 되면서 아라사인과 성기(聲氣)가

서로 통하더니 거리낌 없이 왕래하고 있습니다. 아라사 오랑캐들은 그 세력을 빙자하여 점차 중국을 능멸하고 모욕하고 있습니다. 요사이 아라사 오랑캐들이 자신들의 관사를 넓히고자 민가를 강제로 매입하니 백성들이 이를 보다 못해 의정왕(議政王: 공친왕)에게 공소하였으나 왕은 그 어떤 흔단(釁端: 말썽)이 발생할까 두려워 어떻게 대처할지 결단을 내리지 못하고 주저하고 있습니다.

이런 보고에 이하응은 조선이 러시아의 침략 위협에 직면하고 있다고 결론짓고 자신의 위엄을 내외에 천명하려고 강경한 대응을 지시했다. 그는 러시아와의 통상을 절대로 허락하지 않겠다고 선언했다.

이하응이 쇄국 유지에 골몰하던 이 해 12월 일본의 도쿠가와 막부는 근대적 제철소를 건설해야 할 필요성을 절감하여 주일 프랑스 공사 로슈(Léon Roches)에게 기술적, 재정적 원조를 요청했다.

1865년 4월 23일 조정에서 의정부와 비변사를 통합하되 비변사는 의정부의 조회 때 조신들이 임시로 거처하는 곳으로 삼는다는 결정이 내려졌다. 이는 사실상 비변사를 폐지하는 조치였다. 26일 경복궁(景福宮)의 중건을 명하는 대왕대비의 교서가 내려졌고, 다음날 이 일을 맡을 건영도감(建營都監)이 설치됐다. 경복궁 중건은 왕실의 존엄을 과시하려는 이하응의 뜻에 따라 추진됐다.

경복궁은 조선왕조 건국 직후 정도전의 지휘로 건립된 궁궐로 200년간 정궁(正宮: 임금이 정사를 돌보고 생활하는 궁전)의 역할을 하다가 임진왜란 때 소실됐다. 이후 순조와 헌종 대에 경복궁의 중건을 계획했지만 재정이 부족하여 포기한 바 있다.

경복궁 중건 사업에는 막대한 경비가 필요했다. 비용 조달을 위해 백성에게 1결당 100문의 결두전(結頭錢)을 내게 하고 도성문을 통과하는 물품에 문세(門稅)를 매기는 등 여러 가지 특별세를 신설했다. 경비 충당을 위해 일반인에게도 원납전(願納錢: 자원해서 내는 돈)을 내게 했는데, 그 총액이 750만 냥에 이르렀다. 이하응은 원납전 납입을 독려하여 1만 냥 이상을 헌납한 경우에는 관직을 주었다. 원납전은 실제로는 '자원해서 내는 돈'이 아니라 빈부를 가리지 않고 모두가 내야 하는 '원납전(怨納錢)'이었다. 경복궁 중건 비용을 부담하게 된 농민층은 동요했다. 경기지역의 농민은 원납전을 내는 것 외에 노동력도 제공해야 했으므로 더욱 고통이 컸다.

1865년에 러시아인이 3차례나 두만강을 넘어와 통상을 요구했다. 러시아의 이런 통상 요구에 맞서 이하응은 처음에는 프랑스와 연결하여 대응하려 했다. 남종삼(南鍾三)과 홍봉주(洪鳳周) 등 가톨릭 신도들이 프랑스, 영국 등과 동맹하면 러시아의 침입을 막을 수 있다고 주장하면서 조선에 삼입하여 포교활동을 하는 프랑스 선교사들의 도움을 받을 것을 권고했다. 이에 이하응은 처음에는 긍정적인 반응을 보였다.

그러나 천주교 교세가 의외로 크고 프랑스 선교사들이 개항을 주장하고 있다는 것을 알고는 태도를 돌변했다. 천주교도들이 태평천국 같은 난을 일으킬 수 있고 선교사에 의해 프랑스가 군사적 개입을 한다면 왕조마저 타도될 수 있다는 공포감에 그는 극단적인 탄압책을 실시했다. 여기에다 대규모 처형으로 공포 분위기를 조성해서 무리한 경복궁 중건으로 인해 악화된 민심을 통제하려는 의도도 있었는데, 어쩌면 이것이 더 큰 이유였다(이하응은 평생 모사꾼 기질을 버리지 못했다).

1866년 2월 21일(음력 1월 7일) "천주교도를 잡아들여 빠짐없이 주토(誅討)하라"는 대왕대비 조 씨의 전교가 내려졌다. 이에 따라 2월 23일 홍봉주와 베르뇌(Berneux) 주교가 체포됐고, 25일에는 브르트니에르 신부가 체포됐다. 이어 27일에는 볼리외와 도리 신부, 3월 1일에는 남종삼이 체포됐다. 체포된 이들은 3월 2일 의금부로 이송됐다. 이하응은 베르뇌 주교를 직접 신문하면서 천주교를 버릴 것을 강요했다. 베르뇌 주교가 진리를 위해 죽는 것은 당연한 도리라며 단호히 거부하자 이하응은 그를 처형하기로 결심했다.

3월 6일 남종삼과 홍봉주가 모반부도죄로 서소문 밖에서 처형됐고, 베르뇌를 비롯한 프랑스 신부 4명은 범월입국전도죄(犯越入國傳道罪)로 노량 백사장에서 처형되어 효수됐다. 11일에는 푸르티에와 프티니콜라 신부가 노량 백사장에서 처형됐고, 23일에는 다블뤼 주교, 신부 오매트르와 위앵이 처형됐다. 《근세조선정감(近世朝鮮政鑑)》에 이하응의 가톨릭교도 학살에 대한 현장감 나는 서술이 있다.

이때 나라 안을 크게 수색하니 포승에 결박된 죄인이 길에서 서로 바라보일 정도였다. 포도청이 만원이 되어 이루 다 결재할 수가 없었다. 그중에는 어리석은 백성, 어리석은 아낙, 어린아이 등 무식자가 많았다. 포장(捕將)이 민망히 여겨 천주교를 배교한다는 맹세를 하도록 설득하였으나 신도들은 듣지 않았다.
이에 형장(刑杖)으로 기어코 회개시키려 하니 피부가 낭자하게 터지고 피가 청 위에까지 튀어 올랐다. 신도들이 환호하기를 혈화(血花)가 몸에서 나니 장차 천당에 오르겠다 하였다. 포장도 어떻게 할 수 없어서 죄인을 묶어 옥에 가두어 놓고 차례로 목을 졸라 죽였다. 죽일 때마다 배교할 수 있겠느냐고 신문하면 어린아이라도 부모를 따라 천당에 오르기를 원했다. 대원군이 듣고서 다 죽이도록 명하고 어린아이들만 살려주었다.
시체가 수구문(水口門) 밖에 버려져 산같이 쌓이니 백성들이 벌벌 떨며 위령을 더욱 두려워했다.

이때 금위대장(禁衛大將: 금위영의 장) 이경하(李景夏)는 천주교도들을 잡아들여 낙동(駱洞)에 있는 자신의 집에서 심문하고 학살하여 악명을 떨쳤다. 조선 가톨릭교도가 얼마나 학살됐는지는 정확히 알 수 없지만, 대략 8천 명 정도였다고 한다.

3월 하순 미국 상선이 부산으로 표류해 왔다. 이 배에 청국인 풍남산(馮南山)과 요제(姚弟)가 통역으로 타고 있었기에 역관 이주현(李周鉉)이 그들과 필담을 나눌 수 있었다. 다음은 그 내용이다.

풍남산: 우리 두 사람은 본래 청나라 광동성(廣東省)의 상해현(上海縣) 사람으로 함풍(咸豐) 5년(1855) 9월 10일 이 배에 양창(洋鎗), 양포(洋砲), 모전(毛氈) 등의 물품을 싣고 장사를 할 목적으로 사방을 돌아다니다가 지난해 10월 일본국 장기도(長崎島: 나가사키)로 가서 창과 대포와 모전으로 대모(玳瑁)를 환매(換買)한 뒤 금년 2월 출범(出帆)하여 본국으로 향해 가던 중에 풍랑을 만나 표류하다가 음식물을 사기 위해 이곳에 이르렀다.

이주현: 그대들은 광동 사람인데 무슨 연유로 함께 탔으며, 이 배는 어느 나라 배이고, 배의 이름은 무엇이고, 총과 대포와 모전은 어느 나라 소산이고, 음식물은 어떤 물건을 사려고 하는가?

풍남산: 배는 미국 속금산(屬金山:샌프란시스코)의 배다. 미국과 우리 대청(大淸)은 바로 통상하고 있는 사이이므로 광동성 상해현의 관장(官長)이 우리를 차출하여 미국 사람들의 전어관(傳語官)으로 삼았기에 함께 배를 탄 것이며, 요제는 나의 근역(跟役)이다. 장사를 하는 외에 별도로 다른 일은 없다. 배의 이름은 사불(士佛)이고 포와 총과 모전은 틀림없이 미국산이고, 음식물은 쌀과 설탕으로 산 닭과 생선을 사고자 한다.

이주현: 미국은 어느 쪽에 있고, 상해에서 미국까지와 미국에서 장기까지의 거리는 수로와 육로로 각각 몇 리나 되고, 광동성 상해현에는 관장이 몇 명이나 있고, 배 가운데 두령(頭領)은 몇 사람이고, 함께 탄 사람은 몇 명이나 되고, 성명은 무엇이고, 나이는 몇 살씩이나 되는가?

풍남산: 미국은 서쪽에 있고, 광동성 상해현으로부터 미국까지와 미국에서 장기까지의 거리는 수로로 각각 4만 리인데, 육로로는 모두 통하지 않는다. 광동성에는 72개 현(縣)이 있는데 현마다 각기 한 사람의 관장이 있다. 배를 탄 사람은 우리 두 사람을 합쳐서 8명이고, 두령은 1명인데 바로 나이 50세인 선주(船主) 라불(羅佛)이다. 화장(火長)은 비림(非林)으로 32세이고, 수수(水手)는 다치(茶治)로 23세이고, 말사(末士)인 반지(班地)는 30세이고, 나륜(羅倫)은 48세이고, 리다(里茶)는 31세다. 화장은 음식을 관장하고, 수수는 바로 사공(沙工)이며, 말사는 또한 곁꾼(格軍)이다. 이 배 외에 다시 동행은 없다. 포와 총과 모전은 바로 각 나라와 화매(和賣)할 물건이니 귀국의 해삼, 다시마, 절인 생선 등의 물품과 환매(換買)하기를 원한다.

이주현이 물품을 거래하는 것은 법으로 금지해 어렵다고 말하자 그들은 음식물을 요구했다. 이주현이 과일, 생선, 닭 등을 약간 마련하여 주니 그들은 바로 고개를 끄덕이고 두 손을 마주 잡고 고마움을 표시했다. 이주현은 배의 상태를 다음과 같이 보고했다.

배의 모양은 매우 정교하고 사치스러웠는데 길이는 13파(把), 너비는 4파, 높이는 5파나 되고, 외면의 윗부분의 절반은 검은 칠을 했고 아랫부분의 절반은 속을 동철(銅鐵)로 만들었습니다. 배 안은 2층으로 되어 있는데 1층의 좌우에는 양포 60병(柄), 양총 50병이 있었고 모양은 우리나라의 조총(鳥銃)이나 단총(短銃)과 같았습니다. 돛은 3개인데 첫째 돛은 길이가 5파, 둘째 돛은 8파, 셋째 돛은 6파였습니다. 화살을 만드는 참대로 1층 간살의 얽이를 만들었는데 숙마(熟麻)로 만든 밧줄로 잡아매고 백목(白木)으로 만든 풍석(風席) 3 건(件)을 각각 칸살 위에 말아서 매달아 놓았습니다. 쇠로 만든 닻이 2개 있었고 쇠고리를 이어 만든 닻줄이 3장(張) 있었는데 각각의 길이가 30파였습니다.

조그마한 급수선(汲水船)이 한 척 있었는데. 길이가 2발, 높이와 넓이가 각각 반 파였는데 큰 배 옆에 매여 있었습니다. 2층에는 칸칸마다 사면을 잘 꾸며 놓았는 데 모두 유숙(留宿)하는 장소였습니다. 모전과 대모 등의 물품을 보관해두었는데 자명종 2좌(坐), 뒤주 2좌, 급수통 5좌가 있었으며 그밖에 사기 그릇, 유리 그릇, 수저 등의 물건들은 이루 다 살펴볼 수가 없었습니다.

5월 21일 일본의 도쿠가와 막부는 학문수업이나 교역을 위해 일본인이 해외로 가는 것을 허가했다.

5월 25일(음력 4월 9일) 이른바 주청사(奏請使)라는 이름의 조선 사신단이 청을 향해 출발했다. 정사는 유후조(柳厚祚), 부사는 서당보(徐堂輔), 서장관은 홍순학(洪淳學)이었다. 이미 여러 차례 북경을 내왕한 적이 있는 역관 오경석(吳慶錫, 1831~1879)이 통역으로 수행했다. 조선 조정이 이 사신단을 파견한 목적은 프랑스의 동향을 청 정부를 통해 탐지하고 천주교 탄압에 대해 해명하는 것이었다.

사신단 일행이 북경에 도착했으나 유후조, 서당보, 홍순학 등은 청의 관리들과 말도 통하지 않을 뿐더러 친교도 없어 외교활동을 거의 하지 못했다. 오직 오경석만이 이전에 내왕하면서 닦아놓은 인맥을 바탕으로 유용한 정보와 정책자료를 모았다. 특히 서양 열강의 침입에 대응하는 정책을 수립해본 경험이 있는 청의 관리 12인에게서 프랑스 동양함대의 동태에 관한 정보와 그들의 조선침략 시 대응방안에 대한 조언을 들었다.

이때 프랑스의 나폴레옹 3세는 눈앞에 다가온 오스트리아와 프로이센 사이의 전쟁에서 큰 이득을 보려고 했다. 이해 4월 8일 이탈리아는 3개월 안에 프로이센과 오스트리아 사이에 전쟁이 일어나면 프로이센의 편을 들어 참전하고 그 대가로 오스트리아가 지배하고 있는 베네치아를 획득한다는 내용의 동맹조약을 프로이센과 체결했다. 오스트리아는 전쟁이 임박한 것을 알고 나폴레옹

3세가 원하는 것을 모두 들어주는 대신 프랑스의 중립을 보장받는 내용의 비밀 조약을 6월 12일 체결했다. 오스트리아는 6월 17일 프로이센에 선전포고했고, 프로이센은 다음날 선전포고했다. 이탈리아는 6월 20일 오스트리아에 선전포고했다.

병인양요

6월 30일 리델 신부는 조선인 신자의 도움으로 천주교도 10여 명과 함께 정크선을 타고 탈출하여 7월 6일 산동반도의 지부(芝罘)에 도착했다. 그는 청 주재 프랑스 대리공사 벨로네(Henrie de Bellonet)에게 이하응에 의한 기독교도 박해의 참상을 전하면서 이에 대한 보복공격을 요청했다.

벨로네는 극도로 흥분했다. 당시 프랑스는 천진조약과 북경조약으로 청에서 가톨릭 포교의 자유를 얻었을 뿐만 아니라 중국인 가톨릭교도를 보호하는 일도 하고 있었다. 벨로네로서는 조선의 가톨릭 탄압을 참고 놔둘 수 없었다.

벨로네는 청과 프랑스가 맺은 천진조약 13조에 따라 청이 조선의 종주국 자격으로 조선의 천주교 탄압에 개입할 것을 촉구하고 청에서 활동하고 있는 프랑스 선교사들이 조선에 입국할 수 있도록 호조(護照: 여권)를 발급해줄 것을 요청하는 내용의 서신을 공친왕에게 보냈다. 청의 총리아문은 "조선은 중국에 조공을 바치고 있으나 일체의 국사를 자주(自主)하고 있다" 는 회신을 보내어 조선의 문제에 개입하기를 거부했다. 이에 벨로네는 7월 13일 조선을 정복하기 위해 프랑스군이 출정할 것이라는 강경한 내용의 조회문(照會文)을 총리아문에 보냈다. 총리아문은 프랑스 함대의 조선 원정 계획을 조선 정부에 알렸다.

청의 총리아문이 보낸 공문을 받은 조선 조정은 8월 17일 청의 예부에 프랑스 선교사 살해에 대해 해명하는 내용의 자문(咨文)을 보냈다.

우리나라에서 작년 겨울부터 흉악한 무리와 도둑의 부류가 무리를 지어 결탁하고 몰래 반역음모를 꾸미고 있었는데, 마침내 체포해 보니 다른 나라 사람이 8명이나 끼어 있었습니다.

이들이 어느 곳으로 국경을 넘어 들어왔는지는 알 수 없었으나 옷차림과 말하는 것은 동국(東國) 사람과 다름이 없었습니다. 심지어 간사스럽게 여자로 가장하고 자취를 숨기기까지 하였으니 그들이 우리나라의 경내에 오랫동안 있었음을 미루어 헤아릴 수 있습니다. 교리를 전파하고 익히게 하려고 하였다면 어찌 이렇게 비밀리에 했겠습니까?

다른 나라 사람이 우리나라에 표류하여 온 자들의 경우에는 모두 보호하고 돌려보내주지만, 공적인 증거문건 없이 몰래 국경을 넘어온 자들의 경우에는 모두 사형에 처한다는 것이 원래 쇠나 돌과도 같이 변함없는 성헌(成憲)에 있으므로 이에 나란히 해당 법률을 적용하였던 것입니다.

가령 우리나라 사람이 몰래 다른 나라에 들어가 부당하게 법을 위반하면서 그릇된 일을 선동하여 그 나라 백성과 그 나라가 피해를 입었다면 다른 나라에서도 반

같은 등급의 관청 사이에 오가는 공문을 말한다. 조선왕조 때 중국과 주고받은 외교문서 가운데 이 형식으로 작성된 것이 많다. 조선 국왕의 명의로 명과 청의 육부(六部), 즉 이부(吏部), 병부(兵部), 호부(戶部), 예부(禮部), 형부(刑部), 공부(工部)와 조회, 통보, 회답하던 문서다. 따라서 조선 국왕과 중국의 6부가 동등한 입장에서 주고받은 문서이며, 이런 점에서 중국에 대한 조선의 사대관계가 어떤 것이었는지를 잘 보여주는 문서양식이라고 할 수 있다.

드시 남김없이 모두 사형에 처할 것입니다. 그러니 우리나라에서도 마땅히 그에 대하여 한 터럭만큼이라도 유감스럽게 생각하지 않는 것입니다. 나라의 변경을 튼튼히 하고 나라의 금법을 엄격히 하는 것은 어느 나라나 모두 그러합니다.

우리나라와 법국(法國: 프랑스)은 넓고 큰 바다로 막혀 있어 서계(書契)를 서로 통하지도 못하는데, 무슨 오래 전부터 원망을 가진 일이 있거나 혐의스러운 일이 있다고 온전히 돌려보낼 방도를 생각하지 않고서 차마 이와 같이 사형에 처하는 조치를 취하겠습니까? 이번에 법국에서 주장한 말은 미처 생각해 보지도 못한 문제입니다.

우리나라가 멀리 떨어져 있어서 전혀 연락을 가질 기회가 없었는데 다행히도 여러 대인들이 화해를 시켜주는 혜택을 입었고 깊이 생각하여 만전을 기하는 계책까지 가르쳐 주었으니, 이는 진실로 일반 규례를 벗어나 잘 돌봐주고 도와주려는 훌륭한 덕과 지극한 생각입니다.

앞으로 사행(使行) 때 그 정성에 사례하게 되기를 기다리면서 이에 먼저 자세히 갖추어 회답합니다.

그런데 8월 중순에 미국 선적의 상선 제너럴 셔먼(General Sherman) 호가 대동강에 나타났다. 이 배는 청의 천진에 기항했다가 영국 메도우스(Meadows) 상사와 체결된 용선계약에 따라 영국 상사에 위탁됐다. 메도우스 상사는 조선과 교역할 상품을 가득 싣고 8월 초 산동반도의 지부에서 출항해 조선으로 항진했다. 이 배에는 선주 프레스턴(W. B. Preston), 선장 페이지(Page), 항해사 윌슨(Wilson) 등 미국인 3명, 통역이자 개신교 목사 토머스(Robert Jermain Thomas), 화물관리인 호가스(Hogarth) 등 영국인 2명, 중국인 및 말레이인 선원 19명 등 모두 24명이 타고 있었다.

8월 17일 조선 관리가 이들의 배에 올라 청국인 이팔행(李八行)과 대화를 나누어 이들의 국적, 나이 등을 알아냈다. 이팔행은 통상하러 평양으로 가는 길이며 조선의 종이, 쌀, 금, 삼(蔘), 초피(貂皮) 등을 양포(洋布), 기명(器皿) 등과 물물교환할 생각이라고 말했다.

8월 하순 제너럴 셔먼 호는 장마로 불어난 대동강을 거슬러 올라와 평양에서 통상을 요구했다. 선원들이 중군(中軍) 이현익(李玄益)을 납치하고 총기를 난사하여 강변에 있던 군민(軍民) 12명을 사살하는 등 도발과 약탈을 자행하므로 평양감사 박규수가 무력을 사용하기로 결정했다.

9월 1일(음력 7월 23일) 화선(火船)을 이용한 공격으로 제너럴 셔먼 호는 불에 타고 강변으로 끌려나온 토머스 목사 등은 타살됐다. 다음은 이에 관해 박규수가 조정에 올린 장계다.

평양부(平壤府)에 와서 정박한 이양선에서 더욱 미쳐 날뛰면서 포를 쏘고 총을 쏘아대어 우리 쪽 사람들을 살해했습니다. 그들을 제압하고 이기는 방책으로는 화공전술보다 더 좋은 것이 없으므로 일제히 불을 질러서 그 불길이 저들의 배에 번져가게 했습니다. 그러나 저쪽 사람들인 최란헌(崔蘭軒, Thomas)과 조능봉(趙凌奉)이 뱃머리로 뛰어나와 비로소 목숨을 살려달라고 청하므로 즉시 사로잡아 묶어서 강안으로 데려왔습니다.

이것을 본 군민(軍民)들이 울분을 참지 못해 일제히 모여들어 그들을 때려죽였으며 그 나머지 사람들도 남김없이 죽었습니다. 그제야 온 성안의 소요가 비로소 진정될 수 있었습니다. 중군(中軍)을 겸직한 철산부사(鐵山府使) 백낙연(白樂淵)과 평양서윤(平壤庶尹) 신태정(申泰鼎)은 총포탄이 쏟아지는 가운데 위험을 무릅쓰고 마음과 힘을 다하여 싸움으로써 결국 적들을 소멸시켰으니 모두 그들의 공로라고 할 만합니다. 포상(褒賞)의 특전을 베풀어주심이 어떻겠습니까?

처음에는 이양선이 경내에 침입했을 때 방어를 잘 하지 못하여 심지어 부장(副將)까지 잡혀가 억류당하는 수치를 당한데다가 끝에 가서는 서로 싸우고 죽이게 됐으니, 이는 전하께서 멀리 있는 나라의 사람들을 너그럽게 대하며 생명을 소중히 여기는 덕에 어긋나는 것입니다. 신은 황공하기 그지없어 대죄(待罪)할 뿐입니다.

벨로네는 프랑스 극동함대 사령관 로즈(Pierre Gustave Roze)에게 조선 원정은 자신의 책임 하에 단행될 것이라며 함대 지휘권을 넘겨달라고 요구했다. 그러나 로즈 제독은 벨로네의 월권행위를 지적하며 프랑스 해군부(海軍部)에 사정을 보고하고 훈령(訓令)을 요청했다. 이에 프랑스 해군부는 9월 8일 조선 원정을 로즈에게 명령했다. 이날 영의정 김병학(金炳學)은 서양물품이 국가재정에 해가 되고 이양선이 그 교역을 청하는 원인이라며 서양물품 수입을 일체 금지할 것을 주청했다. 이는 서양목면 수입을 겨냥한 것이었는데, 조선 국왕은 승인했다.

로즈 제독은 우선 한강 부근의 항로에 대한 정확한 정보가 필요하다고 보고 예비정찰에 나섰다. 그는 기함 프리모게(Primauguet) 호 등 군함 3척과 200명의 병력을 이끌고 9월 18일 지부를 떠나 25일 한강 하구에 도착했다(리델 신부와 조선인 가톨릭교도가 동승했다). 강화도, 서울 양화진(楊花津), 서강(西江)을 잇는 수로를 탐사하여 해도(海圖) 3장을 작성했다.

프랑스 선교사를 다수 처형한 일과 가톨릭교도 학살은 프랑스로서는 대대적으로 원정을 할 사유였다. 그러나 프로이센이 이 해 7월 오스트리아를 굴복시켜 독일의 통일이 가까워졌기 때문에 이에 어떻게 대처하느냐가 프랑스의 최대 관심사였다. 더구나 프랑스는 멕시코에도 많은 군사를 파병한 상태여서 또 다른 원정에 나설 여력이 없었다. 조선 원정에는 빈약한 자국 동양함대만을 동원할 수밖에 없었다.

프랑스 함대가 나타났어도 조선 조정은 그것이 어느 나라 선박인지를 알지 못했다. 당시 서양에 대한 조선의 지식과 과학기술 수준으로는 서양배가 아무리 출몰해도 상대방이 밝히기 전에는 그 국적을 알 수 없었다. 실록에는 다음과 같이 기록돼 있다.

> 의정부(議政府)에서 아뢰기를 "방금 영종방어사(永宗防禦使)의 장계 등본을 보니, 이양선 한 척이 부평(富平)의 경계 내에 들어왔다고 합니다. 이러한 때에 방수(防守)를 소홀히 해서는 안 될 것이니, 새로 제수된 통진부사(通津府使)를 당일로 하직 인사를 하게 하고 경기 연해 수령(守令)들 중에서 만약 서울에 올라와 있는 자가 있으면 모두 밤을 무릅쓰고 내려 보내는 것이 어떻겠습니까?" 하니 윤허했다.
>
> 《고종실록》 3년 8월 13일

> 의정부에서 아뢰기를 "서양 선박이 이미 양화진에 이르렀습니다. 하찮고 추악한 무리들이 멋대로 날뛰며 경강(京江)에까지 깊이 들어왔으니, 이 무리들을 막지 않고 내버려두어서는 안 될 것입니다. 어영중군(御營中軍) 이용희(李容熙)로 하여금 표하군(標下軍)을 영솔하고 훈국의 마군 2초와 보군 7초를 조발하여 즉시 강변으로 나가서 상황에 따라 대처하도록 하소서. 그 밖의 각 영도 한결같이 단속하여 뜻밖의 변에 대비하도록 하는 것이 어떻겠습니까?" 하니 윤허했다.
>
> 《고종실록》 3년 8월 18일

> 훈련도감에서 "이양선을 막기 위하여 중군(中軍) 이용희가 장교와 기마병, 보병 등 군사들을 거느리고 서강(西江)에 나갔습니다"라고 아뢰었다. 또 중군 이용희의 보고에서 "서강에 정박하였던 이양선 2척이 오늘 사시(巳時)에 닻을 올려서 곧바로 행주(幸州) 어귀를 지나갔는데 그 향방은 알 수 없다고 하였습니다"라고 아뢰었다.
>
> 《고종실록》 3년 8월 18일

10월 1일(음력 8월 23일) 프랑스 함대가 정찰을 마치고 지부로 돌아갔다. 로즈는 본격적으로 조선 원정을 준비했다.

이날 서울로 돌아온 주청사 일행이 이하응을 소견했다. 오경석은 외교활동을 위해 귀국하지 않고 북경에 머물렀지만, 그가 수집한 청 관리들의 정책자문은 조선 조정에 보고됐다. 그 가운데 청 관리 유배분(劉培棻)의 조언이 가장 유효했다. 다음은 그 내용의 일부다.

6월 초8일(양력 7월 19일) 등주(登州)에서 배를 탈 때 서양의 병선 십수척이 있으므로 서양 배에 있는 광동(廣東) 사람을 불러 물은즉 바야흐로 고려(高麗: 조선)로 향하기 위해 구병(搆兵: 편대구성)한다 운운했다. 병력의 다소를 물은 즉 한 배에 500~600명이라 했다. 군량의 다소를 물으니 1개월여를 지탱할 수 있다고 했다. 배가 출발하는 것은 보지 못하고 왔다.

대개 서양의 장기는 화륜선인데 하루에 1400~1500리를 간다. 병선은 작고 연통(煙筒)이 짧으므로 바라보면 알 수 있으며, 수심이 1장(丈)이면 뜨고 9장이면 간다. 이보다 얕으면 움직이지 못한다.

귀국(貴國)의 해변에는 석각(石角: 암초)이 잠기어 있으므로 서양인들이 이를 두려워한다. 만일 저들이 귀국 지방민의 향도가 있으면 들어갈 수 있을 것이다. 그러나 해안선이 꾸불꾸불 굴곡이 심하면 화륜선은 쓸모가 없고 반드시 작은 배로 나아갈 것인즉 귀국 역시 병선으로 대응하여 막아낼 수 있다. 이때 서양의 화포약(火砲藥)은 매우 맹렬하므로 포환을 빨리 발사해야 하며 박전(迫戰: 근접전)은 하면 안 된다.

귀국의 산천은 험난하므로 화륜차(火輪車)는 달리지 못한다. 저들이 비록 배에 싣고 온 말이 있을 것이나 많지 않고 크게 부족할 것이다. 그러니 지형의 험난함에 의지하여 방어하고 또 방어하기를 오래하면 저들은 군량이 부족하여 반드시 오래 지탱하지 못하고 물러날 것이다.

저들의 포에는 비천화포(飛天火砲)가 있는데 포환의 크기는 쟁반만 하며 그 안에 작은 탄환이 천백(千百)으로 들어 있어 발사되면 진중(陣中)에 떨어진 연후에 큰 포환이 갈라지면서 작은 탄환이 사방에 흩어져 사람을 다치게 하니, 이는 두려워할 만하다. 발포를 지켜보다가 미리 피하면 해를 면할 수 있다. …

귀국은 오랫동안 병(兵)을 사용하지 않아 전투에 익숙하지 않으므로 오직 지키기만 하고 전투하지 말 것이며, 필승할 가능성이 보여야만 싸워야 한다. 신중해야 하며, 가벼이 나아가서는 안 된다.

저들은 타인의 약한 곳을 보면 반드시 진격하고, 타인의 강한 곳을 보면 반드시 후퇴한다. 그러므로 나의 약한 곳을 보이지 말아야 한다. 무릇 군량을 빌리고 군병을 빌린 무리가 오래 지탱하지 못하는 것이 명약관화함은 비단 이번만 그러한 것이 아니다. 저들은 수년 전에 부유한 상인으로부터 팔백만 금을 빌리어 이자도 갚지 못한 상태에서 출병했으므로 시기가 저들에게 불리하다. 이번에 십수척의 배로 동국(東國: 조선)으로 향하므로 군량이 적을 수밖에 없다.

이외에 오경석은 중국인 친우들을 통해 필사한 청의 총리아문과 프랑스 공사 간 외교문서 사본도 보고했다.

10월 2일 이양선이 물러갔다는 영종첨사(永宗僉使) 심영규(沈永奎)의 보고가 의정부에 올라왔다. 이 일에 관해 실록에는 다음과 같이 기록돼 있다.

영종첨사 심영규가 "이양선 3척이 23일(양력 10월 1일) 사시(巳時) 경에 조수가 밀려드는 때를 타서 일제히 닻을 올리고 곧바로 팔미도(八尾島) 외해로 빠져나가 남쪽을 향해 갔습니다"라고 아뢰었다.

《고종실록》 3년 8월 24일

이때 조선의 군비를 보면 경군(京軍: 수도방위군)인 오군영(五軍營: 훈련도감, 용호영, 금위영, 어영청, 총융청) 소속의 군사가 1만 6천 명이었다. 그리고 지방 감영(監營) 소속의 지방군이 있었다. 경군 가운데 노약자가 많아(군인들 전체의 연령은 16~60세) 실제 전투력이 있는 병력은 8천 명 미만이었다. 지방군은 소수인데다가 민란 진압이 주목적이어서 그 전투력이 군대라고 하기 어려운데다가 다른 지역으로 이동할 수도 없었다. 더 심각한 문제는 조선군의 무장이 임진왜란 때의 수준이라는 점이었다. 조선이 보유한 화포는 임진왜란 시기 기술수준에 해당하는 대완구(大碗口)와 불랑기(佛狼機)였고, 소총은 화승총이었다.

10월 11일 지부에서 프랑스 원정군이 출항했다. 프랑스 극동함대의 함정 및 병력 전부와 요코하마 주둔 프랑스군까지 동원되어 군함 7척에 병력이 1500명에 이르렀다. 향도(嚮導)로 리델 신부와 망명한 조선인 가톨릭교도 3인이 동행했다. (영국군과 프랑스군의 요코하마 주둔은 1863년부터 시작됐고, 1864년 도쿠가와 막부가 이를 승인했다. 영국은 최대 1500명, 프랑스는 최대 300명을 주둔시켰다. 이들을 철수시키는 것이 일본 정부의 최대 과제였고, 철수는 1875년에 이루어졌다.)

10월 14일 프랑스군 900명이 강화도에 상륙하여 갑곶이(甲串津)를 전투 없이 점령했다. 16일 이하응은 순무영(巡撫營)을 설치하고 훈련대장(訓練大將: 훈련도감의 수장) 이경하를 순무사(巡撫使)로, 이용희를 순무영[6]의 중군(中軍: 부사령관)으로 임명했다.

10월 17일 로즈 제독은 소형 선박 2척을 영종진(永宗鎭)으로 보냈는데, 이 선박을 타고 온 청국인 서복창(徐福昌)과 영종첨사 심영규가 한문으로 필담을 나누었다. 서복창은 프랑스군의 통역이었다. 서복창은 먼저 "너희들은 우리를 무서워하지 말라. 너희들을 해치지 않는다"라고 써서 보여 주었다.

---

6 순무영(巡撫營)은 조선왕조 아래서 전쟁이나 지방에 변란이 일어날 때 임시로 설치된 군영(軍營). 조선 영조 4년(1728)에 이인좌의 난이 일어났을 때 처음으로 설치됐다. 순무영은 이후 홍경래의 난, 병인양요, 신미양요, 동학봉기 때도 설치됐다. 순무사는 순무영의 책임자로 군무(軍務)를 맡았고, 지방관의 비리도 조사했다.

심영규: 그대는 어느 나라 사람이며, 이름은 무엇이고, 나이는 몇 살인가?

서복창: 청나라 사람이고, 성은 서(徐), 이름은 복창(福昌)이며, 나이는 16살이다.

심영규: 당신들은 모두 어느 나라 사람이며, 선주(船主)의 성명은 무엇인가?

서복창: 프랑스 사람들이다. 선주의 성명은 모른다.

심영규: 무슨 일로 여기까지 왔으며, 언제 돌아가는가?

서복창: 정전(征戰)하려고 왔다.

심영규: 당신들과 우리는 본래 원수진 일이 없는데 무엇 때문에 정전하려고 하며, 정전하려는 곳은 어딘가?

서복창: 정전하려는 곳은 바로 한강(漢江) 어구에 있는 왕경(王京)이다. 너희가 우리 사람 9명을 살해했기 때문에 너희 사람 9천 명을 살해하려고 한다.

심영규: 이게 무슨 말인가? 우리나라에서 너희 나라 사람 9명을 죽이지 않았는데, 지금 이런 말을 하는 것은 도대체 무슨 일인가?

서복창: 우리는 이미 (선교사 9명이 처형당한 것을) 알고 있다. 너희는 우리를 몹시 속이고 있다.

10월 19일 로즈 제독은 '선교사 학살 사건 책임자 3명을 색출하여 엄중히 다스릴 것' 과 '전권위원을 파견하여 조선—프랑스 조약을 체결할 것' 이라는 두 가지 교섭조건을 수락하라고 조선 정부에 촉구했다. 이하응은 이를 거절했다.

조선 말 군정(軍政)의 문란이 극심해 병력증강 등 제도개혁이 시급했으나 국가재정 형편이 나빠 병력을 증강하기가 어려웠다. 이하응은 집권하자마자 군사제도 정비에 고심했으나 별다른 수가 없었다. 프랑스군이 침공해오자 그는 '의병' 모집에 힘썼는데, 특히 강고한 조직을 가진 보부상단에 주목했다.

10월 20일 이하응은 부상(負商: 등짐장수)의 자치조직을 공인하고 이들을 대대적으로 동원하고자 했다. 다음은 이하응이 부상 측에 통고한 내용이다.

부상 도반수(都班首)에게 전한다.

듣건대 일찍이 없었던 변고가 우리 예의의 동방에 미쳤다. 심도(沁都: 강화도)가 함락되고 그 화가 통진(通津)에까지 미쳐 대소 인민이 몹시 비통해 하고 분노가 극에 달하였다. 이때에 위로 의로움을 보이며 국가를 위하여 자신의 몸을 돌보지 아니하는 자가 있다면 진실로 떳떳한 성품을 가진 것인즉 이에는 존비귀천의 구별이 필요 없을 것이다.

일찍이 듣건대 너희 부상들 중에는 의기롭고 쾌걸한 사람이 많아 비록 진흙길에 짐을 지고 다닐 때에도 노소와 어른아이의 구분이 있고 여러 사람들이 대(隊)를 나누고 인원수를 갖추어 일이 있으면 과감히 해결하고 완연히 의로움을 피하지 않는 기품이 있어 내 항상 가상히 생각하는 바이다. 만약에 의기로써 나라를 위하는 일을 돕는다면 끓는 물을 뛰어넘고 칼날을 밟는 것도 마땅히 어렵지 않으리라. …
9월 12일(음력) 왕민열(王敏悅)에게 첩(帖)을 주어 너에게 부상 도반수를 맡기니 각별히 거행하라. 강인학(姜仁學)에게 첩을 주어 너에게 부상 접장(接長)을 맡기니 각별히 거행하라.

의병으로 동원된 보부상들은 군량 수송을 담당했다.

10월 26일 프랑스군이 상륙하여 문수산성(文殊山城)을 손쉽게 점령했다. 수비하던 조선군은 프랑스군이 보유한 총포의 화력을 당해내지 못했다.

11월 6일 프랑스 정부는 벨로네로부터 조선 원정에 관해 자세한 보고를 받았다. 리오넬(Lionel Desle Marie René François) 외무장관과 샤슬루로바(Chasseloup-Laubat) 해군장관은 크게 놀랐다.

11월 7일 순무영의 천총(千總) 양헌수(梁憲洙)는 그믐날 밤을 이용해 병력 600명을 이끌고 몰래 강화해협을 건너 정족산성(鼎足山城)에 들어갔다. 남문에 포수(砲手) 161명, 동문에 포수 150명, 서문과 북문에는 경군(京軍) 및 향군(鄕軍) 157명을 배치했다.

조선군이 정족산성에서 농성하고 있다는 보고를 받은 로즈는 올리비에 (Ollivier) 대령에게 정족산성 공략을 명령했다. 9일 올리비에 대령은 조선군이 쓸모없는 노후한 병기로 무장하였음을 알고 분견대 160명을 이끌고 야포도 없이 경무장한 채로 정족산성 공략에 나섰다. 프랑스군이 성의 동문과 남문으로 진입해오자 조선군은 일제히 포격을 가해 그들을 격퇴했다. 프랑스군에서는 약 80명의 사상자가 나왔다. 조선군은 전사 1명, 부상 4명이라는 경미한 피해만 입었다.

11월 10일 프랑스군은 강화도의 외규장각 도서 340권, 은괴 19상자(약 20만 프랑에 해당) 등을 약탈하고 외규장각을 불태운 뒤 떠났다. 이날 프랑스 외무장관 리오넬은 가톨릭 신부들에게 끌려다니지 말라고 벨로네에게 훈령했다. 또한 조선 원정은 프랑스 정부의 개입 없이 해군부 및 로즈 제독의 주관으로 수행된 것이라고 발표했다. 샤슬루 로바도 벨로네에게 조선에 대해서는 어떠한 약속이나 프랑스를 구속할 어떠한 일도 하지 말라고 훈령했다.

11월 11일 벨로네 공사가 청의 총리아문에 청을 비난하는 서한을 보냈다. 내용은 청과 조선 사이의 전통적인 조공관계로 보아 병인사옥이 '공모의 결과일 가능성이 높다' 는 것이었다. 벨로네는 그 근거로 (1) 지난 겨울 조선 동지사가 북경에 와서 가톨릭 박해를 보고했는데 청은 이를 암묵적으로 승인한 것 (2) 청의 고위 관리가 가톨릭 금압 계획을 직접 찬성한 것 (3) 청이 만리장성 밖에서 만주의 병사를 모집해 훈련하는 것은 프랑스군에 맞서 항전을 벌이는 조선을 돕기 위한 조치로 보인다는 것을 제시했다.

이에 대해 공친왕은 청과 조선 사이의 사신 왕래는 전통적 외교의례이고 만리장성 밖에서 군사를 모집해 훈련한다는 말은 헛소문이라고 해명하는 내용의 조회문을 각국 공사관에 보냈다.

벨로네를 비롯해 북경에 주재한 각국 공사들은 프랑스의 조선 원정은 실패였다고 평가했다. 그 이유는 (1) 외교관계가 없는 조선에 가서 개항을 위한 외교교섭조차 벌이지 못하고 돌아온 것 (2) 정족산성에서 패전한 다음날에 철수한 것 (3) 선교사 학살에 대한 응징과 신앙의 자유를 얻는 것도 원정의 목표인데 조선의 가톨릭 박해와 쇄국정책만 강화시켰다는 것이었다.

11월 21일(음력 10월 15일) 조선 조정은 병인양요의 시말을 적은 국서를 예조참의(禮曹參議) 임면호(任冕鎬)의 명의로 작성하여 동래부사를 통해 대마도주에게 보냈다. 그 내용은 다음과 같다.

편안히 지낸다니 위안되고 안심된다.

생각건대 우리나라와 귀국은 좋은 관계를 맺은 지 300년 동안 무릇 변방 방어와 관련한 정사나 변경에서 벌어지는 사건에 대해서는 서로 알려주지 않은 적이 없었다.

여기서 그런 방도를 내놓는 것은 경신년(1860)에 귀국 서계(書契)의 경우 바로 옛 조약을 거듭 밝히며 이웃 나라와의 우호를 더욱 두텁게 하겠다고 했기 때문이다.

서양의 영국과 프랑스 등 여러 나라들이 멀리 겹겹이 가로놓인 넓은 바다를 건너 우리나라에 와서 무역할 것을 청한 것이 한두 번이 아니었으며 끝내 무력을 서로 가하기에 이르렀으니, 그 해가 점점 더 참혹해지고 있다.

올 봄에 있었던 사건에 관련된 남종삼과 홍봉주라는 자들은 높은 관리로서 임금과 가까운 반열에 있기도 했고 대대로 관리 노릇을 한 집안의 후손인데도 사교(邪敎)를 전습하며 비적 무리들과 결탁하여 암암리에 서양인을 끌어들여 교주(敎主)로 받들어 모셨다. 이미 오래 전에 물들어 갈수록 더욱 더 많은 사람들을 현혹시켰는데 그 간사한 자취가 수색, 체포할 때에 발각되어 고약한 무리들이 다 같이 법에 의하여 처단됐다.

여름과 가을 사이에 1척의 서양 배가 먼저 호서(湖西)의 해미현(海美縣) 앞바다에 정박했고, 그 다음에는 경기(京畿)의 강화부(江華府) 근처에 와서 정박해 있으면서 쉴 새 없이 왔다 갔다 하며 무역할 것을 간청하였으나 우리나라에서 엄한 말로 굳게 거절하고 끝끝내 들어주지 않자 저들은 포기하고 물러갔었다.

또 이러한 때에 서양 배 1척이 서해로부터 평양부(平壤府) 양각도(羊角島)에 들어와 물건을 약탈하고 사람을 살해하고 가축을 죽였다. 그래서 도신(道臣)이 화공(火攻)전술을 써서 모두 무찔렀다.

8월 16일에 2척의 서양 배가 남쪽 바다에서 곧바로 경강(京江)에 들어와 사흘 밤을 묵고 돌아갔는데, 말이 서로 통하지 않아 사정도 알 수 없었고 거동도 따지지 못했다. 그들이 제멋대로 오가던 중 9월 6일에 크고 작은 서양 배 30여 척이 또 경기 일대에 도착하여 혹은 부평부(富平府) 앞바다에 정박하기도 하고 혹은 강화부의 갑곶진(甲串津)으로 곧바로 향하여 망루(望樓)를 파괴하고 공해(公廨: 관청)를 불태우고 백성을 살해하고 소와 가축을 약탈했으며 사고(史庫)에 있는 책들을 약탈하여 배로 모두 실어갔다.

우리는 순무사 이경하로 하여금 도성을 엄히 방어하게 했고, 선봉중군(先鋒中軍) 이용희는 통진부(通津府)에, 좌선봉장(左先鋒將) 정지현(鄭志鉉)은 제물진(濟物鎭)에, 우선봉장(右先鋒將) 김선필(金善弼)은 부평부에, 유격장(遊擊將) 한성근(韓聖根)은 문수산성에, 유격장 양헌수는 정족산성에, 유격장 이기조(李基祖)는 광성진(廣城津)에, 총융사(總戎使) 신관호(申觀浩)와 소모사(召募使) 이원희(李元熙)는 양화진에, 소모사 정규응(鄭圭應)은 서강 어귀에, 어영청중군(御營廳中軍) 권용과 경기중군 백낙현(白樂賢)은 행주(幸州) 어귀에, 양주목사(楊州牧使) 임한수(林翰洙)는 여현(礪峴) 어귀에, 초토사(招討使) 한응필(韓應弼)은 연안부(延安府)에, 방어사(防禦使) 유환(柳烷)은 파주목(坡州牧)에, 도호사(都護使) 신숙(申櫹)은 장단부(長湍府)에 각각 진을 치게 했다.

그리고 저들에게 격문을 보내 싸움을 청하고 약속한 날짜에 보니, 적들은 그 무리를 모두 모아서 포구에 집결해 있으면서 서로 맞붙어 싸움할 생각은 없이 우리 연해와 포구의 배들을 모두 불태워버리고 간간이 몰래 문수산성, 정족산성 등 여러 성을 습격했는데, 번번이 성을 지키는 장수들에 의해 격퇴당하고 말았다. 우리나라에서 무기와 의장(儀狀)을 수리하고 벼리기도 하고 전선(戰船)을 수리했으며, 또 삼로(三路)의 수군(水軍)으로 하여금 힘을 합쳐 공격하게 했는데, 10월 12일에 크고 작은 서양 배들이 이어 즉시 무리를 거두어 먼 바다를 향해 물러갔다. 이것이 우리나라에서 적의 침입을 받은 대략적인 내용이다.

우리나라로 말하면 오랫동안 태평스럽게 지내 군정(軍政)이 해이해지고 군사방비가 허술해져 장구한 계책을 써서 놈들을 제압하여 하찮은 배들을 돌아가지 못하게 하지 못했으니, 비록 두세 차례 싸움에서 이기고 다소나마 적을 섬멸하기는 했지만 진실로 무력을 크게 떨쳐 멀리에서 온 저들을 두렵게 만들지는 못했다. 그리고 오랑캐들의 사정도 헤아릴 수 없고 그들이 수시로 들락날락하고 있으므로 목전의 다급함을 늦추고 앞으로의 근심거리를 영원히 없앨 수 없었다.

또 한 가지 일에 대해 사실에 근거해서 알려야 할 것이 있다. 우리나라 동남쪽의 해변으로 말하자면 귀국의 여러 주(州)들의 해변과 서로 소와 말도 환히 변별할 수 있는 정도의 거리에 놓여 있으며, 두 나라 경계에서는 닭 우는 소리와 개 짖는 소리도 거의 들리는 가까운 거리에 있다. 여름과 가을에서부터 요사이에 이르기까지 무수한 돛단배들이 서쪽으로부터 남쪽으로 향해 갔는데 그 배들은 운도(雲島)와 연도(烟島) 사이에서 출몰하고 있어 변경을 지키는 관리들의 급보가 매일 올라오고 있다. 그러니 저 오랑캐들이 장차 사단을 일으키려는 것인데 귀국은 방비를 갖추고 변란에 대처하고 있는가? 모르겠거니와 귀국에서 이미 군사방비를 갖추었으므로 저 오랑캐 놈들이 날뛰다 패배하였는가? 또 저들 쪽에서 방자하고 횡포하게 날뛰면서 몰래 기회를 노리며 이를 갈고 혀를 날름거리면서 침략할 틈을 엿보고 있는데도 귀국에서 혹 그 교묘하고 음흉한 정상을 알아차려 그 기세를 미리 꺾지 못한 것은 아닌지 우리나라에서는 이것을 몹시 걱정하며 안타깝게 여기고 있다. 이에 전말을 들어 써 보내니 위에서 쓴 사유를 동무(東武: 도쿠가와 막부)에게 전달해주기를 간절히 바란다. 살펴주기를 바라며 이만 줄인다.

이때 일본도 시국이 어지러웠다. 1866년 에도와 오사카를 비롯한 일본 전국에서 '세상 바로잡기'를 표방한 폭동이 일어났다. 일본은 개항 이후 개방경제 체제로 전환함에 따라 경제적 혼란과 정치·사회적 불안이 커졌다. 경제적으로 큰 타격을 입은 농민과 도시빈민의 반란과 소요가 빈번히 발생했다.

역시 궁핍해진 하급무사들은 이러한 광범위한 반란을 배경으로 막부 체제에 도전했다. 강력한 지방세력인 사쓰마 번과 조슈 번에서는 하급무사들이 번의 실권을 장악했다. 사쓰마 번과 조슈 번은 재정이 튼실하였으므로 나가사키를 통해 서양 무기와 군함을 사들일 수 있었다. 사쓰마 번과 조슈 번은 1866년 3월 도사 번의 사무라이 사카모토 료마(坂本龍馬)의 주선으로 도쿠가와 막부의 공격을 받을 경우 서로 협조하기로 밀약을 맺었다.

이 해 여름 도쿠가와 막부가 2차 조슈 번 정벌에 나섰으나 14대 쇼군 도쿠가와 이에모치가 8월 29일 각기병으로 사망하여 조슈 번과 정전에 합의하고 철군했다. 막부 내에서 후계자 문제로 논쟁이 일어났다.

11월 24일 조선 국왕은 서양 물품을 소비하여 서양의 침략을 유발했다면서 서양 물품을 수입하는 자는 발견하는 즉시 참수하라는 명을 내렸다. 그러나 적발되어도 관원에게 뇌물을 주면 무사했다.

계속되는 건축공사와 전쟁으로 조선의 재정난이 더욱 심해졌다. 12월 6일 차대(次對: 매달 여섯 차례 의정부, 대간, 홍문관의 고위 관료가 입시하여 국왕에게 중요한 정무를 상주하던 일)에서 좌의정 김병학이 다음과 같이 당백전(當百錢) 주조를 주장했다.

백성은 궁핍하고 재정은 고갈되었는데 건축공사를 크게 벌이고 있어 공사(公私) 간에 일을 더는 지탱해나갈 수 없습니다. 이에 신은 밤낮으로 근심하고 두려워하여 어떻게 하면 잘 조절하여 메워나갈 수 있을까 생각하였지만 아직 방책을 얻지 못했습니다. 삼가 생각하건대, 돈이라는 것은 경중을 잘 맞추어 준절(準折)하여 쓰는 물건입니다. 옛적에 당십전(當十錢)이나 당오전(當五錢)을 쪼개어 당이전(當二錢)이나 당삼전(當三錢)으로 만들어 쓴 법은 모두 일시적으로 임시변통한 정책이었습니다. 지금 나라의 재정이 몹시 고갈된 때에 응당 이익이 되는 것과 손해가 되는 것을 절충해서 쓰는 원칙이 있어야 할 것입니다. 신의 생각으로는 당백대전(當百大錢)을 주조해서 널리 쓰이고 있는 (상평)통보와 더불어 사용한다면 재정을 늘리는 데 조금이나마 도움이 될 것 같습니다. 그러나 감히 신의 좁은 소견을 대번에 반드시 시행해야 한다고 말할 수는 없습니다. 시임대신과 원임대신, 의정부 당상에게 하문하시기 바랍니다.

병인양요 이후 이하응의 천주교 탄압은 더욱 심해졌다. 이하응의 집권기에 처형된 천주교 신도 수는 정확히 알 수는 없지만 2만 명에 이른다는 주장도 있다.

신미양요

프랑스 함대와 같이 지부로 돌아온 리델 신부에 의해 제너럴셔먼 호 사건이 미국에 알려졌다. 제너럴셔먼 호는 선주는 미국인이지만 법률적으로는 영국 상사 소속이었다. 사건 발생 후 영국 정부는 소극적인 반응을 보였으나 미국 정부는 적극적으로 대응했다.

청 주재 미국공사 윌리엄스(S. W. Williams)는 총리아문에 제너럴셔먼 호 사건을 전하면서 혹 살아있는 선원이 있으면 조선이 그들을 중국으로 보낼지 모르니 잘 보살펴달라는 내용의 서한을 보냈다. (이때 주청 미국 공사는 벌링검(Burlingame)이었다. 윌리엄스는 1860년 북경 주재 대리공사로 임명됐다.) 청의 예부는 이런 사실을 전하는 자문을 조선에 보냈다. 12월 11일 청의 국서가 도달하자 조선 조정은 다음과 같이 회답했다.

영국 배(제너럴셔먼 호)가 불에 타 침몰된 일과 프랑스의 격문이 패만(悖慢)했던 이야기와 프랑스 군사가 물러간 이유는 이전 자문에서 상세히 진술했습니다.

그런데 올해 2월 7일 저들이 해미현과 강화부에 다시 와서 통상을 하자고 청하기에 상국(上國)의 공문이 없어서 감히 임의로 허락할 수 없다고 하자 대청국(大淸國)에 가서 공문과 화물을 가지고 오겠다고 말하고는 배를 띄워 멀리 가버린 다음 그림자도 볼 수 없었으니, 곧 자칭 영국인이라 한 마력승(馬力勝, 모리슨, Morrison)과 대발(戴拔, 오페르트, Ernest Jacob Oppert) 등입니다.

또 7월에 평양부(平壤府)에 와서 정박하고는 장변(將弁)을 붙잡아가고, 백성들을 살해하고, 재물을 약탈해가고, 총포를 마구 쏘아대다가 얕은 물에 걸려 불에 타 침몰된 것은 곧 자칭 영국인 토머스, 덴마크인 리바항과 오귀자(吳鬼子) 등입니다.

원래 미국인이 타고 돛을 두 개 단 배가 얕은 물에 걸려서 불에 타버렸거나 선주와 선원 24인이 붙잡힌 일은 없는데, 이번에 위렴사(衛廉士, 윌리엄스, Samuel Wells Williams)로부터 온 편지는 평양부에서 영국 배가 침몰된 사실이 와전된 것에 대해 근본을 잘 따져보지 못한 데 기인한 것이라고 생각합니다.

우리나라가 영국, 프랑스 양국과 본래 교섭도 없었는데 어찌 화의를 잃을 수 있겠습니까? 통상과 선교의 문제는 나라의 법에 의하여 거절하였고, 선교사의 문제는 다른 나라의 나쁜 사람이 변복하고 사람들을 현혹시켰기 때문에 배척하고 제거한 것일 뿐입니다.

대체로 천하의 각국이 서로 전쟁을 할 때는 반드시 먼저 실정을 자세히 알아보고 불화의 단서를 똑똑히 잡은 다음에야 비로소 군사를 일으킬 수 있는 것인데, 지금 프랑스인들은 우리나라의 미비함을 엿보고 강화부에 느닷없이 들어와 온 성을 모두 불사르고 허물고 재화를 약탈해 갔습니다. 이것은 곧 약탈을 일삼는 포악한 도적 무리와 한 가지입니다. 통상이 과연 이와 같은 것입니까? 선교라는 것이 과연 이와 같은 것입니까? 마침내 그들은 두령(頭領)이 섬멸되자 돛을 올려 달아났습니다.

그러나 이후의 종적을 헤아리기 어렵기 때문에 다만 의리를 잡고 준비를 갖추고 힘써 성신(誠信)을 다하고 있는데, 병비(兵費)를 배상하라는 이 문제에 대해서는 귀 예부와 총리아문에서 이해관계까지 염려해 주었으니 매우 감사합니다.

다만 프랑스인들이 우리나라에서 보관해 두었던 무기를 빼앗아간 것이 그 수량이 적지 않습니다. 우리나라가 프랑스에 배상을 요구하는 것은 옳을지 모르지만, 프랑스에서 우리나라에 배상을 요구하는 것은 어디에 이런 법이 있을 수 있습니까? 대체로 프랑스인이 요구하는 통상이니 선교니 배상이니 하는 여러 일들이 우리나라의 백성과 국가의 정세로는 비록 몇 해 동안 양이(洋夷)들에게서 곤란을 당할지언정 절대로 시행할 수가 없습니다.

바라건대 귀 예부에서 실정을 깊이 헤아리고 기미에 따라 알려주어서 말썽이 없게 하며 시종 일관한 혜택을 베풀어준다면 천만 번 다행이겠습니다.

12월 12일 이하응은 재정난을 타개하기 위해 금위영(禁衛營)에서 당백전(當百錢)을 주조하게 했다. 당시 통용되던 상평통보 1문(文)보다 100배의 명목가치를 지니는, 말 그대로 '1당 100의 동전'이었다. 실질가치는 상평통보의 5~6배였다.

명목가치가 실질가치의 20분의 1 정도여서 엄청난 주조차익을 낳아주는 당백전은 경복궁 공사에 필요한 물품을 구입하는 데도 사용됐고, 병인양요로 파괴된 군수시설을 수리하는 데도 사용됐다. 이하응이 주조를 직접 관장했으므로 당백전이 그에게는 정치자금원이 되기도 했다.

조선이 쇄국을 고수하던 이 해에 일본에서 후쿠자와 유키치는 10권이나 되는 《서양사정(西洋事情)》을 간행했다. 조세제도를 비롯해 식사예절에 이르기까지 서양문화의 모든 것을 소개하는 내용의 이 책은 초판이 15만 부나 팔렸다. 이 무렵 일본의 식자층은 서양의 역사, 수학, 과학, 사상을 소개하는 각종 서적을 탐독하고 있었다.

12월 14일 미국의 동인도전대 사령관 벨(Henry Haywood Bell, 1808~1868) 해군소장이 미국 해군장관 웰스(Gideon Welles)에게 캘리포니아 주로부터 증원군을 파견해 거문도에 주둔시킨 다음 때를 보아 서울을 점령할 것을 건의했다. 그는 이런 군사작전이 일본과 중국으로 하여금 미국의 견해와 이익을 존중하게 할 것이며 태평양의 주인이 누구인지를 전 세계에 알릴 것이라고 주장했다.

12월 하순에 벨은 미국 동인도함대의 기함 브루클린(Brooklyn) 호의 함장 슈펠트(Robert W. Shufeldt)에게 조선으로 가서 제너럴셔먼 호의 선원 중 생존자가 있으면 구조한 다음 돌아오는 길에 거문도 상황을 조사하라고 명령했다. 슈펠트는 와추셋(Wachusett) 호로 1867년 1월 조선의 서해안 옹진만 일대를 탐사했다. 그는 돌아가는 길에 거문도에 들러 살펴보고 이 섬을 지중해 입구의 지브롤터(Gibraltar)에 비유하며 훌륭한 해군기지가 될 수 있다고 평가했다. 슈펠트는 무력으로 조선을 응징하는 것이 최선책이라면서 거문도 점령을 주장했다.

1867년 2월 11일 벨은 미국 해군성에 거문도 점령을 다시 건의했다. 그는 "이런 조그마한 지역을 보유하는 것은 어떤 영토확장 야욕이 있음을 표시하는 것이 아니다"라고 주장했다. 3월 미국 국무장관 시워드(William Henry Seward)가 프랑스에 공동 조선 원정을 제의했지만, 원정에 나설 여유가 없는 프랑스 정부는 이미 응징보복을 했으므로 공동 원정은 필요 없다며 거부했다.

3월 12일 미국 상선 로버(Rover) 호가 대만 남단 유역을 항해하다가 모래톱에 걸려 좌초했다. 20여 명의 선원이 상륙했는데, 대만 원주민 부족 가운데 하나인 파이완(排灣) 족의 습격을 받아 모두 살해됐다. 1683년 대만을 점령한 후 청 조정은 대만의 한족과 원주민 사이의 교류와 통혼을 금지시키고 한족이 거주하는 평야지대와 원주민이 거주하는 동부 산간지역 사이에 돌을 쌓아 격리했다. 이는 한족이 원주민 거주 지역에 들어가 개간을 하는 것을 막으려 한 것으로, 일종의 원주민 보호 정책이었다.

영국 군함 코모런트(Cormorant) 호가 미국인 선원이 파이완 족에 의해 살해된 것을 발견하고는 미국 동인도전대에 알렸다. 미국은 이 사건의 해결을 우선시했다. 벨 미국 동인도전대 사령관은 페비거(John C. Febiger) 해군 중령에게 포함 애슈얼롯(Ashuelot) 호를 타고 복주에서 출항해 대만으로 가서 로버 사건을 조사하라고 명령했다. 페비거가 대만에 도착하니 청 관리는 청의 국법을 지키지 않는 촌락민이 저지른 일이라고 해명했다. 페비거가 돌아와 벨에게 보고했는데, 미국 정부는 외교적 해결을 기대했다.

3월 30일(미국 동부 시간) 미국 국무장관 시워드는 주미 러시아 공사 에두아르드 드 스퇴켈(Eduard de Stoeckl)과 알래스카 구매조약을 체결했다. 구매 가격은 720만 달러였는데, 알래스카 면적이 약 152만㎢이므로 1㎢당 4.74달러였다. 당시 알래스카 인구는 러시아의 추정으로 1만 5천 명이었고, 이중 러시아인과 혼혈인은 2500명이었다.제정 러시아는 1730년대에 알래스카를 영토로 편입했다. 영국도 알래스카에 관심을 가져 1778년 영국의 탐험가 제임스 쿡(James Cook)이 쿡 만(현재의 앵커리지 근방)까지 답사하기도 했다. 나폴레옹 전쟁 이후 러시아와 영국은 세계 곳곳에서 대립했는데, 러시아는 크림 전쟁을 치른 후 방비하기 어려운 알래스카를 영국에 빼앗길 것을 우려했다. 알렉산드르 2세는 알래스카를 매각하기로 결심했고, 영국과 미국이 입찰 경쟁을 벌이게 될 것으로 기대했다. 그러나 영국이 관심을 보이지 않자 1859년 러시아 정부는 미국 정부에 정식으로 알래스카 매입을 권유했다. 이는 미국이 영국을 견제해 주기를 희망하여 취한 조치였다. 미국에서 남북전쟁이 일어나 이 협상이 당장 이뤄지지는 않았다. 그러나 남북전쟁이 북군의 승리로 끝나자 1867년 3월 초부터 매각협상이 시작되어 결국 타결됐다. 이때 미국 의회와 앤드류 존슨(Andrew Johnson) 대통령이 극렬히 대립하고 있었으므로 상원은 알래스카 매입에 대해 냉소적인 태도를 취했다. 시워드는 맹렬한 설득작업을 벌여 상원 외교위원장 섬너(Charles Sumner)의 지지를 얻었다. 4월 9일 미국 상원은 찬성

37표, 반대 2표로 알래스카 구매조약을 비준했다.

4월 일본의 조선 침공설을 알리는 내용으로 청의 예부가 보낸 자문이 조선에 전달되어 조정이 긴장했다. 홍콩에 머물고 있던 일본인 하치노헤(八戶順叔)가 일본의 조선 침공설을 날조하여 광동에서 발행되는 〈중외신문(中外新聞)〉에 투고했는데 이것이 1866년 12월 보도된 바 있다. 그 내용은 대략 다음과 같다.

> 프랑스 군주는 자국의 제독이 조선을 공격하는 것을 좋아하지 않기 때문에 병선대(兵船隊)에 명하여 싸움하는 것을 그만두게 했다고 하지만, 그 나라의 제독이 일을 처리하는 것이 거칠고 둔한 관계로 군사를 빨리 거두어들이려 하지 않을 것이다. 일본은 현재 화륜군함(火輪軍艦) 80여 척이 있는데, 군사를 일으켜 조선을 정토(征討)하려는 마음을 가지고 있다. … 조선 국왕은 매 5년마다 반드시 에도에 가서 대군(大君)을 배알하고 헌공(獻貢)하는 것을 고례(古例)로 지켰다. 그런데 조선국이 이 같은 고례를 폐지한 지 오래 되므로 군사를 일으켜 죄를 묻겠다는 것이다. … 봄이 오면 비단 프랑스만 군사를 진격시키는 게 아니라 일본도 군사를 진격시키려고 할 것이다.

청의 총리아문은 이를 군기처에 보고했다. 이에 군기처가 예부를 통해 그 내용을 알리는 자문을 조선에 보낸 것이다.

4월 10일(음력 3월 7일) 조선 의정부는 청이 보낸 자문에 대해 논의했다. 의정부가 청에 회답 자문을 보내고 도쿠가와 막부에도 서계(書契)를 작성하여 전달하기를 주청하니 조선 국왕이 윤허했다. 이날 조선이 예조참판 명의로 작성하여 대마도주에게 보낸 서계의 내용은 다음과 같다.

> 우리나라는 귀국과 항구를 이웃하고 있어 옷과 띠 같은 관계에 있으므로 물 위의

역참을 통하여 사절이 서로 오가면서 200여 년 동안 좋은 관계를 맺었고 그 관계가 시종 변하지 않았다. 그런데 올 봄에 절사(節使)가 북경으로부터 돌아와서 들은 풍문을 전한 바에 의하면, 일본국의 객인(客人) 하치노헤(八戶順叔)가 말하기를 "일본 강호(江戶) 정부의 독리선무장군(督理船務將軍) 나카하마 만지로가 지난달 상해에 가서 화륜선 80척을 만들어가지고 요즘 물에 띄워 돌아갔다. 나라 안에 있는 260명의 제후들이 강호에 모여서 함께 정사를 의논했는데 군사를 일으켜 조선을 치자는 뜻을 드러냈다" 하였다고 한다.

하치노헤란 자가 어떤 사람인지는 알 수 없고 호적이 확실히 귀국에 있는지도 자세히 알 수 없는데, 떠돌아다니면서 산 사람이 어떤 일로 인해서 나타났는지 또한 따져 물을 필요가 없을 것이다. 그러나 괴상하게도 거짓말을 날조하여 제 마음대로 교묘하게 속이고 공공연하게 퍼뜨리며 두려워하는 바가 없었으니, 사리를 놓고 따져볼 때 실로 구명할 수 없는 자이다.

아! 두 나라 사이의 정성과 믿음은 해와 별도 볼 수 있고 선대에 맺은 조약은 쇠나 돌도 통할 수 있을 것이다. 모든 혼령이 변하지 않는 맹약을 증명하고 있고 만백성이 바야흐로 헤아릴 수 없는 복을 받고 있는 조건에서 한때 얻어들은 황당한 말을 갑자기 사실로 인정한다는 것은 전혀 부당한 일이다. 그러나 의리는 영원히 좋게 지내는 데 있고 정은 숨기지 않는 데서 나오는 것이기 때문에 이에 귀로 들은 말을 전달하고 마음속 깊이 있는 생각을 펼쳐 보였으니, 앞으로 이상의 사실을 동무(東武)에 전달하여 회답을 주게 하면 다행이겠다.

6월 초 외교적 해결에 실패하자 벨은 군함 2척을 몰고 상해에서 출항하여 6월 13일 대만 동남해안에 도착했다. 미국 해병 181명이 상륙해 두 부대로 나뉘어 정글에 있는 파이완 족의 마을로 전진했다. 소화기와 창으로 무장한 파이완 족은 매복해 있다가 여러 차례 미군을 공격했다. 더위를 못 이긴 미군은 6시간 만에 상륙지점으로 돌아갔다. 미군은 목적을 이루지 못하고 철수했다.

이에 하문의 미국 영사 르장드르(Charles William Le Gendre, 李仙得, 1830~1899)는 민절총독(閩浙總督)에게 청군을 대만에 파견하라고 설득했다. 르장드르는 본래 프랑스인으로 유복한 가정에 태어나 파리대학(소르본대학)을 졸업했다. 1854년 브뤼셀에서 뉴욕의 저명한 변호사의 딸인 클라라 빅토리아 멀록(Clara Victoria Mulock)과 결혼한 후 미국으로 귀화했다. 남북전쟁이 일어나자 의용군을 모집하여 연대장으로 참전했다. 1862년 3월 뉴베른 전투(Battle of New Bern)에서 심한 부상을 입었으나 계속 연대를 지휘해 9월 중령으로 승진했다. 1863년에는 9군단에 배속되어 많은 전투에 참전했다. 1863년 3월 대령으로 승진한 르장드르는 1864년 5월 황야 전투(Battle of Wilderness)에서 안면에 총을 맞아 왼쪽 눈을 잃었다. 10월 명예제대하고 1865년 3월에는 준장 직을 수여받았다. 1866년 하문의 미국 영사로 부임한 르장드르는 하문과 대만의 기륭(基隆), 고웅(高雄) 등 모두 5개 개항장을 관할했다. 르장드르는 소수의 청군을 지휘하여 7월 25일 복주를 떠나 대만으로 향했다. 르장드르는 파이완 족 추장을 만나 교섭하여 파이완 족의 영역에서 난파한 미국과 유럽인 선원을 구조해주기로 하는 협정을 체결했다.

6월 조선 조정은 당백전 발행을 중지했다. 이런 조치를 취하게 된 이유는 조정이 당백전을 물품구입의 수단으로만 사용하고 세금납부 때는 받아들이지 않아 화폐로서 당백전의 공신력을 추락시킨 데 있었다. 이렇게 되자 상인들이 자연히 당백전 사용을 꺼리게 됐다. 특히 상평통보를 가진 자는 그것을 당백전과 교환하기를 기피했다. 이에 따라 일시적으로 물물교환의 형세가 나타났고, 화폐가치 하락에 따라 물가는 폭등했다. 미곡 가격이 6배가량 뛰어올라 먹고 살기가 더욱 힘들어지자 민초들의 원성이 이하응을 향하고 체제까지 위협하기에 이르렀다. 상황이 이에 이르자 당백전 주전(鑄錢)을 중지한 것이다. 그러나 당백전은 이때까지 6개월 동안 1600만 냥이나 발행됐고, 이미 발행된 당백전은 계속 유통됐다.

　7월 조선 조정은 청전(淸錢: 청의 동전)을 공식으로 유통시키는 조치를 취했다. 서양목면 수입이 금지되자 조선 상인들은 책문후시를 통해 홍삼을 수출하고 청전을 수입했다. 이는 이하응의 권유에 따른 것이었다. 의주의 관세청은 서양목면을 대신하여 수입한 청전을 무게에 따라 세금을 부과하고는 명목가치대로 유통시켰다. 이하응은 청전 수입으로 세수(稅收)를 보충했고, 자신의 정치자금으로도 축적했다. 청전도 역시 명목가치가 실질가치보다 못했으므로 물가상승을 초래했다.

　대마도주는 조선 조정이 전년 병인양요의 시말을 전한 서계와 4월에 보낸 서계에 대해 답서를 보내왔고, 이를 받은 동래부사 정현덕(鄭顯德)이 조정에 그것을 전달했다. 10월 27일(음력 10월 1일) 예조에 서계가 도착했다. 다음은 그 내용이다.

일본국 대마주(對馬州) 태수(太守) 습유(拾遺) 평의달(平義達)이 조선국 예조참의 대인합하(大人閤下)에게 회답합니다.

지난번에 보내주신 편지를 받고 편안히 계시다는 것을 알게 되었으니 매우 위안이 되었습니다.

편지에 쓰신, 전투를 하였다 하신 한 가지 문제는 나열하신 전말이 제가 본 것과 들어맞기 때문에 동무(東武)에 보고하니, 조정에서는 의논하고 나서 이르기를 "지난 가을 법국에서 관계를 나쁘게 만들어 놓은 것은 실로 뜻밖의 일이다. 이것은 이해관계가 매우 밀접한 두 나라 사이에서 서로의 우환거리일 뿐 아니라 또한 이웃나라와 대대로 화목한 관계를 두텁게 하여 온 정분을 놓고 볼 때 이러한 우환거리가 있다고 하는 것이 어찌 애석한 노릇이 아니겠는가?"라고 했습니다.

귀국(貴國)을 길이 편안하게 해주자는 것이 동무의 성의입니다. 그러니 변변치 못한 이 몸이 이 직책에 있으면서 어찌 감동하지 않을 수 있겠습니까. 이번에 사절(使節)을 귀국에 보내라는 명령이 있었으므로 동무의 관원(官員)이 직접 당면한 일에 대하여 진술할 것이니, 귀 조정에서 어찌 응당한 처치(處置)가 없겠습니까? 상세한 말은 사절이 진술할 것이니 많은 말을 할 필요가 있겠습니까? 모두 이해해 주시기 바라며 이만 줄입니다.

일본국 대마주 태수 습유 평의달이 조선국 예조참판 대인합하에게 회답합니다.

멀리에서 합하의 편지를 받고 그에 근거하여 안부가 편안하시다는 것을 알게 되었으니 매우 마음이 위로되는 바입니다.

보내온 편지의 내용에 대하여 속히 동무에 전달하여 아뢰니, 그 말이 과연 황당하고 허무한 것으로 털끝만치도 형적이 없는 것이었습니다. 이러한 소문을 시끄럽게 지껄여대는 것은 귀국을 자뭇 성가시게 하는 것이니 우리로서는 어찌 긱징스럽지 않겠습니까?

또한 우리 조정은 구역(區域)을 크게 진무(賑撫)하여 옛 폐단을 제거하고 모든 법도를 일신하였습니다. 그리하여 문무의 관리들이 논의를 도와 이루어 밤낮으로 국위를 펼칠 것을 생각하니, 당장의 급선무는 해외에서 포가 달린 전함과 무기를 구입하여 우리나라를 부강하게 하고 군사를 강화하는 바탕으로 삼는 것입니다. 그래서 왕왕 모두 그렇게 한 것이니, 떠도는 말이 그로 해서 유래하지 않으리라는 것을 어떻게 알겠습니까?

본국이 귀국과 대대로 이웃 간의 좋은 관계를 두텁게 하여 왔고 함께 편안하기를 생각했으니 이 근심은 오늘날에 더욱 정성스럽게 그렇게 하기 위한 것입니다. 그러니 사나운 호랑이의 불법적인 거짓말에 대해서는 믿을 만하지 못하다는 것이 명백합니다.

전투를 한 일에 대하여 들었는데, 이웃 간의 정분이 서로 부합되고 순치(脣齒)의 관계로 서로 의지하고 있던 상황에서 그 사이의 일에 대하여 어떻게 범상하게 볼 수가 있겠습니까? 이 생각 때문에 걱정이 되어 몸 둘 바를 모르겠습니다. 귀국으로 하여금 영영 뒤에 있을 우환에서 벗어나게 하고자 하므로, 이번에 특별히 명하여 사절이 멀리 경기(京畿)에 가서 나라 안의 형편을 진술하게 할 것이니 귀국에서도 또한 응당 당면한 일을 참작하여 적당하게 처치(處置)하여야 할 것입니다. 이것은 동무의 성의에서 나온 것입니다.

사절이 행장을 차리는 것이 끝났으니 곧 바다를 건너가게 될 것입니다. 동무의 두터운 성의를 사실대로 모두 진술하게 되면 그러한 허망하고 근거 없는 말들에 대해 환하게 오해가 풀려서 두 나라 사이의 교제가 영영 변하지 않게 될 것입니다.

엄한 명령이 내려 이와 같이 변변치 못한 몸이 이 직책에 있게 되었으니 실로 감읍하고 있습니다. 나머지는 편안하시기를 바라며 이만 줄입니다.

조선이 쇄국을 고수하는 사이에 일본은 서양을 배우기에 열심이었다. 1865년 도쿠가와 막부는 제철소 건설과 군사제도 조사를 위해 시바다 다케나카(柴田剛中)를 프랑스와 영국에 파견했다. 시바다는 나폴레옹 3세를 알현하고 군사고문단 파견을 요청했다.

이에 따라 17명으로 구성된 프랑스 군사고문단이 1867년 1월 13일 요코하마에 도착했다. 주일 프랑스 공사 로슈와 프랑스 극동함대 사령관 로즈 제독이 이들을 환영했다. 1867년 1월 도쿠가와 요시노부(德川慶喜, 1837~1913)가 15대 쇼군으로 취임했다. 요시노부는 전면적인 막부 개혁을 시도했다. 봉건적 사무라이로 구성된 막부의 군대를 직업적 상비군으로 바꾸고 서양무기를 공급했다.

프랑스 군사고문단은 막부군의 근대적 훈련을 담당했다. 이들은 1867년 말까지 1만 명의 병사들을 훈련시켜 7개 보병연대, 1개 기병대대, 4개 포병대대를 조직했다. 또한 요시노부는 재정을 살리기 위해 광산개발과 공업진흥 등을 추진했다. 이러한 개혁은 주일 프랑스 공사 로슈의 건의를 받아들여 실시한 것이었고, 이를 위해 프랑스로부터 재정지원도 받았다.

일본은 1867년 파리 세계박람회에 참여했다. 이때 일본 전시관이 상당한 인기를 끌었다. 쇼군 도쿠가와 요시노부의 아우 도쿠가와 아키다케(德川昭武)는 대표단의 일원으로 박람회를 참관했다. 사쓰마 번도 유구 왕국의 종주 자격으로 파리 세계박람회에 대표단을 보냈다. 대표단은 14명의 유학생을 포함해 모두 20명으로 구성됐다. 이들은 박람회를 참관하고 무기와 역직기(力織機) 구입을 협상했다.

도쿠가와 막부의 개혁에 사쓰마 번, 죠슈 번 등의 반대파는 막부를 타도하는 것만이 자기들이 사는 길이라고 인식했다. 이들은 1867년 여름에 막부의 지배를 종식시키고 천황 중심의 새로운 정부를 수립하기로 결정하고 평화적인 정권이양 계획을 제안했다. 그 내용은 도쿠가와 가문은 쇼군 직에서 물러나 일개 다이묘로 돌아갈 것, 의사원(議事院)을 상하 양원으로 구성하되 상원은 공경(公卿)과 다이묘로 구성하고 하원은 사무라이에서 서민에 이르기까지 인재를 뽑아 의관(議官: 의원)으로 하여 구성할 것 등이었다. 11월 도쿠가와 요시노부는 이에 동의했다. 그러나 요시노부의 계획은 표면적으로는 통치권을 천황에게 넘기되 새로운 정부의 입법과 행정을 총재(總裁)하고 법관 임명권까지 장악한다는 것이었다. 직할지도 전국 생산량의 4분의 1을 차지하는 도쿠가와 가문의 원래 소유지를 유지하려고 했다. 그러자 사쓰마 번과 조슈 번은 정변을 일으켜 막부를 타도하기로 결의했다.

1868년 1월 3일 사쓰마 번, 조슈 번, 도사 번의 군대가 경도(京都)에 집결하여 황궁 출입을 봉쇄한 다음 왕정복고(王政復古) 칙령을 발표했다. 막부를 폐지하고 새로이 천황 정부를 세운다는 내용이었다. 이는 700년 가까이 명목뿐인 통치자 지위에 있었던 일본 국왕을 실질적인 통치자로 세우는 것이었다. 이를 명치유신(明治維新)이라 한다.

왕정복고 형식으로 사쓰마 번과 조슈 번이 막부 타도를 선언하자 이에 대항하여 도쿠가와 막부는 1868년 1월 10일 영국, 프랑스, 미국, 네덜란드, 이탈리아, 프로이센 등 6개국 대표와 회담하여 기존의 조약을 준수하겠다고 약속하면서 막부에 대한 열강의 지지를 호소했다. 이에 각국 대표는 막부가 정통 정권임을 인정했다.

막부 타도에 나선 유신정부는 양이를 기치로 내걸었음에도 열강의 도쿠가와 막부 지지를 철회시키려고 1월 17일 열강과의 불평등조약 유지를 보장했다. 이에 따라 열강은 속속 중립을 선언했다. 도쿠가와 막부와 유신정부의 대립은 내전으로 비화됐는데, 유신정부의 군대가 우세했다. 유신정부는 전세가 유리한 가운데 3월 막부 체제 아래서 조선과의 외교를 담당하던 대마도의 특별한 권익과 지위를 인정하고 앞으로도 조선과의 외교를 대마도에 위임할 것이라고 통고했다.

5월 도쿠가와 요시노부는 에도 성을 사이고 다카모리(西鄕隆盛)가 지휘하는 천황군에게 내놓았다. 도쿠가와 막부가 이렇게 투항했지만, 일본 동북지방에서는 신정권에 대한 저항이 계속됐다(이 저항은 1869년 6월에 종식됐다). 이 내전이 일어난 해가 간지로 무진년이었으므로 일본에서는 이를 무진전쟁(戊辰戰爭)이라고 부른다. 9월 유신정부는 에도를 동경(東京)으로 정한다고 발표했다.

1868년 3월 청 주재 미국 공사 윌리엄스가 미국 정부에 탐사선을 보내줄 것을 요청했다. 제너럴셔먼 호의 선원 가운데 생존자가 있다는 소문을 들었기 때문이었다. 이에 따라 미국 아시아전대(Asiatic Squadron) 소속 군함 서난도어(USS Shernandoah) 호가 출항했다. (미국의 아시아전대는 동인도전대를 확장하는 방식으로 1868년 창설됐다. 1902년에는 아시아함대(Asiatic Fleet)로 대폭 확장됐다.)

서난도어 호는 광동과 상해, 연대(烟臺: 산동반도의 지부)를 거쳐 4월 10일(음력 3월 18일) 황해도 허사진(許沙鎭) 송우포(松隅浦)에 정박했고, 이어 12

일에는 황해도 장련(長連)의 오리포(五里浦)에 정박했다.

4월 15일 이하응은 삼군부(三軍府)를 부활시켰다. 삼군부라는 명칭은 조

2003년에 나온 할리우드 영화 〈마지막 사무라이(Last Samurai)〉는 1877년에 일어난 일본의 내전인 서남전쟁(西南戰爭)을 소재로 하여 제작됐지만, 배우 톰 크루즈가 맡은 주인공의 모델은 1868년 도쿠가와 막부와 유신정부 간 내전 때 활동한 프랑스 장교 쥘 브뤼네(Jules Brunet, 1838~1911)다.

도쿠가와 막부는 1868년 5월 굴복했지만 일본 동북지방의 일부 다이묘들은 유신정부를 인정하지 않았다. 해군부총재(海軍副總裁)로 막부의 해군을 지휘한 에노모토 다케아키(榎本武揚) 역시 투항을 거부했다. 에노모토는 9월 군함 8척을 이끌고 북해도로 가서 1869년 1월 에조공화국(蝦夷共和國)을 세우고 태통령이 됐다. 막부에 파견됐던 프랑스 군사고문단 가운데 쥘 브뤼네를 비롯한 5인(Fortant, Marlin, Cazeneuve, Bouffier)은 귀국을 거부하고 에조공화국에 합류했다. 쥘 브뤼네는 나폴레옹 3세에게 다음과 같은 내용의 편지를 써 보냈다.

혁명이 일어나 (프랑스) 군사고문단은 귀국해야 합니다. 저 홀로라도 이 새로운 상황에서 군사고문단의 성과를 프랑스에 우호적인 북당(北黨)과 같이 계속 유지하고 싶습니다. 곧 (유신정부의) 반격이 있을 것인데, 일본 북부의 다이묘들은 저에게 그들의 영혼이 되어달라고 제의했습니다. 저는 1천 명에 이르는 전현직 일본인 장교들의 도움을 받아 5만 명의 군사를 지휘할 수 있으므로 이를 받아들였습니다.

1869년 6월 북해도의 하코다테에서 에조공화국의 병력 800명과 유신정부군 8000명이 결전을 벌였고, 여기서 유신정부군이 승리했다. 에노모토 다테아키는 그의 재능을 높이 산 명치유신의 원훈들 덕분에 사면을 받고 유신정부에 참여했다. 에노모토는 도쿠가와 막부가 세운 나가사키 해군전습소의 전습생 출신으로 1862~1867년 네덜란드로 유학하여 근대 해전에 필요한 지식을 습득했으므로 일본 해군을 건설하는 데 꼭 필요한 인물이었다.

프랑스로 송환된 쥘 브뤼네는 일본 정부의 처벌 요청에도 불구하고 처벌받지 않았고, 1870년 보불전쟁이 발발하자 복권됐으며, 1871년 파리코뮌 진압의 주역이 됐다. 그는 1881년과 1885년 두 차례에 걸쳐 일본 정부로부터 훈장을 받았다. 이는 당시의 일본 해군경(海軍卿: 해군장관) 에노모토의 건의에 따라 이루어진 듯하다. 브뤼네는 1898년에 프랑스 육군참모총장이 됐다.

선 초의 의흥삼군부(義興三軍府)에서 비롯된 것이다. 삼군부는 비변사를 대신하여 군국사무를 전담했다. 병기 제조를 주관하는 군기시(軍器寺), 호남·호서의 조운을 맡는 주교사(舟橋司), 도성의 하천을 관리하는 준천사(濬川司), 좌·우포도청 등의 관서가 삼군부 소속이었다.

이날 청천강 남쪽을 지키는 수군방어사(水軍防禦使) 이기조는 사시(巳時)경에 문정(問情)하는 글 한 장을 써서 장대 끝에 높이 달아 셔난도어 호에서 가까운 언덕에 세워 올렸다. 셔난도어 호 함장 페비거(J. C. Febiger)는 작은 배 1척을 내려 그것을 가져오게 했다. 16일 페비거는 회답문을 보냈다. 다음은 그 내용이다.

어제 편지를 받고 모든 것을 다 알게 됐습니다. 국적과 온 이유를 물었는데, 물음에 대해 곧바로 대답하겠습니다. 우리는 본래 서방의 대미국(大美國) 사람들입니다. 대미국은 여기서 50만 리나 멀리 떨어져 있습니다. 우리 배는 광동(廣東)과 상해를 거쳐 연대에 이르렀다가 3월 15일(음력)에 연대를 떠나 귀국에 와 닿았습니다.

우리는 무역을 하러 온 것이 아니고 우리를 선발해서 파견한 군주의 명령을 받고 왔습니다. 우리가 온 것은 2년 전 우리나라의 상선이 이 강의 어귀에서 없어졌기 때문입니다. 이제 특별히 문건을 갖추어 보내니, 귀 지방관리는 상부에 보고하여 문건이 차례차례 위로 전달되어 직접 귀국의 임금 앞에 닿도록 해주기를 바랍니다. 우리가 여기에 온 것은 우의를 두텁게 하고자 하는 것이니, 귀국의 임금은 여러 높은 사람들과 함께 잘 처리하여 두 나라가 길이 화목하게 지내게 하기 바랍니다. 다음으로는 우리가 귀국 사람들에게서 가축과 음식물을 공정하게 구매할 수 있도록 조치해주기를 바랍니다.

이렇게 해답을 올리면서 꼭 답서를 보내주기를 바랍니다. 회답을 준다면 바로 상류에서 기다리겠습니다.

함장 페비거는 황해도 관찰사가 전해준 조선 조정의 서한을 받고 돌아갔다. 이 서한에서 조선 조정은 이른바 제너럴셔먼 호 사건은 미국 선원들 스스로 일으킨 것이라고 해명했다.

5월에는 독일 상인 오페르트, 프랑스 신부 페롱, 미국인 젠킨스 등이 이하응의 생부 남연군(南延君) 이구의 묘를 도굴하러 충청도 아산만으로 들어왔다. 이는 유골을 담보로 하여 이하응에게 양보를 얻어내려는 목적에서였다. 기선 2척에 서양인 8명, 말레이인 20명, 중국인 100명, 조선 천주교도 여러 명 등이 타고 있었다. 이들은 구만포(九萬浦)에 상륙하여 덕산(德山)에 있는 남연군의 묘를 도굴하기 시작했다. 그러나 묘가 워낙 견고한데다가 주민들이 저항하여 물러났다. 이들은 다시 영정도에 상륙하여 약탈했다.

8월 경복궁 중건이 완성단계에 이르자 조선 국왕은 경복궁으로 처소를 옮겼다.

경복궁으로 이어(移御)하였다. 대왕대비전(大王大妃殿), 왕대비전(王大妃殿), 대비전(大妃殿), 중궁전(中宮殿)도 함께 이어하였다. 전교하기를,
"법궁(法宮: 正宮)을 영건(營建)한 지 겨우 40달가량 밖에 되지 않는데 지금 벌써 이어하게 되었다. 300년 동안 미처 하지 못하던 일을 이렇게 완공하였으니, 그 기쁘고 다행한 마음을 이루 다 말할 수 있겠는가? 아직도 공사를 끝내지 못한 곳이 있으니 영건도감(營建都監)을 철파(撤罷)할 필요는 없다. 그러나 호조판서를 비롯하여 여러 장수들과 좌변포도대장(左邊捕盜大將)과 우변포도대장(右邊捕盜大將)이 몇 해 동안 날마다 수고하였는데 어찌 성의를 보이는 조치가 없겠는가? 표창하는 은전은 별단을 느긋하게 기다릴 필요가 없다. 겸호조판서(兼戶曹判書) 김병국(金炳國)의 아들, 사위, 아우, 조카 중에서 나이와 임기를 헤아리지 말고 교관(敎官)의 자리를 만들어 조용(調用)하고, 훈련대장 신헌(申櫶), 수원유수 이경하, 금위대장 이주철(李周喆), 통제사(統制使) 이현직(李顯稷), 진무사(鎭撫使) 이

용희, 우변포도대장 이원희, 좌변포도대장 이종승(李鍾承)에게 모두 가자(加資)
하라."

하였다. 또 전교하기를,

"법궁이 완공되어 정식으로 이어하게 되었다. 국초(國初)에 영건한 공로가 봉화
백(奉化伯) 정도전(鄭道傳), 의성 부원군(宜城府院君) 남은(南誾), 영의정 이직(李
稷), 청성백(靑城伯) 심덕부(沈德符)에게 있다는 것을 영원히 잊을 수 없으니, 이
제 오랜 나라의 운수가 새로워지는 때를 당해서 성의를 보이는 조처가 없을 수 없
다. 그들의 무덤에 다 같이 지방관들을 보내어 치제(致祭)하도록 하라."

하였다. 또 전교하기를,

"정아(正衙)가 완공되어 날을 받아가지고 이어하니 억만 년 복이 끝없게 되었다.
이로부터 시작해서 종친부(宗親府), 의정부가 지난번에 이미 중수(重修)되었고
삼군부도 이제 다시 설치하였으니, 조종조(祖宗朝)의 원대한 제도가 오늘에 이르
러 빛나는 것을 보게 되었다. 국운이 장구할 기상에 크게 기쁨을 표현하는 일이
없을 수 없으니 종친부, 의정부, 삼군부에 의당 선온(宣醞: 임금이 신하에게 주는
술이나 음식)하되 종친부와 의정부는 택일하여 거행하고 삼군부는 공사가 끝난
다음에 거행하도록 하라."

하였다.

《고종실록》 5년 7월 2일

경복궁 완공 후에도 대규모 토목공사가 이하응 집권기간 내내 계속됐다.
이하응은 종묘, 종친부, 각종 관청뿐만 아니라 북한산성 등 성곽의 개축도 계속
했다. 또한 원납전도 군비확충을 명분으로 계속 걷어 실질적으로는 이것이 조
세가 됐다.

계속되는 토목공사와 원납전 수납으로 민심이 동요하자 사헌부의 장령
(掌令: 정4품 관직) 최익현(崔益鉉)이 11월 23일(음력 10월 10일) 토목공사 중

지, 당백전 혁파(유통 금지) 등을 요구하는 상소를 올렸다. 다음은 그 대략적인
내용이다.

첫째는 토목공사를 중지하는 일입니다. 나라 임금의 급선무는 덕업(德業)에 있고
공사를 일으키는 데 있지 않습니다. 이 때문에 초가집과 흙섬돌로 요(堯) 임금이
위대하게 된 것이고, 낮은 궁실에 변변치 못한 의복에도 우(禹) 임금을 흠잡을 수
없는 것입니다. 이들의 빛나는 자취가 모두 책에 쓰여 있습니다. 만일 고금의 사
변을 모두 믿지 않는다면 그만이지만, 만약 그것을 본받고자 한다면 그 까닭을
깊이 생각하지 않을 수 있겠습니까? 삼가 바라건대, 성상께서는 신의 말을 깊이
생각하시고 아직 시작하지 않은 공사를 한결같이 모두 정지시킴으로써 백성들의
수고를 덜어주소서.

둘째는 백성들에게 세금을 가혹하게 거두는 정사를 그만두는 것입니다. 백성은
나라의 근본이고 재물은 백성들이 하늘로 여기는 것입니다. 이 때문에 《대학》에
"재물을 모으면 백성들이 흩어지고 재물을 흩으면 백성들이 모여든다"고 하였습
니다. 전하께서 나라의 재용(財用)이 고갈된 때를 당하여 방대한 역사를 시작하
였으므로 형편상 백성들의 힘을 빌리지 않을 수 없어서 이렇게 한때의 임시방편
정사가 있었던 것입니다. 대내(大內)가 완공되어 이어(移御)하신 것이 얼마 전인
데도 원납전 징수를 정파(停罷)하지 못한다면 장차 어느 때에 가서야 그만둘 수
있겠습니까?

셋째는 당백전을 혁파하는 것입니다. 전하께서 경비가 부족한 것을 근심하시어
이렇게 의로운 발기를 한 것은 참으로 훌륭한 조치입니다. 그러나 시행한 지 2년
동안에 사농공상이 모두 그 해를 입었는데, 그 해가 되풀이되어 온갖 물건이 축
나고 손상을 입었습니다. 그러나 이것이 어찌 토지에서 생산되는 것이 전보다 줄
어서 그런 것이겠습니까? 현 시기의 형편과 세상인심에 절로 그렇게 된 것뿐입니
다. 이제 옛날 돈이 통용되어 모든 것이 풍족합니다. 모두 말하기를 "이 돈은 앞

으로 없어질 것이다"라고 하는데, 단지 집집마다 바치라는 방(榜)만을 볼 수 있을 뿐 영구히 혁파한다는 밝은 명을 들을 수 없으므로 여러 사람들의 의혹이 점점 짙어가고 있습니다. 삼가 바라건대, 성상께서는 덕음(德音)을 내리시어 백성들로 하여금 미혹되지 않도록 하소서.

넷째는 문세(門稅)를 받는 것을 금지하는 것입니다. 당당한 천승(千乘)의 재부로써 이해를 타산하여 이미 백관(百官)과 각 군문에 지급하는 녹봉을 삭감하였습니다. 그 나머지 각 항목의 견감(蠲減)한 물건도 이루 다 셀 수 없을 정도로 많습니다. 그런데도 오히려 부족하다고 여겨 섶을 팔고 쌀을 파는 사람들에게 한 푼 두 푼 구걸하면서 추위와 굶주림에 시달리는 백성들을 구제하지 않으니, 이것은 참으로 이웃나라에 알려지게 해서는 안 될 일입니다. 삼가 바라건대, 성상께서는 즉시 금지시켜 백성들로 하여금 원망이 없게 한다면 이보다 더 다행한 일이 없겠습니다.

최익현의 상소로 조정이 들끓었다. 비난여론이 빗발치는 가운데 최익현은 호조참판으로 승진하기도 했으나 끝내 추국(推鞫)을 받고 12월 22일(음력 11월 9일) 제주도로 위리안치되는 처벌을 받았다.

최익현의 주장에 따라 당백전은 통용이 금지됐다. 조선 정부는 당백전을 환수하면서 청전(淸錢)이나 상평통보로 교환해주었고, 환수된 당백전을 철재(鐵材)로 사용했다.

1869년 1월 12일 경상도 칠원현(漆原縣)에서 민란이 일어났다. 현감 조현택(趙顯宅)이 탐학하여 백성 수천 명이 일어나 조현택을 몰아낸 사건이다.

경상감사 오취선(吳取善)은 장계(狀啓)에서 "현감 조현택이 백성들에게 신임을 받지 못하여 이러한 흔치 않은 변고가 생겼으니 먼저 현감을 파출하소서"라고 보고했다. 그러나 이하응은 오히려 강경진압을 명령했다.

무리를 모아 수령을 몰아냈다면 이는 바로 난동을 감행한 것이다. 만약 백성들에게 신임을 얻지 못하여 그렇게 된 것이라면, 다른 도의 수령 중에도 더러 백성들에게 신임을 얻지 못하는 자가 있을 텐데도 백성들이 무리를 지어 수령을 몰아냈다는 말은 듣지 못했다. 경상도의 순박한 풍속이 도리어 다른 도만도 못하여 이런 변고가 일어났다고 누가 생각하겠는가? 단지 토호(土豪)들의 무단(武斷)을 끝내 제지하지 못했기 때문이다.

말이 여기까지 미치니 어찌 침통하고 기가 막히지 않겠는가? 행부호군(行副護軍) 조창영(趙昌永)을 칠원 현감으로 제수하는 동시에 안핵사로 차임하여 말을 주어 밤낮을 가리지 말고 내려가게 하라. 난동의 괴수는 우병영(右兵營)과 각 진영에서 함께 체포해서 그 자리에서 효수하여 경책을 보이도록 하고, 그 나머지 놈들은 엄중히 조사하여 등급을 나누어 계문(啓聞)하라. 서리, 교졸, 관노, 사령도 누구 하나 막지 못하였다면 역시 죄가 없을 수 없다. 소상히 논죄하여 법에 따라 종사하게 하도록 분부하라.

병인양요 후 농민층이 동요했는데 마침 칠원 민란이 일어나자 이하응은 강경한 탄압으로 나선 것이다. 민란 이외에 화적(火賊)의 발호도 있었다. 이는 민에 대한 국가의 수탈이 가혹했음을 입증하는 사회현상이었다. 화적의 활동은 1862년경부터 일상화하면서 전국적인 현상이 됐다.

1869년 5월 초에는 전라도 광양(光陽)에서 민회행(閔晦行)이 주도하는 변란(變亂)이 일어났다. 변란은 단순히 관의 부정부패에 항거하는 민란과 달리 불우하게 살던 저항적 지식인들이 주도하여 정권탈취를 목적으로 일으키는 무장반란이다.

19세기 초 소수의 가문이 관직을 독점하는 세도정치가 성립하고 매관매직이 성행하여 양반층 내부의 계층분화가 더욱 촉진됐다. 대다수 양반은 정권에서 소외됐고, 과거제도의 문란과 매관매직의 성행으로 정상적인 경로로 관직에 진출하기가 극히 어려워졌다. 이 때문에 관직에 진출하지 못하게 되고 경제적 여유도 없는 양반 가운데는 상민보다도 사는 형편이 못한 사람들이 많아졌다.

가문의 운명을 과거에 걸었던 가난한 양반들이 농공상의 생업에 종사하거나 서당 훈장(訓長), 의원(醫員), 지관(地官)이 됐다. 소상인이나 소작농의 머슴이 되는 자들도 있었다. 이들은 상민에게도 모욕을 당하기 일쑤였고, 빈곤을 해결하려고 부유한 상민에게 통혼을 구걸하기도 했다. 19세기에는 문학작품의 상품화가 이루어졌는데 당시의 주요 작가들은 이런 잔반(殘班: 몰락하여 가난한 양반)에 속했다. 19세기의 한문 단편소설에는 능력은 있으나 문란한 과거제도 등으로 인하여 뜻을 펴지 못하던 가난하고 소외된 한유(寒儒), 빈사(貧士)들의 의식세계가 잘 드러나 있다.

이들 가운데 부조리한 현실을 바꾸어보려고 한 자도 적지 않았다. 이런 이들은 이전에도 있었으나 19세기 후반에 사회적 모순이 커지자 한층 더 많아졌다. 이들은 민란이 일어나면 탐관오리의 횡포를 조정에 호소하는 문건을 대필해주기도 하고 스스로 화적에 가담하여 활동하기도 했다.

19세기에는 수많은 변란이 모의됐는데, 그 가운데 처음으로 모의의 단계를 넘어 거사에 성공한 것이 광양의 변란이었다. 그 주도자인 민회행은 천문지리에 능통한 인물로 20여 년 동안 변란의 뜻을 품고 영남과 호남 일대를 돌아다니며 동지를 규합했다. 민회행은 이재문, 최두윤(崔斗允) 형제, 금호도(金湖島)의 백내흥(白乃興) 등 14명과 결당하고 필요한 전곡(錢穀)과 화약을 마련한 다음 하동으로 갔다. 하동에서 상인으로 가장한 60~70명이 두 척의 배에 나누어 타고 우손도(牛孫島)로 들어가 갑옷, 죽창, 깃발 등을 만들고 산제(山祭)를 지낸 다음 광양으로 쳐들어갔다.

이들은 광양 관아를 습격하여 죄수들을 석방하고 사창곡(社倉穀)을 읍민에게 나누어주었다. 또한 일부 주민들을 가담시켜 무리가 300여 명으로 늘어났다. 그러나 관아를 몰래 빠져나간 현감 윤영신(尹榮信)이 이끌고 온 관군이 이들을 공격하여 이틀 만에 난이 진압됐다. 체포된 민회행을 비롯해 모두 46명이 처형됐다.

변란 기도는 1894년에 동학 농민전쟁이 일어날 때까지 끊이지 않고 계속 이어졌다. 그러나 시대적인 제약과 주도층의 한계로 인해 변란은 실패할 수밖에 없었다. 변란을 주도한 계층은 몰락한 양반이자 지식인들이었다. 이들은 사회현실에 대한 일정한 비판의식을 토대로 제세안민의 뜻을 가지고 있었으나 이념적 토대가 약하여 《정감록(鄭鑑錄)》 수준을 벗어나지 못했다. 변란의 주도층이 기본적으로는 엽관(獵官)적 성향을 벗어나지 못한 것도 한 가지 이유였다. 일의 진행이 수월하지 못하게 되면 밀고자가 속출한 점과 구체적인 이념을 개발하지 못한 점도 변란 주도층의 엽관적 성향을 보여주는 것이다.

이념적으로 유교의 입신양명주의에서 벗어나지 못한(이런 측면은 그 뒤 지금까지도 한국 지식인들의 특징이자 한계라고 봐야 할지도 모른다) 무리가 혁명을 갈망한다고 해봐야 조급하기만 할 뿐 제대로 조직을 결성하지도 못했다. 이들은 일단 '난리'를 일으키고 격문을 띄우면 각지에서 합세해 올 것이라는 비현실적인 환상을 품고 있었다. 여러 지역을 분담하여 동조자를 규합하는 방안을 모색하기도 했지만, 이런 경우도 대부분 모의의 단계에서 끝날 뿐 봉기를 일으키는 데까지 나아간 경우는 드물었다.

또한 변란 지도부의 목표인 왕조 타도는 일반 민중의 정서와 너무나 거리가 먼 것이었다. 민란이 나면 민중은 아전이나 공격할 뿐 국왕이 임명한 지방 수령에 대해서는 온갖 부정으로 축재하는 악질이라도 구타조차 하지 못했다. 일반 민중에게 '조선왕조 타도'라는 구호는 생각조차 할 수 없는 것이었다. 이는 백성에 대한 왕조의 세뇌교육이 그만큼 성공적이었기 때문이며, 백성이 다른 나라의 사정을 전혀 모르게 만든 쇄국정책의 성과이기도 했다.

이러한 상황에서 왕조 타도를 내걸고 대중을 변란의 동력으로 끌어들이는 것은 불가능했다. 변란 주도층이 본래의 목표를 숨기거나 돈을 주고 생계가 어려운 빈민을 동원한 현실 자체가 실패를 예고하는 것이었다(변란 주도층도 대체로 생계가 어려웠다). 실제로 봉기가 일어난 경우에도 해당 지역 주민들의 반응은 대부분 냉담했다.

1869년 함경도와 평안도에 극심한 흉년이 들어 논밭이 폐허가 되고 아사자가 속출했다. 조선 조정은 아무런 구휼책도 내놓지 못했고, 두만강과 압록강을 건너 만주와 러시아령 연해주로 가는 이민이 급증했다. 조선 왕조에서는 정부의 허가 없이 국경을 넘는 자에게 사형을 내리는 법을 갖고 있었지만, 굶어죽을 지경에 이른 사람들은 목숨을 걸고 이주할 수밖에 없었다.

두만강과 압록강의 건너편 청 영내로의 이주는 19세기 초부터 시작됐다. 1869년에는 이 지역에 거주하는 조선 농민이 10만 명이 넘었고, 이들이 개간한 땅은 3만 5천 헥타르에 이르렀다. 만주를 봉금(封禁)한 청은 조선인의 만주 이주를 막았으나 1850년 이후에는 황무지를 개간할 노동력이 필요했으므로 조선인의 이주를 묵인했다.

연해주로의 이주는 1863년에 시작됐다. 이주민 수가 처음에는 수십 명 규모였으나 점차 늘어나 1869년과 1870년의 대흉년을 계기로 급증했다. 1869년 6월과 12월 사이에 연해주로 이주한 조선인만 해도 6500여 명에 이르렀다. 극동에서 노동력이 부족했던 러시아는 조선인의 이민을 적극 받아들였다.

일본 유신정권의 주요 인물들은 모두 양이론자로 출발하여 서양에 문호를 개방한 막부를 타도하기 위한 투쟁에 나섰던 이들이다. 그러나 그 과정에서 서양 열강의 압도적인 무력을 맛보고는 양이론의 허망함을 깨달았다. 다만 막부 공격의 구실로 양이를 계속 주장했다.

명치유신의 주역들은 일본이 생존하려면 빨리 부강해져서 새로운 생활공간을 추가로 획득해야 한다는 사고로 가득 차 있었다. 당시 일본의 인구는 3천만 명이 훨씬 넘어 생산력 수준에 비해 과다했다. 명치유신의 주역들은 새로운 생활공간으로 땅이 넓고 인구가 적은 만주와 몽고를 주목했다. 그 생활공간을 획득하기 위해서는 우선 한반도를 점령하는 게 반드시 필요했다. 이처럼 일본의 조선 침략은 일본 국가전략의 첫 단계였다.

중앙집권 체제를 구축한 일본의 유신정부는 자본주의 발전(=근대화)을 국가목표로 추구하여 부국강병을 달성하려 했다. 자본주의 발전을 위해 우선 신분제도를 철폐하려 했다. 도쿠가와 막부 체제에서는 사농공상이 신분제도의 기본이었다. 이외에 특수신분으로 천황의 관료인 공경(公卿)이 있었고, 천민 계급이 있었다.

신정부는 1869년 공경제후(公卿諸侯)를 화족(華族)이라고 개칭했다. 또한 사무라이 계급은 사족(士族)과 졸(卒)로 나누었고 농민, 공장(工匠), 상인은 모두 평민으로 간주했다. 1871년에는 천민 신분을 폐지하고 그들에게 직업의 자유를 허용했다. 또한 화족과 사족이 농공상업에 종사하는 것을 인정했다. 1872년에는 졸을 사족과 평민으로 나누었다. 이로써 모든 일본인이 화족, 사족, 평민의 3족으로 나뉘게 됐다. 일본의 신분제 철폐는 철저하지는 못했으나 1870년 평민에게 성씨를 가질 수 있게 해주고 1871년에는 3족 사이에 결혼과 양자결연을 허용했다. (농민들은 실생활에 성씨가 그다지 필요하지 않아 창씨하는 자가 많지 않았다. 국가가 국민을 관리할 필요성에 커짐에 따라 1875년 성씨 보유를 의무화했다.) 이에 따라 그 뒤로 신분의식이 점차 희박해지고 실질적으로 신분이 평등화되어 갔다.

1868년 말 일본 신정부는 도쿠가와 막부 시대부터 조선과의 외교통상 사무를 담당해온 대마도주에게 명령하여 일본의 왕정복고를 조선 조정에 정식으로 통고하도록 했다. 또한 대마도주에게 앞으로는 조선에 보내는 공식 서한에 일본의 왕실이나 국체의 위엄을 손상하는 언사나 문구를 쓰지 말 것과 조선 국왕에 대한 일본 국왕의 서열상 우위를 분명히 할 것을 지시했다. 이에 따라 히구치 데쓰시로(樋口鐵四郎) 일행이 조선의 동래부사와 예조참판에게 보내는 대마도주의 서한을 가지고 1869년 1월 부산에 도착했다. 동래부의 왜학훈도(倭學訓導) 안동준(安東晙)은 기유약조(己酉約條)에서 규정한 문체에 어긋나게 중국 황제만이 쓸 수 있는 '제(帝)', '칙(勅)' 등의 용어가 이 서한에 씌어있는 것을 지적하며 접수하기를 거부했다. 또한 히구치 데쓰시로 일행에게 즉각 떠나라고 요구했다.

1869년 6월 27일 일본 정부군이 하코다테를 점령하여 막부 잔존세력이 소멸함으로써 일본이 정치적으로 통일됐다. 7월 25일 일본 정부는 이른바 '판적봉환(版籍奉還)'을 받아들여 각 번의 봉건영주인 번주(藩主)를 번의 지사(知事)로 임명하는 방식으로 중앙정부의 권력을 강화했다. 이에 따라 대마도주는 이즈하라(嚴原) 번의 지사가 됐다. 이어 8월 15일 일본 정부는 이른바 '정부령'으로 중앙정부의 관제를 혁신하여 최고 관부인 태정관(太政官)을 설치했다. 태정관에는 태정대신, 우대신, 참의(參議)라는 관직을 두었다. 참의는 모든 기관의 업무를 판별하는 권한을 가지며 각 성에 명령을 할 수 있었다. 그리고 태정관 아래에 민부성, 대장성, 병부성, 형부성, 궁내성, 외무성 등 6성(省)을 두었다.

10월 28일 태정관이 이즈하라 번의 지사 소 요시아키라(宗義達)에게 조선과의 교류는 외무성이 직할하므로 대마도에서는 조선에 사절을 파견하지 말라고 명령했다.

1870년 1월 일본 정부는 외무성 관리 사다 하쿠보(佐田白茅)와 모리야마 시게루(森山茂)를 조선에 파견했다. (이 달 26일 일본 최초의 전신이 동경과 요코하마 사이에 개통됐다.) 이들은 부산 초량(草梁)의 왜관(倭館)에 도착했으나 조선 조정은 이들을 사신으로 받아들이기를 거부했다. 사다 하쿠보는 5월에 귀국하여 조선 조정이 일본의 국서를 접수하지 않기로 결정했다고 보고했다. 이에 일본 조야(朝野)에서 모욕을 당했다고 분개하는 분위기가 일어나고 정조론(征朝論)이 들끓었다. 사다 하쿠보가 앞장서서 정조론을 부르짖었다. 사다는 약 30개 대대 병력으로 50일 만에 조선을 정복하는 것이 가능하다고 주장했다. 그리고 청이 조선에 지원병을 보내면 청과 조선을 같이 토벌해야 한다고 했다. 그러나 우대신 이와쿠라 도모미(岩倉具視)와 참의 오쿠보 도시미쓰(大久保利通) 등은 내정을 먼저 정돈해야 하고 해외 파병은 늦추어야 한다고 주장했다.

1869년 3월 미국에서 그랜트(Ulysses Simson Grant) 행정부가 출범했다. 이 행정부의 피시(Hamilton Fish) 국무장관은 시워드 전 국무장관이 입안한 조선 원정 계획을 단행할 것이냐는 문제를 놓고 고심했다. 피시는 시워드 전 국무장관의 조카인 시워드(George F. Seward) 상해 총영사를 미국으로 불러들여 국무차관 데이비스(J. C. Bancroft Davies), 신임 아시아전대 사령관 로저스(John Rodgers) 제독과 함께 조선에 대한 정책을 수립하도록 했다. 시워드는 무력을 사용해서라도 조선을 개국시켜야 한다고 주장했다.

1870년 4월 20일 미국 국무성은 청 주재 미국 특명전권공사 프레더릭 로우(Frederick F. Low)에게 다음과 같은 훈령을 발송했다.

적당한 시기에 조선 정부와 표류선박 구조에 관한 조약을 체결하기 위한 교섭을 할 것. 청 정부의 도움을 받을 것. 시워드 총영사가 귀임한 후에 교섭을 시작할 것. 미국에 불명예가 되는 일이 아닌 한 무력을 사용하지 말 것.

6월 2일(음력 5월 4일) 주일 프로이센 공사 브란트(Maximilian August Scipio von Brandt)가 헤르타(Hertha) 호를 타고 부산에 기항했다. 헤르타 호에는 프로이센군 300명이 타고 있었다. 브란트는 영국이나 프랑스의 선원이 조선에 표류할 경우 통보해달라고 요구하고 다음날 철수했다. 이 일에 관한 동래부사의 보고가 6월 9일 서울의 조선 조정에 전해졌다.

동래부사 정현덕이 "이달 4일 이양선 1척이 왜관 앞바다에 와서 정박하였는데, 배 안에는 모두 300여 명이 있었고 별도로 일본인 5명이 있었습니다. 통역들을 시켜 왜관을 지키는 일본인에게 분부하여 이유를 알아보게 하였더니, 왜관을 지키는 사람이 배에 있는 일본인이 하는 말을 듣고 돌아와 보고하기를 "이 배는 원래 서양에 있는 독일 상인의 배로서 현재 조선이 영국, 프랑스 등 여러 나라와 사이가 좋지 못하므로 혹시 그 나라 사람들이 뒷날 조선에 표류하게 되는 경우 뜻밖의 사단이 없다는 것을 보장하기 어려워서 우리에게 배를 타고 와서 그런 사정을 알리고자 한다" 하였습니다. 그래서 통역들이 사리에 근거하여 질책하였더니 5일 이 배는 일본인과 함께 닻을 올리고 도망쳐 갔습니다"라고 아뢰었다.

《고종실록》 7년 5월 11일

조선이 외교관계 수립을 거부하자 일본에서 외무성의 일부 관료들이 청과 먼저 수교하자는 대안을 내놓았다. 청과 상호평등의 원칙에 입각한 조약을 체결하면 일본 국왕과 청 황제가 동격임이 법적으로 확인될 것이니 청으로부터 책봉 받는 조선 국왕은 자동으로 일본 국왕보다 낮은 지위가 된다는 것이었다. 문제는 청이 일본의 수교 제의에 응할 것인지 여부였다.

이때 청은 천진 교안(敎案)으로 궁지에 몰린 상태였다. 교안이란 본래 기독교의 중국 전래와 관련해 일어난 사건을 뜻하지만, 실제로는 민중 차원의 각종 반기독교 운동을 가리킨다. 청에서 기독교의 포교 대상은 주로 하층민이었는데 이들은 신앙이 아닌 현세적 이익의 수단으로 기독교를 믿었다. 기독교도가 되면 소송에서 유리했고, 죄를 지어 관헌에 쫓길 때 서양 선교사의 도움을 받을 수 있었다. 선교사들은 신도의 질에는 관심이 없었고, 신도 수의 양적인 확대에 치중했다. 그리하여 청에서 기독교도가 된 사람들은 지역사회에서 암적인 존재 취급을 받는 무뢰배가 대부분이었다. 일부 서양 선교사들도 치외법권의 보호 아래 각종 횡포를 부렸다. 이런 사정으로 인해 중국 민중은 반기독교 정서를 갖게 됐고, 교안이 자주 일어났다. 이런 가운데 1870년 6월 이른바 '천진 교안'이 일어났다.

천진의 가톨릭 교회는 선교사업의 일환으로 고아원 경영에 힘썼는데 이는 영아세례를 통한 신도 확보를 노린 활동이었다. 이 때문에 가톨릭 교회의 신도가 아기를 유괴하는 사건이 종종 일어나 말썽이 됐다.

1870년 프랑스 가톨릭 교회가 운영하는 천진의 고아원에서 영아 30~40명이 전염병으로 죽었는데, 수녀원을 둘러싸고 '묘지에서 시체를 파낸다'는 악성 루머가 퍼졌다. 이 때문에 민심이 들끓었다. 청 관리가 고아원을 철저히 조사하려고 하자 6월 21일 프랑스 영사 퐁타니에(Henri Fontanier)가 삼구통상사무대신(三口通商事務大臣) 숭후(崇厚)의 청사로 달려가 항의하다가 청 관리에게 총을 쏘고 그의 비서관도 군중을 향해 사격했다. 이에 분노한 군중이 즉석에서 퐁타니에를 죽이고 교회와 프랑스 공사관을 습격하는 등 대규모로 배외운동을 벌였다. 프랑스, 영국, 미국의 교회가 불탔고, 프랑스의 수녀 10명과 신부 2명, 그리고 각국의 서양인 7명이 살해됐다. 이에 영국, 미국, 프랑스, 프로이센, 러시아, 벨기에, 스페인 등 7개국이 연명으로 청 조정에 항의하는 한편 프랑스, 영국, 미국, 이탈리아가 천진과 지부에 함대를 출동시켜 압력을 가했다.

이러한 천진 교안이 발생한 지 얼마 지나지 않은 7월 19일 보불전쟁(普佛戰爭; 프랑스-프로이센 전쟁, Franco-Prussian War)이 일어난 덕분에 청은 프랑스와의 전쟁을 피할 수 있었다(이 전쟁에서 일방적으로 승리한 프로이센은 1871년 1월 베르사유 궁에서 독일제국 수립을 선포했다).

청은 직예총독 증국번의 주장에 따라 타협책을 취해 주모자 16명을 사형에 처하고, 배상금 20만 냥을 지불하며, 숭후를 사죄사로 프랑스에 파견하기로 했다. 8월 증국번은 양강총독으로 전임됐고, 이홍장이 직예총독이 됐다.

　1870년 여름 일본은 청과 근대적 조약을 맺기로 결정하고 외무성 고위 관리 야나기와라 사키미쓰(柳原前光)를 청에 특사로 파견했다. 8월 천진에 도착한 야나기와라는 통상조약 체결을 요구했지만 총리아문이 거절했다. 이에 야나기와라는 마침 천진에 체류하고 있는 직예총독 이홍장과 양강총독 증국번에게 지원을 호소했다. 두 총독은 이에 응하여 일본과의 조약 체결이 조만간 불가피하리라는 의견을 총리아문에 전달했다. 총리아문은 다음해 봄에 일본 정부가 전권대표를 파견하면 교섭에 응하겠다고 야나기와라에게 말했다.

　총리아문의 결정에 대해 여러 고위 관리들이 반대했다. 안휘성 순무 영한(英翰)은 천진 교안 등으로 대외관계가 불편한 틈을 타 이전의 조공국인 일본이 조약체결을 요구하는 심사를 비난하고 일본과 조약체결을 하면 조선, 월남 등 속방들이 차례로 그 선례를 따를 것이라고 주장했다. 그러나 이홍장, 증국번 등은 일본이 이제는 조공국이 아니므로 일본의 조약체결 요구를 무조건 거부하는 것은 옳지 않다고 주장했다. 이홍장은 조약체결을 거부하면 일본이 서양 각국과 결탁하여 다시 조약체결을 강요할 것이고 자강에 힘쓰고 있는 일본

이홍장(李鴻章, 1823~1901)

청의 정치가. 대지주 집안 출신으로 1847년에 과거에 급제하여 진사(進士)가 됐고, 태평천국의 난이 일어나자 의용군인 회군을 일으켜 난을 진압하는 데 큰 공을 세웠다. 그 공으로 1867년 호광총독이 된 데 이어 1870년에 직예총독 겸 북양통상대신이 되어 25년간 그 자리를 유지하면서 청의 외교, 군사, 경제를 담당했다. 이때 서양의 발달된 과학기술을 배우자는 양무운동(洋務運動)이 한창이었다. 그는 양무파(洋務派)의 수령으로 서구식 군사산업과 민간산업을 일으키기 시작했다.

　이홍장은 일본의 중국 침략 의도를 일찍이 간파하고 이에 대한 대비책으로 조선의 내정과 문호 개방 과정에 개입하는 등 외교에 깊이 관여했다. 그가 키운 이른바 북양군벌(北洋軍閥)이 신해혁명에 동조함으로써 청 왕조가 멸망했고, 중화민국이 설립된 후에는 북양군벌에서 각 지방을 지배하는 주요 군벌이 많이 배출됐다.

을 멀리하면 일본은 중국의 적이 될 것이라고 지적했다.

11월 청은 통상사무가 확대됨에 따라 삼구통상사무대신을 북양통상사무
대신으로 이름을 고치고 직예총독이 겸직하게 했다. 이에 따라 이홍장이 북양
대신(北洋大臣: 북양통상사무대신의 약칭)이 됐다.

1870년 말 미국의 그랜트 대통령은 교서에서 "조난선원 구휼 협정을 조선
과 체결하기 위해 로우를 조선에 파견하고, 로우 공사의 경호를 위해 로저스 제
독에게 아시아함대의 충분한 병력을 인솔하고 로우를 호위할 것을 명령한다"
고 하여 조선 원정을 발표했다.

1871년 3월 로우 공사는 조선 원정을 천명한 미국 대통령의 친서를 조선
에 전달해줄 것과 조선과의 통상교섭을 알선해줄 것을 청의 총리아문에 부탁
했다. 총리아문은 "조선이 비록 속국이기는 하나 일체의 정교(政敎)와 금령
(禁令)이 모두 그 나라의 주지로 발하여질 뿐 중국은 간섭하지 않는다"는 입장
을 밝히며 통상교섭 알선 요청을 거절했다. 그러나 미국의 끈질긴 요구로 국
서는 조선 정부에 전달했다. 4월 초 조선에 전달된 이 서한의 내용은 대략 다
음과 같다.

조선과 화호를 맺고 조난선원 구조 협정 문제를 상의하고자 조선에 간다. 미국은
화목을 간절히 바라고 있으며, 친선수호 관계 수립을 위한 우리의 교섭 요구를
거절한다면 전쟁이 발발하더라도 어느 누구도 원망할 수 없을 것이다. 3∼4개월
안으로 조선에 갈 것인즉 조선은 전권위원을 파견하여 본인과의 협상에 응해주
기 바란다.

이를 접수한 조선 조정은 4월 14일자로 회답했다. 그 내용을 정리하면 다
음과 같다.

(1) 미국의 친서를 선전포고로 간주한다.

(2) 제너럴셔먼 호 사건은 미국 상선이 도발하여 파멸을 자초한 것이다.

(3) 조선은 조난선원을 국적을 가리지 않고 구조하므로 별도로 구조협정을 체
    결할 필요가 없다.

(4) 조선은 중국 이외의 다른 나라와 외교관계를 수립하지 않는다.

(5) 조선은 산업이 빈약하여 미국과 교역할 상품이 없다.

(6) 따라서 교역을 허락한다면 경제가 파탄날 것이므로 미국과 통상관계를 수
    립할 수 없다.

4월 말 이필제(李弼濟)가 영해(寧海) 지역의 동학교도들을 이용하여 변란
을 일으키는 데 성공했다. 그는 세 번의 시도 끝에 거사에 성공했다. 이필제는
동학교도를 자처하며 영해 지역의 동학교도들을 포섭한 다음 교주 최시형(崔
時亨, 1827~1898)에게 사람을 보내어 교조신원 운동을 가탁하여 거사에 동참
할 것을 요청했다. 최시형은 일단 거절했으나 3월 이필제를 직접 만나고 나서
는 그 계획에 참여하기로 했다.

거사일인 음력 3월 10일(최제우에 대한 사형 집행일) 밤 10시경 이들이 동
원한 500~600명이 조총, 죽창, 칼 등으로 무장하고 관아를 습격했다. 이들은
영해부사를 죽이고 격문을 내걸었다. 격문에는 "우리들의 거사는 다만 본관
(本官: 영해부사)의 탐학이 비할 바 없이 극심하기에 그 죄를 성토하려는 것이
고 읍민을 해칠 마음은 전혀 없다"고 씌어 있었다. 이들은 영해를 공격한 뒤 영
덕, 진보, 영양 등지를 치고 서울로 직행하려고 했다. 그러나 주민들이 크게 호
응하지 않는 가운데 관군이 몰려오자 일월산 쪽으로 퇴각했다.

5월 7일(음력 3월 18일) 이하응이 서원 철폐령을 내렸다. 조선왕조에서 서
원은 면세혜택을 받는 서원전을 보유하는 등 여러 가지 특권을 누리고 있었다.
조선 후기에 전국에 널리 설립된 서원은 국가재정에 엄청난 결손을 초래했다.

서원의 폐단이 심각하여 영조 대에 300여 개의 서원이 철폐됐고, 철종 13년에도 신설 서원에 대해 철폐령이 내려진 바 있었다. 이하응도 집권 후 여러 차례 서원의 폐단을 시정하기 위한 조치를 내렸는데, 병인양요 이후 재정난이 심해지자 1868년에는 서원전에 대한 면세 규정을 폐지했다.

5월 9일 예조가 존속시킬 서원 47개를 결정하여 보고했다. 이에 대해 실록은 다음과 같이 전한다.

예조에서 "한 사람에 대해 중첩하여 세운 서원을 헐어버리는 문제는 두 차례의 하교에 따라 신 조병창(趙秉昌)이 대원군 앞에 나아가 품의(稟議)한 결과 '성묘(聖廟)의 동쪽과 서쪽에 배향하는 제현(諸賢)과 충절(忠節)과 대의(大義)를 남달리 뛰어나게 지킨 사람으로서 실로 백세토록 높이 받들기에 합당한 이들을 받드는 47개 서원을 제외하고는 모두 제사를 그만두고 현판을 떼어내도록 하라'는 뜻으로 하교를 받들었습니다. 이미 사액(賜額)하여 계속 남겨두어야 할 47개의 서원을 별단(別單)으로 써서 들입니다. 계하(啓下)한 뒤 각 도(道)에 행회(行會)하겠습니다."라고 아뢰었다.

《고종실록》 8년 3월 경술일

이때 철폐를 면한 서원은 다음과 같다.

— **경기도**: 개성(開城) 숭양서원(崇陽書院), 용인(龍仁) 심곡서원(深谷書院), 파주(坡州) 파산서원(坡山書院), 여주(驪州) 강한사(江漢祠), 강화(江華) 충렬사(忠烈祠), 광주(廣州) 현절사(顯節祠), 김포(金浦) 우저서원(牛渚書院), 포천(抱川) 용연서원(龍淵書院), 과천(果川) 사충서원(四忠書院), 양성(陽城) 덕봉서원(德峰書院), 과천(果川) 노강서원(鷺江書院), 고양(高陽) 기공사(紀功祠)

— **충청도**: 연산(連山) 돈암서원(遯巖書院), 홍산(鴻山) 창렬사(彰烈祠), 청주(淸州) 표충사(表忠祠), 노성(魯城) 노강서원(魯岡書院), 충주(忠州) 충렬사(忠烈祠)

— **전라도**: 태인(泰仁) 무성서원(武城書院), 광주(光州) 포충사(褒忠祠), 장성(長城) 필암서원(筆巖書院)

— **경상도**: 경주(慶州) 서악서원(西嶽書院), 선산(善山) 금오서원(金烏書院), 함양(咸陽) 남계서원(藍溪書院), 예안(禮安) 도산서원(陶山書院), 상주(尙州) 옥동서원(玉洞書院), 안동(安東) 병산서원(屛山書院), 순흥(順興) 소수서원(紹修書院), 현풍(玄風) 도동서원(道東書院), 경주(慶州) 옥산서원(玉山書院), 상주(尙州) 흥암서원(興巖書院), 동래(東萊) 충렬사(忠烈祠), 진주(晉州) 창렬사(彰烈祠), 고성(固城) 충렬사(忠烈祠), 거창(居昌) 포충사(褒忠祠)

— **강원도**: 영월(寧越) 창절서원(彰節書院), 철원(鐵原) 포충사(褒忠祠), 금화(金化) 충렬서원(忠烈書院)

— **황해도**: 해주(海州) 청성묘(淸聖廟), 배천(白川) 문회서원(文會書院), 장연(長淵) 봉양서원(鳳陽書院)

— **함경도**: 북청(北靑) 노덕서원(老德書院)

— **평안도**: 영유(永柔) 삼충사(三忠祠), 안주(安州) 충민사(忠愍祠), 영변(寧邊) 수충사(酬忠祠), 평양(平壤) 무열사(武烈祠), 정주(定州) 표절사(表節祠)

조선의 거절 회답에 로우 공사는 해군 소장 로저스 제독에게 5월 초까지 전 아시아전대를 일본 나가사키에 집결시키라고 지시했다. 로저스는 기함 콜로라도 호(USS Colorado) 등 군함 5척(대포 85문 함재), 해병 1230명으로 나가사키에서 2주 정도 해상 기동훈련을 했다. 미국 군함 5척의 제원과 무장은 다음과 같았다.

콜로라도(USS Colorado) 호

배수량: 3425톤 **길이**: 80.3m(263피트 8인치) **선폭**: 16m(52피트 6인치)

흘수: 6.7m(22피트 1인치) **승무원수**: 646명(장교, 병사) **속도**: 시속 9노트

무장: 10인치(254mm) 포 2문, 9인치(229mm) 포 28문, 8인치 포 14문

알라스카 호(USS Alaska)

배수량: 2394톤 **길이**: 76.35m(250피트 6인치) **선폭**: 11.6m (38피트)

흘수: 4.88m(16피트) **속도**: 11.5노트 **승무원수**: 273명

무장: 11인치 활강포 1문, 60파운드 포 1문, 20파운드 포 2문

모노카시(USS Monocacy) 호

배수량: 1370톤 **길이**: 81m(265피트) **선폭**: 11m(35피트) **흘수**: 2.7m(9피트)

무장: 포 6문

베니카(USS Benicia) 호

배수량: 2439톤 **길이**: 76.35m(250피트 6인치) **선폭**: 12m(38피트)

흘수: 5.5m(18피트) **속도**: 11.5노트 **승무원수**: 291명

무장: 11인치(280mm) 활강포 1문, 9인치(230mm) 활강포 10문, 60파운드 포 1문, 20파운드 후장포 2문

팔로스(USS Palos) 호

배수량: 420톤 **길이**: 42m(137피트) **선폭**: 7.9m(26피트)

흘수: 3m(9피트 10인치) **속도**: 10.35노트 **무장**: 포 2문

5월 16일(음력 3월 27일) 로저스와 로우 공사는 미국 함대를 이끌고 나가

사키에서 출항했다. (이때 미국 해군은 군함 척수로는 세계 12위로 미국의 국력에 비하면 매우 빈약했다.) 이는 미국 해군의 역사상 최초의 해외원정이었다. 로저스는 이 원정을 사진으로 기록하기 위해 이탈리아인 사진기사 펠릭스 베아토(Felix Beato)를 대동했다. 로저스는 페리가 일본을 개국시킨 방식을 마음에 담아두고 있었다.

5월 19일(음력 4월 1일) 미국 함대가 남양만에 도착했다. 미국 함대는 뱃길을 탐사하면서 북상했다. 26일 미국 함대가 강화 해협에 이르렀다. 이날 영종도의 영종방어사가 이양선 출현을 조정에 보고했다.

> 영종방어사(永宗防禦使)가 "오늘 미시(未時)에 이양선이 닻을 올리고 곧바로 팔미도(八尾島) 동남쪽 남양 경계의 연흥도(延興島) 앞 나루 방향으로 내려갔는데, 먼지바람에 가려 어느 곳에 정박하였는지 알 수 없습니다"라고 아뢰었다.
>
> 《고종실록》 8년 4월 병인일

27일 영종방어사와 경기감사가 각각 미국 함대의 동태를 보고했다. 그 내용을 보면 함대의 국적도 파악하지 못했음을 알 수 있다.

> 영종방어사가 "오늘 미시에 이양선이 작은 배 4척을 시켜 동쪽과 서쪽의 물깊이를 측량하게 하였는데 무슨 목적인지 알 수 없습니다. 그리고 본영(本營) 관할구역 마지막 경계인 물류도(勿溜島) 뒷바다를 지나 부평(富平) 경계에 정박하였습니다. 본영과의 거리는 7리입니다"라고 아뢰었다.

> 경기감사 박영보(朴永輔)가,
> "방금 남양부사(南陽府使) 신철구(申轍求)의 첩보를 받고 상황을 알아보기 위하여 오늘 화량첨사(花梁僉使)와 더불어 배를 타고 출발하였는데, 막 바

다 한가운데 들어서자 세찬 바람이 크게 일어 도저히 나아갈 수 없었습니다. 그리하여 어쩔 수 없이 제부도(濟扶島)로 물러나와 정박하였는데, 서양 배의 종선(從船) 3척이 오기에 손을 흔들어 불렀더니 배가 과연 금세 멈추었습니다. '상황을 알아보기 위하여 왔다(問情次來此)'라고 다섯 글자를 써서 보였더니 그들 중 서너 명이 배에서 육지로 뛰어 내렸습니다.

글을 써서 '너희들은 어느 나라 사람이며 무슨 일로 여기에 왔는가?'라고 물었더니 그들은 웃으면서 머리를 끄덕였습니다. 또 '어느 달 어느 날에 우리나라 지경으로 왔으며 배는 몇 척인가?'라고 물었더니 그들은 서양 글자를 써서 보여주었는데 모두 글자 모양을 알 수 없었습니다. 그들은 손가락으로 손바닥에 무언가를 그리고 또 손을 들어 큰 배가 있는 곳을 가리켰는데 함께 가서 문답을 하자는 모양이었습니다. 또 연합(鉛盒) 한 개와 작은 칼 하나, 마른 떡 한 자루를 주었습니다. 모두 돌려주었더니 마른 떡 한 자루는 받지 않고 그냥 큰 배 쪽으로 갔습니다. 그 사람들의 얼굴 모양은 눈이 움푹하고 콧마루는 높으며 눈썹과 머리털은 누르스름하였고 옷은 모두 검은 색깔로 확실히 서양 사람이었습니다. 자세히 알아보지 못하였으니 내일 다시 상황을 알아보려고 합니다."

라고 아뢰었다.

《고종실록》 8년 4월 정묘일

5월 28일 경기감사 박영보가 다시 이양선과의 접촉을 보고했다.

오늘 사시(巳時)에 조수(潮水)를 이용하여 남양부사와 화량첨사가 같이 배를 타고 바다에 나갔으나 서양 배가 있는 곳에 채 가기도 전에 어제처럼 사나운 바람이 불어 할 수 없이 돌아와 정박하였습니다.

서양 배의 종선 3척이 바람을 무릅쓰고 와서 정박하므로 급히 가서 보니 서양사람 3명이 뛰어내렸습니다. 그 가운데 한 사람은 얼굴 생김이나 말씨가 틀림없이 우리나라 사람이었습니다. "그대들은 어느 나라 사람이며 무슨 일로 여기에 왔는 가?"하고 글을 써서 물었더니 그들은 "한문을 모르므로 한문으로 대답할 수 없 다"고 하고 편지 한 통을 주고는 이어 "중국어를 아는 사람이 있느냐?"라고 물어 없다고 대답하였더니 그들은 "장사하러 여기에 왔으니 사람을 죽이는 일은 없을 것이다"라고 하였습니다.

또 "배는 몇 척이냐?"라고 물었더니 그들은 "5척이다"라고 하였으며, 또 "어느 날에 돌아가느냐?"고 물으니 "며칠 내에 북쪽으로 간다" 하였습니다. 또 "돼지, 닭, 달걀, 물고기를 살 수 없느냐?"고 하기에 "그렇다"라고 대답하였습니다. 또 더 물으려고 하니 그들은 뿌리치고 배를 돌려 가버렸습니다.

말을 주고받는 사이에 잠깐 살펴보니 3척의 배에 있는 서양사람은 47명이었습니다.

저 무리가 바닷가를 거침없이 돌아다니는 것이 매우 걱정되어 방어대책에 대해 특별히 신칙(申飭)하고 그들이 보낸 편지 한 통을 베껴서 올려 보냅니다.

5월 29일 조선 조정은 어느 나라 배가 무슨 사유로 와서 정박하고 있는지 를 알아보기 위해 역관을 보내기로 했다. 이날 경기감사는 이양선이 인천과 안 산(安山) 경계에서 수심을 재고 있다는 인천부사의 첩보를 보고했다. 31일 영 종방어사가 이양선 5척이 범섬(虎島: 월미도) 앞바다에 정박했다고 보고했다.

6월 1일(음력 4월 14일) 미국 함대는 조선에 대한 탐사와 측량을 실시하겠 다고 일방적으로 통고한 다음 강화 해협에서 측량을 시작했다. 2일 군함 2척이 서울로 가는 길목인 손돌목에 이르자 강화도 광성진 포대가 일제히 포격했다. 200문의 대포가 15분간 집중 포격했다. 그러나 미국 군함에 거의 피해를 입히 지 못했다. 미국 군함은 퇴각했다. 미국 함대는 이때 조선의 병기가 아무런 쓸 모가 없는 수준이라는 사실을 알게 됐다.

조선 정부와 미국 함대는 율도(栗島: 밤섬)의 백사장에 꽂아놓은 장대에 편지를 매달아 올려 서로 의사를 전달했다. 로저스가 보낸 서신의 내용은 (1) 대표를 파견하여 협상에 응할 것과 (2) 기습 포격에 대해 사과하고 배상할 것을 요구하고 (3) 10일 이내로 이에 응하지 않으면 보복하기 위해 상륙작전을 벌이 겠다는 것이었다.

4일 이하응은 진무사(鎭撫使) 정기원(鄭岐源)을 시켜 미국 함대에 편지를 전했다. 다음은 그 내용이다.

올 봄에 북경 예부에서 자문을 보내어 귀국 사신의 편지를 전해 왔기에 우리 조정 에서는 이미 의논하고 회답 자문을 보내는 동시에 귀 대인에게 전해줄 것을 청하 였다. 또 생각건대 귀국은 본래 예의를 숭상하는 풍속이 이름난 나라로 다른 나 라들보다 뛰어났다.

귀 대인은 아마도 사리에 밝아서 경솔한 행동을 하지 않을 터인데, 이번에 어찌 하여 멀리 바다를 건너와서 남의 나라에 깊이 들어왔는가? 설사 서로 살해하는 일은 없었다고 하지만 누구인들 의심하고 괴이하게 여기지 않겠는가? 중요한 요 새지에 갑자기 외국 배가 들어오는 것을 허용하지 않는 것은 모든 나라의 일반적 규범이며, 처지를 바꾸어 놓고 보아도 모두 그러할 것이다.

지난번에 귀국의 배가 바닷가 요새지를 거슬러 올라와서 피차간에 대포를 쏘며 서로 경계하는 조치까지 나오도록 하였다. 이미 호의로 대하자고 말하 고서도 한바탕 이런 사단이 있게 되었으니 매우 개탄할 노릇이다. 귀국의 배 가 오고부터 연해의 관리와 무관들에게 절대로 사단을 일으켜 사이가 나빠 지게 하지 말라고 경계하여 타일렀다. 그렇지만 귀선이 다른 나라의 규례를 아랑곳하지 않고 요새지 어구까지 깊이 들어온 이상 변경을 방비하는 신하 들로 말하면 그 임무가 방어인데 어찌 가만히 있을 수 있겠는가? 지난번 일 에 대해 괴이하게 생각하지 말기 바란다.

혹시 북경 예부에서 우리의 회답 자문을 미처 보내지 못하여 귀 대인이 우리나라의 제반 사정을 잘 알지 못하여 이런 일이 생긴 것이 아닌가? 이제 회답 자문 부본(副本)을 보내니 한번 보게 되면 남김없이 다 알게 될 것이다.

조선 조정의 거부 서신을 받은 로저스는 지휘관 회의를 열어 10일 강화도에 상륙하기로 결정했다. 10일 미국 원정군은 강화도 상륙 작전을 단행했다. 강화도의 초지진(草芝鎭), 덕진진(德津鎭), 광성보(廣城堡)에는 조선 수비병 약 3천 명이 배치돼 있었다. 미군은 군함 2척으로 초지진을 2시간 동안 포격하여 초토화시킨 다음에 10개 중대 644명이 킴벌리(L. A. Kimberly) 해군 중령의 지휘로 22척의 보트에 분승하여 초지진에 상륙했다. 상륙군은 조선군의 저항을 거의 받지 않고 초지진을 점령했다.

11일 새벽 미군은 덕진진을 점령하고 무기고 등 군사시설을 불태웠다. 이어 광성보 점령에 나섰다. 광성보는 진무중군(鎭撫中軍) 어재연(魚在淵) 휘하 600명이 지키고 있었다. 미국 함대가 1시간 동안 함포사격을 한 다음 상륙군이 돌격하여 15분 만에 전투가 끝났다. 임진왜란 때와 성능이 같은 화승총으로 무장한 조선군은 스프링필드 롤링 블록 미 해군 소총(Springfield Rolling Block U.S. Navy Rifle)과 스펜서 연발소총(Spencer repeating rifle)으로 무장한 미군의 상대가 될 수 없었다.

오후 1시 정각에 킴벌리 중령이 연락장교를 기함으로 보내어 로저스 제독에게 승전을 보고했다. 조선 수비군의 피해는 어재연을 포함하여 전사자 243명, 바다에 투신하여 죽은 자 100여 명, 포로 20명이었다. 미군의 피해는 전사자 3명, 부상자 10명이었다.

로저스는 승전을 보고받고 다음과 같은 전승축하 훈령(Congratulatory Order)을 발표했다.

잔인한 포격(손돌목 포격)에 대해 일언반구도 사죄가 없어 본 사령관은 6월 10일

원정군을 파견해 상륙작전을 감행했다. 작전의 결과로 강화도의 5개 요새지를 점령했다. 마침내 난공불락의 요새 손돌목 돈대를 함락하였으니 우리 장병들의 용맹을 높이 평가하는 바이다. 우리 장병들의 전승을 축하함에 있어서 본관은 우리나라 성조기의 명예를 수호하다가 산화한 용감무쌍한 전몰장병들을 중심으로 애도하는 바이다.

12일 미군은 기함 정박지인 작약도(芍藥島: 무치섬)로 철수했다. 이때 조선군의 각종 깃발, 대포 수십 문, 화승총 수백 정을 전리품으로 가져갔다.

이후 로저스는 미국의 군사력을 실감한 조선 정부가 협상대표를 보낼 것을 기대하며 기다렸으나, 이하응은 미국 함대와 서신만 교환할 뿐 쇄국을 고수했다. 미국 함대가 강화도 인근에 머무는 동안 충청, 경상, 전라의 물자가 서울로 수송될 때 지나야 하는 강화수로가 봉쇄되어 서울 일대에 식량난이 일어났다.

7월 3일(음력 5월 16일) 로저스 제독은 교섭을 단념하고 지부로 철수했다. 4일 조선 의정부는 이러한 신미양요의 시말을 알리는 자문을 작성하여 청의 예부에 보냈다.

이하응은 5개 요새가 함락되는 참패를 당했음에도 불구하고 미국 함대가 철수하자 조선군이 미군을 격퇴했다고 주장했다. 이는 아큐(阿Q)식의 '정신적 승리'였다. 이하응은 척화비를 전국 곳곳에 세우게 했다.

양이를 주장하던 일본 지배층은 서양의 압도적인 무력을 맛보고 쇄국에서 개국으로 정책을 전환했다. 현실을 인정한 것이다. 그러나 조선 지배층은 엄연한 현실을 외면했다. 이러한 차이가 당시만 해도 비슷한 처지였던 두 나라가 이후 한 세대 만에 한 나라는 강국으로 성장하고 다른 한 나라는 약소국 신세를 면치 못하다가 식민지로 전락하게 된 주요 원인이었다.

9월에 이필제가 문경에서 이하응의 서원 철폐 조치에 대한 유림의 반발을 이용하여 다시 거사하려 했다. 그러나 사전에 이필제를 비롯한 주모자들이 모두 체포됐다. 이 사건으로 동학에 대한 탄압이 더욱 심해져 최시형은 본부를 다시 소백산으로 옮겼다.

이와쿠라 사절단

1871년 5월 일본 정부는 신화폐조례를 제정해 7월부터 일본 안에 엔화를 통용시키기 시작했다. 미국 달러화와의 환율은 1대1이었다(이후 엔화 가치가 떨어져 1897년에는 1엔당 0.5 달러로 고정됐다).

1871년 8월 29일 일본 정부는 봉건영주의 영지인 번(藩)을 폐지하고 새로운 행정구역으로 현(縣)을 설치한다고 발표했다(3부(府) 302현(縣) 설치). 사쓰마 번은 가고시마 현이 됐고, 조슈 번은 야마구치 현이 됐다. 한 달 뒤에는 번의 군대도 해산시켰다. 칙령 하나로 번을 폐지하는 것을 보고 해리 파크스 주일 영국 공사는 "유럽에서는 수년간 내전을 치르고서야 이룰 수 있는 일"이라며 놀라워했다(파크스는 1865년에 올콕의 후임으로 주일 영국 공사로 부임했다).

다이묘들이 대체로 번의 폐지에 반대하지 않고 오히려 찬성하기까지 한 것은 재정난 때문이었다. 많은 번들이 과도한 채무에 시달리고 있었고, 신정부가 그것을 인수해주기를 갈망했다.

이때 일본의 근대화는 한층 속도를 내고 있었다. 일본에 4년간 체류하면서 이런 변화를 생생히 목격한 프랑스 의사 루도비치 사바티에(Ludovic Savatier)는 1871년 12월 25일 지인에게 보낸 편지에서 일본의 발전을 다음과 같이 평가했다.

지난 2년간 일본이 겪은 변혁이 어떠한 것인지 당신은 상상할 수도 없을 겁니다.

이 사람들은 우리가 지난 200년간 이룬 발전보다 더 많은 발전을 이루었습니다!

20년 이내에 유럽인이 유럽인인 것을 자랑스러워하는 것보다 더 일본인이 일본인인 것을 자랑스러워 할 날이 올 것입니다. 정말로 믿기 어려운 일입니다!

1871년 12월 사절 46명, 수행원 18명, 유학생 43명 등 모두 107명으로 구성된 일본의 구미사절단이 미국의 '태평양 우편 증기선 회사(Pacific Mail Steamship Company)' 소속 정기여객선 아메리카 호(SS America)를 타고 요코하마 항을 출발했다. 우대신 이와쿠라 도모미가 특명전권대사였고, 참의 기도 다카요시, 대장경(大藏卿: 재무장관) 오쿠보 도시미쓰, 공부대보(工部大輔: 공업부 차관) 이토 히로부미, 외무소보 야마구치 나오요시(山口尙芳) 등 4인이 부사(副使)였다. 이 사절단은 조약개정을 요구하고 서양문물을 시찰하기 위해 파견됐다.

주일 미국 공사 들롱(Charles E. Delong, 1832~1876)도 일본 사절단이 미국으로 가는 길에 동행했다.

1872년 3월 후쿠자와 유기치는 《학문의 권장》 제1권을 간행했다. 이 책은 개개인의 합리주의적 각성을 유도하는 국민 계발서다. 이 책에는 "독립의 기력(氣力)이 없는 자는 반드시 남에게 의존하고, 남에게 의존하는 자는 반드시 남을 두려워하고, 남을 두려워하는 자는 반드시 남에게 아첨한다"는 구절이 있는데, 이에 많은 일본인이 크게 공감했다. 모두 17권으로 나온 《학문의 권장》은 일본에서 300만 부가 넘게 팔렸다.

이와쿠라 사절단은 태평양을 횡단해 미국에 도착하여 1872년 3월 4일 그랜트 미국 대통령을 면접했다. 그랜트는 조약개정이 가능하다고 말했으나 피시 국무장관은 조약개정 협상에는 전권위임장이 필요하다며 그것을 제시할 것을 요구했다. 오쿠보와 이토는 전권위임장 문제로 일본으로 돌아갔다가 7월에 다시 미국 워싱턴에 도착했다. 그동안 주일 독일 공사 브란트가 독일로 돌아가던 중 워싱턴에 들렀을 때 기도 다카요시를 방문해 최혜국 조항에 대해 설명해

주며 섣불리 미국과 교섭하지 말라고 충고했다. 이때 일본 정부 요인들은 아직 전권위임장이 무엇이고 최혜국 조항이 무엇인지를 모를 정도로 국제법에 어두 웠다.

이와쿠라 사절단은 미국은 경탄할 만하지만 배울 것은 별로 없는 나라라 고 보았다. 미국과 같은 민주공화정은 일본에서는 상상할 수도 없었다.

이와쿠라 사절단은 미국을 떠나 8월 영국에 도착했다. 영국에서 이들은 몇 개의 소그룹으로 나뉘어 리버풀, 맨체스터, 글래스고, 에든버러, 뉴캐슬 등 을 방문하여 영국의 엄청난 공업발전 상황과 도시행정을 관찰했다. 오쿠보 도 시미쓰는 영국에 대한 소감을 적은 편지에서 다음과 같이 영국의 공업발전에 대해 경탄했다.

우리가 가본 곳 어디에서나 땅에서 자라는 것은 없고 오직 석탄과 철뿐이다. … 공장이 셀 수 없이 늘어나 검은 연기가 곳곳에서 하늘로 치솟고 있다. … 이것이 곧 영국의 부강을 말해준다.

이와쿠라 사절단이 보기에 영국은 일본과 비슷한 점이 많았다. 하지만 영 국과 같은 입헌군주제가 일본에서도 가능한지에 대해 확신할 수 없었다.

이와쿠라 사절단은 이어 프랑스, 벨기에, 네덜란드, 독일, 러시아, 덴마크, 스웨덴, 이탈리아, 오스트리아, 스위스를 시찰했다.

1872년 12월 16일 프랑스에 들어간 이와쿠라 사절단은 파리 코뮌으로 파 괴된 파리 시내를 목격했다. 프랑스 대통령 아돌프 티에르(Louis Adolphe Thiers, 1797~1877)는 이와쿠라 사절단을 접견하면서 일반 국민은 무지몽매하 므로 뜻대로 하게 내버려두면 큰 혼란이 일어날 수 있다는 취지의 말을 했다. 이와쿠라 사절단은 '백성들의 주의주장을 그대로 묵인하면 그것이 사회를 파 괴하는 요소가 될 수밖에 없다'는 인식을 갖게 됐다.

이와쿠라 사절단은 독일에 가서는 비스마르크(Otto von Bismarck, 1815
~1898) 수상을 만났다. 비스마르크는 평화는 국가들이 서로 세력균형을 이룸
으로써 유지되는 것이지 결코 만국공법(萬國公法: 국제법)에 의해 유지되는 것
이 아니라고 말했다. 이와쿠라 일행은 독일이 위로부터 개혁을 하여 통일을 이
루었고 뒤늦게 산업혁명을 추진하고 있다는 점에서 일본과 유사한 입장임을
알게 됐고, 따라서 독일에서는 배울 것이 많다고 판단했다.

이와쿠라 사절단은 돌아오는 길에 이집트, 실론, 베트남, 싱가포르 등을
들른 뒤 홍콩과 상해를 거쳐 1873년 9월 일본에 도착했다. 사절단은 그런 나라
들이 서양 열강의 식민지가 되는 것은 문화적인 격차로 인해 불가피하다는 서
양 열강의 논리를 받아들였다.

개화파의 형성

조선에도 서양 각국과 통상·교류하여 근대 문물을 받아들이자는 사상의 조류
가 형성됐으니, 이것이 곧 개화사상이다.

조선의 개화사상을 형성한 비조는 오경석, 유홍기(劉鴻基), 박규수 3인이
다. 이중 가장 먼저 개화사상을 갖게 된 이는 오경석이다. 오경석은 8대에 걸쳐
역관을 지낸 중인 집안에서 1831년에 태어나 16세 때인 헌종 12년(1846) 역과
시험에 한학(漢學)으로 합격하여 중국어 역관이 됐다.

오경석은 23세 때인 1853년(철종 4년)에 처음으로 조선 사신단의 통역으
로 북경에 갔다. 당시 청에서는 태평천국의 난이 한창이었다. 오경석은 11개월
이나 청에 체류하면서 서양 열강의 침략으로 국세가 기울어 가는 청의 실상을
관찰했고, 조선에도 곧 그와 비슷한 위기가 닥치리라고 예상했다.

당시 청에서는 서양의 실상을 소개하는 '신서(新書)' 들이 간행되고 있었

고, 오경석은 북경에 처음 갔을 때부터 이런 신서들을 구입하여 탐독했다. 그는 1858년까지 네 차례에 걸쳐 북경을 다녀왔는데 그때마다《해국도지(海國圖志)》,《영환지략(瀛環志略)》,《박물신편(博物新編)》,《중서견문록(中西見聞錄)》등 다수의 신서를 구입해 왔다. 그는 과거시험을 보러 북경에 온 청의 동남지방 출신 청년들과 널리 교제하며 견문을 넓혔다. 그는 청에서 신서 외에 많은 서화(書畵)와 금석문도 수집했고, 귀국해서《삼한금석문(三韓金石文)》을 편찬하기도 했다.

오경석은 청에서 구입해온 신서들을 연구하는 동시에 박제가 등의 실학을 계승하여 조선에서 최초로 '개화사상'을 형성했다. 그는 친우인 유홍기에게 자신이 견문한 것과 자신이 갖게 된 개화사상에 대해 설명해주고 청에서 구입해온 신서들을 빌려줬다. 유홍기는 대대로 역관을 지낸 가문에서 태어난 중인 신분으로, 그 자신의 직업은 한의사였다. 그도 곧 열렬한 개화론자가 됐다.

1860년 영국-프랑스 연합군이 북경을 점령하자 조선 정부는 정세를 알아보려고 위문사절단을 청에 파견했는데, 박규수는 이 위문사절단의 부사였다. 그는 서양 열강의 침략을 받는 청의 실상을 목격하고 큰 충격을 받았다. 그리하여 귀국할 때《해국도지》,《영환지략》등 신서들을 구입하여 돌아왔다. 그는 이 신서들을 읽고 개화론자가 됐다.

《해국도지(海國圖志)》

청의 정치인 임칙서의 벗인 위원(魏源)의 저서로, 임칙서가 수집한 각종 자료를 토대로 씌어졌다. 위원은 이 책에서 세계 각국의 지리, 역사, 국방, 무기, 전술 등을 설명했고, 영국을 중심으로 서양의 선거제도와 과학기술도 소개했다. 1844년에 처음 발간됐을 때에는 50권이었으나 1849년에는 60권, 1852년에는 100권으로 잇달아 증보됐다. 이 책은 청에서 간행된 서양 소개서 가운데 가장 영향력이 컸고, 특히 일본에서 널리 읽혔다. 조선에는 1845년 전해졌다.

오경석과 유홍기는 제너럴셔먼 호 사건과 병인양요에 큰 충격을 받아 조선에 민족적 위기가 급박했다고 보고 나라를 구하기 위한 혁신정치의 주체를 형성하는 방안을 토론했다. 두 사람은 중인 신분이었으므로 당시의 신분제도 하에서는 정치를 담당하거나 정치적 발언을 할 수 없었다. 이에 두 사람은 서울 북촌(양반 거주지역)의 뛰어난 양반 자제들을 선발하여 개화사상을 가르쳐 그들을 개화세력을 키우기로 했다. 그러나 중인 신분으로 이런 일을 하기 위해서는 양반 출신의 개화론자인 박규수의 도움이 필요했다.

박규수는 1866년(고종 3년) 3월 평안도 관찰사로 임명되어 그해 8월 제너럴셔먼 호의 도발을 받고 화공으로 격침하는 공을 세웠다. 그는 3년 후인 1869년 5월 초 한성판윤에 임명되어 상경했고, 7월에는 형조판서를 겸직하게 됐다. 오경석은 청에 역관으로 파견됐다가 1869년 12월 귀국하여 유홍기와 함께 박규수를 방문했다. 박규수는 이들의 개화사상 교육 방안을 흔쾌하게 받아들였고, 이에 따라 1870년 초부터 박규수의 서울 재동(齋洞) 사택 사랑방에서 개화사상 교육이 시작됐다.

박규수는 북촌의 양반 자제들 가운데 영민하기로 평판이 난 김옥균(金玉均, 1851~1894), 박영교(朴泳敎, 1849~1884), 박영효(朴泳孝, 1861~1939), 홍영식(洪英植, 1855~1884), 유길준(兪吉濬, 1856~1914), 서광범(徐光範, 1859~1897) 등을 1차로 발탁하고 이들에게 개화사상을 교육했다. 이웃에 거주하는 김홍집(金弘集, 1842~1896)과 어윤중(魚允中, 1848~1896)도 박규수의 사랑방을 출입했다. (당시 서울에서 왕궁을 중심으로 하는 북촌은 양반 거주지역, 청계천 수표교를 중심으로 하는 중촌은 중인 거주지역, 이태원과 왕십리 등의 남촌은 빈민 거주지역이었다.)

박영효는 판서 박원양(朴元陽)의 아들로 철종의 부마였고, 박영교는 그의 형이었다. 홍영식은 영의정 등의 고관을 역임한 홍순목(洪淳穆)의 아들이었다. 이들의 지도자인 김옥균은 전 강릉부사 김병기(金炳基)의 양자였다. 이들의 본관은 안동 김 씨, 반남 박 씨, 남양 홍 씨, 달성 서 씨 등으로 대부분 순조~철종 연간에 국정을 이끈 세도가문의 자제였다.

박규수는 1874년 11월 초 우의정 직을 사임하고 자택에서 《연암문집》으로 이들을 가르쳤다. 《연암문집》은 양반을 비판하는 등의 내용으로 인해 정부와 유림에서 금기시하는 책이었으므로 박규수가 우의정일 때에도 공간(公刊)되지 못했다. 개화파는 이 책을 공부하는 것을 통해 사민이 평등하다는 인식을 갖게 됐다.

청과 일본의 수교

조선의 문호개방은 청과 일본의 정세변화 및 조선에 대한 이 두 나라의 정책과 깊은 관련이 있었다.

청은 건국 초기부터 한반도의 전략적 중요성을 잘 알고 있었다. 1860년대에 조선에 대한 서방, 특히 러시아의 압력과 일본의 팽창주의가 거세지자 청 지도자들이 조선에 더욱 큰 관심을 갖게 됐다. 이런 점에서 가장 대표적인 인물은 한족 출신인 이홍장이다.

이홍장은 1870년 이후 직예총독에 북양대신을 겸임하여 화북, 남만주, 한반도를 포함한 광대한 지역에 대해 외교·통상·군사상의 막대한 책임을 지고 있었다. 그는 청의 안전보장을 위해서는 중국 남부지방보다 한반도가 전략적으로 더 중요하다고 생각했다. 그러나 러시아와의 국경 문제가 발생하여 조선에 집중할 수 없었다.

1862년부터 청의 섬서성과 감숙성에서 회교도의 반란이 일어났고, 신강 지역에서는 야쿱 벡(Yakub Beg)을 지도자로 하는 위구르족의 독립정권이 수립됐다. 영국은 이 독립정권이 러시아의 남하를 저지하는 데 도움이 된다고 판단하여 야쿱 벡에게 호의적인 태도를 취했다.

청의 진압군에 쫓기던 회교도들이 러시아 영내로 들어가기에 이르자 1871년 7월 러시아의 투르키스탄[7] 총독 카우프만(von Kaufmann)이 일리(Ili) 계곡을 점령했다. 러시아 정부는 청이 질서를 회복하면 철군하겠다고 선언했으나 실제로는 신강을 러시아 영토로 편입시킬 의도를 갖고 있었다. (야쿱 벡 정권은 러시아와 1872년에, 영국과는 1873년에 각각 통상조약을 체결했다. 오스만투르크 제국도 같은 투르크 계인 야쿱 벡 정권을 승인해 외교사절단을 보냈다.)

1871년 6월 일본은 대장경 다테 무네나리(伊達宗城)를 전권대신으로 임명하여 청에 파견했다. 청에서는 이홍장이 전권대표로 나섰다. 교섭 과정에서 다테 무네나리는 청 황제와 일본 천황을 소약 서문에 넣기하여 둘이 동격임을 밝힐 것과 최혜국 대우를 요구했다. 이홍장은 이 요구는 거절했으나 평등과 호혜의 원칙은 수용했다.

9월 13일 청일수호조규(淸日修好條規)와 통상장정(通商章程)이 체결됐다. 18조로 이루어진 청일수호조규에서 가장 주목할 점은 제1조의 상호 '방토불가침(邦土不可侵)' 조항이었다. '방(邦)'은 속국(屬國)을 의미하는 말이므로 이 조항은 조선을 일본의 침략으로부터 지키려는 것이었다.

일본 정부는 이런 내용에 만족하지 못하고 조약의 비준을 미룬 채 1872년 4월 야나기와라를 천진에 보냈다. 이홍장은 청일 두 나라 대표가 충분히 토의한 끝에 맺은 조약을 비준도 하기 전에 수정하려는 일본의 태도를 질책했다.

1872년 5월 28일 교토와 오사카 사이에 전신이 개통됐다. 1872년 7월 일

---

7 투르키스탄(Turkistan)은 투르케스탄(Turkestan)으로 표기하기도 한다. '투르크인의 땅'이란 뜻이다. 투르키스탄은 동투르키스탄과 서투르키스탄으로 구분된다. 동투르키스탄은 현재 중국의 신강(新疆) 위구르 자치구에 해당한다. 서투르키스탄에는 카자흐스탄, 키르기스스탄, 우즈베키스탄, 타지크스탄, 투르크메니스탄, 아프가니스탄 등이 포함된다. 이 지역은 오래 전부터 이란 계통의 민족이 거주했으나 동투르키스탄은 돌궐과 위구르의 지배를 받게 되어 12세기 말에는 완전히 투르크화됐다.

본은 부산 초량에 있는 왜관을 일본 외무성 직할로 지정했다. 조선 정부는 이를 인정하지 않았고, 이로써 조선과 일본의 공식적인 접촉이 완전히 단절됐다.

9월 5일 일본 정부는 학제(學制)를 공포하여 의무교육 제도를 시행했다. 전국을 학구로 나누고 학구마다 대학교, 중학교, 소학교를 설치했다. 학제 발포령에서 일본 정부는 "이제부터 모든 국민이 화족(華族), 사족(士族), 농공상인, 부녀자를 가리지 않고 교육을 받아 마을에 배우지 못한 집이 없고 집에 배우지 못한 사람이 없게 되기를 기대한다"고 선언했다.

이로써 일본은 유럽의 여러 나라들보다 먼저 의무교육 제도를 실시한 셈인데, 이는 일본 내 계몽사상가들의 주장이 수용된 결과다. 후쿠자와 유키치가 1858년에 경응의숙(慶應義塾)을 설립한 것을 비롯해 많은 계몽사상가들이 학교를 설립하고 자신들의 사상을 교육했다. 이들은 특히 천부인권과 자조(自助)를 강조했다.

일본의 지방학교는 상당히 자치적으로 운영됐고, 자유롭고 독립적인 개인들을 육성하는 것을 목표로 했다. 이 시기에 일본의 의무교육이 일본을 강국으로 만드는 것을 장기적인 목표로 삼고 국민의 재능과 품성을 계발하여 그러한 목표를 달성하기 위한 기반을 닦으려는 노력이었다는 점은 주목할 만하다.

1872년 9월 20일 일본 외무대승 하나부사 요시모토(花房義質) 등이 군함 2척에 일본으로 표류한 조선인 13명을 싣고 부산에 도착했다. 이처럼 표류 조선인을 송환해준다는 명목으로 왔으나 첩보활동이 실제 목적이었다. 하나부사의 수행원으로 온 일본 육군 참모국 소속의 기타무라(北村重賴) 중좌와 벳부(別府晉介) 소좌는 조선인으로 위장해 삼남지방을 정찰했다. 육군 참모국은 이와 동시에 만주에도 현역 장교들을 첩보원으로 파견하여 지리, 풍속, 재정, 군비 등을 조사하게 했다. 상인으로 위장한 일본 장교들은 특히 요하의 결빙과 해빙 시기를 면밀히 조사했다.

10월 14일 일본 최초로 철도가 개통됐다. 구간은 동경과 요코하마 사이의

27km였다. 이것은 영국으로부터 자본과 기술을 도입하여 건설한 철도였다.

1873년 3월 청일수호조규와 통상장정이 비준됐다. 청일수호조규는 제도사적으로 보면 동아시아 국제질서 속에서 역사적으로 종주국이었던 중국과 속방(屬邦)으로 여겨져온 동아시아 국가 사이에 최초로 서구식 국제관계의 개념과 원칙 아래 맺어진 조약이다. 이런 조약이 체결된 것은 동아시아 국가와 서방국가 사이의 관계뿐 아니라 동아시아 국가들 사이의 관계도 조공체제에서 벗어나기 시작했음을 의미한다.

일본 참모본부

1871년 9월 일본 병부성에 육군 참모국이 설치됐다. 육군 참모국의 임무는 정보 수집, 지도 제작, 지지서(地誌書) 편찬이었다.

보불전쟁에서 프로이센이 프랑스를 일방적으로 이기자 일본에서는 1872년 2월 병부대보(兵部大輔: 국방부 차관) 야마가타 아리토모와 보불전쟁을 참관한 오야마 이와오(大山巖)가 일본 육군이 프로이센 모델을 따를 것을 제안했다.

1872년 4월 병부성이 육군성과 해군성으로 분리되면서 육군 참모국은 육군성 소속이 됐다. 1873년 제6국으로 명칭이 바뀌었다가 1874년 참모국으로 확대 개편되면서 업무가 확장됐다. 참모국에는 모두 7개 과가 있었는데 5과인 지도정지과(地圖政誌課)가 지도 제작, 6과인 측량과(測量課)가 측량을 담당했다. 5과와 6과의 담당지역은 일본뿐 아니라 캄차카, 사할린, 만주, 시베리아, 조선, 중국, 연해주, 그리고 태평양의 여러 섬이었다.

참모국은 1874년 오하라(大原里賢) 대위 등 8명을 청으로 파견해 본격적으로 첩보활동을 시작했다.

독일에서 무관으로 근무하다가 1878년 귀국한 가쓰라 다로(桂太郎)는 독일 참모본부제를 전면적으로 받아들여야 한다고 강력히 주장했고, 이에 따라 1878년 12월 참모국이 참모본부로 개편되면서 독립기관이 됐다. 초대 참모본부장에는 야마가타 중장이 임명됐다.

1886년에는 육군과 해군의 참모부문을 통합해 참모본부에 육군부와 해군부를 설치했다. 참모본부장으로는 근친 황족이 임명됐고, 육군과 해군의 장성 각 1인이 참모본부 차장이 됐다. 1888년에는 참모본부 육군부가 육군 참모본부로 개편됐고, 1889년에 육군 참모본부가 참모본부로 개편되어 참모본부 제도가 완성됐다. 이때부터 참모본부의 장관이 참모총장으로 불리게 됐다.

이 조약을 외교전략의 측면에서 보면, 청과 일본 사이에 동상이몽의 차이가 컸다. 이홍장과 같은 청의 지도자들은 이 조약을 청에 대한 서방의 침략에 대응하기 위한 상호원조 도구로 삼으려고 했으나, 일본은 이 조약을 조선 침략의 발판뿐 아니라 중국 침략의 기반으로도 여겼다. 일본의 예상과 달리 청과 일본 사이의 획기적인 조약 체결도 조선 정부에는 별 영향을 주지 못했다.

일본의 대만 점령

청과 일본은 수교한 지 얼마 지나지 않아 유구와 대만을 놓고 마찰을 빚기 시작했다. 유구는 1372년부터 중국과 조공책봉 관계였는데, 1609년 일본의 사쓰마 번이 무력으로 유구를 침략하고 조공을 강요함에 따라 유구는 청과 사쓰마 번 양쪽에 조공하게 됐다. 이를 근거로 일본은 명치유신 이후 유구를 병탄하려고 별렀다.

1871년 11월 유구의 선박 1척이 해상에서 폭풍으로 표류하다가 대만의 동부 해안에 닿았는데, 파이완 족이 상륙한 유구인과 일본인 66인을 수용했다가 54명을 참수하는 사건이 일어났다. 생존한 12인은 대만의 한족 주민에 의해 구출됐다. 이 사건을 알게 된 하문의 미국 총영사 르장드르는 1872년 2월 대만으로 가서 1867년에 파이완 족과 맺은 협정을 개정하여 일본 선원에게도 확대 적용하려고 했으나 실패했다. 이 일로 르장드르는 주청 미국 공사 로우와 사이가 나빠졌다. 일본 정부는 1872년 10월 유구 국왕을 번주(藩主)로 임명하면서 유구를 일본의 한 지방으로 선포했다. 12월에 르장드르는 미국으로 돌아가다가 일본에 들러 주일 미국 공사 들롱을 통해 일본 정부에 "야만인을 징벌하라"고 촉구했다. 일본 외무경(外務卿: 외무장관) 소에지마 다네오미(副島種臣)는 들롱의 권유에 따라 르장드르를 연봉 1만 2천 달러에 일본 외무고문 겸 군사고문으로 고빙했다.

　1873년 1월 일본 정부는 '징병령'을 발포하여 징병제를 시행했다. 징병제 시행은 조슈 번 출신의 오무라 마스지로(大村益次郎, 1824~1869)가 1869년 처음으로 주장했다. 난학을 통해 서양식 군사기술을 배운 오무라는 사무라이와 평민을 가리지 말고 징병하자고 했다. 오무라가 암살된 뒤에는 같은 조슈 번 출신의 야마가타 아리토모가 징병제를 주장했다. 징병제를 실시하는 프랑스와 프로이센의 군사제도를 시찰하고 돌아온 야마가타는 그것을 본받아야 한다고 믿었다. 이에 일부 사무라이 계층 출신은 평민은 용맹한 전사가 될 수 없다며 징병제 도입을 반대했다.

　징병제 실시로 일본의 모든 남자는 사회적 신분에 관계없이 3년간 현역에 복무하고 그 후 4년간 보충역에 남아 있게 됐다. 일본 정부는 '징병령'에서 사무라이 계층을 전반적으로 비판했다. 그들을 다른 사람들의 희생 위에 오랫동안 무위도식해온 집단으로 비난했고, 때로는 백성을 살해하기까지 한 무도한 존재로 지적했다. 징병령은 특권계층으로서 사무라이의 존재이유를 부정한 것이었으므로 사무라이 계층에 큰 충격을 주었다.

　그러나 이때의 징병령은 '국민개병제'라고 하기에는 많이 모자랐다. 호주, 장남, 관·공립학교 학생, 유학생, 의학생, 관공서 직원, 그리고 대인료(代人料)라 하여 당시로서는 거금인 270엔을 정부에 납부한 자는 병역을 면제받았다. 면제받을 방도가 많은 이 징병제를 두고 징병제에 반대하던 사쓰마 번 출신의 육군 소장 기리노 도시아키(桐野利秋)는 다음과 같이 한탄했다.

　부자들만 병역을 면제받는 불공평한 제도가 과연 무슨 이익이 되겠는가. 가난하기 때문에 군대에 가야 한다고 한탄하는 농민의 군대가 과연 무슨 소용이 있겠는가.

　징병제에 반대하여 일본 각지에서 민란이 일어났으나 징병제는 점차 뿌리를 내렸다. 일본군은 2차 프랑스 군사고문단의 지도에 힘입어 빠르게 근대적인 군대로 성장했다.

1873년 초부터 이른바 '정조론'이 다시 일어나 일본 정국을 흔들었다. 정조론의 배후에는 몰락하는 무사계급의 불만이 깔려 있었다. 명치유신의 일등공신인 사이고 다카모리가 영도하는 정조론자들은 조선에 대한 일본 정부의 외교를 '연약외교'라고 비난했고, 일본 왕실의 존엄을 모독하고 일본인의 명예를 모욕한 조선을 응징하기 위해 군사를 일으키자고 떠들었다. 반대론자들도 시기상조라는 지적만 했을 뿐 정조론 자체에 대해 반대한 것은 아니었다.

1873년 4월 일본의 외무경 소에지마 다네오미(副島種臣)가 수호조약의 비준서를 교환하려고 북경에 갔다. 이때 청은 대만은 청의 영토이고 유구는 청의 종속국이라고 주장했다. 소에지마는 살해된 54인 가운데 4인이 일본인이라고 응대했다. 청 당국은 대만 원주민은 중국 정부의 통제를 제대로 받지 않으며 사법처리를 면제받을 때도 있다며 배상 요구를 거절했다.

5월 1일 이홍장은 천진에서 소에지마를 만나 장시간 회담했다. 소에지마는 조선 문제를 언급했다. 다음은 이 회담의 내용 중 일부다.

소에지마: 조선은 조상 대대로 본국 쓰시마 제후와 통상을 해왔다. 국주(國主)가 정치를 맡아 제후의 속국 제도를 철회한 뒤로는 조선 사절도 점차 끊어졌다. 수차 사람을 파견하여 설득해왔으나 이 나라는 방자할 뿐만 아니라 편지의 언사 또한 상당히 오만하다. 지금도 계속 사절을 보내 우리는 영원한 원한 없이 우호적으로 지내기를 바랄 뿐이지 실제로 침략하거나 무력을 사용할 뜻이 없음을 깨우쳐주려 하고 있다.

이홍장: 이웃나라와는 더욱 화목하게 지내야 한다. 조선은 서양을 거절할 수 있다. 나라는 작지만 체제는 완전하다. 그러나 프랑스와 미국의 생각은 모두 여기

에 있지 않다. 귀국은 이미 서양과 통상을 시작한지라 만약 조선과 마찰이 생긴다면 사람들이 강자의 위세를 가지고 소국을 업신여긴다고 말할 것이다. 이 또한 듣기 좋은 말은 아니다. 더구나 중국과의 조약 내용에도 부합하지 않는다.

6월 12일 태정관에서 조선 문제가 심의됐다. 참의 이타가키 다이스케(板垣退助)는 조선 거류 일본인(동래부 초량 왜관에 거주하는 일본인) 보호를 위해 우선 1개 대대를 보내자고 제안했다. 참의 사이고 다카모리는 갑자기 군대를 보내면 조선을 자극해 최악의 사태가 벌어질 수 있다며 반대했다. 사이고는 외무성 하급관리에게 일을 맡겨 실패했다며 전권대사 파견을 제안했다. 태정대신 산조 사네토미(三條實美)는 외무경 소에지마가 청에서 돌아올 때까지 결성을 유보하자고 결론지었다.

6월 20일 소에지마는 야나기하라를 총리아문에 파견하여 청의 정령(政令)이 조선에 영향을 미치는지 여부를 문의했다. 총리아문은 오직 책봉과 공물

2차 프랑스 군사고문단

1차 프랑스 군사고문단이 막부를 타도한 무진전쟁에서 도쿠가와 막부의 편을 들었음에도 불구하고 일본 유신정부는 프랑스 정부에 군사고문단 파견을 요청했다. 프랑스 육군이 가장 모범적인 육군이라고 평가했기 때문이다.

샤를 마르크리(Charles Antoine Marquerie, 1824~1894) 중령이 이끌고 27명으로 구성된 2차 프랑스 군사고문단이 1872년 5월 일본에 도착했다. 이들은 3년 계약으로 왔는데, 월급은 150~400엔이었다. 당시 태정대신의 월급이 500엔, 신임 교사의 월급이 5엔이었으니 일본 정부가 얼마나 이들을 우대했는지를 알 수 있다.

프랑스 군사고문단의 임무는 봉건적인 성격의 일본제국군을 근대화시키고 일본에 징병제를 확립하는 것이었다. 이들은 1872년부터 1880년까지 각종 병기 제작소와 군사교육 기관의 설립을 지도하고 생도를 가르쳤다. 이들은 일본의 해안방어망 구축도 책임졌다.

을 바치는 문제에 대해서만 관례대로 예절을 지킬 뿐이지 그 외의 기타 조선의 국정은 중국에서 관할하지 않는다고 회답했다.

소에지마는 7월에 귀국했고, 8월에 사이고 다카모리가 조선 파견 전권대사로 내정됐다.

사이고를 조선에 전권대사로 파견했는데도 국교 수립에 실패하면 전쟁이 발발하게 될 가능성이 크다고 본 오쿠보 도시미치는 사이고의 전권대표 임명을 취소시키려 했다. (이와쿠라 사절단의 부사 오쿠보는 독일 방문 후 귀국길에 올라 5월 26일 일본에 도착했다.)

9월 13일 이와쿠라와 이토 히로부미가 귀국했다. 이와쿠라도 조선과 전쟁이 일어날 경우 러시아가 조선을 원조할 가능성이 크므로 사전에 불개입 약속을 받아내야 한다고 보았다. 오쿠보, 이와쿠라, 이토는 협력하여 10월 말 사이고의 전권대표 임명을 취소시키는 데 성공했다. 이에 사이고 다카모리, 이타가키, 고토 쇼지로(後藤象二郎, 1838~1897), 소에지마 등 정조론자들이 사표를 냈다. 사표는 즉시 수리되어 그들은 정부에서 물러났다.

1873년 12월 24일 국왕 이재황이 친정을 선언하고 이하응은 물러났다. 이하응의 실각은 민비의 책동에 의한 것이었다. 민승호(閔升鎬, 1830~1874), 민규호(閔奎鎬, 1836~1878), 조영하(趙寧夏, 1845~1884) 등이 이하응을 하야시키는 데서 중요한 역할을 했다.

민승호는 민치구(閔致久, 1795~1874)의 둘째 아들이자 이하응의 처남인데, 1864년(고종 1년) 증광시에서 병과로 급제했다. 1866년 민치록(閔致祿)의 딸 민자영((閔紫英)이 왕비로 간택되자 아들 없이 사망한 민치록의 양자로 입적하여 왕비의 오빠가 됐다. 그는 이때부터 중용되어 1866년 이조참의와 성균관 대사성(大司成)에, 1867년에는 호조참판과 이조참판에 임명됐다. 1872년 형조판서와 수원부유수(水原府留守)를 역임했고, 1873년 병조판서가 됐다.

민규호는 1859년(철종 10년) 증광문과에 합격한 뒤 민자영이 왕비로 책립되자 중용되기 시작했다. 1867년 이조참의로 등용됐고, 1869년 형조참판과 이조참판을 거쳐 1870년 한성부 우윤을 지냈다. 민비의 참모 가운데 한 사람으로 이하응 축출에 힘썼다.

조영하는 대왕대비 조 씨의 조카로 1863년(철종 14년) 정시문과(庭試文科)에 병과로 급제했다. 대왕대비의 후원으로 1864년 승정원 동부승지에 특제(特除)됐다. 1865년 성균관 대사성과 이조참의를 거쳐 1866년 홍문관 부제학을 역임했다. 1867년 이조참판과 개성부 유수에 임명됐고, 1869년에는 동지부사로 청에 다녀왔다.

이재황의 친정 개시는 이전의 세도정치보다 더 부패한 민 씨의 세도정치가 시작된다는 뜻이었다. 친정에 임하면서 이재황은 훈련도감에서 500명을 선출하여 궁정수비를 강화했다. (1873년 청의 회교도 진압군 사령관인 좌종당은 섬서성과 감숙성을 평정하고 야쿱 벡 정권과 대치했다.)

1874년 2월 22일 조선 국왕 이재황은 청전 유통을 금지시켰다. 당시 조선 정부가 보유한 청전은 약 300만 냥 정도였다. 국가재정이 큰 타격을 받을 수밖에 없는 조치였지만, 청전이 이하응의 주요 정치자금원이었으므로 그를 무력화시키려고 단행한 조치였다.

청전 유통 금지로 관세청 수입이 격감하자 영의정 이유원은 6월 광동 목면을 수입하자고 건의해 승인을 받았다. 그러나 당시 청의 광동성에서는 목면을 직조하지 않았다. 청나라 상인들은 영국, 미국 등지에서 생산된 사문포(斜紋布, shirtings)에 청 상표를 붙여 조선에 팔았다.

일본 정부는 정조론이 좌절된 후 정부에 대한 불만을 무마하기 위해 특별한 조치를 취할 필요가 있었다. 당시 일본은 조선, 사할린, 대만을 둘러싸고 영토분쟁을 일으키고 있었다. 1855년 러시아와 일본이 맺은 화친조약에서 쿠릴

열도에 대해 우루프 섬 이북은 러시아령으로 하고 이투루프 섬 이남은 일본 영
토로 한다고 합의했고, 사할린은 러시아인과 일본인이 같이 거주하고 있어 애
매한 공유상태로 놔두었다. 국력으로 보면 일본이 세계 최대의 육군을 보유한
러시아와 무력대결을 벌인다는 것은 불가능한 일이었다. 조선에 대해 무력을
행사하면 조선의 대항뿐 아니라 러시아의 개입도 예상됐다. 그러나 청이 신강
지역을 놓고 러시아와 대립하고 있어 대만에는 병력을 파견해도 전쟁으로까지
사태가 비화할 가능성은 낮다고 일본은 판단했다.

결국 일본은 1874년 2월 대만 원정을 결정하고 5월 일본인 교민 보호를 구
실로 병력 3600명으로 대만을 침공했다. 일본군은 5월 2일 출항하여 8일 대만
에 상륙했다. 22일 석문(石門)에서 일본군 150명이 파이완 족과 교전하여 그들
을 격퇴했다. 대만 원주민은 대부분 관망하는 태도를 취했다. 대만에는 소수의
녹영군이 주둔하고 있었으나 전투력이 거의 없었다. 5월 말 청 조정은 복건 선
정대신(船政大臣) 심보정(沈葆禎)에게 대만을 방어하도록 명령했다. 이홍장의
회군이 출정하기로 했다. 영국을 비롯한 열강은 이를 그들 자신에게 이롭지 못
한 사태로 규정하고 일본과 일본을 지지하는 미국에 항의했다.

이때 일본이 대만에서 철수한 다음 프랑스, 미국과 연합해 조선을 친다는
소문이 나돌아 청의 총리아문이 6월 이런 소문을 군기처에 보고했다. 청의 군
기처는 이 소문이 사실일 가능성이 있다고 판단하여 황제에게 보고하고 그 사
본을 예부를 통해 조선에 보냈다. 조선에는 사본이 8월 6일(음력 6월 24일) 전
달됐다. 그 내용은 다음과 같다.

총리각국사무아문(總理各國事務衙門)의 편지와 다시 심보정이 신들에게 보내온
편지의 내용에 근거하면 서양 장수(將帥) 프로스페르 지켈(日意格)이 말하기를,
"일본은 아직도 장기(長崎)에 5천 명의 군사를 가지고 있고 대만에서 부대를 철수
한 다음에는 고려(高麗: Korea)와 싸워보려고 하는데, 법국(法國)과 미국(美國)은

고려와 지난번의 사건을 아직 해결하지 못하고 있는 만큼 아무래도 병선(兵船)을 가지고 일본을 도와줄 것이니 고려는 세 나라를 대적하기에 부족하다. 만약 중국이 고려로 하여금 법국이나 미국과 통상조약을 맺도록 한다면 일본은 형세가 고립되어 감히 군사를 출동시킬 수 없게 될 것이며 고려는 백성들을 보전할 수 있을 것이다. 설사 일본이 무모하게 군대를 출동시킨다고 해도 조선 자체의 힘만으로도 넉넉히 지탱할 수 있을 것이다."

라고 하였습니다.

상고하건대, 일본이 조선을 넘겨본 것이 어제 오늘의 일이 아니라는 것은 외국의 신문지상에도 자주 실리는 말이니 프로스페르 지켈의 말이 꼭 근거 없는 것은 아닐 것입니다. 만약 일본이 조선에 대하여 침략하려 하고 법국과 미국의 원조까지 받게 된다면 형세는 무심하게 보고만 있기 어렵습니다. (중국이 조선을) 법국이나 미국과 통상조약을 맺게 한다는 말은, 종전부터 각국에서 자주 그런 의사를 가지고 있었지만 신의 아문(衙門)을 통해서 잘 막아왔던 것입니다.

지금에 와서는 이미 들은 말이 있으니 마땅히 사실에 따라 (조선에) 알려주어야 할 것입니다. 예부에 명령을 내려 참작하여 조선 국왕에게 비밀 자문을 띄움으로써 미리 대책을 세우도록 할 것을 청합니다. 삼가 별지를 붙여 비밀리에 진술하니, 황상(皇上)께서 살펴주시기를 바라며 삼가 아룁니다.

동치(同治) 13년 5월 30일 토의된 대로 주비(朱批)를 받들고 의논한 대로 삼가 이것을 바칩니다.

프로스페르 지켈(Prosper Marie Giquel)은 프랑스 해군 장교로 태평천국의 난 진압에 종사했고, 1867년부터 7년간 청의 복주 조선소 건설현장의 감독관이었다. 일본이 대만을 침공하자 그는 청의 자문역을 맡았다.

위 자문의 원문을 보면 조선이 '고려(高麗)'와 '조선(朝鮮)'의 두 가지로 표기됐다. 위 대목에서는 지켈이 'Corea'라 표현했으므로 '고려(高麗)'로 옮긴 것이다. 전통적으로 중국은 한국을 '고려(高麗)'로 표기했고 서양에도 한국은 'Corea'로 알려졌는데, 명 왕조 이후로는 중국에서 한국을 지칭할 때 '조선'과 '고려'를 혼용했다.

지켈이 말하고자 한 바는 일본이 프랑스, 미국과 연합하여 조선을 공격할 것이라는 것보다는 조선이 일본의 침략을 막기 위해서는 프랑스, 미국과 수호통상조약을 체결해야 한다는 것으로 해석할 수 있다.

조선 조정은 이 자문에 큰 충격을 받아 다음날인 8월 7일 차대(次對: 매달 여섯 차례 의정부, 대간, 홍문관의 고위 관료들이 입시하여 국왕에게 중요한 정무를 상주하던 일)를 행했다. 그 내용은 다음과 같다.

영의정 이유원: 북경에서 온 자문은 변경(邊境)에 대한 급보입니다. 일본이 서양 나라들과 교통(交通)한다고 하지만 그 깊은 내막을 우리나라는 정확히 알지 못하고 있습니다. 만일 불의의 변고가 일어날 경우에도, 최근에는 무기도 정예하고 포(砲)도 서로 바라볼 정도로 설치하였으며 군량을 저축한 것으로 몇 해 동안의 수요는 지출할 수 있습니다. 그러나 문제는 편안한 때에도 위태로울 것을 잊지 말아야 한다는 원칙에 있는 것입니다. 안으로는 미리 잘 준비하고 밖으로는 변경 방어를 튼튼히 하도록 더욱 신칙하여야 하는 것입니다. 신이 며칠 전에 이미 해안을 지키는 신하들을 신칙하여 그들로 하여금 정황을 살펴보고 치보(馳報)하도록 하였는데, 어떻게 거행하고 있는지는 알 수 없습니다. 그리고 매번 이런 일에 대해서는 형식적인 문건으로만 보고 그럭저럭 세월을 보내어 우려가 없지 않으니, 각 곤영(閫營)에 분부하여 감히 소홀히 하는 일이 없도록 하는 것이 어떻겠습니까?

이재황: 설사 변경의 급보가 없다고 하더라도 방어하는 일을 어떻게 한 시각인들 소홀히 할 수 있겠는가? 각별히 신칙하는 것이 좋겠다. 자문의 내용이 과연 어떠한가?

이유원: 총리아문에서 우리나라에 알리고 싶은 일이 있으면 그저 그 일만 말하는 것으로 그쳐야 합니다. 무엇 때문에 통상 등의 얘기를 하여 마치 공갈을 치고 유혹하듯이 한단 말입니까? 중국의 일에 대해서는 알 만한 것이 있는데, 우리나라가 무기를 갖추고 변경을 든든히 지키는 것을 어떻게 조금인들 늦출 수 있겠습니까? 준비하였다가 결국 쓰는 일이 없으면 더욱 다행한 일이 될 것입니다.

이재황: 이런 때에는 사학(邪學)을 더욱 철저히 금지해야 한다. 필시 그런 잡된 무리들이 화응(和應)을 하는 바람에 이런 일이 있게 된 것이다. 서양 사람들이 우리나라의 내막을 모른다면 어떻게 감히 침범할 계획을 내겠는가?

이유원: 병법(兵法)에서 가장 중요한 것은 안에서 호응하는 것입니다. 저들이 우리나라 사람들과 몰래 내통하는 것은 우리나라의 일을 알자는 것입니다. 만일 내부에서 호응하는 사람이 없다면 몇 만 리 밖에 있는 사람들이 어떻게 경솔하게 다른 나라에 들이닥칠 수 있겠습니까? 필경 끌어들이는 연줄이 있을 것이며, 그 연줄은 사학을 하는 무리들을 벗어나지 않을 것입니다. 그리고 병서(兵書)에서는 남이 쓰는 꾀를 나도 쓴다고 하였으니 지금 나라를 엿보는 사람이 없는지 어찌 알겠습니까? 이번의 하교는 사학을 더욱 엄격히 금지하라는 것으로 깊이 살펴서 뿌리를 뽑아버릴 수 있는 처방입니다.

이재황: 경의 말은 구구절절 다 옳다. 저것들이 연줄이 없는데야 어떻게 몰래 들어올 수 있겠는가? 그렇기 때문에 (사학을) 철저히 금지하자는 생각이다. (…)

우의정 박규수: 이번의 자문은 역참(驛站)을 통해서 전해진 급보이지만 그 일은 군국(軍國)과 관계되는 것으로서 매우 중요한 일입니다.

이재황: 이런 때에 수령을 더욱 신중하게 골라 써야 할 것인데, 장수의 지략이 있는 사람을 수용(收用)하도록 하라.

박규수: 대신과 장수들이 상의하여 차송(差送)해야 할 것입니다. 지금이 어찌 위로는 임금과 아래로는 신하들이 한가히 보낼 때이겠습니까? 군대를 동원하자면 곡식과 재물을 미리 갖추어 놓은 다음에야 해야 되는 것입니다. 그러나 이것은

아직 급하지 않은 일에 속하는 것입니다. 삼가 바라건대, 전하께서 덕을 수양하고 백성들을 교화하는 방도에 더욱 힘쓴다면 저들이 감히 침범해오지 못할 것입니다. 그리고 나라를 방비하고 지키는 계책과 같은 것은 대신들에게 하문(下問)하여 처리해도 늦지 않을 것입니다. 전하는 500년간의 종묘사직을 책임지고 있습니다. 부탁의 막중함을 염두에 두고 나라를 영구히 유지할 방도에 더욱 힘써야 할 것입니다. 신들이 기원하는 마음이 모두 다 이러한데 전하의 마음이야 더욱 어떠하겠습니까? 중국은 예로부터 전쟁이 있었으나 우리나라는 한쪽 모퉁이에 치우쳐 있기 때문에 이런 일은 없었습니다. 그러나 고려 때에는 오로지 전쟁을 우선했습니다. 우리 왕조에 와서는 슬기로운 임금들이 계속 이어지며 나라의 정사를 잘 행하여 태평성세를 이룩하였으며, 다만 임진년(1592)과 병자년(1636)의 두 난리가 있었을 뿐입니다. 지금은 백성들이 전쟁이란 말조차 모르는데, 일단 이런 말을 들으면 모두 놀라고 겁을 먹을 것입니다. 전하가 정령(政令)을 내려 조치를 취할 때 한결같이 덕을 수양하고 어진 정사를 시행하는 데 힘을 쓴다면 백성들은 모두 감복하고 그들의 마음은 확고하게 되어 외적의 침입이 자연히 없게 될 것입니다. 삼가 바라건대, 전하께서는 더욱 더 깊이 생각하소서. 최근에 파수군(把守軍)의 일로 성상의 염려가 크나 이것은 작은 일입니다. 옛날 주공(周公)이 성왕(成王)을 훈계(訓戒)한 것이 《상서(尚書)》 입정(立政)에 있으니, 그 뜻은 대체로 세 정승으로부터 일반 관리에 이르기까지 모두 바른 사람을 등용하여야 나라의 정사를 제대로 할 수 있고 한 나라의 정사를 제대로 한 다음에야 변방의 여러 나라들이 모두 감복한다는 것입니다. 이렇게 타일러서 가르치고 힘쓰도록 한 것이 매우 컸기 때문에 융성하는 정사를 이룩하였던 것입니다. 전쟁을 계속하면서 무공을 자랑한 것으로는 진(秦) 나라 시황제와 한(漢) 나라 무제만한 사람이 없으나, 정사의 방도에서는 반드시 성왕(成王)을 따라야 합니다. 무엇 때문에 500명의 군사를 가지고 전하께서 자주 염려를 합니까? 웅대한 계책을 가지고 영구한 생각을 한다면 장수는 저절로 적임자를 얻게 될 것이고, 또한 천 리 밖의 적도 이길 수 있을 것입니다.

이재황: 대신의 말이 다 간곡하다. 금위영과 신영(新營)의 무기를 수리하여 갖추어 놓는 데 드는 돈이 대략 얼마나 되는가?

이유원: 그에 대해서는 훈련대장이 연석(筵席)에 나왔으니 하문하시는 것이 좋겠습니다.

훈련대장 이경하: 이미 지난번에 든 것이 2만 냥이며, 기계는 제작한 것이 있지만 활과 화살은 아직 다 되지 못하였습니다. 또 10만 금(金)이 있어야만 일을 마칠 수 있습니다.

이재황: 수레의 제도는 서로 다르다고 하는데, 그 만든 모양을 나는 아직 보지 못하였다.

이유원: 이미 완성된 것을 대궐 안에 끌어들여 전하가 보시게 하는 것이 좋을 것 같습니다. 그리고 물력(物力)에 드는 돈으로는 청전(淸錢) 10만 냥을 우선 더 획급(劃給)하고 부족한 수량은 차차 구획(區劃)하여 일이 다 끝난 다음에 총 수량을 말씀드리겠습니다.

이재황: 알맞게 처리하라.

8월 11일 이유원과 박규수는 일본과의 국교 단절에 대한 책임을 대원군에게 돌리고 왜학훈도 안동준을 처벌할 것과 일본 정세를 탐지하기 위해 역관을 파견할 것을 건의했다.

이재황은 불안한 마음에 더욱 신변경호에 신경을 썼다. 8월 15일에는 무위소(武衛所)를 창설하고 금위대장 조영하를 무위도통사를 겸임하며 숙위군을 지휘·감독하게 했다. 8월 22일에는 훈련도감, 금위영, 어영청의 표하군(標下軍)과 복마군(卜馬軍)을 무위소로 이속(移屬)시켰다. (무위도통사는 금위영, 어영청, 훈련도감 등 3영의 제조(提調)를 겸하면서 용호영과 총융청까지 통솔하였으므로 실질적인 한성부(漢城府) 치안 책임자였다. 1879년 북한산성을 관리하는 경리청(經理廳)이 무위소에 소속되고 북한산성 관장(管將) 이하 모든 관원까지 무위소에 소속됐다. 이로써 무위소는 방위업무도 담당하는 막강한 기구가 됐다.)

조선 조정은 정책 선회를 일본에 알리려고 했으나 공식 접촉통로가 단절된 상태였으므로 금위대장 조영하가 초량 왜관에 머물고 있는 일본 외무성 관리 모리야마 시게루에게 개인 자격으로 서신을 보내는 편법을 썼다(모리야마는 일본 정부에 타협안을 건의했고 이것이 받아들여져 예비조사와 준비공작 임무를 띠고 6월 부산에 도착했다). 그 내용은 지난 몇 년 동안 서열 문제로 두 나라 사이의 300년 우호관계가 단절된 것에 유감을 나타낸 뒤 이는 왜학훈도와 통사 무리들이 중간에서 사실을 은폐하고 왜곡한 때문이라고 변명하고 선린관계 회복을 요청하는 것이었다.

9월 3일 신임 왜학훈도 현석운(玄昔運)이 모리야마와 회담했다. 이때 둘 사이에 일본 외무성이 조선 예조판서에게 새로이 서계를 보내는 게 좋겠다는 합의가 이루어졌다.

모리야마는 조영하의 서한과 현석운과의 접촉을 통해 조선의 태도변화는 대원군의 실각으로 인한 정정(政情)의 불안과 정부 힘의 약화에서 비롯된 것으로 판단했다. 10월 하순 동경에 도착한 모리야마는 자신의 타협안을 철회하고 일본은 조선에 약간의 힘과 압력을 가하면 아무런 양보 없이 목적을 달성할 수 있다고 주장하는 보고서를 외무성에 제출했다. 일본 정부는 모리야마의 건의를 받아들였다.

일본은 적당한 선에서 대만 문제를 조정할 필요가 있었으므로 내무경(內務卿: 내무장관) 오쿠보 도시미치를 청에 파견했다. 9월 14일 천진에 도착한 오쿠보는 이홍장과 교섭했으나 합의를 보지 못했다. 10월 중순 이홍장의 회군 6500명이 대만에 상륙했다. 그러나 금릉기기국(金陵機器局)에서 만든 화포가 성능이 좋지 않아 제대로 일본군에 대응할 수 없었다.

10월 19일 북경에 도착한 오쿠보는 공친왕과 협상했다. 이때 청은 신강을 놓고 러시아와 대립하고 있었던 데다가 운남성, 섬서성, 감숙성에서 일어난 회교도의 반란에 대처해야 했으므로 일본과 전쟁을 할 수 있는 상황이 아니었다. 청 주재 영국 공사 토머스 웨이드(Thomas Francis Wade)의 중재로 청과 일본이 10월 31일 조약을 맺었고, 이에 따라 일본이 50만 냥을 받고 11월 일본군을 철수했다. 이 조약에서 청은 모호하게나마 일본이 유구를 자국 영토로 삼는 것을 묵인했다. (웨이드는 오쿠보에게 일본이 대만이 아닌 조선에 진출한다면 영국을 위시한 구미 열강이 일본을 지원할 것이라고 말했다. 이는 일본을 남하하는 러시아에 대항시키려는 의도에서 한 말이었다.)

일본의 대만 침공으로 청에서는 해방(海防)이냐 새방(塞防)이냐는 논쟁이 일어났다. 해방론을 주장한 이홍장은 일본을 주적으로 보고 해안 방어를 위해 신강을 포기하자고 주장했다. 재정이 곤란한 상황에서 건륭제 때 영토로 편입한 신강을 많은 전비를 들여가며 회복할 가치가 없으며, 신강은 강력한 외부세력에 둘러싸여 있어 방어가 어렵다고 했다. 이에 맞서 새방론자인 좌종당은 신강을 원정할 것을 강력히 주장했다.

11월 초대 러시아 주재 일본 공사 에노모토 다케아키는 외무경 소에지마에게 서신을 보냈다. 그 내용은 러시아는 조선과 일본의 분쟁에 개입하지 않을 것이니 일본이 조기에 조선에 대해 행동에 나설 것을 촉구하는 것이었다.

12월 말 조선에서 민비의 모친인 한창부부인, 이하응의 장인인 민치구, 그의 아들이자 민비의 오라비인 민승호 등이 폭사당하는 사건이 일어났다. 이 사건은 이하응의 소행일 가능성이 크다. 실록은 다음과 같이 전한다.

전 판서(判書) 민승호가 졸하였다. (민승호가 어린 아들과 함께 한창부부인(韓昌府夫人)을 모시고 식사를 하는데, 어떤 사람이 지방 고을에서 바치는 봉물(封物) 비숫한 자그마한 함 하나를 가지고 와서 바치면서 즉시 내실(內室)로 들이도록 하고서 그 사람은 돌아갔다. 민승호가 그 함을 보니 매우 기묘하게 생겨서 직접 자물쇠를 여니 갑자기 굉음이 나면서 크게 폭발하여 어머니, 아들, 손자 세 사람이 모두 해를 당하였다. 그런데 그 함이 어디에서 왔는지 조사해내지 못하였다고 한다.)

전교하기를,

"이 중신이 중후한 자태와 순수하고 독실한 행실이 있었으니 얼마나 충실하였으며 내가 얼마나 의지했던가? 최근 몇 년간 거상(居喪)하느라 자기의 재능을 다 발휘하지 못하였으나 나는 관심을 두고 앞으로 크게 등용하려 하였다. 그런데 뜻밖에 갑자기 서거했다는 부고가 날아드니 극도로 놀랍고 슬픈 마음을 어떻게 다 말하겠는가?

고 판서 민승호의 상사에 동원부기(東園副器) 한 부(部)를 실어 보내고 돈 1000냥, 쌀 30석, 무명과 베 각 5동, 비단 등속 5단(端), 전칠(全漆) 1말을 호조에서 실어 보내도록 하며, 내시를 보내어 호상(護喪)하게 하고 특별히 좌찬성으로 추증하며, 시장(諡狀)을 기다리지 말고 시호를 의정(議定)하며 성복일(成服日)에는 승지를 보내어 치제(致祭)하라."

하였다.

《고종실록》 11년 11월 28일

12월 말 조선 국왕은 박정양(朴定陽, 1841~1905)을 경상좌도 암행어사로 파견했다. 그로 하여금 이하응의 심복으로 일본과의 교섭을 주관한 전 경상도 관찰사 김세호(金世鎬), 전 동래부사 정현덕, 왜학훈도 안동준을 문책하게 하기 위해서였다. (1875년 2월 김세호는 3천리 밖으로 유배됐고, 정현덕도 유배의 처벌을 받았다. 안동준은 1874년 10월 유배됐다가 재임 중에 저지른 부정이 드러나 1875년 4월 효수됐다.)

1875년 1월 12일 청에서 동치제가 천연두로 사망했다. 그에게는 자식이 없었다. 그래서 동태후와 서태후(西太后)는 겨우 4세인 순친왕(醇親王)의 아들 재첨(載湉)을 황제로 즉위시켰다. 이 사람이 청의 11대 황제인 광서제(光緒帝, 재위 1875~1908)다. 순친왕은 도광제의 7남인데 서태후의 여동생과 결혼하여 광서제를 낳았다. 광서제가 어리므로 동태후와 서태후가 섭정했다.

병자수호조약

1875년 2월 일본 정부는 모리야마를 다시 조선에 파견했다. 2월 하순 부산에 도착한 모리야마는 조선 관원과 교섭하기 시작했는데, 조선 측이 양보하여 관례에 벗어나는 서계를 접수하는 데 동의했다. 그럼에도 교섭은 순조롭지 못했다.

4월 모리야마는 소규모 군사시위로 목적을 달성할 수 있다는 보고서를 일본 정부에 보냈다. 다음은 그 내용의 일부다.

조선국에 파견된 우리 모리야마 시게루와 히로쓰 히로노부 두 사람은 2월 25일부터 이달 1일까지의 협상진전 상황을 보고합니다. (…)

지금 이 나라의 정황을 탐지하건대, 재상은 횡사하고 대원군이 서울로 와 바야흐로 두 세력이 생사를 다투고 있는 형편입니다. 한 쪽은 재기를 꿈꾸고 다른 쪽은 이를 저지하고자 서로 안간힘을 다하고 있습니다. 그런데 이 나라의 백성은 거의 반이 대원군의 가렴과 폭정에 원한을 품고 있는 까닭에 갑자기 과거로 돌아갈 수는 없습니다.

그렇기 때문에 우리로서는 적절히 행동하기만 하면 암암리에 개화의 기세를 도울 수 있을 것으로 봅니다. 만일 훗날 대원군이 득세하여 전에 한 약속을 이행하지 않게 된다면 우리도 부득이 크게 힘에 호소하지 않을 수 없는 사태가 올 것입니다.

정황이 그러한즉, 지금 저들이 서로 싸우고 쇄국파가 아직 그 기세를 되찾지 못하고 있을 때 힘을 사용한다면 가벼운 힘의 과시로도 목적을 이루기가 용이하다고 판단합니다. 그렇기 때문에 지금 우리 군함 한두 척을 급파하여 대마도와 이 나라 사이를 드나들게 하고 숨었다 나타났다 하면서 해로를 측량하는 체하며 저들로 하여금 우리의 의도를 헤아리지 못하게 하는 한편 간혹 우리 사신의 협상처리 지연을 힐책하는 듯하는 표시를 보이고 저들에게 위협적인 언사를 쓴다면 안팎으로부터의 성원을 방패 삼아 일처리를 빨리 할 수 있을 뿐만 아니라 국교수립에서 우세한 권리를 얻을 수 있음은 틀림없는 일입니다. 미리 저들의 바다를 측량해 두는 것은 훗날에 일이 있건 없건 우리에게 필요한 일입니다.

우리의 힘을 저들에게 행사할 수 있는 절호의 시기는 바로 지금입니다.

4월 12일 좌종당은 신강 회복을 강력히 주장하는 상주문을 올렸다. 그는 서구 국가들의 궁극적 목적은 교역을 통한 경제적 이득이지 결코 중국의 영토 탈취가 아니라고 주장했다. 또한 신강 방위는 몽고 방위에 필수적이며, 몽고 방위는 북경 방위에 필수적이라고 역설했다. 군기대신 문상과 광서제의 생부 순친왕이 좌종당을 지지하여 4월 23일 신강 원정을 재가하는 최종 결정이 내려졌다. 좌종당은 신강정벌 흠차대신에 임명됐다. 그러나 전비 마련에 시간이 걸려 이듬해 여름에야 원정을 시작할 수 있었다(1876년 3월 청 정부는 홍콩상하이은행에서 500만 냥을 차관했다).

일본은 대만 침략과 사후교섭에 성공하여 유구를 차지한 후 포함외교로 조선을 개국시키려고 했다. 이를 위해서는 사전에 러시아에 상당한 양보를 하여 일본의 조선 침투에 대한 러시아의 묵인을 얻어낼 필요가 있었다.

10개월간의 교섭 끝에 러시아와 일본은 1875년 5월 7일 사할린과 쿠릴 열도를 교환하는 조약을 체결했다. 이 조약에서 일본은 종래의 주장을 철회하고 러시아의 주장을 대부분 받아들였다. 일본은 러시아가 영유해온 쿠릴 열도의 북부를 넘겨받는 대신 사할린 전체를 러시아의 영토로 인정했다. 이렇게 된 것은 일본이 조선 침략과 영국과의 불평등 조약 개정을 당면 목표로 삼고 있었으므로 러시아에 양보하여 러시아의 위협을 먼저 제거해야 했기 때문이다.

6월 일본은 유구 국왕에게 청에 대한 조공을 중지할 것을 명령하고 유구에 일본군을 주둔시켰다.

5월 25일 일본 군함 운양호가 부산에 입항했다. 이는 모리야마의 건의에 따른 것이었다. 러시아와의 조약 체결로 영토분쟁의 가능성이 사라졌으므로 일본은 조선에 대해 무력시위에 나설 여유를 갖게 됐다.

일본 측은 놀란 조선 관원에게 외교사신 호위와 조선의 교섭지연 책임을 묻기 위해 왔다고 답변했다. 6월 12일 군함 제이정묘호(第二丁卯號)가 입항하여 운양호에 합류했다. 조선 관원이 군함 관람을 요청하자 일본 측은 이를 받

홍콩상하이은행(Hong Kong and Shanghai Banking Corporation Limited)

정식 중국어 명칭은 향항상해회풍은행유한공사(香港上海滙豐銀行有限公司)다. 스코틀랜드 출신의 토머스 서덜랜드(Thomas Sutherland)가 로스차일드 가문과 사순 가문의 후원을 얻어 1865년 3월 홍콩에 홍콩상하이은행을 설립했고, 4월 상해에 지점을 열었다. 1866년에는 일본에도 지점을 설치했다. 1874년에는 청 정부에 최초로 차관을 제공했는데, 이후 청 정부는 주로 이 은행을 통해 차관을 얻었다. 1876년 은행장이 된 토머스 잭슨(Thomas Jackson)은 24년간 재임하면서 이 은행을 아시아 최대 은행으로 키웠다. 1888년에는 태국에 진출해 은행권을 발행했다.

1953년 마이클 터너(Michael Turner)가 은행장이 되어 사업 다각화를 시작했다. 1959년에는 영국중동은행(The British Bank of the Middle East)과 상업은행(Mercantile Bank)을 인수했다. 1889년 페르시아 제국은행으로 출발한 영국중동은행은 1940년대와 1950년대에 걸쳐 페르시아 만 지역 국가들로 사업활동 지역을 확장했다. 1853년 봄베이(지금의 뭄바이)에서 발족한 상업은행은 1950년대에 인도뿐 아니라 아시아 여러 나라에 진출했다. 이 두 은행 인수로 홍콩상하이은행이 세계적인 은행이 됐다.

이어 1992년 7월 영국의 미들랜드은행을 인수함으로써 세계 최대 규모의 금융기관들 가운데 하나가 됐다. 홍콩상하이은행은 미들랜드은행을 인수한 뒤에 HSBC 투자은행(HSBC Investment Bank)을 세우고 런던에서의 증권 및 상업금융 사업분야를 이 투자은행에 통합시켰다.

아들여 승선하게 하고 연습을 빙자하여 일본 군함의 위력을 보여주었다. 이어 일본 군함 2척은 일단 돌아갔다.

조선과 일본 사이에 긴장이 고조되자 주일 영국 공사 파크스는 7월 영국 정부에 상황을 보고했고, 곧이어 러시아가 조선을 점령하려 하므로 이에 대응해 거문도를 점령할 것을 건의했다. 그러나 보수당의 디즈레일리(Disraeli) 내각은 이 제안을 거부했다. 러시아가 조선을 점령하려는 의도를 갖고 있지 않으며, 영국의 거문도 점령은 러시아의 조선 침략을 촉진시킬 수 있다고 보았기 때문이다.

8월 4~6일 주일 영국 공사관의 플런켓(F. R. Plunkett) 일행이 거문도를 방문하여 답사하고 주민과 대화를 나누기도 했다. 플런켓 일행은 이어 대마도

쿠릴 열도를 둘러싼 러일간 영토분쟁

일본은 21세기에도 한국, 중국, 러시아와 각각 영토분쟁을 벌이고 있다. 이중 쿠릴 열도(Kuril Islands)를 둘러싼 분쟁은 19세기 중반부터 시작됐다.

캄차카 반도와 일본 북해도 사이에 뻗어 있는 56개의 섬과 많은 암초로 이루어진 쿠릴 열도는 그 길이가 대략 1300km로 북태평양과 오호츠크 해를 가른다. 일본에서는 지시마(千島) 열도라고 부른다.

1855년 2월 체결된 러일 화친조약에서 두 나라는 사할린은 공유하고 쿠릴 열도는 우루프 섬 이북은 러시아 영토, 이투루프 섬은 일본 영토로 정했다. 이투루프 섬의 남쪽에 위치한 쿠나시리 섬, 시코탄 섬, 하보마이 섬(2개의 섬으로 구성)의 소유는 조약에 명시하지 않았지만 당시에는 일본의 영토로 이해됐다.

1875년 5월 체결된 상트페테르부르크 조약에서 러시아와 일본은 사할린은 러시아 영토로, 쿠릴 열도 전부는 일본 영토로 한다는 데 동의했다. 일본은 이 조약을 '화태(樺太: 사할린)-천도(千島) 교환조약'이라고 부른다.

1945년 8월 8일 일본에 선전포고한 소련은 8월 18일과 9월 1일 사이에 쿠릴 열도 전부를 점령했다. 1947년 소련은 쿠릴 열도에 거주하는 모든 일본인을 추방했다.

현재 러시아는 쿠릴 열도 남단에 위치한 쿠나시리, 시코탄, 하보마이 등 4개 섬을 영유하고 있

를 방문하고 8월 9일 부산 외항에 나타났다. 플런켓은 부산에 머물고 있는 모리야마를 선박으로 초청하여 조선과 일본의 교섭 상황을 알아보았다. 플런켓은 대마도에 러시아인은 전혀 없다고 파크스에게 보고했다.

8월 30일 세자 책봉을 주청(奏請)하기 위한 사신 이유원 일행이 사폐(辭陛: 임지로 떠나기 전 임금에게 인사함)하고 청으로 떠났다. 이유원은 청의 실력자 이홍장과 비밀리에 교유하라는 이재황의 밀명을 받았다. (이유원은 귀국 길에 이홍장에게 편지 한 통을 보냈다. 이후 이홍장과 이유원은 해마다 편지를 주고받으며 러시아를 이용해 일본에 대응하는 일에 대해 계속 논의했다.)

1875년 9월 19일 일본은 사할린을 양도하는 의식을 거행했는데, 바로 이

는데 일본은 이 섬들이 자국 영토라고 주장하며 반환을 요구하고 있다.

이 4개 섬을 둘러싼 러시아와 일본의 영토분쟁은 1945년 2월에 체결된 얄타 협정, 7월의 포츠담 선언, 1951년 9월에 체결된 샌프란시스코 강화조약의 내용이 애매한 점에 기인한 것이다.

얄타 협정에는 "쿠릴 열도는 소련에 양도한다(The Kuril Islands shall be handed over to the Soviet Union)"고 규정됐다. 카이로 선언의 이행을 촉구하는 포츠담 선언에서는 일본 영토에 대한 정의가 더욱 애매했다. 포츠담 선언에는 "일본의 주권은 혼슈(本州), 홋카이도(北海島), 규슈(九州), 시코쿠(四國), 그리고 우리가 결정하는 작은 섬들(minor islands)에 그친다"고 규정됐다.

일본은 쿠나시리, 시코탄, 하보마이 섬이 '기술적으로(technically)' 쿠릴 열도의 일부분이 아니라고 주장한다(시코탄과 하보마이는 북해도의 일부로 볼 여지가 있다). 또한 일본은 러일전쟁 이전에도 북방 4개 섬이 러시아 영토였던 적이 없고 러시아 정부가 자국 영토라고 주장한 적이 없으므로 일본이 무력과 탐욕으로 획득한 것이 아니라고 주장한다(카이로 선언에는 일본이 무력과 탐욕으로 획득한 영토는 모두 반환돼야 한다고 규정됐다).

1956년 소련과 일본은 국교를 재개하면서 강화조약이 체결되면 하보마이와 시코탄을 일본에 이양한다고 합의했다(21세기 들어서도 강화조약은 아직 체결되지 않고 있다).

러시아는 2차 세계대전의 결과로 북방 4개 섬이 러시아 영토가 됐고 얄타 협정, 샌프란시스코 강화조약 같은 국제협정에 의해 이들 섬에 대한 러시아의 권리가 보장됐다고 주장하고 있다. 현재 러시아 국민의 절대 다수가 4개 섬 가운데 어느 하나도 일본에 넘겨주어서는 안 된다고 생각하고 있다.

날 운양호 등 일본 군함 4척이 조선을 위협했다(운양호는 영국에서 건조되어 1872년 일본에 인도됐다). 운양호가 한강 어구와 강화도 부근의 조선 영해를 침범하자 강화도 초지진의 조선 포대가 포격을 가했다. 이에 일본 군함은 초지진을 포격했고, 이어 영종도를 포격했다(운양호에 장착된 영국제 함포는 사정거리가 조선이 보유한 대포의 10배였다). 일본 해군은 영종도에 상륙하여 관아와 민가에 불을 지르고 대포 38문, 화승총 130여 정을 노획했다. 22일 운양호 등 일본 군함들이 노획물을 싣고 나가사키로 돌아갔다. 29일 운양호가 일본으로 돌아와 성명을 발표하자 일본에서는 다시 정조론이 거세게 일어났다.

10월 중순 청 정부는 청 주재 일본 대리공사 정영녕(鄭永寧)을 통해 일본 함대가 강화도를 공격했다는 사실을 알게 됐다.

11월 일본 정부는 조선과의 국교 수립에 대한 청의 의향을 알아보려고 모리 아리노리(森有禮, 1847~1889)를 초대 주청 일본 공사로 임명하여 파견했다.

12월 중순 북경에 도착한 모리는 먼저 영국 공사와 러시아 공사에게 지원을 요청했다. 영국은 마거리(Margary) 사건으로 청과 단교 상태여서 이에 응할 수 없었다. 러시아는 조선에 진출할 여력이 없었으므로 현상유지를 원하고 있었다.

1876년(고종 13년) 1월 9일 일본은 군함 3척, 수송선 3척에 병력 600명을 실어 조선으로 보냈다. 육군 중장 겸 참의인 구로다 기요타카(黑田淸隆)가 전권대표, 원로원 의관인 이노우에 가오루가 부대표였다. 11일 모리 아리노리는 총리아문에 가서 공친왕을 만나 국서를 전달하고 조선과 일본의 교섭 경과를 설명했다. 모리는 청 대표인 총리아문 수석대신 심계분(沈桂芬)과 만나 조선에 대한 청의 종주권 문제에 관해 토론했다.

모리와의 회담에서 심계분은 조선은 청의 속방이나 그 내치와 외교를 자주에 맡기고 청이 간여하지 않는다고 하였다. 모리는 그렇다면 조선은 독립국이며 속방은 허명에 불과하다고 주장했다. 일본은 청의 간섭을 배제하고 독자적으로 조선과 교섭하기 위한 명분을 찾고 있었다. 1월 14일 총리아문은 모리에게 다음과 같이 회답했다.

중국은 예전부터 조선의 정사에 억지로 간섭한 적은 없지만 그 안전만큼은 간절히 바란다. … 귀 대신이 모든 처사는 조약에 따라 해야 한다고 말한 바 있으니, 우리는 다만 귀 대신이 귀국 정부에 군사를 일으킬 필요까지는 없을 뿐만 아니라 사절을 파견해 문죄하는 절차마저도 반드시 심사숙고하고 계획을 잘 세워야 한다는 우리의 의사를 전달해 주기를 희망한다. 또한 양국의 요구에 모두 맞는 방안을 선택하여 두 나라 국경지역을 안정시키고 '수호조약' 내용대로 두 나라가 영토를 서로 침범하지 않는다는 약속을 끝까지 지키는 것이 본 왕(공친왕)과 대신들이 바라는 바이다.

구로다 기요타카는 부산에 도착하여 1월 15일 왜관의 책임자인 야마노조

스케나가(山之城祐長)를 통해 "일본국 대신이 장차 강화도로 가서 귀국의 전권대신과 회담할 것인데 만약 대신이 나를 맞이하지 않는다면 경성으로 직진하겠다. 강화도에 도달하는 때는 7~8일 후가 될 것이다"라고 조선 조정에 협박을 가했다. 이때 일본은 시모노세키에 '정조사무국(征朝事務局)'을 설치하고 전쟁을 준비하고 있었다.

1월 19일 북양대신 이홍장이 총리아문에 서신을 보내 조선과 일본의 관계에 대한 자신의 견해를 밝혔다. 청이 신강을 놓고 러시아와 계속 긴장상태에 있는데다가 마거리 사건으로 영국과도 대립하고 있었기에 이홍장은 조선 문제로 일본과 충돌하기를 꺼렸다. 다음은 서신의 내용 중 일부다.

두 나라 사이에 분쟁이 계속된다면 군사적 충돌이 일어나기 쉽습니다. 조선은 빈약한 나라이므로 실제로 전쟁이 일어나면 일본의 상대가 될 수 없습니다. 앞으로 이 나라가 옛 명나라 시기와 같이 우리나라에 구원을 청한다면 어떻게 이에 대응하겠습니까. …

더욱 두려운 것은 만일 조선이 일본에 의해 억압을 받거나 점령되기라도 하면 동북3성이라는 우리의 근본적이고 중요한 땅이 직접적으로 울타리를 잃게 되고 말 것이라는 점입니다. 이렇게 되면 우리는 순망치한의 상황으로 치달아 그 후환을 이루 말로 다 할 수 없게 될 것이니, 이에 대비하지 않을 수 없습니다. …

속히 조선 조정에 비밀리에 서신을 보내 작은 노여움은 참고 예의로 일본 사절을 대하고, 또한 일본에 사절을 보내어 일본 군함을 포격한 원인을 해명함으로써 긴장감이 고조되고 있는 양국의 분위기를 완화하라고 권해야 합니다. 그리고 일본과 통상교류를 할지에 대한 조선의 판단은 조선의 내정이므로 본래 중국에서 간섭할 바가 아닙니다.

이렇게 우리가 솔직히 말한다면 체면은 잃지 않을 것입니다. 만약 조선이 순응한다면 군사적 침략을 잠시 모면할 수 있을 것이요, 만약 조선이 응하지 않는다면

우리 중국으로는 이미 조선을 보살펴주는 의무와 성의를 다한 것입니다. 장래 양
국 간에 전쟁이 일어나 조선이 우리에게 원병을 요청하고 일본이 비난할지라도
우리는 할 말이 있게 됩니다.

1월 24일 모리는 천진 보정부(保定府)로 가서 이홍장과 청, 조선, 일본의
관계에 대해 7시간이나 회담했다. 다음은 회담 내용의 일부다.

모리: 각국에서 모두 조선은 다만 조공과 책봉에 관하여 중국과 교섭이 있을 뿐
이며 중국은 조선의 조세와 양식을 받지 않고 정치사무에 간섭하지 않기 때문에
속국이라 할 수 없다고 말한다.

이홍장: 조선이 숭국에 수전 년 동안 예속돼온 일을 누가 모르는가? 중일조약에
기록되어 있는 '소속방토(所屬邦土)'에서 토(土)는 곧 중국의 각 직속 성(省)을 가
리키며, 이는 내지로서 안에 있는 속국인 것이요, 우리는 이들에 대해 조세를 징
수하고 양식을 거두어들이며 그 정사를 관할한다. 방(邦)은 고려를 비롯한 여러
나라를 가리키며 이는 외번(外藩)으로 밖에 있는 속국을 가리킨다. 조세, 양식,
정사 등은 모두 각기 그 나라에서 스스로 관리한다. 그동안 이렇게 해왔고, 이는
결코 우리 청조에서 시작한 것이 아니다. 그러니 어찌 조선을 속국이라 하지 않
겠는가?

회담 중에 일본의 명치유신이 화제가 되어 논쟁이 벌어지기도 했다. 모리
가 "서양의 학문은 아주 유용한데 중국의 학문은 7할이 구식이라 3할밖에 취할
바가 없다"고 하자 이홍장은 "귀국의 거사(명치유신)는 아주 잘한 일이라고 생
각되나 이전의 의복을 버리고 서양식을 모방하는 일은 이해하지 못 하겠다"고
일본 복식의 서구화를 비난했다. 이에 모리는 "옛날 의복은 넓고 편해서 무사
안일한 사람에게 적당하지 근면한 사람에게는 맞지 않다. 천년 전에 우리 조상

이 중국의 의복이 가진 우수한 점을 보고 받아들였다면 현재는 서양의 장점을 보고 배우는 것"이라고 응대했다. 이홍장이 "옛 의복을 버리고 서양식을 따르는 것은 독립정신을 포기하고 서구의 지배를 받는 것"이라고 공격하자 모리는 "외압 때문이 아니라 우리 스스로 결정한 일"이라고 반박했다. (모리 아리노리의 수행원인 다케조에 신이치로(竹添進一郎)가 모리와 중국 고관들의 회담을 기록했다. 다케조에는 일찍이 한학을 배워 한문에 능했다. 그는 1882년 11월

모리 아리노리와 일본의 어문정책

모리 아리노리는 사쓰마 번의 사무라이 가문에서 태어났다. 어려서부터 양학(洋學)을 배우다가 1865년 영국의 런던 대학(University College London)으로 유학 가서 수학, 물리 등을 공부했다. 명치유신 직후 귀국하여 여러 공직을 맡았다.

모리는 1871~1873년에 초대 주미 일본 공사를 지냈는데, 이때 서양의 교육방식과 각종 사회제도에 깊은 관심을 가졌다. 1873년 초에 귀국한 그는 후쿠자와 유키치, 니시 아마네(西周), 니시무라 시게키(西村茂樹), 나카무라 마사나오(中村正直), 가토 히로유키(加藤弘之), 쓰다 마미치(津田眞道) 등 일본의 대표적인 계몽지식인들과 함께 일본 최초의 근대적 지식인 모임인 명육사(明六社)를 결성했다. 명육사의 지식인들은 유신정부를 통하여 문명개화를 실천해 부국강병을 이룰 것을 지향했다. 모리는 종교의 자유, 교육의 세속화, 남성과 평등한 여성의 권리(선거권 제외)를 주장했다.

모리는 1875년 초 동경에 일본 최초의 상과대학인 상법강습소(商法講習所, 히토쓰바시(一橋)대학의 전신)를 개설했다. 그 후 주청 공사, 외무성 차관. 주영 공사를 역임했다. 영국에 가서 그를 만난 이토는 그의 재능을 높이 평가했다.

모리는 1885년 1차 이토 내각의 초대 문부성 대신이 됐고, 구로다 기요타카(黑田淸隆) 내각(1886~1889)에서도 유임됐다. 모리는 소학교령, 중학교령, 제국대학령을 제정하여 국가주의적 근대 교육제도를 확립했다. 이때 일본에 6년간의 의무교육, 남녀공학 등이 도입됐다. 모리는 여학생 교육의 목표를 현모양처 양성에 두었다.

개국 후 전면적으로 서구문물에 맞닥뜨린 일본은 자국의 후진성을 절감했는데, 열등감이 지나쳐 일본민족 허무주의에 빠지기도 했다. 더 나아가 일본인은 서구인에 비해 체격이나 지능이 인종적으로 열등하므로 서구인과의 결혼을 통해 생물학적 인종개량(=백색인종화)을 하지 않으면 미래에 희망이 없다는 주장까지 나왔다.

모리도 일본인 개조론을 주장했다. 그 요지는 "일본 청년들이 미국에 가서 미국 여성과 결혼한

조선 주재 일본 공사로 임명되어 1883년 1월 서울에 부임한다.)

1월 25일 구로다가 군함 5척과 수병 600명을 거느리고 강화도에 나타났다. 30일 오경석의 보고를 받은 조선 조정은 어영대장 신헌을 접견대신으로, 도총부의 부도총 윤자승(尹滋承)을 부관으로 각각 임명해 대응하게 했다. 역관 오경석, 현석운과 저명한 시인 강위(姜瑋)도 실무진의 일원으로 교섭에 참여했다.

2월 10일(음력 정월 16일) 신헌과 구로다는 강화도에서 첫 대면을 했고

후 일본으로 돌아와 체력과 지력이 우수한 혼혈자식을 낳고 이를 바탕으로 일본인을 인종적으로 개량해야 한다"는 것이었다.

서구식 근대화 열풍이 분 명치시대에 일본의 어문개혁 논의는 두 가지 갈래로 전개됐다. 한 갈래는 일본어를 폐지하고 영어를 국어로 사용하자는 것이었고, 다른 한 갈래는 일본어는 그대로 사용하되 표의문자인 한자의 사용을 중단하고 표음문자를 사용하자는 것이었다. 표음문자 사용에 대해서는 영어의 알파벳을 채용하자는 주장과 가나를 전용하자는 주장이 대립했다. 전자가 '로마자파' 이고 후자가 '가나파' 다. 로마자파는 1884년 로마자회를 결성했는데 회원이 약 2만 명에 이르렀다.

모리 아리노리는 영어를 국어로 삼자고 주장한 대표적 인물이다. 모리는 구어와 문어(文語: 한문투의 문장)의 차이가 메울 수 없을 정도로 벌어진 일본어에 절망했다. 그는 서양 열강은 구어와 문어가 일치하여 국민이 형성되고 급속히 발전하게 된 것으로 보았다. 그는 1870년에 《Education in Japan(日本の教育)》을 영어로 저술한 후 일본어로 번역했는데, 이 책에서 "일본은 서구어 중 어느 하나를 국어로 채용하지 않으면 장차 세계 선진국과 보조를 함께하여 전진할 수 없을 것"이라고 주장했다.

모리는 구체적으로 간이영어(簡易英語: 불규칙성을 제거한 단순한 영어)를 일본에 도입하자고 제안했다. 이에 대해 자유민권 사상가인 바바 다쓰이(馬場辰猪, 1850~1888)는 일본어가 한자어나 한문에 의존하는 것은 영어가 라틴어에 의존하는 것과 다를 바 없다며 모리의 주장을 반박했다. 그리고 영어 도입은 일본인을 두 계급(영어를 쓰는 계급과 영어를 쓰지 못하는 계급)으로 명확하게 분열시킬 것이라고 우려했다.

그런데 젊은 시절에 영국에서 공부하느라 한학의 소양을 쌓지 못한 바바는 웅변은 뛰어났으나 일본어로 글을 쓰지는 못했다. 그는 오직 영어로만 저술활동을 했는데, 이는 모리가 한탄한 일본어 구어와 문어의 간극을 입증하는 것이었다.

명치 시기의 일본 어문개혁 논쟁은 '민족주체성' 이냐 '사대주의' 냐는 관점에서 봐야 할 것이 아니라 국민국가 형성을 위한 방법론의 대립이라는 관점에서 봐야 한다.

이어 11일, 12일, 13일 세 차례 회담했다. 12일 구로다는 조약안 13개 항목을 제시했다. 이런 통상 요구에 신헌은 "조선은 물산이 곡물과 면화밖에 없어 교역이 의미가 없다"며 반대했다. 13일 구로다는 10일 이내에 조약안에 대해 회답할 것을 요구하면서, 조선이 거절한다면 군사행동도 불사하겠다고 협박했다. 회담을 마친 신헌은 일본에 대해 경계하는 마음을 굳게 가져야 한다고 조정에 보고했다. 15일 오경석은 술자리에서 조선어를 하는 일본 측 통역과 다음과 같은 대화를 나누었다.

오경석: 귀국 사람이 타고 온 화선(火船: 기선)이 모두 임대한 선박이라 하니 비용이 적지 않게 들 것 같다.

일본 통역: 임대 선박의 비용이 적지 않은 것이 사실이다.

오경석: 귀국에 화선이 없다면 어느 나라에서 임대하는가?

일본 통역: 우리나라에 이미 많이 있는데 어찌 다른 나라에서 빌리겠는가?

오경석: 일본에는 철로와 전선이란 것이 있다고 들었다.

일본 통역: 그렇다. 수천 리에 철로가 펼쳐져 있어 기차를 오가게 하고, 동경에서 나가사키까지 전선으로 연락한다.

오경석: 전선이란 어떤 물건인가?

일본 통역: 동철로 줄을 만든 다음 산에 걸고 바다에 매설하여 수천 리를 길게 연결한다. 그러고는 양 끝에서 두드려서 소리를 내어 말을 전달한다. 그러므로 설령 외국의 일이라도 삽시간에 서로 전할 수 있다.

오경석: 귀국의 교린국 가운데 어느 나라가 가장 강한가?

일본 통역: 아라사가 가장 강해 각국에서 두려워한다. 우리나라가 교린하는 17개국이 모두 우리와 조약을 맺고 있다.

조선 조정에서는 일본과의 새로운 수교에 대해 찬반의견이 대립했으나 결국은 수호조약을 체결하기로 결정됐다. 18일 조선 조정은 신헌에게 조약 체결을 거부할 필요가 없다고 통보하고 19일 조약 체결에 관한 전권을 주었다.

2월 27일(음력 2월 3일) 흔히 '강화도 조약'으로 불리는 '조일수호조규'가 체결됐다. 조약체결 날짜는 2월 26일이다. 이 조약은 비준 절차에 관한 규정을 두지 않고 조약체결 당일로 효력을 발휘한다고 했다. 그 내용은 다음과 같다.

대일본국은 대조선국과 본디 우의를 두터이 하여온 지가 여러 해 되었으나 지금 두 나라의 정의(情意)가 미흡한 것을 보고 다시 옛날의 우호관계를 닦아 친목을 공고히 한다.

이는 일본국 성부에서 선발한 특명전권 변리대신 육군 중장 겸 참의 개척장관 구로다 기요타카와 특명부전권 변리대신 의관 이노우에 가오루가 조선국 강화부(江華府)에 와서 조선국 정부에서 선발한 판중추부사 신헌과 부총관 윤자승과 함께 각기 받든 유지(諭旨)에 따라 조관(條款)을 의정(議定)한 것으로서 아래에 열거한다.

제1관: 조선국은 자주국가로서 일본국과 평등한 권리를 보유한다. 이후 양국은 화친의 실상을 표시하려면 모름지기 서로 동등한 예의로 대해야 하고, 조금이라도 상대방의 권리를 침범하거나 의심하지 말아야 한다. 우선 종전 교제의 정을 막을 우려가 있는 여러 가지 규례들을 일체 혁파하여 없애고 너그럽고 융통성 있는 법을 열고 넓히는 데 힘써 영구히 서로 편안하기를 기약한다.

제2관: 일본국 정부는 지금부터 15개월 뒤에 수시로 사신을 파견하여 조선국 경성(京城)에 가서 직접 예조판서를 만나 교제사무를 토의하며, 그 사신이 주재하는 기간은 다 그때의 형편에 맞게 정한다. 조선국 정부도 수시로 사신을 파견하여 일본국 동경(東京)에 가서 직접 외무경을 만나 교제사무를 토의하며, 그 사신이 주재하는 기간 역시 그때의 형편에 맞게 정한다.

제3관: 이후 양국 간에 오가는 공문은, 일본은 자기 나라 글을 쓰되 지금부터 10년 동안은 한문으로 번역한 것 1본(本)을 별도로 구비한다. 조선은 한문을 쓴다.

제4관: 조선국 부산 초량항에는 오래 전에 일본 공관이 세워져 있어 두 나라 백성의 통상지구가 되었다. 지금은 종전 관례와 세견선(歲遣船) 등의 일은 혁파하여 없애고 새로 세운 조관에 준하여 무역사무를 처리한다. 또 조선국 정부는 제5관에 실린 두 곳의 항구를 별도로 개항하여 일본국 인민이 오가면서 통상하도록 허가하며, 해당 지역에서 임차한 터에 가옥을 짓거나 혹은 임시로 거주하는 사람들의 집은 각각 그 편의에 따르게 한다.

제5관: 경기, 충청, 전라, 경상, 함경 5도(道) 가운데 연해의 통상하기에 편리한 항구 두 곳을 골라 지명을 지정한다. 개항의 시기는 일본력 명치(明治) 9년 2월, 조선력 병자년(1876) 2월부터 계산하여 모두 20개월로 한다.

제6관: 이후 일본국 배가 조선국 연해에서 큰 바람을 만나거나 땔나무와 식량이 떨어져 지정된 항구까지 갈 수 없을 때에는 즉시 곳에 따라 연안의 지항(支港)에 들어가 위험을 피하고 모자라는 것을 보충하며, 선구(船具)를 수리하고 땔나무와 숯을 사는 일 등은 그 지방에서 공급하고 비용은 반드시 선주(船主)가 배상해야 한다. 이러한 일들에 대해서 지방의 관리와 백성은 특별히 신경을 써서 가련히 여기고 구원하여 보충해주지 않음이 없어야 할 것이며 감히 아끼고 인색해서는 안 된다. 혹시 양국의 배가 큰 바다에서 파괴되어 배에 탄 사람들이 표류하여 이르면 곳에 따라 지방 사람들이 즉시 구휼하여 생명을 보전해 주고 지방관에게 보고하며, 해당 관청에서는 본국으로 호송하거나 가까이에 주재하는 본국 관원에게 교부한다.

제7관: 조선국 연해의 도서와 암초는 종전에 자세히 조사한 것이 없어 극히 위험하므로 일본국 항해자들이 수시로 해안을 측량하여 위치와 깊이를 재고 도지(圖志)를 제작하여 양국의 배와 사람들이 위험한 곳을 피하고 안전한 데로 다닐 수 있도록 한다.

제8관: 이후 일본국 정부는 조선국에서 지정한 각 항구에 일본국 상인을 관리하는 관청을 수시로 설치하고, 양국에 관계되는 안건이 제기되면 소재지의 지방 장관과 토의하여 처리한다.

제9관: 양국이 우호관계를 맺은 이상 피차의 백성들은 각자 임의로 무역하며, 양국 관리들은 조금도 간섭할 수 없고 또 제한하거나 금지할 수도 없다. 양국 상인들이 값을 속여 팔거나 대차료(貸借料)를 물지 않는 등의 일이 있을 경우 양국 관리는 포탈한 해당 상인을 엄히 잡아서 부채를 갚게 한다. 단 양국 정부는 대신 상환하지 못한다.

제10관: 일본국 인민이 조선국이 지정한 각 항구에서 죄를 범하였을 경우 조선국에 교섭하여 인민은 모두 일본국에 돌려보내 심리하여 판결하고 조선국 인민이 죄를 범하였을 경우 일본국에 교섭하여 인민은 모두 소선 관청에 넘겨 소사 판결하되 각각 그 나라의 법률에 근거하여 심문하고 판결하며, 조금이라도 엄호하거나 비호함이 없이 공평하고 정당하게 처리한다.

제11관: 양국이 우호관계를 맺은 이상 별도로 통상장정을 제정하여 양국 상인들이 편리하게 한다. 또 현재 논의하여 제정한 각 조관 가운데 다시 세목을 보충해서 적용조건에 편리하게 한다. 지금부터 6개월 안에 양국은 따로 위원(委員)을 파견하여 조선국의 경성이나 혹은 강화부에 모여 상의하여 결정한다.

제12관: 이상 11관 의정 조약은 이날부터 양국이 성실히 준수하고 준행하는 시작으로 삼는다. 양국 정부는 다시 고치지 못하고 영원히 성실하게 준수해서 화호(和好)를 두텁게 한다. 이를 위하여 조약서 2본을 작성하여 양국 위임 대신이 각각 날인하고 서로 교환하여 신임을 명백히 한다.

대조선국 개국 485년 병자 2월 초2일

대관 판중추부사 신헌

부관 도총부 부총관 윤자승

대일본국 기원 2536년 명치 9년 2월 26일

대일본국 특명전권 변리대신 육군 중장 겸 참의 개척장관 구로다 기요타카

대일본국 특명부전권 변리대신 의관 이노우에 가오루

강화도 조약 체결을 위한 교섭에서 조선 대표 신헌과 윤자승의 수행원으로 활동한 오경석은 교섭하는 동안 일본 사절 일행의 객사에 출입하며 일본 정세를 물었다. 오경석은 일본 외교관인 미야모토 쇼이치(宮本小一), 모리야마 시게루 등에게 일본의 기선, 군함, 기차, 외국과의 통신 등에 대해 질문하고 그 원동력인 석탄의 이용방법을 숙지했다. 그는 "우리나라도 철과 석탄 채굴법을 알게 되면 반드시 부강해질 것"이라고 생각했다. 조약이 체결된 후 서울로 돌아온 오경석은 김옥균을 초청하여 일본 정세를 말하며 일본인과의 교제를 권했다. 그는 김옥균에게 차후 기회가 와서 일본인과 교류하게 되면 장래 일본을 시찰할 수 있을 것이라고 말했다.

3월 17일(음력 2월 22일) 조선 정부는 홍문관 응교(應敎: 정4품 관직) 김기수(金綺秀)를 예조참의로 승진시키고 수신사(修信使)로 임명하여 일본을 시찰하게 했다. 한학당상역관(漢學堂上譯官) 이용숙(李容肅)과 왜학당상역관(倭學堂上譯官) 현석운, 의관(醫官) 박영선(朴永善) 등이 동행했다. 다음은 주요 수신사 일행이다.

별견 당상(別遣堂上): 가선대부(嘉善大夫) 현석운

장무관(掌務官): 전 참봉(參奉) 현제순(玄濟舜)

건량관(乾糧官): 전 참봉 고영희(高永喜)

별견 한학 당상(漢學堂上): 가의대부(嘉義大夫) 이용숙

화원(畵員): 부사과(副司果) 김용원(金鏞元).

서기(書記): 부사과 박영선(朴永善).

군관(軍官): 전 낭청(郎廳) 김문식(金汝植), 전 판관(判官) 오현기(吳顯耆).

반당(伴倘): 부사과 안광묵, 전 낭청 김상필(金相弼).

수신사 일행 75명은 4월 27일 서울을 떠나 부산포로 향했는데, 이날 조선 국왕 이재황은 김기수가 사폐하는 자리에서 다음과 같이 하교했다.

이재황: 이번 길은 단지 멀리 바다를 건너가는 일일 뿐 아니라 처음 가는 길이니, 모든 일은 반드시 잘 조처하고 그곳 사정을 반드시 자세히 탐지해가지고 오는 것이 좋겠다.

김기수: 삼가 하교(下敎)에 따라 받들어 거행하겠습니다.

이재황: 대체로 보고할 만한 일들은 모름지기 빠짐없이 하나하나 써 가지고 오라.

김기수: 삼가 하교하신 대로 받들어 거행하겠습니다.

수신사 일행은 5월 19일 동래에 도착, 20일 해신제(海神祭)를 지냈다. 5월 22일(음력 4월 29일) 부산포에서 일본 기선 황룡환 호를 타고 바다를 건너 하룻만에 시모노세키에 도착했다(이전의 조선 통신사 일행은 대마도를 거치는데다 풍랑으로 장애가 많았으므로 시모노세키에 도착하는데 10일 이상 걸렸다). 조선 수신사 일행은 6월 18일 동경을 떠나 귀국길에 오를 때까지 한 달 가까이 일본에 머물며 고베, 요코하마, 동경 등을 들러 전기보급, 군수산업, 군사훈련 등을 살펴보고 돌아왔다. 김기수는 《일동기유(日東記遊)》에서 여정을 다음과 같이 기록했다.

병자년 4월 29일(경인)에 부산포에서 배를 타니, 이 달은 작아서 마지막 날이었다.

5월 1일(신묘) 아침, 장문주(長門州)(적간관(赤間關) 혹은 적마관(赤馬關)이라고도

하고, 혹은 단지 하관(下關)이라고 한다)에 도착하니 한나절 하룻밤이 걸렸다. 밤에는 배 안에서 잤다. 배가 밤낮 없이 가게 되니 사람은 잤지만 배는 멈추지 않았다. 중류에 배를 멈추고 작은 배로 육지에 내렸다. (배를 탈 때나 내릴 때나 반드시 중류에서 배를 멈추고 작은 배로 오르고 내리니, 이것은 이 배가 얕은 해변에서는 정박할 수가 없기 때문이다.) … 영복사(永福寺)에 들어가 오찬을 먹고(이로부터 배 안에서의 특별한 음식 대접은 반드시 지방관이 외무성(外務省)의 지시를 받아서 차려 왔다) 이어 하룻밤을 잤다. 부산에서 이곳까지는 800리나 된다.

2일(임진) 다시 배를 타고 미시(未時)에 앞으로 나아갔다. 배 안에서 이틀 밤을 잤다.

4일(갑오) 새벽 신호항(神戶港)에 정박하니, 적관(赤關)에서 이곳까지는 1700리다. 아침에 배에서 내려 시중에 있는 회사(會社) 누각에서 쉬었다. 오찬을 먹고 신시(申時)에 다시 배에 올라 배 안에서 잤다.

5일(을미) 진시(辰時)에 배가 출발하였다. 배 안에서 이틀 밤을 잤다.

7일(정유) 아침에 횡빈에 정박하니, 신호에서 이곳까지는 2400리이다. 배에서 내려 철로관(鐵路關)에서 조금 쉬었다. 여기서 강호(江戶)까지는 110리인데 육로다. 오시에 출발, 신시에 강호의 연료관(延遼館)에 도착하여(연료관은 예전 대장경(大藏卿)의 집인데 일명 부소로관(富少路關)이라고 한다) 머물렀다. 낮에는 혹 일을 보기 위해 다른 곳에 가기도 하고, 밤에는 이곳에서 유숙하였다.

8일(무술) 외무성을 예방하였다.

10일(경자) 적판궁(赤坂宮)을 예방하고 돌아오는 길에 잠시 어화원(御花苑)에서 쉬었다. 오찬을 가져왔는데 이는 삼산무(森山茂)가 내는 것이었다.

12일(임인) 원료관(遠遼館)(이 또한 연료관(延遼館)이라고도 한다)에서 연회(宴會) 하선연(下船宴)를 받고 돌아오는 길에 박물원을 관람하였다.

15일(을사) 육군성(陸軍省) 안에 있는 교련장(敎鍊場)에서 군대 훈련을 관람하였다. 돌아오는 길에 외무성에 들어가 오찬을 먹었다.

16일(병오) 궁본소일(宮本少一)의 장화원(長華園)에 갔다.

17일(정미) 해군성(海軍省)을 관람하고, 그 길로 정상형(井上馨)의 집으로 갔다.

19일(기유) 대마도주 종중정(宗重正)의 심천(深川) 별장에 갔다.

20일(경술) 삼산무의 집에 갔다.

21일(신해) 육군성의 병학료(兵學寮)를 관람하고, 소석정(小石亭) 위에서 오찬을 먹었다. 그 길로 공부성(工部省)의 공학료(工學寮)에 가서 전선(電線)을 보았다. 돌아오는 길에 공부경(工部卿) 이등박문(伊藤博文) 집에서 베푼 연회에 갔다.

23일(계축) 태학(太學)을 관람하고 선사(先師) 공자(孔子)의 소상에 첨알하였다. 돌아오는 길에 개성학교(開城學校)와 동경 여자사범학교를 관람하였다.

24일(갑인) 원로원(元老院)을 지나 원료관(遠遼館)에 가서 연회(상선연(上船宴))를 받았다.

26일(병진) 외무성을 예방(禮訪)하였다. (작별을 알리기 위함이었다.)

27일(정사) 본국으로 돌아오는 길에 올랐다. 신교(新橋)에서 화륜차(火輪車)를 타고, 횡빈(橫濱)의 철로관(鐵路關)에 와서 오찬을 먹었다. 미시에 배를 타고 횡수하(橫水河, 橫須賀)에 이르러 배를 정박하고 하룻밤을 잤다.

28일(무오) 미시에 또 떠났으나 바람에 뱃길이 막혀 500여 리를 둘러서 횡수하 근방 30리에 와서 정박하여, 또 배 안에서 하룻밤을 잤다.

29일(기미) 사시(巳時)에 출발하였다. 배에서 이틀 밤을 자고 신유일에 비로소 신호(神戶)에 도착하니, 이날은 윤 5월 1일이었다. 병이 나서 배에서 내리지 못하고 그대로 배 안에서 유숙하였다.

2일(임술) 잠시 배에서 내려 또 회사 누각(樓閣)에서 쉬었다. 오찬을 먹고 즉시 배에 올라 또 하룻밤을 잤다. 횡빈에서 이곳까지는 2400리인데, 횡수하 이전에 길을 50~60리 돌고, 이후에 또 500리나 돌았으니 합계하면 3000여 리나 된 셈이다.

3일(계해) 새벽에 배가 출발하였다. 배에서 하룻밤 자고 갑자일(4일) 이른 아침에 적마관(赤馬關)에 정박하였다. 일주야(一晝夜)에 1700리나 갔으니 만족스러웠다. 배에서 내려 영복사에서 오찬을 먹고, 조금 쉬었다가 다시 배에 올랐다.

4일(갑자) 이날 신시에 배가 출발하였다. 밤에 큰 바람이 일어나서 300여 리나 갔다가, 배를 다시 뒤로 돌려 정박하고 하룻밤을 잤다.

5일(을축) 풍세(風勢)가 여전히 거슬러 불므로 하는 수 없이 길을 둘아 대마도까지 가서 배에서 내려 이정암(以酊庵)에서 유숙하였다. 이정암의 중 현소(玄蘇)는 예전 임진년(壬辰年) 때의 한 왜승(倭僧)인데, 그가 정유년(丁酉年)에 출생한 이유로 우리 소경왕(昭敬王: 선조)께서 이정암(以酊庵)이란 칭호를 특사한 것이다.

6일(병인) 정오에 구 도주(舊島主) 종의화(宗義和)(종중정(宗重正)의 아버지)의 집에서 베푼 연회에 갔다. 신시에 배를 탔으나, 해시 초에야 바람이 조금 쉬므로 그제야 배가 출발하였다. 배 안에서 하룻밤을 유숙하고 이튿날 윤 5월 7일 정묘(丁卯)에 부산에 돌아와 정박하였다. 적마관이 여기서 800리나 되는데, 적마관에서 길을 돈 것이 또 700여 리나 되며, 적마관에서 대마도까지가 800여 리나 되고, 대마도에서 이곳까지가 또 600여 리나 되니, 갈 때의 길을 계산하면 5010리요, 돌아올 때는 둘러온 길까지 7000여 리나 되는 셈이다.

동래부(東萊府)에서 5일 동안 머물렀다가 출발하여 18일 만에야 서울에 도착하니, 길 이수(里數)가 1110리나 되었다. 갈 때의 길과 합계하면 2220리나 된다. 이번 걸음을 갈 때의 길과 돌아올 때의 길을 전부 통틀어 계산하면, 1만 4200여 리나 되는 셈이다.

수신사 일행은 일본의 발달된 문물에 모두 감탄했는데, 김기수는《일동기유(日東記遊)》에서 처음 기차를 탄 소감을 다음과 같이 적었다.

신호(神戶)에 도착하니 벌써 각국 사람들을 많이 볼 수가 있다. 구라파의 여러 나라 사람, 아라사 사람, 미국 사람은 모두 눈이 깊숙하고 코가 높직하며 머리는 누르고 의복 제도도 대략 같아서 구라파 사람과 아라사 사람을 끝내 분별하기 어렵다. 성년(成年)하지 않은 여자는 머리를 풀어헤치고 다니는데 한 무더기 누른 빛깔이 마치 텁수룩한 개꼬리 같다. 여자의 치마는 서너너덧 자락뿐인데, 올라갈수록 짧고 겹겹으로 포개어 이상스럽고 빛깔은 희기도 하며 누르기도 하다. 얼굴은 엷은 비단 족두리로 가렸는데 이는 먼지를 피하기 위한 것이지만, 보기에 더욱 괴상스럽다. 또 코는 모두 높직하나 남녀를 물론하고 눈은 모두 음침하고 정채가 없어 마치 죽은 사람이 눈을 미처 감지 않은 것과 같다. 사람의 재주와 슬기는 모두 손에 있는 법이다. 이제 이 구라파 여러 나라 사람들의 재주와 슬기는 바로 대자연을 정복할 만한데도 그들의 눈은 이렇게도 정채가 없으니 알 수 없는 일이다. 북경(北京) 사람도 많이 끼여 있는데, 수염은 길어서 창과 같고 땋은 머리는 아래로 드리워서 바로 발꿈치까지 닿았으니 놀라운 일이다.

횡빈(橫浜: 요코하마)에서 신교(新橋: 신주쿠)까지는 화륜차를 탔는데 역루(驛樓)에서 조금 쉬었다. 일행의 행장은 배로 곧장 강호(江戸: 동경) 가까운 항구까지 보내고 몸에 필요한 의금(衣衾: 이불)과 기물만은 차에 싣기로 하였다. 차가 벌써 역루 앞에서 기다린다고 하기에 역루 밖에서 또 복도를 따라 수십 칸을 다 지나갔는데도 차는 보이지 않았다. 기다란 행랑(行廊) 하나가 40~50칸이나 되는 것이 길가에 있기에 차가 어디 있느냐고 물었더니 이것이 바로 차라고 한다. 보니 조금 전에 기다란 행랑이라고 생각하던 것이 바퀴가 달린 차이지 행랑은 아니었다.

차의 제도는 이러하다. 즉 앞 4칸으로 된 차에 화륜(火輪)이 있는데 그 앞쪽에 화륜을 달고, 뒤편에는 사람을 실었다. 그 나머지 차는 칸마다 3칸 반이 되는데 3칸은 객실이고 반 칸은 헌함(軒檻: 승강구)이다. 그리고 쇠갈고리로 연결하여 한 차가 다음 차에 이어지니 4~5차 내지는 10차까지 이르게 된다. 그리하여 30~40칸 또는 40~50칸이 된다. 오르내림은 헌함으로 하고 객실에는 사람이 탄다. 밖은 무늬 있는 나무로 장식했고 안은 가죽과 털담요 등속으로 꾸몄다. 양쪽은 의자처럼 높으며 가운데는 낮고 편편한데, 걸터앉아 마주 대하니 한 방에

6~8인이 들어간다. 양편은 모두 유리로 막았는데, 장식이 찬란하여 눈을 부시게 한다. 차마다 모두 바퀴가 있어 앞차의 화륜이 한 번 구르면 여러 차의 바퀴가 따라 구르는데 천둥번개처럼 달리고 비바람처럼 날뛰어, 한 시간에 300~400리를 달린다고 하는데도 차체는 안온하여 조금도 요동하지 않는다. 다만 좌우의 산천·초목·옥택(屋宅)·인물만이 보이기는 하나, 앞뒤에서 번쩍번쩍하므로 도저히 걷잡을 수가 없다. 담배 한 대 피울 동안에 벌써 신교(新橋)에 도착되니, 곧 90리 길을 온 것이다.

화륜차는 반드시 철로로 가게 되어 있다. 길은 심한 높낮음이 없으니, 낮은 데는 높이고 높은 데는 편편하게 만들었기 때문이다. 양쪽가의 수레바퀴 닿는 곳은 편철(片鐵)을 깔았는데 이 편철의 모양이 밖은 들리고 안은 들어가서 수레바퀴가 밟고 지나가도 궤도를 벗어나는 일이 없다. 길은 한결같이 바르지는 않고 때때로 선회하는 데도 있으나 각진 곳을 없애고 굽어 돌게 되었으므로 또한 군색하고 막히는 일이 없다.

길에 철(鐵)을 깐 것도 복선으로 되어 있어 여기는 차가 가고 저기서는 차가 와서 오는 쪽은 오기만 하고 가는 쪽은 가기만 하니, 양쪽이 서로 방해되는 일이 없다. 오는 차와 가는 차가 또한 반드시 방위가 있으니, 오는 차는 왼쪽으로 오고 가는 차는 오른쪽으로 간다. 차가 혹시 서로 만나게 되면 같은 시간에 정차하여 양쪽이 서로 노고를 위로하기도 한다. 이 차가 40~50칸이나 되면, 저 차도 40~50칸이나 된다. 이 차의 한 칸 한 칸이 앞뒤가 서로 막혀 피차 상관이 없다. 저 차의 한 칸 한 칸도 이 차에 앉아서 볼 수가 있다. 한 칸에는 남자가 타고 한 칸에는 여자가 타며, 한 칸에는 본국인이 타고 한 칸에는 외국인이 타니, 칸칸이 각각 다르다. 양쪽 차에 들어 있는 사람들이 면면(面面)이 서로 보고 인사를 하자마자 기차는 불을 뿜고 회오리바람처럼 가 버린다. 눈 깜짝할 사이에 보이지 않게 되니 그저 머리만 긁적거리며 서운하게 놀랄 뿐이다.

《일동기유》 2권

이 여행에서 의관 박영선은 일본이 서양에서 전래한 우두술로 두창(痘瘡)을 효과적으로 예방하고 있음을 알게 됐다. 박영선은 동경 순천당의원(順天堂醫院)의 의사 오다키 도미조(大瀧富三)에게 약식으로 우두술을 배우고 구가 가쓰아키(久我克明)가 저술한《종두귀감(種痘龜鑑)》을 구해 가지고 귀국했다.

박영선은 귀국한 뒤 자신의 방일 체험을 지인과 제자들에게 술회하는 자리에서 우두술에 관한 이야기도 했는데, 특히 지석영(池錫永, 1855~1935)이 우두술에 관심을 보였다. 지석영은 박영선의 벗인 지익룡(池翼龍)의 4남이었다. 지석영은 일본인 거주지인 동래와 초량에서 일본인들이 우두를 시술하여 두창을 예방하고 있다는 소식을 이미 들은 바 있었다.

7월 21일(음력 6월 1일) 조선 국왕은 김기수를 불러들여 일본 사정을 물었다.

이재황: 만리 타국에 잘 갔다 왔는가?

김기수: 전하의 은택으로 탈 없이 갔다 왔습니다.

이재황: 왜왕(倭王)을 보니 어떠한 사람이던가?

김기수: 잠시 접견하여 자세히 알 수 없었으나 자못 정명(精明)했습니다.

이재황: 저 나라는 각국과 통상하는데, 여러 나라 사람을 모두 볼 수 있었는가?

김기수: 각 나라 사람은 (용모가) 대동소이하여 혹 보더라도 어느 나라 사람인지 알 수 없었습니다. 미리견(米利堅: 미국)은 서양이 아니나 그 용모는 서양과 매우 비슷했습니다.

이재황: 그 나라가 서양이 아니면 어디에 있는가?

김기수: 서양의 서쪽, 동양의 동쪽이라 합니다.

이재황: 청나라 사람도 있던가?

김기수: 역시 많이 볼 수 있었습니다.

이재황: 로서아(魯西亞)라는 나라는 어디에 있는가?

김기수: 바로 아라사국입니다.

이재황: 그런데 왜 로서아라 하는가?

김기수: 로서아는 즉 아라사로, 같은 이름입니다.

이재황: 그것은 《영환지략》, 《해국도지》에 있는 내용인가?

김기수: 그렇습니다.

이재황: 저 나라에는 각국 영사관(領事官)들의 처소가 있는가?

김기수: 처소가 있거나 건물을 지어 살고 있습니다.

이재황: 전선(電線), 화륜선, 농기계(방적기, 방직기)에 대하여 들은 것이 없는가? 저 나라에서는 이 세 가지를 가장 급선무로 여기고 있다는데 과연 그렇던가?

김기수: 과연 그렇습니다.

이재황: 흑전청륭(黑田淸隆)과 정상형(井上馨)도 만났는가?

김기수: 모두 만났습니다. 정상형은 곧 서양 각국에 가 5~6년 뒤 돌아온다고 합니다.

이재황: 어째서 그리 오래 걸리는가?

김기수: 기계(機械)를 공부하려는 것이랍니다.

이재황: 무슨 기계인가?

김기수: 모든 기(技)를 다 배운다 합니다.

이재황: 서양 각국 중 어느 나라가 가장 재(才)가 있는가?

김기수: 영길리가 가장 뛰어나다고 합니다.

이재황: 화륜선을 처음 이용한 나라가 어느 나라인가?

김기수: 미리견이라 합니다.

이재황: 기계들은 다 어디서 나온 것이던가? 일본에서는 이제 모두 배웠다던가?

김기수: 여러 나라의 기계들을 이제는 모두 배웠다고 합니다.

이재황: 재주가 이미 정교한데다가 배우기를 또 부지런히 하니 이와 같이 쉽게 터득할 수 있었을 것이다. 그밖에 풍속 가운데서 들을 만한 것을 두루 말하도록 하라.

김기수: 풍속이 대개 나라를 부강하게 하는 데 힘쓰고 있습니다.

이재황: 이번에 일본 사신은 언제 출발하여 오게 되는가?

김기수: 이달 10일을 넘기지는 않을 것 같습니다.

이 대화의 내용을 보면 국왕을 포함한 조선 위정자들의 무지함이 잘 드러난다. 자국과 교전한 나라인 미국에 대한 지식이 전무하다. 상국으로 섬기는 청이 미국과 통교한 지 30년이 넘은 시점이었다. 청을 통해서라도 미국에 관한 정보를 상당한 수준으로 얻을 수 있었지만 그러한 노력은 전혀 하지 않았다. 《영환지략》, 《해국도지》같은 유용한 서적이 입수됐으나 조선 정부의 최고위층은 이를 전혀 읽지 않았다.

7월 말 통상조약 체결을 위해 일본 대표 미야모토 쇼이치 일행이 서울에 도착했다. 조선 조정은 ㅓ 경기중영(京畿中營)을 미야모토 일행의 숙소로 제공했다. 경기중영은 서대문 밖 천연정(天然亭)을 중심으로 설치되어 있었는데 정문 앞에서 청냉(淸冷)한 샘물이 솟았으므로 청수관(淸水館)이라고 불리기도 했다.

8월 5일부터 청수관에서 회담이 개시되어 13차례의 회담 끝에 8월 24일 '조일무역규칙(조일통상협정)', '조일수호조규부록', '왕복문서' 등이 체결됐다. 조일무역규칙은 무관세 무역을 인정했고, 조일수호조규부록은 일본 화폐의 조선 내 유통을 허가했다. 이렇게 된 것은 조선 정부가 무역에 대해 무지한 탓이었다.

9월 13일 청과 영국은 산동반도의 연대(烟臺)에서 마거리 사건을 마무리 짓는 조약을 체결했다. 이것이 이른바 연대조약이다. 청이 영국의 요구를 대폭 수용하여 체결된 이 조약에는 사과문 공포, 사죄사절 파견, 유가족에게 은 20만 냥 보상, 운남과 버마 간 영국 탐험대의 안전 보장 등이 규정됐다.

1876년 일본은 유구에 사법기구와 경찰기구를 설치하고 유구에 대한 직접통치에 들어갔다.

1877년 1월 30일 동래부사 홍우창(洪祐昌)과 부산 주재 일본 관리관(管理官) 곤도 모토스케(近藤眞鋤)가 각각 조선과 일본을 대표하여 '부산구조계조약(釜山口租界條約)'을 체결했다. 이 조약의 내용은 다음과 같다.

조선국 경상도 동래부 소관 초량항의 한 구역은 예로부터 일본국 관리와 백성이 거류하는 땅이다. 그 폭원(幅員)은 도면과 같다. 도면 중 옛날 동관(東館)이라고 부르던 구역 안에 적색으로 표시한 가옥 3채는 조선국 정부가 지은 것이다.

일본력 명치 9년 12월 12일, 조선력 병자년(1876) 10월 27일 일본국 관리관 곤도 모토스케는 조선국 동래부백(東萊府伯) 홍우창과 만나 지난번에 양국 위원들이 토의하여 체결한 수호조규 부록 제3관의 취지에 따라 2월 17일 다시 협의하여 구칭(舊稱) 재판가(裁判家)라고 한 것을 제외하고 조선국 정부에서 지은 두 채의 건물을 일본국 정부에서 지은 구칭 개선소(改船所) 및 창고 등 여섯 채의 건물과 교환하여 양국 관리와 백성이 사용하도록 하게 했다.

이후 조선국 정부에 소속될 가옥 7채는 황색으로 윤곽을 그어 구별하고, 택지 역시 이에 소속된다(다만 택지는 붉은 색으로 긋는다). 그 밖의 택지, 도로, 개천은 모두 일본국 정부에 귀속시켜 보호하여 수리하고, 선창은 조선국 정부에서 수리하고 보수한다.

따라서 지도를 첨부하고 서로 날인하여 뒷날 분쟁이 일어나는 것을 방지한다. 조약문은 이와 같다.

대조선국(大朝鮮國) 병자년(1876) 12월 17일
동래부백 홍우창

대일본국 명치(明治) 10년 1월 30일
관리관 곤도 모토스케

일본의 내전

일본의 사무라이 계급은 조선의 양반 계급에 해당하는 특권계급이었다. 중세 일본의 사무라이는 봉토(封土)에 의존해 살면서 전시에는 봉건영주의 명을 받드는 전사였다. 오랫동안 평화를 유지한 도쿠가와 막부의 지배체제에서 이들은 전사가 아닌 행정관료였다. 가족까지 포함하여 일본 인구의 6%나 되는 사무라이 계급은 인구비율로는 유럽의 귀족은 물론 중국의 관리계층보다 많았다. 사무라이 계급은 복잡하게 분화했는데, 다수를 차지하는 하층 사무라이들의 수입은 가족을 먹여 살리기에도 벅찼다. 이들은 군졸, 연락원, 서기 등의 직업에 종사했다.

일본이 명치유신 이후 번을 폐지하여 중앙집권을 달성함에 따라 그동안 다이묘가 맡았던 사무라이의 생계를 정부가 맡아야 했다. 일본 정부는 이들 사족에게 가록(家祿)이라고 하여 연금을 지급했다. 연금의 평균 금액은 크지 않았으나 사무라이 계급의 인구수가 워낙 많아 이들의 생계를 책임지게 된 일본 정부는 엄청난 재정부담을 안게 됐다. 정부 세입의 30%가 가록을 지급하는 데 지출됐다.

일본 정부는 이런 문제를 해결하려고 1869년 가록을 대폭 삭감하고 공업, 상업, 농업에 종사하려는 사족에게 일시불로 현금을 지급하는 제도를 도입했다. 일본 정부는 1873년 12월에는 사족의 봉록에 가록세(家祿稅)를 부과하기로 결정했고, 연 100석 미만의 가록을 받는 사족에게는 공채를 일시에 교부받을 것을 권했다.

1876년에는 일본 정부가 가록을 지급하는 제도를 철폐하고 공채를 발행하여 가록 대신으로 지급했다. 이것이 질록처분(秩祿處分)이다. 또한 사족의 신분 표시인 칼을 차는 관행을 금지하여 사족의 특권을 모두 소멸시켰다.

질록처분으로 사족이 받게 된 공채의 이자는 이전 가록 수입의 절반이었다. 대다수의 사족은 당장 먹고 살기 위해 공채를 팔아야 했다. 보장되던 수입을 잃게 된 사족은 새로이 생활방도를 찾아야 했다. 기업을 세우기도 했고 교사, 장교, 경찰, 하급관리가 되기도 했다. 그러나 취업이 원활하지 못했고, 상공업에 나섰다가 실패하는 경우가 많았으며, 귀농자도 어려움을 겪었다. 이에 따라 사족의 불만이 커져 폭동이 일어나기도 했다. 사족의 몰락은 심각한 정치적, 경제적, 사회적 문제가 됐다.

가고시마 현은 그 강력한 군사력과 무진전쟁에서 세운 공로 덕분에 폐번치현(廢藩置縣) 후에도 독립적인 모습을 유지했다. 현령(縣令: 현의 장관으로, 1886년에 현지사(縣知事)로 개칭됨)과 그 밑의 관리로는 다른 지역 출신을 전혀 받아들이지 않았고, 정부의 정책을 시행하지도 않았다. 정부의 가장 중요한 재원인 지조(地租: 토지세)를 동경으로 보내기를 거부했고, 음력을 그대로 썼다. 가고시마 현은 유신정부가 단호하게 폐지하려는 구학문, 사무라이의 특권, 지방자립 등 구제도를 지키는 본거지가 됐다.

가고시마 현의 독립상태를 유지하는 근간은 1873년 가을 정한논쟁에서 패배하여 귀향한 사이고 다카모리를 중심으로 한 무사집단이었다. 사이고를 추종하는 군인들은 1874년 사설 군사교육 기관인 총대학교(銃隊學校)와 포대학교(砲隊學校)를 창설했다. 이외에 다수의 사설 군사교육 기관이 세워졌다. 그 운영비는 대부분 가고시마 현청이 부담했다. 사이고는 유신정부의 공신이 되어 받은 공록을 사설 군사학교에서 사무라이들을 교육하는 데 썼다.

가고시마 현이 동원할 수 있는 병력은 3만 명이었다. 이는 중앙정부가 보유한 상비군 병력 3만 4천 명과 거의 대등한 규모였다. 봉건 무사계급의 특권을 유지하고 있는 가고시마 현을 중앙정부가 제압해야만 일본이 통일된 근대국가로 나아갈 수 있었다.

1876년의 질록처분에 가고시마 현의 무사계급은 격분했다. 중앙정부는 이들의 반란을 우려하여 1877년 1월 가고시마 현에 소재한 해군 조선소와 육군 화약고의 무기와 화약을 오사카로 옮기기로 결정했다. 정부가 파견한 군함 적룡환(赤龍丸)이 화약을 적재하려고 하자 가고시마 현의 사설 군사교육 기관 학생들이 습격하여 막았다.

2월 13일 보병 5개 대대, 포병 2개 대대로 구성된 1만 3천 명의 반란군이 편성됐고, 이들은 다음날 구마모토 현으로 진격했다. 구마모토 성을 지키는 진대(鎭隊)는 수비에 전념했다. 포위된 구마모토 성을 구원하기 위해 중앙정부에서 정부군을 증파했다. 사이고 다카모리와 기리노 도시아키가 반란군의 지도자가 됐다.

전투가 지구전이 되자 보급이 우세하고 병력보충이 가능한 정부군이 우세해졌다. 이른바 서남전쟁(西南戰爭)으로 불리는 이 내전은 9월 말에 종식됐다. 이 내전으로 막대한 군비가 지출됨으로써 일본 정부의 재정은 더욱 악화됐다.

일본은 근대화를 추진하는 과정에서 봉건잔재가 큰 걸림돌이 되어 서남전쟁을 겪는 등 근대화에 어려움이 많았다. 이에 비하면 고려시대부터 중앙집권을 확립하고 관료제도가 발달한 한국은 근대화를 추진하기에 크게 유리했다. 정부가 양반계급의 생계를 책임지지도 않았고, 독립적인 지방세력이 없었기에 정부의 정책시행에 큰 장애도 없었다. 일본의 유신정부가 중앙군을 확립하고 사족 계층의 경제적 특권을 폐지하는 과정에서 진통이 컸던 것을 고려하면, 만약 조선이 일본과 같은 방식으로 근대화를 추진했다면 일본보다 더 큰 성과를 거뒀을 것으로 추측할 수 있다.

《조선책략》

1877년 주일 청나라 공사 하여장(何如璋, 1838~1891)은 일본의 국력은 결코 강성하지 않으며 청이 무력으로 시위해도 그로 인한 갈등이 전쟁으로 비화하지는 않을 것으로 판단하고 유구 문제에 대해 강력히 대응할 것을 주장했다. 연대조약 체결로 영국과의 교전 가능성이 사라지자 나온 제안이었다. 그러나 러시아와 대치하고 있는 청으로서는 유구 문제와 관련해 일본과의 전쟁을 불사하고 무력시위에 나설 수가 없었다. 이홍장은 "조그만 나라의 자질구레한 조공 문제를 가지고 다투는 것은 쓸데없는 일"이라며 일본과의 대결을 회피했다.

러시아는 일리를 점령하고 청의 신강 지역을 노렸으나, 1875년 발칸 반도에서 보스니아-헤르체고비나가, 1876년에는 불가리아가 잇달아 오스만투르크 제국의 지배에 저항하여 반란을 일으키자 이에 개입한 탓에 동아시아 지역에 전력을 쏟을 수 없었다. 오스만투르크와의 협상이 교착상태에 빠지자 러시아의 알렉산드르 2세는 전쟁을 하기로 결심했다. 1877년 4월 러시아가 오스만투르크에 선전포고하여 러시아-투르크 전쟁이 일어났다. (제정 러시아와 오스만투르크 제국은 1672년부터 1918년까지 12번의 전쟁을 치렀다. 대부분 러시아가 승리했다. 1차 세계대전 때 오스만투르크가 독일 편을 들어 참전하여 러시아와 교전한 것이 두 나라 사이의 마지막 전쟁이었다.) 이 전쟁에서 연전연승한 러시아는 1878년 3월 오스만투르크와 산 스테파노 조약(San Stefano Treaty)을 체결하여 크게 이득을 보았다. 이 조약에서 가장 문제가 된 것은 이른바 '대(大)불가리아의 성립'이었다. 조약에 따르면 독립 불가리아의 영토는 흑해로부터 마케도니아를 거쳐 에게 해의 살로니카(Salonica)에 이르게 됐다. 그런데 불가리아는 러시아의 강력한 영향권에 들어갈 것이므로 이는 러시아가 발칸 반도를 지배하는 것을 의미했다. 영국과 독일을 비롯한 유럽 열강이 이를 좌시하지 않고 개입하여 6월에 열린 베를린 회의에서 러시아는 상당한 양보를 해야 했다. 베를린 회의에서 오스만투르크는 루마니아, 세르비아, 몬테네그로의 독립과 불가리아의 자치를 인정했다. 오스트리아는 보스니아-헤르체고비나에 대한 관리권을 획득했다. 영국은 오스만투르크로부터 지중해의 키프러스(Cyprus) 섬을 임대받아 행정권을 행사하게 됐다. (영국은 키프러스 섬에 해군기지를 설치해 오스만투르크를 제정 러시아의 침공으로부터 보호하겠다고 약속했다.)

한편 청의 장군인 좌종당(左宗棠)은 8만 명에 가까운 원정군을 지휘하여 1877년 4월 투르판, 10월 쿠차, 12월 카슈가르를 각각 점령하는 등 이 해 말까지 일리 지방을 제외한 신강 지역 전부를 회복했다. 이에 따라 남은 일리 지방을 회수하려는 청의 시도가 청과 러시아 사이의 현안 문제로 떠올랐다. 청 조정은 외교교섭을 위해 1878년 6월 좌도어사(左都御使: 감찰기관인 도찰원(都察院)의 장관) 숭후를 전권공사로 임명하여 러시아에 파견했다. 일본은 이러한 정세를 틈타 1879년 3월 육군 병력 2개 중대로 유구 왕의 도성인 수리성(首里城)을 점령하고 4월 4일 유구를 오키나와(沖繩) 현으로 개칭하여 영토로 공식 편입했다.

당시 미국 지도층은 태평양을 '미국의 호수'로 인식하고 있었다. 퇴임 후 가족과 함께 세계일주 여행 중이던 전 미국 대통령 그랜트는 일본의 유구 병탄은 아시아에서 힘의 균형이 중국에서 일본으로 이동함을 보여주는 것이라고 평가했다. 5월 27일 천진에 도착한 그랜트는 다음날 이홍장과 만나고 30일에는 북경에서 공친왕을 예방했다. 6월 12일 다시 천진으로 돌아온 그랜트는 주청 미국 공사 조지 시워드를 대동하고 이홍장의 관저를 방문해 유구 문제에 대해 논의했다. 다음은 그랜트와 이홍장이 나눈 대화의 내용이다.

그랜트: 본인은 미합중국의 현직 대통령 자격이 아니라 은퇴한 민간인의 신분으로 귀국을 방문했다. 유구 처리 문제를 대인(大人)과 상의할 목적으로 태평양을 건너오게 됐다.

이홍장: 대청제국은 골치 아픈 여타 국내외 문제들 때문에 유구에는 미처 신경 쓸 여력이 없었다. 그 섬들이 귀국에 그렇게 중요한 것인가?

그랜트: 유구 군도는 미합중국의 국익과 직접적인 관련은 없다. 비록 유구는 작은 섬들로 이루어져 있지만 그것이 차지하고 있는 지정학적 중요성은 실로 크다. 유구가 일본의 손에 들어가면 천하의 패권은 귀국에서 일본으로 넘어가게 될 것이다.

이홍장: 원래 왜구의 소굴이나 매한가지인 섬나라 일본이 작은 섬 몇 개 더 얻었다고 천하의 패권을 쥐게 된다니, 지나친 기우다. 다만 미국과 수호조약을 체결한 유구를 일본이 무력으로 병탄한 것은 미국의 체면을 손상한 것이다. 미국과 청국 간에는 유구 해역을 통과하여 상해로 가는 항로가 뚫려 있는데, 만일 청일 간에 무력충돌이 발생하면 귀국의 상선도 순조롭게 항행할 수 없을 것 같다. 각하가 유구 문제를 해결할 묘안을 가지고 있으면 알려 달라.

그랜트: 내게 좋은 묘책이 있다. 유구 군도의 북부인 아마미 제도는 일본이 관리하고, 유구의 중부(오키나와)는 독립을 회복시키되 청과 일본이 공동 관리하고, 유구의 남부인 미야코와 아에야마 제도는 청이 직접 통치하는 방안이다. 이는 청, 일본, 유구 3자 모두에게 좋은 묘안이라고 생각한다.

이홍장: 유구는 원래 명나라 초엽부터 지금까지 500년 동안 조공을 바쳐온 대청제국의 속방이다. 유구의 국왕도 대청제국의 황제가 임명(이홍장은 ‘책봉’이라 했으나 통역관은 ‘임명’이라고 통역)하여 왔다. 유구 군도의 모든 섬에 대한 관할권은 종주국인 우리 대청제국에 있다. 속방인 유구의 섬은 단 한 개도 일본에 할양할 수 없다는 것이 대청제국의 철칙이다. 그러나 힘이 마음을 따르지 못한다. 차선책으로 각하의 유구 삼분안을 수락할 용의도 없지 않다. 각하는 귀국하는 길에 일본에 들를 계획이 있는 것으로 알고 있다. 일본을 설득해주기를 부탁한다.

이홍장의 중재 요청을 수락한 그랜트는 7월 4일 동경에 도착했다. 일본 정부는 이와쿠라가 접대위원장을 맡아 응대하고 근리궁(近離宮)을 숙소로 제공하는 등 대대적으로 환영했다. 일본 국왕 무쓰히토(睦仁)는 그랜트와 두 차

레 회담했는데, 그랜트는 몇 가지 호의적인 조언을 했다. 다음과 같이 외채를
주의하라는 말을 하기도 했다.

외채 문제는 까딱하면 침략의 빌미를 제공할 위험이 있습니다. 외채 도입은 매우
신중히 처리해야 합니다. 이집트, 스페인, 투르크 등이 곤경에 빠진 것도 바로
외채 때문입니다. 다행히 일본은 외채가 아직 거액이 아니니 상환에 큰 어려움을
겪지 않겠지만, 하루라도 빨리 외채를 상환하는 것이 현명합니다. 외국 중에는
약소국에게 채무를 지게 하고 부당한 이익을 얻으려는 나라가 있음을 폐하는 잊
지 마시기 바랍니다.

7월 22일 이토 히로부미를 만난 그랜트가 유구 문제에 대해 중재에 나설
뜻이 있음을 말하자 이토는 일본의 유구 병합이 정당하다고 적극 주장했다.

유구는 300년 동안 일본의 속국이었다. 유구의 작은 섬들은 본래 일본 영역에 포
함되어 있는 것이다. 유구가 이전에 청에 조공을 바친 것은 유구와 중국 간 무역
형식의 일종일 뿐이지 종주국과 속국 관계의 증거가 될 수 없다.

8월 13일 그랜트는 이토에게 유구 삼분안을 최후의 중재안으로 제시하고
이홍장에게 서한을 보낸 후 미국으로 향했다. 그랜트는 이홍장에게 보낸 서한
에서 "청일 양국이 화평의 정신으로써 고위 관료를 특사로 파견하여 협상하기
를 바란다. 본인은 간사한 어느 나라가 귀국이 쇠약해지는 것을 틈타 야욕을
실현하려고 하는 것을 잘 알고 있다. 청일 양국의 불화로 인하여 서양 제국이
어부지리를 취해서는 안 된다"라며 청이 협상 테이블에 나와줄 것을 호소했다.
이 무렵 미국, 영국, 독일 등 서구 열강이 청에 군함과 무기를 지원하여 유
구로 하여금 군사행동을 하도록 부추기고 있다는 소문이 일본에 널리 퍼졌다.

청과 일본은 그랜트의 중재안에 응하여 북경에서는 총리아문 대신들이 시시도 다마사(肉戶璣)와 회담했고, 천진에서는 이홍장이 천진 주재 일본 영사인 다케조에 신이치로와 회담했다.

일본이 유구를 병탄하자 청은 머지않아 일본이 조선마저 병탄하지 않을까 우려했다. 일본의 유구 병합으로 청의 정부 요인들은 러시아에서 일본으로 주의를 돌렸다. 그러나 러시아와 대치하고 있는 시점에 청의 국력으로는 일본이 조선에서 세력을 확장하는 것을 막을 수 없어 청 정부는 고민했다.

1879년 6월 청의 총리아문 대신 정일창(丁日昌)은 조선으로 하여금 구미 각국과 외교관계를 수립하게 하여 일본을 견제하자는 주장을 내놓았다. 장차 조선과 일본 사이에 분쟁이 발생할 경우 조약을 맺은 국가들이 모두 일어나 그 잘못됨을 따져주면 일본이 지탄을 면하기 어려우리라는 논리였다. 청 조정은 이 의견을 수용하여 이홍장에게 서양 각국과 외교관계를 수립하도록 조선을 권도하라는 명령을 내렸다. 8월 21일(음력 7월 4일) 군기대신이 이홍장에게 전한 칙유(勅諭)의 내용은 다음과 같다.

총리각국사무아문이 상주하기를 "태서(泰西) 각국이 조선과 통상하기를 바라는데 이 일은 세계정세와 관계됩니다"라는 등의 말이 있었다.

일본과 조선은 서로 쌓인 원한이 있어 화호하기 어렵다. 장차 일본이 그 사력(詐力)을 믿고 조선에서 뜻을 펴려 할 때 서양 각국이 일제히 일어나 일본을 뒤에서 견제하려 할 것이니, 이는 모두 예상할 수 있는 일이다.

서양 각국이 조선과 통상하기를 일찍부터 원하였으니, 통상조약을 계기로 사태를 수습하여 뜻밖의 근심을 없앨 수 있을 것이다. 그러나 그 나라의 정교, 금령에 대해서는 그들이 바라지 않는 것을 강제로 하게 하기가 어려울 뿐이다.

총리아문의 상주에 따르면 이홍장이 조선 사신 이유원과 의견을 교환하면서 (서양 여러 나라와) 교린하라는 뜻을 간략히 언급했다고 한다. 이를 기회로 삼아 완곡히 개도(開道)하여 비오기 전에 창과 문을 막아 외환(外患)을 당함이 없도록 하라.

이홍장은 8월 26일(음력 7월 9일) 조선의 전 영의정 이유원에게 장문의 서한을 발송했다. 이 편지에서 이홍장은 유구 병탄으로 드러난 일본의 야심을 언급하고 러시아와 일본의 위협에 조선이 대처하는 데 가장 좋은 방법은 미국, 영국, 독일 등 서양 열강과 조약을 맺는 것이라고 주장했다. 그리고 이 권고를 조선 정부에 전해 달라고 했다. 다음은 이 서한의 일부다.

최근에 살펴보면 일본의 처사가 잘못되고 행동이 망측하여 미리 방어해야 하므로 감히 은밀히 그 개요를 아뢰지 않을 수 없습니다.

일본이 근래에 서법(西法: 서양의 사상, 문화, 제도)을 숭상하고 많은 선박을 건조하여 스스로 부강(富強)하는 술(術)을 얻었다고 하나, 사실은 이 때문에 국고가 비고 국채(國債)가 누적되어 부득불 해외에서 사단을 일으켜 웅도(雄圖)를 기척(冀拓)하려 합니다.

(일본의) 영역이 근접한 것으로 보면 북으로는 귀국(貴國)이요 남으로는 중국의 대만(臺灣)입니다. 유구로 말하면 수백 년 오래된 나라인데다가 일본에 아무런 죄를 지은 일도 없는데 올 봄에 일본이 돌연히 병선을 발하여 그 국왕을 강제로 폐위하고 그 강토를 병합했습니다. 일본이 장래에 중국과 귀국의 틈을 타서 그 야심을 만족시키지 않으리라고는 보증하기 어렵습니다. 중국은 병력과 향력(餉力: 재력)이 일본의 10배나 되므로 대항할 수 있다고 생각되나 귀국을 위해서는 여러 가지로 생각하게 됩니다.

지금부터 은밀히 무비(武備)를 엄밀히 닦고 군량도 마련하여 군사를 훈련시켜 봉수(封守: 영토를 지킴)를 견고히 하면서도 기색을 나타내지 말고 그들을 잘 다루어야 할 것입니다. 대체로 이웃나라와의 정상적인 관계로 조약을 성실하게 지키어 그들에게 이용될 단서를 주지 않는 것이며, 하루아침에 일이 발생했다 할지라도 그들이 그르고 우리가 옳으면 승부는 그것에 따라가기 마련입니다. …

더욱이 걱정되는 것은 일본은 널리 서양인을 초빙하여 육 · 해군의 전법을 교련하고 있으므로, 그들의 대포와 군함이 우수한 면에서는 서양의 만 분의 일에도 못 미친다 하더라도 귀국으로서는 이에 대적하기 어려울 것입니다. 이에 더하여 일본은 서양 여러 나라에 아첨하여 그 세력을 빌려 인접국을 침략하려는 생각을 하지 않은 적이 없습니다. …

지금 형편으로는 이독공독(以毒攻毒), 이적제적(以敵制敵)의 계책을 써서 차례로 서양 각국과 조약을 체결하여 그 힘으로써 일본을 견제해야 할 것입니다. 일본이 거짓과 폭력을 믿고 고래가 작은 물고기를 잡아먹듯이 잠식(蠶食)할 것만 생각하고 있음은 유구를 멸망시킨 한 가지 일에서 그 실마리를 보였으니 귀국도 진실로 방비책을 세우지 않으면 안 될 것입니다.

일본이 겁을 내고 있는 대상은 서양입니다. 조선의 힘만으로는 일본을 제압하기에 부족하겠지만 서양과 통상하면서 일본을 견제한다면 그 힘이 충분하고도 남음이 있을 것입니다. 서양의 일반 관례로는 이유 없이 남의 나라를 멸망시키지 못합니다. 대체로 각 나라들이 서로 통상을 하면 그 사이에 공법(公法)이 자연히 실행되게 됩니다. 작년에 토이기(土耳其: 오스만투르크)가 아라사의 침범을 당하여 사태가 매우 위급하였을 때 영국, 오지리(奧地利: 오스트리아)와 같은 여러 나라가 나서서 쟁론(爭論)하자 비로소 아라사는 군사를 거느리고 물러났습니다. 저번에 토이기가 고립무원이었다면 아라사인들이 벌써 홀로 모든 이익을 누렸을 것입니다. 또 구라파(歐羅巴: 유럽)의 비리시(比利時: 벨기에)와 단마(丹馬: 덴마크)도 다 아주 작은 나라이지만 자체로 여러 나라들과 조약을 체결하자 함부로 침략하는 자가 없습니다. 이것은 모두 강자와 약자가 서로 견제하면서 존재한다는 명백한 증거입니다.

또한 남의 나라를 뛰어넘어서 먼 곳을 치려 하는 것은 옛사람들도 어려운 일로 여겼습니다. 서양의 영국, 덕국(德國: 독일), 법국, 미국 등 여러 나라들은 귀국과 수만 리 떨어져 있고 본래 다른 요구가 없으며 그 목적은 통상을 하자는 것뿐이고 귀국의 경내를 지나다니는 배들을 보호하자는 것뿐입니다. 아라사가 차지하고 있는 고엽도(庫葉島), 수분하(綏芬河), 도문강(圖們江) 일대는 다 귀국의 접경이어서 형세가 서로 부딪치게 되어 있습니다. 만약 귀국에서 먼저 영국, 덕국, 법국, 미국과 관계를 가진다면 비단 일본만 견제할 수 있는 것이 아니라 아라사인들이 엿보는 것까지 아울러 막아낼 수 있습니다. …

요즘 각국의 공사들이 우리 총리아문에 자주 귀국과의 상무에 대해 말하고 있습니다. 생각건대 귀국은 정사와 법령을 모두 자주하고 있으니 이 같은 큰일을 우리가 어떻게 간섭하겠습니까? 단지 중국과 귀국은 한 집안과 같으며 귀국이 우리의 동삼성(東三省: 봉천성, 길림성, 흑룡강성)을 병풍처럼 막아주고 있으니 어찌 입술과 이가 서로 의존하는 그런 정도이겠습니까? 귀국의 근심이 곧 중국의 근심입니다. 그렇기 때문에 주제넘은 줄 알면서도 귀국을 위한 대책을 대신 생각하여 진정으로 솔직히 제기하는 것입니다. 바라건대 곧 귀국 임금에게 올려서 정신(廷臣)들을 널리 모아 심사원려(深思遠慮)하여 가부(可否)를 비밀리에 토의하기 바랍니다.

성경장군(盛京將軍) 기원타(岐元妥)가 이 서신을 조선에 전했다. 이유원은 조선 국왕과 의논해 이홍장의 견해에 반대하는 답장을 보냈다. 다른 나라와 조약을 체결하는 것은 일본과의 조약에서 보듯이 침략을 오히려 용이하게 할 수 있게 해주는 것이고, 이이제이 정책도 힘이 없는 조선으로서는 비현실적이라는 내용이었다. (12월 동지사로 파견된 공조판서 한경원(韓敬源)이 답장을 이홍장에게 전달했다.)

9월 15일 청의 전권공사 승후는 청에 매우 불리한 리바디아(Livadia) 조약에 조인했다. 청이 일리를 돌려받되 러시아에 전비보상금으로 500만 루블을 지급하고 신강의 70% 가량을 러시아령으로 한다는 내용이었다. 또한 러시아 상인은 신강과 몽고의 전 지역에서 면세된다는 규정도 있었다. 숭후의 조약체결 보고를 받은 청 조정은 이홍장, 좌종당, 심보정 등의 의견을 묻고 숭후가 귀국한 후 비준 여부를 결정하기로 했다.

1880년 1월 숭후가 북경으로 돌아오자 장지동(張之洞)이 리바디아 조약의 폐기, 러시아와의 전쟁, 숭후의 처형 등을 주장하는 내용의 상주문을 올렸다. 이를 계기로 주전파가 등장했다. 청 조정은 리바디아 조약의 비준을 거부하고 일전을 준비했다. 또한 3월 증국번의 아들인 영국 주재 청국 공사 증기택(曾紀澤)을 러시아로 보내어 조약개정 협상을 하도록 했다.

러시아도 군함 23척을 중국 연안에 파견해 청을 위협했다. 그러나 러시아는 투르크와의 전쟁으로 재정이 파산상태가 되어 또 다른 전쟁을 벌일 여력이 없었다. 러시아는 프랑스 정부의 강력한 요청을 받아들여 조약개정 협상에 임하기로 했다.

한편 일본군 참모본부는 1879년 가쓰라 다로를 관서국장 자리에 앉히고 청과의 전쟁을 준비하기 시작했다. 청과 전쟁을 치르지 않고는 조선을 지배하기가 불가능하다고 판단했기 때문이었다. 그 일환으로 정보수집을 위해 첩보원을 청과 시베리아에 파견하여 군비의 실태와 지리 등을 조사했다.

3월 이토 히로부미가 청 정부에 그랜트의 유구 삼분안을 변형시킨 '유구 양분안'을 제안했다. 이것은 유구 군도의 북부와 중부는 일본이 지배하고 남부는 청이 관할하는 방안이었다.

미국이 조선을 서양 열강과 수교하게 하려는 청의 대조선 정책을 가장 먼저 활용했다. 조선이 일본과 수호조약을 체결한 사실이 전해지자 미국에서는 외교교섭을 통해 조선과 수호하자는 주장이 정치권 일각에서 생겨났다. 미국 해군성은 함대를 이끌고 세계일주 항해 중인 해군 준장 로버트 슈펠트에게 '평화적으로 조선 정부와 교섭하기 위해 조선의 항구를 방문' 하라고 훈령했다.

1880년 4월 나가사키에 도착한 슈펠트는 일본의 지원을 받으라는 국무성의 훈령을 받고 일본 외무경 이노우에 가오루의 소개장을 얻어낸 뒤 미국 군함 타이콘데로가(Taiconderoga) 호를 타고 5월 4일 부산에 도착했다.

5월 5일 일본 영사 곤도 모토스케가 수행원 5인을 데리고 동래부로 찾아와 미국의 교섭 의사를 전달했다. 그러나 동래부사 심동신(沈東臣)은 서양과 교섭하지 말라는 것이 조정의 방침이라며 거절했다. 다음은 심동신과 곤도의 대화 가운데 일부다.

곤도: 흑암도(黑巖島) 앞바다에 정박한 낯선 배 한 척은 바로 아미리가국(亞米利加國: 미국) 배인데 그 나라 사람들이 귀국과 우호관계를 맺으려고 편지를 써 가지고 와서는, 우리나라(일본)가 귀국과 친선관계를 가진 지 매우 오래라고 하면서 우리에게 먼저 동래부에 가서 사유를 상세히 알리고 서계(書契)를 정납(呈納)하여 달라고 요구하였습니다. 그래서 우리는 할 수 없이 이렇게 와서 알리니, 먼저 본부에서 그 나라 사람들을 만나보고 가져온 서계를 봉납(捧納)하여 귀 조정에 전달하여 두 나라가 우호관계를 열었으면 합니다.

심동신: 우리나라는 아미리가국과 말이 통하지 않고 거리도 대단히 먼데 그들이 우호관계를 맺으려고 편지를 써 가지고 왔다는 것은 천만번 당치 않은 말이며, 더구나 일본 사람들도 역시 서양 사람들이 우리나라에 들어오면 만나는 대로 없애버린다고 알고 있을 터인데 지금 그 나라가 우리나라와 우호관계를 맺으려 한다는 등의 말로써 이와 같이 와서 간청하는 것은 이웃나라와 사귀는 두터운 정의에 흠이 될 것이니 다시는 번거롭게 굴지 말라.

곤도: 이번에 배를 보낸 아미리가국은 서양의 여러 나라들과는 원래 다르기 때문에 전적으로 두 나라 사이의 우호관계를 맺게 하기 위해서 이와 같이 와서 말하는 것입니다.

심동신: 무릇 외국 사람들의 배가 우리나라에 와서 정박하면 만나보지도 말며 편

지를 받지도 말라는 우리 조정의 명령이 이미 있으므로 그 서계는 봉납할 수 없다. 곧바로 영사관에서 그 나라 사람들에게 단단히 타일러 빨리 돌아가게 하라.

슈펠트는 5월 7일 부산을 떠나 일본으로 돌아가 주일 미국 공사 빙엄(John Amor Bingham, 1815~1900)과 함께 이노우에를 찾아가 다시 한 번 조선과의 수교를 알선해줄 것을 부탁했다. 이노우에는 미국의 요청을 수락할 것을 요망하는 서한을 조선의 예조판서 윤자승에게 보냈으나 조선 조정은 이에 응하지 않았다. 일본으로 돌아간 슈펠트는 6월 12일 나가사키 주재 청 영사관에 청의 협조를 요청했다. 이홍장은 장고 끝에 7월 24일자로 편지를 보내 슈펠트를 천진으로 초청했다. 이때 청과 러시아 사이에는 일리 지역을 놓고 전운이 감돌고 있었다. 러시아는 병력 9만 명, 좌종당은 병력 6만 명을 동원하여 대치하고 있었다. 이홍장은 유사시 슈펠트를 청의 해군 자문으로 초빙하려 했다.

수신사로 임명된 예조참의 김홍집과 그 일행 58인은 7월 5일 한성을 출발하여 8월 1일 부산에서 일본 우편선 천세환(千歲丸)을 타고 일본으로 향했다. 통역으로 이용숙과 강위가 동행했고, 지석영도 두묘(痘苗: 우두의 원료) 제조법을 배우기 위해 수행원으로 같이 갔다.

지석영은 1879년 두창이 크게 유행할 때 조카딸을 잃은 일도 있어 우두술의 습득과 보급에 열성이었다. 지석영은 1879년 9월 부산에 세워진 근대 서양식 병원인 일본 해군 소속 제생의원에 가서 마쓰마에(松前讓)와 도쓰카(戶塚積齋)에게서 두 달 동안 우두술을 익히고 두묘(痘苗)와 종두침(種痘針)을 얻어 가지고 서울로 돌아왔다.

지석영은 귀경길에 자신의 본향이자 처가가 있는 충주에 잠시 머물렀고, 그곳에서 두 살 난 처남에게 우두술을 시술했다. 나흘 만에 접종효과가 나타나기 시작하자 자신을 얻은 지석영은 40여 명에게 더 시술을 하여 우두술의 효과를 거듭 확인한 뒤 서울로 돌아와 1880년 3월 사설(私設)로 우두국을 설치하고 공개적으로 우두를 보급했다.

부산 제생의원에서 수학한 것에 미흡함을 느끼고 있었던 지석영은 김옥균의 도움으로 수신사의 수행원 자격으로 동행할 수 있게 됐다.

김기수 일행의 1차 수신사 파견은 의례적인 것이었지만 2차 수신사 김홍집에게는 병자수호조약 이래 일본이 제기한 요구, 특히 인천을 개항하라는 요구에 대응하고 무관세 조항 개정 문제 등에 관해 교섭하는 임무가 주어졌다.

8월 11일 조선 수신사 김홍집 일행이 동경에 도착했는데, 일본 정부당국은 국왕의 전권위임장이 없다는 것을 구실로 교섭을 거부했다. 이에 김홍집은 8월 20일부터 9월 7일까지 청 공사 하여장과 참찬 황준헌(黃遵憲, 1848~1905)을 여섯 차례 만나 필담으로 세계정세 및 일본의 내정, 근대 외교 및 통상 문제 등에 관하여 논의했다. 이 논의는 조선과 구미 여러 나라의 수교에 중요한 계기가 됐다. 하여장과 황준헌은 김홍집에게 국제정세의 변화와 러시아의 위협을 설명하고 조선이 쇄국을 고수할 수 없다고 역설했다. (이 해 음력 5월 하여장은 총리아문에 조선에 대한 상, 중, 하의 3가지 정책안을 제출했다. 그 가운데 상책은 청이 조선의 내치와 외교를 관장할 감국(監國: 국정을 주관하는 사람 또는 기관)을 보내어 상주시키자는 것이었다. 이 안이 실현되는 것은 조선이 사실상 청의 식민지로 전락하는 것을 의미했다.)

8월 20일(음력 7월 15일) 하여장과 황준헌이 김홍집 일행의 숙소를 방문하여 양쪽 사이에 첫 회담이 있었다. 다음은 이날 논의된 내용 중 일부다.

황준헌: 저의 좁은 소견으로는 만약 각하께서 동경에 상주할 수 있다면 반드시 나라 일에 큰 도움이 될 것입니다. 지금 대세는 실로 4천 년에 처음 있는 일로 요, 순, 탕, 무도 미처 생각하지 못했던 것입니다. 옛 사람의 처방을 가지고 오늘날의 병을 치료하는 것은 불가능한 일입니다. 각하의 총명과 견문으로써 나날이 장래를 개척하고 국시(國是)를 주관하여 나아가신다면 반드시 아시아를 위하여 복

이 될 것입니다.

김홍집: 이번 길은 수십 일 동안에 일을 끝내고 바로 돌아가기로 했으니 동경에 상주할 수는 없습니다. 세계 대세는 참으로 고견(高見) 그대로입니다만, 폐국(弊國: 저희 나라)은 외지 한 구석에 있으므로 예부터 외국과 더불어 교제하지 못하였고, 오늘에 와서는 바다로 선박들이 잇달아 오기 때문에 응접하기에 소란스럽습니다. 그러나 나라가 작고 힘이 약하여 그들로 하여금 두려움을 알고 물러가도록 하기가 쉽지 않으니 매우 걱정스럽습니다. 따라서 오직 믿는 것은 중국이 비호(庇護)하여 주는 것뿐입니다.

황준헌: 지금 하신 말씀을 듣고 보니 나라에 충성하고 겨레를 사랑하는 정성이 말끝에 넘치는 것을 충분히 알 수 있습니다. 귀국에 대한 중국의 은의(恩義)가 매우 굳은 것은 천하 모든 나라에 그 유례가 없는 일입니다. 그러나 이 은의를 만세에 영원히 보전할 길을 생각한다면, 오늘의 급선무는 자강(自强)을 도모하는 데 힘쓰는 것뿐입니다.

김홍집: '자강' 두 글자는 지당하고 더할 나위 없는 말씀입니다. 어찌 감히 경복(敬服)하지 않겠습니까.

8월 21일 김홍집이 청 공사관을 방문하여 두 번째 회담을 가졌다.

하여장: 귀국 사절이 오심에 있어 큰 일이 3건 있다고 들었습니다. 당돌한 질문입니다만, 일본 외무성과는 말씀을 나누었습니까?

김홍집: 심부름 맡은 일은 이미 알렸습니다. 문서는 세법(稅法: 관세)을 정하는 일 한 건이 있을 뿐입니다.

황준헌: 흠사(欽使: 황제의 사신) 하공(何公: 하여장)은 상무(商務)의 이해(利害)를 잘 알고 계시니 일본과의 일에 있어서도 사실과 허위를 아실 것입니다. 의문이 나고 난처한 일이 있으면 모두 상의하시기 바랍니다. 우리 두 나라는 한 집안과

같으니 각하께서는 이 점을 잘 살피십시오.

김홍집: 제가 이곳에 와서 크고 작은 일을 오로지 흠사의 지도에 의뢰할 것이나 형식상으로는 거리끼는 바가 없을 수 없어 조금 지연되었으니 이를 이해하시기 바랍니다.

8월 22일 김홍집 일행은 태정대신 산조 사네토미를 비롯한 일본 각 부 대신들을 순방했다. 23일 하여장과 부사 장사계(張斯桂)가 김홍집을 찾아와 관세 문제와 러시아의 동향에 관해 논의했다.

하여장: 종전에 귀국에서 일본과 교환한 조규(條規)와 통상안건의 사본이 있습니까? 만일 찾아내시면 한번 빌려보도록 하여 주시면 감사하겠습니다.

김홍집: 조규와 이번의 통상안건은 본래 보여드려서 고견을 들을 생각이었습니다. 지금 사람을 시켜 베끼고 있으니 내일 꼭 보내드리겠습니다.

하여장: 요즘 일본에서는 바야흐로 서양 각국과의 (불평등)조약을 개정할 논의를 하고 있습니다. 개정을 의도하는 것은 외국상인 관리 및 통상세법 등 전반적인 사항입니다. 그 안건이 극히 상세하고 또한 매우 공평하며 대개 서양 각국에서 통용되고 있는 장정(章程)이므로, 만일 각국 통상이 두루 이를 따른다면 이번 걸음은 결코 손해가 되지 않을 것입니다.

김홍집: 어제 이미 초안은 (일본 측에) 보냈습니다. 일찍이 찾아 뵙고 가르침을 받아야 옳지만 거리끼는 일이 있어 뜻대로 되지 않았으므로 사전에 여쭙지 못하였음을 매우 한스럽게 생각합니다. 어떤 사람은 말하기를 "미곡 수출을 금지할 수 없을 때에는 세금을 무겁게 매기고, 그 나머지 수출품은 모두 세금을 매기지 않으며, 수입품도 서양 물품에만 중과세하고 일본의 하찮은 물건에 대해서는 특별히 면세하는 것이 좋다"고 하는데, 이 말은 어떠한지요?

하여장: 그 말은 폐단이 극히 크므로 절대 시행할 수 없습니다. 각하께서 세법 개

정초안을 보시면 스스로 아실 것입니다. 그들에게 답하기를 "항구를 더 개방하는 것은 매우 좋은 일이나, 본국으로부터 오는 결정을 기다려서 이 문제를 함께 의논하여 좋은 규정을 타결하도록 하는 것이 좋겠다"고 하면, 그들이 스스로 응답하지 않을 수 없을 것입니다.

김홍집: 잘 알겠습니다. 우리나라는 통상에 관해 전혀 이해하지 못하고 있으니 대단히 민망합니다.

하여장: 이곳에서는 통상이 시작된 이래 각국 간의 교섭 경위 및 통상 관리의 좋은 방법에 관해 이미 그 상세한 곡절과 내용을 잘 알고 있습니다. 따라서 각국의 개정초안을 가져다가 자세히 검열하면 중용의 방법을 알 수 있을 것입니다. 타인으로써 타인을 다스리는 것 또한 한 가지 방법이 아니겠습니까?

(…)

하여장: 지난번 아라사 사람이 귀국 북쪽 국경 도문강(圖們江) 하구 일대에 무슨 시설을 설치해 놓았다고 하던데, 그 내막이 무엇인지요? 듣기에는 귀국 백성이 저들의 고장으로 갔다고 하는데 각하께서는 그 일을 자세히 알고 있을 것입니다. 청컨대 그 일을 알려 주십시오.

김홍집: 아라사와는 비록 국경은 닿아 있으나 일찍이 서로 통하지 않았습니다. 무슨 시설을 설치했다는 말은 듣지 못했습니다. 북쪽 백성이 더러 그곳으로 도망쳐 갔다는 소문은 들은 적이 있으나, 또한 어떻게 할 도리가 없으니 참 민망합니다. 앞으로 어떻게 접촉해야 할지 좋은 대책이 생각나시면 다시 상세한 가르침을 내려주시기 바랍니다.

하여장: 근일 서양 각국에는 '세력균형'이라고 하는 법칙이 있어서, 만약 한 나라가 강한 나라와 인접하여 후환이 두려우면 다른 나라들과 연합하여 견제책을 강구하고 있습니다. 이것 또한 이전부터 내려온 부득이한 외교의 한 방법입니다.

김홍집: '균세(均勢: 세력균형)' 두 글자는 근래에 와서 비로소 (만국)공법(公法)에서 찾아볼 수 있습니다. 그러나 폐국에서는 옛 법도를 고수하여 외국을 대하기

를 마치 홍수나 맹수 같이 합니다. 근래 이교도를 그처럼 물리친 것도 그런 까닭입니다. 다만 선생의 높은 가르침이 이와 같으니, 마땅히 돌아가 조정에 보고하겠습니다.

8월 25일 김홍집은 청 공사관을 방문해 관세 문제를 논의했다. 하여장은 러시아가 청과 조선에 위협적인 존재임을 강조하며 미국과의 수교와 통상을 적극 권유했다.

하여장: 서양의 통상이란 오직 자기네 나라 이익만 추구합니다. 그러므로 양국 간의 왕래에 있어서 세법은 수출입을 막론하고 모두 본국에서 마음대로 정합니다.

무릇 수입세는 100분의 30을 세율로 정해 놓고, 그 위에 다시 이른바 보호세를 부과합니다. 즉 어떤 물품이 들어오는 것을 원치 않을 때에는 편의대로 중과세하여 이를 저지하고 있습니다. 수출할 물건에 있어서는 어떤 것은 가볍게, 어떤 것은 무겁게 모두 자기네 마음대로 적당히 세율을 조정하고, 그것을 통상국(通商局)에 알려 거기에 맞춰 시행하도록 하고 있습니다. 만약 어떤 물품을 다량으로 수출하고자 하면 즉시 면세하여 본국 상인의 편리를 도모합니다.

요컨대 권리는 스스로 거머쥐고 이익은 자기네 나라로 돌아오게 하되 타국으로 하여금 편의를 모조리 점유하지 못하도록 하려는 것입니다. 따라서 모든 나라와 더불어 통상함에 있어 이익은 있어도 손해는 없습니다. 만약 세법만을 논하고 수출입할 물품을 분별하지 못하거나, 세법을 스스로 정하지 못한 채 이를 통상하는 나라에게 쥐어준다면 손해는 보아도 이익은 보지 못할 것입니다. 지난날 번역한 초안에도 그들은 바로 "세율의 경중은 본국에서 다룬다"는 한 마디를 명언(明言)하고 있습니다.

김홍집: 이처럼 세밀하게 깨우쳐주시니 비록 심히 우둔한 저이기는 하나 어찌 깨

닿지 못하겠습니까?

하여장: 조약 시행에 관해서는 아직 기일을 정하지 않았으니, 동경에 주재하는 각국 공사를 거쳐서 본국 정부에 부치면 그들이 내용을 검토할 것입니다.

김홍집: 화방(花房: 하나부사 요시모토)에게서 들은즉 개정할 조약이 내년에는 타결될 수 있다고 합니다. 외람된 질문입니다만, 중국에서는 어찌하여 아직까지 이 법을 시행하지 않고 있습니까?

하여장: 각하의 질문은 깊이 생각한 나머지 하시는 말씀인 듯합니다. 우리 아주(亞洲) 각국은 지난날에 이러한 실정을 몰랐으므로 참으로 많은 손해를 보았습니다. 이곳에서 근일에야 비로소 알았기 때문에 서양 사람과 더불어 상의하여 개정하려고 합니다. 저의 견해로는 귀국이 이 기회를 타서 먼저 개정하려 해도 이는 이루어지기 어려운 일 같습니다.

(…)

하여장: 귀국은 산을 등지고 바다를 끼었으므로 세상에서 필요로 하는 물건은 모두 갖추고 있습니다. 그러나 오늘날 시대의 변천이 이와 같으니, 대계(大計)는 항구를 열고 서로 왕래하기를 다른 나라들이 대양을 주름잡고 다니는 것처럼 하는 것 만한 게 없을 것입니다.

김홍집: 우리의 국가규범은 주나라와 같고, 사대부의 행실은 송나라와 같고, 백성들의 검소하고 아끼는 풍습은 당나라와 같습니다. 비록 오늘날의 시대변천이 그와 같다 하더라도, 실로 우리가 각국과 전혀 오고가지 않았으니 형편이 그럴 수밖에 없습니다.

하여장: 한 가지 의논할 말씀이 있습니다. 현재 서양 사람들은 공리(功利)를 다투고, 아라사 또한 횡포하기가 마치 호랑이와 이리 같은 전국시대의 진나라를 닮았습니다. 들으니 그들은 근년 도문강 하구 일대에 온갖 수단을 다해 군사시설을 설치하고 또 금년에는 다시 동해에 해군을 증설하였다 하니 크게 염려됩니다. 대책을 늦추면 변이 생길 것이니, 우리나라와 귀국은 정의(情誼)상 손발과 같고 한

집안과 같은지라 이를 막연히 보고만 있을 수는 없습니다.

김홍집: 아라사 일은 가장 눈앞에 닥친 절박한 걱정거리입니다. 그런데 일리 사건은 결국 어떻게 낙착되겠습니까?

하여장: 중국 서쪽 변경의 일은 근래의 정세로 추측해보건대 아라사 사람과 더불어 분쟁이 생긴 것은 아니나 그들의 군함이 잇달아 동쪽으로 와서 모두 도문강 어귀에 정박하고 있는 것으로 보아 그들의 속마음을 헤아리기 어려워 두렵습니다. 작년에 이백상(李伯相: 이홍장)이 귀국에 서신을 보낸 것도 역시 근일의 정세가 절박하기 때문이었는데, 귀국의 공론(公論)은 어떠한지 알 수 없습니다. 어제 말씀드린 '세력균형' 원칙 또한 만부득이한 일입니다.

김홍집: 지난해 이백상께서 (이유원에게) 보내신 서한에서 근일의 정세를 상세히 서술하시고 우리나라를 위해 낳은 계책을 일러주신 데 대하여 온 백성이 칭송하고 있습니다. 그러나 우리 조야(朝野)의 기풍은 앞에서 말씀드린 바와 같이 오직 경학(經學: 유학)을 고수하는 것만을 정도로 여기고 있습니다. 따라서 하루아침에 열어젖힐 수는 없으니 어찌하겠습니까? (이)백상의 서신 중에도 각하께서 보낸 편지를 들어서 일깨워주시고 동양의 동정(動靜)을 언급하였으니, 폐국이 각하에게 걱정을 끼친 지 이미 오래입니다. 감격하여 절하고 거듭 감사할 따름입니다.

하여장: 아라사 사람이 근일에는 원산진에 와서 개항과 통상을 요구한다는 말이 있는데 과연 그렇습니까? 또한 미국 군함이 근일 부산항에 와서 서신을 보내고 또 근일 중 다시 부산항에 나타났다고 들었는데, 지금 귀국에서는 어떻게 대응하고 있는지 선생께서는 알고 계십니까?

김홍집: 아라사 사람들은 봄에 북쪽 지방에 와서 교섭하려 했으나 지방관원이 즉시 이를 물리쳤습니다. 미국 군함은 부산에 와서 서신을 보내려다가 전달하지 못하고 돌아갔습니다. 이어서 일본 외무성이 대신 우리나라에 그들을 소개하였으나, 그 서신에 승국(勝國: 멸망한 이전의 왕조, 여기서는 고려(高麗, 즉 Corea)

국호를 쓰고 있었습니다. 그것을 바로 어전에 올렸더니 격식에 맞지 않는다고 돌려보냈습니다. 제가 아는 바는 다만 이것뿐입니다.

하여장: 저의 견해로는 아라사 일은 자못 긴급합니다. 현재 해내(海內) 각국 중 오로지 미국만이 민주주의 국가이며, 또 그 국세가 부강합니다. 미국은 여러 국가들과 외교관계를 맺고 있으며, 아직도 신의를 강조하고 극단적으로 자기의 편리만을 도모하거나 독차지하려 하지 않습니다.

이때에 그들이 찾아와서 호의적으로 통상을 요구하니, 만약 일본에서 개정하려던 조약과 비슷한 초안으로 조약을 체결하자고 한다면 그들은 반드시 기꺼이 응할 것입니다. 이렇게 되면 타국에서 통상하러 오는 자도 반드시 미국과의 조약을 참조하여 혼자의 의견대로는 하지 못할 것이니, 일체 통상의 권리는 모두 내 마음대로 조종할 수 있게 됩니다. 이는 만세에 한 번밖에 없는 기회인만큼 놓쳐서는 안 됩니다. 만약 굳이 관문을 닫고 거절하려다가 타일에 뜻하지 않는 파란이 생겨 일이 다급해졌을 때 조약을 체결하면, 그때는 엄청나게 큰 손해를 입을 것입니다. 각하의 고견은 그렇지 않습니까?

8월 25일 슈펠트는 천진에 도착하여 26일 이홍장과 3시간에 걸쳐 회담했다. 슈펠트는 조선과의 수호조약 체결에 대한 청의 지원을 요청했고, 이홍장은 조선의 전략적 위치를 설명하고 영향력을 발휘하겠다고 약속했다. 그리고 이홍장은 만일 청이 러시아와 전쟁을 하면 결과가 어떻게 되겠느냐고 물었다. 일리 지역을 놓고 러시아는 9만 명의 병력을 동원하고 좌종당은 6만 명의 병력을 동원하여 서로 대치하여 전운이 감돌고 있었기 때문이다. 슈펠트는 청의 일방적 패배로 끝날 것이라고 말했다. 이홍장은 슈펠트에게 청의 해군 자문이 되어 달라고 요청했고, 슈펠트는 희망에 부풀어 미국으로 돌아갔다.

9월 6일 황준헌이 김홍집을 방문하여 소책자 《사의조선책략(私擬朝鮮策

略)》을 전달했다. 황준헌은 조선과 미국의 수교를 지원하려고 이 소책자를 지었는데, 이는 하여장의 종용에 따른 것이므로 그 내용은 그의 견해이기도 했다. 김홍집은 귀국해서 《사의조선책략》을 널리 알리겠다고 약속했다. 7일 김홍집은 귀국길에 오르기에 앞서 청 공사관을 방문했다. 하여장은 미국과의 수교를 거듭 권고했다.

김홍집: 내일은 배를 타야 하므로 총망하여 시간이 없을 것 같기에 오늘 겨우 틈을 내어 특별히 작별인사를 드리려고 왔습니다.

하여장: 요즘 각하께서 응접하시는 일이 빈번하여 퍽 피로하시겠습니다. 듣건대 내일 바로 귀항하신다고 하온데, 장차 가시는 길에 오사카와 각처에 들러 체류할 것입니까? 같이 오신 여러분이 모두 함께 돌아갑니까? 아니면 뒤에 남아 있는 사람이 있어서 차차 돌아갑니까?

김홍집: 고베에 도착하면 배를 바꾸어 타고 바로 갈 것입니다. 오사카로 돌아가지는 않겠습니다. 일행은 함께 가겠으며, 한 사람도 남지 않을 것입니다. 폐국 규칙이 그렇습니다.

하여장: 화방 공사는 같이 가게 됩니까? 세칙 각조는 그동안 다시 의논해 보셨습니까? 이 일은 조용히 논의하시는 것이 좋겠습니다. 또 인천 개항 문제도 별로 긴요한 것은 아닙니다만, 지금의 각국 통상의 실정을 보면 항구가 도시에 가까운 것이 좋습니다. 도시는 좀 번창하므로 전력을 다해 뒷받침할 수 있기 때문입니다. 만약 도시에서 멀리 떨어진 곳이라면 주선하는 일들이 제대로 이루어지기 어려울까 염려스럽습니다. 어제 황(黃) 군이 드린 것은 오늘의 실정이 이와 같음을 미루어 헤아린 것입니다. 각하께서는 틀림없이 적은 욕에 구애되지 않고 큰 일을 이룰 것으로 생각하며, 또한 잘 지도해주시기 바랍니다.

김홍집: 화방이 떠난다는 소문은 아직 듣지 못했습니다. 세법 문제는 마침내 정하지 못하고 다시 타협을 보기로 하고 미루어 두었습니다. 어제 황(黃) 공이 주신

책자는 바빠서 한 번 펴보지도 못하였으나 여가를 얻으면 자세히 읽어보고 일을 준비하고 계획하는 데 참고하겠습니다. 그중 극단적인 것은 쓰지 않더라도 천만 번 감사합니다. 어찌 감히 마음에 새겨 두지 않겠습니까?

하여장: 현재 일본은 근일의 정세가 위급하고 긴박함을 알고 귀국과 더불어 순치지교(脣齒之交)를 맺어 동양의 대국(大局)을 유지하려는 것이 거의 사실입니다. 또한 세법 협정 문제는 훗날에라도 그렇게 조급히 서두를 필요는 없을 것입니다만, 관세는 본국에서 임의로 결정한다는 것을 언명하면 세율 조정권이 내 손에 있게 되므로 자연히 뒷날 폐단이 없을 것입니다.

또한 근일 도문강 어귀에 온 아라사 군함은 이미 십여 척으로 불어나고 또 많은 군사를 증파하여 이미 무장을 갖추었으니 정세가 자못 다급합니다. 무슨 음모가 있을는지 모르겠습니다. 저의 견해로는 앞으로 어느 때에 아라사 사람이 와서 우호관계를 맺자고 제의하면 굳이 거절하는 것은 옳지 않을 것 같습니다. 갑자기 사변(事變)이 생길까 두렵기 때문입니다.

김홍집: 조금 전 이노우에를 만나보았는데, 아라사 군함이 폐국 동해로부터 산동성 해안으로 향한다고 하니 몹시 걱정됩니다.

하여장: 지난번 신문에 이르기를 아라사 군함이 산동의 연대에 머물러 있다고 하나, 이 말이 사실인지는 확실치 않습니다. 다만 도문강 하구에 있는 것은 연이어 나가사키로 오고 있는데, 매연이 훈춘(琿春) 어귀에까지 뻗치고 있습니다. 그들의 거동이 마침내 어떻게 될 것인지는 알 길이 없습니다. 현재 중국이 그들과 더불어 진행 중인 일리 사태에 대한 협의는 거의 매듭지어지고 있습니다. 만약 이 일이 완전히 타결된다면, 귀국의 북방에 있는 그들의 군함은 통상을 구실 삼아 사단(事端)을 일으키지 않을까 염려스럽습니다.

김홍집: 일리 사건이 완결되면 폐국이 또한 그 화를 입게 될 것이며, 아라사가 통상을 구실 삼아 사단을 일으킬 것은 실로 필연적인 형세입니다. 그러면 어떻게 대응해야 보국책(保國策)이 될 수 있겠습니까?

하여장: 오늘날의 정세가 위급하니 먼저 미국과 수교하여 그로 하여금 견제하도록 하는 것 만한 게 없습니다. 이 또한 급히 하면 치국(治國)하는 방법이 될 것입니다. 만약 이 일이 이뤄지지 않고 아라사 사람이 관문을 두드려 통상을 제의하면 못 이기는 체하고 허락하는 것 만한 게 없습니다. 다만 아라사 사람이 원래 횡포하므로 그와 더불어 조약을 맺더라도 여러 가지로 말썽을 일으키지나 않을까 염려됩니다.

9월 15일 김홍집 일행이 부산에 도착했다. 10월 2일(음력 8월 28일) 조선 국왕은 김홍집을 소견(召見)하고 일본의 사정과 국제정세에 대해 질문했다.

국왕: 관세를 정하는 일을 아직 바르게 귀결 짓지 못하고 돌아왔는가?

김홍집: 별단(別單)에서 이미 대략 진달하였지만, 그 나라에서 한창 조약을 수정하는 일이 있다는 말을 들었기 때문에 갑자기 정할 수가 없었습니다.

국왕: 개항 등에 관한 일을 다시 먼저 말하던가?

김홍집: 화방의질(花房義質: 하나부사 요시모토)이 한번 사적으로 묻기에 조정의 의견은 전과 다름없다고 대답했더니 더는 말하지 않았습니다.

국왕: 아라사가 두만강에서부터 산동(山東)으로 곧장 쳐들어간다고 하는데, 만일 정말로 전쟁이 일어난다면 응당 머지않은 것 같던가?

김홍집: 일본인들은 그렇게 말하나, 여러 청나라 사신에게 물어보니 중국의 일은 잘 마무리될 듯합니다.

(…)

국왕: 몇 해 전에 살마(薩摩: 사쓰마) 사람이 우리나라를 침범하려고 하는 것을 그 대신 암창구시(岩倉具視: 이와쿠라 도모미)가 막아서 뜻을 이룰 수 없었다고 하는데, 그것이 사실인가?

김홍집: 그 말은 진실로 확실합니다.

국왕: 청나라 사신에게 물어보았으면 자세히 알 수 있었을 것이다.

김홍집: 비록 여러 청나라 사신에게는 물어보지 못했지만, 암창구시를 만나 이 일을 언급하니 스스로 사실 이런 일이 있었다고 하였습니다.

국왕: 그들이 모두 근실하고 게으르지 않는 것을 위주로 하기 때문에 이 일은 이와 같이 되었을 것이다.

김홍집: 참으로 그렇습니다.

국왕: 그 나라의 66개 주를 모두 통합하였다고 하던가?

김홍집: 66개 주를 폐지하고 나누어 36개 현(縣)으로 만들었으며, 현에는 합(合)을 둔 것이 마치 우리나라의 감사(監司) 제도와 같았습니다.

국왕: 각 주를 세습하던 사람들이 지금은 모두 지위를 잃었는데, 원망하는 뜻이 없던가?

김홍집: 그들이 마음속으로는 좋아하지 않는 듯하나, 모두 녹봉을 후하게 받으면서 도성 아래에서 산다고 합니다.

국왕: 부세(賦稅)를 많이 견감(蠲減)했다고 하는가?

김홍집: 참으로 그렇습니다. 무릇 백성들을 이롭게 하는 정사는 반드시 들어서 행한다고 합니다.

국왕: 육군을 조련하는 것은 그 방법이 어떠한가?

김홍집: 모든 동작이 자못 군사규범에 맞았습니다.

국왕: 그 나라는 과연 아라사를 몹시 두려워하던가?

김홍집: 온 나라에 그것을 위급하고 절박한 걱정거리로 여기지 않는 자가 없었습니다.

국왕: 그들이 통상하는 나라가 17개국이라고 하던가?

김홍집: 전하는 말이 그렇습니다.

국왕: 저들의 군사와 무기가 지금 서양 각국을 대적할 수 있다고 하던가?

김홍집: 저들이 배운 것이 서양 병법이므로 스스로 서양에 미치지 못한다고 합

니다.

국왕: 그 병법에는 마땅히 아난타(阿蘭陀: 네덜란드)를 따라야 한다고 했는데, 그 나라는 어떤 나라인가?

김홍집: 아난타는 서양에서도 가장 작은 나라로서 면적이 우리나라의 4분의 1에 지나지 않는다고 합니다.

국왕: 나라는 이처럼 작은데 무슨 수로 능히 이와 같은가?

김홍집: 나라가 크건 작건 관계없이 군사와 무기가 정예한 것은 또한 자강(自强)과 무실(務實)에 달렸을 따름입니다.

국왕: 순사들이 거리를 단속하는 것이 자못 엄숙하다고 하던가?

김홍집: 그렇습니다.

국왕: 저 나라에서는 각기 그 재능에 따라 사람을 가르치기 때문에 비록 부녀자와 어린아이라도 모두 공부시킨다니, 한 사람도 버릴 만한 사람이 없을 것이다.

김홍집: 그렇기 때문에 한 사람도 놀고먹는 백성이 없습니다.

(…)

국왕: 아라사가 중국으로 쳐들어가려 하는데, 어느 길을 경유할 거라고 하던가?

김홍집: 그 나라에서 들은 바로는 대체로 우리나라의 동남쪽 해로를 거쳐 중국으로 들어갈 거라고 들었습니다.

국왕: 그들의 동정을 살펴보니, 저 나라는 우리나라에 과연 악의가 없던가?

김홍집: 지금 본 바로는 우선 가까운 시일 안으로는 걱정할 것이 없습니다. 신이 이 일로 청나라 공사에게 물어보니 또한 실정이 그렇다고 하였습니다.

국왕: 그렇다면 영원히 별 일이 없으리라는 것을 보장할 수 있겠는가?

김홍집: 이 일은 감히 신이 답할 수 없지만, 향후 우리가 저들을 응대할 때 옳은 방도를 얻는 것에 달렸을 따름입니다. 이 때문에 청나라 공사도 자강하라고 권유하였습니다.

국왕: 자강한다는 것은 바로 나라를 부강하게 만다는 것을 말하는가?

김홍집: 나라를 부강하게 만드는 것만 자강이 아니라 우리의 정사와 교화를 잘 닦아 우리 백성과 나라를 보호하고 외국과의 관계에서 불화가 생기지 않도록 하는 것, 바로 이것이 실로 자강의 제일 급선무입니다.

국왕: 청나라 공사도 또한 아라사 때문에 근심하고 있는데, 우리나라 일을 많이 도와줄 의향은 있던가?

김홍집: 신이 청나라 공사를 몇 번 만났는데, 말한 것이 다 이 일이었으며 우리나라를 위한 정성이 대단하였습니다.

국왕: 저 사람들이 비록 우리나라와 한 마음으로 힘을 합치고자 하나, 그것을 어찌 깊이 믿을 수 있겠는가? 요컨대 우리도 또한 부강해질 방도를 시행해야 할 뿐이다.

김홍집: 저들의 마음을 참으로 깊이 믿을 수는 없지만, 우리나라가 바깥일을 모르고 있는 것을 안타깝게 여기고 있었습니다.

국왕: 유구국은 그동안 나라를 회복했다고 하던가?

김홍집: 이 일은 꺼리는 바가 되어 사람들에게 미처 물어보지 못하였으나, 전하는 말로는 벌써 그 나라를 없애고 (일본의) 현으로 만들었다고 합니다.

이후 김홍집의 보고와 《사의조선책략》의 유포로 구미 국가와 수교해야 한다는 인식이 확산됐다. 《사의조선책략》은 러시아를 서양세력 가운데 가장 침략적인 나라로 보고 그에 대항하기 위해 조선은 서양 열강이 국제외교에서 관용하는 세력균형 원칙을 채택하여 '친중국(親中國), 결일본(結日本), 연미국(聯美國)' 해야 한다고 역설하는 내용의 서책이다. 러시아가 두 차례의 조약으로 청의 영토인 만주 동북부 일대를 탈취하고 신강마저 영토화하려는 상황을 반영한 것이었다. 다음은 그 내용 중 일부다.

지구 위에 더할 수 없이 큰 나라가 있으니 아라사라 한다. 그 땅의 넓음이 3개 대륙에 걸쳐 있고 육군 정병(精兵)이 100여만 명이며 해군의 거대한 군함이 200여 척이다. 다만 국가가 북쪽에 위치하여 기후가 춥고 땅이 메마르기 때문에 빨리 영토를 넓혀 사직을 이롭게 하려고 생각하였다. 그리하여 선세인 피득(彼得: 표트르) 왕 이래 강토를 새로 개척하여 이미 전보다 10배가 넘게 되었다. 지금 왕에 이르러서는 다시 사해(四海)를 포괄하고 팔방(八方)을 병합할 마음으로 중아세아(中亞細亞: 중앙아시아) 회골(回鶻: 위구르)의 여러 부족을 차츰차츰 침략하여 이제는 거의 다 차지하였다.

천하가 다 그 나라의 뜻이 작은 데 있지 않음을 알고 이따금 서로 합종(合縱)하여 항거하였다. 아라사가 토이기를 병합하려 한 지 이미 오래되었으나 영국과 법국이 힘을 합하여 버티어 나가므로 끝내 제 마음대로 하지 못하였다. …

아라사가 서방 공략을 할 수 없게 되자 번연히 계략을 번경하여 동쪽 강토를 공략하였다. 10여 년 이래로 사할린을 일본으로부터 얻고 흑룡강 동쪽을 중국에서 얻었으며 또 두만강 어귀에 둔치고 있어 그 형세는 마치 높은 집에서 물병을 거꾸로 세워 놓은 듯하니, 그 경영하여 여력을 남기지 않음은 분명 아세아에서 뜻을 얻으려는 것이다.

조선이라는 땅덩어리는 실로 아세아의 요충을 차지하고 있어 형세가 반드시 다투게 마련이며, 조선이 위태로우면 중동(中東)의 형세도 날로 위급해질 것이다. 따라서 아라사가 강토를 공략하려 할진대 반드시 조선으로부터 시작할 것이다.

아! 아라사가 이리 같은 진(秦)나라처럼 정벌에 힘써 경영해온 지 300여 년, 그 첫 대상은 유럽이었고 다음에는 중아세아였고 오늘날에 와서는 다시 아세아로 옮겨져 마침 조선이 그 피해를 입게 된 것이다.

그렇다면 오늘날 조선의 책략은 아라사를 막는 일보다 더 급한 것이 없을 것이다. 아라사를 막는 책략은 어떤 것인가? 중국과 친하고(親中國), 일본과 맺고(結日本), 미국과 이어짐(聯美國)으로써 자강을 도모할 따름이다. …

미국과 이어져야 한다는 것은 무엇을 말함인가? 조선의 동해로부터 곧장 가면 아메리카가 있으니, 곧 미합중국이 도읍한 곳이다. 그 나라는 본래 영국에 속해 있었는데 100년 전에 화성돈(華盛頓: 워싱턴)이란 사람이 구라파 사람의 학정을 받기를 원치 않고 발분독립(發奮獨立)하여 한 나라를 독립시켰다. 이후 선왕의 유훈을 지켜 예의로써 나라를 세우고 남의 토지를 탐내지 않고 남의 인민을 탐내지 않고 굳이 남의 정사에 간여하지 않았다. 그 나라와 중국은 조약을 맺은 지 10여 년이 되었는데, 그동안 조그마한 분쟁도 없는 나라다. … 미국을 끌어들여 우방으로 삼으면 도움을 얻고 화(禍)를 풀 수 있을 것이다. 이것이 바로 미국과 이어져야 하는 까닭이다. …

지금으로부터 30년 전에 중국이 아편을 불태웠기 때문에 무역항을 폐쇄하기로 의결하고 처음에는 광동에서, 두 번째는 남경에서 싸웠다. 그러나 지금은 통상하는 곳이 19개처, 조약을 맺은 나라가 14개국에 이른다. 지금으로부터 20년 전에 일본은 강제로 맹약 요구를 받자 양이(攘夷)의 뜻을 가지고 처음에는 하관(下關: 시모노세키)에서, 두 번째에는 녹아도(鹿兒島: 가고시마)에서 싸웠다. 그러나 지금은 온 영토에 모두 서양인이 깔려 있고 온 나라가 서양의 법도를 배우고 있다. 20∼30년 전에는 서양 여러 나라의 선박과 총기가 정밀하지 못하였고 영국, 법국, 미국 여러 나라의 요구도 통상에 불과했기 때문에 비록 전쟁에서 패하더라도 강화하면 그만이었다. 비록 체결한 조약이 큰 상처를 입히는 것이기는 했으나 크게 잃는 것은 없었다. 그러나 지금 아라사 사람의 큰 욕망은 오로지 영토를 넓히는 데 있고, 그 선박의 튼튼함과 대포의 정예로움은 또한 전보다 훨씬 나아졌다. 아라사는 요즘 사할린 주둔 병력을 훈춘(琿春)으로 이동하고 나가사키에서 5천만 은(銀) 어치의 석탄을 구입하여 훈춘으로 실어갔다. 또 큰 병선 20여 척을 태평양으로 파견하였다. 그런데도 조선이 항구를 폐쇄한다는 말은 지금도 20∼30년 전의 중국, 일본과 같이 하는 것이다. 계책을 변통할 줄 모르면 전쟁을 하더라도 패하고 패한 뒤에 화친하고자 해도 다시는 전과 같이 될 수 없을 것이다. …

급히 일어나서 도모할진대, 내 책략의 이른바 중국과 친하고 일본과 맺고 미국과 이어지는 안을 힘써 행하는 것이 상책이다. 주저하여 결단을 내리지 못하고 질질 끌며 시간만 보내고, 중국과 친하되 옛 장전(章典)을 지키는 데 불과하고, 일본과 맺되 새 조약을 행하는 데 불과하고, 미국과 잇되 표류한 배나 건져주고, 관문 개방을 요구하는 글이나 받고, 격변이 일어나지 않고 흔단이 생기지 않기만 바라는 것은 하책이다. 다만 자신이 속을 것을 근심한 나머지 스스로 그 깃(羽)을 잘라 버리고, 소수의 병력으로 관문을 굳게 닫고 일체를 거절하고, 남을 오랑캐라 하여 배척하고 더불어 동열에 서는 것을 기꺼이 여기지 않고, 변이 일어난 뒤에야 비로소 비굴하게 온전하기를 바라고 다급하여 어찌할 줄 모르는 것은 무책이다. … 무릇 충직한 말은 귀에 거슬리나 행동에는 이롭고, 좋은 약은 입에 쓰나 병 치료에는 이롭다. 내 어찌 짐짓 위태롭고 겁나는 말을 하여 남을 불안에 떨게 하겠는가? 내가 차서(借箸: 남을 대신해 계책을 세움)하여 이 계책을 마련한 것은 내 마음이 차마 조선이 시세(時勢)에 충돌하는 것을 볼 수 없어서 이렇게 하지 않을 수 없었기 때문이다. 얼굴 두껍게도 대신 모책하여 외람되게 고언(苦言)으로 간(諫)하는 바이다.

조선 국왕은 개화파의 의견을 받아들여 10월 6일 미국과의 수교를 위해 개화파 승려 이동인과 탁정식을 밀사로 일본에 파견했다. 이재황은 이동인을 거처인 창덕궁으로 불러 금봉(金棒) 세 개를 주면서 일본에 가서 청 공사 하여장에게 미국과 수교하겠다는 의사를 전하도록 명했다. 이 일이 알려진다면 위정척사파의 반대가 클 것이 분명했으므로 이재황은 "부산에서 떠나면 남의 눈에 뜨일 염려가 있으니 원산에서 떠나라"고 당부했다.

10월 11일(음력 9월 8일) 열린 차대(次對)에서 영의정 이최응은 완곡하게나마 미국과의 수교에 찬성했다. 다음은 이날 있었던 군신 간 대화의 내용이다.

국왕: 수신사가 무사히 돌아왔으니 다행이다.

이최응: 과연 무사히 갔다 돌아왔습니다.

국왕: 수신사의 말을 들으니, 일본 사람들이 매우 다정하고 성의가 있었다고 한다.

이최응: 신 또한 들었습니다. 병자년(1876)에 김기수가 갔을 때에는 그들의 실정을 알지 못했는데 이번에는 자못 특별한 우대를 받았으니 호의를 믿을 수 있습니다.

국왕: 일본 사람과의 문답 중에 아라사의 일은 우려됨이 없지 않다.

이최응: 아라사가 근래에 자못 강성하여 중국에서도 능히 제어하지 못합니다.

국왕: 중국이 오히려 이와 같은데 하물며 우리나라는 더 말할 것이 있는가?

이최응: 몇 년 전에 궁본소일(宮本小一, 미야모토 쇼이치)이 연향 때에 바싹 다가와 앉아서 아라사 문제를 언급하였는데 그것은 진정이었습니다. 그런데도 우리나라 사람들은 의심하였으니, 이번 수신사 편에 청나라 사람이 보낸 책자를 보면 그 실정을 증명할 수 있습니다.

국왕: 아라사가 비록 우려된다 하더라도 일본 사람들은 과연 극진한 모습이다.

이최응: 이번 수신사에 대한 연회의 기물(器物)과 역관(譯官), 종자(從者)에 대한 우대는 병자년과 달랐으니, 이것으로도 그들의 실정을 알 만합니다.

국왕: 우리나라 사람들은 공연히 믿지 않고 근거 없는 말을 많이 한다.

이최응: 성교(聖敎)가 지당합니다.

국왕: 수신사 편에 가지고 온 책자는 청나라 사신이 전한 것이니, 그 후한 뜻이 일본보다 더하다. 그 책자를 대신(大臣)도 보았는가?

이최응: 일본이 오히려 이처럼 성의를 다하는데 청나라 사람이야 더 말할 나위가 있겠습니까? 반드시 들은 것이 있었기에 우리나라로 하여금 대비하게 하려는 것입니다. 우리나라의 인심은 본래부터 의심이 많아 장차 그 책을 덮어 놓고 연구하지 않을 것입니다.

국왕: 그 책을 보니 과연 어떻던가?

이최응: 신이 그 책을 보았는데, 여러 조항으로 분석하고 변론한 것이 우리의 심

산(心算)과 부합되니 한 번만 보고 묶어서 시렁 높이 얹어둘 수 없습니다.

대체로 아라사는 먼 북쪽에 있고 성질이 또 추운 것을 싫어하여 매번 남쪽을 향해 나오려고 합니다. 다른 나라의 경우에는 이득을 보려는 데 지나지 않지만 아라사 사람들이 욕심내는 것은 땅과 백성에 있으며, 우리나라의 백두산 북쪽은 바로 아라사의 국경입니다. 비록 큰 바다를 사이에 둔 먼 곳이라도 한 척의 돛단배로 순풍을 타면 오히려 왕래할 수 있는데, 하물며 두만강을 사이에 두고 두 나라의 경계가 서로 접한다면 더 말할 것이 있겠습니까? 보통 때에도 숨 쉬는 소리까지 서로 통할 만한데 얼음이 얼어붙으면 걸어서도 건널 수 있을 것입니다.

바야흐로 지금 아라사 사람들이 병선 16척을 집결시켰는데 배마다 3천 명을 수용할 수 있다고 합니다. 만약 추워지게 되면 그 형세는 틀림없이 남쪽으로 향할 것입니다. 그 의도를 진실로 헤아릴 수 없으니, 어찌 대단히 위태롭지 않겠습니까?

국왕: 일본 사람들이 하는 말을 들어보면 그들이 두려워하는 바는 아라사로서 조선이 이에 대비하기를 요구하는 듯하지만 사실은 조선을 위한 것이 아니라 그들 나라를 위한 것이다.

이최응: 사실은 초(楚) 나라를 위한 것이고 조(趙) 나라를 위한 것은 아니라는 말과 같습니다. 조선이 방비하지 않으면 그들 나라가 반드시 위태롭기 때문입니다. 비록 그렇더라도 우리나라야 어찌 아라사 사람들의 뜻이 일본에 있다고 핑계대면서 심상하게 보고만 있겠습니까? 지금 성곽과 무기, 군사와 군량은 옛날만 못하여 백에 하나도 믿을 것이 없습니다. 마침내 비록 무사하게 되더라도 당장의 방비를 어찌 조금이라도 늦출 수 있겠습니까?

국왕: 방비 대책은 어떠한가?

이최응: 방비 대책에 대하여 우리 스스로가 어찌 강구한 것이 없겠습니까마는, 청나라 사람의 책에서 논의된 것이 이처럼 완벽하고, 그것을 다른 나라에 준 것은 충분한 소견이 있어서 그런 것입니다. 그중 믿을 만한 것은 믿고 채용해야 할 것입니다. 그러나 우리나라 사람들은 틀림없이 믿지 않을 것이니, 장차 휴지가

되고 말 뿐입니다.

지난 6월 미리견(米利堅: 미국) 사람들이 동래부에 왔는데, 본래 원수진 나라가 아니므로 그들이 만약 서계(書契)를 동래부에 바친다면 동래부에서 받아도 잘못될 것은 없었으며 예조에 바친다고 한다면 예조에서 받아도 역시 괜찮았을 것입니다. 그러나 서양 나라라고 해서 거절하고 받지 않았기 때문에 이내 신문지상에 널리 전파되어 마침내 수치가 되고 모욕을 당하게 된 것입니다. 미국에 대해 무슨 소문을 들은 것이 있어서 원수진 나라라고 하겠습니까? 먼 지방 사람을 회유하는 의리에 있어서 불화가 생기지 않도록 해야 할 듯합니다.

국왕: 우리나라의 풍습이 본래부터 이러하므로 세계의 웃음거리가 된다. 비록 서양 나라들에 대해 말하더라도 본래 서로 은혜를 입은 일도 원한을 품은 일도 없었는데, 애당초 우리나라의 간사한 무리들이 그들을 끌어들임으로써 강화도와 평양의 분쟁을 일으켰으니 이는 우리나라가 스스로 반성해야 할 바이다. 몇 년 전에 서양 사람들을 중국에 들여보낸 것은 중국의 자문에 의하여 좋게 처리하였다. 대체로 양선(洋船)이 우리 경내에 들어오기만 하면 대뜸 사학(邪學)을 핑계 대는 말로 삼지만, 서양 사람이 중국에 들어가 사는데도 중국 사람들이 모두 사학이라고 한다는 말은 아직 들어보지 못하였다. 이른바 사학이란 배척해야 마땅하지만 불화가 생기게까지 하는 것은 옳지 않다.

10월 19일 부사직(副司直) 변원규(卞元圭)가 재자관으로 천진에 도착하여 기기국(機器局), 제조국(製造局), 군기소(軍機所) 및 서고(西沽)의 화기와 화약을 쌓아둔 각 창고들을 시찰했다. (신사유람단은 일본의 화약 제조공장과 소총 생산공장을 견학하고 조선에서도 근대적인 무기를 생산해야 한다고 건의했다. 조선 조정은 군비강화 대책으로 청의 신식무기 제조법을 익히는 일을 상의하러 역관인 변원규를 청에 파견했다.)

이때 청에서는 양무운동이 한창이었다. 청 정부와 관료들은 아편전쟁과 태평천국의 난을 겪으면서 서양 근대 무기의 우수함을 잘 알게 됐다. 때문에 양무운동에서 가장 먼저 추진된 것은 근대적 군수공업 육성이었다. 1865년 상해에 전국 최대 규모의 군수공장인 강남기기제조총국(江南機器製造總局)이 건설됐다. 역시 같은 해 남경에 금릉기기국이 설립됐다. 금릉기기국에서는 대포, 포탄, 장총, 탄알, 수뢰 등 각종 군수품을 생산해서 주로 이홍장의 군대에 공급했다. 1866년 복주(福州)에 마미선정국(馬尾船政局, 복건선정국)이 설립되어 화륜선을 건조하기 시작했다. 1867년에는 천진에 전국 제2 규모의 군수공장인 천진기기국(天津機器局)이 세워졌다.

이들 공장은 원자재를 대부분 외국에서 수입하고 서양 기술자를 초빙해 운영됐다. 생산된 무기나 선박이 만족할 만한 수준은 아니었으나, 이들 공장에 공급하기 위해 석탄, 철 등의 광산이 개발되어 근대적 광업이 발달하는 계기가 됐다. 공장에 부설된 번역관과 교육기관을 통해 서양의 근대적 과학기술 서적이 번역되어 보급됐고, 새로운 기술인력이 양성됐다. 교통과 통신도 발달하게 되어 상선회사와 전보총국이 설립됐고, 석탄 운송을 위해 철도가 개설됐다.

10월 20일 유구를 둘로 나누는 것을 핵심으로 하는 유구 수정조약 초안이 작성됐고, 이에 청의 총리아문 수석대신 심계분과 일본 대표 이토가 서명했다. 이어 청 조정은 이홍장에게 초안의 비준 여부를 총괄 검토할 권한을 부여했다. 이홍장은 "일본인의 요구에 응한다면 응한 이상으로 손해 보게 되고, 거절하면 거절한 이상으로 보복 당하게 된다. 일본인에 대하여는 입장표명을 최대한 늦추는 묵묵부답의 '무대응 지연책'이 최상책"이라는 요지의 보고서를 올렸다.

청 조정은 이홍장의 보고서를 채택하여 초안에 서명하지 않기로 최종 결정했다. 그러나 이러한 무대응 지연책은 실제로는 '무대책'이었다. 무대응 지연은 국제법상 '묵시적 승인'으로 간주되는 것이 상례였기 때문이다. 이홍장의 실책 덕분에 일본이 유구 전부를 차지하게 됐다. 이렇게 유구가 일본으로 넘어간 가장 큰 이유는 전통적으로 중국 지배층이 바다의 가치를 잘 몰랐다는 데 있다.

10월 25일 변원규는 이홍장을 회견하여 조선의 학도와 장인들이 천진에 가서 무기제조와 군사훈련을 배우는 문제를 상의했다. 이에 따라 이듬해 영선사(領選使) 일행을 청에 파견할 수 있었다. 이홍장은 조선이 러시아의 남하에 대비하기 위하여 서양 여러 나라와 조약을 체결하고 통상을 해야 한다는 점을 강조하고 조약체결의 조속한 실현을 촉구했다. 이홍장은 귀국길에 오르는 변원규에게 이유원에게 보내는 서한을 건네주었다. 그 내용은 무비 강구 주선 요청에 회답하면서 서양 각국과의 수교통상을 권고하는 것이었다.

김홍집이 가져온《사의조선책략》에는 개신교와 천주교를 옹호하는 내용이 있어서 척사를 주장하는 이들에게 공격의 빌미가 됐다. 척사(斥邪)는 위정척사(衛正斥邪)를 줄인 말로 정학(正學: 올바른 학문)인 성리학을 지키고 이에 배치되는 일체의 사상은 이단이므로 물리쳐야 한다는 것이었다. 위정척사론은 한 마디로 말해 쇄국론이었다. 성리학자들에 따르면 유교의 오륜(五倫)과 오상(五常: 인의예지신)은 사회질서를 이끌어가는 최고의 도덕으로 이를 지키는 나라만이 중화이며 그 밖의 나라는 모두 이적(夷狄)이었다. 조선의 성리학자들은 북적(北狄)인 청이 명나라를 멸망시켜 이런 중화적 전통이 단절됐지만, 조선은 '소중화(小中華)'로서 그 명맥을 유지하고 있다고 자부했다. 성리학자들에 따르면 이적은 그래도 사람이지만 서양인은 금수였다. 그러므로 천주교와 같은 서양 종교가 국내에 침투하거나 그것을 믿는 서양 세력과 나라가 수교하면 백성들이 금수의 길로 치달아 오륜과 오상이 깨지고 이것으로 유지되는 왕조의 질서도 무너진다고 믿었다.

쇄국론(위정척사론)은 18세기 말 이후 천주교가 유입되어 점차 퍼지고 서양 열강의 선박이 자주 조선 연안에 출몰하면서 고양됐다. 특히 병인양요와 신미양요 때 쇄국론의 기세가 드높았다. 강화도 조약 이후 일본인의 왕래가 잦아짐에 따라 민중의 척왜(斥倭) 분위기도 거세졌다.

일부 관원과 유생들은 《조선책략》과 그 내용의 핵심이라 할 수 있는 '연미론(聯美論)'에 대해 반대하는 상소를 올리기 시작했다. 1880년 11월 3일(음력 10월 1일) 병조정랑 유원식(劉元植)이 《사의조선책략》을 비난하고 김홍집을 탄핵하는 상소를 올렸다.

수신사가 가지고 온 황준헌의 사사로운 의견이 담긴 책자를 보았는데 '예수, 천주의 학(學)은 우리 유교에 있는 주자, 육상산과 같다' 라는 구절에 이르러서는 저도 모르게 머리털이 곤두서고 간담이 떨리며 가슴이 서늘해지고 뼛골이 오싹하였습니다. …

수신사로 말하자면, 임금의 명을 받들고 외국에 사신으로 간 것이 공적 임무에 관계된 것인 만큼 한 마디 말이나 한 자의 글이라도 비록 사사로이 물리쳐 버릴 수 없다 하더라도 이런 흉악한 문구를 보았을 때는 마땅히 성토하고 면책하고 현인을 존중하고 도학을 숭상하는 뜻을 보이며 위정척사의 원칙을 나타내야 했는데, 그렇게 하지 않고 태연히 받아왔습니다.

관학(館學)으로 말하자면, 지위는 남에게 모범을 보여주어야 할 처지이고 의리상으로는 현인을 숭배해야 하는데 이런 글과 이런 문구를 마치 늘 보던 것처럼 심상하게 보면서 입을 봉하고 보고하지 않았습니다.

대체로 이 글은, 신의 어리석은 소견으로 말한다면, 우리나라의 사악한 무리 중에 아직도 남은 종자가 있어 몰래 이단의 무리와 결탁하여 이런 문구를 만들어내어 인심을 소란하게 하고 사도(邪道)를 물들이려는 것이라고 봅니다. 우리 성상의 명철한 식견으로는 여지없이 통찰하셨으리라 생각하는데 아직도 처분을 내리시지 않으니 이것은 혹시 크게 포용하는 훌륭한 생각에서 나온 것입니까? 삼가 바라건대, 현명한 판단을 내려 잠복해 있는 흉악한 무리를 찾아내어 남김없이 섬멸하여 사람들의 울분을 쾌히 풀어주소서.

원산에 머물고 있던 이동인 일행은 미국과의 수교에 찬성한 차대(次對, 어전 정무회의)의 결과를 전해 듣고 11월 14일 일본으로 떠났다. 일본에 도착한 이동인은 주일 청 공사 하여장을 만나기에 앞서 사토우를 먼저 찾았다. 사토우는 이동인과의 재회를 다음과 같이 기록했다.

11월 15일

아사노가 어젯밤 갑자기 나타났다. 이제 막 도착했다면서 큰 가방을 들고 있었는데, 국왕이 개명했다는 희소식과 국왕이 내준 여권(신임장)을 가지고 있었다.

그는 조선이 러시아로부터 공격당할 위험이 있다는 것을 국왕이 깨닫고 있으며, 몇 주일도 채 지나기 전에 개화당이 현 배외내각(排外內閣)을 대체하게 될 것 같다고 말했다. 그는 우리가 가능한 한 대규모의 병력을 이끌고 바로 조선으로 가기를 열망했다. 다만 그것은 조선 국내에서의 의견충돌을 막기 위한 것이 아니라는 것과 그 행위가 선장 개인의 모험이 아니라 영국 정부가 승인한 대표단임을 분명히 해야 한다고 했다.

일본인들은 조선인들에게 맨 먼저 독일과 조약을 체결하도록 늘 권장해왔다. 그것은 독일의 정책이 러시아의 정책에 반대되는 것이라고 생각하고 일본이 미국으로부터는 결코 얻어낼 수 없다고 보는 도움을 독일로부터 얻기를 희망하기 때문이다. 우연의 일치이겠지만 이틀 전 케네디와 내가 아사노에 관한 이야기를 하면서 그가 다시 올지 모른다고 말했었다.

사토우는 이동인의 행적을 일기에 적었다.

1880년 11월 16일

아사노에게 잠을 잘 수 있는 조그만 방을 하나 주었다. 그는 밤에 이와쿠라를 만나러 갔으나 그가 외출 중이어서 만나지 못했다.

1880년 11월 17일

아사노가 이와쿠라를 만나 조선을 꼭 여행하도록 종용했다. 나는 이와쿠라가 조선을 아시아 3국동맹(조선, 청, 일본의 동맹)에 끌어들일 수 있기를 오래 전부터 열망해왔지만 조선의 배외감정이 너무나 커서 헛수고가 될 것으로 생각하고 있다고 그에게 대답해주었다. (이동인의 종용으로) 이와쿠라는 조선을 방문하고 싶어 하게 되었으니 이 문제를 새삼 재고할 것이다.

아사노는 여기에 왔던 사절단(김홍집 일행)이 슈펠트를 거절한 일에 대해 유감을 표시하고, 만약 슈펠트가 다시 온다면 조선 정부는 그의 서한을 접수하고 선원들에 대한 처우 개선을 위해 협정을 맺을 것이라는 답장을 (주일) 청국 공사에게 이미 보냈다고 말했다. 그는 나에게 답장의 사본을 보여주었는데, 그 답장이 아직 (청국 공사에게) 도착하지 않았기 때문에 사본을 나에게 줄 수는 없다고 했다. 그는 또 일본은 온건한 나라인 독일과 먼저 수교할 것을 늘 조선에 권고했다고 말했다.

11월 19일과 20일 하여장을 만난 이동인은 조정의 뜻이 변하여 미국과 수교하기를 희망하고 있으며 머지않아 수교 알선을 요청하는 김홍집의 공함이 올 것이라고 알렸다. 하여장은 이런 소식을 총리아문과 이홍장에게 타전하고 조선이 미국 등과 조약을 체결할 경우 청이 취할 대책을 작성해 보고했다. 제목이 《주지조선외교의(住持朝鮮外交議)》인 이 보고서의 요지는 다음과 같다.

조선이 러시아의 침략을 견제하기 위해서는 미국 등과 수교하는 것이 불가피합니다. 그러나 이 경우 조선은 독립국가로 인정받게 되고 중국은 속국을 잃게 될 우려가 있습니다. 그러므로 중국이 조선의 조약 체결을 주관하고 조약문 머리에 "중국 정부의 명령을 받들어 조약을 체결한다"고 성명하게 하여 조선이 중국의 속국임을 분명히 할 필요가 있습니다.

종번(宗藩: 종주국과 속국) 관계도 강화하여 조선으로 하여금 중국의 용기(龍旗: 청의 국기)를 사용하게 하고, 조선과 중국 상인의 왕래무역을 허가하며, 조선 학생을 중국으로 보내어 어학, 조선, 기계, 서양총을 익히게 해야 합니다.

12월 8일(음력 11월 7일) 임응준(任應準)을 정사, 정직조(鄭稷朝)를 부사, 홍종영(洪鍾永)을 서장관으로 하는 동지사 일행이 출발했다. 이때 역관 이용숙이 재자관으로서 이홍장에게 보내는 이유원의 서한과 이최응의 주장(奏章)을 가지고 갔다. 그 내용은 미국과의 수교에 찬성하는 것이었다.

12월 17일에는 대리공사에서 판리공사(辦理公使)로 승격된 하나부사 요시모토(요시타다)가 서울로 들어왔다.

반접관(伴接官) 김홍집이 "일본 판리공사 하나부사 요시모토와 수원(隨員) 4인, 함장(艦長) 1인, 전어관(傳語官) 2인, 호위병 22명, 순사(巡査) 10명, 종자(從者) 2명이 오늘 술시(戌時) 경에 청수관에 들어왔습니다"라고 아뢰었다.

《고종실록》 17년 11월 16일

일본은 강화도 조약 체결 이후 공사관 개설과 공사 주재를 요구했으나 조선 정부는 사신의 직무는 교빙에 국한한다며 거절했다. 조선에 공사 상주를 관철시키는 것이 일본 외교의 주요 현안이었다. 하나부사가 가지고 온 국서의 내용은 다음과 같다.

지난번 두 나라의 우의를 돈독히 하고 시행해야 할 사무를 상의하기 위하여 대리공사 하나부사 요시모토를 뽑아 파견하였습니다. 하나부사 요시모토가 귀국을 왕래한 지 이미 연수(年數)가 있고 양국의 우호를 잘 도왔으므로 짐은 그를 높이 평가하여 판리공사로 승임(陞任)해서 귀국의 경성에 주차(駐箚)시켜 양국에 관계되는 일들을 맡아 처리하게 하였습니다. 하나부사 요시모토는 충성스럽고 독실하며 사리에 밝고 민첩하여 힘써 일에 종사하므로 짐은 그가 직임을 감당하리라는 것을 잘 압니다. 대왕께서는 총애와 배려를 베푸시어 때때로 알현하게 해주셔서 짐이 진술하라고 명한 것을 잘 듣고 받아들임으로써 그가 직임을 다할 수 있게 해주시기 바랍니다. 대왕에게 큰 복이 있기를 기원합니다.

하나부사는 예조판서 윤자승을 만나 국왕에게 국서를 봉정할 날을 잡아 날라고 요구했다. 척사론이 비등하던 시점이므로 의견이 분분했으나 국서 봉정을 허락하기로 결론이 났다.

27일 하나부사는 인천의 군함에서 의장대를 불러 청수관에서 돈화문까지 위력행진을 하고 창덕궁 중회당에서 조선 국왕을 알현하고 국서를 봉정했다. 조선 정부는 국서의 내용에 이의를 제기하지 않는 동시에 하나부사 일행의 청수관 장기체류와 일장기 게양을 묵인하여 일본의 외교목표가 달성됐다.

이동인(李東仁)과 개화파

봉원사(奉元寺)의 승려 이동인은 개화파에 큰 영향을 주었다. 그는 1878년 6월부터 일본 동본원사(東本願寺)의 부산별원을 방문하여 근대화하는 일본을 연구하고 일본어를 익혔다.

이동인은 유홍기와 친분이 있어 김옥균, 박영효 등과 접촉하게 됐다. 1879년 여름 이동인은 서울에 와서 부산에서 입수한 《만국사기(萬國史記)》, 세계 각국의 도시와 군대를 찍은 사진, 요지경(瑤池鏡: 만화경) 등을 보여주었다. 김옥균과 박영효는 외국 정세에 관한 문헌과 자료를 구입하기 위해 이동인에게 여비를 주어 몰래 일본에 가도록 했다. 이동인은 부산에서 친분을 쌓은 일본 승려의 도움으로 밀항하여 1879년 11월 나가사키에 도착했다. 이어 경도(京都)의 동본원사에 가서 머

무르며 일본어를 익히다가 1880년 4월 다시 동경으로 가서 동본원사 소속의 천초별원(淺草別院)
에 체류했다. 그는 일본 정부의 태도, 일본의 문물제도 등을 고찰했다. 일본 승려의 소개로 후쿠자
와 유키치 등 조야의 정치인과도 교분을 맺었다. 또한 영국 외교관 어니스트 사토우(Ernest
Mason Satow, 1843~1929)와도 접촉했다.

　　사토우는 조선이 영국 난파선을 구조한 일로 파크스의 지시에 따라 감사서한을 가지고 1878년
9월 동래부와 제주도를 방문한 바 있었다. 사토우는 자신에게 조선어를 가르쳐줄 개인교사를 찾고
있었다. 일본 근무를 마치면 조선으로 건너갈 생각이 있었던 듯하다. 1880년 5월 12일 이동인은
일본 주재 영국 공사관을 방문하여 2등 서기관인 어니스트 사토우를 만났다. 사토우는 이동인과의
만남을 일기에 적었다.

1880년 5월 12일
오늘 아침 아사노(朝野)라는 이름을 가진 조선인이 찾아왔다. 그는 아사노라는 이름이 조선의 야
만인(朝鮮野蠻: Korean Savage)이라는 뜻이라고 재치 있게 설명하면서 세계를 돌아보고 자기
나라 사람들을 개화시키기 위해 비밀리에 왔노라고 말했다. 그의 일본어는 서투른 편이었지만,
우리는 서로를 충분히 이해할 수 있었다.
그는 외국의 문물이 엄청나다는 것이 거짓이 아님을 돌아가서 자신의 동포들을 확신시키기 위
해 유럽의 건물이나 그 밖의 흥미로운 것들을 찍은 사진을 구입하고자 했다. 또한 영국을 방문
하기를 열망했다. 그는 자기는 서울 토박이라고 말하면서, 서울에서는 '쯔(tz)'를 '츠(ch)'라고
발음한다고 말했다. 그는 오는 일요일 아침에 다시 오겠다고 약속했다.

1880년 5월 15일
나의 조선인 친구가 다시 왔다. 그는 조선이 수년 내에 외국과 수교를 하게 되겠지만, 그러기 위
해서는 지금의 조선 정부를 전복할 필요가 있을 것이라고 말했다. 그는 자기와 같은 생각을 가
진 젊은이들이 날로 늘어나고 있으며, 자기 말고 또 한 사람의 조선인이 형식상 자기 하인으로
최근에 같이 왔는데 사실은 귀족이지만 불행히도 일본어를 모른다고 했다. 그는 곧 조선으로 돌
아갈 예정이라고 했다.
나는 여러 장의 건물 사진과 전쟁터 사진, 그리고 그가 사진잡지에서 추려낸 사진을 다 그에게
주었다. 그는 시계를 몇 개 사서 본국에 보내려고 했다. 그는 또 이홍장이 주청 영국 공사의 제
의에 따라 외국 열강들과 관계를 열도록 조선 정부에 충고하는 편지를 보냈는데, 그의 친구들이
일본인을 좋지 않게 이야기했을 그 문서를 일본에 있는 자기에게 보내는 것이 안전하지 않다고
생각했기 때문에 그 문서의 사본을 받아볼 수 없었다고 말했다. 조선인들은 16세기에 풍신수길
이 일으킨 부당한 전쟁 때문에 일본인을 싫어하며, 많은 조선 주민들이 일본인과 이웃하는 것을
피하기 위해 조국을 떠나기도 했다고 말했다. 그는 조선과 일 본 간의 무역에서는 전적으로 유

럽 상품이 거래되고 있으며, 조선이 다른 나라와 교역관계를 갖게 되면 일본과의 무역이 사라지게 될 것이라면서 영국이 조선과 교역할 생각을 갖고 있느냐고 나에게 물었다.

나는 영국으로서는 어느 나라와도 교역관계를 갖기를 열망하지만 원하지 않는 나라에 교역을 억지로 강요할 생각은 없으며, 교역을 원하지 않는 나라에 사절을 보냈다가 사절이 거절당해 되돌아오게 되면 영국으로서는 그 모욕에 대해 보복해야 하기 때문에 그러한 나라에는 사절을 보내지 않을 것이고, 따라서 조선이 교역관계에 들어갈 의욕을 보일 때까지는 그대로 놔둘 것이라고 말했다. 그는 1878년에 내가 가져갔던 문서의 사본을 보고 내 이름을 익혀서 나를 찾아왔던 것이다.

그는 3시간가량 있다가 갔다. 나는 오는 20일 시계를 사러 그를 요코하마 시장에 데리고 가기로 약속했다. 그는 금, 석탄, 철, 연해의 고래 등 풍부한 조선의 자원을 개발하는 일에 매우 깊은 관심을 가지고 있었다.

그는 좋은 인삼과 나쁜 인삼의 견본을 나에게 주었는데, 유럽 의사들이 인삼을 이용할 수 있게 되면 인삼이 조선의 중요한 수출품목이 될 것이라고 생각하고 있었다.

1880년 5월 20일
나의 조선인 친구를 요코하마에 데리고 가서 이화양행의 케스윅(William Keswick)을 소개해주었다. 두 사람은 일본어를 아주 잘 하는 케스윅의 비서 월터(Walter)의 통역으로 한 시간가량 이야기를 나누었다.

아사노는 타이콘데로가 호가 서울에 가더라도 조선 정부가 타이콘데로가 호의 함장과 어떠한 관계도 맺기를 거부할 것이라고 하면서 함장의 이름을 발음했다.

이동인은 7월 초부터 9월 초까지 사토우의 조선어 선생이 되어 매일 밤 만나 국제정세 및 조선과 영국의 수교 가능성을 논의했다. 사토우는 이동인과 조선 고전소설을 읽으며 조선어를 익혔다. 사토우는 조선어가 일본어와 아주 비슷하다고 일기에 적었다. 사토우는 주일 대리공사 케네디(J. G. Kennedy)에게 이동인을 소개하기도 했다(당시 파크스는 영국에 머물고 있었다). 이에 관한 일기의 기록은 다음과 같다.

1880년 7월 19일
아사노를 케네디에게 데려가 소개하고 아사노를 우리의 조선 내 대리인(agent)으로 삼도록 허락해줄 것을 권유했다. 이 대화는 비밀(confidential)이다.

이동인은 일본에 머무는 동안에도 개화파 승려 탁정식(卓挺埴)을 통해 김옥균과 연락했다. 1880년 여름 2차 수신사로 일본을 방문한 김홍집은 이동인을 만나보고는 그의 일본어 이해, 높은 식견과 세계에 대한 통찰, 조선의 장래에 대한 달견을 알고는 감탄하고 기뻐했다. 이동인은 김홍집 사절단의 일원인 윤웅렬(尹雄烈, 윤치호의 부친)을 사토우에게 소개했다.

1880년 9월 2일

아사노가 윤웅렬이라는 아주 훌륭한 조선인을 점심에 데리고 왔다. 윤웅렬은 40세쯤 되는 사람으로 사절단의 중장군(中將軍)으로 수행해온 사람이다. 그는 일본어가 서툴렀고 북경어를 몇 마디 했으나 나이프와 포크 쓰는 솜씨는 능숙했다. 용모는 일본인과 달라 보이지 않았다. 나의 사진과 은제 모단(Mordan) 만년필과 연필, 시계를 주자 매우 기뻐했다. 분명히 개화당에 속한 사람이며, 자신이 외국인을 방문한 사실이 일본 신문에 알려질까봐 몹시 경계했다.

이동인은 김홍집 일행과 동행하여 귀국했다. 김옥균을 비롯한 개화파는 이동인이 전해준 신서와 일본에 관한 보고에 크게 자극받았다. 다음은 이에 관한 서재필(徐載弼, 1864~1951)의 증언이다.

그가 가지고온 서적이 많았는데, 역사도 있고 지리도 있고 물리, 화학과 같은 것도 있었으며, 그것을 보기 위해서 3~4개월간 그 절(봉원사)에 자주 들렀지만 당시 이러한 책은 적발되면 사학(邪學)이라 해서 중벌에 처해졌기 때문에 한 장소에서 장시간 독서할 수 없어 그 다음에는 동대문 밖의 영도사(永導寺)라는 절에서 독서하고 다시 봉원사로 올라가는 등 이와 같이 되풀이하기를 1년이 넘어 그 책들을 모두 완독했다. 그 책들은 일본어로 쓰여 있었지만 한자(漢字)를 한 글자 한 글자 더듬어 읽으면 의미는 거의 통했다. 이렇게 해서 책을 완독한 바, 세계의 대세를 거의 알 수 있게 되었다. 여기에서 우리나라도 타국과 같이 민중의 권리를 수립해야겠다는 생각이 솟아났다. 이것이 우리로 하여금 개화파로 등장하게 한 근본이었다. 바꾸어 말하면 이동인이라는 승려가 우리를 이끌어주었고 우리는 그러한 책들을 읽고 그 사상을 몸에 익혔으니 봉원사가 우리 개화파의 온상인 것이다.

이동인은 서적 외에 램프, 석유, 성냥 등의 일본 제품도 구입하여 왕실, 세도가, 친지 등에게 선물로 주었다.

이동인은 김홍집의 소개로 민영익(閔泳翊, 1860~1914)을 알게 됐다. 민태호(閔台鎬)의 아들인 민영익은 폭사한 민승호의 양자로 입적되어 민비의 친정 조카가 됐고, 이재황의 신임이 두터웠다. 이동인은 민영익의 주선으로 이재황을 만나 일본의 사정과 세계 각국의 형세를 상세히 아뢰어 특별한 신임을 얻었다. 이동인은 월경죄가 면제됐고, 왕궁 출입도 할 수 있게 됐다.

신사유람단 파견

1881년 1월 19일 조선 조정은 삼군부를 폐지하고 미국 등 서양 각국과의 외교, 통상에 대비하기 위해 통리기무아문(統理機務衙門)을 창설했다. 이 기구는 청의 총리아문을 본뜬 것으로 서양문물을 받아들이겠다는 의사를 공식 천명한 것이었다. 통리기무아문 산하에 사대사(事大司, 청과의 외교 담당), 교린사(交隣司, 일본과의 외교 담당), 군무사(軍務司), 통상사(通商司), 선함사(船艦司), 전선사(典選司), 어학사(語學司) 등 12개 부서가 설치됐다. 이틀 후 영의정 이최응이 통리기무아문 총리대신에 임명됐다. 이동인은 전선사와 어학사의 참모관이 됐다.

2월 7일 청과 러시아는 상트페테르부르크 조약을 체결했다. 이 조약으로 청은 러시아에 900만 루블을 전비보상금으로 지불하고 신강 지역의 대부분을 돌려받았다. (이후 1884년까지 러시아와 청 사이에 7개의 국경조약이 체결되어 이전까지 불분명했던 중앙아시아 지역에서의 러시아와 청의 국경이 명확해졌다. 청은 1884년 새로이 신강성을 세워 신강을 청의 한 성(省)으로 편입했다.)

2월 8일 일본 공사 하나부사는 영의정 이최응에게 내약안(內約案), 중서관계론(中西關係論), 유학생 파출 촉구 서한 및 동시베리아 주변 지도를 증정했다. 내약안의 내용은 다음과 같다.

(1) 일본과 조선은 토양이 이웃하고 있어 입술과 이가 서로 보호하는 것과 같은 관계다. 그러므로 이후 조선이 만약 다른 나라에게 공정하지 못하고 업신여김을 받으면 일본 정부는 반드시 돕거나 혹은 바르게 되도록 조처를 취할 것이다.

(2) 일본 정부는 상호 협조하는 조처를 편리하게 하기 위하여 조선 연해에 해군을 파견하여 주둔하게 하는 일이 필요하다. 그 지점은 부산포 절영도가

좋을 것이며, 그곳을 주둔지로 삼으면 조선 정부가 해군생도를 파견하여 배우게 할 때 역시 편리함이 있을 것이다.

(3) 일본 군함이 혹 항해 중에 조선 선박을 만나면 반드시 보호하도록 노력함으로써 우의의 두터움을 표할 것이다.

(4) 조선 선박이나 인민이 외국에 있을 때에는 그 지역에 주재하는 일본 영사가 그 나라의 법률에 의거하여 힘써 우의의 두터움을 표할 것이다.

(5) 조선 정부가 이후 해군과 육군의 군제를 확장하고 각종 공업을 진흥하는 데 있어서 교사나 혹은 기사가 필요할 때 일본 정부는 반드시 이에 응하여 추천할 것이다.

(6) 조선 정부가 군사공업 등을 전수할 학생을 일본에 파견할 필요가 있으면 일본 정부는 그들을 각기 전수할 학교에 다닐 수 있게 하고 열심히 가르칠 것이며, 그에 드는 비용은 일본 학생과 당연히 같게 하여 차별이 없도록 할 것이다.

(7) 조선 정부가 필요로 하는 총기와 함선은 일본 정부가 두루 살펴 필요에 응하도록 할 것이며, 조선 정부도 일본 정부가 구입하는 가격으로 구입할 수 있을 것이다.

2월 9일 조선 정부는 조준영(趙準永), 박정양, 엄세영(嚴世永), 강문형(姜文馨), 조병직(趙秉稷), 민종묵(閔種默), 이헌영, 심상학(沈相學), 홍영식, 어윤중, 이원회(李元會), 김용원(金鏞元) 등 12인을 조사(朝士)로 임명하여 일본에 파견해 신문물과 신제도를 시찰하게 하기로 했다. 이것이 이른바 '신사유람단'인데 유길준, 이상재(李商在), 유정수(柳定秀), 윤치호(尹致昊) 등 수행원 26명, 통역 12명, 하인 12명 등을 포함하여 모두 62명이었다. 위정척사 여론이 왕성하였으므로 조선 정부는 이들을 동래부 암행어사라고 불렀다.

2월 초순 천진 해관의 책임자 정조여(鄭藻如)가 북경에 와 있는 조선 동지사 임응준에게 밀함(密函)을 보냈다. 그 내용은 유학생 인솔을 빙자하여 천진으로 관리를 파견하여 미국과의 조약 체결에 관해 협의할 것을 요구하는 것이었다.

2월 18일(음력 1월 20일) 이용숙은 천진의 북양아문(北洋衙門: 북양대신의 청사)을 찾아가 이홍장과 회담했다. 그는 다른 나라와 수교협상을 할 때의 선후대책을 묻고 청이 체결한 수호통상조약의 사본을 요청했다.

20일 조선 정부는 내약안의 2항에 대해서는 임지 주둔은 인심을 불안하게 하며 조선은 아직 해군생도가 없으므로 이를 빼는 것이 좋겠다며 거부했고, 6항의 유학경비 항도 제외할 것을 요구했다. 나머지 항목들은 적극 수용했다.

23일 청의 총리아문은 조선 문제의 관할권을 종래의 예부에서 옮겨 북양내신과 일본 주재 중국 공사가 남낭하게 할 것을 상주했다. 조선은 청의 외교 상대 즉 외국이 아니라는 관념에 따라 청의 조선 문제 처리는 예부에서 관할했고, 총리아문 설치 이후에도 조선 문제만은 예부에서 다루어왔다. 그러나 이때 총리아문의 상주가 받아들여져 조선의 외교 등 중요한 일은 1차적으로 북양대신 이홍장과 주일 청국 공사가 처리하게 됐다.

26일 이용숙은 이홍장과 두 번째 회담을 가졌는데, 서양 여러 나라가 "좋은 뜻으로 와서 조약 체결을 청한다면 굳이 거절하지 않을 것"이라고 말했다. 3월 1일(음력 2월 2일) 이홍장은 조선과의 교섭 경과와 자신의 의견을 상주했다.

조선 국왕위원 이용숙이 이번의 공사(貢使)를 수행하여 북경에 왔다가 정월 20일 천진으로 와 품알(稟謁)하였는데, 전적으로 무비를 학습하는 일에 중점을 두었습니다.

또한 가지고온 그 나라의 절략(節略) 한 본을 청하여 보았더니 그 속에는 영의정 이최응의 주장(奏章)이 있었습니다. 그 내용을 보니 작년 6월 미국에서 보낸 사신을 거절한 것이 옳지 않은 계책이었다면서 자못 후회하였습니다. 끝에 가서 "지금에 이르러 해야 할 것으로는 원방(遠方)의 사람을 회유하여 사직을 편안케 하지 않으면 안 된다"라는 등의 말로 중점을 두고 있습니다. 또한 중국과 각국이 수호하면서 체결한 통상장정과 세칙(稅則)을 구하여 가지고 돌아가 참조하겠다고 합니다.

그 나라는 군비가 극히 허술하고 군량도 극히 미미하여 자립할 수 없음이 진실로 염려됩니다. 그런데 그들이 자리 잡고 있는 형세는 실로 동삼성(東三省)의 병풍막이로서 관계가 매우 중요합니다. 현재 그 나라의 임금과 신하들이 비록 갑자기 계책을 바꾸어 외방(外邦)과 관계 맺을 뜻을 갖고 있기는 하지만 국론이 분분하여 빨리 결론을 얻기가 어려우니 이 기회에 성의를 다하여 효론(曉論)하여 그들이 우왕좌왕하지 않도록 하여 우리의 울타리를 튼튼히 하시기 바랍니다.

또 그 나라는 외교와 세계정세에 생소하여, 예컨대 일본과 통상한 지 5년이나 되면서도 아직 해관(海關)을 설치하여 세를 징수하지 못하고 있을 뿐 아니라 세액의 경중도 모르고 있습니다. 다시 그들이 서양과 조약을 체결할 경우에는 형세로 보아 반드시 그들에게 속아 손해가 있을지언정 이익은 없게 될 것입니다.

신은 이로 인하여 전에 서양에서 교섭을 학습한 도원(道員) 마건충(馬建忠)과 정조여 등에게 오늘날의 정세와 동서양의 통례를 참작하여 조선과 서양 각국의 통상장정 초고를 대신 작성하도록 지시하였습니다.

유익하고 손해를 막을 수 있는 방책이 되게 하여 이용숙에게 넘겨주어 가지고 돌아가 그 나라에서 일이 생길 때 이를 근거로 삼을 수 있도록 하였습니다.

그리고 그 절략에서 문의한 각 조문 가운데 오직 일본 국서라 칭하는 한 조문에 대하여 답하였는데, 혼란이 조금 일어나 속방체제에 방해가 있을 것입니다.

신이 서양 각국의 왕이라 칭하고 제(帝)라 칭하는 것을 조사하였사온데, 본래 일률적인 것이 아니라 모두 평등한 관계로 교섭하고 있었습니다. 조선 국왕은 오랫동안 우리나라로부터 책봉을 받아왔으니 그들이 일본이나 서양 타국에 답하는 국서에도 마땅히 중국 속방의 이름은 잃지 않도록 하여야 합니다.

3월 9일(음력 2월 10일) 조선 국왕은 통리기무아문의 건의로 총포와 선박 구입을 위해 이원회를 참획관(參劃官)에 임명하고 참모관 이동인과 함께 일본에 파견하기로 결정했다.

통리기무아문에서 아뢰기를,
"무기의 제조법을 배워오는 일과 관련하여 중국에 사신을 파견하도록 명하셨으니 삼가 마련해서 들여보내야 합니다. 하지만 일본 공사 역시 총, 포, 선박 등의 일로 묘당(廟堂: 의정부)에 상소를 올리기까지 하였으니 그 뜻을 무시하기 곤란할 뿐 아니라 다른 나라의 무기에 내해서노 널리 보고 들을 방도가 있을 것입니다. 그러므로 본 아문에서 추천받은 전 부사(前府使) 이원회를 참획관으로 차하(差下: 벼슬을 임명함)하여 참모관 이동인을 데리고 출발한다는 내용으로 서계를 만들어 보내겠습니다. 노자는 편의대로 할당해서 지급하고 도로 연변의 마을에서 접대하는 일은 백성과 고을들에 민폐를 끼칠 우려가 있으니 일체 그만두라는 내용으로 지나는 여러 도(道)에 분부하는 것이 어떻겠습니까?"
하니, 윤허하였다.

《고종실록》 18년 2월 10일

이동인은 신사유람단을 수행하여 가서 총포와 선박을 구입하라는 국왕의 내명(內命)을 받았다. 그러나 그는 국왕을 배알하고 나온 다음 곧 행방불명됐는데, 암살된 것이 확실하다. 그의 급격한 부상으로 위기의식을 느낀 수구세력의 소행인 듯하다. (미국 가필드(James A. Garfield) 행정부의 신임 국무장관 블레인(James G. Blaine)은 이 해 3월 슈펠트에게 반드시 조선과 수호통상 조약을 체결하라고 지시했다.)

　3월 25일(음력 2월 26일) 경상도 예안의 유생 이만손(李晩孫)을 소두(疏頭)로 하여 영남의 유생들이 〈영남만인소(嶺南萬人疏)〉를 상소했다. 그들은 이 상소에서 《사의조선책략》을 통렬하게 반박했다. 다음은 이 상소의 일부 내용이다.

　엎드려 아뢰옵건대 신등(臣等)은 모두 영남 밖 멀리 떨어져 사는 백성이옵니다. … 그러나 불행하게도 야소교(耶蘇敎: 예수교)라는 사교(邪敎)가 해외의 오랑캐 종자로부터 나오매, 예의염치는 말할 나위도 없고 오륜(五倫), 삼강(三綱), 도리(道理), 법칙(法則)을 모조리 쓸어버리고 말았나이다. …
　신등이 그 소위 《사의》라고 하는 책을 다시 들어서 조목별로 말씀드리고자 합니다. 그 논의의 요점은 조선의 금일 급한 일은 방아(防俄: 러시아를 막는 것)보다 급한 것이 없다 하고, 방아하는 방법에는 친중국, 결일본, 연미국보다 급한 일이 없다고 하였습니다.

무릇 중국은 우리가 신하로서 섬기는 나라입니다. 해마다 요동을 거쳐 비단을 보내고 신의를 지켜 번방(藩邦)으로 지내온 지 200년이 되었습니다. 일본 측에서 황(皇)이니 짐(朕)이니 하는 존칭을 써서 보내온 국서를 우리가 받아들이는 경우 중국이 이것을 짚어서 문책한다면 장차 이를 어떻게 해명할 것입니까? 이것이 첫째로 이해(利害)의 명백함입니다.

일본은 우리와 깊은 관계가 있는 나라입니다. 그런데 삼포(三浦)의 난이나 임진왜란 때의 숙원이 아직도 풀리지 않고 있습니다. 또 그들은 우리나라의 관문과 요새를 알고 있고 수륙요충을 이미 점거한 바 있습니다. 그들은 우리 족속과는 달리 반드시 딴 마음을 품을 것인 바, 만일 그들이 우리의 방비 없음을 보고 공격을 자행하면 전하는 장차 어떻게 이를 막을 것입니까? 이것이 둘째로 그 이해의 명백함입니다.

미국은 우리가 잘 모르는 나라입니다. 돌연히 타인의 종용하는 바에 따라 풍랑과 험악한 바다를 건너오는 그들을 끌어들인다면 우리 백성을 퇴폐하게 하거나 우리 재물을 고갈시키게 될 것이고, 또 만일 우리의 허점을 보고 우리의 약점을 엿보아 응하기 어려운 청을 강요하거나 어려운 부담을 떠맡긴다면 전하는 장차 어떻게 이에 대응하려 하십니까? 이것이 셋째로 그 이해의 명백함입니다.

아라사 오랑캐는 본래 우리와 싫어하고 미워할 처지에 있지 않은 나라입니다.

공연히 타인의 말을 믿었다가 틈이 생긴다면 우리의 체통이 손상됩니다. 그리고 원교(遠交 : 멀리 떨어진 나라와의 외교)에 기대어 가까운 이웃나라를 배척하는 것이 되어 그 조치가 앞뒤가 뒤바뀌고 허점을 드러내는 것이 됩니다. 만일 저들이 이를 빙자하여 군사로 침입해오면 전하는 장차 어떻게 구제하려 하십니까? 이것이 넷째로 그 이해의 명백함입니다.

이만손 등이 다시 상소하려 하자 조선 조정은 그를 전라도 강진현 신지도(新智島)로 유배시켰다. 이후에도 유생들의 상소가 잇따랐다. 그들도 모두 처벌받았다.

4월 하순 조선 국왕은 역관 이응준(李應浚)을 청에 보냈다. 정조여의 밀함을 받고는 통리기무아문의 건의에 따라 사신 파견을 통보하기 위함이었다(사신의 칭호는 영선사로 정했다).

5월 3일 사토우는 일본에 온 탁정식에게서 조선의 동향을 전해 들었다.

1881년 5월 3일

조선인 탁정식이 이동인의 소식을 가지고 돌아왔다. 그가 살아있으며, 척사파의 증오에 희생되지 않기 위해서 숨어 있다는 것이었다. 개화파는 크게 분열되어 있으며 몇몇은 미국과의 동맹에 찬성하고 다른 몇몇은 미국을 아직도 적으로 보아 동맹에 반대하고 있는데, 이동인은 영국과의 동맹을 주장하고 그의 견해를 매우 솔직하게 말하고 있어 반발을 사는 반면 극소수만은 영국에 의지해야 한다는 그의 견해를 취하고 있다는 것이다. 그리하여 국왕은 그를 매우 총애한다는 것이다.

5월 17일 신사유람단이 부산을 출발하여 18일 나가사키에 도착했다. 신사유람단은 3개월간 일본에 체류하면서 일본 정부기관과 군사·산업·우편·관세·교육·문화시설을 광범위하게 시찰했다. 또한 산조 사네토미, 이와쿠라 도모미, 소에지마 다네오미, 이노우에 가오루, 마쓰카타 마사요시(松方正義) 등 일본 정계의 수뇌들과 접촉했다. (조사 어윤중은 그의 수행원 4명 가운데 유길준, 유정수, 윤치호로 하여금 일본에 남아 유학생활을 하도록 했다. 어윤중의 위탁으로 6월 초 유길준과 유정수는 경응의숙에, 윤치호는 저명한 문명개화론자 나카무라 마사나오가 세운 동인사(同人社)에 각각 입학하여 서양문물을 배웠다. 이들이 조선 최초의 일본 유학생이다. 어윤중은 8월 조사시찰단이 귀국한 후에도 11월 초순까지 머물면서 후쿠자와 유키치를 비롯하여 각계 인사들과 접촉했다.)

6월 하순 슈펠트가 다시 천진에 도착했다. 그는 이홍장을 방문하여 미국 정부의 조약 체결 의사를 조선에 전해줄 것을 요청했다. 이홍장은 미국이 조선과 수호통상조약을 체결할 수 있을 것이라고 설명해주었다.

7월 초 이응준이 천진에 도착했다. 이홍장은 정조여를 통해 다시 밀함을 전했다. 이 밀함의 내용은 관리를 천진으로 파견해 슈펠트와 협상하고 중국이 파견하는 관리와 함께 조선으로 돌아가 조약을 체결하라고 권고하는 것이었다. 이는 하여장의 《주지조선외교의》를 실행하는 것이었다.

7월 중순 슈펠트는 이홍장과 다시 회담했다. 이홍장은 조선 정부에 서함을 보낸 일을 알려주고 천진에 머무르며 조선으로부터의 연락을 기다리라고 했다. 슈펠트는 막연히 기다리며 지루한 나날을 보내야 했다.

유생들의 척사척왜 상소로 조선의 정국이 소란해짐에 따라 이하응과 그를 지지하는 세력은 고무됐다. 그리하여 이들은 벌왜(伐倭)를 내세워 정변을 도모하기로 했다.

1881년 6월부터 거사 준비가 시작됐다. 주모자는 표면상으로는 전 형조참의(刑曹參議) 안기영(安驥泳)이었으나 실제로는 이하응이 배후에서 조종했다. 9월 13일 시행되는 경기도 감시(監試)에 모이는 유생 수천 명을 선동하고 더불어 군사 1천 명을 동원하여 왕궁을 습격하고 이하응의 서장자(庶長子) 이재선(李載先)을 새로운 국왕으로 추대한다는 계획이었다. 그러나 이에 필요한 막대한 자금을 모으지 못해 거사일이 연기됐다. 이에 모의 참여자 중 이풍래(李豊來)가 9월 20일 밀고하여 거사는 실패했다.

안기영을 비롯하여 이 사건에 가담한 주요 인물은 거의 대원군 계열이었으며 낭색으로는 남인이었다. 세도정치 시기에 권력에서 철저히 소외됐던 남인은 이하응이 집권하면서 상당수 발탁됐으나 이하응의 하야와 더불어 다시 밀려났다. 남인은 이하응이 재집권하여 다시 정권에 참여하게 되기를 희망했고, 이하응은 위정척사 목소리가 드높은 당시의 정세를 활용하여 재집권을 시도했던 것이다. 11월 말까지 이재선 등 관련자 대부분이 처형됐다. 이재황의 생부 이하응만 무사했다.

이 사건으로 유생들의 척사운동도 잠잠해졌다. 유생들의 집단시위도 자취를 감추었고, 척사 상소도 더는 나오지 않았다. 그러나 이하응은 '국로(國老)'의 지위를 계속 누려 위기 시에 정국의 주요 변수가 될 가능성이 있었고, 일반 민중의 척왜 분위기도 여전했다.

조선의 통상조약 체결

1881년 11월 14일 블레인 미국 국무성 장관이 슈펠트에게 조선과의 조약 체결에 관한 훈령을 보냈다.

> 비록 코리아와의 조약이 정치적 또는 무역상의 이익 때문에 필요한 것은 아니지만, 코리아는 중국과 일본에 근접하고 있어 코리아의 항구들이 우리의 무역선과 해군 함정에 개방되는 것은 바람직한 일이다. … 만일 코리아 정부가 중국과 일본의 경우와 같이 항구를 우리의 무역에 개방하는 것을 원한다면 그러한 우호관계를 흔쾌히 수립할 일이지만 … 힘을 사용하는 것은 바람직한 일이 아니다.

11월 17일 김윤식(金允植, 1835~1922)이 영선사(領選使)로 청에 파견됐는데, 서양의 무기제조법을 배우기 위해 양반 자제들로 구성된 학도(學徒) 20명, 중인 출신의 공장(工匠) 18명을 데리고 갔다. 학도와 공장들은 청의 천진기기국에 배속되어 기술을 익혔다. 더 중요한 목적은 미국과의 수교교섭이었다. 김윤식은 미국과의 조약 체결을 담당하라는 이재황의 밀지를 받았다. 척사파의 반발을 두려워하여 비밀리에 교섭을 추진한 것이다.

1882년 1월 6일 김윤식 일행이 북경에 도착했다. 이어 청의 예부가 정해준 여정에 따라 11일 북경을 떠나 1월 16일 천진에 도착했다. 천진에서 김윤식은 이홍장에게 이동인이 작성한 조미조약 초고를 보여주었다. 그 초고에는 외교사절을 파견하고 통상조약을 맺는 일을 5년 후에 다시 논의할 것, 교회를 설립하지 말 것, 모든 것은 만국통례에 따라 처리할 것 등의 내용이 들어 있었다. 이홍장은 그 조항들은 실현될 수 없다며 반대했다. 이홍장은 대신 마건충이 작성한 초고와 황준헌이 작성한 초고를 내놓았다. 마건충은 프랑스에서 국제법을 공부하고 돌아온 청의 신진관료였다.

3월 25일 천진에서 이홍장과 미국 전권대표 슈펠트 제독은 조선과 미국의 수호를 위한 협상을 시작했다. 천진에 영선사로 머물고 있던 김윤식은 자문(諮問)에 응했을 뿐 직접 협상에 참가하지는 않았다. 4월 4일 이재황은 천진에 문의관(問議官)으로 가는 통리기무아문 주사(主事) 어윤중과 이조연(李祖淵)을 소견했다. 이재황은 이들에게 다음과 같은 다섯 가지 임무를 부여했다.

(1) 북양대신 이홍장과 통상 및 외교 문제에 관해 상의할 것.

(2) 영선사와 논의하여 무관을 귀국시키고 학도와 장인도 질병이 있거나 성과가 없는 자들은 귀국시킬 것.

(3) 사신 문제와 호시 문제를 총리아문 및 북양대신과 의논하여 좀더 자유롭게 사신을 보내고 호시가 열리게 할 것.

(4) 중국에 우리나라 항구를 개방하여 자유로이 무역하고 왕래하는 문제에 관해 총리아문 및 북양대신과 논의할 것.

(5) 외국이 우리나라를 엿보려는 뜻이 있으니 북양대신 및 영선사와 이에 대한 대책을 논의할 것.

4월 5일 열린 2차 회담에서 이홍장은 조선이 청의 속방(屬邦)이라는 내용을 조약에 명시하려고 했으나 슈펠트 제독이 단호히 거절했다.

4월 13일(음력 2월 26일) 조선 왕실이 민태호의 딸을 세자빈으로 간택했다. 민비 소생인 세자 이척(李拓)은 1874년 생으로 이때 겨우 9세였다. 민비가 여흥 민 씨 세도를 굳건히 하려고 서둘러 세자빈을 정한 것이었다.

4월 14일과 18일 주청 미국 대리공사 홀콤(Chester Holcombe, 1842~1912)이 참석한 가운데 슈펠트와 이홍장이 4차와 5차 회담을 가졌는데 여기서 타협안이 마련됐다. 조선 국왕이 조선은 청의 속방임을 통지하는 별도의 조회문을 미국 대통령에게 보내게 하기로 슈펠트와 이홍장이 합의했다. 미국과 청은 전문 15조로 된 조미수호조약을 가조인했다.

21일 김윤식은 역관 이응준과 더불어 북양아문을 방문해 이홍장과 7차 회담을 가졌다. 김윤식은 가조약의 내용에 동의했고, 그 내용을 함부로 수정할 수 없다는 이홍장의 요구에 조선 조정은 함부로 삭증(削增)하지 않을 것이라고 다짐했다. 김윤식은 속방 조회에도 동의했다.

5월 7일 아침 가조인된 조약안을 가지고 북양함대의 정여창(丁汝昌) 제독과 마건충 등이 위원(威遠) 호, 양위(揚威) 호, 진해(鎭海) 호 등 3척의 군함을 타고 산동반도의 지부를 출발해 5월 8일 한강 입구의 호도(虎島: 월미도) 인근에 정박했다. 이날 슈펠트 제독은 미국 군함 스와타라(Swatara) 호를 타고 지부를 출발하여 조선으로 향했다. 11일 조선 국왕은 경리사(經理事) 신헌을 전권대관(全權大官)으로, 경리사 김홍집을 전권부관(全權副官)으로 임명하여 인천에 가서 미국 대표와 협상하도록 했다. 12일 슈펠트가 호도에 도착했다.

통역을 맡은 마건충은 이홍장–슈펠트 회담에서 이루어진 조약안에 그대로 서명하라고 요구했다. 그러나 조선 측에서 미곡수출 금지 조항을 넣을 것을 주장하여 조약 내용 일부가 수정됐다.

영국 정부는 조선–미국 수교를 지원하고 있었는데, 슈펠트가 조선과 조약을 체결하려고 조선을 향해 떠난 것을 알게 되자 적극적으로 조선과 통교하려 했다. 청 주재 영국 공사 웨이드가 이홍장에게 알선을 요청하니 이홍장은 영국이 조미 수호통상조약 내용을 그대로 따른다면 알선하겠다고 했다.

5월 20일 영국의 2차 글래드스턴(William Ewart Gladstone) 내각은 영국의 동양함대 사령관 윌리스(George Ormumaney Willes)에게 조선–미국 수호통상조약과 비슷한 조약을 체결하라고 명령했다.

22일(음력 4월 6일) 조선 대표 신헌과 미국 대표 슈펠트가 조약에 조인했다. 24일 조선 대표 신헌과 김홍집은 속방 조회문을 슈펠트에게 수교(手交)했다. 조회문의 내용은 다음과 같다.

대조선국 군주가 조회(照會)하건대, 조선은 평소에 중국의 속방이었으나 내치, 외교는 모두 대조선국 군주가 자주(自主)했다. 이제 대조선국과 대미국(大美國)

은 피차 입약(立約)함에 함께 평행으로 상대하니, 대조선국 군주는 장차 조약 내의 각 정관을 반드시 자주 공례에 따라 인진조변(認眞照辨)할 것을 명윤(明允)한다. 대조선국이 중국의 속방임으로 인해 마땅히 행하게 되는 일체의 행사에 대해서는 대미국이 조금도 간섭할 바가 아니다.

조선과 청의 사대책봉 관계는 서양인들로서는 이해하기 어려운 것이었고, 사실 '속국이면서 내치, 외교는 자주한다'는 것은 논리적으로 모순이었다. 미국을 비롯하여 조선과 수교한 모든 나라가 조선이 독립국임을 인정했다.

전문 14조로 된 조미 수호통상조약은 조선 측에서 미곡 수출을 금하는 조항을 첨가한 것 외에는 전문이 초안대로 조인됐다. 당시 미국은 30년 전에 일본을 개방시킬 때와 마찬가지로 조선을 무역대상국으로 간주하기보다는 대중국 무역에 종사하는 자국 선박과 선원들을 위해 기항지 및 조난시 피난처와 구조를 확보하는 것이 주목적이었으므로 조선의 요구에 간단히 응했다.

이 조약의 제1조는 양국 중 어느 일방이 제삼국에 의하여 부당한 처우를 받을 때에는 다른 일방이 이를 도와 거중조정(居中調整, good office)한다고 되어 있다. 이것은 러시아와 일본이 조선을 위협할 때 미국의 도움을 받으려는 이홍장의 의도가 관철된 것이다.

5월 27일 월리스가 영국 전권대표 자격으로 군함 비질런트(Vigilant) 호를 타고 제물포 앞바다에 나타났다. 나가사키 주재 영국 영사 애스턴(William George Aston, 1841~1891)이 월리스를 수행했다(애스턴은 탁정식에게 조선어를 배웠다). 이홍장의 소개장을 가지고 온 월리스는 마건충의 주선으로 조선 대표 조영하, 김홍집과 협상했다.

6월 5일에는 천진 주재 프랑스 영사 디용(Charles Dillon)이 이홍장의 소개장을 갖고 인천에 도착했다. 이에 월리스는 프랑스에 뒤질까 우려하여 서둘러 다음날인 6일 한영 수호통상조약에 조인했다. 그러나 디용은 마건충의 교묘한 방해로 조선과 수호조약을 체결하지 못했다.

6월 20일에는 청 주재 독일 공사 브란트가 수교를 요구하러 호도 앞바다에 도착했다. 27일 조선 대표 조영하와 김홍집은 마건충의 안내로 호도에 정박한 독일 군함으로 브란트를 예방하여 전권위임장을 교환하고 교섭을 시작했다. 30일 14개조로 된 한독 수호통상조약이 조인됐다. 그 내용은 한미 수호조약과 거의 같았다.

미국, 영국, 독일과 조선 사이에 각각 수호통상조약이 체결되자 주청 러시아 공사 카시니(Arthur Pavlovich Cassini)는 이홍장에게 조선과의 조약 체결을 알선해줄 것을 요청했다. 그러나 러시아를 경계하는 이홍장은 거절했다.

미국, 영국, 독일 삼국과의 조약 체결로 '동방의 은자' 조선도 서방세계에 문호를 개방하고 근대 국제사회의 일원이 됐다.

이들 조약이 체결되는 과정에서 이홍장은 청과 조선 관계의 관례를 존중하여 비공식 권유자 내지 조언자의 역할로 관여하기 시작했으나 조선 조정의 보수성, 사대성과 내외 정세의 긴박함으로 인해 나중에 미국 대표와는 그가 직접 나서서 협상했다. 주객이 전도된 조미 수교의 과정은 이후 청이 조선의 내정에 깊이 개입하는 데 계기가 됐다.

7월 8일(음력 5월 23일) 조선 국왕은 국호를 대조선, 군주의 칭호를 대군주라고 한다고 선언했다. 자주독립국이라는 전제 하에 서양 열강과 우호통상조약을 체결했기에 이런 조치가 가능했다.

동아시아 무역에 종사하는 영국 상인들은 조영조약에 조선이 개혁되는 대로 치외법권을 폐지한다는 약속이 들어있다는 것과 관세율 조항이 영국에 유리하지 않다는 것 등을 이유로 즉각 반대했다. 주일 영국 공사 파크스는 조약이 체결된 지 2주일 만에 다음의 5가지 이유를 들어 비준에 반대했다.

(1) 극동에서 영국의 정치적, 상업적 지위에 불리한 영향을 준다.

(2) 청의 총리아문마저 직접 상대하지 않는 속국의 군주와 대영제국의 통치자 빅토리아 여왕이 대등하게 대우되고 있다.

(3) 조약의 관세율과 선박의 톤수세가 너무 높다.

(4) 외국인이 개항장 지역 간에 영국산 제품을 운반할 수 없도록 규제했다.

(5) 아편 금지 조항이 있으며 외국 선박에 대해 어떤 법령이 적용되는지가 불분명하다.

글래드스턴 내각은 파크스의 건의를 받아들여 나가사키 주재 영국 영사 애스턴을 조선에 파견하여 비준서 교환을 연기시켰다.

3장

임오군란과 그 파장

군란의 발발

미국과 수교한 지 2개월도 지나지 않아 임오군란이 일어났다. 1880년대에 들어 조선은 일부 제도를 근대적으로 개혁하려 했다. 수신사 김홍집을 따라 일본을 시찰하고 돌아온 윤웅렬의 건의에 따라 1881년 5월에는 별기군(別技軍)이라는 새로운 군부대를 조직했다. 일본 공사관에 근무하는 일본 육군 소위 호리모토 레이조(堀本禮造)를 군사고문으로 초빙하여 별기군에 군사훈련을 시켰다. 창설 초기에는 종래의 오군영 소속 군인 가운데 80명을 차출했는데 나중에는 상류층 자제 100명을 뽑아 충당했다. 별기군의 훈련 장소는 처음에는 모화관(慕華館)이었으나 나중에 평창(平倉)으로, 다시 평창에서 동대문 인근의 하도감(下都監)으로 옮겼다.

조선 조정은 이재선 역모사건을 계기로 1882년 2월 중앙의 다섯 군영을 무위영과 장어영의 2영으로 통폐합 축소했다. 이때 군인의 연령이 18~30세로 규정되어 많은 군인들이 실직했고, 경군의 병력이 5천 명 이하로 줄어들었다. 무위대장에는 이경하, 장어대장에는 신정희(申正熙)가 임명됐다.

1407년(태종 7년) 송도(松都)의 영빈관(迎賓館)을 모방하여 서대문(돈의문) 밖 서북쪽에 건립한 것으로, 처음에는 모화루(慕華樓)라고 했다. 모화루 앞에 영은문(迎恩門)을 세우고 남쪽에 연못을 파 연꽃을 심었다. 1429년(세종 11년) 모화루를 확장개수했고, 그 뒤에 모화관이라고 이름을 고쳤다. 1502년(연산군 8년)에는 여기서 사신을 영접하는 데 여악(女樂)을 사용했다.

명과 청의 사신이 올 때에는 세자가 모화관에 나가 맞았으며, 그들이 돌아갈 때에는 백관이 모화관 문밖에 서 있다가 정중하게 환송했다. 청일전쟁 뒤 청의 세력이 완전히 조선에서 물러가자 이런 일이 없어졌다. 1896년 독립협회(獨立協會)가 영은문이 있던 자리에 독립문을 세우고 그 이름을 모화관에서 독립관으로 고쳐 독립정신을 고취하는 회관으로 사용했다.

별기군 소속 군인에 대한 대우는 재래식 부대인 무위영과 장어영의 군인에 대한 대우보다 훨씬 좋았다. 무위영과 장어영 소속 군인들은 이태원과 왕십리 일대에 모여 살았고, 그 직역은 세습됐다. 그런데 이들의 봉급인 배급쌀이 계속 지급되지 않고 있었다.

이는 문호개방 이후 일본과의 교역과도 관계가 있었다. 급속도로 공업화를 추진하고 있던 일본은 공산품의 국제경쟁력을 확보하기 위해 노동자계급에게 저임금을 강요했다. 그리고 이를 위해서는 생활필수품인 쌀을 저렴한 가격에 공급해야 했다. 일본 국내의 쌀 생산이 넉넉하지 못했으므로 일본은 조선과의 무역에서 쌀 수입에 열중했다. 일본과의 무역이 시작된 뒤로 조선의 대일본 수출 중 80%가 쌀이었다. 쌀 공급 부족과 시전 상인들의 매점매석으로 인해 서울의 쌀값이 이전보다 2~3배가량으로 폭등했다. 쌀이 지급되지 않는 가운데 가격이 폭등해서 시중의 쌀을 구입할 여력이 없게 된 병사들이 민 씨 척족에 대한 증오심과 반일감정을 키우고 있었다. 그러나 부패한 민 씨 세도정치 하에서 민 씨 척족들이 국고를 횡령한 것이 무위영과 장어영 소속 병사들에게 쌀이 지급되지 않은 결정적인 이유였다.

민비를 비롯한 민 씨 척족은 한 마디로 말해 '벼락출세한 집단'이었다. 여흥 민 씨는 고려왕조와 조선왕조에서 이름난 가문이었지만 17세기 후반에 인현왕후를 낸 이후로는 몰락하여 잔반(殘班)이 됐다. 민영익의 생부 민태호는 동생 민규호와 같이 살면서 콩죽으로 연명했고, 부친 민치호(閔致鎬)가 사망했을 때에는 관을 마련하지 못해 짚자리로 출상(出喪)했다.

1866년 민자영이 왕비로 책봉됨에 따라 민 씨 일가의 삶은 급반전했다. 1877년에는 18세인 민영익이 민 씨 집안의 장손으로 26세인 민영준(閔泳駿)과 함께 정시(庭試)를 치러 병과로 급제했다. 민 씨로서 부정투성이인 조선 후기의 과거에서, 특히 임금 앞에서 보는 정시에서, 그것도 병과로 급제하는 데 그친 것을 보면 이들의 학문적 소양이 어느 정도였는지를 알 수 있다. 벼락출세한 가문이 권력을 쥐고 부를 얻으면 가문의 부귀영화를 유지하는 것 외에 다른 목표를 정하기 어렵다. 민 씨 일가의 부정축재는 이전 세도가문의 부정과는 차원이 다르다고 할 만큼 심했다. 1년이 넘도록 직업군인들에게 주어야 할 임금을 체불하고도 걱정을 하지 않은 것을 보아도 이를 알 수 있다. 민 씨 척족 세력에게는 민족의 미래라는 개념은 물론 왕조의 미래라는 개념도 없었다.

민 씨 세도정치 하에서 군인들에 대한 임금 체불은 일상적이었다. 1877년 9월 급료를 받지 못한 훈련도감 소속 군인들이 시위를 벌인 일이 있었다. 임금이 체불되어도 군인들이 버틸 수 있었던 것은 그들이 다른 직업을 겸하고 있었기 때문이다. 그들은 최저생계비 이하의 급료를 받는 처지였으므로 음식장사, 포목상, 좌상(坐商), 홍삼 밀매, 밀도살 등 다른 일을 했다. 부업이 주업이 되고 군직이 부업이 된 군인도 적지 않았다.

1882년 7월 19일(음력 6월 5일) 13개월이나 밀린 급료 쌀 중 1개월분이 우선 무위영 소속 군병들에게 지급됐다. 그러나 선혜청 고직(庫直: 창고관리자)의 농간으로 그 양이 정량에 훨씬 못 미쳤을 뿐 아니라 돌이 섞인 것이 절반이나 됐다.

이에 김춘영(金春永)과 유복만(柳卜萬) 등을 필두로 흥분한 병사들이 고직과 무위영의 장교를 구타했다. 이들은 선혜청 제조(提調)인 민겸호(閔謙鎬)가 급료 쌀을 중간에서 수탈해갔다고 생각했다. 선혜청 고직은 민겸호의 하인이었으므로 이는 근거 없는 의심이 아니었다. 민겸호는 병사들을 마구 잡아들여 포도청에 수감했다.

주동자인 김춘영, 유복만 등이 사형당할 것이라는 소문이 돌자 김춘영의 부친인 김장손(金長孫)과 유복만의 아우인 유춘만(柳春萬)이 중심이 되어 통문을 발송해 군인들과 왕십리 주변을 비롯한 서교(西郊) 지역 주민들에게 항의 운동 참여를 호소했다. 이에 7월 22일 밤 성인묵 등 하급 군인과 지휘관들이 군민의 지휘와 연락을 맡고 왕십리 주민들이 일제히 움직이는 등 민중의 호응이 크게 일어났다

7월 23일 아침 이들은 동별영(東別營: 훈련도감의 본영으로 현재의 종로구 인의동 소재)에 집결했다가 그들의 직속상관인 무위대장 이경하를 찾아가 사정을 호소했다. 이경하는 민겸호를 직접 만나보라며 책임을 전가했다. 병사들이 민겸호를 찾아갔지만 그가 부재중이자 흥분한 병사들이 그의 집을 부수

민겸호(閔謙鎬, 1838~1882)

민승호의 아우로 민승호와 더불어 흥선대원군의 처남이자 고종의 외삼촌. 고종 3년(1866) 알성 문과에서 장원으로 급제했다. 1873년 대원군의 하야 이후 민 씨 세도집단의 일원으로 형조, 병조, 이조, 예조의 판서 등 여러 요직을 거쳤다. 1881년 1월 미국 등 서양 각국과의 외교통상에 대비하여 통리기무아문이 신설되자 그 휘하 기관인 군무사(軍務司)의 경리당상(經理堂上)이 되어 별기군 창설에 일익을 담당했다. 이어 선혜청 당상이 됐다. 그는 국고 횡령으로 치부하여 군인들의 원성을 샀다. 임오군란 때 피살됐다. 민영환의 생부이기도 하다.

었다.

고위 대신의 집을 습격했으니 병사들이 처형될 것이 분명했다. 김장손과 유춘만은 민비와 적대관계에 있으며 대일 강경노선을 주장하는 이하응을 찾아가 사태수습을 요청했다. 그러나 이하응은 사태를 더욱 확대하라고 교사했고, 이에 따라 병사들이 반란을 일으켰다. 이하응의 심복인 허욱(許煜)이 군복을 입고 지휘했다. 병사들은 동별영의 무기고에서 무기를 탈취하고 무위영과 장어영의 다른 군병들에게도 연락하여 모이게 했다. 이들은 3대로 나뉘어 행동했다.

제1대는 포도청을 습격하여 수감 중인 김춘영과 유복만 등을 구출하고 의금부를 습격하여 수감 중이던 척사론자 백낙관(白樂寬) 등 죄수들을 석방했다. 이어 민태호 등 민 씨 척족들의 집을 습격했다. 제2대는 동대문 근처의 별기군 병영을 습격하여 별기군 영관(領官)과 별기군의 군사고문 호리모토 레이조를 살해했다. 제3대는 서대문 밖 경기감영을 습격했다. 이들은 경기감영 무기고에서 각종 무기를 꺼내어 무장하고는 경기감영 옆에 있는 일본 공사관인 청수관으로 갔다.

이때 인근 주민들이 합세하여 수만 명의 무리를 이루었다. 이들은 청수관 주변에서 "왜놈을 죽여라" 하는 함성과 함께 돌을 던지고 총탄을 마구 쏘았다. 일본 공사관 습격에 대장장이 등 수공업자와 소상인층의 참여가 많았던 것은 이들이 일본의 경제적 침탈에 의해 큰 피해를 보고 있었기 때문이다.

일본 공사관원들은 스스로 공사관에 불을 지르고 도주하여 24일 새벽 양화진에 도착했다. 이어 오전 10시에는 부평에, 오후 3시에는 인천부에 도착했다. 사정을 모르는 인천부사 정지용(鄭志鎔)은 이들을 환대했다. 그러나 인천부의 부병(府兵)과 주민들이 합세하여 습격해 일본 공사관원 여럿이 죽었다. 일본 공사 하나부사 요시모토 일행은 마침 인천에 정박 중이던 영국의 측량선 플라잉 피시(Flying Fish) 호를 타고 탈출했다.

24일 아침 한성부(漢城府, 서울)의 군민들은 이하응의 사주에 따라 영돈녕부사(領敦寧府事) 이최응과 호군(護軍) 민창식(閔昌植)을 살해하고 창덕궁으로 난입하여 민 씨 척족 정권의 상징인 민비를 죽이려 했다. 민비는 궁녀로 변장하고 무예별감 홍계훈(洪啓薰)의 도움으로 탈출하여 화개동(花開洞)의 전 사어(司禦) 윤태준(尹泰駿)의 집으로 도피했다. 군민들은 수색 과정에서 선혜청 제조 민겸호, 경기도 관찰사로 민영익의 장인이기도 한 김보현(金輔鉉) 등을 살해했다. 군민들이 궐내에 들어와 있는 상황에서 이재황은 사태수습을 위해 흥선대원군을 불렀다. 이하응은 적장자 이재면(李載冕, 1845~1912)을 대동하고 궐내에 들어왔다.

이날 이재황은 "이제부터 작고 큰 공무를 모두 대원군에게 품결(稟決)하라"는 왕명을 내렸다. 이로써 다시 집권하게 된 이하응은 당일로 무위영을 이전대로 훈련도감이라고 부르게 하고 나머지 각 영도 옛 규례대로 복구하도록 했다. 역시 같은 날 통리기무아문을 없애고 별기군을 폐지하고 삼군부를 부활하는 등 근대적 제도개혁을 모두 혁파하고 구제도로 복귀하는 정책을 폈다.

임오군란은 부패한 조정이 경군에게 봉급조차 지불하지 않아 병사들이 굶주림을 견디다 못해 일으킨 반란인데, 이하응이 이를 적절히 이용하면서 정변이 됐다. 이후에도 군인들은 민 씨 척족과 연관된 자들을 색출하여 보복했다. 쌀을 매점매석했던 시전 상인들도 100명 이상 가려내어 살해했다. 이들의 폭력행사에 양반과 부호들이 두려움에 떨었으며, 그들 중에는 몰래 서울에서 지방으로 피신하는 자들도 많았다. 민 씨 일족도 모두 도주하는 신세가 됐다. 민비는 윤태준, 전 승지 조충희(趙忠熙) 등의 도움으로 여주로 가서 민영위(閔泳緯)의 집에 며칠 머물다가 충주 장호원에 있는 충주목사 민응식(閔應植)의 집으로 피신했다.

이때 우두 접종 사업을 하고 있던 지석영도 충주의 처가로 피신했다. 지석영은 1880년 일본에 갔을 때 일본 내무성 위생국의 우두종계소(牛痘種繼所)를 방문해 제생의원에서 미처 배우지 못한 종묘(種苗) 제조법을 비롯해 채두가수장법(採痘痂收藏法), 독우사양법(犢牛飼養法), 채장법(採漿法) 등 우두술과 관련된 모든 지식과 기술을 습득했다. 일본에서 귀국한 지석영은 1880년 10월 서울에 종두장을 차리고 본격적으로 우두 접종 사업을 펼쳤다.

우두술이 자신들의 생계를 위협한다고 판단한 무당들은 임오군란에 합세하여 지석영의 종두장을 개화운동의 텃밭으로 지목하여 불태워 버렸고, 지석영을 개화운동자로 몰아붙여 그의 처단을 요구했다.

7월 25일에는 서울에 괴이한 소문이 크게 일어났다. 민영익이 1천~1만 명 규모의 경기도와 강원도 보부상들을 이끌고 동대문에 들어올 것이라는 소문이었다. 행상(行商)인 보부상은 노상강도의 습격에 대비하여 '물미장(勿尾杖)'이라고 불리는 몽둥이를 호신용으로 휴대하고 다녔고 봉술(棒術)에 능했으므로 민란 시에 진압군으로 활용될 수 있는 집단이었다. 보부상들이 흥인문(興仁門) 밖에서 경성(京城)으로 쳐들어온다는 소문이 퍼지자 온 서울 주민들이 정신없이 뛰어다니고 부르짖으며 남산에 올라 산이 새하얗게 덮였다. 이하응은 각 군영(軍營)의 무기고를 열고 백성들로 하여금 무기를 가져가서 스스로 방위하게 했는데, 결국은 별일 없이 무사했다.

이러한 소문이 퍼진 데는 이유가 있었다. 병인양요 때 공을 세운 보부상들은 이후 치안부대의 성격을 갖게 됐다. 개항 이후 청나라 상인과 일본 상인의 상권 침투가 심화되자 조선 정부는 상품유통 과정에 관상(官商)이 있어야 한다고 생각했다. 정부는 보부상들에게 상인과 수공업자에 대한 조세 징수권을 주었다.

보부상은 보상(褓商, 봇짐장수)과 부상(負商, 등짐장수)을 총칭하는 말이다. 보상은 한성부에서 관리하다가 1882년 11월부터는 의정부에서 관리했고, 부상은 비변사에서 관리하다가 1881년부터는 무위소에서 관리했다. 무위소의 관리를 받게 된 부상은 조직운영비와 임원경비를 지급받았다. 또한 민영익, 한

규직(韓圭稷), 이조연(李祖淵) 등 당시 권력실세들이 부상 조직을 이끌었다. 이렇듯 민 씨 세도와 밀착되었으므로 보부상이 서울로 쳐들어온다는 헛소문이 났던 것이다.

26일 이재황은 시임대신, 원임대신, 봉조하(奉朝賀) 등을 소견(召見)했다. 봉조하는 이유원, 영의정 홍순목, 강로(姜㳣), 판중추부사(判中樞府事) 김병국 등이었다. 홍순목이 청과 일본에 정변 발발을 통보하기를 제의하니 이재황은 받아들였다.

청군과 일본군의 서울 진입

7월 29일 밤 늦게 하나부사 일행이 나가사키에 도착했다. 하나부사는 즉시 전보로 외무경 이노우에 가오루에게 호리모토 레이조 외 8명의 생사를 알 수 없게 됐다고 알렸다. 30일 일본 외무대보(外務大輔: 외무차관) 요시다 기요나리(吉田淸成)는 일본 주재 청 공사 여서창(黎庶昌)에게 임오군란의 개요를 전했다.

31일 일본 정부는 긴급 각료회의를 열었다. 정계의 실력자 이토 히로부미는 헌법을 제정하는 데 도움을 받으려고 유럽을 방문하고 있었고, 이노우에 가오루와 야마가타 아리토모가 내각을 지배하고 있었다.

일본 국내에서는 자유당(自由黨)이 주도하는 자유민권운동이 한창이었고, 정부는 이를 탄압하기 위해 집회조례를 개정하려 하고 있었다. 일본 정부는 시선을 해외로 돌려 국내의 정쟁을 제어할 필요가 있었다.

일본의 긴급 각료회의에서 보병 1개 대대 150명의 해군육전대(해병대)와 군함 4척을 조선에 파병한다는 결정이 내려졌다. 또한 조선 정부에 요구할 사항도 결정됐다. 그 내용은 그동안 일본이 조선에 요구하고 싶었던 것들이었다.

(1) 조선 정부의 문서에 의한 사죄

(2) 피해자 유족에 대한 위자료 지급

(3) 범인의 체포와 처벌

(4) 정부나 당국자가 군란을 교사했을 경우 요구를 더 강화

(5) 조선 정부의 책임이 중대할 경우 거제도 또는 울릉도를 할양할 것

(6) 조선이 무성의하면 인천을 점령

외무경 이노우에는 피해의 실상과 조선의 사정을 파악하기 위해 하나부사와 더불어 조선에서 돌아온 히사미즈 사부로(久水三郎)와 다카오 겐지(高雄謙三)를 다시 조선에 보내기로 결정했다.

이날 북양아문은 여서창으로부터 임오군란의 발발과 일본군의 조선 파병을 알리는 전보를 받았다. 이때 북양대신 이홍장은 4월에 모친상을 맞아 100일 휴가를 얻어 고향인 안휘성으로 돌아가 상복을 입고 있었다. 장수성(張樹聲)이 임시로 북양대신과 직예총독의 직위에 있었다.

8월 1일 여서창은 장수성에게 두 번째 전보를 보냈는데, 일본이 군함을 조선에 보내니 중국도 군함을 파견하는 것이 좋겠다는 의견을 전달했다. 이날 북양아문의 고위관리 주복(周馥)은 유학생을 감독하기 위해 천진에 머물고 있던 조선의 영선사 김윤식과 면담하면서 임오군란에 대한 사후처리에 관한 의견을 물었다. 김윤식은 조선 조정이 난당(亂黨)을 색출하면 큰 문제는 없을 것이라면서 서울과 천진 사이에 전선(電線)이 가설되지 않아 사정을 계속 접할 수 없어 안타깝다고 말했다. 이날 청 주재 미국 공사 영(John R. Young)은 조선의 사정을 파악하기 위해 군함을 파견해줄 것을 본국 정부에 요청했다.

이날 히사미즈 사부로와 다카오 겐지가 주일 영국 공사 파크스의 호의로 플라잉 피시 호를 타고 나가사키를 떠났다(이재황의 명령으로 일본을 시찰하고 있던 김옥균 일행도 이 배에 탔다).

2일 장수성은 조선에 군함을 파견하는 것이 마땅하다고 보고 북양수사 제독 정여창에게 출동을 준비하라고 지시했으며, 마건충이 동행하는 것이 좋겠다는 의견을 개진했다. 청 조정은 이홍장에게 업무복귀 명령을 내렸다. 이날 일본 정부는 일본 주재 서양 열강 공사들에게 일본의 조선 파병은 평화적인 의도에 의한 것이라고 통보했다. 4일 플라잉 피시 호가 인천에 도착했다. 풍랑으로 예정보다 늦게 도착한 것이었다.

5일 청은 일본에 "조선에서 폭거가 발생했으므로 속방(屬邦)을 보호하고 속방에서 피습된 일본 공사관을 보호하기 위해 마건충으로 하여금 군함 2~3척을 이끌고 조선에 가게 할 것"이라고 파병을 통보했다. 이에 일본은 조일수호조약 체결 이후 조선을 자주국으로 대하고 있으며 공사관은 스스로 보호할 것이라며 청군의 출병을 반대했다. 그러나 주일 청국 공사 여서창은 일본 정부에 다음과 같이 반박했다.

귀국은 입약(立約)할 때 조선을 자주국으로 인정했지만 중국은 조선을 속방으로 대해 왔으며, 이번 파병은 속국의 동란을 바로잡기 위한 것이다. … 이는 마치 자제의 가내(家內)에 물건을 맡겼다가 도둑맞았을 때 가장(家長)이 이를 사문(査問)하는 것과 다를 바 없다.

이날 조선 조정은 일본인 2명(히사미즈와 다카오)이 영국 배를 타고 인천에 도착했다는 인천부사 정지용의 급보를 받았다. 이하응은 당일로 윤성진(尹成鎭)을 반접관(伴接官)에, 당상역관 고영희(高永喜)를 차비관(差備官)에 임명했다. 그리고 일본과의 교섭에 정지용이 적당하지 않다고 판단하고 그를 한성좌윤으로 옮기고 임영호(任榮鎬)를 인천부사에 임명했다. 그런데 이날 정지용은 다음과 같은 장계를 올리고 자결했다.

지금 일본과 화통(和通)하고 있지만 나라는 지탱하기 어렵습니다. 그런데 우리나라의 허실과 형편에 대하여 저들은 벌써 잘 알고 있습니다. 이번에 화호를 맺자는 속셈은 오로지 피 흘리는 전쟁을 하지 않고 남의 나라를 빼앗자는 것입니다.

신이 이 지역을 지킨 3년간 힘든 부담이 더없이 심하였습니다. 군사는 400명도 못 되고 예리한 무기나 전곡(錢穀)도 없으므로 하루아침에 어떤 변고가 터지기만 하면 속수무책일 수밖에 없습니다.

이제 큰 화란이 일어나 단번에 곧바로 쳐들어온다면 누가 그들을 막아내겠습니까? 신은 임금을 섬기는 몸으로서 그 독한 칼날을 받아 임금을 욕되게 할 수 없으니 오늘날의 일을 스스로 처리하겠나이다.

조신의 군사력이 일본의 상대가 되지 않는다는 것을 아는 소선 식자들은 적지 않았다. 정지용은 패장이 되어 처벌받게 되는 것을 두려워하여 자결한 듯하다.

8월 7일 마건충과 북양수사 제독 정여창은 천진에 체류하고 있던 조선의 문의관(問議官) 어윤중과 더불어 북양함대 소속 군함 3척을 거느리고 인천으로 향했다.

이날 일본 정부는 계엄령을 발동했다. 일본 언론은 임오군란을 대대적으로 보도했고, 조선을 응징하는 전쟁을 일으켜야 한다고 떠들었다. 조선 출정에 자원하겠다는 일본인도 많았는데, 가고시마 현에서만 1만 명이 넘는 지원병이 나왔다.

9일 일본 정부는 하나부사에게 4개 항의 보충조건을 조선 정부에 제시하라고 훈령했다. 그 내용은 다음과 같다.

(1) 함흥, 대구, 양화진(楊花津)의 개시(開市)
(2) 일본 공사관원과 영사관원의 내지 여행권 획득

(3) 원산 및 안변 지방에서 일어난 일본 상인 살해 사건의 범인을 엄히 다스리
　　고 배상
(4) 조일통상장정을 수정

　8월 10일 히사미즈 사부로가 나가사키로 돌아가 조선의 정세를 보고했다. 이에 따라 일본 정부는 임오군란의 진행상황과 대원군이 이전의 배일(排日) 정책을 추구하지 않는다는 것을 알게 됐다.
　이날 밤 마건충, 정여창, 어윤중 등을 태운 북양함대 소속 군함 3척이 인천에 도착했다.
　11일(음력 6월 28일) 마건충은 어윤중과 필담을 나누었는데, 어윤중은 이하응을 다음과 같이 강력히 비난했다.

　국왕은 (왕실의) 지파(支派)로서 정통을 이었다. 그 친아버지는 대원군이라 하여, 성격이 재물과 여색을 탐했다. 국왕이 들어가 계승했을 때 국권을 움켜잡고 전횡하여 남의 재물을 빼앗고 사람 죽이기를 좋아했으며, 일본과는 까닭 없이 관계를 거부하여 거의 병단(兵端)이 날 뻔했다. 그때 국왕은 간신히 이름뿐인 왕위만 껴안고 있었고, 대원군에 아부하여 빌붙는 자들은 실로 번성하여 무리를 이루었다. 국왕이 장성하여 조정의 벼리를 모두 장악하게 되자 한두 신료도 이를 도와 대원군의 권력을 빼앗아 일체의 잘못된 정치를 바꾸고 일본과의 옛 우호관계를 잇는 한편 각국과 연대하여 국가의 혈맥을 묶어 흩어지지 않게 하려 했다.
　저 대원군은 권력을 잃은 것을 원망하여 몰래 무뢰배를 기르며 화란을 이으려 한 지 오래되었다. 몰래 화약을 왕궁에 숨기고 불을 놓은 것이 여러 차례였고, 화약을 폭발시켜 충성스런 신하를 불태워 죽였다. 국왕은 일이 인륜도덕과 관계된 것이라 하여, 법으로 처리하려 하지 않고 다만 여러 차례 그 편에 속한 무리를 잘라내어 회유하거나 겁주기만 했다.

대원군이 작년 가을에 같은 무리를 불러 모아 일을 일으킬 날을 확실히 정했는데, 이를 알려준 자가 있어 다행히 어지러운 무리를 거두어 잡을 수 있었으나 역시 끝까지 다스리지는 않았다. 저 대원군은 죽지 않는 곳에 처해 있음을 믿고는 일을 일으키기를 기도하여 다중의 마음을 유혹하면서 척화를 운운하고 외교를 끊으니, 무지한 소민(小民)들은 무리를 지어 이를 좇았다.

작년에 역모를 일으켰을 때에는 세 가지 호령으로 나누려 했다. 그 중 하나는 왕궁을 공격하는 것이고, 또 한 호령은 지향하는 것이 다른 조정 신료를 모두 죽이는 것이었고, 또 하나는 일본인을 죽이는 것이었다. 오늘의 일은 곧 작년의 잔꾀이니, 만약 대원군이 집권해 있으면 누가 감히 외국과의 외교를 거론하겠는가. 듣기에 오늘 난을 일으킨 무리는 먼저 국왕이 평소에 신임한 대신들을 죽이고 이어 왕궁으로 늘어갔고, 이에 국왕과 비빈들이 모두 도망쳐 피했지만 저 대원군은 왕비를 겁살(劫煞)하고 태왕비를 억지로 돌아오게 했다. 국왕은 비록 폐위되지는 않았지만 유폐되어 바깥 조정과 접촉할 수가 없었다. 외교에 관계한 조정 신하들은 남김없이 찾아 죽였고, 인민은 모두 도망하여 산골짜기로 피하는 등 나라 안이 완전히 바뀌었다.

오늘날 시급하게 조정하여 처리하지 않는다면 일본인들이 반드시 크게 보복하여 백성이 도탄에 빠지고 종묘사직이 뒤엎어질 것이며, 저 대원군은 또 반드시 포병을 널리 불러들여 결사적으로 길목을 지키려고 계획하여 나라 안의 백성이 지켜지지 못할 것이니, 국정을 어떻게 유지하고 역란을 어떻게 종식시키겠는가.

8월 12일 이홍장의 참모 설복성(薛福成)이 장수성에게 이하응 납치를 건의했다. 설복성은 "만약 일본군이 먼저 조선에 도착하면 조선 왕을 포로로 잡아 도쿄에 안치할 것입니다. 이는 유구의 전철을 밟는 것입니다"라면서 조선의 군란에 청이 적극 개입할 것을 주장했다. 장수성과 이홍장뿐만 아니라 김윤식도 이하응을 납치하자는 제안에 찬성했다.

이날 하나부사가 군함 4척, 수송선 3척, 육군 1개 대대 병력(300명)을 이끌고 인천에 도착했다. 이때 세토구치(瀨戶口重雄) 대위, 이토(伊藤祐義) 중위, 이소바야시(磯林眞三) 중위와 참모본부 관서국(管西局)의 요원 2명도 첩보활동을 위해 왔다.

13일 오후 미국 아시아전대 소속 군함 모노카시 호가 인천 호도에 도착했다. 모노카시 호의 함장 코튼(C. S. Cotton)은 청 주재 미국 공사의 훈령에 따라 행동했다. 14일 정여창이 천진에 도착해 장수성에게 조선에 있는 일본 군함의 상황을 보고하고 마건충이 작성한 사태 수습안을 제출했다. 이에 장수성은 절강제독(浙江提督) 겸 산동 해방영(海防營) 판리사(辦理使)인 오장경(吳長慶, 1834~1884)에게 산동반도의 등주(登州)에 주둔하고 있는 회군(淮軍) 3000명을 이끌고 조선에 출병하도록 지시했다. 오장경은 회군 장교로 태평천국과 염군 진압에 종사하여 무공을 세운 인물이었다.

15일 하나부사는 일본군 1개 중대에게 양화진으로 가라고 명령했다. 이날 장수성은 총리아문에 이하응을 유인해 잡아올 것을 건의했다. 16일 코튼은 마건충의 알선으로 병조판서 조영하와 이조참판 김홍집을 만났다. 코튼은 미국 대통령도 일본 공사관이 습격당한 것을 알고 매우 유감스러워하고 있으며 사태가 평화적으로 해결되기를 바란다고 말했다. 이날 하나부사와 일본군이 양화진에 주둔했다.

17일 오장경이 이끄는 청군 3천 명이 군함 7척에 나누어 타고 등주를 떠났다. 이때 김윤식도 오장경과 더불어 같이 왔다. 나중에 조선에 막대한 영향력을 행사하게 되는 원세개[8]도 말단 무관인 행군사마(行軍司馬)로 같이 왔다.

---

8 원세개(袁世凱, 1859~1916)는 하남성 진주부 항성현에서 원보중(袁保中)의 넷째 아들로 태어났다. 숙부 원보경(袁保慶)이 자식이 없어 그의 양자가 됐다. 21세에 과거 보기를 단념하고 원보경의 절친한 친구인 오장경을 찾아갔다. 오장경은 원세개를 종사관으로 삼았다.

18일 청의 총리아문은 장수성에게 이하응 납치를 허가하는 서한을 보냈다. 20일 아침 청군이 인천 앞바다에 도착했다. 그러나 일본 군함이 정박해 있는 것을 보고 경기도 남양(南陽)의 마산포(馬山浦)로 향했다. 청군이 마산포에 상륙한 것은 인천에 주둔한 일본군과의 충돌을 피하기 위해서였다. 마산포에 상륙한 청군은 민가에 침입하여 약탈을 일삼고 부녀자를 간음하여 민심이 크게 어지러워졌다.

이날 정오에 일본 공사 하나부사가 조선 국왕을 알현했다. 하나부사는 일본의 요구를 담은 책자를 전하면서 3일 이내에 회답해줄 것을 요구했다. 하나부사는 이어 이하응과 회견했다. 외교는 어떻게 할 것이냐고 하나부사가 질문하자 이하응은 예전에는 외교를 경계해야 한다는 비(碑)를 세운 바 있었으나 그때는 양인들의 무도함이 심했기 때문에 그랬던 것이며 지금은 시세가 다르다고 응대했다. 하나부사가 조선 국왕에게 제출한 책자를 전해 받은 이하응은 국왕을 알현할 때 책자를 증정하는 것은 도리에 어긋난다며 그것을 하나부사에게 반환하고 영의정과 상의하라고 했다. 하나부사는 영의정 홍순목에게 책자를 전해주고 23일까지 회답이 없으면 조선이 거절하는 것으로 알겠다고 말했다.

21일 외무경 이노우에가 주일 영국 공사 파크스와 조선 문제를 논의했다. 이노우에는 조선에 대한 일본의 요구사항을 설명하고 조선을 속국으로 여기는 청이 조선에 파병함으로써 분규가 발생하지 않을까 우려하고 있다고 말했다. 강화도 조약이 체결될 때 중국은 조선이 독립국임을 반대하지 않았고 그 후에도 종주국의 책임을 이행하지 않았다고 주장했다. 그러므로 일본은 조선과 단독으로 교섭하려는데 이에 대한 서양 열강의 의견은 어떠한지를 물었다.

23일 하나부사는 인천으로 철군했고, 24일 마건충의 요청에 따라 그를 만났다. 마건충은 대원군 납치를 암시하면서 인천에 더 머물라고 권했다. 하나부사는 좀 더 체류하면서 조선 조정의 회신을 기다리기로 했다. 25일 정여창 일행과 청군이 서울에 들어왔다.

> 영접관(迎接官)이 "중국 사신 정여창이 수원(隨員) 5원(員), 병대(兵隊) 100명을
> 거느리고 오늘 오시(午時) 쯤에 관소로 들어왔습니다"라고 아뢰었다.
> 또 "흠차제독(欽差提督) 오장경의 일행 가운데서 통령(統領) 1원, 차관(差官) 1원,
> 양창대(洋槍隊) 500명과 기병(旗兵), 도병(挑兵), 화병(火兵) 등 모두 200명이 오
> 늘 미시(未時) 쯤에 동별영으로 들어왔습니다"라고 아뢰었다.
> 또 "중국의 부흠차(副欽差) 위윤선(魏綸先)이 군사와 통역을 거느리고 동별영에
> 들어와서 자리를 잡았다가 오늘 유시(酉時) 쯤에 하도감(下都監)[9]으로 옮겨 가서
> 머물고 있습니다"라고 아뢰었다.
>
> 《고종실록》 19년 7월 12일

청군이 서울에 들어오자 군란을 일으켰던 군인들이 아무런 저항 없이 해산했다. 이제 남은 것은 이하응을 처리하는 문제였다. 이하응을 체포하는 구체적인 방법은 조선에 주둔한 청군 지휘관들에게 일임됐다. 이들은 김윤식, 어윤중 등과 긴밀히 상의했다.

8월 26일(음력 7월 13일) 마건충, 오장경 등이 군사 100명을 이끌고 정오 무렵 이하응의 처소인 운현궁(雲峴宮)을 방문했다. 오후에 이하응은 이용숙, 이조연 등 몇 명만 대동하고 남대문 밖에 주둔하고 있는 청군 진영을 답방했다. 이하응과 필담을 주고받던 마건충은 납치 준비가 완료되자 이하응에게 다음과 같이 선언했다.

---

9 조선 후기 오군영의 하나인 훈련도감에 속한 관청의 하나로 현재의 동대문 운동장 인근에 있었다. 훈련도감에는 본청 외에 서영(西營), 남영(南營), 북영(北營) 등이 있었고, 이 외에도 하도감, 염초청(焰硝廳) 등을 부속관청으로 두었다. 하도감의 규모는 390칸이었다. 종사관(從事官) 1인과 감관(監官)이나 기패관(旗牌官) 가운데 1인이 여기에 배속됐다.

조선의 국왕은 황제가 책봉했고 책봉된 이상 모든 정령은 마땅히 국왕에게서 나와야 한다. 그런데 태공(太公: 대원군)은 6월 9일의 변으로 스스로 대권을 잡아 자신의 의견에 동조하지 않는 사람들을 죽이고 사인(私人)들을 쓰고 황제가 책봉한 국왕을 물리치고 궁궐로 들어갔다. 왕을 능멸하는 것은 실은 황제까지도 업신여기는 것이니 그 죄는 용서받을 수 없다. 그러나 국왕과 부자관계이므로 일단 관대하게 취급할 터이니 곧 보교(步轎: 가마)를 타고 남양만으로 갔다가 다시 군함으로 천진에 가서 황제의 유지(諭旨)를 받음이 어떠한가.

이하응은 청국 군사에 끌리어 남양만 마산포에서 천진으로 압송됐다. 정여창과 마건충도 이하응과 함께 천진으로 떠났고, 오장경이 남아 청군을 통솔했다. 청은 어윤중에게 조선 국왕에게 이 사실을 알리게 하고 오장경 명의로 된 효유문(曉諭文)을 발표하여 대원군 납치를 정당화했다. 이리하여 33일 만에 대원군 정권은 무너지고 민 씨 세력이 다시 복귀했다.

오장경 명의의 효유문은 그 내용이 청의 입장에서는 당연한 것이었지만 조선 개화파의 입장에서 보면 지극히 오만했다. 그 내용은 대략 다음과 같다.

조선은 중국의 속국으로서 본래부터 예의를 지켜왔다. 근래 권신들이 실권을 잡아 나라의 정사가 사가(私家)의 문에서 나오더니 마침내 올해 6월의 변고가 있게 되었다. 이 변고가 황제께 보고되자 황제께서는 장수들에게 명하여 군사를 파견하였다. 먼저 대원군을 중국에 들어오게 하여 일의 진상을 직접 물으시고, 한편으로 죄인들을 잡은 뒤에는 엄하게 징벌하되 그 수괴는 처단하고 추종한 자는 석방하여 법을 정확히 준수하도록 하였다.

이제 북양(北洋) 수군을 통솔하는 정(鄭) 제독이 잠시 대원군과 함께 바다를 건너 황제께서 계신 곳으로 갔다. 남의 혈육지간 일에 대하여 은정을 온전하게 하고 의리를 밝히는 것은 우리 대황제께서 참작해서 알맞게 잘 처리하실 것이요, 너희 대원군에게는 반드시 대단한 추궁을 하지는 않으실 것이다. 그런데 행차가 갑자기 있었으므로 혹시 너희들 상하신민(上下臣民)들이 이 뜻을 알지 못하고 함부로 의심과 두려움에 사로잡혀 원(元)나라에서 고려의 충선왕(忠宣王)과 충혜왕(忠惠王)을 잡아간 전례와 같은 것으로 생각한다면 황제의 높고 깊은 뜻을 저버리는 것이다.

이 밖에 지난번 난을 일으킨 무리들이 혹시 다시 음모를 꾸민다면, 지금 대군(大軍)이 바다와 육로로 일제히 진출한 것이 벌써 20개 영(營)이나 되니 화와 복을 깊이 생각하고 일찌감치 해산할 것이며 그릇된 악한 생각을 품어 스스로 죽음을 재촉하지 말라.

아! 대국과 너희 조선은 임금과 신하의 관계이므로 정의(情誼)가 한 집안과 같다. 본 제독은 황제의 명령을 받고 왔으니, 곧 황제의 지극히 어진 마음을 체득하는 것이 군중(軍中)의 규율이다. 이를 믿을지어다. 특별히 절절하게 타이른다.

8월 27일 조선 국왕 이재황은 이유원을 전권대표로, 김홍집을 부대표로 임명하여 일본과 임오군란의 사후처리를 위한 협상을 하도록 했다. 이유원과 김홍집은 28일 밤 10시 하나부사가 머물고 있는 일본 군함에 도착해 29일 새벽 3시까지 회담했다. 29일 이재황은 청에 진주사(陳奏使)를 파견하라는 명령을 내렸다.

전교하기를,

"이번 일에 대하여 황제께 보고하는 조치가 없어서는 안 되겠다. 행병조판서(行兵曹判書) 조영하를 정사(正使)로, 공조참판 김홍집을 부사(副使)로, 와서별제(瓦署別提) 이조연을 종사관(從事官)으로 차하하고, 그들로 하여금 며칠 안으로 길을 떠나게 하라."

하였다.

《고종실록》 19년 7월 16일

또한 이날 이재황의 요청에 따라 새벽에 청군이 군인들이 주거하는 왕십리와 이태원 일대를 습격했다. 원세개가 지휘하는 청군이 왕십리에서 군민 150여 명, 오장경이 지휘하는 청군이 이태원 일대에서 군민 20여 명을 각각 체포하고 11명을 참수했다(한 달 뒤 주모자 김장손과 유춘만도 체포되어 참수됐다).

30일 하나부사는 제물포 별관에서 이유원, 김홍집과 6개조로 구성된 제물포 조약과 2개조로 구성된 한일수호조규 속약(續約)을 체결하여 소기의 성과를 거두었다. 제물포 조약의 내용은 다음과 같다.

(1) 앞으로 20일 이내에 흉도(兇徒)를 포획하고 그 거괴(巨魁)를 엄구(嚴究)하며 (그 죄의) 무거움에 따라 징판(懲辦)한다. 일본국은 인원을 파견하여 (조선국과) 함께 다스리며 만일 기일 내에 포획하지 못하면 일본국이 이를 판리(辦理)한다.

(2) 일본 관리로서 피해를 입은 자는 조선국이 우대하는 예(禮)로 예장(?葬)하며 그 종말을 후하게 한다.

(3) 조선국은 5만 엔을 지불하여 피해를 입은 일본 관리의 유족 및 부상자에게 급여하여 체술(體卹)에 보탠다.

(4) 흉도의 폭거로 일본국이 받은 손해와 공사를 호위한 육군, 해군의 병비(兵備) 중에서 50만 엔을 조선국이 전보(塡補)한다. 매년 10만 엔씩 5년간 지불을 완료한다.

(5) 일본 공사관에 병원(兵員) 약간을 두어 경비한다. 병영(兵營)을 설치하고 수선(修繕)하는 것은 조선국이 이를 맡는다. 만일 조선국의 군대와 인민이 규율을 지킨 지 1년이 지나서 일본 공사가 경비가 필요하지 않다고 간주하는 경우 철병해도 무방하다.

(6) 조선국은 대관(大官)을 특파하여 국서로서 일본국에 사과한다.

제물포 조약은 임오군란의 사후처리이기 때문에 신속히 집행해야 한다고 규정하여 비준절차 없이 효력을 발생하도록 했다. 한일수호조규 속약에서는 양화진 개시(開市)와 일본 외교관원의 조선 전역 여행을 허용했다.

이날 조선 국왕은 전 무위대장 이경하와 전 어영대장 신정희에 대한 사형을 감하여 두 사람을 섬으로 유배하도록 했다. 이경하는 전라도 강진 고금도(古今島), 신정희는 영광 임자도(荏子島)에 각각 유배됐다.

8월 31일 조선 국왕은 관료와 민심의 동요를 막으려 윤음을 발표했다. 그 내용은 다음과 같다.

왕은 다음과 같이 말한다.

나라의 운수가 불행하여 올해 6월에 있었던 사건은 바로 천고(千古)에 없던 변고였다. 창황한 나머지 미처 징벌하지 못하였으나 사람들이 분하게 여길 뿐 아니라 죄를 범한 무리들도 반드시 죽을 날이 있다는 것을 알라.

다행히도 상국(上國)에서 군사를 풀어 원조하여 난을 일으킨 군사 10명을 잡아 극형에 처하였다. 천토(天討)가 이미 가해지니 대의(大義)가 이제야 밝아졌다. 만일 끝까지 조사하고 엄히 징벌하여 한 사람도 남기지 않으려고 한다면 도리어 죄 없는 사람들이 뜻밖에 걸려들어 생명을 소중히 여기는 큰 덕이 어그러지게 될까 염려스럽다.

무릇 임금으로서 백성이 없고 군사가 없으면 어떻게 나라를 유지하겠는가? 이에 특별히 죄를 용서하는 전교를 내려 뭇사람과 함께 새로 시작하려는 것이다. 지금 이후로 변란과 관계된 모든 문제는 일체 따지지 않으며 참수형 이하에 해당하는 자를 용서한다. 너희 대소군민(大小軍民)들은 제각기 안심하고 편안히 살면서 뜬 소문에 동요하지 말고, 두려워하거나 망령되게 행동하지 말며, 나 한 사람을 도와서 종사(宗社)를 보위하라.

아! 내가 진심으로 고하는 것이지 결코 빈말로 너희 백성과 군사들을 속이려는 것은 아니다. 너희가 "나라에서 겉으로는 안심시켜 무마하지만 속으로는 다른 속셈을 품고 있다"라고 말들을 하는데 이것은 필부가 남을 속이는 술책이다. 임금의 말은 일단 나가면 다시 변경하는 법이 절대로 없다. 너희 군민들은 각기 잘 알아 두도록 하라.

9월 4일 진주사 조영하, 김홍집 일행이 남양만 마산포에서 청 군함을 타고 천진으로 떠났다. 7일(음력 7월 25일) 이재황은 일본에 파견할 공식 사과사절을 수신대사(修信大使)라 부르기로 하고 이에 박영효를 임명했다. 또한 전권부관(全權副官) 겸 수신부사(修信副使)에 김만식(金晚植), 종사관에 서광범이 임명됐다. 김옥균과 민영익도 고문으로 사절단의 일원이 됐고 유혁노(柳赫魯), 박제경(朴齊絅), 변수(邊燧) 등은 수행원이 됐다. 사과사절단이기도 했지만 제물포 조약에 규정된 배상금 50만 엔을 감당할 능력이 없어 탕감 받으려는 목적도 있었다.

9월 12일(음력 8월 1일) 민비가 경복궁으로 돌아왔다. 영의정 홍순목이 민비를 맞이하는 행차를 배종(陪從)하여 수백리 길을 다녀왔다. 시임대신과 원임대신, 봉조하, 예조의 당상(堂上), 시임각신(時任閣臣)과 원임각신(時任閣臣)들이 봉영(奉迎)했다.

이날 조선 정부는 일본 공사관 습격의 범인으로 체포한 9명 가운데 3인을 모화관에서 처형했다. 민비는 피신할 때 자신에 대한 민심이 아주 나쁘다는 것을 실감했는데, 이에 대해 환궁한 뒤 감정적으로 대응했다. 다음은 이에 관한 기록이다.

중궁이 강을 건너려 하자 뱃사공은 "서울에서 도강(渡江)을 금지하는 명령이 내려왔고, 또 행색이 의심스러워 건네줄 수 없습니다"하며 난색을 표했다. 중궁이 금반지를 빼서 가마 밖으로 던져주어 건너갈 수 있게 되었다. 광주(廣州) 땅을 지나다가 길가에서 쉬고 있는데, 어떤 촌 노파가 와서 보고 피난 가는 부녀인 줄 알고 혀를 차며 말하기를 "중전이 음란하여 이런 난리를 빚어내어 아씨들을 여기까지 달아나게 했군요"라고 하였다. 중궁은 마음속으로 기억해두었다가 환궁한 후에 그 마을을 전부 없애버렸다. 시종했던 자들이 그 사공의 죄도 다스리고자 했으나 허락하지 않았다. 《매천야록(梅泉野錄)》 권1상, 임오년)

9월 16일 조선 국왕은 모든 나라와 조약을 체결하는 것이 만국의 통례가 됐다면서 척화비 철거를 명하는 교지(敎旨)를 발표했다.

우리 동방(東方)은 바다의 한쪽 구석에 치우쳐 있어서 일찍이 외국과 교섭한 적이 없으므로 견문이 넓지 못한 채 삼가고 스스로 단속하여 지키면서 500년을 내려왔다. 근년 이래로 천하의 대세는 옛날과 판이하게 되었다. 영국, 법국, 미국, 아라사 같은 구미 여러 나라에서는 정교하고 이로운 기계를 새로 만들고 나라를 부강하게 만드는 사업에 최선을 다하고 있다. 그들은 배나 수레를 타고 지구를 두루 돌아다니며 만국과 조약을 체결하여 병력(兵力)으로 서로 견제하고 공법(公法)으로 서로 대치하는 것이 마치 춘추열국(春秋列國) 시대를 방불케 한다. 그러므로 천하에서 홀로 존귀하다는 중화(中華)도 오히려 평등한 입장에서 조약을 맺고 척양(斥洋)에 엄격하던 일본도 결국 수호를 맺고 통상을 하고 있으니 어찌 까닭 없이 그렇게 하는 것이겠는가? 참으로 형편상 부득이하기 때문이다.
우리나라도 병자년 봄에 거듭 일본과 강화도 조약을 맺고 세 곳의 항구를 열었으며, 이번에 또 미국, 영국, 덕국 등 여러 나라와 새로 화약(和約)을 맺었다. 이것은 처음 있는 일이니 너희 사민(士民)들이 의심하고 비방하는 것도 이상할 것이 없다. 그러나 교제의 예(禮)는 똑같이 평등함을 원칙으로 하니 의리로 헤아려 볼 때 장애될 것이 없고, 군사를 주둔시키는 의도는 본래 상업활동을 보호하는 데 있으니 사세(事勢)를 놓고 참작하더라도 또한 걱정할 것이 없다.

교린(交隣)에 방도가 있다는 것은 경전(經典)에 나와 있는데, 우활하고 깨치지 못한 유자(儒者)들은 송(宋)나라 조정에서 화의(和議)를 하였다가 나라를 망친 것만 보고 망령되이 끌어다 비유하면서 번번이 척화(斥和)의 논의에 붙이고 있다. 상대편에서 화의를 가지고 왔는데 우리 쪽에서 싸움으로 대한다면 천하가 장차 우리를 어떤 나라라고 할지를 어찌하여 생각하지 않는단 말인가? 도움 받을 곳 없이 고립되어 있으면서 만국과 틈이 생겨 공격의 화살이 집중되면 패망할 것임을 스스로 헤아리면서도 조금도 후회하지 않는다면 의리에 있어서도 과연 무엇에 근거한 것이겠는가?

의론하는 자들은 또 서양 나라들과 수호를 맺는 것을 가지고 점점 사교(邪敎)에 물들 것이라고 말하고 있다. 이는 진실로 사문(斯文)을 위해서나 세교(世敎)를 위해서나 깊이 우려되는 문제이다. 그러나 수호를 맺는 것은 수호를 맺는 것이고 사교를 금하는 것은 사교를 금하는 것이다. 조약을 맺고 통상하는 것은 다만 공법에 의거할 뿐이고 애초에 내지(內地)에 전교(傳敎)를 허락하지 않고 있으니, 너희들은 평소 공맹(孔孟)의 가르침을 익혀왔고 오랫동안 예의(禮義)의 풍속에 젖어왔는데 어찌 하루아침에 정도(正道)를 버리고 사도(邪道)를 따를 수 있겠는가? 설사 어리석은 백성들이 몰래 서로 전습(傳習)한다 하더라도 나라에 떳떳한 법이 있는 이상 처단하고서 용서하지 않을 것이니, 어찌 숭상하고 물리치는 데 그 방도가 없다고 근심하겠는가?

그리고 기계를 제조하는 데 조금이라도 서양 것을 본받는 것을 보기만 하면 대뜸 사교에 물든 것으로 지목하는데, 이것도 전혀 이해를 하지 못한 탓이다. 그들의 종교는 사교이므로 마땅히 음탕한 음악이나 미색(美色)처럼 여겨 멀리하여야겠지만, 그들의 기계는 이로워서 진실로 이용후생(利用厚生)할 수 있으니 농기구, 의약, 병기, 배, 수레 같은 것을 제조하는 데 무엇을 꺼려하며 하지 않겠는가? 그들의 종교는 배척하고 기계를 본받는 것은 진실로 병행하여도 사리에 어그러지지 않는다. 더구나 강약의 형세가 이미 현저한데 만일 저들의 기계를 본받지 않는다면 무슨 수로 저들의 침략을 막고 저들이 넘보는 것을 막을 수 있겠는가? 참으로 안으로 정교를 닦고 밖으로 이웃과 수호를 맺어 우리나라의 예의를 지키면서 부강한 각 나라들과 대등하게 하여 너희 사민들과 함께 태평성세를 누릴 수 있다면 어찌 아름답지 않겠는가?

지난번에 교화하기 어려운 자들을 익히 보고 백성들의 마음이 안정되지 않아 마침내 6월의 변고가 일어나 이웃나라의 신의를 잃고 천하에 비웃음을 사게 되었다. 나라의 형세는 날로 위태로워지고 배상금은 거만(鉅萬)에 이르렀으니, 어찌 한심하지 않겠는가? (…)

아! 어리석으면서 제멋대로 하는 것은 성인(聖人)이 경계한 바이고, 아랫사람으로서 윗사람을 비방하면 왕법(王法)에 주벌하는 데 해당한다. 가르쳐주지도 않고 처형하는 것은 백성을 그물질하는 것이 되므로 이와 같이 나열하여 명백히 유시한다. 그리고 이미 서양과 수호를 맺은 이상 서울과 지방에 세워놓은 척양에 관한 비문들은 시대가 달라졌으니 모두 뽑아버리도록 하라.

9월 19일 박영효 일행은 서울을 떠나 일본으로 향했다. 박영효 일행은 여비가 모자라 일본에서의 숙식비마저 일본 정부의 보조를 받았다. 박영효 일행은 일본 당국자 외에 일본에 주재하는 영국, 러시아, 미국의 공사와 여러 차례 만나 조선이 청의 지배에서 벗어나는 데 필요한 도움을 얻고자 노력했다.

11월 박영효, 김옥균, 김만식, 민영익 등은 주일 러시아 공사 로젠(Roman Romanovich Rosen)과의 회견에서 임오군란 당시 청군의 개입은 조선이 요청한 것이 아니라 이홍장의 독자 행동이었다고 비난했다. 이들은 "조선은 완전한 자주독립국가이며 서유럽에서 이해되고 있는 의미의 종속국가라고는 결코 여기지 않는다"고 말했다. 이들은 청의 간섭 없이 조선과 러시아가 직접 교섭으로 하루속히 조약을 체결해야 조선의 자주독립이 보장된다고 강조하여 말했다. 로젠은 사견임을 전제하고 러시아도 조선과의 우호를 원하며 직접 회담이 바람직하다고 말했다. 로젠은 이 회견의 내용을 기르스(Giers, 1820~1895) 외무장관에게 보고했다.

12월 박영효는 고토 쇼지로, 후쿠자와 유키치의 알선으로 요코하마 정금은행(正金銀行)에서 17만 엔을 차관으로 얻어 5만 엔은 배상금 50만 엔의 1차분으로 지급하고 나머지는 여비 및 유학생 파견 경비로 썼다.

임오군란을 진압한 청군은 조선의 국방과 치안을 담당했다. 6영(營: 영은 정원 500명인 군부대 단위)으로 구성된 청군 3천 명은 이재황의 요청, 일본군의 서울 주둔, 군란 예방 등을 이유로 계속 서울 남별궁(南別宮) 부근에 주둔했다.

청군이 임오군란을 진압하는 과정에서 조선의 군부대가 모두 해체됐으므로 조선은 군대 없는 나라가 됐다. 이하응이 복구시킨 구 중앙군영인 용호영, 금위영, 어영청, 총융청 등은 미약하여 믿고 의지할 수 없었다. 이에 이재황은 친위군을 창설할 필요성을 느끼고 오장경에게 그런 뜻을 전했다. 오장경은 원

남별궁(南別宮)

태종이 경정공주(慶貞公主)의 남편 평양부원군(平壤府院君) 조대림(趙大臨)에게 이 땅을 준 뒤부터 속칭 '작은공주댁(小公主宅)'이라고 불리고 그 마을은 '작은공주골'이라고 불리게 됐다. 이를 한자로 소공주동(小公主洞)이라 했는데 이 말이 줄어든 게 소공동이다. 이곳은 선조 때 의안군(義安君) 이성(李珹)의 거처가 되면서 남별궁으로 불리게 됐다. 1593년(선조 26년) 명나라 장수 이여송(李如松)이 남별궁에 거처했고, 그 뒤로 중국 사신이 오면 이곳에서 묵었다. 임오군란 후에는 3천명의 청나라 군대가 이곳에 주둔했다. 1897년 대한제국이 선포될 때 하늘에 제사를 지내는 환구단(?丘壇)이 이곳에 세워졌다. 1912년 일제가 환구단을 헐고 그 자리에 총독부 철도호텔을 건축했고, 이것이 나중에 조선호텔이 됐다. 철도호텔은 준공 당시 한반도에서 가장 큰 건물이었다. 1938년에는 환구단 터에 8층 건물인 반도호텔이 신축됐다. 반도호텔은 지금의 롯데호텔 소공동점으로 바뀌었다.

세개를 연군교사(練軍敎師)로 임명하고 그에게 친위군 창설을 일임했다.

1882년 10월 원세개는 조선 장정 1천여 명을 선발하여 신건친군영(新建親軍營)이라는 이름을 붙이고 좌영(左營)과 우영(右營)의 2개 영(營)으로 나누어 조련했다. 청의 장교가 조선군 교관이 되고 군사업무를 원세개가 담당했으므로 조선군은 조선 주재 청군 사령관인 오장경의 통제 아래 있게 된 셈이었다. 청은 조선군이 재정 부족으로 신식 병기를 갖출 수 없음을 보고 청의 기기국에서 동으로 주조한 포 10문, 포탄 3천 발, 영국식 소총 1천 정, 탄약 1천 파운드를 원조했다.

상민수륙무역장정 체결

일본이 청의 거중조정을 거부하고 조선과 직접 교섭하여 제물포 조약을 체결하자 청의 조야에서 일본을 응징하자는 주장이 나왔다.

9월 13일 공과급사중(工科給事中) 등승수(鄧承脩)가 일본을 정복해 지난날의 유구 문제를 해결하자는 상소를 올렸고, 한림원 시독(侍讀) 장패륜(張佩綸)도 9월 27일 일본은 서양의 도움 없이는 중국에 대적할 수 없으니 정복을 추진할 것을 상주했다. 장패륜은 "실력을 갖춘 뒤 일본에 유구 사건을 문책하고 조선조약의 박정(駁正: 잘못을 따져 바로잡음)을 요구하는 한편, 무역과 국교를 단절하고 일본의 피폐한 틈을 타서 중국 해군과 조선의 정예가 크게 공격하면 필승할 것"이라고 주장했다. 등승수와 장패륜은 모두 청류당(淸流黨)이었다. 청류당이란 당시 청 조정에 있었던 진사(進士) 출신의 한림원 문신 집단이다. 이들은 대외정책 결정 과정에 참여했는데, 주로 강경하고 호전적인 주장을 폈다.

이홍장은 9월 27일 상소에서 등승수의 제안을 반박하며 먼저 자강(自强)할 것을 주장했다. 이홍장은 조선과 무역협정을 체결해 조선을 실질적으로 청

에 예속시키려고 했다. 이때 청은 조선과 근대적인 무역협정을 체결할 필요성
이 있었다. 이홍장과 그 참모들은 강화도 조약으로 일본이 부산, 원산, 인천의
무역을 독차지하게 됐을 뿐만 아니라 조선이 국제무역에 무지하여 해관을 설
치하지 못해 일본 선박에 항세(港稅)를 부과하지 못하고 수입상품에도 관세를
부과하지 못하고 있음을 알았다. 또한 이홍장은 자신이 권유하여 조선이 서구
열강과 체결한 통상조약으로 열강이 조선에서 각종 이권을 분점하고 있음도
알았다. 이에 비해 청은 조선과 변경에서 일정한 장소와 기일을 정해 교역하는
전통적인 호시(互市) 체제를 유지하고 있었다.

　　청에 진주사로 간 조영하 일행은 천진에 도착하여 9월 12일 이홍장에게
조선 국왕 이재황이 제시하라고 지시한 조선의 6가지 당면 문제를 전달했다.
그중에는 상무(商務)를 잘 알고 세관업무도 잘 아는 사람을 보내달라는 요청도
있었다. 당시 조선은 외국과 통상을 확대할 필요성을 절감했으나 상무를 맡을
인재가 없었다. 일본과 수호통상조약을 체결한 지 6년이 지났는데도 관세를
징수하지 못하고 있었다. 서양과의 교섭을 제대로 할 수 있는 인재도 없었다.
미국, 영국, 독일과의 수호통상조약 체결도 교섭 과정에서 서양언어와 국제법
을 아는 마건충이 없었으면 불가능한 일이었다.

　　임오군란으로 잠시 귀국한 어윤중은 군란이 평정되자 9월 24일 청으로 떠
나 28일 천진에 도착했다. 이홍장은 어윤중과 조영하를 상대로 하여 미리 작성
한 장정 초안을 놓고 협상했다. 당시 조선은 제물포 조약에 규정된 배상금 50
만 엔을 지불할 능력이 없어 외국으로부터 차관을 얻어야 했다. 이홍장은 마건
충과 윤선초상국(輪船招商局)[10] 책임자인 당정추(唐廷樞, 1832~1892)에게 차

10　이홍장이 1872년 상해에 설립한 반관반민의 해운회사. 해관 수입에서 지원된 관비 190만 냥과 민간
　　자본 73만 냥을 출자금으로 하여 발족했다. 이홍장의 측근 관료가 경영 실권을 장악하여 개인적 축
　　재 수단으로 이용되기도 했다. 처음에는 화륜선 3척만으로 운영되었으나 1877년에는 보유 선박 수
　　가 30척으로 늘어났고 일본, 필리핀, 싱가포르도 왕래했다.

관 주선을 지시했다.

광동 태생인 당정추는 1842년 스코틀랜드 선교사 모리슨(Robert Morrison)이 세운 홍콩의 교회학교에 입학해 6년간 수학하여 영어에 능통했다. 1851~1857년에 홍콩의 식민정부에서 근무했고, 함풍 8년(1858)에 상해로 와서 상해 해관의 수석 서기 겸 통역이 됐다. 1861년 상해 해관에서 나와 면화사업을 하다가 1863년 이화양행에 들어가 많은 실적을 쌓았다. 이홍장은 1872년 말 윤선초상국을 설립했으나 자본이 부족하자 1873년 당정추에게 도움을 요청했다. 당정추는 은 47만 냥을 모아 주고 윤선초상국 총판으로 취임했다.

10월 1일 조영하와 당정추 사이에 50만 냥의 차관 계약이 체결됐다. 청은 윤선초상국에서 30만 냥, 개평광무국(開平鑛務局: 직예성 개평탄광을 관리하던 반관반민 기업)에서 20만 냥을 갹출해 조선에 대여하기로 했다. 상환조건은 5년 거치 12년 분할상환으로 이자율은 연 8리였다. 앞으로 있을 조선의 해관 수입을 담보로 한 대출이었다.

3일 이홍장은 장패륜의 상주를 단호히 반박하고 해군 강화를 주장하는 상주문을 올렸다. 이홍장은 청이 보유한 군함은 22척이지만 여러 성(省)에 분속돼 있는 반면에 일본 해군은 지휘권이 통일되어 전쟁이 일어날 경우 승패를 예측할 수 없으니 무엇보다 해군을 정비하는 것이 급선무라고 역설했다. 또한 이홍장은 조선과 새로이 교역에 관한 협정을 체결할 필요성을 다음과 같이 주장했다.

신 등이 이전에 알선 역할을 다하여 조선으로 하여금 미국, 영국, 독일 등 제국과 조약을 체결하여 항구를 열고 통상을 하게 한 것은 조선을 부강하게 하고 러시아의 노림을 방비하면서 일본의 침략에 대비하여 중국의 번리(藩籬)를 공고히 하려는 것이었습니다.

또한 중국은 땅이 넓고 물산이 많아 조선과의 긴밀한 관계에 있어서 중국의 물자로 조선에 팔 수 있는 것도 많고 조선의 인삼, 포목, 피혁, 종이 등 또한 화인(華人: 중국인)의 일용품으로 수요가 있습니다. 만약 구례의 법을 고수하여 해금(海禁: 바다를 통한 교통·교역 금지)을 열지 않으면 양국의 물자는 서로 교역되지 못하고 일본이나 서양 제국이 이익을 독점할 것이니 이는 계책이 아닙니다.

내지 어선들이 왕왕 조선의 원산진(元山津) 등에 가서 위법행위를 하고 산동(山東)의 어민들이 윤선(輪船)을 가지고 대안의 조선 황해도 대·소청도에 가서 어업에 종사하는 자가 천(千)으로 헤아릴 수 있는데, 먹고 살기 위한 생업인 까닭에 엄금한다 하더라도 철저히 막을 수 없을 것이니 차라리 금지를 풀어 지방관으로 하여금 사찰(査察), 수세(收稅)하게 함이 좋을 것입니다.

종전에는 양국의 변방 주민 중 월경하여 어렵, 벌목, 채광(採鑛)을 하는 자가 있으면 엄벌에 처하였는데, 그런 행위를 도저히 금절시킬 수 없었습니다. 또한 조선의 함경도 회령(會寧), 경원(慶源) 지방은 길림, 영고탑(寧古塔)을 경유해서 고이객(庫爾喀) 사람 등이 가서 교역을 해왔는데, 인마(人馬)의 식량, 사료 조달과 운반 등에서 민폐가 많아 주민들이 노령(露領: 러시아 영토)으로 몰래 들어간 자가 1만 명에 가깝다 하며, 조선 측은 이러한 폐단을 없애줄 것을 원하고 있습니다.

또한 봉천과 봉황성(鳳凰城) 사람들이 매년 봄과 가을에 조선의 의주(義州)로 가서 교역을 하는데, 이것도 유폐(流弊)가 많습니다. 이미 해금을 연 이상 이 양로(兩路)의 호시에 대해서도 장정(章程)을 의정(議定)하여 종래 방식을 변경하는 것이 좋을 것입니다.

1882년 10월 4일 청에 일방적으로 유리한 상민수륙무역장정(商民水陸貿易章程)이 체결됐다. 청은 대등한 국가 간의 용어인 '조약'이 아니라 사대질서를 반영한 용어인 '장정'을 사용할 것을 주장하여 관철시켰다. 이 무역장정의 전문(前文)에 청과 조선은 종속관계라고 규정됐다. 그 내용은 다음과 같다.

조선은 오랜 동안의 제후국으로서 전례(典禮)에 관한 것에 정해진 제도가 있다는 것은 다시 논할 여지가 없다.

다만 현재 각국이 수로(水路)를 통하여 통상하고 있어 해금(海禁)을 속히 풀어 양국 상인이 일체 상호무역하여 함께 이익을 보게 해야 한다. 변계(邊界)에서 호시(互市)하는 규례도 시의(時宜)에 맞게 변통해야 한다.

이번에 제정한 수륙무역장정은 중국이 속방(屬邦)을 우대하는 뜻이며, 각국과 일체 같은 이득을 보도록 하는 데 있지 않다. 이에 각 조항을 아래와 같이 정한다.

(1) 중국의 북양대신은 조선의 개항장에 상무위원을 파견하고 조선 국왕도 천진에 대원(大員), 그리고 중국의 개항장에 상무위원을 파견한다. 만일 이들 상무위원 중 문제가 발생하면 북양대신과 조선 국왕이 서로 상의하여 그를 철회한다.

(2) 조선 개항장에서 일어난 중국 상민의 재판은 중국 상무위원이 한다. 중국 개항장에서 일어난 사건은 중국 지방관이 재판한다.

(3) 조선의 평안도, 황해도와 산동성, 봉천성의 연안 어민들은 자유로이 왕래하며 어업을 할 수 있다.

(4) 양국 상인이 피차 개항한 항구에서 무역을 할 때 법을 제대로 준수한다면 땅을 세내고 방을 세내어 집을 지을 수 있도록 허가한다. 토산물과 금지하지 않는 물건은 모두 교역을 허가한다. 조선 상인이 북경(北京)에서 규정에 따라 교역하고, 중국 상인이 조선의 양화진(楊花鎭)과 서울에 들어가 영업소를 개설한 경우를 제외하고는 각종 화물을 내지로 운반하여 상점을 차리고 파는 것을 허가하지 않는다.

(5) 과거 양국 변계의 의주(義州), 회령, 경원 등지에 호시가 있었는데 모두 관원이 주관하여 매번 장애가 많았다. 이에 압록강 건너편의 책문(柵門)과 의주 두 곳, 그리고 도문강(圖們江) 건너편의 훈춘(琿春)과 회령 두 곳

을 정하여 변경 백성들이 수시로 왕래하며 교역하도록 한다. 양국은 다만 피차 개시(開市)하는 곳에 해관과 초소를 설치하고 비류(匪類)를 살피고 세금을 징수한다. 징수하는 세금은 나가는 물건이나 들어오는 물건을 막론하고 홍삼을 제외하고는 모두 5%를 징수한다.

⑹ **홍삼의 중국 수입관세는 종가(終價)의 15%로 한다.**

⑺ 양국의 역로(驛路)는 책문으로 통한다. 육로로 오가는 데 공급이 매우 번거롭고 비용이 많이 든다. **현재 해금이 풀렸으니 각자 편의에 따라 바닷길로 왕래하는 것을 승인한다.** 다만 조선에는 현재 병상(兵商)의 윤선이 없다. 조선 국왕은 북양대신과 협의하고 잠시 상국(商局, 윤선초상국)의 윤선을 매월 정기적으로 한 차례 내왕하도록 할 수 있으며, 조선 정부에서는 선비(船費) 약간을 덧붙인다. 이 밖에 **중국의 병선이 조선의 바닷가에 유력(遊歷)하고** 아울러 각처의 항구에 정박하여 방어를 도울 때 지방 관청에서 (물자를) 공급하는 것을 일체 면제한다. 식량을 사고 경비를 마련하는 것에 있어서는 모두 병선에서 자체 마련하며, 해당 병선의 함장 이하는 조선 지방관과 동등한 예로 상대하고, 선원들이 상륙하면 병선의 관원은 엄격히 단속하여 조금이라도 소란을 피우거나 사건을 일으키는 일이 없도록 한다.

⑻ 이번에 정한 무역장정은 아직 간략하나 양국 관리와 백성이 정한 조항을 일체 준수하고, 이후 증손(增損)할 일이 있을 경우 수시로 북양대신과 조선 국왕이 협의하여 적절하게 처리한다.

이처럼 상민수륙무역장정은 조선 국왕과 청의 북양대신을 동격으로 규정했고, 치외법권을 명백히 했다. 또한 청은 이 무역장정 7조의 규정으로 군함이 왕래할 권리와 북양함대가 조선 국방을 담당할 권리까지 얻었다. 10월 18일 조선 국왕은 천진에서 귀국한 조영하, 김홍집, 이조연 등을 소견했다.

청 주재 미국 대리공사 홀콤은 1883년 초 상민수륙무역장정 체결로 일어난 국제관계상의 문제에 대하여 본국 정부에 다음과 같이 보고했다.

장정의 전문(前文)을 보면 조선 국왕이 주권을 행사하고 자신의 선택권을 행사하는 것 같이 보이지 않는다. 또한 장정 체결의 교섭에 있어 장정의 폐기나 비준에 관한 조문이 마련되지 않았다. 제1조에서 조선 국왕과 북양대신 이홍장이 등등한 지위에서 교섭하도록 규정된 것은 서양인에게 혼란을 더욱 증대시킨다. (조선이 체결한) 서양 제국과의 조약에서는 서양 제국의 원수와 조선 국왕이 동등한 기초에서 교섭하기로 되어 있는데, 이 장정에서 조선 국왕이 중국 황제가 임명한 관원과 같은 지위에 서게 된 것은 서양 제국의 원수와 조선 국왕, 중국 주재 조선 상무위원과 각국의 외교관, 조선 주재 중국 상무위원과 조선 주재 각국 대표자 사이의 외교상 관계를 혼란에 빠트린다.

묄렌도르프 초빙

1882년 10월 28일 이재황은 북양대신 이홍장에게 열강과 조약을 체결했지만 교섭 문제를 어떻게 다룰지 망연하니 현명하고 유능한 인사를 파견해 달라는 자문을 발송하기로 했는데, 병조판서 조영하, 영선사 김윤식에게 이 일을 맡겼다.

전교하기를,
"협상할 문제가 있으니 병조판서 조영하와 영선사 김윤식을 하직(下直) 인사는 그만두게 하고 며칠 안으로 길을 떠나 함께 천진으로 가게 하라. 이런 이유로 문임(文任)으로 하여금 자문을 지어 들여보내게 하라."
하였다.

《고종실록》 19년 9월 17일

다시 천진으로 떠난 조영하는 11월 12일 이홍장에게 자문을 전달했다. 이홍장은 외교 업무에는 마건상(馬建常, 마건충의 형), 해관 업무에는 독일인 묄렌도르프(Paul George von Möllendorf, 1847~1901)를 각각 추천했다.

묄렌도르프는 1847년 독일 브란덴부르크 주 체데닉(Zehdenick) 시에서 몰락한 귀족가문에서 태어났다. 할레(Halle) 시에 있는 마틴 루터 대학에서 법률을 전공하면서도 히브리어와 동양어를 익혔다. 대학을 마치고 1869년 청나라로 건너가 상해의 청 해관(海關: 세관)에 근무하다가 1874년 주청 독일 공사관의 통역이 됐다. 1876년 정식 통역관으로 발령받아 3년간 천진 영사관과 상해 영사관에서 근무했다. 이 동안 동양학도 연구하여《만주어문전》을 지었다. 1879년 천진 주재 독일 부영사가 되어 북양대신 이홍장과 그의 참모 마건충, 수복 등을 알게 됐다. 청 주재 독일 공사 브란트와 불화하여 천진 영사가 되지 못하고 상해 영사관으로 전임되자 사직할 생각을 했다. 알고 지내던 청 관료의 권유도 있고 해서 청의 총리아문에 자리를 얻을 생각으로 1882년 7월 초 사임하고 천진으로 왔다. 7월 12일 주복을 만났는데 주복은 조선에서 근무할 것을 권유하는 이홍장의 의사를 전달했다. 묄렌도르프는 당장 수락하고는 조선어를 배우고 세관 설치에 관한 서적을 연구했다.

11월 18일 조영하는 묄렌도르프를 만나 고빙 계약을 체결했는데, 그가 조선어를 제법 구사할 수 있고 한글도 독해하는 것을 알게 됐다. 고빙 계약은 묄렌도르프가 조선의 외교교섭 업무와 해관운영 업무를 담당하되 그 외의 업무에 관여하는 월권은 불허한다는 내용으로 체결됐다. 19일 묄렌도르프는 이홍장을 방문하여 장차 조선 해관에서 일할 미국 유학생 출신 중국 청년을 천거해 주기를 요청했다. 이홍장은 6인을 소개했다.

12월 8일 묄렌도르프와 마건상은 조영하 일행과 함께 천진에서 흥감(興感) 호로 출항하여 9일 제물포에 도착했다. 조선의 광산자원과 상업의 실태를 파악하기 위하여 청의 윤선초상국 소속 일행인 당정추, 진수당(陳樹棠), 영국인 광산기사 버넷(R. Burnett)도 같은 배를 타고 왔다. 이들은 13일 가마를 타고 서울을 향해 떠났는데 묄렌도르프는 주변 풍경을 다음과 같이 묘사했다.

산과 언덕이 연이어 있는 지역들을 우리는 지나갔다. 산과 골짜기가 번갈아 나오고 어디에나 작은 숲, 작은 마을과 논밭이 있었다. 산천은 말할 수 없이 아름답고 비옥하며 산이 많았고, 기후는 밝고 환하여 거의 유럽과 같았다.

12월 14일(음력 11월 5일) 이재황은 조영하, 김윤식을 소견했다. 이에 대해 실록은 다음과 같이 전한다.

전권대관(全權大官) 조영하, 영선사 김윤식을 소견하였다. 복명(復命)하였기 때문이다. 하교하기를,
"이번의 협상이 잘 처리된 것은 아주 다행한 일이다."
하였다. 조영하가 아뢰기를,
"신이 전 천진 주재 독일 영사 묄렌도르프와 합의한 문권(文券)과 북양(北洋)의 회답 자문을 정원(政院)에 정납(呈納)하였는데 보셨으리라 생각합니다."
하니 하교하기를,
"벌써 읽어보았다. 대단히 훌륭하다. 이번에 온 사람이 몇 명인가?"
하니 조영하가 아뢰기를,
"당정추, 진수당, 마건상, 묄렌도르프와 수행원과 하인을 합쳐서 10여 명입니다."
하였다. 하교하기를,
"이번에 보정부(保定府)에 가서 (대원군을) 뵈었는가?"
하니 조영하와 김윤식이 아뢰기를,
"가서 뵙지 못했습니다."
하였다. 하교하기를,

"이렇게 추운 겨울에 풍토도 다른데, 대원군의 기거는 평안하다고 하던가? 근심스런 마음 금할 수 없다."

하니 조영하가 아뢰기를,

"신이 떠나기 전날 문후관(問候官) 일행이 천진으로 돌아왔는데, 그들에게서 들으니 대원군의 기거는 평안하다고 합니다."

하였다. 하교하기를,

"영선사가 나올 때 학도(學徒)와 공장(工匠)들을 다 데리고 왔는가?"

하니 김윤식이 아뢰기를,

"다 데리고 왔는데 종사관 김정균(金定均)과 통사 1명을 우선 동국(東局)에 남아 있게 하였습니다."

하였다.

《고종실록》 19년 11월 5일

당정추와 버넷은 서울에 도착하자 즉시 광산을 찾아 내륙답사 여행에 나섰다.

12월 26일 이재황은 통리아문과 통리내무아문을 설치했고, 마건상과 묄렌도르프를 접견하고 당일로 묄렌도르프에게 관직을 주었다.

행병조판서(行兵曹判書) 조영하를 판리통리아문사무(辦理統理衙門事務)로, 경기 감사 김홍집을 협판통리아문사무(協辦統理衙門事務)로, 전 주청 독일 영사관(領事官) 묄렌도르프를 참의통리아문사무(參議統理衙門事務)로 삼았다.

《고종실록》 19년 11월 17일

묄렌도르프는 '조선 군대를 재조직하기 위해 독일에서 부사관들을 초빙하고, 다리와 도로를 건설하고, 임업과 낙농업을 장려하고, 조선인에게 옷과 머리

모양을 바꾸도록 권장하고, 조선을 자주적인 국가로 만들겠다' 는 포부를 가졌다.

마건상의 건의에 따라 이재황은 1883년 1월 12일 통리아문을 외교와 통상을 다루는 통리교섭통상사무아문(統理交涉通商事務衙門, 외아문)으로, 통리내무아문을 군국기무와 내정 일체를 장악하는 통리군국사무아문(統理軍國事務衙門, 내아문)으로 개편했다. 그리고 1월 13일 이에 따라 인사를 단행했다.

홍순목 · 김병국을 총리군국사무(總理軍國事務)로, 민태호 · 윤자덕(尹滋悳) · 김병시(金炳始) · 김유연(金有淵)을 독판군국사무(督辦軍國事務)로, 김윤식을 협판군국사무(協辦軍國事務)로, 홍영식 · 어윤중 · 신기선(申箕善)을 참의군국사무(參議軍國事務)로, 조영하를 독판교섭통상사무(督辦交涉通商事務)로, 민영익 · 김홍집 · 묄렌도르프를 협판교섭통상사무(協辦交涉通商事務)로 삼았다.

《고종실록》 19년 12월 5일

이로써 정부 조직은 의정부–육조와 내아문–외아문의 이원체제로 운영되게 됐다. 내아문은 처소를 궁궐 안에 두고 국정 전반의 주요 사안을 의결, 집행하는 기구로 자리 잡아 의정부를 능가하는 최고 권력기구가 됐다. 외아문의 협판(協辦: 협판교섭통상사무)은 장관인 독판(督辦: 독판교섭통상사무) 다음가는 차관 자리였다. 묄렌도르프는 청으로부터 차관을 들여오는 일, 세관을 설립하는 일, 상해–인천과 천진–인천 간 정기항로를 여는 일, 의학교를 설립하는 일 등을 맡아 전력을 다했다.

1월 22일 묄렌도르프는 개화 사업에 필요한 차관을 얻고 해관 업무를 볼 사무요원을 구하려고 민영익과 더불어 상해로 갔다. 도입하려는 차관은 100만 냥이었다. 윤선초상국을 상대로 차관 도입을 교섭했는데, 초상국은 청 정부의 지급보증을 요구했다. 이에 천진으로 가서 이홍장의 보증을 얻어 1월 30일 윤선초상국으로부터 차관 1차분 21만 냥을 얻었다(21만 냥은 2010년 화폐가치로

69억 원 정도 된다). 이어 상해에서 해관 업무를 담당할 인력을 모집했다. 주로 청 해관에서 근무한 경력이 있는 서양인과 중국인을 뽑았다.

4월 10일 묄렌도르프와 민영익은 해관 사무원과 청의 출양학생(出洋學生: 서양에서 유학한 학생) 오중현(吳仲賢), 당소의(唐紹儀), 주장령(周長齡), 양여호(梁如灝), 청 외교관 오례당(吳禮堂, 1843~1912) 등 총 28명을 인솔하여 귀국했다. 프랑스에서 유학한 오례당은 유럽에서 청의 외교관으로 일했다. 스페인 주재 청 대사관에 근무하다가 37세 때 20살 연하의 스페인 여성 아말리아 아마도르(Amalia Amador)를 만나 결혼했다. 1881년 부친상으로 귀국했는데, 외국 여성과 결혼한 관계로 더 이상 관료로 일하며 생활하기가 어려웠다. 그래서 그는 묄렌도르프의 초청에 응했다. (조선에서 여생을 보낸 오례당 부부의 묘는 인천에 있다.)

묄렌도르프를 신임하게 된 조선 국왕은 1883년 4월 그를 조선해관총세무사에 임명했다. 이재황은 또한 임오군란 때 피살된 민겸호의 저택을 묄렌도르프에게 하사했다. 피살자의 망령을 두려워하는 조선의 풍습 때문에 처음에 이재황은 그렇게 하기를 주저했으나 묄렌도르프가 그를 안심시키고 받았다.

서양언어와 서양문물을 잘 아는 마건상과 묄렌도르프가 외아문을 실질적으로 장악했다. 마건상이 1883년 5월 청으로 돌아간 뒤에는 묄렌도르프가 내아문의 정책결정에도 깊이 간여했다. 이처럼 청이 파견한 인사가 조선 국정의 중추를 맡게 된 것은 청의 의도가 작용한 결과이기도 했지만, 조선에 마땅한 인재가 없었기 때문이기도 했다.

청의 조선 합병론

임오군란이 평정된 직후 청에서는 조선을 합병하거나 완전한 보호국으로 만들자는 주장이 여러 차례 나왔다. 1882년 8월 31일 일본 주재 청국 공사 여서창은 영국이 인도를 처분한 예를 본받아 중국이 조선의 왕을 폐하고 조선을 중국의 군현으로 삼는다면 후환이 없을 것이라는 내용의 서신을 총리아문에 보냈다.

오장경의 참모로 그와 더불어 조선에 온 장건(張謇: 장패륜의 부친)은 9월 29일 〈조선선후6책(朝鮮善後六策)〉의 초안을 작성했는데, 여기서 조선 병합과 무력을 통한 유구 회복을 주장했다. 조선에 대해서는 한나라 현도·낙랑군의 예를 원용하여 국가를 폐하여 군현으로 삼고 주나라의 예를 원용하여 감국(監國)을 두자고 했다.

장건은 직예총독 겸 북양대신 이홍장을 경유하여 조정에 이것을 상주하려 했으나 이홍장이 유예시켰다. 그러나 이 구상은 청류파 명사들의 칭찬을 받았고 서태후에게 주달됐다. 서태후의 지시로 장건의 제안이 청 조정에서 정식으로 논의됐으나, 이홍장이 반대하여 실행되지 못했다.

10월 29일 장패륜은 6개 항목에 이르는 〈조선선후사의6책(朝鮮善後事宜六策)〉을 상주했다. 그 내용은 대략 다음과 같다.

(1) 조선에 조선통상대신을 파견하여 그 외교를 통리(統理)하게 할 것.
(2) 조선의 병정(兵政)을 예수(預收)하여 그 이심(貳心)을 끊고 교관을 파견하고 서양총을 대신 구입하여 조선의 여러 군부대를 훈련하고 서로 제휴하게 할 것.
(3) 북양대신이 조선의 배상금을 차관해주지 말고 조선에 주둔할 일본군을 억제할 방안을 모색함으로써 제물포 조약을 구제할 것.
(4) 쾌선(快船) 2~3척을 건조하여 인천에 머물며 지키게 하여 육군의 장기주둔으로 인한 폐해를 해소할 것.
(5) 성경장군(盛京將軍)으로부터 1만 명의 상비군을 선발하여 봉천을 방비하

게 함으로써 완급(緩急)에 대비할 것.

(6) 조선 동북의 요충인 영흥(永興)은 부동항이므로 러시아가 욕심내고 있으니 영흥을 방비하여 러시아의 남진을 저지하고 요심(遼瀋)을 방어할 것.

이홍장은 장패륜의 6가지 주장에 대해 그 대응책을 일일이 작성하여 11월 23일 상주했다. 그는 장패륜의 의견에 원칙적으로는 찬성했으나 실천방안에서는 조심스러운 태도를 취했다. 그 내용은 대략 다음과 같다.

(1) 통상대신을 파견하여 조선의 외교를 처리하고 내정을 간섭한다면 일본, 미국, 영국과 같은 조약국들이 이의를 제기해 여러 가지 곤란한 일이 일어날 것이다. 따라서 통상을 관장한다는 명목으로 파견하는 것이 좋을 듯하다.

(2) 이미 오장경에게 서양식 훈련에 정통한 자를 선발하라고 지시했고 포 10문, 영국제 소총 1천 정, 탄약을 조선에 전달했다.

(3) 조선이 중국에 차관을 요청했기에 중국 상인을 통해 이미 알선했고, 일본에는 배상을 삭감해주도록 요청했다. 일본은 삭감을 거절하였으나 배상기간을 5년에서 10년으로 연장했다. 조선에 주둔한 청군 3영(營)만 철수시키고 3영은 계속 조선의 왕성(王城)에 머물게 할 것이다.

(4) 장패륜은 서울에 육군을 주둔시키는 것보다는 조선 항구에 2~3척의 군함을 파견하는 것이 좋다고 주장하고 있다. 지당하지만 예산이 문제다. 영국이나 독일에서 군함 1척을 구입하는 데 600만 냥이 소요되며 중국에서 건조하는 데도 40만 냥이 필요하므로 이를 조달하는 방안을 강구하고 있다.

(5) 조선에 일이 생기면 해군을 보내야 한다. 육군을 봉천에서 조선 왕성으로 파견하는 데는 20여 일이나 걸리나 해군은 연대에서 한강 입구까지 하루,

대고와 천진에서는 사흘 정도 걸린다.

(6) 러시아 대리공사 베베르(Karl I. Waeber)가 영흥에 대해 무관심한데, 올해 러시아가 두만강 국경을 의결하자고 제안한 것을 보면 이런 무관심이 사실임을 알 수 있다. 영흥은 원산에 가까우므로 원산이 열강의 통상에 개방되면 러시아는 단독으로 영흥을 침탈하지 못할 것이다.

임오군란 이후 조선은 군사, 재정, 외교에서 청의 강력한 통제 아래 놓이게 되어 주권이 크게 훼손됐다. 청은 조선에 대해 전통적 사대관계 대신 근대 제국주의 체제에서 나타난 보호국의 위치를 강요하여 관철시켰다.

임오군란 이후 조선의 국왕과 왕비는 해가 뜨면 취침하고 해질 무렵에 일어나 정무를 보았다. 국내외 상황이 긴박하게 돌아가는 것에 위기의식을 느끼고 야간에 암살 기도가 있을까 두려워하여 생활습관이 비정상적이 된 것이다. 게다가 무녀인 진령군(眞靈君)이 국정에 큰 영향을 미치게 되어 정치가 더욱 문란해졌다.

진령군은 민비가 임오군란으로 충주로 피신해 있을 때 알게 된 무녀였다. 환궁할 날을 맞춘 이 무녀를 민비는 궁궐로 데리고 들어갔다. 민비는 무녀가 하는 말을 모두 들어주었다. 무녀가 자신은 관성제군(關聖帝君: 관우)의 딸이라며 신당을 세워 관우를 받들어야 한다고 주장했는데, 민비는 이 말을 듣고 북관묘를 세우고 무녀를 진령군으로 봉했다. 이 무녀가 관찰사, 병사, 수사, 군수 등 주요 지방관의 인사에 큰 영향을 미치게 되자 벼슬아치들이 다투어 그에게 빌붙었다. 조병식(趙秉式, 1832~1907), 윤영신(尹榮信), 정태호(鄭泰好) 등이 그중 심한 자들이었다.

일본은 임오군란을 계기로 해군을 대폭 확장했다. 임오군란이 발발하자 일본 정부는 수차례에 걸쳐 군 장교와 외무성 직원을 만주와 북경에 밀파하여 정탐하게 했는데, 이들의 보고서는 장래를 위해 무비(武備)에 힘써야 한다는 것이었다. 이에 따라 1883년부터 8개년 계획으로 대함 6척, 중함 12척, 소함 12척, 수뢰함과 포함 12척을 건조해 나갔다.

4장

갑신정변과 청의 내정간섭

조선 사절단의 미국 파견

김옥균은 1872년 문과에 급제했고, 2년 후 홍문관 교리로 관직을 맡기 시작했다. 이를 계기로 개화파가 정치세력으로 성장하기 시작했는데, 그들은 개화당 또는 독립당이라고 불렀다. 개화당 지도자들은 서구 세력의 아시아 진출로 조선 주변의 국제관계가 격동하고 있음을 잘 알고 있었다. 그들은 일본을 방문해 보고 조선도 명치유신 이후의 일본처럼 내정을 개혁하고 서구의 과학기술 문명을 받아들여 실력을 배양해야 한다는 생각을 하게 됐다.

그러나 당시 조선의 정치 지형은 개화파에게 매우 불리했다. 민비의 친정인 민 씨 척족 세력이 요직을 독점하고 있었고, 여론을 주도하는 유림은 서구문명을 극악무도하다고 보고 개화에 극력 반대하고 있었다. 김옥균이 구상한 개혁안은 당시 지배층의 이익을 크게 침해하는 것인데다가 국왕인 이재황이 개화당을 신임하기는 했어도 그의 성품이 우유부단하고 의지박약하여 정책으로 채택될 수 없었다. 개화당 인사들은 병권이나 재정권과 관련이 있는 관직은 전혀 갖지 못했다. 당시 재정의 원천은 주전권(鑄錢權)에 있었는데, 이것은 민 씨 척족이 장악하고 있었다. 세 곳의 주전소(鑄錢所) 중 서울 삼청동의 주전소는 민태호, 평양의 주전소는 민응식, 강화도의 주전소는 조영하가 각각 맡고 있었다.

조선을 속국화한 청도 조선의 개화에 커다란 장애가 됐고, 이것이 결국은 개화당이 정변을 일으키는 데 주된 이유가 됐다. 조선 국왕 이재황은 우호적인 서양 강대국의 지원으로 청의 지나친 내정간섭을 타파하려 했는데 먼저 미국에 큰 기대를 걸었다.

1883년 1월 미국 상원이 조미조약을 비준했다. 이에 따라 미국 정부는 2월 27일 초대 조선 주재 미국 특명전권공사에 푸트(Lucius Harwood Foote)를 임명했다. 푸트는 4월 19일 일본 요코하마에 도착해 20일 가량 머물며 일본 외무경 이노우에 가오루를 만나 조선의 사정을 듣는 등 업무준비를 했다. 푸트는 윤치호와 이노우에의 개인비서 사이토 슈이치로(齋藤修一郎)를 통역으로 고용했다. 윤치호는 "일본어만 배우지 말고 영어를 배워야 일본을 거치지 않고 태서(泰西: 서양) 문명을 직수입할 수 있다"는 김옥균의 권고를 받아들여 1883년 1월 중순부터 네덜란드 서기관에게 영어를 배웠다. 윤치호는 한국인으로서는 이동인, 탁정식에 이어 세 번째로 영어를 배웠고, 처음으로 원어민 수준 이상으로 영어를 익혔다. 일본에 머물고 있던 김옥균은 푸트를 방문했는데, 푸트는 그의 개화 의지와 식견에 감탄했다. 김옥균은 4월 말에 귀국했다.

5월 13일 초대 조선 주재 미국 공사 푸트가 모노카시 호를 타고 인천에 도착하자 이재황은 몹시 기뻐했다. 푸트는 부인과 개인비서 스커더(Charles S. Scudder), 스미소니언 박물관원 조이(Pierre L. Jouy), 윤치호, 사이토를 대동했다. (이때는 윤치호가 겨우 3개월 정도 영어를 배운 상태라 직접 통역하기에는 실력이 모자라서 처음에는 사이토가 영어를 일어로 통역하면 윤치호가 다시 조선어로 옮겼다. 사이토는 8월에 일본으로 돌아갔는데, 그 무렵에는 윤치호가 영어를 직접 통역하는 게 가능해졌다.) 푸트는 6월 정동(貞洞)에 미국 공사관이 마련될 때까지 묄렌도르프의 집에 머물렀다.

5월 19일 푸트는 조선 대표인 외아문 독판 민영목(閔泳穆)과 조미수호조약 비준서를 교환했다. 20일 푸트는 조선 국왕에게 미국 대통령 체스터 아서(Chester A. Arthur)의 친서를 봉정했다. 친서에는 이렇게 씌어 있었다. "조선과 청의 관계는 미국 상인에게 방해가 되지 않는 범위에서 인정하지만, 조선이 청의 속국이라는 것은 양해하기 어렵다. 내외의 정무가 이미 조선 국왕의 자주(自主)에 맡겨진 이상 통상도 역시 자주하지 않으면 안 된다. 미국은 조선을 자주국으로 인정하였으므로 이와 같은 조약을 체결한 것이며, 그렇지 않으면 조약을 체결하지 않았을 것이다." 미국 정부는 청에 대한 조선의 종속 관계를 인정하지 않는다는 입장을 분명히 한 것이다.

푸트 공사는 조선국왕과의 접견에서 다음과 같이 말했다.

미조 조약의 교섭에서 미국은 주로 한국인의 안녕과 행복에 좀더 관심을 갖고 있습니다. 그래서 이 진보적 시대에 상비군보다 영향력을 가진 도덕적 힘이 존재하는 것이고, 한 나라의 취약성이 거꾸로 힘이 되는 일이 많습니다.

6월 4일과 5일에 걸쳐 이재황은 이하응과 가까운 전 판서 이회정(李會正)과 임응준, 전 참판 조채하(趙采夏), 전 승지 정현덕과 조우희(趙宇熙), 군수 이원진(李源進), 전 교리 이재만(李載晩) 등 8인을 처형하도록 명했다.

6월 9일부터 당오전(當五錢)이 유통되기 시작했다. 국가재정이 어려워서 조정이 두 달여 전인 3월 27일 당오전을 주조하기로 결정했는데, 이에 따라 주조된 당오전이 이때부터 유통되게 된 것이다. 당오전은 말 그대로 1푼인 상평통보에 비해 5배의 가치를 가진 화폐로 발행됐으나, 그 실질가치는 상평통보의 2배 정도였다. 당오전 발행으로 정부는 주조차익을 올렸으나 그 실질가치가 떨어져 민간에서는 사용하기를 꺼렸다.

당오전 발행은 민태호와 오장경이 주장하고 묄렌도르프가 찬성했는데, 김옥균은 당오전이 인플레이션을 초래할 것이라며 반대했다. 김옥균은 외국에서 차관을 얻어 은본위제로 화폐 제도를 근본적으로 개혁하자고 주장했다.

김옥균은 푸트 공사와 조선의 개혁 방안에 대해 논의했다. 김옥균이 개혁 추진자금 마련을 위해 차관을 얻겠다고 하니 푸트는 찬성했다. 김옥균은 6월 15일쯤 300만 엔을 기채할 수 있다는 조선 국왕의 위임장을 갖고 차관을 얻으려고 세 번째 일본행에 나섰다. 300만 엔은 당시 일본 국세 수입의 20분의 1에 해당하는 거액이었다. 그런데 일본 외무경 이노우에는 청에 보낸 밀정들의 군사상황 보고에 따라 조선 문제에 개입하지 않기로 결정한 상태였다.

6월 16일 제물포 해관이 업무를 시작했다. 제물포 해관의 초대 세무사는 영국인 스트리플링(A. B. Stripling)이었고, 직원은 24명이었다(원산 해관은 10월 31일, 부산 해관은 11월 3일 업무를 시작했다). 묄렌도르프가 조선해관 총세무사로 조선의 모든 해관을 지휘감독했으므로 조선 세관은 청 세관의 일개 지부와 같은 처지가 됐다.

6월 27일(음력 5월 23일) 조선 국왕은 독자적으로 근대 병기를 생산하기 위해 기기국(機器局)을 설치할 것을 명했다.

기기국을 설치하라고 명하였다. 군국아문(軍國衙門)에서 계청(啓請)하였기 때문이다. 박정양, 김윤식, 윤태준, 이조연을 (기기국의) 총판(總辦)으로, 백낙윤(白樂倫), 안정옥(安鼎玉), 김명균(金明均), 구덕희(具德喜)를 방판(幫辦)으로 삼았다.

《고종실록》 20년 5월 23일

이때 설치된 기기국은 무기를 제조하는 공장이 아니라 그것을 관리하는 관청이었다. 무기 제조공장인 기기창(機器廠) 건립은 4년 5개월이 걸려 1887년 말에 완공됐다.

7월 2일 김옥균이 이노우에와 회담했는데, 이노우에는 차관 문제는 언급조차 회피했다. 이노우에가 냉담한 반응을 보인 것은 이미 일본 정부가 조선의 정세를 관망하기로 결정했기 때문이었다.

푸트 공사는 조선에서 미국의 정치적, 경제적 입지를 닦으려 노력했다. 우선 "보빙사절의 미국 방문은 미국 정부로부터 크게 환영받을 것"이라며 미국으로 보빙사절을 파견할 것을 권고했다. 미국에 외교사절을 파견할 것을 고려하던 이재황은 이를 즉시 받아들였다.

7월 8일 외아문 협판 민영익이 미국 파견 전권대신에, 외아문 협판 홍영식이 부대신에 각각 임명됐다. 이에 대해 실록은 다음과 같이 전한다.

전교하기를,

"미국 공사가 국서를 가져와서 우호관계가 이미 도타워졌으니 마땅히 답방이 있어야 할 것이다. 협판교섭통상사무 민영익은 전권대신으로, 협판교섭통상사무 홍영식은 부대신으로 임명하여 떠나게 하라."

하였다.

《고종실록》 20년 6월 5일

조선 사신의 미국 파견은 묄렌도르프의 와병 중에 결정된 일이었다. 이 때문에 묄렌도르프와 푸트는 사이가 나빠졌다. 묄렌도르프는 미국 공사의 권유에 따른 보빙사절 파견을 "새로 개국한 나라에 큰 영향력을 미치려는 열강 국가의 탐욕적인 이기주의"라고 비난했다. 이후 푸트와 묄렌도르프는 계속 반목했다.

7월 25일(음력 6월 22일) 조선 전권위원인 외아문 독판 민영목과 조선 주재 일본 공사 다케조에가 조일통상장정(朝日通商章程)을 체결했다. 일본은 임오군란을 기화로 1876년에 맺은 통상조약을 더 유리하게 개정하려 했는데 마침내 성과를 본 것이었다. 42개 조로 이루어진 이 조약의 주요 내용은 다음과 같다.

(1) 모든 일본 인민은 각 통상항구에서 편리에 따라 조선의 차부(車夫)와 선부(船夫)를 고용하여 화물을 운반하고 선객을 싣고 오갈 수 있으며, 조선 관리는 결코 간섭할 수 없다. 또 어느 배 어느 사람으로 한정할 수 없다. 일본 상인이 고용에 어려움이 있을 때에는 해관에 제기하고 해관에서는 잘 보살펴 주어야 한다.

(2) 입항하거나 출항하는 각 화물이 해관을 통과할 때는 응당 본 조약에 첨부된 세칙(稅則)에 따라 관세를 납부해야 한다. 배 안에서 자체로 사용하는 각종 물건을 육지에 내다 팔 때에는 세칙에 따라 세금을 납부한다. 다만 종가세(從價稅)는 그 화물의 산지나 제조한 지방의 실제 가격과 그 지방으로부터 운반해온 비용, 보험비, 배당금 등 각종 비용을 합산하여 원가를 정하고 그 정칙(定則)의 세금을 징수한다.

(3) 조선국 연해에 운송수단이 충분치 못하므로 일본국 상선은 어느 나라 물건이든 관계없이 각 통상항구에 싣고 다닐 수 있다.

(4) 조선 정부에서는 앞으로 각 통상항구의 구내를 수축하고, 등탑(燈塔: 등대)과 부표(浮標)를 건설해야 하며, 통상항구에 오는 일본 상선은 톤세(船鈔)로 톤당 225문을 납부하여 그 유지비로 충당해야 한다. 톤세를 바쳤을 때에는 즉시 해관에서 전조(專照: 이중과세 면제증서) 발급하여 4개월을 한도로 하여 그 기간 내에는 마음대로 조선의 각 통상항구에 가더라도 다시 톤세를 납부하지 않는다.

(5) 본 장정에 기재된 벌금 및 몰수, 그 밖의 벌칙(罰則)에 관련된 안건은 해관

세무사의 고소에 의하여 일본 영사관이 심판한다. 단, 징수한 벌금 및 몰수한 물건은 모두 조선 정부에 귀속한다. 조선 관리가 압류한 각 물건은 해당 관리가 일본 영사관과 함께 봉하고 도장을 찍어 그대로 해관에 두고 판결을 기다린다. 영사관이 처벌할 것이 없다고 판결한 경우 그 각 물건들을 영사에게 넘겨 화주(貨主)에게 돌려준다.

(6) 아편을 항구에 들여오는 것을 엄격히 금지한다. 아편을 몰래 운반하거나 몰래 운반하려고 시도하였을 때에는 그 화물을 몰수하고, 몰래 운반한 총 숫자에 근거하여 매 1근(斤)에 7천 문의 벌금을 징수한다. 다만, 그것이 조선 정부에서 쓸 것이거나 일본 거류민들이 약을 만드는 데 필요한 것으로서 일본 영사관이 그 사실을 보증하고 항구에 들여온 것은 이 제한을 받지 않는다.

(7) **조선국에서 가뭄과 홍수, 전쟁 등의 일로 인하여 국내에 양식이 결핍할 것을 우려하여 일시 쌀 수출을 금지하려고 할 때에는 1개월 전에 지방관이 일본 영사관에게 통지하여 미리 그 기간을 항구에 있는 일본 상인들에게 전달하여 일률적으로 준수하는 데 편리하게 한다.**

(8) 본 장정에서 정한 세금과 벌금은 조선 동전으로 납부해야 한다. 혹 일본 은화(銀貨)를 시가에 따라 바꾸어 쓸 수 있으며, 멕시코 은화가 일본 은화와 가치가 같을 때에도 역시 바꾸어 쓸 수 있다.

(9) 일본국 어선은 조선국의 전라도, 경상도, 강원도, 함경도 4도의 연해에서, 조선국 어선은 일본국의 히젠(肥前), 치쿠젠(筑前), 이시미(石見), 나가도(長門), 이즈모(出雲), 쓰시마의 연해에 오가면서 고기를 잡는 것을 허가한다.

(10) 현재나 앞으로 조선 정부에서 어떠한 권리와 특전 및 혜택과 우대를 다른 나라 관리와 백성에게 베풀 때에는 일본국 관리와 백성도 마찬가지로 일체 그 혜택을 받는다.

이 통상장정은 영사재판권과 최혜국대우를 인정한 불평등조약인데, 어업권도 쌍무적인 것 같으나 조선은 원양어업을 할 역량을 갖고 있지 않았으므로 일본만 어업권을 획득한 셈이었다.

서광범이 미국 파견 사절단의 종사관이 됐고 변수, 유길준, 최경석(崔敬錫), 현홍택(玄興澤) 등도 수행원으로서 사절단의 일원이 됐다. 또한 중국인 오레당이 통역으로 합류했다. 오레당은 영어와 스페인어에 능통했는데, 묄렌도르프가 추천했다. 푸트 공사는 조선 외교사절의 선편을 마련하고 주일 미국 공사 빙엄에게 조선 보빙사의 미국행을 안내할 외교관 1명을 추천해줄 것을 당부하는 편지를 썼다. 또한 캘리포니아에 있는 자신의 친구들에게 편지를 보내 접대를 부탁했다.

7월 16일 조선 사신 일행 9명이 인천에서 미국 군함 모노카시 호를 타고 출발했고, 21일 요코하마에 도착하여 1개월 정도 체류했다. 조선 사신단은 일본 현지에서 빙엄의 추천으로 미국인 주르당(Payton Jourdan)을 알게 되어 서기관 겸 참찬관(參贊官, General Counsellor)으로 영입하기로 했다. 그러나 곧 그 대신 역시 미국인인 퍼시벌 로런스 로웰(Percival Lawrence Lowell, 1855~1916)을 영입했다(김옥균은 일본 정부가 반대해서 주르당이 교체됐다고 했다).

조선 사신 일행은 8월 18일 아라빅(Arabic) 호에 승선하여 요코하마를 출발해 9월 2일 샌프란시스코에 도착했다. 푸트 공사의 친구로 오랫동안 아시아 무역에 종사해온 프레이저(Everett Frazar)가 조선 사신 일행을 수행하여 조선과 인연을 맺었다. 일행은 이어 대륙횡단 철도로 기차를 타고 달려 15일 워싱턴에 이르렀다. 체스터 아서 미국 대통령이 뉴욕에 출장 중이었으므로 다시 뉴욕으로 가서 9월 18일 아서 대통령에게 국서를 전달했다. 조선 사절들이 왕에게 하듯이 엎드려 절을 하자 아서 대통령은 어리둥절한 표정을 지었다.

미국 해군 중위 포크(George Clayton Foulk)가 조선 사절단을 위해 통역을 맡았다. 1876년 해군사관학교를 3등으로 졸업한 포크는 미국 해군의 아시아함대에 배속되어 6년간 근무했다. 그때 일본의 여러 항구를 자주 방문하면서 일본어를 익혔고, 1882년 워싱턴의 해군본부 도서관에 배속되자 한국어도 열심히 학습했다.

조선 사절단은 국서를 전달한 다음 보스턴, 뉴욕, 워싱턴 등지의 정부와 공공기관, 군사시설, 교육시설, 우편국, 신문사, 병원, 공장, 시범농장, 박람회 등을 시찰했다.

8월 1일 묄렌도르프의 주도로 근대적 서양어 학교인 동문학(同文學)이 외

퍼시벌 로런스 로웰

퍼시벌 로런스 로웰은 1855년 3월 미국 동부 보스턴 시의 명문가인 로웰 가문에서 태어났다. 이 가문의 가훈은 '너의 기회를 잡아라(Seize your opportunity)' 다. 그의 고조부 존 로웰(John Lowell, 1743~1802)은 미국 독립전쟁을 지도한 연합의회(Congress of the Confederation)의 대의원이었고, 연방대법원 판사를 역임했다. 증조부 존 로웰 주니어(John Lowell Jr., 1769~1840)는 저명한 변호사로 건국 초기 미국 연방당(Federalist Party)의 요원이었다. 존 로웰 주니어의 이복동생 프란시스 캐벗 로웰(Francis Cabot Lowell, 1775~1817)은 1814년 매사추세츠 주에서 미국 최초의 근대적 공장인 보스턴 제조회사(Boston Manufacturing Company)를 창립했다. 방적과 방직을 통합한 보스턴 제조회사의 성공으로 미국의 면공업이 자립할 수 있었다.

퍼시벌 로런스 로웰의 남동생 애벗 로런스 로웰(Abbot Lawrence Lowell)은 훗날 하버드대학 총장을 지냈고, 여동생 에이미 로런스 로웰(Amy Lawrence Lowell)은 시인이자 문학평론가였다.

로웰은 1876년 하버드대학 물리학과를 최우등으로 졸업하고 유럽, 중동 등지로 해외여행에 나섰다. 1877년 여름 귀국하여 조부 존 애머리 로웰(John Amory Lowell, 1798~1881)의 뜻에 따라 그가 운영하는 신탁자금(Trust Funds) 사업을 도와 크게 번창시켰다. 로웰은 곧 동양의 신비에 매혹되어 극동의 언어와 풍속을 배우려고 1883년 봄 일본으로 갔다. 로웰은 동경에 거처를 얻고 일본 전국을 여행하며 단기간에 일본어를 능숙하게 익혔다. 8월 13일 동경으로 돌아와 친구 비질로우(W. Sturgis Bigelow)의 권유를 받아들여 조선 사절단의 서기관 겸 참찬관이 됐다.

아문 부속기관으로 재동에 설립됐다. 장교(掌敎: 교장)로 외아문 참의(參議) 김만식이 취임했고, 교사로는 영국인 핼리팩스(T. E. Halifax), 중국인 오중현와 당소의가 임명됐다. 15세 이상의 총명한 양반 자제 40여 명을 선발해 오전반과ㆍ오후반으로 나누어 영어, 일본어, 서양의 필산(筆算)을 가르쳤다. 설립된

미국 대륙횡단철도

1869년에 완성된 미국 대륙횡단철도(Transcontinental Railroad)는 미국 산업화의 한 상징으로 미국의 지형도를 바꾸어놓았다. 남북전쟁 중인 1862년에 유니언퍼시픽 철도회사(Union Pacific Railroad)와 센트럴퍼시픽 철도회사(Central Pacific Railroad)가 설립되어 대륙횡단 철도 건설에 착수했다. 유니언퍼시픽 철도회사는 네브래스카의 오마하(Omaha)로부터 서쪽으로, 센트럴퍼시픽 철도회사는 캘리포니아의 새크라멘토(Sacramento)로부터 동쪽으로 각각 공사를 진행했다. 그리고 두 노선이 1869년 유타의 프로몬터리 포인트(Promontory Point)에서 합류하여 2826km의 대륙횡단 철도가 완성됐다. 개통식은 1869년 5월 10일 열렸다. 개통될 때는 '태평양 철도(Pacific Railroad)'로 불렸다. 이것이 이전에 건설된 미국 동부지역 철도와 연결되어 철도로 미국을 횡단하는 게 가능해졌다. 이 철도의 건설로 강이나 운하 등 수로에서 멀리 떨어진 지역에서도 상공업이 번창할 수 있게 됐다.

대륙횡단 철도의 건설은 남북전쟁에 참전했다가 퇴역한 군인들과 아일랜드인, 중국인 이주노동자들의 피와 땀으로 이루어졌다. 공사 중에 더위와 추위로 인해, 또는 땅을 지키려는 인디언의 공격으로 인해 많은 노동자들이 죽거나 부상을 입었다. 특히 거대한 로키산맥을 가로지르는 구간의 철도 건설은 상상을 초월하는 난공사였고, 중국인 노동자들이 없었다면 불가능했다.

이 철도의 건설은 미국 산업화의 상징적 사건인 동시에 정경유착과 부패의 대명사이기도 하다. 대륙횡단 철도는 미국 정부로부터 엄청난 특혜를 받아 이루어졌다. 정부는 두 철도회사에 철도부지 제공을 포함해 온갖 특혜를 베풀었다. 또한 두 철도회사는 정치인과 관료들을 거액의 뇌물로 매수하고 회계장부 조작으로 건설비용 부풀리기를 다반사로 했다.

이 철도가 건설된 후 미국의 철도망은 전국에 걸쳐 무서운 속도로 확충됐다. 그러다가 철도산업이 과잉 건설과 영업이익 감퇴로 인해 어려움에 빠지자 구조조정이 이루어졌고, 그 과정에서 전국의 수많은 철도가 몇몇 신흥재벌들의 수중에 장악됐다. 그 대표적인 인물이 철도왕으로 불리는 코넬리어스 밴더빌트(Cornelius Vanderbilt)다.

해에 남궁억(南宮檍)이 입학하여 1884년 최우등으로 졸업했다.

8월 15일에는 조폐기관인 전환국(典圜局)이 창설됐고, 좌찬성 민태호가 그 최고책임자로 임명됐다.

9월 17일 묄렌도르프의 초청으로 러시아 건축기사 사바틴이 인천에 도착했다. 사바틴은 다른 외국인 동료와 더불어 제물포에 머물며 인천항 부두 축조에 종사하고 제물포의 외국인 거주 조계지에 대한 측량 작업을 했다.

9월 30일 조선 전권위원인 외아문 독판 민영목과 다케조에는 인천항의 일본 상인 거류지를 규정하는 조계조약(租界條約)을 체결했다.

10월 14일 청국 총판상무위원(總辦商務委員) 진수당이 인천에 도착했다. 이홍장은 진수당이 샌프란시스코 총영사로 3년간 근무하기도 했지만 그보다는 소선에 다녀온 경험이 있어 조선의 민정과 지세에 익숙하다는 이유로 그를 조선에 파견했다. 진수당에게 주어진 임무는 청 상인들이 조선의 상권을 장악하도록 돕는 것이었다.

16일 윤치호가 통역으로 배석한 가운데 조선 국왕 이재황과 푸트가 비밀리에 단독회담을 가졌다. 이 자리에서 이재황은 영국과 독일이 조선에 대표를 보내는 것에 대한 조언을 들었고, 이들 국가와의 조약으로 자신의 통치가 강화될 것이라고 말했다. 그는 러시아와 프랑스도 조선과 조약 체결을 교섭하도록 미국이 종용해주길 바란다고 했다. 이어 중국어를 아는 미국인이 조선 외교의 자문을 맡아줄 것을 부탁하면서 그에게 예조(禮曹)의 2인자 자리를 주겠다고 말했다. 또한 미국인 장교가 조선 군대를 훈련시켜줄 것을 요망하면서 그에게 조선군의 2인자 지위를 주겠다고 약속했다. 이 엄청난 제의에 푸트는 당황했다. 푸트는 미국에 대해 보여준 신임에 감사한다면서 미국 정부에 보고하겠다고 대답했다.

이재황이 미국 공사에게 파격적인 제의를 한 것은 대원군이 청군을 거느리고 조선에 온다는 소문이 나돌았기 때문이다. 이 소문은 이재황이 미국에 의

지하려는 모습을 보이자 그를 견제하기 위해 오장경 등 조선 주재 청군 수뇌부와 친청 입장인 민 씨 일파가 퍼뜨린 것이었다. 이 소문은 1885년 10월 이하응이 귀국할 때까지 주기적으로 나돌았는데, 그때마다 이재황은 전전긍긍하고 피신처를 찾으려 했다(외국 공사관이 유력한 피신 후보지였다).

이날 덴마크의 대북방전신회사(Great Northern Telegraph Company)는 부산과 나가사키를 잇는 해저전선 공사에 착공했다(1884년 3월 25일 개통). 이는 1883년 3월 3일 조선과 일본이 체결한 해저전신 설치 조관에 따른 것이었다.

10월 19일 푸트는 장문의 보고서를 미국 국무성에 보냈는데, 국무성 관리

부산항 해저전선 설치 조관

1883년 1월 조선에 부임한 다케조에는 조선에 해저전선 설치를 요구했다. 협상이 벌어져 3월 3일 부산항 해저전선 설치 조관이 체결됐다. 그 내용은 다음과 같다.

조선과 일본 양국 정부는 국교상 연락과 상업상 통신의 편의를 위하여 해저전선을 설치하는 것에 관한 조관을 다음과 같이 협의하여 허가한다.

제1조: 양국 정부는 정말국(丁抹國: 덴마크) 대북부전신회사(大北部電信會社)에 약정 허가하여, 일본 규슈 서북 해안으로부터 쓰시마를 거쳐 조선의 부산 해안에 이르기까지 해저 전선을 설치하고 육상으로도 전선을 이어 일본인 거류지에 닿게 한다.
　일본 정부에서 전선을 가설하고 전신국(電信局)을 설치하여 통신사무를 처리한다. 이에 사용되는 전선과 기구에 대해서는 조선 정부가 입항세(入港稅)와 적장세(積藏稅)를 면제한다.
　전선실(電線室)의 지조(地租)의 경우 25년을 기한으로 하여 세금을 면제하고, 해당 전선실에 이득이 없는 경우에는 다시 협의하여 세금을 면제한다.
제2조: 조선 정부는 이 해저 및 육상 전선이 준공된 뒤 통신을 하는 날로부터 만25년 동안 이 해저 및 육상 선로에 대항하여 이익을 다투는 전선을 가설하지 못하며, 아울러 다른 나라 정부 및 회사에서 해저 전선을 설치하는 것도 허가하지 않을 것을 약속한다. 대항하여 이익을 다투는 곳이 아닌 경우에는 조선 정부가 편의에 따라 선로(線路)를 개설할 수 있다.

들은 전혀 관심을 기울이지 않아 보고서 분류조차 소홀히 하여 푸트는 1년이
지나도록 아무런 훈령도 받지 못했다.

진수당은 남별궁을 거처로 정했다. 진수당은 업무를 시작하면서 청나라
상민에게 알리는 게첩(揭帖)을 남대문에 붙였다. 조선이 청의 속국임을 강조한
이 게첩의 내용은 대략 다음과 같다.

효유한다.

총판조선각구통상사무(總辦朝鮮各口通商事務)에 임명한다는 명을 받들어 이달

제3조: 조선 우정사(郵程司)에서 관선(官線)을 가설할 경우에 해외 전보는 부산항(釜山港)의
일본 전신국(電信局)과의 연락을 통하여 처리한다. 그 세절(細節)은 본사(本司)에서 그때에
가서 해당 전신국과 의정(議定)한다.

제4조: 조선 정부는 이 전선을 보호하여 파손되지 않게 할 목적으로 통행에 관한 형법을 의
정하여 처리한다. 고의로 위반한 자는 일본 정부에 통지하고 아울러 해당 범인에게 새로 제
정한 법에 의하여 배상하게 한다.

제5조: 해당 전신국에서 수발하는 각 전보는 직접 인민들과 주고받을 수 있다. 다만 수발하는
전보의 부본(副本)을 보관한다. 소송과 관련하여 조선 관청에서 조사하기 위하여 증거 문건
으로 삼으려고 할 때에는 즉시 제출하여 검열하도록 한다. 조선의 관보(官報)는 다른 사신
(私信)보다 먼저 발송하고 전해주며, 그 전비(電費)는 부산 지방에서는 일본에서 가설한 전
선일 때에는 그 선로가 길거나 짧거나 간에 10분의 5만을 받는다. 이상 양국 전권대관(全
權大官)들은 각각 유지(諭旨)를 받들어 조관을 의정하고 서명하고 날인하여 신임을 명백히
한다.

대조선국 개국 492년 정월 24일
교섭통상사무아문 독판 민영목
교섭통상사무아문 협판 홍영식

대일본국 명치(明治) 16년 3월 3일
변리공사 정5위(正五位) 훈4등(勳四等) 다케조에 신이치로

(음력 9월) 14일 배편으로 인천항에 상륙하고 16일 한성에 도착했으며 20일 사무를 시작하였다.

살피건대 조선은 중국의 속국으로 기자(箕子)로부터 처음 봉건된 이래 오늘에 이르기까지 수천 년 동안 오로지 시경, 서경, 예의의 가르침을 숭상하여 오랫동안 세계로부터 경앙(敬仰)되었으니 정히 성명과 문물이 빛나는 나라라고 할 수 있다. 우리 청조가 일어난 지 200여 년 동안 공근(恭謹)을 다해 관민이나 사상(士商)으로 이제까지 우리나라와 왕래하는 자들은 예와 의로 사귀지 않음이 없었고 조금도 이간하는 말이 없었기 때문에 가상히 여기는 바이다. 지금 천하는 일가가 되어 각국이 왕래하며 통상 · 교역하고 해금(海禁)을 크게 열었다. 우리 조정에서는 특히 조선에 통상을 허락하여 이익을 취하고 이권을 거두게 하고자 통상장정 8조를 반포하였다.

이와 같이 널리 알리는 외에도 이를 우리 상고(商賈), 진신(縉紳), 민인(民人)들에게 알려야 한다. 그리하여 무릇 이곳에 와서 무역하는 자는 행상(行商), 좌고(坐賈)를 막론하고 모름지기 신의를 숭상하고 각별히 장정을 준수하여 피차 왕래하며 화목에 힘씀으로서 속국이 대국과 문자를 함께 사용하는 우의를 밝히고 온 집안이 주인을 함께 모시는 정을 두터이 해야 할 것이다.

나의 직무는 상무이므로, 무릇 우리 행상, 좌고로서 교섭을 하고자 할 경우에는 일의 대소를 막론하고 조금이라도 불협(不協)한 것이 있으면 곧 공서(公署)로 나와 나에게 아뢰어 알리도록 하라.

뮐렌도르프는 조선 정부에 청과 일본의 각축전 속에서 조선의 독립을 보존하려면 러시아를 끌어들여야 한다고 건의했다(뮐렌도르프는 미국을 배척했다). 청의 내정간섭에 위협을 느끼고 있었던 이재황은 이를 받아들였다.

당시 열강 가운데 유일하게 조선과 국경을 맞댄 러시아는 조선에 특히 큰 관심을 가지고 있었지만, 재정상태가 나빠 동북아에 진출하기에는 시간이 필요했으므로 적당한 때가 될 때까지 '기다리는 정책'을 고수하기로 했다. 조선이 미국과 수교하자 러시아는 '기다리는 정책'을 포기하고 조선과 수교하려 했다. 그러나 이홍장이 알선을 거부한데다 영국과 독일이 처음 맺은 조선과의 조약을 비준하기를 거부하고 새로이 조약을 체결하려는 것을 보고, 그 결과를 기다려 행동하기로 했다. 기르스(Giers, 1820~1895) 외무장관은 알렉산드르 3세(재위 1881~1894)에게 다음과 같이 상주(上奏)했다.

> 우리가 지금까지 견지하여 왔고 또 앞으로도 우리에게 완전한 행동의 자유를 가져다줄 '기다리는 자세'를 변경하면 안 됩니다. 만일 영국, 독일이 성공한다면 우리 또한 조선이 그들에게 허락한 이득을 똑같이 얻게 될 것이 거의 확실합니다. 만일 그들이 실패하는 경우에는 우리가 조미조약 같은 조약을 체결할 수 있을 것입니다.

10월 27일 주청 영국 공사 파크스와 독일 요코하마 총영사 자페(Edouard Zappe)가 전권대신으로 서울에 도착했다(파크스는 9월 28일 주일 영국 공사에서 주청 영국 공사로 전임됐다). 조선의 전권대신은 민영목이었으나 실질적으로는 묄렌도르프가 조약 개정 협상을 했다. 이때 조선은 청의 알선 없이 협상했다. (1882년 가을 제물포 조약에 따라 박영효 일행이 수신사로 일본을 방문했을 때 박영효가 파크스와 3차례 회담했다. 그때 박영효는 조약 개정을 위해서는 양국 정부 사이에 논의가 있어야 할 것이라고 말했다.)

10월 29일 동문학 어학생도 가운데 윤정식(尹定植), 민주호(閔周鎬), 윤시병(尹始炳)이 각국 언어를 익히기 위해 청나라 군함 편으로 상해와 홍콩 등지로 떠났다. (1863년 이홍장은 상해에 외국어 교습기관인 광방언관(廣方言館)을 세웠다.) 30일에는 박문국(博文局)이 〈한성순보(漢城旬報)〉 창간호를 발행했다.

박영효는 수신대사로 일본을 방문했을 때 인민을 개명시키는 수단으로 신문을 발행해야 할 필요성을 절감했다. 그는 후쿠자와의 도움으로 신문제작을 도와줄 일본인 기자와 인쇄공을 데리고 1883년 1월 귀국했다. 8월 외아문에 박문국이 설치되고 그 초대 총재에 외아문 독판 민영목이 임명됐고, 부사과(副司果: 종6품 무관직) 김인식(金寅植)이 신문 발간의 실무책임자로 임명됐다. 장박(張博), 오용묵(吳容默), 김기준(金基駿), 강위, 주우남(朱雨南), 현영운(玄映雲), 정만조(鄭萬朝), 오세창(吳世昌) 등이 각각 주사(主事) 또는 사사(司事)로 임명되어 기사를 모으고 번역하거나 작성했다. 이노우에 가쿠고로(井上角五郎)는 주재(主宰)로 고용되어 번역과 편집을 주관했다.

관영 신문인 〈한성순보〉는 주로 외국의 언론 보도를 번역하여 서구의 제도와 세계정세를 소개했는데, 창간호 '순보서(旬報序)'에서 "우리 조정에서 관청을 만들어 외국신문을 널리 번역하고 아울러 국내의 사건도 실어서 나라 안에 배포할 것"이라면서, "시세를 살펴 흐르지도 말고 빠지지도 말며 좋고 나쁜 것을 취사선택하여 도리에 맞게 구해서 바른 것을 잃지 않는다면, 박문국을 개설하고 신문을 발간하는 취지를 거의 달성하게 되는 것"이라고 밝혔다.

〈한성순보〉의 기사는 내용상 크게 내국 기사와 각국 시사 기사로 나누어진다. 내국 기사로는 관보, 사보(私報), 시직탐보(市直探報)를 실었고, 각국 시사 기사로는 강대국과 약소국 사이의 전쟁이나 분쟁, 근대적인 군사장비나 국방방책, 개화문물 등을 집중 소개했다. 각국 시사 기사는 〈신보(申報)〉, 〈중외신보(中外新報)〉, 〈순환보(循環報)〉 등 중국 신문, 〈시사신보(時事新報)〉, 〈동경일일신보(東京日日新報)〉 등 일본 신문, 기타 여러 나라의 신문에 실린 기사를 번역하여 보도했다.

〈한성순보〉는 전국 군현의 관아와 군진에 배포되어 관리들이 읽도록 했다. 관아에서는 1부당 동전 50문(文)을 신문 대금으로 박문국에 납부했다.

11월 17일 통리군국사무아문의 건의에 따라 전환국에서만 당오전을 주조하고 기타 주전소에서는 엽전만 주조하도록 했다. 당오전의 대량 유통으로 물가가 많이 올라 민생이 더욱 어려워졌다. 그래도 당오전은 당백전보다는 폐해가 적어 조선 조정이 혁파 주장을 무시하고 계속 유통시켰다.

22일 이재황이 친군전영(親軍前營)을 창설했다. 이에 대해 실록은 다음과 같이 전한다.

전교하기를 "새로 설치한 교련소(敎鍊所)를 친군전영이라고 부르고, 어영대장(御營大將) 한규직이 그대로 겸임해서 감독하도록 하라" 하였다.

《고종실록》 20년 10월 23일

11월 26일(음력 10월 27일) 조선은 영국과의 조약개정 협상을 마무리하고 조약을 다시 체결했다. 독일 전권대표 자페와도 같은 날 조약을 다시 체결했다. 영국과 다시 체결한 조약은 1882년 윌리스와 체결한 조약에 비해 관세율이 절반 가까이 인하되어 영국에 매우 유리한 내용이었다. 조선이 이를 용인한 것은 청의 개입을 배제하고 독자적으로 구미 각국과 조약을 체결하여 자주독립국가임을 과시하려고 했기 때문이었다.

자페가 이끄는 사절단의 일원으로 조선에 온 독일인 마예트(P. Mayet)는 기행문을 썼다. 다음은 그 마지막 부분이다.

이 나라의 상거래는 별로 볼 것이 없다. 정부는 백성들이 행여 부유해질까봐 겁을 내고 백성들이 부유해질 수 있는 모든 여건을 법으로 규제했다. 관리들은 아무데나 가택수색을 해서 사유재산을 다 압수했다. 금, 은 등 지하자원이 풍부하다는데도 채광을 금하는 첫 번째 이유는 중국이나 일본이 행여 알게 될까 두려워하기 때문이다.

해상교역은 지금까지 조선 상인에게는 금지됐다. 육지에서 요동 지방과 상거래를 하기 위해 이용되는 운송수단은 오로지 우마차였다. 압록강 유역에는 1년에

두 번 교역장이 서는데, 주로 상술이 뛰어난 평안도 상인들이 중국 상인과 거래한다. 입국이 금지된 중국 상인은 목숨을 걸고 장사를 한다.

이처럼 모든 것이 왕실과 관권에 의해 절대적으로 규제되는 나라는 세계 어디에서도 찾아볼 수 없다. 그러나 1882년 대원군에 대해 원성을 내며 일어난 민중봉기가 정치개혁을 불가피하게 했다.

외국유학을 통해 서구문화를 알게 된 개혁파가 국내에 생겨나고 권력 앞에서 떨기만 하던 백성들이 점차 자기 권리를 찾으려고 노력하기 시작했는데, (그들이 말하는) 몇 가지 방안을 들어보면 지하자원을 채광해서 산업경제를 일으키고, 지나치게 많은 수입을 막아 이 나라의 금은이 모두 외국으로 흘러나가지 않도록 하고, 물가가 올라갈 수밖에 없는 과다수입을 막기 위해 수출을 늘려야 한다는 것 등이다. 상업 수완이 좋으며 자기 이익을 위해서는 어떠한 수단방법도 가리지 않는 미국과 프랑스를 조선인들은 별 경계 없이 받아들이는데, 게다가 내국인들끼리는 서로 헐뜯고 이간질하며 정부는 어찌할 바를 모르고 있다. 청의 은근한 압력, 겉으로만 조선과 우호통상을 주장하는 일본의 끈질긴 노력, 군함을 이끌고 나타나서 일본과 중국 황하를 장악한 서구 세력과 천주교 선교사들도 이 나라의 민족성과 문화를 어지럽힌다. 이러한 외세와 국내의 혼란을 이겨내면서 조선도 일본처럼 본체가 흔들리지 않고 새로운 세기에 (국제무대에 독립적인 한 나라로) 등장하기를 진심으로 바란다.

조선이 영국, 독일과 새로이 조약을 체결하자 러시아 정부는 천진 주재 러시아 영사 베베르에게 조선과 그와 비슷한 조약을 체결하되 상호 영사파견을 규정한 제2조는 제외시키라고 훈령했다. 러시아는 조선 영사가 블라디보스토크에 주재하는 것을 바라지 않았기 때문이다. 또한 청에 대한 조선의 종속 문제에 개의치 말고 청의 관여 없이 직접 교섭할 것을 지시했다.

12월 20일(음력 11월 21일) 이재황은 미국에서 돌아온 전권부대신(全權副

大臣) 홍영식을 소견했다.

이에 앞서 조선 사절단은 전권대신 민영익 일행과 부대신 홍영식 일행(홍영식, 고영철, 최경석, 현흥택, 퍼시벌 로웰, 오례당)으로 나뉘어 귀국길에 올랐다. 홍영식 일행은 10월 12일 백악관을 방문하여 아서 대통령에게 고별인사를 하고 10월 16일 워싱턴을 떠나 샌프란시스코로 향했다. 그들은 24일 시티 오브 리오(City of Rio) 호를 타고 태평양을 건너 조선으로 돌아왔다. 민영익 일행은 12월 1일 워싱턴을 떠나 뉴욕 항에서 미국 군함 트렌턴(USS Trenton) 호를 타고 대서양을 건너 유럽으로 가서 그곳을 시찰하고 돌아왔다. 미국 해군

블라디보스토크

블라디보스토크는 연해주 남부에 위치한 무라비요프 아무르스키 반도(길이 30km, 너비 12km)의 남단에 위치하고 있으며, 러시아 해군의 태평양함대 기지가 위치한 군항도시다. 1860년 7월 2일 러시아의 보급선 만주(滿洲) 호가 무라비요프 아무르스키 만 남단의 황금뿔 만(Golden Horn Bay)에 상륙하여 그곳에 전초기지를 건설하고 블라디보스토크(Vladivostok: 동방 지배)라는 이름을 지어 붙였다.

블라디보스토크 전초기지는 1862년에 공식적으로 항구가 됐다. 러시아는 해외무역을 촉진시킬 목적으로 이곳을 수입품에 무관세를 적용하는 관세자유항으로 만들었다. 1865년에 여기에 조선소가 세워졌고, 니콜라예프스크에서 처음으로 이주민이 왔다.

1871년에 블라디보스토크는 극동함대 기지가 설치될 군항으로 결정됐다. 같은 해 덴마크의 대북방전신회사(Great Northern Telegraph Company)에 의해 블라디보스토크, 나가사키, 상해를 연결하는 해저 케이블 설치가 완료됐다.

1878년에 블라디보스토크의 주민은 4천 명이었는데, 그중 40%는 조선인과 중국인 등 외국인이었다. 1880년 러시아 자원함대(the Russian Volunteer Fleet)는 정부의 도움을 받아 오데사, 페테르부르크, 블라디보스토크 간 정기운행을 시작했다. 이 해 5월 10일 블라디보스토크는 시로 승격됐고, 이때 인구는 7300명이었다.

1883년 러시아 자원함대가 유럽과 러시아의 농민을 대거 극동으로 이송하여 정착시키는 사업이 활발해졌다. 이로써 도시로서 블라디보스토크의 위상이 올라갔다.

중위 포크가 조선 주재 해군 무관으로 발령되어 민영익 일행과 동행했다. 이는 민영익이 미국 정부에 요청하여 이루어진 일이었다. 유길준은 민영익의 지시에 따라 유학생으로 남았다. 유길준은 우선 로웰의 소개로 피버디 박물관(Peabody Museum) 관장 에드워드 모스(Edward S. Morse)를 찾아가 그의 지도를 받았다.

1883년 12월 31일(음력 12월 3일) 서북경략사 어윤중은 청 대표 진본식(陳

本植)과 24개조로 이루어진 〈봉천과 조선변민 교역장정[奉天與朝鮮邊民交易章程]〉을 체결했다. 이 장정은 1조와 23조에서 조선이 청의 속국임을 명백히 했고, 특히 23조에서는 조선이 청을 지칭할 때 사용해야 할 용어마저 규정했다.

> **23조:** 중강(中江)에 새로이 변경시장을 설치한다. 지방관리가 교섭할 일이 있어 문건을 교환하는 경우에 격식을 지켜야 한다. 조선은 반드시 '천조(天朝)' 혹은

에는 아담한 정원이 펼쳐 있고, 그 뒤쪽으로는 주랑(柱廊) 현관이 둘러싸고 있다. 안뜰, 정원, 주랑 현관, 온돌방, 회랑(回廊)이 끝없이 이어지면서 마침내 환상적인 미궁에 빠지고 만다.

로웰은 조선에 이미 커피가 유행하고 있다고 기록했다. 1884년 1월 어느 추운 날, 로웰은 조선 고위관리의 초대를 받아 한강변 별장으로 유람을 가서 한강의 정취를 즐기며 커피를 마셨다.

우리는 다시 누대 위로 올라 당시 조선의 최신 유행품이었던 저녁식사 후에 드는 커피를 마셨다.

로웰은 조선 사절단의 미국 방문 기간과 조선에 체류하는 기간에 줄곧 홍영식과 행동을 같이 했으므로 홍영식의 개혁의지를 감지했다. 로웰은 조선의 정국에 관해 짤막하게 언급했다.

이 조그만 나라에도 두 개의 민족적 정파(national parties)가 있다는 것을 알 수 있다. 그러나 나로서는 어쨌든 이 두 정파 간에 중립을 유지하는 것이 최선책이라 생각했다. 극동에 나와 보니 각 나라에 주재하는 외국 공사들이 주재국의 정치에 관계하고 있다는 사실을 알게 되었다. 조선의 경우도 예외는 아니었다.

조선, 청, 일본 등 동아시아 3국은 모두 서양 열강의 영향을 강력히 받고 있었으므로 각국의 각 정파는 자국 주재 서양 외교관들과 긴밀히 연계하려 했다. 이들 나라에 주재하는 서양 외교관들은 자신의 의지에 관계없이 주재국 정치에 깊이 관여하게 됐다.

로웰은 1893년에 귀국할 때까지 일본에 체류했는데 그 경험을 바탕으로 《극동의 정신(Soul of Far East)》과 《일본의 신비(Occult Japan)》을 저술했다. 1894년부터는 미국 애리조나 주의 플래그스태프(Flagstaff)에 천문관측소를 세우고 화성을 집중적으로 연구했다. 로웰은 해왕성(Neptune) 바깥에 행성 X가 존재한다고 주장했는데, 그가 죽은 지 14년이 지난 1930년에 로웰 천문관측소가 명왕성(Pluto)을 발견했다.

'상국(上國)'이라는 글자로 존대해서 써야 한다. 보통 공문에 속하는 것도 규례에 따라야 하고 '중국(中國)', '동국(東國)' 등의 글자를 써서 정한 규례를 어기지 못한다. 봉천성의 변방 관리들은 '조선국(朝鮮國)' 혹은 '귀국(貴國)'이라는 글자를 써서 우대하는 뜻을 보인다. (고려 왕조는 스스로를 '동국(東國)'으로 지칭할 때가 많았고, 송나라를 '서국(西國)'으로 표기하기도 했다.)

조선에 주둔한 청군은 조선 민중을 상대로 자주 행패를 부렸는데, 1884년 1월 29일(음력 1월 2일) 밤에는 서울 광통교(廣通橋) 인근 약국 주인의 아들이 살해되는 사건이 일어났다. 늘 외상으로 약을 사가던 청군 사병이 인삼을 사고 대금을 치르지 않자 주인 최 씨와 아들이 인삼 값 지불을 요구했다. 이에 다툼이 일어났고, 청국 군인이 아들을 사살하고 주인 최 씨에게 중상을 입히고 달아났다.

조선 정부가 청군 측에 이를 조회하자 오장경은 범인을 수색하기는커녕 조선인이나 다른 나라 사람이 청국 군인으로 가장하고 저지른 행위라고 강변했다. 1월 31일 푸트 미국 공사는 오장경에게 병사를 잘 다루어 미국인과 미국 공사관 직원에게 실례됨이 없도록 하라는 내용의 조회문을 보냈다. 이는 우회적으로 청군의 만행에 대해 경고를 한 것이었다.

이노우에 가쿠고로는 〈한성순보〉 10호에 이 사건에 관한 기사를 실어 전국에 알렸는데 이 때문에 외교분쟁이 발생했다. 이노우에는 이 사건만 다루지 않고 청군의 전반적인 횡포를 비난했다. 오장경은 〈한성순보〉 10호의 배포를 금지하도록 압력을 가했다.

3월 초 이홍장은 〈한성순보〉의 기사를 비난하는 서신을 조선 조정에 보냈다. 〈한성순보〉는 관보이고 관보는 백성의 일상을 듣고 기록하는 것이 아닌데도 그 10호에 잘못된 기사를 실어 묵과할 수 없다는 내용이었다. 이에 조선 조정은 두려워했으나, 이노우에는 혼자서 책임을 지겠다면서 이홍장에게 해명했다. 이노우에는 결국 사직하고 5월에 조선을 떠났다(이노우에는 외무경 이노우에 가오루의 권유로 8월에 서울로 돌아왔다).

위기에 처한 조선

이노우에 가오루로부터 냉대를 받은 김옥균은 주일 미국 공사 빙엄을 만나 도움을 요청했다. 빙엄은 요코하마에 있는 미국 회사 '시계와 황동(Clock and Brass)사'의 대리인인 미국인 사업가 제임스 모스(James R. Morse)를 소개해주었다. 김옥균은 모스에게 300만 달러의 차관 교섭을 의뢰했다. 모스가 미국 은행에 신청하자 그 은행은 조선 주재 미국 공사의 보증을 요구했다. 이에 김옥균은 르장드르(Le Gendre)에게 푸트 공사의 보증을 얻어오도록 부탁하여 르장드르가 1883년 8월 1일 인천에 도착했다. 그러나 묄렌도르프와 일본의 방해로 실패했다. 모스는 영국 은행과 교섭하러 10월 12일 미국에서 영국으로 갔다.

김옥균은 이타가키와 더불어 자유당 창당의 주역인 고토 쇼지로를 10월에 만나 조선의 개혁에 대해 논의했다. 김옥균은 1차 일본 방문(1882년 1월~1882년 8월) 당시 후쿠자와의 소개로 고토를 알게 됐다. 고토는 호언장담했다.

고토 쇼지로: 이 고토가 수락한 이상 걱정할 것이 없습니다. 지금 100만 엔과 동지를 데리고 조선에 가서 잡배들을 일소하고 팔도의 백성들을 편안하게 하시도록 해드리겠습니다.

김옥균: 정말입니까?

고토 쇼지로: 그렇습니다. 무사는 두 말 하지 않습니다. 단지 조건이 하나 있습니다. 앞으로 조선의 개혁에 대해 모든 것을 저에게 위임한다는 국왕의 편지를 받고 싶습니다. 그렇지 않을 경우 여기저기서 방해가 있게 됩니다.

김옥균: 알았습니다. 반드시 받아오겠습니다. 그러나 지금은 친청파 세력이 우세하므로 국왕을 알현하는 것이 쉽지 않습니다. 시간을 주십시오.

그러나 고토는 자금도, 사람도 모으지 못했다. 11월 다케조에가 김옥균이 소지한 조선 국왕의 신임장은 위조된 것이라고 보고하여 김옥균의 차관 획득 운동은 수포로 돌아갔다. 김옥균은 일본 제일국립은행에서 10만 내지 20만 엔이라도 빌리려 했다. 후쿠자와의 주선으로 제일은행 창립자 시부사와 에이이치(澁澤榮一, 1840~1931)를 만났고, 차관 획득에 성공하는 듯했다. 그러나 외무경 이노우에가 허가하지 않아 결국은 실패했다. 김옥균은 후쿠자와 유키치를 만나 참담한 심정을 토로했다. 그 내용은 대략 다음과 같다.

> 자금이 없으면 무슨 일도 착수할 수 없음은 말할 나위도 없다. 이번에 빈손으로 귀국하게 되면 평소 나를 질시해 사지에 몰아넣으려는 민 씨 일파의 사대당은 반드시 비난과 중상을 가해 나를 어떤 궁지에 빠뜨릴지 알 길이 없다. 옥균의 일신은 어떻든 간에 이 결과로 우리 독립당 동지는 대타격을 받고, 개혁계획은 모두 좌절되며, 조선은 점차 중국의 속국이 될 것이다. 이제 우리 일파와 사대당은 도저히 양립할 수 없는 형세가 절박해온 것이니 불가피한 경우에는 최후의 결심을 하지 않으면 안 될지도 모른다.

1884년 1월 이재황은 프레이저를 뉴욕 주재 조선 총영사로 임명했다. 프레이저는 푸트 공사에게 자신이 무급 총영사에 임용될 수 있도록 주선해 달라고 요청했고, 이재황이 푸트의 건의를 받아들였다. 이로써 프레이저가 최초의 외국인 총영사가 됐다.

3월 아서 미국 대통령은 공개연설에서 대조선 정책을 다음과 같이 밝혔다.

코리아는 상하가 한 마음으로 우호를 유지하고 있어 우리 미국은 코리아를 개명시킬 것을 기약하며, 우리는 코리아를 가벼이 대하지 않을 것이다. 만약 외국이 코리아의 권리를 침해할 경우 우리 미국은 힘껏 보호하여 영원히 우호를 돈독히 할 것이다.

이는 청이 조선을 속방화하고 있는 것에 대한 미국 정부의 대응이었다.

3월 14일(음력 2월 17일) 이재황은 묄렌도르프에게 전환국을 실질적으로 운영하는 직위인 전환국 총판을 겸임하도록 했다. 4월 24일 묄렌도르프는 공조참판에 임명됐다. 묄렌도르프를 한자로는 목인덕(穆麟德)으로 썼으므로 조선의 고관들은 이후 묄렌도르프를 '목 참판'이라고 불렀다.

4월 26일 주청 영국 공사 파크스가 전년에 체결한 조약을 비준하러 조선 주재 특명전권공사를 겸직하여 다시 조선에 왔다. 파크스는 28일 외아문 독판 김병시와 비준서를 교환하고 5월 1일 조선 국왕을 알현하여 신임장을 봉정했다(파크스는 총영사 애스턴에게 조선에서의 모든 업무를 대행하도록 하고 5월 11일 북경으로 돌아갔다).

5월 2일 김옥균이 귀국했다. 김옥균은 곧 귀국할 민영익에게 큰 기대를 걸었다. 민 씨 척족 세력 가운데 드물게 민영익이 개화파에 동조하는 입장이었기 때문이다.

민영익 일행은 1884년 1월 12일 프랑스 마르세유에 도착하여 파리를 경유해 런던을 방문했고, 다시 파리로 돌아가서 1주일간 그곳의 문물을 관람했다. 이어 로마를 거쳐 카이로, 아텐, 실론, 인도, 싱가포르, 홍콩, 나가사키를 경유하여 5월 31일 제물포에 입항했다. 김옥균이 윤치호와 더불어 인천으로 마중나갔다.

서광범과 변수는 구미를 여행하면서 모든 문제에 대해 보고 들은 것을 열심히 필기했고, 각국의 정치, 경제, 역사, 지리에 관해 견문한 것을 기록한 것을 조선 사절단을 수행한 포크에게 주어 번역해달라고 요청하기도 했다. 그러나 민영익은 미국에서 유럽을 거쳐 귀국하는 긴 여정에서 유교 고전만 읽었다. 서광범은 제물포에서 서울로 오는 길에 포크에게 민영익이 수구파에 합류할 것이라고 예견하는 말을 했다. 포크는 1883년 11월 1일 미국 국무장관에 보낸 보고서에서 민영익을 "마음 약하고 변하기 쉬운 성격"의 인물이라고 평했다(조선에 온 포크는 곧 대위로 승진했다).

김옥균은 민영익의 변한 모습에 낙담했다. 김옥균은 민영익을 통해 민비에게 개혁의 계획을 전달해 실행하고자 했는데, 이로써 평화적으로 개화정책을 추진할 수 있다는 희망이 사라졌다. 개화파는 최후의 수단으로 정변을 생각하기 시작했다.

국가로서 조선이 누란의 위기에 놓인 것은 자명했다. 약육강식의 제국주의 논리가 판치는 국제정세에 비하면 조선의 국력은 너무나 보잘것없고 국내정세도 심각한 위기국면이었다. 개항 이후에는 '화적이 없는 날이 없고 없는 곳이 없다'고 표현될 정도로 화적의 약탈이 심해졌다. 1880년대에는 삼남 지방에서 화적이 활개 쳤는데, 지리산이 화적의 소굴이었다.

화적의 출신은 몰락한 농민, 도시빈민, 승려, 영세상인, 군인, 전직관리, 노비 등으로 다양했다. 19세기에는 농민층 분해가 가속화되어 유민(流民)이 대거 발생했는데 개항 이후에는 이러한 추세가 더욱 확대됐다. 지배층의 가혹한 수탈뿐만 아니라 1876~1877년의 대흉년을 비롯한 자연재해로 인해 농민은 생계기반을 잃고 농촌을 떠났다. 농민들은 고향을 떠나 다른 농촌지역, 산간지대, 도시로 흘러가기도 하고 노비로도 팔려갔다.

도시지역으로 흘러 들어간 유민들은 행상, 노점상 등으로 생계를 이었다. 그러나 국가기관이나 지방관청이 임의로 각종 무명잡세를 신설하여 징수함으로써 이들의 상업 활동이 타격을 입었다. 1882년경부터는 외국 상인이 들어오고 개항장을 중심으로 유통경제가 재편되면서 이런 변화에 적응하지 못한 상인들이 대거 몰락했다. 이와 같은 상황에서 상인과 수공업자 가운데 생업을 버리고 화적이 되는 자가 많았다.

1882년에는 임오군란에 참여했던 군인과 서울의 빈민층이 대거 도망하여 화적이 되는 바람에 화적이 급증했다. 1883년 이후에는 군현 단위의 민란도 이전보다 더 많이 발생했다. 화적은 주로 부호, 대상인, 관청 등을 습격하여 재물을 탈취했고, 중앙으로 이송되는 진상품도 중간에서 약탈했다.

정부는 화적의 횡행을 국가적 위기현상으로 인식하고 강경하게 대응했다. 붙잡힌 화적을 즉시 효수했고, 오가작통법을 시행했다. 그러나 화적을 발생시키는 사회적 모순을 제거하거나 그들의 생계수단을 창출하지 않는 가운데 강경 일변도로 진행된 대응이었기에 효과가 없었다. 오히려 포졸을 동원하고 오가작통법을 실시하는 과정에서 화적이 민간을 토색하여 주민의 반발을 샀으며 그 비용이 전가되어 농민의 부담만 늘어났다.

개화파는 내외 정세가 긴박한 가운데 개혁이 지지부진하자 초조해졌다.

6월 10일 주청 이탈리아 공사 루카(Ferdinando de Luca)가 수호통상조약을 체결하러 군함을 타고 인천에 도착했다.

21일에는 정언(正言: 사간원 소속의 언관(言官)으로 정6품의 관직) 이범진(李範晉, 1853~1911)이 주택 매도를 거부하다가 청 상인들에게 몰매를 맞고 상무공서(商務公署: 조선 주재 청 상무위원의 관공서)에 끌려가 진수당에게 문초를 당하고 공술도 강요당했다. 이범진은 본관이 전주로 이경하의 서자였다. 1879년 식년시에 병과로 급제했는데 이재황의 총애를 받았다. 형조정랑(刑曹正郞) 신학휴(申學休), 좌변포도청 종사관 한용철(韓用喆), 우변포도청 종사관 장우식(張禹植)이 일이 있어 마침 상무공서에 있었는데, 이들도 이범진과 더불어 심문을 받았다. 조선 조정은 23일 이들을 모두 파직했다.

이 사건은 조선이 얼마나 청에 예속됐는지를 잘 보여주는 일이었다. 청의 관원이나 민간인들이 조선을 식민지로, 조선인을 노예로 보고 있음이 이 사건으로 확연히 드러났다. 본래 유교문화권에서 관리는 일반 백성에게 하늘과 같은 존재였다. 유교의 사농공상 체제에서 상인이 관원을 구타한다는 것은 상상할 수도 없는 일이었다. 또한 법적으로 조선 주재 중국 총영사에 불과한 진수당이 조선의 중급 관원을 심문한다는 것은 있을 수 없는 일이었다. 조선의 자주독립을 꾀하는 개화파가 이 사건으로 얼마나 분노했는지는 능히 짐작할 수 있는 일이다.

사대적인 고위 관료들은 이 사건을 묵과하려고 했으나 김옥균과 윤치호가 강력히 주장하여 조선 국왕 이재황이 이홍장에게 항의서신을 보냈다. 이에 진수당이 사과함으로써 이 사건은 일단락됐다.

24일 베베르가 인천에 도착했는데, 김옥균이 마중 나가 그를 만났다. 26일에는 조선과 이탈리아 사이에 수호통상조약이 체결됐다.

27일 서울에 들어온 베베르는 묄렌도르프의 알선으로 조선 대표 김병시와 협상했다. 베베르와 김병시는 조약 내용에 완전히 합의를 보았고, 이에 따라 7월 6일 저녁 7시 외아문에서 이를 축하하는 연회가 열렸다. 이 연회가 파하고 외국 외교관들이 돌아가자 후영사(後營使: 후영의 대장) 윤태준이 국왕으로 하여금 이홍장에게 항의서신을 보내게 한 일로 김옥균을 비난했다. 윤태준은 임오군란 때 민비를 자신의 집에 숨기고 장호원으로 피신시킨 일로 출세했는데 골수 사대당이었다. 김옥균이 조리 있게 반박하자 윤태준은 궁지에 몰렸다.

윤태준: 상의를 격동하여 진호(陳胡: 진수당)에 대해 청조에 문서로 공박하여 북양대신을 욕보여 뒷날 주상의 걱정이 될 일을 일으키는 자는 곧 난신적자다. 또 끝까지 주선하여 목인덕 씨를 아문에서 물러나게 한 것은 아문의 이해를 돌보지 않은 것이다.

김옥균: 우리나라 신민이 되어 마땅히 힘써 우리 권리를 지키고 우리 왕실을 빛내야 할 것이다. 우리나라에서 글을 보내어 진 씨의 죄를 성토하여 이홍장으로 하여금 부끄러움을 깨닫게 한 것이 어찌 우리와 유관하다는 것인가. 만약 북양대신이 욕된다고 하여 우리나라의 권리를 손상시킨 것과 우리 군부(君父)의 체면 잃는 것을 돌보지 않으려 한다면 왜 이홍장 밑에 가서 그 신하가 되지 않는가?
지금 목 씨가 체직 당하자 허물을 나에게 돌리고 있으니 이 무슨 모진 말인가. 나에게는 목 씨를 진퇴시킬 힘이 없다. 그러나 나에게 힘이 있어 목 씨를 퇴관(退官)시켰다면 내가 감심(甘心)하는 바이다. 또 그대는 목 씨가 물러나는 것이 우리나라에 해가 된다고 하였는데, 목 씨가 재임하고 있을 때 어떤 좋은 일이 있었다는 것인가?

경제정책을 놓고 김옥균과 묄렌도르프는 대립했다. 묄렌도르프는 실질가치가 떨어지는 악화인 당오전의 주조와 유통을 강력히 주장했고, 그것으로 재정수입을 늘리려고 했다. 이에 비해 김옥균은 제도개혁으로 탈세를 방지하여 재정수입을 늘리자는 입장이었고, 차관 도입을 적극 주장했다. 당오전 주조차익이 친청 수구파의 정치자금으로 많이 전용됐으므로 김옥균은 지출이 보다 투명한 차관 도입을 선호했다. 차관 도입으로 서양, 일본과의 교류를 더욱 활성화시키려는 의도도 있었다.

묄렌도르프를 외아문 협판 직에서 해임한다는 결정이 내려진 것에 대해 친청 사대당은 그것은 김옥균이 주선한 것으로 보았다. 그러나 묄렌도르프는 자서전에서 진수당과의 관계, 일본과의 관계, 주일 영국 공사 파크스와의 관계 등으로 피곤함을 느껴 휴양을 갈망했으며 이에 따라 서울을 떠나게 됐다고 했다.

7월 7일(음력 윤5월 15일) 조선과 러시아가 수호통상조약에 조인했다. 이 조약은 러시아 군함이 조선의 모든 항구에 자유로이 입항할 수 있도록 규정하는 등 그 체제와 내용이 한영수호통상조약과 비슷했다. 치외법권과 관세에 관한 규정도 한영조약과 같았다.

8일 묄렌도르프의 해임이 발표됐고, 다음날 묄렌도르프는 러시아 군함 편으로 베베르와 더불어 조선을 떠났다. (이재황이 묄렌도르프를 외아문 협판 직에서 해임한 것은 그로 하여금 비밀리에 러시아와 접촉할 수 있도록 하기 위해서였다. 묄렌도르프의 자서전은 그의 말년에 작성된 미완성 상태의 원고를 정리한 것인데, 여기에도 외교비사는 애매하게 기록돼있다.)

7월 하순에 서재필을 비롯한 사관생도들이 일본에서 돌아왔다. 서재필은 진사 서광언(徐光彦)의 둘째 아들로 1864년 1월 7일 외가인 전라도 동복군(보성군)에서 태어났다. 6~7세 무렵 7촌 아저씨인 서광하(徐光夏)의 양자가 됐다. 양어머니가 안동 김 씨였는데, 그 남동생이 전라도 관찰사, 이조판서, 예조판서를 역임한 김성근(金聲根)이다. 서재필은 일곱 살 때 서울에 올라와 김성근의 집에서 학업을 시작했다.

서재필은 1879년(고종 16년) 전강(殿講)에서 장원을 했고, 1882년 과거에 급제하여 교서관(校書館)의 부정자(副正字)에 임명됐다. 김성근은 김옥균과 친척이었고 13촌 아저씨뻘인 서광범도 김옥균과 친했으므로 어린 서재필은 김옥균, 서광범 등 개화파 인사들과 자연스럽게 교유하게 되면서 개화파가 됐다. 그는 무예를 익히라는 김옥균의 권유로 1883년 5월 16명의 다른 청년들과 함께 일본으로 건너갔다. 이들은 처음 6개월간은 후쿠자와 유키치가 경영하는 경응의숙에 들어가 일본어를 익혔다. 11월에는 하사관 양성기관인 동경의 도야마(戶山) 육군학교에 입학해 근대적 군사훈련을 받았다.

서재필은 도야마 육군학교에서 교련을 받다가 일본인 교관을 일격에 때려 눕힌 일이 있었다. 이후 오만하던 교관이 조선 유학생 전체에 대해 공손한 태도를 보였다. 서재필은 훗날 이 사건을 회고하면서 다음과 같이 일본에 대한 적절한 대응방식을 말했다.

일본에는 수먹이 제일이오. 민족 간의 싸움이란 것은 마치 닭싸움과 같아서, 제가 약하다고 겁을 집어먹고 달아나기만 하는 닭이 있다면 강한 닭이 언제든지 그 더 작고 힘없는 닭에게 달려들어 못 견디게 구는 법이오. 한번 반격하여 이기고 나면 그제는 늘 그 상대를 누르고 지낼 수 있는 것이오. 우리는 싸움에 이기는 닭과 같이 일타, 이타, 삼타, 사타로 일본을 내려 눌러야 하오. 그렇게 누르며 자신을 가지고 살아가야 하오.

서재필은 귀국하여 이재황에게 사관학교 설립을 건의했으나 원세개와 민씨 일파의 반대로 이는 실현되지 못했다. 곧 이어 그는 조련국(操鍊局)의 사관장이 됐다.(8월 20일)

청으로 간 묄렌도르프는 8월 북경 주재 러시아 무관 슈네우르(Shneur) 중령과 접촉했다. 묄렌도르프는 서신에서 조선 조정은 러시아, 영국, 일본이 공동으로 보장하여 마치 벨기에의 경우처럼 독립을 유지하길 바란다고 전했다. 러시아가 이 역할을 하지 않는다면 조선은 영국의 보호령이 될지 모른다고도 했다. 슈네우르는 묄렌도르프에게 러시아 정부에 직접 제안하라고 권했다.

9월 묄렌도르프는 천진에 머물고 있는 러시아 태평양함대 사령관 크로운 (A. E. Kroun) 해군 소장을 찾아갔다. 영국이 조선에 보호령을 설치하려 하며 거문도를 점령하려 한다고 전했다. 크로운도 러시아 정부에 직접 제안하라고 권고했다(러시아 외무성은 묄렌도르프의 제안을 심의했지만 현상유지하기로 결론을 내렸다).

9월 20일 미국 북장로교회 소속의 알렌(Horace Newton Allen)이 의료선 교사로 제물포에 도착했다. 미국 북장로교회는 1810년 장로교 외국선교부를 창설하여 아시아 지역에 선교사를 파견하기 시작했다. 알렌은 1883년 청으로 파견됐는데, 중국에서의 선교사업에 환멸을 느끼고 북장로교 본부에 조선행을 자청했다. 푸트 공사는 알렌의 선교활동을 도우려고 그로 하여금 미국 공사관 의 무급 의사로 일하도록 했다.

청과 프랑스의 전쟁

청이 베트남에 대한 종주권을 주장하여 프랑스와 전쟁 중이었던 상황도 갑신 정변에 큰 영향을 주었다.

프랑스는 베트남의 가톨릭교 탄압을 구실로 1858년부터 무력으로 베트남 식민지화를 추진했다. 천진조약 체결로 청으로 보낸 해군을 이동시킬 수 있게 되자 나폴레옹 3세는 주누이(Rigault de Genouilly) 제독의 지휘 아래 군함 15척 과 해군 육전대 1천 명을 베트남 완(阮) 왕조의 수도 투언후에(Thuan Hue, 順 化)에 가까운 다낭(Da Nang) 항으로 보냈다. 스페인도 전년에 디아즈(Diaz) 주 교가 처형된 데 대한 보복으로 필리핀 주둔 스페인군 1천 명(스페인 보병 550 명과 필리핀 보병 450명)을 파견했다.

프랑스–스페인 연합군은 1858년 9월 1일 약간의 함포사격만으로 다낭 항을 점령했다. 그러나 이질, 콜레라 등으로 인한 병력손실이 커져 투언후에로 진격하기가 어려워지자 주누이는 다낭에 수백 명만 남기고 코친차이나(베트남 남부 지방)의 쟈딘 성(城), 즉 사이공을 공격했다. 프랑스-스페인 연합군은 1859년 2월 사이공을 함락하고 근거지로 삼았다.

마침 4월에 오스트리아-사르디니아 전쟁(Austro-Sardinian War, 2차 이탈리아 독립전쟁)이 일어나 프랑스가 사르디니아를 지원했다가 이탈리아에서 군대가 묶였으므로 프랑스는 베트남에 증원군을 보낼 형편이 못 됐다. 그리하여 주누이 제독의 후임으로 파주(Francois Page)를 임명하고 그에게 협상을 통해 영토가 아닌 가톨릭 포교의 자유만을 얻으라는 훈령을 내렸다. 이런 프랑스의 사정을 알게 된 베트남은 협상에서 지연책을 썼다. 오스트리아-사르디니아 전쟁이 7월에 끝났으나 천진조약 비준 문제로 2차 아편전쟁이 속개되자 파주 제독은 1860년 4월 청에 있는 프랑스군을 도우러 떠났다(다낭의 프랑스군은 3월에 철수했다). 사이공에는 수비대 800명(프랑스군 600명과 스페인군 200명)만 남았다. 그러자 베트남군 1만 명이 사이공 포위전을 시작했다.

1860년 10월 북경조약이 체결되어 여유가 생기자 프랑스 원정군의 해군 지휘관인 샤르네(Léonard Victor Charner, 1797~1869) 제독이 1861년 1월 육군 3500명과 군함 70척을 이끌고 사이공 인근에 상륙해 베트남으로 향했다. 프랑스군은 2월 25일 키호아(Ky Hoa) 전투의 승리로 사이공 포위를 풀었다. 1862년 6월 1차 사이공 조약으로 프랑스는 코친차이나의 3개 성(省)을 할양받고 다낭 등 3개 항을 개항시켰다. 1863년에는 캄보디아를 보호령으로 만들었고 1867년에는 코친차이나 6개 성 전역을 점령했다. 이후 프랑스와 협력하려는 베트남인이 급증했다. 그중에는 가톨릭 신자들이 많았다.

1873년 3월 프랑스 상인 뒤푸이(Jean Dupuis)가 무기를 배에 싣고 홍하(紅河)를 거슬러 운남성으로 향했다. 뒤푸이는 청의 한구(漢口)에 기반을 둔 무역상으로 운남성에 주둔한 청군에게 무기를 팔아 치부하고 있었다. 1866~

68년에 이루어진 프랑스 메콩강 탐험대의 탐사로 통킹(Tonking, 東京: 베트남 북부 홍하 삼각주를 중심으로 하는 지역, 하노이를 뜻하기도 한다)으로부터 홍하를 통해 운남성에 이르는 무역로가 유망하다는 것이 알려졌는데, 뒤푸이가 이를 시도한 것이다. 베트남 관리가 무기를 적재한 것을 알고는 저지했으나 뒤푸이는 이를 물리치고 운남성으로 들어갔고, 5월에 주석을 싣고 하노이로 돌아왔다.

뒤푸이는 소금을 싣고 두 번째로 홍하를 통해 운남으로 가려고 했는데, 이번에는 베트남 당국이 무력으로 막았다. 이에 뒤푸이는 하노이의 일부 지역을 점거하고는 코친차이나 총독 뒤프레(Jules-Marie Dupre) 제독에게 도움을 요청했다. 뒤프레는 상해에 있는 프랑스 해군장교 가르니에(Francis Garnier)를 불러 사건의 해결을 위임했다. 가르니에는 프랑스 메콩강 탐사대에 참가한 바 있었다.

11월 초 200명의 병력을 이끌고 하노이에 도착한 가르니에는 기습공격으로 11월 20일 하노이 성을 함락시키고 12월 12일까지는 통킹 삼각주 지역의 주요 도시를 모두 점령했다. 유영복(劉永福, 1837~1917)의 흑기군(黑旗軍)이 하노이를 위협하자 가르니에는 남딘(Nam Dinh, 南定)에서 돌아와 흑기군과 전투하다가 12월 21일 매복에 걸려 전사했다. 유영복은 광동의 객가 출신으로 태평천국 운동에 가담한 비밀결사 천지회 잔당의 지도자였다. 태평천국이 멸망하자 유영복은 그의 사병인 흑기군을 이끌고 베트남 국경지대로 남하하여, 운남성과 베트남의 국경지대 무역로를 장악했다.

가르니에가 죽은 뒤 코친차이나의 정무감찰관 필라스트르(Paul Philastre)는 1874년 1월 하노이에 도착해 베트남 정부와 협상을 시작했다. 1874년 3월 뒤프레와 베트남 대표 완문상(阮文祥)은 2차 사이공 조약을 체결했다. 이 조약의 내용은 프랑스의 코친차이나 지배를 인정하고, 외국으로부터 베트남이 독립되어 있음을(즉 청과의 종속관계를 부정) 전제한 다음 프랑스의 국익에 위반

되는 조약을 다른 나라와 체결하지 않는다는 것이었다. 1875년 5월 프랑스가 이 조약의 내용을 청의 총리아문에 통고하자 청은 베트남이 예로부터 중국의 속국임을 주장하며 승인을 거부했다. 그러나 이때 청은 마거리 사건으로 영국의 압박을 받고 있었으므로 적극적인 조치를 취할 수는 없었다.

프랑스는 2차 사이공 조약에 만족하지 않고 베트남 전역을 식민지로 삼으려 했다. 1879년 프랑스에서 강베타(Léon Gambetta)가 이끄는 온건 공화파가 집권했는데, 강베타는 "통킹에 프랑스의 미래가 있다"고 말할 정도로 베트남 식민지화에 열성인 인물이었다.

1880년 베트남이 청에 조공사절을 보내어 원조를 요청하자 청은 대응책을 모색했다. 청은 무력대응을 할 여력이 없었으므로 흑기군과 베트남 의병집단을 원조하여 프랑스군을 견제하려 했다.

1880년 1월 프랑스 주재 청 공사 증기택이 프랑스 외무장관을 방문해 베트남 문제를 거론했다(증기택은 당시 영국·프랑스·러시아 주재 대신이었다). 11월 프랑스 정부는 주청 프랑스 공사 부레(Frédéric. A. Bourée)를 통해 베트남에 대한 중국의 종주권 주장을 승인할 수 없다고 천명했다. 또한 1881년 1월 프랑스 외무부는 러시아 주재 공사를 통해 증기택에게 베트남은 프랑스의 보호국이며 베트남 북부지역 문제는 중국과 무관하다고 주장했다(이때 증기택은 리바디아 조약 개정 문제로 러시아에 머물고 있었다). 6월 베트남 사신이 북경에 도착해 청의 원조를 요청했다. 청은 9월 증기택을 통해 프랑스 외무부에 조회문을 보냈다. 그 내용은 1874년의 2차 사이공 조약을 인정할 수 없으며, 프랑스가 통킹 지역에서 군사행동을 벌여 중국과 충돌하는 일이 없기를 바란다는 것이었다.

1881년 말 프랑스인 2명이 광산 탐사를 위해 홍하를 거슬러 운남으로 가려고 했는데 중간에서 베트남 관리가 저지했다. 이 소식을 들은 코친차이나 총독은 사이공 조약에 위배된다고 베트남의 완 왕조에 항의하고 사이공 주둔 프랑스군 사령관 앙리 리비에르(Henri Rivière)에게 600명의 군사를 주어 통킹으로 보냈다. 1882년 4월 리비에르는 불과 600명의 군사로 하노이를 점령했다. 리비에르는 베트남 보호국화, 하노이 할양 등 4개 항을 베트남에 제안했으나 베트남 황제 사덕제(嗣德帝)는 이를 거부하고 청에 사신을 보내 원군을 요청했다. 이에 청은 9월 운남과 광서에 주둔하는 청군을 베트남 영내로 진입시켜 홍하 이북의 베트남 국경에 인접한 주요 도시 랑선(Lam Son), 박닌(Bac Ninh) 등에 진주시키고 광동함대 소속 군함 20척을 통킹 만으로 이동시켰다.

청은 임오군란으로 조선에도 파병했으므로 무력이 아닌 협상으로 문제를 해결하려 했다. 프랑스의 뒤클레르크(C. T. E. Duclerc) 내각도 온건책을 채택하여 주청 프랑스 공사 부레로 하여금 이홍장과 협상하도록 했다. 11월부터 협상이 벌어져 12월 말 홍하를 경계로 통킹을 두 나라의 세력범위로 분할한다는 합의가 이루어졌다(협상 과정에서 베트남은 철저히 배제됐다). 그런데 프랑스에서 1883년 2월 제국주의 팽창을 주장하는 쥘 페리(Jules F. Ferry)가 수상이 됐다.

부레와 이홍장의 합의를 혐오한 리비에르는 3월 27일 하노이와 동부해안 사이의 통신로를 확보하기 위해 병력 520명을 직접 이끌고 하노이 동쪽의 남딘 요새를 점령했다. 리비에르가 부재한 동안에 베트남군과 흑기군이 하노이 공격을 시도했으나 하노이의 프랑스 요새를 지키던 대대장 빌레르(Berthe de Villers)가 2개 중대를 이끌고 3월 27일과 28일에 걸쳐 베트남군을 기습하여 대승을 거두었다. 6천 명의 베트남군 가운데가 사상자가 1천 명이나 나왔다. 프랑스군의 피해는 부상자 4명뿐이었다. 베트남군 사령관 황계염(黃繼炎)과 흑기군 지도자 유영복의 불화가 이 패전의 큰 요인이었다. 하노이 서쪽 방면으로 공격하기로 예정됐던 유영복은 소수의 부대만 보내어 프랑스 요새를 공격하다가 쉽게 격퇴됐다.

이런 프랑스의 승전 소식에 페리 수상은 부레를 소환하고 합의를 파기했으며, 통킹으로 증원군을 파병하기로 결정했다. 한편 베트남에 파견된 청의 이

부주사(吏部主事) 당경숭(唐景崧, 1841~1903)은 4월 황계염과 유영복을 화해시키고 흑기군이 프랑스군을 공격하도록 설득했다.

1883년 5월 10일 유영복은 리비에르에게 탁 트인 벌판에서 승부를 겨루자는 내용의 플래카드를 내걸었다. 프랑스의 위신이 걸렸다고 본 리비에르는 19일 새벽 병력 450명과 야포 3문을 이끌고 하노이 서쪽 3마일 떨어진 곳에 진을 친 흑기군을 공격하기 위해 출정했다. 대나무 숲이 무성한 파피에 다리(Pont de Papier) 인근에 매복한 흑기군 1500명의 기습에 프랑스군은 포위됐다. 프랑스군은 악전고투 끝에 포위망을 뚫고 하노이로 돌아올 수 있었으나 리비에르와 빌레는 전사했다. 이 전투에서 프랑스군의 피해는 전사자 35명, 부상자 51명이었다. 흑기군은 2명의 대대장을 포함하여 전사 50여 명, 부상자 56명이었다.

리비에르가 전사했다는 소식이 5월 26일 전해지자 프랑스 해군장관 페이롱(Peyron) 제독은 "프랑스는 그의 영광스런 자식들을 위해 보복할 것"이라고 선언했다. 프랑스 정부는 프랑수아 쥘 아르망(François Jules Harmand)을 정무판무관(政務辦務官)으로, 부에(Alexandre Bouet) 준장을 육군사령관으로, 쿠르베(Anatole−Amédée−Prosper Courbet) 제독을 해군사령관으로 각각 임명하여 대규모 파병을 단행했다(프랑스 의회는 전비 550만 프랑의 집행을 가결했다).

6월 초 통킹에 도착한 부에는 고립된 프랑스 요새들을 정비했다. 남딘을 방어하고 있던 프랑스 대대장 바당(Pierre de Badens)은 7월 19일 포위하고 있던 황계염의 베트남군을 격퇴했다. 7월 쿠르베 제독이 지휘하는 프랑스 함대가 알롱(Along) 만에 도착했고, 이로써 프랑스군은 통킹에서 공세를 취할 수 있을 만큼 전력이 우세해졌다. 7월 30일 부에, 쿠르베, 아르망 3인이 하이퐁에서 만나 논의한 끝에 푸호아이(Phu Hoai)에 주둔한 흑기군을 공격하고 베트남 수도 투언후에의 수비망을 공격하고 보호령을 받아들이라는 최후통첩을 보내기로 결정했다. 페리 내각은 청의 반발을 우려해 공격 재가를 망설였으나 주청 프랑스 공사 트리쿠(Arthur Tricou)가 중국은 프랑스의 '남자다운 행동' 에 순종할 것이라며 설득했다.

8월 15일 부에는 폭우가 쏟아지는 가운데 병력 2500명을 3대로 나누어 푸오아이의 흑기군 3천 명을 공격했다. 흑기군이 완강히 저항하는데다가 탄약도 떨어져 프랑스군은 파피에 다리로 퇴각했다. 흑기군은 진지에서 개활지로 나와 프랑스군을 추격했으나 봉(Vong) 마을에 포진한 슈발리에(Chevallier)의 해병대대가 일제사격을 가해 큰 피해를 입었다. 이날 밤 폭우로 홍하의 방죽이 무너져 하노이와 푸호아이 사이의 평원을 휩쓸어 더 이상의 전투가 불가능했다. 푸호아이 전투에서 프랑스군의 피해는 전사자 17명, 부상자 62명이었다. 흑기군의 피해가 전사자 300여 명, 부상자 800여 명으로 월등히 컸으나, 프랑스군이 명확히 승리를 거둔 것도 아니었다.

8월 18일 프랑스 함대는 베트남의 수도 투언후에를 관통하는 향강(香江) 입구의 투언안(Thuan An, 順安) 요새를 1시간 조금 넘게 포격했다. 투언안 요새도 구식 대포를 발사했으나 사정거리가 짧아 프랑스 함대에 포탄이 이르지도 못했다. 19일 새벽 쿠르베 제독은 프랑스 함대에 재차 포격 명령을 내렸다. 20일 새벽 프랑스군 1천 명이 해안에 상륙하기 시작했다. 프랑스군은 투언안 북쪽 요새를 점령하여 오전 9시가 조금 넘은 시각에 프랑스 깃발을 올렸다. 그러나 투언안 남쪽 요새와 프랑스 함대의 포격전은 해가 질 때까지 계속됐다. 21일 아침 요새 건너편 해안에 프랑스군이 상륙하여 요새에 접근했으나 베트남군이 밤새 철수하여 텅 비어 있었다. 3일 간의 전투에서 베트남군 사상자 수는 약 2500명에 이르렀다. 이에 비해 프랑스군은 전사자 없이 10여 명의 부상자만 나왔다.

베트남의 완 왕조는 협상사절을 보내 아르망과 협상했다. 이에 따라 8월 25일 이른바 아르망 조약(후에 조약이라고도 함)이 체결됐다. 이 조약은 주요 내용은 다음과 같다.

(1) 프랑스가 통킹과 안남(安南: 베트남 중부지방)에 대한 보호권을 갖고 중
    국을 포함한 모든 외국과의 관계도 관장한다.
(2) 수도 투언후에에 프랑스 통감(Resident General)이 상주한다.
(3) 통킹에 접한 해안의 성(省) 하나를 프랑스에 할양한다.
(4) 프랑스군이 홍하 유역을 무기한 점령하고 베트남군은 통킹에서 철수한다.
(5) 구완다이 등 3개 항구를 개방한다.
(6) 프랑스군이 흑기군을 토벌한다.

이 조약에 따라 프랑스군은 흑기군 토벌에 나섰다. 8월 31일 프랑스군 1800명이 퐁(Phong)과 팔란(Palan) 마을에 포진한 흑기군을 공격했다. 포함의 포격에 팔란 마을을 방어하던 흑기군은 도주했고, 프랑스군은 손쉽게 팔란을 점령했다. 9월 1일 새벽 프랑스군은 퐁 마을을 향해 나아갔다. 퐁은 하노이에서 서쪽으로 35km 떨어진 요새도시 손타이(Son Tay)로 가는 길목의 요지였다. 퐁 마을에 주둔한 흑기군 1200명은 베트남군 3천 명의 지원을 얻었다(이들은 후에 조약을 인정하지 않았다). 윈체스터 소총으로 무장한 흑기군은 완강히 버텼으나 격전 끝에 프랑스군이 퐁 마을을 점령했다. 부에는 전술적 승리를 거두었으나 흑기군을 섬멸하지 못해 프랑스 본국에서 비난을 받고 곧 사임했다.

프랑스 정부는 흑기군을 섬멸하기 위한 공세를 준비하면서 협상으로 유영복에 대한 청의 지원을 중지시키려고 했다. 7월 상해에서 이홍장과 트리쿠가 협상에 나섰으나 가을에 증기택이 프랑스는 중국과 전면전을 벌일 담력을 갖고 있지 않다는 평가보고서를 총리아문에 보냈다. 의화(議和) 타결을 주장하는 이홍장의 주장은 채택되지 않고 대외 강경론이 득세해 청 조정은 후에 조약이 무효라고 선언했다. 좌부도어사(左副都御使) 장패륜, 공과급사중 진종간(秦鍾簡)이 대표적인 주전론자였고, 이들은 흑기군 지원보다는 청군 동원을 적극 주장했다. 청 조정은 병부상서 팽옥린(彭玉麟)을 광동에 파견하고 그에게

양광총독 장수성과 함께 베트남 북부를 고수하면서 프랑스군이 공격할 경우 적극 대응하라고 지시했다. 이어 공개적으로 흑기군 지원에 들어갔다. 프랑스와 청 사이에 전쟁이 발발할 가능성이 고조되자 1883년 가을 광동성에서 반외세 시위가 일어나 광주의 유럽 상인들에게 재산피해를 입히기도 했다. 이에 프랑스 등 유럽 국가들은 교민 보호를 위해 광주에 군함을 보냈다.

1883년 12월 프랑스 의회는 추가로 전비 2천만 프랑의 지출을 의결했다. 청과 프랑스는 베트남 북부에서 무력충돌을 일으켰다. 12월 14일 쿠르베 제독이 5천 명의 병력으로 요새도시 손타이를 공격했다. 베트남군과 청군도 있었지만 흑기군이 손타이 방어의 주축이었다. 치열한 전투 끝에 프랑스 군은 16일 손타이를 점령했다. 흑기군과 운남군은 홍호아로, 광서군은 박닌으로 철수했다.

프랑스와 아프리카 식민지로부터 증원군이 도착하여 1884년 2월 프랑스 통킹 원정군은 1만 명이 넘게 됐다. 3월 12일 프랑스 원정군의 선공으로 박닌 전투가 벌어져 2만 명의 청군과 3천 명의 흑기군이 참패했다. 서태후는 패전에 대한 책임을 물어 4월 8일 화의를 주장했던 공친왕의 권한을 박탈하고 군기대신과 총리아문대신 다수를 교체했다. 이로서 서태후는 공친왕 세력을 일소했다.

4월 12일 프랑스군이 손쉽게 홍호아를 점령했다. 전세가 불리해지자 청은 4월 말 프랑스의 요구대로 강경론자 증기택을 프랑스 주재 대신 직에서 해임하고 협상에 응했다(증기택은 영국·러시아 주재 대신 직은 유지했다). 5월 11일 천진에서 청 대표 이홍장과 프랑스 대표 푸르니에(François Fournier)가 5개조로 이루어진 간단한 강화조약을 맺었다. 그 내용은 청이 아르망 조약을 승인하고 철병을 약속하는 것이었다.

한편 프랑스와의 전쟁이 불리하게 되자 청은 프랑스 함대의 북상을 우려했다. 이에 대비하기 위해 조선에 주둔하던 병력 중 절반인 1500명에게 철수령을 내렸다. 이에 따라 전영(前營), 중영(中營), 정영(政營) 등 3영의 청군 1500명이 5월 27일 오장경의 인솔 아래 철수를 시작해 6월 4일 봉천에 도착했다. 총령(總領) 오조유(吳兆有)가 남아 잔류한 청군을 통솔했다.

청군이 철수하는 과정에서 분규가 일어나 청과 프랑스가 공식적으로 전쟁을 치르게 됐다. 6월 23일 아직 철수 명령을 받지 못한 청군이 남산(藍山) 지방을 접수하러 오는 프랑스군을 박레(Bac Le, 北黎)에서 매복공격하여 피해를 입혔다. 프랑스는 공식 사과와 거액의 배상금을 요구했다. 청은 협상에는 응했으나 사과와 배상금 지불을 거절했다. 이에 프랑스는 일본과 동맹을 맺을 수 있을 가능성을 타진했다.

협상이 진행되는 가운데 8월 5일 프랑스 극동함대의 일부가 대만 북단에 위치한 기륭(基隆) 포대를 공격하여 파괴하고 상륙해 기륭과 인근 탄광을 점령하려 했다. 통킹에서 청군 철수를 요구하기 위한 협상용 작전이었다. 그러나 6월 흠차독판대만군무(欽差督辦臺灣軍務)로 임명되어 부임한 유명전(劉銘傳)이 다음날 반격하여 철수해야 했다. 8월 22일 협상이 결렬되자 프랑스 정부는 쿠르베 제독에게 복건함대 공격을 명령했다. 23일 쿠르베 제독이 지휘하는 프랑스 극동함대는 복건성 마강(馬江)에 정박하고 있던 복건함대를 공격하여 11척 가운데 9척을 격침했다.

8월 26일 서태후는 광서제의 이름으로 국내에 선전상유(宣戰上諭)를 내렸다. 국제법상 이것은 선전포고는 아니었다. 청의 최고위층은 확전을 원하지 않았으나 주전론이 들끓었으므로 선전상유를 내린 것이다. 프랑스 역시 전쟁이 국제적인 문제로 비화하는 것을 원하지 않아 공식적으로 선전포고하지 않았다. 서태후의 명령으로 당경숭이 자신이 조직한 운남군을 이끌고 홍하를 넘어 진군했다. 10월 1일에는 프랑스 해군육전대 1800명이 대만의 기륭에 상륙했다.

〈한성순보〉는 7월 22일 간행된 28호에서 청불전쟁 소식을 전했고, 이후 구체적인 전황이 조선에 알려졌다. 미국 공사 푸트도 청불전쟁 소식을 윤치호에게 알려주었고, 개화파인 윤치호는 김옥균 등에게 이를 전해주었다. 김옥균 등은 이 소식에 고무됐다.

고토 쇼지로는 청불전쟁이 격화되자 프랑스로부터 거사자금을 얻으려 했다. 고토는 불어에 능숙한 자유당 간사 고바야시 구스오(小林樟雄)와 함께 주일 프랑스 공사 시엥키에비치(J. A. Sienkiewicz)를 찾아갔다. 고토가 "조선에서 일이 발생하면 청은 배후에 새로운 문제를 안게 되므로 그만큼 프랑스가 유리해질 것"이라고 말하자 시엥키에비치는 자유당 당수 이타가키가 관계하고 있는지를 물었다. 고토가 거짓으로 "이타가키의 발상"이라고 하자 시엥키에비치는 아타가키를 데려오라고 했다.

1884년 9월 9일 이타가키가 고토와 고바야시를 데리고 프랑스 공사관을 방문했다. 이타가키는 다음과 같이 말했다.

우리는 프랑스가 일본인의 모범이 되어야 한다고 생각한다. 극동에서 프랑스의 영향력이 더 커지기를 바란다. 현재 일본은 중국을 두려워하고, 중국을 격파할 수 없으며, 조선 문제를 중국에 넘긴 것처럼 보일 수도 있다. 그러나 일본은 조선에서 지배권을 강화하기를 바라고, 프랑스는 월남에서 한 행동을 조선에서도 하기를 바란다. 그러나 조선이 유럽 국가와 체결한 조약이 오히려 방해가 되고 있다. 조선 문제에 정통한 고토가 이를 설명할 것이다.

이어 고토가 말했다.

우리의 계획은 조선의 독립을 회복시키는 데 있으며, 우리는 극비로 이곳에 왔으므로 일본 정부는 전혀 우리의 행동을 모른다. 다케조에는 중국의 주장에 대해 아무런 반대도 하지 못하고 있어 우리는 일본 정부나 다케조에를 믿을 수 없다. 임오군란의 사후처리로 일본에 온 김옥균과 박영효는 조선을 독립국으로 만들고 중국인을 쫓아내기 위해 어떤 방침을 취해야 하는지, 또 어디에 상담해야 하는지를 나에게 물었다. 그들은 이제 영국을 비롯해 열강과 조약을 담판하고 있어서 사태는 한층 용이하게 되었노라고 말했다. 2년 전 국왕도 이 계획에 찬성해서 영국과 미국과의 조약이 체결됐다고 한다. 이에 나는 무엇보다 군대 양성이 필요하다는 점을 조선인들에게 역설했다.

시엥키에비치는 만일 중국이 이런 개혁 계획을 알게 되면 대원군을 석방하여 조선 궁내에서 또 다시 혁명을 일으키게 할 것이 아닌가 하고 질문했다. 고토는 조선이 이제는 열강과 조약을 체결했으므로 그것은 불가능하다고 답변했다.

고토는 프랑스가 자신들이 요청한 것에 동의하면 조선은 프랑스의 수중에 들어갈 것이며, 조선이 현재 필요로 하는 것은 100만 엔(500만 프랑)을 차관으로 받는 것이라고 말했다. 이에 시엥기에비지는 소선이 제공할 수 있는 보증이 무엇이냐고 질문했다. 고토는 조선의 광산이 보증이 될 터이니 채광권을 프랑스에 줄 것이라고 대답했다.

고토의 움직임을 포착한 참의 이토 히로부미가 고토를 방문했다. 자신을 조선에 공사로 보내줄 수 있다는 이토의 말에 넘어간 고토는 자신이 김옥균과 밀약을 맺었고 사람과 자금을 준비했다고 발설했다. 외무경 이노우에는 이토로부터 고토의 행각을 전해 듣고 크게 놀랐다. 이토와 이노우에는 같은 조슈번 출신으로 절친했고 명치유신의 원훈(元勳)이었다. 이토와 이노우에는 논의한 끝에 고토의 계획을 정부 차원에서 추진하기로 하여 이제까지의 '국외중립' 방침을 바꾸었다.

10월 14일(음력 8월 26일) 조선 국왕은 4개 친군영 지휘관의 명칭을 감독(監督)에서 친군영사(親軍營使)로 바꾸었다.

전교하기를,

"친군영(親軍營)의 여러 군영은 바로 숙위(宿衛)하는 임무를 맡고 있으므로 각별히 소중하다. 감독(監督)이라는 이름은 한때의 임시변통에 불과한 것이다. 이제 군용(軍容)이 조금 완성되었고 군영 제도도 거의 정해졌으니 칭호를 친군영사(親軍營使)로 고치고 이전에 장임(將任)을 지낸 사람을 차임하고, 군영의 문건은 한결같이 어영사(御營使)를 어영대장이라고 부른 예대로 하며, 차고 있는 부신(符信)과 호부(虎符)와 전령패(傳令牌)를 만들어주는 것을 정식으로 삼으라.

전영감독(前營監督) 한규직을 전영사(前營使)로, 좌영감독(左營監督) 이조연을 좌영사(左營使)로, 금위대장 민영익을 우영사(右營使)로, 우영감독(右營監督) 윤태준을 후영사(後營使)로 삼으라."

하였다.

《고종실록》 21년 8월 26일

10월 17일에는 유명무실한 용호영, 금위영, 어영청, 총융청을 해체하여 그 병력을 친군 4영에 분산해 배속시켰다. 이로써 조선의 중앙군제는 친군 4영으로 일원화됐다. 그러나 친군 4영은 전투력이 미약해 믿고 의지할 수 없는 군대였다.

갑신정변

정변을 일으키기로 결의한 개화파는 독자적인 정변을 계획했으나 의외의 일이 벌어졌다. 10월 20일 일본을 떠나 30일 서울로 돌아온 일본 공사 다케조에 신이치로가 이전의 소극적이던 태도에서 돌변하여 과격한 발언을 하기 시작했다. 그가 서울에 온 당일 외아문 독판 김홍집과 협판 김윤식이 다케조에를 예방했는데, 이때 그는 두 사람에게 세계의 정세와 청과 프랑스의 관계를 길게 설명했다. 김홍집을 보고는 외아문 안에 청의 노예가 여럿 있다고 했고, 김윤식에게는 당신은 한문에 능하고 청에 의지할 뜻이 깊으니 청의 관리가 되는 것이 어떻겠느냐고 모욕했다.

11월 1일(음력 9월 14일) 박영효가 다케조에를 방문했다. 다케조에는 중국은 장차 망할 것이니 개혁에 뜻을 둔 사람들은 이 기회를 놓치지 말라고 했다. 2일 오전 다케조에는 조선 국왕을 알현했다. 다케조에는 우선 일본 외무경 이노우에가 선물하는 16정의 일본산 무라타(村田) 소총을 헌상하는 예를 올렸다.

편전(便殿)에 나아가 일본 공사 다케조에 신이치로와 육해군 사관을 접견하였다. 다케조에 신이치로가 아뢰기를,

"떠나올 때에 우리 황제가 유시하기를 '조선국 대군주가 세계정세를 살펴보고 제도를 개혁하고 징지와 교화를 일신시키며 밤낮없이 정력을 기울여서 개명한 정치를 하고 있다. 이제 임오년 강화조약 제4조에 지적된 보상금 50만 원 가운데서 40만 원을 되돌려주어 개명한 정치를 실시하는 데 보태 쓰게 하라' 고 하였습니다."

무라타 소총

근대 일본 최초의 자국산 제식 소총. 개항 후 일본에는 프랑스, 프로이센, 영국, 미국 등 서양 열강의 소총이 난립했다. 명치유신 후 일본에서는 이런 상태를 정리하고 국산 제식 소총을 개발할 필요성이 커졌다.

1875년 사쓰마 번 출신의 화기 전문가 무라타 쓰네요시(村田經芳) 일행이 프랑스, 독일, 스웨덴을 순방하여 소총 개발에 필요한 기술과 사격술을 공부했다. 무라타는 소총 약 300정을 갖고 와 분해하며 연구했다. 서남전쟁에 저격수로 참여했던 무라타는 부상으로 입원했는데 재정이 나빠진 상황에서 1880년(명치 13년) 프랑스의 그라(Gras) 소총을 개량한 13년식 무라타 소총을 개발했다. 무라타 13년식 소총은 볼트액션식 단발 소총으로, 가장 중요한 부품인 총신은 벨기에로부터 수입했으나 그 외 부품은 모두 일본제였다. 13년식 무라타 소총은 1880년부터 1886년까지 약 10만 정을 생산했다. 무라타는 1885년 완전 국산화된 18년식 무라타 소총을 개발했다.

하니 상이 이르기를,

"호의가 지극하므로 감사하기 그지없다. 경은 이런 내용으로 전달하라."

하였다.

또 일본 외무경이 보내는 무라타 총을 대군주와 왕세자에게 각각 1자루씩 바치면서 아뢰기를,

"새로운 정사를 찬양하여 우리의 성의를 표시합니다."

하니 상이 이르기를,

"지난날 그 이름만 들었는데 오늘 실물을 보게 되었다. 응당 보물로 삼겠다."

하였다.

《고종실록》 21년 9월 15일

이어 다케조에는 좌우를 물리친 가운데 국왕께 비밀히 드릴 말씀이 있다고 했다. 이재황은 김옥균만 남고 다른 사람들은 물러가도록 했다. 김옥균은 사대당에게 의심을 받지 않으려고 좌영사 이조연을 남게 하고 물러나왔다.

다케조에는 대원군이 청국 군사를 이끌고 온다는 소문은 낭설이라고 말해 이재황을 안심시켰다. 이 소문 때문에 이재황은 일본 공사관을 호위하는 이소바야시 신조(磯林眞三) 대위에게 사람을 보내어 보호를 요청하기까지 한 바 있었다.

다케조에는 일본은 결코 타국의 군사가 조선 군주에 대항하는 것을 용납하지 않을 것이라고 말했다. 만일 변고가 일어나면 조선 국왕은 일본 공사관 또는 일본으로 피신할 수 있다고 하면서 나폴레옹 3세가 영국으로 망명한 사실을 인용했다. 이어 다케조에는 세계정세와 청불전쟁을 설명하면서 조선은 국외중립을 지키라고 권고했다.

11월 3일 천장절(天長節: 일본 국왕의 생일)을 기념하여 교동(校洞)의 일본 공사관에서 축하연이 열렸다. 초대받은 이들은 각국 공사와 영사, 김옥균,

박영효, 홍영식, 서광범, 한규직, 김홍집이었다.

축사가 있었는데 일본 공사관 측에서 진수당을 가리켜 "뼈 없는 해삼"이라고 빈정거리기까지 했다. 통역이 이를 조선어로 옮겼으나 진수당은 알아듣지 못하고 묄렌도르프에게 뜻을 물었다. 묄렌도르프는 이 비유를 이해하지 못했으나 한국어에 능숙한 영국 총영사 애스턴은 이해했다. 그러나 애스턴은 불화를 우려해 자기도 모른다고 말했다.

다케조에는 김옥균에게 자신의 이전 행위에 대해 해명했다.

내가 지난해에 옆 사람의 아첨하는 말을 듣고 당신을 믿을 수 없다 하여 당신의 단점을 외무경 이노우에와 대장경 마쓰카타 및 다른 참의들에게 여러 차례 말하였습니다. 당신이 작년에 우리나라에 와서 부한히 곤란을 당한 것을 내가 다 압니다만, 지금 후회해도 소용이 없습니다. 그러나 당신도 또한 나라를 위했을 뿐이니 마음에 두지 않을 줄로 압니다.

이날 윤치호는 유홍기를 방문하여 시사를 논의했다. 두 사람은 개화당은 근신하며 때를 기다려야 한다고 보았다.

11월 4일 다케조에가 외아문을 방문하여 세계정세를 논했는데 청은 재정이 궁핍하고 군대는 규율이 없으며 정부는 아무런 정략도 없다고 말했다. 이때부터 청과 일본이 전쟁한다는 소문이 널리 퍼졌다.

이날 저녁 김옥균은 일본 공사관 서기관 시마무라 히사시(島村久)를 박영효의 집에 초대해 만났다. 서광범과 홍영식도 동석했다. 김옥균이 개혁을 하기 위해 개화당이 거사를 단행할 것이라고 말했다. 시마무라는 놀라지도 않고, 오히려 구체적인 방법을 물었다. 김옥균은 세 가지 방책을 말했다.

5일 오후 김옥균은 영국 총영사 애스턴과 미국 공사 푸트를 방문했다. 애스턴과의 만남에서 김옥균은 다케조에의 거동이 이전과 다른 것을 보니 일본이 청과 전쟁의 실마리를 만들려는 것 아니냐고 질문했다.

> **김옥균:** 전날 일본 공사관 연회 때의 거동을 공(公)은 어떻게 생각합니까?
>
> **애스턴:** 뼈 없는 해삼을 먹고자 하는 걸까요?
>
> **김옥균:** 다케조에의 행동을 보니 전일과는 매우 다릅니다. 이로 미루어 보건대 일본은 장차 청나라와 전쟁의 실마리를 만들자는 것이 아닙니까?
>
> **애스턴:** 그렇지 않을 겁니다. 지금 일본의 육해군이 청나라보다 강한 듯하나 재정이 매우 곤란하고, 또 청나라와 일을 벌여봐도 일본에 도움이 되지 않을 것입니다. 내가 생각하기에 다케조에가 조선 사람에게 강함을 보이려 한 듯합니다.

김옥균은 이어 푸트 공사를 찾아갔다. (김옥균과 푸트의 대담에서는 민주호가 통역이었을 가능성이 크다. 당시 통역이 가능할 정도로 영어를 익힌 이는 윤치호와 민주호 두 사람뿐이었다. 민주호는 상해에서 1년 가까이 영어를 익히고 1884년 9월 귀국했다.) 김옥균이 조선의 어려움과 시세의 곤란함을 얘기하니 푸트는 전적으로 동의했다. 푸트는 일본군과 청군의 철수가 조선을 위해서 가장 급한 일이라고 말했다.

11월 7일 김옥균은 서울의 바둑 고수 2인을 데리고 일본 공사관을 방문했다. 일본 공사관원과 바둑을 둔다는 구실을 댔지만 실은 다케조에의 진의를 파악하려고 찾은 것이었다. 김옥균은 일본군을 이용하기로 작정했다.

이날 수구파의 거두인 우영사 민영익은 푸트 공사를 찾아가 청과 일본이 전쟁을 벌일 가능성에 대해 물었다. 푸트는 조선 땅에서 전쟁이 나지는 않을 것이라고 대답했는데, 민영익은 유사시 미국인들이 왕궁을 보호해줄 것을 요청했다.

민영익은 통역을 마친 윤치호에게 "가까운 시일에 독립할 수 있는 기회가 있겠는가?"라고 물었다. 윤치호는 다음과 같이 대답했다.

공은 어찌 이와 같은 질문을 합니까? 미국, 영국 등 여러 나라와 조약을 맺은 날부터 우리나라는 독립국이 된 것입니다. 세상에 어찌 속국과 평등한 조약을 맺을 이치가 있겠습니까? 지금 우리나라는 독립 여부를 따질 필요가 없고, 다만 나라를 강하게 하는 것에 주의함이 옳을 것입니다.

윤치호는 이날 쓴 일기에서 민영익을 다음과 같이 평했다.

아아, 운미(芸楣, 민영익)가 이와 같이 묻는 그 뜻을 가히 알 수 있다. 그것은 개화당이 새로운 것을 일으키고 옛것을 고쳐 항구한 독립을 도모하는 데 뜻을 두고 있으나, 운미가 이를 좋아하지 않는 것이다. 독립하려는 뜻이 공(公)을 위한 것인가, 사(私)를 위한 것인가? 공을 위한 것이다. 그렇다면 국가를 위하여 이롭지 않겠는가? 이로운 것이다. 국가에 이롭다면 민 씨가 마땅히 힘써 도모해야 하지 않는가. 마땅히 힘을 써야 할 것이다. 그러나 운미는 문명독립하고 스스로 우내(宇內, 천하)에 떨치려는 뜻있는 인사와 반목하여 (그런 인사를) 나라에 불충하는 사람이라 하고 있다. 어찌된 심보인가. 가련한 일이다.

운미와 같이 좋은 지위에 있는 사람이 만약 강직하고 분명하여 정견(定見)을 가지고 있다면 어찌 능히 시세를 따라 진보하지 못함을 걱정하겠는가. 세계를 일주하고서도 저와 같이 완고하고 어리석어 자강(自强)의 영광됨을 모르고 있다. 만반으로 설유(說諭)하나 오히려 다른 사람에게 예속되어 구차히 지키는 것을 좋아하고 있으니 어찌 한심스럽지 않은가?

11월 8일 김옥균의 심복 이인종(李寅鍾)이 수구파의 동정을 탐색한 내용을 김옥균에게 알렸다. 원세개가 며칠 전부터 청군에 영을 내려 밤에도 옷과 신을 벗지 못하게 하고 전시처럼 병사를 단속하고 있다고 했다. 민영익도 늘 동별궁(東別宮)에 머물며 병사를 원세개처럼 단속하고 있고 전영사 한규직과 좌영사 이조연도 경계를 엄히 하고 있다는 것이었다.

12일 원세개는 이홍장에게 조선의 상황을 알리는 보고서를 보냈다. 그 내용은 대략 다음과 같다.

조선의 군신(君臣)은 일본인에게 번롱을 당하여 미로에 서서 그 잘못을 깨닫지 못하고 있습니다. **왕 또한 깊이 미혹되어 중국에서 벗어나려 합니다.** 그 근본원인을 생각해보니 프랑스인이 일을 일으킨 것 때문에 중국이 조선에서 병력을 증강할 수 없고 러시아에 대응할 수 없다고 생각하여, 이 시기를 틈타 강한 이웃나라를 끌어들여 중국의 명령을 받들지 않으려는 것입니다. 이러한 의견은 거국적인 것으로 권세자 무리도 절반이 그와 같이 생각합니다. 다만 김윤식, 윤태준, 민영익 등은 이 계획에 반대하여 왕의 의사를 바로잡으려 하고 있습니다. 일본인들이 옆에서 자꾸 선동하고 있기도 합니다.

조선은 전통적으로 중국의 울타리이므로 다른 나라가 조선에 진출한다면 이는 매우 걱정스러운 일입니다. 미리 방도를 취하여 조선이 독립하려는 움직임을 막지 못한다면 훗날 커다란 우환이 될 것입니다.

이에 이홍장은 당일로 다음과 같이 훈령했다.

오장경이 군의 절반을 철수했고 또한 프랑스와의 전쟁이 승패를 헤아릴 수 없는 이때 조선의 군신이 일본인에게 선동되고 미혹되어 중국을 배반하려는 것은 몹시 우려되는 일이다. 전쟁이 끝나면 좌시하지 않을 것이니, 그동안 원승(袁丞, 원세개)과 해당 영(營)의 장병은 부동성색하고 진수(鎭守)를 굳게 하라.

13일 해가 질 무렵 서광범이 푸트를 내방했다. 푸트는 개화당은 지사(志士)를 모으고 국왕의 총애를 견고히 하여 세력을 삼고, 때를 기다려 움직이고 기회를 보아 일을 하되 함부로 폭력적 행동을 하지 말아야 한다고 권고했다. 서광범은 푸트와 식사를 하고 돌아갔다.

14일 푸트가 김옥균을 방문해 밀담을 나누었다. 김옥균이 거사가 불가피하다는 뜻을 털어놓자 푸트는 때를 기다릴 것을 권고했다. 이에 대해 김옥균은 다음과 같이 기록했다.

미국 공사가 그의 부인과 함께 내방했다. 내가 공사와 잠시 밀담할 일이 있다 했더니, 부인은 먼저 돌아갔다. 나는 또한 국내 사세가 잠시도 이대로 끌고 나갈 수 없음을 토로하고(무릇 전일 왕래하며 상종할 때에도 이런 이야기를 한 것이 한두 번이 아니었다. 그러나 이날 논한 바는 나의 포부를 깊이 드러내어 그의 뜻을 시험하기 위한 것이었다.), 은연중에 근간 한번 개혁을 도모하겠다는 뜻을 비쳤으나 미국 공사는 놀라지도 괴이하게 여기지도 않고(미국 공사도 이미 살펴 알고 있음을 나도 또한 듣고 있었다), 조용히 답하였다.

"공(公)들이 전부터 나라를 위하여 한번 죽을 뜻을 가지고 있는 것을 내가 깊이 믿고 흠모하던 바입니다. 그러나 내가 귀국에 도임한 이래로 우리나라 정부가 비밀히 지시한 것과 나 개인의 심중에 품은 것을 하나도 펴지 못하였습니다. 그러니 내가 마땅히 돌아가야 할 것이지만, 이처럼 머뭇거리는 것은 실로 귀국의 독립을 공들에게 기대한 바가 있어서입니다.

다만 청국 병사를 철수시키는 일에 대해서는 공들의 전후 간청을 나도 깊이 생각한 바 있습니다. 지난날 다케조에가 다시 오기 전에 내가 시마무라 히사시와 상의하여 그로 하여금 일본 외무장관과 의논해보도록 하였습니다. 이는 나 개인의 견해도 아니지만, 또한 전혀 개인의 견해가 없는 것도 아닙니다. 바라건대 공들은 나라와 몸을 위하고, 또 나의 충고를 받아들여 우선 조용히 조금 기다려보는 것이 좋겠습니다."

나는 웃으며 말하기를 "내가 지금 말하는 것도 오늘 내일의 일을 이야기하는 것은 아닙니다. 공은 우리나라를 위해 진력하시는 뜻을 늦추지 말기를 바랍니다"하니, 미국 공사도 웃고 이야기하다가 헤어졌다. 허다한 얘기가 있었으나 다 적을 것이 못 된다.

《갑신일록》1884년 11월 14일

15일 애스턴은 주청 영국 공사 파크스에게 보고서를 보냈다. 도움을 요청한 개화파 인사들에게 '명백한 거부의사(a decided negative)'를 전달했으나 조선에서는 이제 분쟁이 잉태되고 있다는 내용이었다. 16일 와병중인 유홍기가 문병하러 온 김옥균에게 소수의 일본군이 청군을 대적할 수 있을지 의문이라고 말했다.

11월 19일(음력 10월 2일) 박영효와 홍영식이 미국 공사관을 방문해 시사

를 논의했다. 박영효는 나라가 위급한데도 정부가 제대로 돌아가지 않고 백성
은 핍박받고 있다고 말했다. 저녁 때 박영효는 돌아가고 홍영식이 남아 푸트와
저녁식사를 같이 했다. 홍영식은 푸트의 귀국을 만류했다. 푸트는 묄렌도르프
의 전횡을 참을 수 없어 돌아간다고 대답했다. 긴 논의 끝에 홍영식은 정변 계
획에 대한 푸트의 의견을 우회하여 물었다.

홍영식: 지금 여기에 한 기름등이 있어 불빛이 매우 밝으나 밖의 물건에 가리어
안의 빛이 밖을 비추지 못하고 밖의 물건은 밝은 빛을 받지 못하고 있다. 어떤 사
람이 그 가린 것을 걷어서 그 빛을 내보내려 하나 가린 물건이 너무 뜨겁고 단단
하여 순하게 걷을 수가 없어서 부득이 그 가린 것을 깨트려 그 빛을 사방으로 전
하려 하고 있다. 옆에서 보건대 이것이 쾌한 일이라 하겠는가? 그렇지 않으면 망
령된 일이라 하겠는가?

푸트: 귀공(貴公)의 물음은 큰 뜻을 포함하고 있어 가볍게 대답하기 어렵다. 다만
어리석은 견해를 말하자면, 지금 이 등불은 사면으로 바람 부는 곳에 놓여 있어
서 그 가린 물건은 바람이 불어 두드려 깨트릴 수도 있고, 불이 붙어 스스로 깨질
수도 있고, 열이 심하여 깨질 수도 있어 반드시 깨질 것으로 예상할 수 있는데,
왜 손을 써서 때려 깨려 하는가. 다행히 손으로 깨트리는 것이 순조롭게 된다면
그만이지만, 만약 실패하면 손을 델 수도 옷을 태울 수도 있어 그 위태함을 측량
할 수 없고 역적이 될 수 있으니 어찌 위태롭지 않으며, 어찌 삼가지 않겠는가.
그러므로 나는 조용히 기회를 보아 그 스스로 깨어짐을 기다리는 것이 옳은 계책
으로 생각한다.

21일 애스턴이 러시아와 청에 관한 주청 영국 공사 파크스의 비밀 보고서
를 가지고 김옥균을 찾아왔다. 두 사람은 국제정세를 화제로 장시간 대화했다.
23일 후영사 윤태준이 김옥균을 방문해 일본 정부의 근황에 대해 질문했

다. 김옥균은 의심을 풀기 위해 다케조에의 경망스런 언행을 지적하며 그는 심약하고 가소로운 인물이라고 말했다. 그리고 일본은 결코 청을 상대로 전쟁을 일으키지 못할 것이라고 했다.

24일 김옥균이 애스턴을 찾아갔다. 여러 이야기를 나누다가 청불전쟁 및 일본과 청의 미래가 화제가 되자 김옥균이 정변을 일으킬 의사를 노골적으로 말했다.

김옥균: 현재 조선의 내정이 날로 위급해지고 있어 청과 프랑스가 교전하는 때를 틈타 내정개혁을 도모하고자 하는데 어떨지 모르겠습니다.

애스턴: 공들이 나라를 위해 결정한 뜻을 나도 짐작하고 있으므로 이미 파크스 공사에게 보고했습니다. 공사가 내년 봄에는 꼭 한번 동방에 올 것이요, 겸하여 그대들과 상의할 것을 내가 확신하는 바입니다. 그러니 그대들은 조금만 더 시기를 기다리는 것이 어떻겠습니까?

김옥균: 만약 기다리기만 하다가 일은 되지 않고 우리들에게 위급만 닥쳐오게 되면 어찌하겠습니까?

애스턴: 이는 내가 대답할 수 있는 일이 아닙니다. 그러나 내 소견으로는 어떤 이웃나라가 귀국을 위해 한번 변혁을 꾀할지도 모를 일입니다.

김옥균: 공은 일본이 그렇게 한다는 말입니까?

애스턴: 그 말은 농담으로 한 것입니다. 그러나 나의 소견으로는 머지않아 귀국에 반드시 변사(變事)가 있을 것이니 공들은 모름지기 조심하십시오.

김옥균: 그것은 나도 염려하는 바입니다. 우리로 말하면 조선 사람이므로 죽더라도 진실로 한이 없지만, 만일 변사가 있으면 각국 사람에게 누가 될 것이니 이것이 실로 걱정됩니다.

애스턴: 만약에 변고가 있을 때에는 공들은 어떻게 처신하렵니까?

김옥균: 만일 변이 생기면 사리로 보아 마땅히 국왕과 함께 생사를 같이 할 뿐입

니다.

애스턴: 나는 어떻게 처신해야 합니까?

김옥균: 공도 우리처럼 처신해야 할 듯합니다. 외국에 사신으로 나가서 그 나라에 변란이 나면 그 나라 임금과 안위를 같이하는 것이 곧 공법입니다.

애스턴: 공의 말씀이 참으로 옳습니다. 그러나 그 나라의 임금이 지탱할 수 없을 만큼 위태로운 형세에 이르면 어떻게 해야 하겠습니까?

김옥균: 그것은 지나친 걱정입니다. 사세가 그 지경에 이르면, 이는 사람이 미리 헤아릴 수 없는 바입니다. 만일 그렇게까지 되지 않는다면, 지금 우리 대군주께서는 각국의 공사와 영사를 위해 늘 생각하고 계시니 아마 위험한 처지에 이르지 않도록 보호할 것입니다. 사태의 변화는 지금 헤아릴 수 없는 일이지만, 혹시 조반간 의외의 일이 나면 당장의 안위는 나와 그대가 같이 넘길 수 있을 것입니다. 사후의 수습에 대해서는 내가 그대에게 깊이 기대하는 바이니 파크스 공사와 함께 선후책(善後策)을 강구해 주길 바랍니다.

애스턴: 공의 말이 심중(深重)하므로 나 또한 심중하게 들었습니다.

이어 김옥균은 미국 공사관을 방문했다. 푸트는 거사의 연기를 주장하며 김옥균과 격론을 벌이다가 마지막에 간절히 말했다.

공들이 만약 시일을 끌 수 없는 상황이라면 잠시 국내 산천을 유람하거나 상해와 나가사키 등지로 갔다가 몇 달 뒤에 돌아와서 일을 도모하더라도 나쁘지 않을 것입니다. 이것은 내가 진실된 마음을 토로하는 것이니 공은 잘 헤아리십시오.

11월 25일 김옥균과 다케조에는 정변 계획에 합의했다. 29일 김옥균은 이재황의 부름을 받고 입궐했다. 김옥균은 청일전쟁이 일어날 가능성을 언급했다. 이에 대한 김옥균의 기록은 다음과 같다.

부르심을 받고 입대(入對)했다. 마침 곁에서 엿듣는 사람이 없었다. 나는 옷깃을 여미고 일어나 절하고 아뢰기를 "지금 천하의 대세는 날로 엉키고 있으며 국내 정세도 날로 위태롭고 어려워지는 형편임은 본디 전하께서 통촉하시는 바이오니 군더더기로 말씀드릴 필요가 없습니다만, 신이 다시 한 번 자세히 아뢰고자 하옵는데 들으시겠습니까" 하니 주상께서는 좋다고 하셨다. 그러므로 나는 청과 프랑스가 교전하고 있는 일, 일본과 청나라가 화합하지 못한 일, 러시아의 동방정략이 날로 절박한 지경에 이른 일, 십여 년 이래 서양 여러 나라들의 동양을 향한 정략이 아주 변하여 옛 규범에 얽매어 안온하게 스스로 지킬 수 없는 형세, 그리고 국내 정치로는 당오전의 폐단이 혹심하여 백성들이 지탱해 나갈 수 없고, 목인덕(穆麟德, 묄렌도르프)을 그릇 고용하여 실책이 많고, 간신이 주상의 총명을 가리고 청나라를 등에 업은 채 권세를 부리는 일 등을 거침없이 아뢰었다.

그런데 중전이 갑자기 침실에서 나와 말씀하시기를 "내가 경의 말을 오랫동안 조용히 들었소. 사세의 절박함이 이 지경에 이르렀으니, 앞으로 어떻게 해야 하겠소" 하셨다. 주상도 간절히 물으시므로 내가 고하기를 "죽첨(다케조에)이 당초 신과 의논이 맞지 않아 그의 저해를 많이 당했음은 주상께서도 통촉하시는 바입니다. 그런데 지금 죽첨이 다시 와서는 도리어 신에게 은근한 뜻을 보이오니, 신이 짐작건대 이것은 반드시 일본의 정략이 전일과는 아주 변했고, 따라서 일본과 청나라 간의 거사가 머지않아 있을 것 같습니다. 이때를 당하여 조선은 일본과 청나라 사이의 전쟁터가 될 것이 틀림없으니 장차 무슨 계책으로 스스로 보존하겠습니까" 했다.

주상과 중전이 참 그렇겠다고 여기시고, 따라서 걱정하시기를 "일본과 청나라가 교전하면 어느 쪽이 이기겠소" 하신다. 내가 대답하기를 "일본과 청나라 두 나라가 교전하면 최후 승패에 대하여는 미리 헤아릴 수 없습니다만, 지금 일본과 프랑스 두 나라가 합세하면 승산은 결단코 일본에 있습니다" 하니 주상은 "그렇다면 우리의 독립을 위한 모책(謀策)도 또한 여기에 있는 것이 아닌가" 하신다. 내가 대답하기를 "참으로 성상의 말씀과 같습니다. 그러나 전하의 폐부(肺腑) 신하들은 모두 청나라에 빌붙어서 청나라를 위해 개와 양 노릇을 하니, 일본이 비록 우리의 독립을 도와주고자 하여도 이루어질 수 없을 듯합니다. 신이 이 말씀을 드리는 것은 본디 생사에 관계되는 일이오나, 나라가 조석간에 위망(危亡)하게 되었으므로 일신의 화를 두려워하지 않고 이렇게 함부로 아뢰는 것입니다" 하니 중전은 "경의 이 말은 나를 의심하는 듯하오. 그러나 일이 국가의 존망에 관계되는데, 내가 일개 부인으로서 어찌 대계를 그르치겠소. 경은 숨기지 마오" 하셨다. 이것이 참뜻인지 거짓인지는 알 수 없었다. 주상께서는 "그대의 마음을 나는 잘 알고 있다. 무릇 나라가 위급한 시기에 처하면 국가의 대계를 그대가 생각한 계획에 맡길 터이니 그대는 이에 대해 의심치 말라" 하셨다. 이것은 참마음에서 우러나온 진정한 말씀이나, 나는 대답하기를 "신이 비록 감당할 수 없사오나 오늘밤의 성교(聖敎)가 간곡히 귀에 남아 있사온데 어찌 감히 저버리겠습니까. 원하옵건대 전하께서 친히 쓰신 칙(勅)을 주시면 그것을 항상 몸에 지니고 다니겠습니다" 하니, 주상은 기꺼이 쓰시고 보압(寶押)을 그으신 뒤에 옥새를 눌러 주셨다. 나는 절하고 그것을 삼가 받았다. 중전이 주찬(酒饌)을 내와서 대접해 주셨다. 먼동이 튼 뒤에 물러 나왔다.

《갑신일록》 1884년 11월 29일

12월 4일(음력 10월 17일) 저녁 6시 우정총국(郵政總局) 건물 낙성을 축하하는 만찬회가 열렸다. 미국 공사 푸트, 서기관 스커더, 영국 총영사 애스턴, 진수당, 묄렌도르프, 일본 공사관 서기관 시마무라 히사시, 김홍집, 한규직, 민영익, 이조연, 민병석(閔丙奭), 윤치호, 신낙균, 박영효, 서광범, 김옥균 등 모두 19명이 참석했다.

낙성식 축하연 도중 별궁(別宮)에 불을 지르는 것이 거사의 신호였다. 별궁 방화가 발각되어 순라군과 포도청 포졸들이 불을 끄는 동시에 순찰을 강화했다. 이에 행동대원들은 김옥균과 연락을 취하여 우정총국 북쪽의 초가를 찾아 불을 질렀다. 이때가 밤 9시 무렵이었는데, 축하연에서는 만찬이 끝나고 다과가 나오는 중이었다. 갑자기 "불이야!" 소리가 들리며 연회장이 소란해졌다. 우영사 민영익이 가장 먼저 밖으로 나갔는데 머리에 칼을 맞아 피투성이가 되어 다시 연회장 안으로 들어왔다. 이에 연회 참석자들이 놀라 뿔뿔이 흩어졌고, 계획했던 4명의 친군영사 암살을 실행할 수 없었다.

푸트 공사는 알렌을 불러 민영익을 치료하도록 했다. 별궁 방화와 4영사 처단 등 1단계 계획이 실패하자 김옥균은 박영효, 서광범과 함께 일본 공사관으로 가서 다케조에의 태도를 확인했다. 이어 이들은 국왕이 거주하고 있는 창덕궁으로 향했다. 이때 김옥균은 이인종과 서재필을 만나 경우궁(景祐宮) 밖에서 기다리라고 지시했다. 신복모(申福模)는 본래 계획대로 이동 근처에서 행동대원 40여 명을 매복시키고 있었다.

김옥균, 박영효 등은 창덕궁의 서쪽 문인 금호문(金虎門)에 도착하여 문을 열게 하고 숙장문(肅章門) 안에서 김봉균(金鳳均), 이석이(李錫伊)를 화약 묻은 곳으로 보내어 30분 후에 화약을 터트리도록 지시했다. 이어 협양문(協陽門) 밖에서 파수를 보던 무감(武監)을 밀치고 합문 밖으로 나아갔다. 이곳은 개화당 소속의 전영 소대장 윤계완(尹啓完)이 당직을 서는 군사 50명을 이끌고 지키고 있었다.

김옥균 등은 편전으로 들어가 환관 유재현(柳載賢)에게 국왕 이재황을 깨우도록 종용하니 국왕이 김옥균을 불러들였다. 김옥균, 박영효, 서광범은 침실로 들어가 변란이 일어났다고 알리고 피신할 것을 청했다. 국왕 부부는 가마를 타고 김옥균 일행을 따라 창덕궁 서쪽의 경우궁으로 이동하기 시작했다. 김옥균은 이재황에게 "일본병을 요청해서 호위하면 만전을 기할 수 있을 것입니다"라고 말하여 승낙을 받았다. 이재황은 일본군을 요청하려면 친필 칙서가 필요하다는 말에 "일본 공사는 와서 호위하라"는 글을 써주었다. 박영효가 일본 공사관으로 가서 다케조에에게 이 글을 전달했다. 이때가 밤 10시였다.

궁궐에서 숙직 중이던 후영사 윤태준과 경기도 관찰사 심상훈(沈相薰)이 변란이 났다는 소식을 듣고 찾아왔다. 국왕 부부를 태운 어가가 경우궁 정전(正殿) 뜰에 이르렀을 때 다케조에가 군사를 거느리고 경우궁에 도착했다. 윤계완은 군사 50명을 거느리고 전정을 경호하고 사람의 출입을 금지시켰다. 서재필은 사관생도 13인을 거느리고 정전 위에 시립(侍立)했고, 이인종은 김봉균, 윤경순(尹景純) 등의 행동대원을 거느리고 전문 밖에서 시립했다. 일본군은 경우궁의 여러 출입문을 지켰다.

10시 30분이 지난 시간에 알렌은 대문 두드리는 소리에 잠을 깼다. 알렌이 거실로 나가니 미국 공사관 서기관 스커더가 빈사 상태의 사람이 있으니 그를 치료하러 와달라는 묄렌도르프의 전갈을 전하면서 사건의 개요를 알려주었다. 호위병 50명의 호위를 받으며 알렌은 묄렌도르프의 집에 도착해 응급수술을 했다.

자정이 지나 12월 5일이 됐다. 우정국을 빠져나온 전영사 한규직이 경우궁으로 찾아왔고, 좌영사 이조연도 경우궁으로 찾아왔다. 이조연은 한규직, 유재현과 의논하고 국왕 알현을 청했으나 거절당했다. 이들이 경우궁 후문으로 나갔다. 행동대원 윤경순, 김봉균 등이 기다리고 있다가 좌영사 이조연, 전영사 한규직, 후영사 윤태준을 차례로 죽였다.

행동대원들은 이어 경우궁으로 들어오는 해방총관(海防總管) 민영목, 지중추부사 조영하, 좌찬성 민태호를 차례로 처단했다. 그런 다음에 이재황의 종형인 병조판서 이재원(李載元, 1831~1891)을 불러들여 정변의 의도를 설명하고 협조를 구하니 이재원은 기꺼이 따르겠다고 했다. 김옥균 등 정변 주도자들은 4영의 군사들을 동원해 경우궁 후문을 지키도록 했다.

새벽 4시경 이재황은 박한응(朴漢應) 등을 각국 공사관과 영사관에 보내 위문하도록 했다. 푸트 미국 공사는 윤치호와 버나두(John B. Bernadou)를 경우궁으로 보내 "호위병이 있으면 궁으로 나아가 국왕을 알현하겠다"는 의사를 전하도록 했다. 윤치호와 버나두가 경우궁에 도착하자 김옥균은 버나두에게 사건의 대강을 말하고 푸트의 협조를 부탁했다. 푸트의 말을 전해들은 이재황은 즉시 군사를 보내어 푸트와 애스턴을 호위하게 하라고 명했다. 윤치호와 버나두가 좌영과 우영의 병사 20명과 부상(負商) 20명을 이끌고 미국 공사관으로 갔다. 푸트는 김옥균에게 "일이 이미 이렇게 되었으니 오직 내정을 잘 개혁하시오"라는 회답을 보냈다.

새벽에 개화파는 국왕의 허가를 얻어 신정부를 이끌 각료 명단을 발표했다. 이 인사의 내용은 다음과 같다.

영의정: 이재원	좌의정: 홍영식
전영사 · 후영사: 박영효	좌영사 · 우영사: 서광범
좌찬성: 이재면	도승지: 박영교
이조판서: 김윤식	호조참판: 김옥균
예조판서: 김윤식	병조판서: 이재완(李載完: 이재원의 아우)
병조참판: 서재필	형조판서: 윤웅렬
공조판서: 홍순형(洪淳馨)	한성판윤: 김홍집
평안감사: 이재순(李載純)	

인적 구성으로 보아 대원군 계열의 종친과 개화당의 연립내각이었다.

아침 8시 무렵 푸트와 애스턴은 함께 경우궁으로 와 조선 국왕을 알현했다. 이들은 정변을 양해한다고 말했다.

세계 각국은 사소한 변동이 없지 않으며, 그리하여 국면이 이루어지는 것입니다.

지금 귀국에 놀라운 정변이 일어났으나 국왕께서 크게 걱정할 것은 없습니다. 전하가 밝은데 어찌 나라일이 편안하지 않을까 우려하겠습니까.

민비는 정변의 성격을 짐작하고는 경우궁이 비좁으니 창덕궁으로 돌아가게 해달라고 계속 요구했다. 경우궁은 창덕궁에 비해 규모가 작아 소수의 병력으로 지키기가 용이했다. 김옥균은 처음에는 민비의 요구를 거부했으나 민비가 끈질기게 요구하자 오전 10시경 경우궁과 남쪽으로 이웃한 계동 이재원의 집으로 국왕 부부의 거처를 옮기도록 조치했다.

오전 11시경 독일 총영사 쳄프슈(Otto Zembsch, 曾額德)가 조선 국왕을 알현했다. 푸트, 애스턴, 쳄프슈는 정변을 관망하겠다면서 외국인을 보호해달라고 요청하고 자리를 떴다. 윤치호가 푸트, 애스턴 등과 함께 이재원의 집에서 나와 보니 군중으로 실이 가득 차 가마와 말이 지나가기 어려울 정도였다.

민비는 김옥균을 여러 번 불러 창덕궁으로 돌아가게 해달라고 요구했으나 김옥균은 방어상의 문제점을 들어 거절했다. 김옥균이 홍영식, 이재원과 함께 외청(外廳)에 나간 후 오후 4시 무렵에 이재황이 다케조에를 불러 창덕궁으로 돌아가게 해달라고 간곡히 요청했다. 다케조에는 창덕궁의 상황을 살피고는 한 시간 뒤에 가는 것이 좋겠다고 알렸다. 외청에서 돌아온 김옥균이 이를 알게 되어 다케조에를 질책하니 그는 "수비가 한결 같으니 조금도 걱정하지 마시오. 내가 이미 주상께 아뢰었으니 여러분은 여러 말 마오"라고 대답했다.

오후 5시 조선 국왕 부부는 창덕궁으로 이어(移御)했다. 창덕궁 바깥 경비는 4영 군사들이, 중간 경비는 일본군이, 국왕 부부가 있는 전내(殿內) 경비는 정변 주도자들이 동원한 행동대원과 사관생도들이 각각 맡았다.

밤이 되어 창덕궁의 여러 문을 닫으려고 할 때 청 병영에서 선인문(宣仁門)을 잠그지 말라고 통보했다. 이에 선인문을 닫지 않고 전영과 후영의 군사 400명을 불러 100명씩 나누어 요지에 주둔하게 하고 청 병영의 동태를 살피게 했다. 이날 미국 공사 푸트는 미국 국무성에 조선에서 정변이 일어났음을 타전했다.

정변 3일째인 12월 6일 오전 10시경 신정권은 수십 개 조의 개혁 정령을 발표했는데, 김옥균은 《갑신일록》에서 그중 14개 조에 대해 적어 놓았다. 이 가운데 (1) 대원군을 귀국시키고 청국에 대한 조공을 폐지한다 (2) 문벌을 폐지하여 인민평등의 권리를 제정하고 재능에 의해 인재를 등용한다는 조항을 주목할 만하다. 신분제도를 폐지하고 인민평등의 권리를 제창한 것은 가히 혁명적이었다.

갑신정변의 성패는 조선에 주둔한 청군의 동향에 달려 있었다. 개화당이 의지한 조선 주둔 일본군은 120명에 불과하여 1500명 규모인 조선 주둔 청군에 비해 지나치게 열세였다. 오조유(吳兆有)가 청군을 지휘하고 있었으나 우유부단하여 실권은 원세개가 쥐고 있었다.

김옥균이 개화파로 오인한 경기도 관찰사 심상훈은 민비를 면담하고 비밀서찰을 원세개에게 전달하는 데 성공했다. 오조유는 이홍장의 명령을 기다려야 한다고 주장했으나 원세개는 정변 진압을 강행하려고 했다. 원세개는 우의정 심순택(沈舜澤)에게 조선 정부의 대표 자격으로 청군 출동을 요청하라고 권고했고, 심순택은 이에 동조했다. 임오군란 때 청군을 끌어들였던 김윤식도 청군 출동을 요청했다.

오후 3시 조선 국왕은 '대정유신(大政維新)의 조서(詔書)'를 내려 신정부가 대개혁을 단행할 것이라고 발표했지만, 그의 마음은 이미 신정권에서 떠나 있었다.

청군 1500명이 일제히 돈화문과 선인문을 공격하자 왕비는 창덕궁 북산으로 도주한 뒤 국왕을 불렀다. 외위(外衛)를 맡은 조선 친군영 병사 500여 명이 응전하다가 수십 명이 전사했는데, 중위(中衛)를 맡은 일본군은 정변에 가담하지 말라는 이노우에의 훈령이 오자 소극적으로 변했다. 김옥균 등은 국왕과 더불어 인천을 거쳐 강화도로 가서 청과 계속 항전하려고 했으나, 국왕은

"나는 결코 인천으로 가지 않겠다"며 반대했다.

오조유는 이재황이 사격을 피하여 북관왕묘(北關王廟)에 있다는 기별을 듣고 영접하고자 급히 참상(參上)했다. 오조유는 이재황을 배종(陪從)하고 있던 박영교를 비롯한 사관생도 등 7명과 홍영식을 참살할 것을 명령했다.

김옥균, 박영효, 서광범, 서재필, 신응희(申應熙), 이규완(李圭完), 정난교(鄭蘭敎), 유혁노, 변수 등 9인은 다케조에를 따라 일본군의 호위를 받으며 교동의 일본 공사관으로 향했다. 이들은 창덕궁의 서쪽 숲을 돌아 북산에 이르렀다. 잠시 쉬는 동안 김옥균은 자신의 의견을 말했다.

지금 다케조에를 따라 가더라도 우리들의 생사가 어찌 될지 알 수 없는 일이다. 이저럼 함께 볼려다니기보다는 차라리 각자 분산하여 후일을 도모하는 것이 낫겠다. 여기서부터 각자 분산하여 제물포나 원산 또는 부산으로 흩어져 가면 그중의 한두 사람은 목숨을 건질 수 있지 않겠는가. 만약 전원이 모두 다케조에를 따라가다가 다 죽는 경우에는 다시 희망이 없을 테니 어떻게 하면 좋겠는가?

박영효 등이 의견을 내어 쉽게 결론이 나지 않았다. 이때 다케조에가 아사야마(淺山)를 보내어 "우리 군대는 잠시도 지체하지 않고 곧 제물포로 갈 것이니 의심하지 말고 따라오는 것이 좋겠다"고 전했다. 김옥균 일행은 모두 다케조에를 따르기로 했다.

일행이 산기슭을 끼고 가다가 북문을 지나 취운정(翠雲亭) 부근에 이르렀을 때 도성 안 곳곳에서 불길이 치솟는 것이 보였다. 취운정을 지나 교동의 일본 공사관으로 급히 향할 때 횃불을 들고 길거리에 나와 있던 군중이 "왜놈 죽여라. 역적놈 잡아라" 하고 외치며 돌과 기왓장을 던졌다. 일본군 몇 명이 경상을 입었지만 모두 무사히 일본 공사관 인근에 도달했다. 그런데 공사관 관원과 경비원들이 어둠 속에서 그들을 청군으로 오인하여 일제히 사격했다. 일본군

3명이 즉사하고 통역 2명이 중상을 입었다. 김옥균 일행과 일본군은 황급히 물러섰다. 나팔을 불어 일본군임을 알리자 총성이 멎었다. 김옥균 일행과 다케조에 등이 일본 공사관에 들어갔을 때는 밤 8시 무렵이었다.

일본 공사관원들은 노골적으로 김옥균 일행을 경원했다. "조선 정부에서 김옥균 등을 인도하라 하면 어떻게 할 것이냐"고 말하는 자도 있었고, "공사관 안에 있는 낡은 우물에 마침 물이 없으니 김옥균 등 조선인들을 그 속에 들어가 숨어있게 하는 게 우리의 안전을 위해 좋겠다"고 떠드는 자도 있었다. 김옥균은 이에 크게 분개하여 "우물 속에 들어가 숨기보다는 차라리 서대문 밖 형장으로 가겠다"고 호통을 쳤다.

밤 12시 무렵 이재황은 선인문 밖에 있는 오조유의 진지로 거처를 옮겼다. 12월 7일 새벽 이재황은 신하들을 소견하고 친청적인 사대당 정부를 구성했다. 묄렌도르프는 다시 외아문 협판에 임명됐다. 이 인사의 내용은 다음과 같다.

심순택: 좌의정

김홍집: 우의정 겸 외아문 독판

김윤식: 병조판서 겸 강화부 유수

묄렌도르프: 외아문 협판

조병호(趙秉鎬): 외아문 독판

이재완: 예조판서

민영익: 우영사

이규석(李奎奭): 좌영사

이교헌(李敎獻): 전영사

신석희(申奭熙): 좌변포도대장

어윤중: 선혜청 제조

서상우(徐相雨): 외아문 참의

이봉구(李鳳九): 후영사 겸 우변포도대장

민종묵: 한성부 판윤

이른 아침부터 한성부 군민들이 일본 공사관을 습격했다. 오전 8시경에는 외아문 독판 조병호의 항의각서가 일본 공사관에 전달됐다. 다케조에는 회답문을 일본 공사관에 근무하는 조선인을 통해 조선 조정에 전달했다. 정오 무렵 이재황은 원세개의 진지인 하도감(下都監)으로 옮겨 그곳에서 보호를 받았다.

이날 오후 2시경 일본 공사 다케조에 신이치로는 300명에 이르는 공사관원, 호위병, 거류민 등과 함께 인천으로 탈출했다. 김옥균 일행도 이 탈출대열에 끼여 있었다. 한성부 주민들은 일본 공사관에 방화하고 도피하는 일본 공사 일행에게 돌을 투척했다. 광화문 네거리에서는 1개 중대 규모의 청군과 조선군이 사격하여 시가전이 벌어지기도 했다. 일본 공사 일행은 가까스로 서대문에 도착했으나 서대문은 굳게 닫혀 있었다. 다케조에는 그 성문을 부수게 한 뒤 마포로 향했다. 마포에서 배를 타고 한강을 건넌 때는 오후 5시 30분경이었다. 이어 눈보라와 굶주림에 시달리며 강행군을 계속해 8일 제물포에 도착했다.

갑신정변이 진행되는 동안에 조선 군민의 습격으로 이소바야시 대위 등 일본인 30여 명이 살해됐고, 일본인 수십 명이 미국 공사관으로 도피했다. 일본 공사 일행은 제물포의 일본 영사관으로 가고 나머지 일행은 인천에 거주하는 일본인의 집을 찾아가 묵었다. 김옥균 일행은 제물포 주재 일본 영사 고바야시(小林)의 도움으로 일본 제일은행 지점장 기노시타(木下)의 집에 가서 숙박했다. 김옥균 일행은 일본 우편선 천세환이 이미 인천에 입항했다는 말을 듣고 안도했다.

12월 8일 이재황은 원세개의 권고에 따라 정변 기간에 반포된 모든 전교(傳敎)를 철회하고 우정국을 혁파하도록 했다. 또한 내아문을 의정부에 합부(合付)시키라 했다. 이것은 실질적으로는 폐지령이었다. 그리고 심순택을 영의정으로, 김홍집을 좌의정으로, 김병시를 우의정으로 각각 임명했다.

이날 아침 10시경 푸트, 애스턴, 진수당이 나란히 하도감으로 가서 조선 국왕을 알현했다. 이재황은 각국 공사와 총영사에게 제물포로 가서 다케조에와 강화 문제를 논의하도록 청했다. 다케조에가 제물포로 철수하자 조선 조정은 그가 일본 정부에 군대 파견을 요청해 일본군이 서울로 진입하지 않을까 우려하게 됐다. 이재황은 외아문 독판 조병호를 대관(大官)에, 감리인천항통상사무(監理仁川港通商事務) 홍순학을 부관(副官)에 임명하여 인천에 가서 다케조에와 회담하도록 했다.

이날 묄렌도르프는 인천에 도착해 자기가 데리고 온 군졸을 일본인 거류지 주변에 풀어놓고 "역적들이 눈에 띄기만 하면 체포하라"고 명령했다. 이어 제물포의 일본 영사관을 찾아가 다케조에에게 김옥균 등을 인도하라고 요구했다. 다케조에는 김옥균을 찾아가 "내 입장이 거북하니 모두 어선을 타고 눈에 뜨이지 않는 곳으로 달아나라"고 요구했다.

일본인 거류지 주변에 펼쳐진 조선군의 포위망을 뚫지 않는 한 바닷가에 도달할 수 없는 상황이었으므로 이런 요구는 나가서 죽으라는 말이나 다름없었다. 김옥균은 크게 노해 다케조에의 신의 없음을 비난했지만, 다케조에는 "제발 내 입장을 생각해달라"는 말만 되풀이하다가 슬며시 자리를 떴다.

얼마 지나지 않아 거류지의 일본인들이 기노시타의 집으로 몰려들었다. 이들은 "선생 일행이 천세환을 타기 위해 부두에 나가는 즉시 조선 관헌에게 인도한다는 약속이 이뤄졌다더라"고 말했다. 이어 다케조에가 너무 심약해서 일본의 체면을 손상시킨다며 승선을 돕겠다고 제의했다. 김옥균이 받아들이자 일본인들은 쌀을 넣어두는 뒤주 9개를 갖고 와 "이 속에 몸을 숨기라"고 말했다. 화물로 위장해 천세환으로 옮기려는 것이었다. 믿지 못해 망설이는 동지들에게 김옥균은 "인명은 재천이니 주저하지 말라"고 설득하고 먼저 뒤주 속으로 들어갔다. 일본인 거류민들은 뒤주를 수레에 싣고 부두로 가서 천세환으로 옮겼다.

9일 조병호와 홍순학이 인천에 도착해 다케조에와 회담하고 공문서를 교환했다. 다케조에는 자신의 행동을 변호하고 조선 정부의 주장을 대략 받아들였다.

이날 오전 묄렌도르프는 김옥균 일행이 천세환에 승선한 것을 눈치 챘다. 그는 다케조에를 찾아가 "김옥균, 박영효 등 역적을 인도하지 않으면 중대한 국제문제가 발생할 터이니 알아서 하라"고 협박했다. 이에 심약한 다케조에가 통역을 천세환으로 보내 김옥균에게 "배에서 내려 다른 곳으로 달아나 달라"고 강요했다. 김옥균은 동지들을 한 자리에 모이게 하고는 "붙잡혀 욕을 보기보다는 차라리 모두 자결하는 게 낫겠다"고 말했다. 모두가 자결할 마음의 준비를 하고 있는데 천세환의 선장 쓰지카쿠 사부로(辻覺三郎)가 "여러분의 신변은 내가 책임질 테니 안심하라"고 말했다. 그는 "육지의 일은 내가 어떻게 할 방법이 없지만 이 배 안의 일은 내 권한 아래 있으므로 어떤 자든 함부로 들이지 않겠다"고 단호하게 말했다. 쓰지카쿠는 다케조에에게 달려가 그를 비난하며 김옥균 일행을 하선시키지 않겠다고 선언했다.

이 배에 조선의 개화독립당 요원들을 태운 것은 공사의 체면을 살려주고 싶었기 때문이다. 그럼에도 불구하고 죽음을 당할 게 명약관화한 상황 속에서 이분들에게 하선하라고 하는 것은 어디서 배워먹은 수작이냐. 이분들이 이 배에 오른 이상 모든 것은 내 책임이다. 비록 공사의 요구이지만 인도상(人道上) 이분들을 하선시킬 수 없다.

이어 쓰지카쿠는 총을 들고 갑판 위에 서서, 부두에서 김옥균 일행이 하선하기를 기다리고 있던 묄렌도르프 일행에게 소리쳤다.

우리 배에는 당신들이 찾고 있는 역적들이 타지 않았으니 빨리 물러가라. 만약 앞으로 내 허락 없이 배에 오르는 자가 있으면 용서 없이 쏘아 죽이겠다.

쓰지카쿠의 단호한 태도에 묄렌도르프 일행은 물러갔다.

오조유는 다케조에와 연락한 조회문, 조선 당국자와의 왕래 공문 등을 청의 군함 태안(泰安) 호 편에 실어 보냈는데, 태안 호는 12월 9일 여순(旅順) 항에 도착했다. 북양수사 제독 정여창은 이를 받아보고 즉시 군함 1척을 천진에 보내 갑신정변의 발발과 경위를 이홍장에게 알리도록 했다.

12월 10일 10시경 푸트는 다케조에를 만나러 애스턴 부부, 쳄프슈와 더불어 제물포로 떠났다. 이날 저녁 이재황은 하도감에서 창덕궁으로 돌아왔다. 또한 이날 청의 군함 1척이 천진에 도착해 이홍장에게 갑신정변 소식을 알렸다. 이홍장은 오조유가 보내온 각종 문서를 총리아문에 보내고 또한 조선에 북양함대 소속 군함 7척 파견을 건의하는 전보를 쳤다.

11일 천세환이 제물포에서 출항했다. 석탄을 비롯한 온갖 물자와 잡동사니가 가득 찬 배 밑 창고에 몸을 숨기고 있던 김옥균 일행은 비로소 마음을 놓을 수 있었다. 쓰지카쿠 선장은 틈만 있으면 김옥균 일행을 찾아와 위로했다. 김옥균이 "내 뜻이 이뤄지면 크게 은혜를 갚고 싶은데 무엇이 좋겠느냐?"고 묻자 쓰지카쿠는 "남자로써 마땅히 해야 할 일을 했을 뿐인데 당치도 않은 말씀"이라고 손을 내저었다. 김옥균이 재차 묻자 쓰지카쿠는 "정 은혜를 갚고 싶으시면 조선 제일의 미인과 사귈 수 있게 해주셨으면 한다"고 농담조로 말했다.

이날 청의 군기처는 후임 공사를 기다리며 동경에 머물고 있는 여서창에게 일본의 상황을 정확히 탐지하라고 명령했다. 12일 중국 정부는 청불전쟁이 끝나지 않은 상황이므로 일본과의 충돌을 피해야 한다는 입장을 취했다. 군기처는 이홍장에게 다음과 같은 상유(上諭)를 전달했다.

첫째, 북양대신 이홍장이 모든 일을 맡아 처리하되, 우선 회판북양사의(會辦北洋事宜) 오대징(吳大澂)과 판리봉천해방사의(辦理奉天海方事宜) 속창(續昌) 등에게 명해 조선에 사람을 급파해서 변란을 조사시키게 할 것. 오조유에게는 일본 사신과 조용히 상의하되 기만당하지 말도록 하고 일본과 틈을 만들지 말라고 명령할 것.
둘째, 이번 변란이 일본과 깊이 관련되었으므로 주일 공사 여서창에게 전보로 훈령하여 일본 조야의 태도와 동향을 속히 알아내어 보고하게 할 것.

셋째, 정여창으로 하여금 북양함대 군함 2척을 이끌고 조선에 출동하여 오조유 등
과 함께 정란(定亂)하게 할 것.

이날 여서창은 동경에는 큰 움직임이 없으며, 외무차관 요시다가 중국 공
사관을 방문하여 일본은 이미 다케조에에게 사건의 평화적 해결을 지시했음을
알렸다고 이홍장에게 보고했다. 이날 오후 2시 총리아문 대신 서용의(徐用儀)
와 장패륜이 주청 일본 공사관을 방문하여 일본 공사 에노모토에게 갑신정변
의 개요를 알리고 중국은 사건을 평화적으로 해결하려 한다고 말했다.

저녁 무렵 푸트가 서울로 돌아왔는데 조선 대신들은 제물포의 일본인 거
동을 다투어 탐문했다. 푸트는 "다케조에는 전권이 없으므로 전쟁할 것인지 강
화할 것인지를 결정할 수 없고, 상황만을 일본 정부에 보고할 뿐"이라고 답변
했다. 이 당시 여론은 일본으로 하여금 화해하도록 할 수 있는 이는 미국 공사
뿐이라는 것이었다.

13일 천세환이 나가사키에 도착했다. 일본 정부는 천세환이 가지고 온 다
케조에의 갑신정변 경과 보고서를 받아 보았다. 이날 이홍장은 중국이 군대 파
견을 서두를 필요가 없다는 견해를 총리아문에 보냈다.

14일 이재황의 요청에 따라 푸트가 입궐하여 다케조에와 교섭한 결과를
알렸다. 이어 푸트는 조선이 일본에 특사를 보낼 것을 권고했다. 이 제안을 받
아들여 이재황은 당일로 예조참판 서상우를 특명전권대신으로, 묄렌도르프를
부대신으로 임명하여 인천을 거쳐 일본으로 가도록 했다. 이재황은 이들에게
다음과 같은 밀령을 내렸다.

(1) 인천에 도착하면 먼저 각국 공사, 영사에게 사실을 상세히 알리고 중재를
　　부탁할 것.
(2) 일본에 도착하면 먼저 청 공사와 각국 공사에게 협력을 요청할 것.

(3) 다케조에의 송환을 요구하고 새로운 공사 파견을 요청할 것.

(4) 일본 공사관 호위병은 50명을 넘지 않게 할 것.

(5) 일본 유학생 중 자질이 부족한 자는 데리고 올 것.

(6) 구입하려는 기기(機器) 중 긴요한 것이 아닌 것에 대해서는 논의를 중지할 것.

15일 원세개는 이홍장에게 갑신정변의 경과를 자세히 보고하면서 청이 조선을 직접 통치할 것을 건의했다. 그 내용은 다음과 같다.

지금 조선 문제를 고려해보면, 전쟁을 하든 화해를 하든 중국으로서는 아주 쉬운 일입니다. 그러나 서방 국가들이 지금 막강해지고 있어 몇 년 지나지 않아 반드시 다른 음모를 꾸밀 것입니다. 그때가 되면 중국은 방어하기 어려워질 것입니다. 지금 조선 백성들이 감복해 할 때 특파원을 보내어 감국(監國)을 설치해야 합니다. 그리하여 군대를 통솔하고 내정과 외교 사무를 모두 대신해서 처리해야 합니다. 이번 기회를 놓쳐서는 안 됩니다.

12월 17일 조선 국왕은 푸트 공사에게 조선 특사와 함께 일본에 가서 주선을 맡아줄 것을 부탁하는 칙서를 전달했다.

18일과 19일 광동총독 장지동은 정예군을 조선에 파병하여 일본을 제압하면 프랑스의 기세도 자연히 사라질 것이라는 내용의 전보를 총리아문에 보냈다.

19일 푸트는 공사 업무를 포크에게 맡기고 22일 조선을 떠나겠다고 미국 국무성에 타전했다. 이날 일본 외무성 서기관 구리노 신이치로(栗野愼一郎)가 인천에 도착했다. 이노우에 가오루가 갑신정변의 진상을 파악하고자 보낸 것이었는데, 구리노는 곧 다케조에를 만나 30개 항목에 걸쳐 심문했다.

20일 파크스가 총리아문을 방문해 자신의 의견을 전했다. 조선 문제에 대해 현재 방관하고 있는 나라 가운데 호시탐탐 조선 진출의 기회를 노리는 나라가 있다고 했다. 이는 러시아의 위험을 경고하는 말이었다. 그는 프랑스가 일본과 연합하려 했으나 일본이 거절해 그런 노력이 중단됐다면서, 청은 일본을 적대시해 프랑스와 연합하려고 하지 말라고 역설했다.

12월 22일 푸트 부부, 윤치호, 스커더, 미국 해병 10인과 장교 등이 인천 제물포를 향해 떠났다(미국 아시아전대 소속 군함인 트렌튼 호가 18일 아침 제물포에 입항하여 해병 10인과 장교가 미국 공사관 호위를 위해 같은 날 저녁 무렵 서울에 들어왔었다).

23일 인천에서 조병호가 애스턴을 만나 영국의 화의 주선을 구두로 부탁했다. 이날 청의 북양함대 제독 정여창이 인천에 도착했다.

24일 서상우와 묄렌도르프는 인천에 도착해 각국 공사와 총영사를 만났다. 이날 정여창은 수행원 6인과 군사 40명을 거느리고 미시(未時)경 선인문 밖 오조유의 진중에 들어갔다.

25일 애스턴은 조병호에게 조회문을 보냈다. 그 내용은 주선 요구는 자신이 아닌 파크스 공사를 통해 영국 정부에 전달해야 하며, 조선과 일본 사이에 교섭이 진행되고 있는 가운데 제3국의 주선은 긴급한 것이 아니라는 것이었다.

이날 밤 서상우와 묄렌도르프는 청의 군함을 타고 남양 마산포로 가서 다른 군함으로 갈아타고 일본으로 향했다. 12월 하순 나가사키에 도착한 묄렌도르프는 나가사키 주재 러시아 영사에게 러시아의 보호통치와 군함 및 병사 200명의 파견을 요청했다. 러시아 정부는 조선의 사정을 정확히 알 필요가 있어 주일 러시아 공사관의 일등 서기관 스페이에르(Alexis de Speyer)를 조선에 파견하기로 결정했다.

천세환이 일본에 도착하여 갑신정변의 전말이 자세히 알려지자 일본 정부 안에서 구로다 기요타카 등이 청과 전쟁을 해야 한다고 주장했다. 그러나 이토 히로부미와 외무경 이노우에 가오루는 일본의 부국강병과 근대화가 선결 문제라면서 섣불리 청과 전쟁을 벌이면 러시아만 어부지리를 얻을 것이라고 주장했다. 이 당시 일본의 경제사정으로 보아 전쟁을 치르는 것은 불가능했다.

1872년 지폐를 통일한 일본 정부는 세금 징수와 공채 발행만으로는 정책 추진에 필요한 재정소요를 충족할 수 없어 불환지폐를 발행했다. 1877년의 서남전쟁으로 재정이 더욱 악화되자 금본위제를 포기하고 불환지폐를 대거 발행했다. 이로 인해 지폐의 가치가 떨어지고 인플레이션이 일어났다. 인플레이션으로 투기가 조장되고 무역적자가 커지는 등 경제가 혼란해졌다.

1880년에 일본 정부가 보유한 금과 은으로 보장되는 지폐의 비중은 겨우 5%였다. 오쿠마 시게노부(大隈重信)가 재정위기를 극복하기 위해 해외에서 공채를 발행하자고 건의하자 이와쿠라 등 다른 지도자들이 결사반대했다. 서양의 재정이론을 배운 마쓰카타 마사요시가 1881년 대장경에 취임하여 긴축정책을 실시했다. 일본 정부는 적자상태인 국영기업을 대거 민간에 불하하고 세금을 올리는 동시에 초긴축 예산을 편성했다. 또한 통화량도 1881년과 1885년 사이에 20% 줄었다.

일본 정부는 이노우에 가오루와 2개 대대의 병력을 조선에 파견하여 사후처리 교섭을 진행하도록 했다.

12월 30일(음력 11월 14일) 스페이에르가 인천에 도착했다. 이노우에 가오루도 전권대신 자격으로 군함 7척에 2개 대대 병력을 싣고 제물포에 도착했다. 상륙한 이노우에는 다케조에 등 일본 공사관원으로부터 갑신정변의 진상을 듣고 대책을 숙의하며 며칠을 보냈다. 이노우에의 수행원 가운데는 전직 미국 외교관 스티븐스(Durham White Stevens)도 있었다. 스티븐스는 1873년 10월에 주일 미국 공사관 서기로 임명되어 10년간 근무했다. 1883년 11월부터는 일본 외무성에 고용되어 일했다.

31일 진수당이 미국 공사관을 찾아와 푸트와 회견했다(푸트와 윤치호는 29일 상경했다). 푸트가 청이 일본과 교전하려는지를 묻자 진수당은 "아니다.

전쟁을 해서 무슨 이익이 있겠는가"라고 대답했다. 이재황이 윤치호를 통해 일본과의 교섭에 대해 물으니 푸트는 일본은 동양의 강국이지만 조선은 군대도 없고 재정도 빈약하니 화의해야 한다고 적극 권고했다.

1885년 1월 1일 스페이에르는 조선 국왕을 알현했다. 이재황은 자신이 묄렌도르프에게 조선이 희망하는 바를 러시아에 전하도록 했다고 말했다. 그리고 "조선은 서양 열강 중 미국과 가장 친하지만 강대한 인접국가와 친한 것과 같은 정도는 아니다"라고 말하여 러시아에 밀착하려는 의사를 드러냈다.

이어 스페이에르는 묄렌도르프와 회견했다. 묄렌도르프는 이제 조선은 강대국의 보호를 받아야 하는데, 러시아를 보호국으로 생각한다고 말했다. 그리고 보호통치의 대가로 조선은 러시아 상인에게 조차하는 형식으로 러시아가 영일만을 해군 정박기지로 이용할 수 있게 해줄 수 있다고 제안했다.

이날 청국 대표로 오대징과 속창 등이 병사 200명을 거느리고 신시(申時) 무렵 남별궁에 들어왔다.

1월 3일 이노우에가 1개 대대 병력을 호위병으로 인솔하고 서울에 들어왔고, 한성부좌윤 엄세영과 경기도 관찰사 심상훈 등이 영접했다. 이노우에는 경기감영에 머물렀다. 4일 이노우에가 외아문 독판 조병호를 방문하여 40분간 회담했다. 이날 푸트가 이노우에를 방문해 회담했는데, 윤치호가 회담 내용을 묻자 그는 좋은 희망이 있다고만 말했다.

5일 조선 국왕은 윤치호를 통해 푸트에게 이노우에를 어떻게 접대할 것인지를 물었다. 푸트는 단지 강화할 뜻만을 말하고 시비를 가리지는 말라고 권고했다.

6일 이노우에가 낙선재(落善齋)에서 조선 국왕을 알현했다. 이노우에는 "제가 우리 대황제를 대신하여 왔는데 비밀리에 아뢸 것이 있습니다"라고 했다. 이에 영의정 심순택, 좌의정 김홍집, 우의정 김병시 등 세 대신과 외아문 독판 조병호 및 전어관(傳語官: 통역)만 남아 시립한 가운데 조선 국왕이 이노우에와 회담했다. 이노우에는 신속히 외교교섭을 끝낼 것을 요구했다. 회담의 내용은 다음과 같다.

이노우에: 이번에 담판이 잘 되고 못 되는 것은 대군주께서 직접 저와 협상하시든지 대신을 시켜 상(上)의 면전에서 협상하도록 하는 데 달려있습니다.

조선 국왕: 전권대신을 임명하여 의정부에서 함께 참가하여 담판하게 하겠다.

이노우에: 저는 본국에서 공무(公務)로 겨를이 없으나 특별히 두 나라 간의 중대한 문제 때문에 온 만큼 질질 끌 수 없습니다. 옛날에 강화도에서 조약을 맺을 때에 제가 바로 판리대신(辦理大臣)이었습니다. 그때에도 담판이 이럭저럭 여러 날을 끌었는데 이번에 상의 면전에서 담판하자고 청하는 것은 속히 결말을 지으려는 것입니다.

조선 국왕: 대신 1원(員)을 파견하여 편의대로 일을 행하게 하여 속히 해결하도록 하겠다.

이노우에: 내일 즉시 담판을 한다면 다행이겠습니다.

조선 국왕: 그리 하겠다.

이노우에: 비밀리에 아뢰려고 한 것은 이번에 오고 간 문건들이 대부분 사실과 어긋나 담판할 때에 기본 취지가 맞지 않는다면 사신은 즉시 논의를 그만두고 돌아가야 하기 때문입니다.

조선 국왕: 이번의 일은 매우 불행한 일이어서 피차간에 문건이 자연 맞지 않을 수 있다. 귀국에서 특별히 대사를 파견해 담판을 짓게 하였으니, 참으로 일 처리가 공정하여 능히 공평하고 정당하게 되리라고 본다.

이노우에: 온화한 전하의 얼굴을 다시 뵙게 되는 것이 저의 바람입니다.

이날 스페이에르가 조선을 떠났다.

1월 7일 의정부에서 조선의 전권대신 좌의정 김홍집과 이노우에가 1차 회

담을 가졌다. 김홍집은 1880년 수신사로 일본에 파견된 적이 있어 이노우에와
잘 아는 사이였다. 이노우에가 조선에 주둔한 청군의 규모와 군함의 수를 물으
니 김홍집은 병력은 1300명, 군함은 마산포에 3척 정도 있다고 대답했다. 일본
의 요구가 대부분 받아들여져 9일 이른바 한성조약(漢城條約)이 체결됐다. 그
내용은 다음과 같다.

(1) 조선은 국서를 일본에 보내어 사의(謝議)를 표명한다.

(2) 이번 일본국 조해(遭害) 인민의 유족과 부상자를 휼급(恤給)하고 상민의
    화물이 훼손, 약탈된 것을 보전(補塡)하기 위해 조선국이 11만 원을 지급
    한다.

(3) 이소바야시 대위를 살해한 흉도를 사문(査問) 나포하여 그 죄의 무거움에
    따라 처벌한다.

(4) 일본 공관은 새로운 터로 옮겨 건축해야 하는 바 그 터와 방옥(房屋)은 조
    선국이 교부하여 공관과 영사관으로 이용하도록 한다. 또 그 수축 증건의
    경우 조선국이 다시 2만 원을 교부하여 그 공사비에 충당하도록 한다.

(5) 일본 호위병의 영사(營舍)는 공관에 딸려 있는 터로 선택해 정하고 임오
    속약 제5조에 따라 시행한다.

이노우에는 외무성 대서기관 곤도 모토스케(近藤眞鋤)를 임시대리공사로
임명하고 다케조에 등 갑신정변 관련자들을 데리고 11일 귀국길에 올랐다. 일
본군 1개 대대는 공사관 호위를 위해 잔류했다.

12일 푸트와 오시피(Ossipee) 호 함장이 제물포로 떠났다. 이날 밤 윤치호
는 조선 국왕으로부터 외유(外遊)를 허락받았다. 19일 오시피 호가 제물포에서
나가사키를 향해 출항했다. 이 배에는 푸트, 스커더 서기관, 윤치호가 타고 있
었다(오시피 호는 22일 나가사키에 도착했다).

20일 러시아의 기르스 외무장관은 조선의 요청에 대해 러시아가 공식으로 태도를 표명하면 청과 일본 사이에 충돌이 일어날 것이라고 보고 알렉산드르 3세에게 그렇게 하기를 상주해서 동의를 얻었다. 기르스는 주일 러시아 공사 다비도프에게 중국과 일본 사이에 충돌을 야기하지 않는다는 확신이 설 때까지는 보호통치 문제에 대해 아무런 결정도 내리지 않을 것이며, 장차 서울에 파견될 러시아 외교관이 이 문제를 조선과 논의할 것이라는 비밀 훈령을 보냈다.

23일 윤치호는 푸트 부부와 작별을 하고 상해로 가는 배에 몸을 실었다. 윤치호는 상해 미국 총영사 스탈(G. Stahl)에게 보내는 푸트의 소개장을 가지고 있었다. 그는 미국 총영사관의 도움으로 미국 남감리교 선교사들이 상해에 세운 서양식 근대학교인 중서학원(中西學院, Anglo-Chinese College)에 입학했다.

갑신정변의 실패는 조선 근대화에 치명적인 타격을 주었다. 개화사상은 개화파 지도자들이 역적으로 규정되면서 자연히 역적의 사상으로 여겨졌다. 누구도 개화사상을 옹호하지 못했다.

어느 정도 개화파에 동조하고 있던 이재황은 개화사상에 반감을 품게 되어 개화운동을 멀리하게 됐다. 당시의 전제왕정 체제에서 개혁이 성공하려면 국왕의 협조가 절대 필요했다. 비록 왕권 행사에 제한이 있었어도 이념적으로는 국왕이 절대군주였으며 국왕의 승인 없이는 어떠한 중요 결정도 내릴 수 없었다. 그러므로 개화당 인사들이 구상한 개혁을 이루려면 군주의 지지가 있어야 했다. 그러나 개화파가 유혈 정변을 일으킴에 따라 이재황은 그들에 대해 신임을 거두고 반감을 품게 됐다.

그러나 이재황이 믿을 만한 군주가 아니었다는 점을 고려하면 갑신정변 주도자들의 거사방식을 비난하기만 할 수는 없다. 뚜렷한 정치적 신념 없이 왕권 유지에만 관심을 두는 이재황의 태도는 기회주의적이어서 언제 태도를 바꿀지 몰랐다. 개화파는 척족인 민 씨 세력의 탐학과 비리를 방관할 뿐만 아니라 스스로 매관매직을 일삼는 이재황을 믿고 기다릴 수만은 없었다. 사실 후발국의 근대화는 '시간과의 싸움'이었다. 조선보다 일찍 근대화에 착수한 일본의 정치주역들도 시간이 없다는 강박관념에 시달렸는데, 하물며 조선의 개화파로서는 때를 기다려야 한다고 말하는 것은 앉아서 자멸하자는 것과 같았다.

갑신정변 관련자에 대한 처벌

정변이 실패로 끝나자 개화파 지도자 김옥균, 박영효, 홍영식, 서광범, 서재필 등 다섯 사람은 '오적(五賊)'으로 낙인찍혔다. 이들은 역사상 유례 없는 극악무도한 죄를 지은 것으로 단정됐다. 정변 참가자 중 김옥균, 박영효, 서광범, 서재필 등 9명만 일본으로 망명했을 뿐 자의 또는 타의로 망명하지 못한 인사들이 다수 처형됐다.

홍영식의 집안에서는 부친 홍순목과 처자가 모두 음독자살했다. 형 홍만식(洪萬植)도 음독자살을 기도했으나 실패하여 투옥됐다. 김옥균의 생모 송 씨는 음독자살했고, 생부 김병태는 천안 감옥에 10년간 구속됐다가 김옥균이 암살당한 1894년 교수형에 처해졌다. 누이동생은 어머니와 함께 음독자살을 기도했다가 실패하자 거짓 장례식을 치르고 도피했고, 남동생 김각균은 옥사했다. 서광범의 부친 서상익도 옥사했다. 서재필의 아우 서재창(徐載昌)은 처형됐고, 부친 서산언과 처 이씨는 자살했다. 돌을 겨우 넘긴 아들은 돌보는 이가 없어 죽었다. 거사 참여자들의 재산은 모두 몰수됐다. 김옥균 등에게 처음으로 개화사상을 전수하고 '백의정승(白衣政丞)'으로 불리던 유홍기는 정변 이후 모습을 감추었고, 그의 처는 옥사했다. 《근세조선정감》의 저자 박제경은 흥분한 민중에게 붙잡혀 수표교 위에서 참살당했다.

정변의 와중에 일어난 혼란과 충돌로 인해 민간인이 90명가량 피살됐다. 조선군은 38명, 청군은 9명이 전사했다. 갑신정변과 관련하여 죽음을 당한 개화파 인사들의 명단은 다음과 같다.

모반대역부도죄(능지처사): 김옥균(金玉均), 김봉균(金鳳均), 신중모(申仲模), 윤경순(尹景純), 이창규(李昌奎), 이희정(李喜貞), 홍영식(洪英植)

모반부도죄(참형): 낭창관(浪昌寬), 신흥모(申興模), 오창모(吳昌模), 윤계완(尹啓完), 이윤상(李允相), 이응호(李應浩), 이점돌(李點乭), 전흥룡(全興龍)

지정불고죄(참형): 고흥종(高興宗), 김창기(金昌基), 남흥철(南興喆), 민창수(閔昌洙), 서재창(徐載昌), 차홍식(車弘植), 최성욱(崔聖郁), 최영식(崔英植)

피살: 박삼룡(朴三龍), 박영교(朴泳敎), 박응학(朴膺學), 박제경(朴齊絅), 백낙운(白樂雲), 오감(吳鑑), 윤영관(尹泳觀), 이건영(李建榮), 이병호(李秉虎), 이인종(李寅鍾), 정행징(鄭行徵), 하응선(河應善), 홍영식(洪英植) 외 20명

알렌은 거열형으로 처형된 시체를 보고 일기에 다음과 같이 적었다.

1월 30일(금요일)
오늘 나는 민영익의 집으로 가던 중 남북으로 길게 뻗어있는 길거리에서 우리 집에서 가장 가까운 지점에 머리, 손, 발이 절단된 시체 4구가 놓여 있는 것을 보았다. 시체는 최근 정변 직후에 세워놓은, 한자로 쓴 나무푯말 밑에 놓여 있었다. 서울 시내 여러 곳에서 이와 같은 시체를 볼 수 있는데, 아마도 같은 목적에서 시체를 전시하고 있는 것 같았다.
나는 이들이 정변에 가담했다가 미처 도망하지 못하여 체포되어 처형된 공모자들이며, 이곳에 전시된 4구는 이 지역에 할당된 시체임을 알게 됐다. 시체는 엎드려 눕혀져 3일간 전시될 것이다. 개들이 사육제를 여는 듯 시체더미 위로 올라가 살점을 뜯어먹고 있었다.
민영익에게 그가 적을 먹어 식인하고 있다고 말해주자 그는 크게 놀랐다. 나는 정변 후 개들이 죽은 일본인 시체를 뜯어먹고 있는 것을 목격했다고 그에게 이야기한 바 있다. 이 말을 들은 후부터 그는 개고기를 먹고 있다. 이제 그는 자신의 동포의 시체를 먹고 있다고 말할 수 있겠다(개고기를 먹음으로써 개가 먹은 일본인과 갑신정변 관련자의 고기를 먹고 있다는 뜻).

1885년 2월 애스턴은 본국에 보고하기 위한 것이라며 갑신정변 관련자와 그 가족에 대한 처리 내용을 통계로 보내줄 것을 조선 정부에 요구했다. 이에 대한 조선 정부의 답변은 다음과 같았다.

지난해 10월 변란과 관련해 그 난괴(亂魁) 4인은 이미 경외로 도주하여 정법을 시행하지 못하였다. 당여(黨與) 12명을 체포하였으며, 그 가운데 1명이 죽었다. 11명은 이미 주살(誅殺)하였다. 그 나머지 지속(支屬)은 아직도 보존하여 별 탈이 없다. 변란의 때에 난괴 홍영식과 생도 합 9인은 호위병에게 난살(亂殺)되었고, 겨우 평정된 후에는 난괴의 부모와 처자가 혹은 두려워서 자살하였으니 우리 국가가 법으로 죽인 것이 아니다. 국가에서 죽인 것은 오직 난당 11명뿐이다.
〈일본신보(日本申報)〉에 백여 명 운운한 것은 틀림없이 와전된 것이다. 국법에 괴수를 체포하지 못했을 때에는 지속 또한 단율(斷律)할 수 없게 돼있기 때문에 난괴 4인의 가속(家屬)은 모두 의율(議律)하지 않았다. 이미 주살한 11명 중 4명은 정절(情節)이 가장 흉악하여 그 처첩이 법으로 종사(從死)하는 것이며, 그 나머지 부자형제는 법으로 당연히 유배하는 것이다. 그러나 나라에 경사가 있으면 고루 죄를 묻지 않는다. 왕법(王法)에 의해 죽은 것은 모두 11명뿐이다. 이와 같이 알린다.

갑신정변은 청불전쟁에도 영향을 주었다. 갑신정변으로 일본과의 전쟁위기가 고조되자 청의 서태후는 일본이 프랑스보다 더 청에 위협적이라고 보고 1885년 1월 프랑스와의 협상을 지시했다. 이에 따라 2월과 3월 파리에서 청 대표가 프랑스 대표와 협상했다.

일본으로 돌아간 이노우에는 조선에 주둔하고 있는 청일 양국 군대가 전부 철수하지 않는다면 분쟁의 소지가 상존하게 되므로 이 문제를 반드시 해결해야 한다고 보았다. 22일 이노우에는 신임 주일 청 공사 서승조(徐承祖)와 장시간 대화했다. 이노우에는 일본과 청이 동시에 조선에서 철군해야 한다고 주장했다.

한성조약 체결에도 불구하고 일본 조야에서는 청과 개전해야 한다는 목소리가 높아져 갔다. 일본 정부는 청과 갑신정변을 마무리 짓는 조약을 체결할 필요성을 느꼈다. 2월 8일 일본 내각은 청과 담판하기로 결정했다. 같은 달 25일 이노우에가 서승조에게 이토 히로부미를 청으로 파견한다는 내용의 조회문을 발송했다. 서승조는 일본은 철병과 청군 책임자 처벌 두 가지를 교섭하려고 한다고 본국에 보고했다. 이토가 특파전권대신이 되어 요코하마에서 출항해 천진으로 향했다.

2월 초 조선의 전영(前營) 영관(領官) 권동수(權東壽)와 김용원(金鏞元)이 블라디보스토크에 가서 남 우수리 지방 국경위원회 소속 베네프스키 대령에게 러시아의 보호를 요청하는 국서를 전달했다. 권동수와 김용원은 이재황이 보낸 밀사였던 것으로 추측된다. 러시아 정부는 이들에게 공식 대표자를 서울에 파견해 이 문제를 논의하게 하겠다는 내용의 문서를 전달했다. 묄렌도르프는 2월 초에 다시 일본으로 가서 16일 주일 러시아 공사 다비도프와 회견하여 러시아의 조선 보호통치를 논의했다.

일본으로 망명한 김옥균 일행은 미국인 사업가 제임스 모스와 선교사 루미스(Henry Loomis), 헤론(John W. Heron), 언더우드(Horace Grant Underwood)

목사의 도움을 받았으나, 일본 정부로부터는 냉대를 받았다. 일본에 온 서상우와 묄렌도르프는 망명객들의 송환을 집요하게 요구했다.

생활이 어렵고 신변에 위협을 느낀 박영효, 서광범, 서재필 등 7인은 미국으로 망명하기로 했다. 미국 선교사들이 소개장을 써주었다. 박영효, 서광범은 한시를 쓴 붓글씨를 팔아 여비에 보탰다. 이들은 1885년 5월 26일 기선 '북경시(City of Peking) 호'를 타고 미국으로 떠나 6월 11일 샌프란시스코에 도착했다. 그 지방의 유력지 〈샌프란시스코 크로니클(The San Francisco Chronicle)〉은 6월 19일자에 '은둔의 나라에서 온 망명객들, 반란 끝에 온 표류자들-샌프란시스코는 세 진보당 지도자들의 피난처(Corean Refugees, Exiles from the Hermit Nation-The Waifs of a Rebellion, San Francisco as the Asylum for Three Leaders of the progressionists)' 라는 제목으로 이들에 관해 상당히 장문의 기사를 실었다.

박영효는 얼마 지나지 않아 일본으로 돌아갔지만, 서광범은 언더우드 목사의 소개장을 가지고 그의 형인 사업가 존 언더우드(John T. Underwood)를 찾아 미국 동부로 떠났다. 서광범은 존 언더우드의 도움으로 뉴저지 주의 러트거스대학(Rutgers College)을 다니게 됐다(언더우드 목사는 1885년 4월 조선에 입국하여 선교활동을 시작했다).

영국의 거문도 점령

조선과 수교한 후 러시아는 청의 간섭에 염증을 느낀 조선 정부 요인들에게 청을 견제해줄 세력으로 여겨졌다. 영국 정부는 전 세계에서 러시아와 대결하고 있었으므로 러시아 세력의 조선 침투에 커다란 위협을 느꼈다. 이러한 때에 러시아가 중앙아시아의 서 투르키스탄 지역을 영토로 삼고 아프가니스탄 방면으로 남하했다. 영국은 인도의 안전을 위해 아프가니스탄을 확보할 필요성이 절실했다.

1884년 2월 러시아는 아프가니스탄 국경 요지인 메르브(Merv)를 점령한 다음 영국과 협상을 벌여 국경문제위원회 설치에 합의했다. 그러나 1885년 1월 러시아 측 위원이 회의장소인 헤라트(Herat) 부근에 나타나지 않자 영국은 러시아가 음모를 꾸미고 있다고 의심했다. 3월 12일 영국 글래드스턴(William Ewart Gladstone) 내각은 인도에서 러시아에 대한 전쟁준비에 착수한다는 결정을 내렸다.

1885년 3월 21일 주청 영국 공사 파크스가 말라리아로 사망하여 다음날 오코너(Nicholas Robert O'Conor)가 임시대리공사로 임명됐다.

27일 런던 주재 청 공사 증기택은 영국 해군성이 모든 병선을 동원하고 인도에 있는 군대를 아프가니스탄 국경 이남 지역으로 집결하도록 했다는 내용의 전보를 이홍장에게 보냈다.

30일 판즈데(Panjdeh)에서 러시아군이 영국군에게 훈련 받은 아프가니스탄 군대를 공격하여 전멸시켰다. 이에 영국의 글래드스턴 내각은 러시아의 힘을 분산시키기 위해 동아시아에서 러시아를 압박하기로 했다. 그리고 이를 위한 전초기지로 거문도를 점령하기로 결정했다.

3개 섬으로 이루어진 거문도는 수심이 깊고 대한해협이나 대마도해협을 항해하는 선박을 감시하기에 좋은 위치에 있었다. 그러므로 영국이 거문도를 장악하면 블라디보스토크의 러시아 극동함대를 동해에서 봉쇄할 수 있었다.

영국과 러시아는 일찍이 거문도의 전략적 가치를 잘 알고 있었다. 영국은 1845년에 사마랑 호로 거문도를 처음 탐사했으며, 1855년에도 측량선 사라센(Saracen) 호를 보내 거문도를 측량했다. 러시아도 1865년(고종 2년) 7척의 군함을 보내어 거문도를 조사한 바 있다.

4월 3일(음력 2월 18일) 천진에서 이홍장과 이토가 협상을 시작했다. 청과 프랑스가 강화조약을 교섭 중이었으므로 이홍장은 강하게 나갈 수 있었다. 이토는 일본군 살해 책임자(원세개) 처벌과 손해배상을 요구했으나, 예상대로 이홍장은 이에 응하지 않았다. 이홍장은 종속국에서 내란이 일어나면 청은 자유로이 출병할 권한을 있음을 강조했다.

이날 서울 재동(齋洞)에서 최초의 서양식 국립 의료기관인 광혜원(廣惠院)이 외아문 부속기관으로 개업했다. 민영익을 치료한 알렌의 요청을 받아들여 세워진 것이다. 광혜원 건물은 몰수된 홍영식의 집을 개수한 것이었다. (이재황은 4월 10일자로 광혜원 설립을 재가했다. 외아문의 요청에 따라 4월 26일 병원의 이름이 제중원(濟衆院)으로 변경됐다.)

외아문이 이날 사대문과 종각에 게시한 공고문은 다음과 같다.

본 아문에서 시의원(施醫院) 한 곳을 설치했는데, 북부 재동 외아문 북쪽으로 두 번째 집에 위치한다. 미국 의사 안련(安連, 알렌)을 초빙했으며, 아울러 학도(學徒)와 의약 및 제 도구를 갖추었다. 오늘 18일부터 매일 미시(未時, 오후 1∼3시)부터 신시(申時, 오후 3∼5시)까지 병원 문을 열어 약을 줄 것이다. 해당 의사의 학술은 정교하고 양호한데, 특히 외과에 뛰어나서 한번 진료를 받으면 신통한 효과를 보게 될 것이다. 본 병원에는 남녀가 머물 병실이 있으니 무릇 질병에 걸린 자는 병원에 와서 치료를 받을 것이며, 약값은 나라에서 대줄 것이다. 이를 숙지하여 하등 의심을 품지 말고 치료를 받으러 올지어다.

4월 4일 청과 프랑스가 파리에서 정전협정을 체결했다. 9일 영국이 거문도를 점령할 것이라는 소문을 듣고 있던 일본 외무성은 주일 영국 공사 플런켓에게 영국이 거문도를 점령하면 러시아도 조선의 다른 지역을 점령할 것이므로 이런 일은 일본에 위협이 된다고 말했다.

12일 이홍장과의 5차 회담에서 이토 히로부미는 영국이 조선의 거마도(ㅌ

磨島, 거문도)를 점령할 가능성이 있다고 이홍장에게 말했다.

만일 타국이 와서 일본과 조선 사이에 있는 섬을 점령하려 한다면 이 침략에 대해 방어하지 않을 수 없다. (지도를 보여주며) 만일 타국이 이 섬을 점령하거나 공격하면 우리는 그곳에 육해군 병영을 설치하거나 우리 국력을 다해 이를 방어하지 않을 수 없다. 따라서 타국이 만일 거마도(巨摩島)라는 이름을 가진 이 섬을 점령하는 일이 있으면 귀국도 이와 같이 군사를 보내 방어하지 않을 수 없을 것이다.

4월 15일(음력 3월 1일) 나가사키에 주둔한 영국의 중국함대 사령관 윌리엄 도웰(William Dowel) 제독이 지휘하는 영국 군함 3척이 거문도에 도착했다. 영국은 러시아가 거문도나 조선의 다른 지역을 점령할 계획이므로 사전에 이를 막기 위한 것이라고 선전했다.

18일 청과 일본은 3개조로 구성된 간략한 내용의 천진조약을 체결했다. 그 내용은 다음과 같다.

(1) 다음과 같이 의정(議定)한다. 중국은 조선에 주찰(駐紮)한 병(兵)을 철수하고 일본국은 공사관 병변(兵弁: 공사관 호위군사)을 철수한다. 서명 조인한 날로부터 4개월 기간 내에 각각 철회를 마쳐 양국 사이에 자단(滋端: 분쟁의 단서)의 우려를 없앤다. 중국 군대는 마산포를 거쳐, 일본국 군대는 인천을 거쳐 철수한다.

(2) 양국은 다음과 같이 함께 승인한다. 조선 국왕에게 병사를 교련하여 치안을 스스로 충분히 보호하도록 권한다. 앞으로 양국은 조선 군대 훈련을 위한 군사고문을 파견하지 않는다.

(3) 장차 조선에서 변란이나 중대한 사건이 있어서 중일 양국 혹은 1국이 파병을 요할 때에는 먼저 문서로 알려야 하며 그 사건이 진정된 이후에는 곧

철회하여 다시 머물러 주둔하지 않는다.

이리하여 청과 일본의 충돌 위기는 일단 해소됐다. 일본은 갑신정변에 책임이 있었지만 이 조약으로 추궁도 당하지 않고 정식으로 청과 대등한 지위와 권리를 확보했다. 청군을 조선에서 완전히 철수하도록 한 것도 일본 외교의 성과였다. 그러나 청은 상민수륙무역장정에 의거하여 북양함대의 군함을 수시로 인천에 파견하고 지휘관을 주둔시켜 인천을 북양함대의 전진기지로 만들었다. 이에 따라 서해는 청의 내해(內海)가 됐다. 청은 이를 기반으로 조선의 내정에 적극 개입하여 실질적으로 조선을 식민지로 만들었다.

4월 20일 이홍장은 총리아문에 '이토 히로부미는 나라를 다스릴 재주가 있다'라는 제목을 붙인 서한을 보냈다. 이홍장은 이 글에서 일본이 장차 중국에 큰 화근이 될 것이라고 예견하고 이토가 오랫동안 유럽과 미국을 순방한 바 있으며 나라를 다스릴 재주가 있고 지금 부국강병에 힘쓰고 있으니 10년 후에는 일본의 부강이 나타날 것이라고 전망했다.

이날 주청 일본 공사 에노모토는 영국의 거문도 점령 사실에 대해 전보로 일본 정부에 보고했는데, 플런켓도 영국의 거문도 점령 사실을 일본 외무성에 정식으로 통고했다. 다음날인 21일 일본 정부는 거문도에 군함을 파견하기로 결정했다. 일본은 영국과 우호관계를 유지하면서 청을 부추겨 영국으로 하여금 거문도에서 철수하게 한다는 방략을 세웠다.

러시아에서는 영국의 거문도 점령에 대항하여 조선에 있는 부동항을 점령해야 한다는 주장이 나왔다. 그러나 연해주 지역을 방어하는 러시아 군사는 1만 8천 명으로 빈약했다. 러시아 극동해군도 영국의 중국함대에 대항하기에 역부족이었다. 21일 러시아는 블라디보스토크 항구에 들어오는 외국 선박을 격침하겠다고 선언했다.

4월 24일 주청 영국 임시대리공사 오코너는 본국 정부의 훈령에 따라 조선에 거문도 점령을 통고하는 조회문을 작성해 보냈다. (이 조회문이 우여곡절 끝에 조선에 전해진 날은 5월 19일이었으나 《고종실록》은 4월 24일 접수한 것으로 기록하고 있다. 이러한 유형의 오류는 조선 사료의 대외문제에 관련 기록에서 자주 보인다.) 영국은 러시아가 거문도나 조선의 다른 지역을 점령할 계획이므로 사전에 이를 막기 위한 것이라고 선전했다.

5월 3일 이홍장은 북양수사 제독 정여창으로 하여금 군함을 이끌고 조선으로 가서 조선 정부로 하여금 신중히 대처하게 하라고 지시했다. 그리고 조선 관리와 함께 거문도로 가서 영국의 동정을 살피고 나가사키로 가서 영국 제독과 만나라고 했다.

다음날인 4일(음력 3월 20일) 이홍장은 이재황에게 서신을 보내 영국의 거문도 점령 경위를 설명하고 천진조약 체결을 통보했다. 이 서신의 마지막 부분에서 이홍장은 조선이 군비에 힘쓸 것을 당부했다. 서신의 내용은 다음과 같다.

귀국의 제주 동북쪽으로 100여 리 떨어진 곳에 거마도가 있는데, 그것이 바로 거문도입니다. 바다 가운데 외로이 솟아있으며 서양 이름으로는 해밀턴 섬이라고 부릅니다. 요즘 영국과 러시아가 아부한(阿富汗: 아프가니스탄) 경계 문제를 가지고 분쟁을 일으키고 있습니다.

러시아가 군함을 해삼위(海蔘葳: 블라디보스토크)에 집결시키므로 영국 사람들은 그들이 남하하여 향항(香港: 홍콩)을 침략할까봐 거마도에 군사와 군함을 주둔시키고 그들이 오는 길을 막고 있습니다.

이 섬은 조선의 영토에 속한 것으로서 영국 사신이 귀국과 토의하여 수군을 주둔시킬 장소로 빌린 적이 있습니다. 그러므로 잠시 빌려서 군함을 정박하였다가 예정된 날짜에 나간다면 혹시 참작해서 융통해줄 수도 있겠지만, 만일 오랫동안 빌리고 돌아가지 않으면서 사거나 조차지(租借地)로 만들려고 한다면 단연코 경솔히 허락해서는 안 됩니다. 구라파 사람들이 남양(南洋)을 잠식할 때에도 처음에는 다 비싼 값으로 땅을 빌렸다가 뒤에 그만 빼앗아서 자기의 소유로 만들었습니다.

거마도는 듣건대 황폐한 섬이라 하니 귀국에서 혹시 그다지 아깝지 않은 땅으로 볼 수도 있겠지만, 향항 지구 같은 것도 영국 사람들이 차지하기 전에는 남방 종족 몇 집이 거기에 초가집을 짓고 사는 곳에 불과하였습니다. 그런데 지금은 점차 (영국이) 경영하여 중요한 진영(鎭營)이 되었고, 남양의 관문이 되고 있습니다.

더구나 이 섬은 동해의 요충지로서 중국 위해(威海)의 지부(之罘), 일본의 대마도, 귀국의 부산과 다 거리가 매우 가깝습니다. 영국 사람들이 러시아를 방어하기 위한 것이라고 변명하지만 어찌 그들이 다른 생각을 하고 있지 않는지를 알겠습니까? 이등박문(伊藤博文)은 이전에 나와의 담화에서 영국이 만약 오랫동안 거마도를 차지한다면 일본에 더욱 불리하다고 하였습니다.

만일 귀국이 이 섬을 영국에 빌려준다면 반드시 일본인들의 추궁을 받을 것이며, 러시아도 곧 징벌하기 위한 군사를 출동시키지는 않더라도 역시 부근의 다른 섬을 꼭 차지하려고 할 것이니 귀국이 무슨 말로 반대하겠습니까? 이것은 도적을 안내하여 문으로 들어오게 하는 것으로 이웃나라에 대하여 다시 죄를 짓게 되며 더욱이 큰 실책이 됩니다. 그뿐 아니라 세계정세로 보아도 큰 관계가 있으니, 바라건대 전하는 일정한 주견을 견지하여 그들의 많은 선물과 달콤한 말에 넘어가지 않기를 바랍니다. 이제 정(여창) 제독에게 군함을 주어서 이 섬에 보내어 정형(情形)을 조사하게 하는 동시에 귀 정부와 함께 진지하게 토의하게 하니, 잘 생각해서 처리하는 것이 필요합니다. (…)

이후 조선과 일본 사이에 크게 어려운 점은 없을 것입니다. 오직 열강이 주변에서 노리고 있는지라 매사에 조심해야 합니다. 희망하건대 전하가 군사를 훈련시켜 조선의 안정과 평화를 도모하기 바랍니다.

조선이 5개 대대를 훈련시킬 때에는 중국과 일본 양국이 모두 교관을 보냈으나,

오늘날 양국이 모두 철군해야 함에 따라 마찰을 피하기 위해 교관들도 마찬가지로 귀국시켜야 합니다. **우리 조정 대신들은 황제께서 동쪽 변경을 걱정하는 지극한 뜻을 받들어 전하를 위해 두 가지 계책을 마련하였습니다.**

첫째는 수천 명의 총을 가진 부대를 창건하여 서양 여러 나라들의 교관을 초빙해 훈련시키는 것입니다. 둘째는 귀국에서 하급 무관을 천진 군영에 파견하여 학습하게 하는 것입니다. 이 두 가지는 지금 시급히 해결해야 할 문제입니다.

5월 8일 청의 군함 2척이 남양 마산포에 도착했다. 정여창은 10일 조선 국왕을 알현하고 이홍장의 5월 4일자 서한을 전달했다. 이 서한으로 영국의 거문도 점령 사실을 알게 된 조선 조정은 이홍장의 충고에 따라 거문도 점령을 인정할 수 없음을 오코너에게 통보하기로 결정했다. 그리고 서울에 주재하는 각국 공사에게 자문을 구했다.

5월 13일(음력 3월 29일) 일본 대리공사 곤도 모토스케가 통리교섭통상사무아문의 독판 김윤식에게 다음과 같은 회답 편지를 보냈다.

비밀편지를 받아보았습니다.

거문도 문제는 귀국의 국권(國權)에 관계되는 중대한 문제인 것 같습니다. 그래서 곧 영국 대신(大臣)의 비밀편지를 보았는데, 단지 만약의 경우에 대응하게 한 것이라고만 말하였습니다. 그러니 생각하건대, 영국이 방비하겠다고 말한 나라가 가령 귀국과 수호조약을 체결한 나라라면 관계되는 바가 더욱 크지 않겠습니까?

대체로 동맹한 각국 가운데서 만약 불행하게도 서로 관계가 나빠진 나라들이 생겨서 어느 한 나라가 귀국의 지역을 차지하고 만약의 경우에 대처하자고 할 경우에 귀국이 허락한다면 그 한 나라에는 이로울 것이지만 다른 한 나라에는 해로울 것입니다. 그러니 이는 관계없는 나라로서 서로 유지해주고 서로 처리해주는 방도에 어긋날 것 같습니다. 그러나 귀 대신이 영국 대신에게 귀국이 허락할 수 없을 뿐 아니라 다른 각국에서 요구한다 하여도 절대로 승인하지 않겠다고 대답한 것은 정말 지당한 말입니다.

이번에 영국의 이 행동에 대하여 (조선과) 우호관계를 가지고 있는 각국에서는 귀국의 의사를 모르기 때문에 영국의 행동이 혹시 귀국의 허락 하에 나온 것이 아닌가 하고 의심할 수 있을 것입니다. 오늘의 계책으로서는 응당 영국에 통지한 내용을 우호관계를 가지고 있는 각국에 통지하여 영국이 이 섬을 차지한 것이 귀국에서 윤허한 것이 아니라는 것을 알게 하는 것입니다. 이렇게 하면 각국에서는 의심을 저절로 풀 수 있을 것이고 공론(公論)이 귀결될 것입니다.

이 문제에 대하여 본 공사는 본국 정부의 훈령을 아직 받들지 못하였으므로 사적인 견해를 대강 밝혀 회답을 보내니, 귀 대신이 타당하게 처리하기를 간절히 바랍니다.

조선 정부는 정여창의 조언에 따라 의정부의 당상관 엄세영과 외아문 협판 묄렌도르프에게 명하여 거문도에 가서 영국인의 동정을 살피라고 했다. 5월 16일(음력 4월 3일) 엄세영과 묄렌도르프는 청의 군함을 타고 거문도에 도착해 영국 기함의 함장 매클리어(Maclear, 麥乞伊) 해군 대령과 회담했다.

묄렌도르프: 전에 들으니 영국 군함이 이 섬에다가 깃발을 세워놓았다고 하므로 사람을 보내서 알아보려고 하던 차에 마침 중국 군함이 바다를 순찰하다가 마산포에 왔으므로 우리나라 임금이 정여창과 상의하여 윤선(輪船)을 붙여주어 왔습니다. 아까 보니 과연 귀국의 깃발을 세워놓았는데 무슨 의도인지 알지 못하겠습니다.

매클리어: 이 깃발을 세운 것은 우리 수군제독(水軍提督)의 명령을 수행한 것입니다. 본국 정부에서 러시아가 이 섬을 차지하려고 한다는 말을 들었기 때문입니다. 현재 영국과 러시아 사이에 분쟁이 생길 기미가 있기 때문에 먼저 와서 이 섬

을 잠시 지킴으로써 보호하는 데 도움이 되게 하려는 것입니다.

묄렌도르프: 조선은 원래 영국과 우호조약을 맺은 나라이며 러시아와도 우호조약을 맺은 나라인데 지금 귀국의 군함이 조선 땅에 와서 국기를 세워놓는다는 것은 이치상 허락할 수 없으니, 귀 정부에 명백히 전달하여 이런 내용을 알게 한 다음 조선의 수도에 들어가서 각국 공사들에게 조회(照會)하여 이런 내용을 알게 하여야 할 것입니다.

매클리어: 나 역시 조선에서 이 일을 처리하기가 곤란하리라는 것을 잘 알고 있습니다. 원래 정부에 빨리 통지해야 할 것이었으나, 우리 정부의 의사도 각하에게 명백히 알리지 못하였습니다. 나는 수군제독의 명령을 받고 여기에 주둔하고 있으니 각하께서 장기도(長崎島: 나가사키)에 가서 수군제독과 상의하면 될 것입니다. 지난달 28일에 러시아 군함 1척이 여기에 왔는데 영국의 의도를 몹시 의심하였습니다.

묄렌도르프: 귀국이 조선 땅에다가 깃발을 세워놓은 것은 사리에 맞지 않습니다. 우리는 명령을 받고 여기에 왔으므로 조사한 것을 즉시 돌아가서 우리 임금에게 보고할 것이니, 각하도 이런 뜻을 귀 수군제독과 상의한 다음 빨리 귀 정부에 알려서 속히 처리해야 할 것입니다.

매클리어: 그렇습니다. 나도 모레 장기도에 가려고 합니다. 이달 1일 영국에서 전보가 왔는데 영국 정부가 영국 주재 러시아 공사와 아프가니스탄 사건을 논의하여 해명했다고 하였습니다. 우리 군함도 이제 분쟁한 일이 없었다는 것을 본국에 보고하겠습니다.

이어 엄세영과 묄렌도르프는 청의 군함을 타고 가서 5월 18일 아침 나가사키에 도착하여 저녁에 윌리엄 도웰을 예방했다. 이날 주청 러시아 공사 포포프(Popov)는 중국이 영국의 거문도 점령을 허용한다면 러시아도 조선의 다른 항구를 점령할 것이라고 공언했다. 다음날인 5월 19일(음력 4월 6일) 엄세영과 묄렌도르프가 도웰에게 편지를 보냈다.

우리나라 대군주께서는 아세아 동부 해상에 주둔하고 있는 귀국의 병선(兵船)이 우연히 우리나라 거문도에 이르렀다는 소식과 아울러 귀 제독이 그 섬에 주둔하고 있다는 소식을 들었습니다. 그리하여 우리나라 대군주께서는 중국의 제독 군문(軍門) 정여창이 2척의 군함을 가지고 바다를 순찰하다가 마산포에 이르렀다는 것을 아시게 되었습니다. 그리하여 우리나라 대군주께서는 군문 정여창에게 우리나라에서 특파한 관원들을 데리고 섬에 가서 정형(情形)을 조사하여 보라고 특별히 청하였습니다.

우리는 섬에 당도하여 즉시 귀국의 병함(兵艦) 6척과 상선(商船) 2척이 섬 안에 정박하고 있는 것을 보았으며, 동시에 섬의 높은 산꼭대기에 귀국의 깃발이 세워진 것을 보았습니다. 본관(本官)들이 곧 귀국의 비어선(飛魚船)에 가서 그 까닭을 물으니 그 선주(船主)가 말하기를, 이것은 바로 귀 제독의 명령을 받은 것이라고 하면서 귀 제독이 현재 일본 장기도에 머물러 있다고 하였습니다.

본관들은 다시 군문 정여창과 가부를 토의하고 장기도에 가기로 하였는데 다행히 임금의 윤허를 받아 이달 5일 아침 장기도에 도착하였고, 본관들은 그 즉시로 귀 제독을 면회하였습니다. 면담한 여러 가지 건(件)은 다 주상의 명령을 받은 것이므로 귀 제독의 대답을 청합니다. 이미 우의를 맺은 나라인데 벗이 된 나라의 땅을 점령하고 있는 것은 누구의 명령에서 나왔으며, 또한 무엇 때문입니까?

본관들은 귀 제독이 즉시 처리하여 조약 관계가 있는 각 나라들로 하여금 그 섬이 본국의 땅이라는 것을 모두 알도록 하는 것이 타당하다고 생각합니다. 이 편지를 살펴보고 회답해 주기 바랍니다.

이날 청 주재 영국 임시대리공사 오코너가 4월 24일 발송한 문서가 조선 외아문에 전달됐다. 그 내용은 다음과 같다.

대영국의 서리편의행사대신(署理便宜行事大臣)으로서 조선과 교섭하는 일을 맡은 일등참찬(一等參贊) 오코너(歐致)는 대조선 교섭통상사무아문(交涉通商事務衙門)의 독판대신(督辦大臣)에게 조회를 보냅니다.

본 대신은 지금 본국에서 온 자문(咨文)을 받았는데 "뜻밖의 일에 대응 방비하기 위하여 본국의 수사관(水師官)에게 대조선국 남쪽의 작은 섬인, 영어로 해밀턴(Hamilton, 哈米敦)이라고 하는 섬을 얼마동안 차지하고 대조선국 정부에 비밀리에 이러한 내용을 통지하라" 하였습니다. 위에서 제기한 사유를 서로 공문으로 알려야 하겠기에 통지하는 바이니 잘 알 것입니다.

5월 20일 외아문 독판 김윤식이 북경 주재 영국 공사 오코너에게 거문도 조사를 거질하는 회답 선보를 보냈다.

얼마 전에 귀국 사신이 보낸 비밀 자문(咨文)을 받아보았는데 우리나라의 해밀턴 섬을 빌려서 잠시 거주하려고 한다고 하였기에 이 섬을 조사해 보았습니다.

이 섬은 우리나라의 중요한 지방이므로 귀국의 요청을 허락할 수 없을 뿐 아니라 다른 각국에서 요구한다 해도 절대로 승인할 수 없습니다. 바라건대 귀국은 우의를 중요하게 여겨 빨리 전번의 의견을 철회한다면 매우 다행이겠습니다. 먼저 이 전보로 알리면서 회답이 오기를 기다립니다.

이날 김윤식은 일본 대리공사 곤도와 거문도 사건에 관해 논의했는데, 이전에 김윤식으로부터 조선의 러시아 밀사 파견설을 들었으므로 곤도는 이에 대해 질문했다.

곤도: 지난번 밀사는 귀국 정부가 보낸 것입니까, 혹은 타인이 보낸 것입니까? 그 의도는 과연 어디에 있습니까?

김윤식: 이 일을 정부는 전혀 알지 못합니다. 또 지금까지 그 서한을 보지 못했습니다. 지난번 변란 이후 인심이 흉흉한 가운데 정부는 중국과 일본이 반드시 일시 전쟁을 할 것이라고 생각했습니다. 이때 목인덕이 러시아는 인접국가이기에 만일 중국과 일본이 전쟁을 하는 경우 미리 러시아에 보호를 의뢰한다는 것을 알리고 보호를 부탁해야 한다고 발의하였습니다. 그러나 중론이 일치하지 못해 그 의논은 폐기되었습니다. 그런데 이제 그 밀사의 일을 들으니 비록 누구의 명을 받았는지, 또 포염항(浦鹽港: 블라디보스토크)에 가서 그 지방관을 통해 그 정부의 보호를 요청한 것은 알 수 없는 일이고 심히 기괴합니다. 목인덕도 이를 듣고 외교의 중임을 맡았는데 그 전말을 모르니 실로 유감이라고 내게 말했습니다.

곤도는 김윤식의 말을 듣고는 조선 국왕이 러시아에 보호 요청을 하자는 묄렌도르프의 제안을 듣고 내관(內官: 환관)과 모의했거나 국왕이 독단으로 그런 일을 했거나 둘 중 하나라고 추측했다.

5월 21일 독일 총영사 쳄프슈가 조선 외아문에 회답 편지를 보내왔다.

어젯밤에 비밀리에 보내온 편지를 받아보았습니다. 이것은 실로 뜻밖의 사실이기 때문에 본 대신(大臣)은 아직 본국의 서찰 명령을 받지 못하였으나 귀 대신이 명백한 말을 해달라고 청하므로 본인의 의견으로 당신의 말에 답변할 뿐이며 본국 정부의 입장을 말하는 것은 아닙니다.

보내온 편지에 "다른 나라가 조선의 땅을 점령한다면 우리나라는 도의상 가만히 보고만 있지 않을 것입니다"라고 하였는데, 그 말은 아주 이치에 닿는 말입니다. 영국 대신이 보내온 편지를 자세히 읽어보니, 이번에 거문도에 잠시 가서 지키려고 한 것은 사실 영국이 다른 나라와 분쟁이 생길 우려가 있기 때문이라고 생각됩니다. 대체로 이 나라가 귀국의 땅을 점령하고 저 나라를 방어하려 한다면 저 나라뿐만 아니라 동맹(同盟)한 각 우방들도 각자 성명을 내고 참작하여 특별한 방법을 강구하여 처리할 수 있을 것입니다.

본 대신의 의견으로는, 먼저 점거하여 지키고 있는 나라에 알려주고 도의에 근거하여 변론하고 설명할 것이며, 그래도 윤허하지 않는다면 역시 우호관계를 가진 각국 정부에 알려줌으로써 각국으로 하여금 그들이 섬을 차지한 것이 귀국의 바라던 바가 아니었는가 하는 의심을 풀어야 할 것입니다.

만약 귀 대신이 문건을 갖추어서 이 사건을 알려준다면 본 대신은 즉시 본국 정부에 문의하겠습니다. 본 대신은 이 사건이 무사하게 잘 처리되기를 바랍니다. 이것은 귀국에만 매우 기쁜 일인 것이 아니라 동맹한 우방들도 간절히 바라는 바입니다.

이날 또한 중국 상무총반 겸 영사 진수당이 외아문에 회답 편지를 보내왔다.

거문도에는 이미 중국의 부상(傳相: 이홍장)이 파견한 군문(軍門) 정여창이 가 있습니다. 거기에 도착한 정여창은 참판(參判) 묄렌도르프 및 담송삼형(譚頌三兄) 등을 데리고 같이 다니면서 공동으로 조사하였습니다. 들은 것에 의하면, 희화선(希化船)이 4일 그곳을 지나다가 우리나라 철갑선(鐵甲船) 2척과 영국의 크고 작은 배 7척이 모두 이 섬에 정박하고 있는 것을 보았으며, 동시에 우리나라 병선이 4일 장기도로 떠나갔다고 하는데 확실한지 아닌지 알지 못하겠지만 수일 내에 돌아오면 곧 확실한 소식을 알 수 있을 것입니다.

이번에 귀 아문(衙門)으로부터 받은 조회(照會)는 사실입니다. 그러나 정 군문(軍門)을 만나본 후에야 부상에게 문의하여 북경 관서에 주둔하고 있는 영국 사신에게 조회를 보내어 처리할 것입니다. 이 문제는 영사가 처리할 수 있는 것이 아니므로 발췌해 온 3지(紙)는 남겨두고 참고하겠습니다.

5월 23일 미국 대리공사 포크가 외아문에 회답했다.

해밀턴 섬 문제에 대하여 조선 정부에서는 몹시 경계하고 있는데, 나의 생각에는 영국이 해밀턴 섬을 영구히 점령하려는 것이 아니며 영국 정부도 이 섬을 이용하자는 의사가 없다고 봅니다. 지금 북경 주재 영국 공사의 편지를 보니, 그 의도가 조선의 영토를 점령하는 데 있는 것이 아니고 오직 자신을 방어하는 데 이용하려는 것일 뿐입니다. 지금 영국이 군함을 거문도에 보냈으나 아직 한번도 조선에 대한 우의를 저버리려는 의사가 없었으니, 조선 정부도 영국의 행위에 대하여 강력히 규탄할 수 없다고 봅니다.

바로 지금 영국과 러시아 간에 사변이 생길 것인데 러시아가 만약 영국에서 해밀턴 섬을 점령하여 지키고 있다는 말을 듣는다면 러시아도 역시 여기에 뜻을 둘 것이니, 각하는 블라디보스토크 해군 사령장관(司令長官)에게 편지를 보내어 각하의 본의를 표시해야 할 것입니다. 사령장관이 만약 긍정적으로 검토한다면 더욱 축하할 만한 일입니다. 각하가 이 중대한 문제에 대하여 문의하여 주었으니, 우리 정부도 이 문제에 대하여 우의를 다할 것입니다.

5월 26일 곤도는 조선의 내정에 관한 보고서와 조선의 대외관계에 관한 보고서를 일본 외무성에 발송했다. 후자의 보고서에서 그는 조선 밀사설에 관해 자세히 썼다. 29일 이홍장은 더 이상 영국에 항의하지 말라는 내용의 서한을 조선 국왕에게 발송했다.

정여창은 조선을 떠나 5월 31일 천진에 도착했다. 이홍장은 정여창이 가져온 모든 문서를 열람하고는 거문도를 오래 점령하려는 영국도 열강의 공론에 부응하지 않을 수 없을 것이라고 판단했다.

6월 9일 스페이에르가 두 번째로 서울에 왔다. 러시아 정부는 거문도 사건의 진상을 알아보고 러시아 교관 파견 문제를 결말지으려는 목적에서 스페이에르를 파견했다. 이때 조선에는 독립을 유지하기 위해 러시아에 의지해야 한다는 견해를 가진 정부 요인들이 많았다.

이날 이홍장은 천진에서 주청 프랑스 공사 파트노트르(Jules Patenôtre)와 청불 간 강화조약을 체결했다. 주요 내용은 다음과 같다.

(1) 청은 프랑스와 베트남 사이에 체결된 현행 조약과 장래의 조약을 존중한다.
(2) 청이 남부 여러 성에서 철도를 부설할 경우 프랑스 사업자와 상의한다.
(3) 프랑스는 기한을 정하여 대만과 팽호도(澎湖島)로부터 군대를 철수한다.

이는 청이 베트남에 대한 종주권을 포기하고 프랑스의 베트남 지배를 승인한 것이었다. 베트남 완 왕조는 존치됐으나, 실질적으로 전 영토가 프랑스의 식민지가 됐다. 이 조약을 인정하지 않고 프랑스를 축출하려는 무장투쟁이 베트남에서 일어났으나 1888년 말에는 서의 진압됐다.

6월 10일 스페이에르는 미국 대리공사 포크와 회담했다. 포크는 미국 정부는 미국 교관 파견을 고려하지 않고 있으며, 그런 이야기는 푸트의 개인적인 발의에 불과하다고 말했다.

이날 이노우에 가오루는 주청 일본 공사 에노모토에게 일본과 청이 조선을 공동 통치한다는 내용을 포함해 8개조에 이르는 훈령을 보냈다. 곤도의 5월 26일자 보고서를 읽은 다음에 마련한 방안이었다. 이노우에는 에노모토에게 훈령을 보내기에 앞서 주일 청 공사 서승조와 논의했는데 그도 동의했다. 이 훈령의 내용은 다음과 같다(이 훈령은 6월 27일 에노모토에게 전달됐다).

(1) 조선 정부에 대한 정책은 모두 최고 비밀수단으로 언제나 이홍장과 이노우에가 협의한 후 이홍장이 시행할 것.
(2) 조선 국왕은 내정에서 스스로 정무를 집행하지 말고 또 내관(內官)의 권세를 박탈해 내관이 정무에 관여하는 길을 단절할 것.
(3) 온 나라에서 제일가는 인물을 선택해 그들에게 정무를 맡기고, 그들의 진

퇴에 대해 국왕은 반드시 이홍장의 승낙을 받을 것. 제일가는 인물은 김홍

1885년 7월 쿠르시(Roussel de Courcey)가 1천 명의 호위병을 거느리고 베트남 주둔 프랑스군 총사령관으로 부임했다. 완 왕조의 실권자 똔 텃 투옛(尊室說)은 어린 황제 함의제(咸宜帝)를 데리고 투언후에를 탈출해 산악지대에 거점을 마련하고 황제의 이름으로 근왕령(勤王令)을 발표했다. 다음은 그 내용 중 일부다.

짐은 부덕한 사람으로 이제 (프랑스에 점령당한) 상황에 직면하여 앞장서서 나갈 능력이 없다. 수도는 함락되었고, 짐의 수레도 어디론가 가버렸다. 이 모든 것에 짐은 책임을 지며, 아울러 무한히 부끄러움을 느낀다.

그러나 우리 모두가 도덕적 의무감에 사로잡혀 있으니, 관리건 학자건 고하를 막론하고 누가 나를 저버릴 것인가. 머리가 좋은 자는 묘안을 제공하고, 힘이 있는 자는 힘으로 싸우고, 재산이 있는 자는 물자를 제공하라. 만백성은 어떠한 고난도 참고 견디며, 어떠한 위험도 피하지 말라. 이렇게 하는 것만이 의로운 길을 가는 것이다.

약자를 부축해주고, 허약한 자를 붙잡아주며, 고난에 직면하여 위험을 덜어주기 위해 누구도 노력을 아끼지 말라. 다행히 하늘의 가호가 있으면 우리는 혼란을 질서로, 위험을 안정으로 바꿀 수 있을 것이며, 마침내 우리의 땅 전부를 되찾게 될 것이다. 이러한 상황에서는 국가의 운명이 바로 백성의 운명임에 틀림없다.

우리 모두가 함께 일하며 우리 자신의 운명을 개척해 나아가야 하며, 그리고 함께 쉬어야 할 것이다. 이것이 최선의 방책이 아니겠는가?

이 조칙은 지식계층을 대상으로 한 것인데 베트남 각지의 유학자, 지주들이 이에 호응하여 농민을 이끌고 저항운동을 전개했다. 쿠르시는 강력한 무력탄압책을 폈으나 프랑스 정부는 유화책을 쓰기로 하여 과학자 폴 베르(Paul Bert)를 북부와 중부의 통감으로 임명했다. 베르가 항복한 저항운동 지도자들의 생명을 보장해주자 프랑스군의 우세한 무력에 고전하던 많은 지도자들이 항복했다. 저항운동의 목표는 프랑스 세력을 몰아내고 외래종교, 즉 가톨릭을 없애는 것이었다. 이 때문에 많은 베트남 가톨릭 신자가 살해됐다. 향촌사회의 지배층이 대부분인 저항운동 지도자들은 연대하지 못하고 고립적으로 활동했다. 1888년 11월 프랑스군은 함의제를 체포하여 알제리로 유배했다. 근왕운동의 정신적 지주인 황제가 체포되어 유배되자 저항운동은 거의 소멸됐다.

집, 김윤식, 어윤중 같은 사람임.

(4) 위의 인물들에 위임할 정무로는 외교, 군사, 회계의 세 가지 일이 주요함.

(5) 속히 묄렌도르프를 퇴거시키고 적당한 미국인으로 그를 대신할 것.

(6) 진수당은 비록 학문이 돈독한 인물이나 재주가 부족하니 다른 사람으로 대체할 것.

(7) 진수당의 후임자를 이홍장이 임명하고, 또 미국인을 조선 정부에 추천해 장차의 정책에 대해 충분히 인식시키고 그를 일본에 보내어 이노우에와 면회시킬 것.

(8) 진수당의 후임자는 서울 주재 일본 대리공사와 깊이 교의(交誼)를 맺고 모든 일을 협력해 집행할 것.

스페이에르는 외아문을 방문하지도 않았고, 조선 국왕 알현도 요구하지 않았다. 그는 먼저 묄렌도르프와 러시아 교관 파견에 관한 세부지침을 협의하여 작성하고 외아문에 배포했다. 이로써 묄렌도르프가 주도했던 비밀협상의 내용이 널리 알려졌다.

6월 20일 스페이에르는 외아문 독판 김윤식과 회담했는데, 러시아 교관 초빙을 곧 결정해 달라고 강요했다. 김윤식은 조선, 중국, 러시아는 국경을 맞대고 있으며 러시아 교관 초빙은 중대한 일로 중국과 상의하지 않을 수 없다고 대답했다. 또한 미국에 교관 파견을 요청했으므로 러시아 교관 초빙을 당장 결정할 수 없다고 했다.

22일 스페이에르를 접견한 조선 국왕 이재황은 러시아 교관 파견 문제는 외아문과 상의하라고 말했다. 이날 저녁 영의정 심순택이 스페이에르를 찾아와 이재황의 진의를 설명했다.

23일 스페이에르는 진수당을 방문했다. 청이 무슨 근거로, 또 어느 정도로 러시아 교관 파견에 반대하는지를 알아보기 위해서였다. 진수당은 조선이 러시아 교관 파견에 관한 교섭 사실을 알려왔으나 자신은 찬반의견을 말하지 않았으며 조선의 외국 교관 파견 요청과 아무런 관련이 없다고 대답했다. 그러나 스페이에르는 진수당이 러시아 교관 파견에 반대하라고 조선에 권고하고 있다고 추측했다.

이날 영국에서 솔즈베리 경(Lord Salisbury)을 수상으로 하는 보수당 내각이 출발했다. 그 경위는 다음과 같다.

1881년에 이집트령인 수단에서 이슬람 성직자 무하마드 아흐마드(Muhammad Ahmad)가 마흐디(Mahdi: 구세주)를 자처하고 성전을 선포했다. 마흐디 군이 세력을 떨치자 이집트를 실질적으로 보호하고 있던 영국은 대가가 큰 군사개입을 피하려고 1883년 12월 수단에 주둔하고 있던 이집트 군에 철수령을 내렸다. 문제는 이집트 군과 그 가족, 민간 고용인의 철수였다. 글래드스턴은 상승군 사령관이었던 찰스 고든 소장에게 임무를 맡겼다. 2월 18일 하르툼(Khartum)에 도착한 고든은 여성과 아이, 병자 등 2500명을 철수시켰으나 3월 18일부터 마흐디 군이 하르툼 포위전을 시작했다. 본국의 지원을 기대하며 버티던 고든은 1885년 1월 26일 하르툼이 함락되며 전사했다. 글래드스턴 내각은 여론에 밀려 고든을 구출하려고 원정군을 파견했으나 하르툼이 함락한 지 이틀 후에야 현지에 도착했다.

빅토리아 여왕은 글래드스턴을 비난하는 내용의 전보를 보냈고, 여론은 그를 '고든 살해자'라 부르며 맹비난했다. 이에 글래드스턴이 6월 9일 사임했고, 내각이 개편됐다.

24일 스페이에르는 두 번째로 김윤식과 회담했는데, 위임장 소지 문제로 격론이 있었다. 스페이에르는 러시아 황제의 명을 받고 왔으므로 위임장이 필요 없으며 조선이 친미인지 친러인지 밝히기만 하면 된다고 했다. 거문도 문제도 거론됐는데, 김윤식은 영국의 요구를 결코 받아들이지 않을 것이라고 했다.

7월 1일 외아문은 러시아 교관 초빙은 불가하다고 결정하고 2일 외아문을 방문한 스페이에르에게 통보했다. 이에 흥분한 스페이에르는 교관 문제가 타결되지 않으면 조러조약이 비준되지 않는다고 말하고 자리를 떴다. 김윤식은 회담이 결렬된 사정을 러시아에 알려야 한다고 판단하여 서울 주재 일본 대리공사 다카히라(高平小五朗)에게 부탁해 전말을 알리는 조회문을 동경의 러시아 공사관에 전달했다.

2일 이재황은 남정철(南廷哲, 1840~1916)을 주진대원(駐津大員: 천진 주재관)으로 임명하여 천진으로 떠나도록 했다. 임무는 이홍장과 러시아 밀약 문제를 논의하고 청군 철수를 늦춰줄 것을 요청하는 것이었다.

3일 에노모토는 천진에서 이홍장과 조선 내정에 관해 논의했다. 이홍장은 조선이 중국의 속방이라고 강조했다. 회의가 끝날 무렵 에노모토는 이노우에가 작성한 소선 공농봉치안을 이홍장에게 제출했다.

천진조약에 따라 청군과 일본의 공사관 호위 병력 1개 대대가 철수 준비를 했다. 일본군이 먼저 인천으로 물러났고, 청군도 떠날 채비를 하기 시작했다. 이재황에게는 친군4영 2000명의 병력이 있었다. 그러나 이들은 갑신정변이 일어났을 때 아무런 역할도 하지 못해 그 무용함이 드러났다. 자신의 군대를 믿지 못하는 조선 국왕은 청군 철수 이후가 두려웠다. 이재황은 7월 7일(음력 5월 25일) 영의정 심순택에게 걱정을 털어놓았다.

이재황: 거문도를 다른 나라 사람들이 제멋대로 차지하고 아직 철수하지 않으니 참으로 개탄할 일이다.

심순택: (영국과 러시아가) 서로 버티다 보니 그렇다고 들었는데, 아직 언제 철수할지 알 수가 없어 매우 걱정입니다.

이재황: 일본 군대가 이미 철수했는데 주둔하여 방위하던 청나라 군대도 철수한다고 하니, 우리나라가 어찌 허술하게 되지 않겠는가? 만약 머물러 있게 할 방도가 있다면 우리나라를 위해서는 매우 다행한 일이니 힘을 다해서 각별히 도

모하라.

심순택: 4년 동안 믿고 의지해오다 보니 허술하게 됨이 막심합니다. 만일 철수하지 않게 된다면 매우 다행한 일입니다.

이재황: 천진 주재 대원(大員)이 길을 떠났으니 오래지 않아 확실한 보고가 있을 것이다. 그뿐 아니라 아라사 사람들이 이미 담판하고 돌아가게 되었으니 참으로 다행한 일이다.

심순택: 만약 무사히 돌아가게 되면 이보다 더 다행한 일은 없을 것입니다.

이재황은 이날 대궐 안에 내무부(內務府) 설치를 명했다. 내무부는 이전의 내아문과 기능이 거의 같았다. 이에 대해 실록은 다음과 같이 전한다.

전교하기를,
"지금 군국(軍國)의 일반 사무가 매우 많고 총괄하여 살피는 일이 매우 중요하니, 대궐 안에 1개의 국(局)을 따로 설치하고 궁중 안의 사무를 겸하여 맡아보게 하되 아문(衙門)의 칭호는 내무부(內務府)로 하고 관직을 설치하는 문제와 일체 규정을 제정하는 일은 의정부로 하여금 헤아려 마련하도록 하라."
하였다.

《고종실록》 22년 5월 25일

또한 이날 스페이에르가 일본으로 돌아갔는데 이후 러시아가 조선을 보호하기로 조선과 러시아가 밀약했다는 소문이 파다해졌다.

에노모토는 7월 7일에는 전보로, 8일에는 편지로 이홍장이 조선 공동통치 제안에 찬성했다고 이노우에에게 보고했다. 그러나 9일 이홍장은 태도를 돌변하여 이의는 없으나 동의할 수 없다고 말했다. 조선을 단독으로 지배할 호기를 맞은 청이 일본의 제안을 거절한 것은 당연한 일이었다.

7월 17일(음력 6월 6일) 조선과 청은 두 나라 사이에 전선을 가설하기로 조약을 체결했다. 그러나 그 명칭은 조약이라는 용어를 쓰지 않고 '중국대판조선육로전선합동(中國代辦朝鮮陸路電線合同)'이라 했다. 모두 8개조로 구성된 이 조약의 핵심은 화전국(華電局: 중국 전신국)이 공급인 관평은(關平銀: 청 세관에서 세금 징수용으로 쓰던 은화) 10만 냥을 조선에 빌려주고, 이것을 이용해 인천으로부터 서울을 지나 의주, 봉황성에 이르기까지 1300리에 이르는 육로전선을 가설한다는 것이었다. 당시 청은 북경, 천진, 심양, 봉황성 등 요지의 전선이 모두 개통됐으므로 서울에서 봉황성까지 전선이 가설되면 즉시 서로 사정을 알리는 것이 가능했다.

이 조약은 조선은 5년 후부터 20년간에 걸쳐 매년 5천 냥씩 상환하되 무이자로 하기로 규정하고, 조선 정부에서 차관을 상환하기 전에는 중국이 대신 관리한다고 했다. 또한 전선 보호를 위해 20리마다 감시인을 둔다고 규정했다.

이날 일본군이 인천에서 출항했다. 21일 청군도 모두 조선에서 철수했다. 철수한 청군은 여순항 안의 해안 포대에 주둔했다. 이홍장은 조선에 일이 생기면 즉시 파병해야 한다고 생각했는데 여순에서 남양 마산포까지는 배로 2일 거리이므로 이곳에 주둔하게 한 것이다.

22일 이재황은 신설된 내무부에 대한 인사를 시행했다. 영의정 심순택이 총리내무부사(總理內務府事)를 겸임하게 됐다.

심순택을 총리내무부사(總理內務府事)로, 이재원을 내무부독판사(內務部督辦事)로, 심이택(沈履澤)·김영수(金永壽)·민종묵·이교익(李喬翼)·조준영(趙準永)·민영환(閔泳煥)을 협판내무부사(協辦內務府事)로, 정하원(鄭夏源)·김명규(金明圭)·왕석창(王錫鬯)을 내무부참의사(內務府參議事)로 삼았다.

《고종실록》 22년 6월 11일

7월 23일 천진 주재 대원 남정철이 이홍장의 밀함(密函)을 가지고 귀국했다. 이홍장은 묄렌도르프의 해임을 요구했다. 이미 애스턴과 포크도 조선 국왕에게 묄렌도르프를 해임할 것을 강력히 요구한 바 있었다. 특히 포크는 묄렌도르프가 해임되지 않으면 애스턴과 더불어 조선에서 철귀하겠다고 말했다. 27일 이재황은 묄렌도르프를 외아문 협판 직에서 해임했다.

8월 15일 이노우에는 기밀전보를 에노모토에게 보냈다. 일본 정부는 조선 공동통치안을 재추진하지 않고 조선을 방임하는 정책으로 선회한다는 내용이었다. 당시 일본은 안으로 여러 당파간의 파쟁이 있는데다가 밖으로 서구 열강과의 불평등 조약 개정 문제에 주력하기로 했으므로 조선 진출을 당분간 포기했다.

청 조정은 조선과 러시아의 밀약설에 대응해 러시아에 기대려는 민 씨 척족을 견제하기로 하고 이하응을 조선으로 귀환시키기로 결정했다. 조선에서는 청이 대원군을 귀환시켜 이재황을 폐위하고 청군을 조선에 파견할 것이라는 소문이 돌았다.

9월 4일 이재황은 청의 요구에 따라 묄렌도르프를 해관총세무사 직에서도 해임했다. 제물포 세무사 스트리플링이 해관총세무사 대리가 됐다.

10일 러시아와 영국이 런던에서 협정문서에 조인하여 전쟁위기를 해결했다. 영국은 러시아의 서 투르키스탄 지역 합병을 인정했고, 러시아는 아프가니스탄에서 영국이 우월한 지위를 갖는 데 동의했다. 그리고 아프가니스탄 국경이 확정됐다. 이로써 두 나라 사이의 전쟁 가능성이 사라져 거문도 문제 해결의 실마리가 열렸다. 그러나 영국에서는 11월 총선이 예정돼 있어 솔즈베리 내각이 거문도 문제로 서둘러 협상을 벌일 이유가 없었다.

27일 서울과 인천 간 전신이 개통되어 외아문에서 축하연이 열렸다. 이 전신선은 서울과 북경 간을 연결하는 전신선의 일부였다.

10월 3일 원세개의 호위 속에 이하응이 청의 군함을 타고 인천에 도착했는데, 미국인 메릴(Henry F. Merril, 墨賢理)도 같은 배를 타고 왔다. 메릴은 청해관에서 다년간 근무한 인물인데, 이홍장이 묄렌도르프의 후임으로 그를 조선해관 총세무사로 추천하여 조선으로 보냈다. 조선 국왕이 거절할 수 없었으므로 추천이라기보다는 임명이나 다름없었다. 이날 주선 주재 러시아 공사 베베르와 영국 총영사 애스턴의 후임으로 임명된 베이버(E. C. Baber)도 인천에 도착했다.

5일 이하응과 메릴이 청 수병(水兵) 40명의 호위를 받으며 서울 운현궁으로 돌아왔다. 상인, 군졸, 부녀자, 아이들이 그가 탄 수레를 바라보며 절을 하고 기뻐했다. 이재황은 숭례문까지 나가 이하응을 맞이했으나 서로 말 한마디 나누지 않았다. 이런 장면을 본 수많은 군중이 해괴하게 여겼다.

6일 조선 수재 러시아 공사로 베베르가 서울에서 부임했다. 10일 알렌은 이하응을 방문했다. 이하응은 알렌에게 보약을 지어달라고 했다. 다음날에는 이하응이 제중원을 찾았다. 알렌은 이 일을 일기에 기록했다.

1885년.10월 11일 일요일

어제 나는 국왕의 아버지 대원군을 배알하는 영광을 가졌다. 대원군은 나를 따뜻하게 맞이하고는 거의 한 시간 동안 나를 머무르게 했는데, 거의 내내 내 손을 잡고서 말했다. 그는 민영익을 통해 나를 알게 되었는데, 장수할 수 있도록 보약을 지어달라고 청했다.

오늘 영광스럽게도 대원군이 몸소 나를 찾아와 병원 구내를 둘러보아 모든 사람을 놀라게 했다. 그는 외국인을 만날 때 모자를 벗을 만큼 외국인에 대해서도 충분히 알고 있었는데, 모든 미국인은 선량하다고 주장하기도 했다.

나는 그가 강한 의지와 신념을 갖고 있고, 정직하고 단호한 인물이면서도 친절한 기질이 있다고 생각한다. 그래서 누구든지 그의 심중을 꿰뚫어 감동시킬 수 있다면 그를 믿을 만한 지원자로 만들 수 있을 것이다. 만약 그가 선교사업을 인정한다면 선교는 순조로이 진행될 것이다. 나는 여의사 애니 엘러스(Annie J. Ellers)를 왕비에게 보내어 시의(侍醫)하게 해왔다.

10월 14일(음력 9월 7일) 러시아에 의지하기로 결심한 이재황은 한러 수호통상조약을 비준했다. 또한 이날 메릴을 총세무사에 임명했다. 실록은 다음과 같이 전한다.

특별히 미국인 메릴 헨리(墨賢理)에게 호조참의(戶曹參議)의 직함을 제수하고, 이어 총세무사(總稅務司)로 차하하라고 명하였다.

《고종실록》 22년 9월 7일

이홍장과 원세개

1885년 10월 20일 진수당은 산동반도의 지부로 떠났다. 이홍장이 일본의 제안 중 일부를 수용하여 진수당을 소환한 것이다. 이홍장은 10월 28일 원세개를 조선에 주재시켜 통상과 외교 업무를 책임지게 해달라고 총리아문에 주청했다.

이홍장은 천진으로 돌아온 원세개에게 10월 30일자로 3년 임기의 주차조선총리교섭통상사의(駐箚朝鮮總理交涉通商事宜)라는 직함을 주었다. 이것은 조선의 내정을 감독하는 감국대신(監國大臣) 직위였는데, 조선과 러시아의 밀착을 막기 위해 조선을 철저히 통제하려는 이홍장의 의도에 따라 원세개에게 주어진 것이다. 이홍장은 갑신정변 직후에는 조선을 감국하자는 원세개의 건의를 받아들이지 않았으나 그로부터 1년도 채 지나지 않아 이를 받아들인 것이다. 이홍장은 원세개에게 조선을 철저히 청에 종속시키고 청으로부터 독립하려는 조선 정부의 어떠한 노력도 저지하라는 사명을 부여했다.

11월 17일(음력 10월 11일) 주차조선총리교섭통상사의 원세개가 조선에 부임했다. 원세개는 이홍장이 조선 국왕에게 보내는 밀서를 들고 와서 제출했다. 그 내용은 대략 다음과 같다.

원세개는 황제의 명을 받들어 서울에 주재하며 일체의 일을 도울 것입니다. 이후 귀국의 내정과 외교상 중요한 일은 수시로 원세개와 숨김없이 서로 의논할 것이며 이는 전반적인 대세에 유리합니다.

원세개가 거창한 직함을 가지고 조선으로 돌아온 뒤 가장 먼저 한 일은 제중원의 직원 중 기녀 출신 의학생 3명을 사간 것이었다. 면회조차 할 수 없었던 그들의 어머니들이 알렌을 찾아가 구출해줄 것을 애원했다. 알렌은 백방으로 노력했으나 성과가 없었다.

원세개는 조선 내정에 마구 간섭하는 횡포를 부렸다. 조선 주재 외국 공사들에게 원세개는 영국의 인도 총독 같은 인상을 주었다. 원세개 스스로 외국 공사들에게 조선이 국내 문제에서 자유와 주권을 행사하는 것을 막겠다고 공공연히 말하기도 했다.

원세개의 오만방자함에 질린 조선 국왕 부부는 베베르 부부의 외교관다운 예의바른 태도에 매우 호감을 갖게 됐다. 베베르의 처형으로 알려진 손탁(Antoinette Sontag, 1854~1925)도 베베르 부부와 같이 왔는데, 베베르의 추천으로 조선 궁중에 들어와 외국인 접대 업무를 맡았다. 윤치호에 따르면 손탁은 베베르 처남의 처제였다. 알자스-로렌 태생인 손탁은 1871년 보불전쟁의 결과로 국적이 프랑스에서 독일로 바뀌었다. 프랑스어, 독일어, 영어, 러시아어에 능통한 손탁은 한국어도 빨리 익혔는데, 곧 국왕 부부의 두터운 신임을 얻었다. 조선 정부가 주최한 서양인을 위한 연회는 모두 프랑스 요리에 능한 손탁이 주관했다.

　11월 24일부터 12월 18일까지 영국에서 총선이 실시됐다. 선거권이 도시 노동자와 농촌노동자에게도 확대된 이후 처음으로 열린 총선이었다. 이 선거에서 자유당이 과반수를 조금 넘게 득표하여 승리했다.

　영국과 두 차례 전쟁으로 영토를 잃고 이권을 내준 버마는 프랑스에 접근하여 독립을 보존하려 했다. 이에 영국은 민감한 반응을 보였다. 결국 1885년 10월 버마를 보호령으로 하는 최후통첩을 전했고, 버마가 거절하자 프렌더가스트(Harry Prendergast) 장군을 사령관으로 하는 9천 명의 원정군을 보내어 3차 버마전쟁이 일어났다. 영국 원정군은 11월 28일 수도 만달레이(Mandalay)를 함락하고 국왕 티바우(Thibaw)를 포로로 잡았다(티바우는 인도로 유배되어 궁핍하게 살다가 1916년 사망). 이어 영국군은 청과 버마의 국경으로 나아가 12월 28일 중국 운남성과 65km 거리에 있는 도시 바모(Bhamo)에 이르렀다. 이는 버마와 영토분쟁이 있는 청에 사전경고하는 조치였다. 1886년 1월 1일 영국 의회는 버마를 인도의 일부로 합병한다고 선언했다.

　서구 열강이 인도, 베트남, 버마 등 오랜 역사를 가진 동양 국가들을 식민지로 만드는 과정을 보면 하나 같이 영토의 일부를 획득하고 그것을 발판으로 삼아 점진적으로 영토 전부를 식민지화했다. 이에 비해 국력이 더욱 미약한 조선은 일본에 병탄될 때까지 한 치의 영토도 빼앗기지 않았다. 이는 조선의 지정학적 중요성 때문이었다. 거문도 사건으로도 알 수 있듯이 서구 열강은 세력균형 차원에서 어느 한 나라가 조선의 일부라도 점유하는 것을 결사반대했다. 다시 말해 조선은 세력균형을 이용해 독립을 유지하며 근대화를 추진할 여유가 있었다. 그러나 기회는 활용할 역량이 부재하면 있으나마나한 것이다. 역량이 없으면 심지어 기회가 왔는지, 기회가 있는지조차 인식할 수 없다.

1885년 12월 일본에서 관제 개혁이 선포되어 태정관 제도가 폐지되고 내각제가 실시됐다. 국정 최고책임자는 태정대신에서 총리대신으로, 각 부서의 장관은 경(卿)에서 대신(大臣)으로 호칭이 바뀌었다. 부서도 병부성이 육군성과 해군성으로 나누어지고 문부성, 농상무성, 체신성이 신설되는 등 6성에서 9성으로 늘어났다.

태정관 제도에서는 궁중 석차가 높은 자만 태정대신이 될 수 있었지만 내각제에서는 가문과 상관없이 능력만 있으면 누구나 총리대신이 될 수 있게 됐으므로 이는 엄청난 변화였다. 실제로 명치유신 이전의 무사계급 가운데서 가장 하급의 신분인 이토 히로부미가 초대 총리가 됐다.

이토 히로부미의 부친 하야시 쥬조(林十藏)는 조슈 번 태생의 백성으로 일용 경작인, 벌목꾼 등으로 일하다가 수겐(中間) 신분의 미즈이 다케베(水井武兵衛)에게 고용됐다(미즈이는 부농으로 주겐 신분을 샀다). 이토의 처음 이름은 하야시 리스케(林利助)였고, 어린시절부터 고된 노동에 종사했다. 자식이 없는 미즈이 다케베는 성실한 하야시 쥬조를 양자로 삼았다. 이에 따라 하야시 쥬조는 이름이 미즈이 쥬조(水井十藏)로 바뀌었다. 1854년 미즈이 다케베는 아시가루(足輕: 최하급 무사 신분)인 이토 야에몬(伊藤弥右衛門)의 양자가 되어 성명을 이토 나오에몬(伊藤直右衛門)으로 고쳤다. 이에 따라 이토 히로부미 부자도 신분이 아시가루가 됐다.

12월 22일 출범한 1차 이토 내각에서 외무대신은 이노우에 가오루, 내무대신은 야마가타 아리토모, 대장대신은 마쓰카타 마사요시, 육군대신은 오야마 이와오, 문부대신은 모리 아리노리, 농상무대신은 다니 다테키(谷干城), 체신대신은 에노모토 다케아키였다. 이 가운데 모리, 다니, 에노모토를 제외하고는 모두 유임된 인물이었다.

1886년 1월에는 민주호와 윤정식이 민영익을 속여 거금을 사취하는 사건이 일어났다. 그 자세한 내막은 알 수 없지만, 민주호와 윤정식은 일본으로 가서 김옥균에게 4천 엔을 기부하고 변수와 더불어 미국으로 떠났다. (변수는 벌리츠 언어학교에서 영어를 익힌 후 1887년 9월 메릴랜드 주립대학 농과대학에 입학해 1891년 6월 졸업했다. 그는 대학 재학 중인 1890년부터 미국 농무성에서 근무했는데 1891년 말 급행열차에 치어 사망했다. 미국 농무성 통계국 월보 1890년 10월 호에 변수가 쓴 논문 〈일본의 농업〉이 게재됐다.)

1886년 봄 중기택은 거문도 문제로 영국 외무부에 각서를 보내 영국의 의도를 물었다. 영국 정부는 다음과 같이 회답했다.

그 섬을 점령한 것이 중국과 그 속국의 권리와 이익에 손상을 주는 것은 결코 아님은 물론이고 영국이 그 섬을 점유할 생각도 없다. 그러나 그 섬이 다른 나라에 귀속된다면 중국과 영국 두 나라에 불리할 것이다. 그러므로 중국이 어떠한 나라도 그 섬을 점령하지 못함을 보장한다면 영국은 안심하고 그곳에서 철수할 것이다.

영국의 입장은 결국 러시아가 거문도를 침범하지 못함을 중국이 보증한다면 철수할 수 있다는 것이었다. 그러나 러시아의 조선 장악을 우려하는 청이 거문도 문제로 당장 러시아와 교섭할 수는 없었다.

3월 25일 전 상해 주재 미국 총영사 데니(Owen Nickerson Denny, 德尼)가 이홍장의 추천으로 조선 외교고문이 되어 제물포에 도착했다. (데니는 1838년 미국 오하이오 주에서 태어났다. 1862년 변호사 시험에 합격하여 오리건 주에서 검사와 판사로 일했다. 그는 1877년 미국 국무성의 임명을 받아 천진 주재 영사로 부임했고, 거기서 이홍장과 친교를 맺었다. 1880년 상해 주재 총영사로 승진했지만, 일부 미국 외교관들이 저지른 부패사건 처리 문제로 미국 국무성과 갈등을 빚다가 사임했다.)

조선을 둘러싸고 열강의 각축이 가열되자 이재황은 대외정책에서 자신을 도와줄 미국인을 찾았다. 미국만이 조선이 독립하도록 도와줄 국가로 믿었기 때문이다. 이홍장은 자신이 믿을 수 있는 서양인을 조선의 외교고문으로 위촉해야 조선에 대한 영향력을 유지할 수 있다는 계산에서 데니를 추천했다.

조선 국왕과 중신들은 데니의 예의바른 태도에 호감을 가졌다. 4월 8일 조선 국왕은 데니를 협판내무부사(協辦內務府事) 겸 관외아문장교사당상(管外衙門掌交司堂上)으로 임명했다. 데니가 처음 맡은 일은 프랑스와의 수호통상조약 체결이었다.

5월 7일 프랑스 전권특사로 코고르당(F. G. Cogordan)이 조선에 오자 한성부 판윤 김만식이 전권대신으로, 데니가 부대신으로 그와의 교섭에 임했다. 코고르당은 천주교 신앙의 자유 보장을 가장 중요한 조건으로 내놓았다. 이에 조선 국왕은 통역을 알렌에게 보내 천주교에 대해 질문했다. 알렌은 그의 일기에 이 일을 기록했다.

1886년 5월 9일 일요일

오늘 아침에 국왕의 통역관이 와서 몇 가지 질문을 했는데, 나는 그것이 국왕 폐하의 질문이라는 것을 알았다. 국왕의 질문사항이란 프랑스인이 고집하고 있는 대로 신앙의 자유 칙허를 주어서 이곳에 천주교를 확립하도록 허용하는 문제였다.

이 같은 문제를 철저히 다루는 것은 나의 의무라고 생각한 나는 중국, 일본, 멕시코, 스페인 등지에서의 가톨릭 포교 사업을 설명한 후 우리 미국인은 독립정신이 강한 사람들이며, 그래서 우리의 호의를 무시하는 그 어떤 것도 냉대한다고 말했다.

우리가 천주교 신자라면 우리의 대통령은 교황의 은총을 받게 될 것이다. 그러나 이는 우리가 허용할 수 없는 일이다. 우리가 천주교를 받아들일 수 없는 또 다른 이유 세 가지가 있다.

첫째, 우리는 우주의 창조자 이외에 그 어떤 우상이나 인물에게도 기도하는 것을 반대한다. 가령 천주교에서는 여자이며 그리스도의 어머니인 성모 마리아를 숭배하고 그에게 기도한다.

둘째, 우리는 하나님 이외에 어느 누구도 죄를 사(赦)할 수 없다고 생각한다. 그러나 천주교는 부패한 신부들에게 이러한 권능을 부여한다. 모든 천주교도는 가장 사적인 생각마저도 신부에게 고백해야 한다.셋째, 신부들은 모든 다른 남자와 똑같은 오장육부와 열정을 가지고 있다. 그들은 환관이 아니므로 부인네들이 그들의 비밀스런 고민이나 과실을 이러한 독신 남자들에게 가서 고백한다는 것은 안전하지 않다고 우리는 주장한다.

이 문제를 두고 나는 통역과 장시간 논의했으므로 통역과 나눈 대화는 틀림없이 효력을 발휘할 것이다.

6월 4일(음력 5월 3일) 한불 수호통상조약이 체결됐다. 이 조약에는 천주교에 대한 언급이 없었다. 원세개는 데니의 영향력이 커지는 것을 경계했는데, 거꾸로 데니 역시 원세개가 조선의 내정에 간섭하는 것을 못마땅하게 여겼다.

7월 초 영국에서는 총선이 실시됐다. 이때 보수당이 승리하여 7월 25일 2차 솔즈베리 내각이 출범했다.

7월 하순 조선 국왕 이재황과 민비는 청의 지배를 벗어나기 위해 러시아 공사 베베르에게 러시아의 보호를 요청하기로 결정했다. 민영익은 이에 적극 반대했다. 청에 기대어 권력을 유지하려던 민 씨 일족의 대표 격인 그로서는 조선 국왕의 러시아 접근이 그들의 부귀영화를 해칠 것으로 판단했기 때문이었다. 민영익은 원세개에게 조선 정부의 움직임을 상세히 알려주었다.

조선 정부가 베베르에게 러시아의 보호를 원한다는 의사를 전달하니 베베르는 밀약을 맺을 것을 권하고 문서를 요구했다. 8월 5일 민영익은 원세개에게 조선이 러시아에 도움을 요청했다고 전했다. 원세개는 즉시 이홍장에게 전보를 쳤다. 8월 6일 원세개는 러시아에게 기대자고 주장한 자들은 김가진(金嘉鎭), 정병하(鄭秉夏)를 비롯한 소인배들이라고 보고하고 군을 파병하여 대원군을 도와 조선 국왕을 폐위시키고 이 씨 종친 가운데 현명한 이를 군주로 세울 것을 주장했다.

8월 9일 영의정 심순택이 러시아에 조선 보호를 요청하는 내용의 조회문을 작성하여 민영익을 통해 러시아 공사 베베르에게 전달했다. 민영익은 조회문의 내용을 베껴 원세개에게 건네주었다.

8월 13일 원세개는 조선이 러시아에 보낸 조회문의 내용을 이홍장에게 보고했다. 이홍장은 당일로 러시아 주재 청 공사 유서분(劉瑞芬)에게 전보를 보냈다. 그 내용은 다음과 같다.

방금 전에 조선 주재 원세개가 보낸 비밀전보에 따르면 조선 정부가 러시아에 보호를 요청하는 밀지를 이미 베베르에게 발송했다고 한다. 그리고 베베르는 이를 러시아 조정에 전하여 군대와 배를 파견해 도와주는 것에 동의했다고 한다.

조선이 수천 년 동안 중국의 속국이었다는 것은 천하가 다 아는 사실이다. 러시아와 중국의 관계도 비교적 좋은 만큼 비밀리에 러시아와 상의해서 이 문서를 받아들이지 않도록 하기 바란다. 더욱이 조선에는 현재 아무런 일도 일어나지 않았으므로 (러시아는) 파병하지 말아야 한다.

8월 14일 이홍장은 해군을 총괄하는 순친왕(광서제의 생부)에게 상서하여 조선과 러시아의 동맹에 대응하여 대책을 내려줄 것을 요청했다. 이날 원세개는 조선 정부에 밀약설을 추궁했다.

이홍장은 조선 국왕을 폐위시켜야 형세를 만회할 수 있다고 판단했지만, 파병에는 신중을 기했다. 우선 진윤이(陳允頤)를 조선에 급파해 원세개,

대원군과 상의하도록 했다. 8월 17일 청 조정은 이홍장에게 다음과 같이 지시했다.

순친왕이 (원세개가) 이홍장에게 바친 여러 차례의 서한을 자세히 보았다. 지금 아무런 일도 일어나지 않은 만큼 우선 군대를 정돈하여 러시아 방어에 주력해야 한다. 이홍장은 군무를 조정하여 조선에 하루 만에 도착할 수 있도록 준비하라.
이 일은 신중히 처리해야 하고 절대로 소홀히 해서는 안 된다. 그러나 일에 임할 때는 과감하게 결단을 내려야지 머뭇거려서는 안 될 것이다. 한편 병선을 조선에 보내어 수시로 순시하면서 기세를 돋우어야 한다. 동시에 진윤이에게 전보를 보내 일의 진행을 재촉하고 유서분은 어떤 형세인지 알아보고 확실한 동정이 있으면 즉시 전보로 알려 지시에 따라 처리해야 한다.

이 사건이 공개되자 영국은 러시아를 견제하기 위해 청이 조선을 점령하는 것을 지지한다고 공언했다. 일본도 조선 문제를 근본적으로 해결하자고 떠들었다. 그러나 서울의 외국 공사들은 이 국서가 위작이라고 반박했다.

원세개는 조선 국왕의 폐위를 기도했다. 민영익은 이를 이재황에게 알려주었다. 원세개는 대원군의 손자로 이재면의 아들인 이준용(李埈鎔, 1870~1917)을 의중에 두고 있었다. 원세개는 8월 20일 이홍장에게 증원군 파병을 요청하는 전보를 쳤다. 그 내용은 대략 다음과 같다.

러시아 정부가 행동을 개시하기 전에 우리 해군을 조선에 파견해야 하며, 그동안에 우리는 조선 국왕을 왕실에서 유능한 자로 대체해야 합니다. 그런 다음 우리 정부는 수천 명의 증원병력을 파견해야 합니다. 만약 이 계획을 대원군과 제휴하여 실시할 수 있다면 3~5일 안에 모든 일을 성사시킬 수 있습니다. 이러한 결정적 간섭과 새 임금의 등극은 러시아로 하여금 결정적인 어떤 행동을 취하기를 주저하게 만들 것이 분명합니다.

이홍장은 동의하고 밀사를 파견했다.

북경 주재 러시아 대리공사 라디겐스키가 본국에 보고한 바에 따르면, 청은 이재황의 러시아 밀착을 '종속국 의무의 범죄적 위반'으로 규정하고 그를 유배시키고 대원군을 즉위시키기로 결정했다고 한다. 그러나 이홍장은 대원군의 세력이 미약하여 거사에 성공하기 어렵고 열강으로부터 항의가 거셀 것이라고 판단하여 실행에 옮기지 않았다. 시간이 지남에 따라 2차 한러 밀약설 사건은 그럭저럭 무마됐다.

한편 원세개는 조선 정부를 회유하려고 〈조선대국론(朝鮮大局論)〉이라는 글을 지어 8월 28일 조선 의정부에 보냈다. 조선은 세계에서 가장 약소국이니 자주할 수 없는데 영국, 프랑스, 미국, 독일, 러시아, 일본은 어느 나라도 믿고 의지할 수 없으니 오직 청에 밀착하는 것이 조선에 최선의 방책이라는 내용이었다. 원세개는 이 글에서 조선이 청으로부터 벗어나려고 하면 무력으로 점령하겠다는 협박도 했다. 전문은 다음과 같다.

조선은 동쪽 모퉁이에 치우쳐 있는 나라로서 영토는 3천 리에 불과하고 인구는 1천만 명도 못 되며 거두어들이는 부세도 200만 석이 못 되고 군사도 수천 명에 불과하니 모든 나라들 중에서도 가장 빈약한 나라다.

지금 강대한 이웃나라들이 조여들고 있는 때에 사람들은 안일만 탐하고 있다. 역량을 타산해보면 약점만 나타나서 자주(自主)할 수 없을 뿐만 아니라 강한 나라의 보호도 받는 데가 없기 때문에 결코 자기 스스로 보존하기 어려운 것은 자연스러운 이치로서 이는 천하가 다 아는 것이다.

어떤 사람이 "부유하고 강대한 나라들이 구주(歐洲: 유럽)에 많이 있으니 영길리와 법랑서(法郞西: 프랑스)를 끌어들여 보호를 받지 않으면 안 될 것이다"라고 말하므로 이렇게 대답했다.

"그렇지 않다. 영길리와 법랑서는 남의 나라를 망치고 남의 영토를 탐내므로 호랑이를 방 안에 끌어들인 것처럼 필경은 살아남을 사람이 없을 것이다. 더구나 다른 나라를 사이에 두고 멀리 떨어져 있어 그 힘이 동시에 미치기 어려우므로 채찍이 길다 해도 말에 닿을 수 없는 것과 같은 형편이다."

또 어떤 사람이 "영길리와 법랑서를 믿을 수 없다면 덕국과 미국은 어떠한가?"라고 하므로 대답하기를 "덕국은 병력이 강대하고 미국은 나라가 부유하지만 일을 벌이기를 좋아하지 않고 남을 도와주려고 하지 않는다. 자기 나라를 보존하는 것은 잘하지만 먼 나라에는 뜻을 두지 않으므로 함께 도모할 수 없다"라고 하였다.

어떤 사람은 또 "그렇다면 서로 인접하고 있는 아라사에 의지하는 것이 좋지 않겠는가?"라고 말하므로 이렇게 대답하였다.

"이것은 진짜로 문을 열고 도적을 불러들이는 것으로서, 나라의 존망에 대해 생각할 줄 모르는 계책이다. 대체로 러시아 사람들은 오래 전부터 아주(亞洲: 아시아)에 욕심내어 항구를 점령하고 계속 수사(水師: 해군)를 주둔시켜 병탄할 뜻을 이루려고 하는데 만일 조선을 먹지 않는다면 어느 나라를 먹겠는가? 끌어들이지 않아도 곧 올 것인데 불러들이려는가?

그런데 지금 곧 오지 못하는 것은 무엇 때문인가? 그것을 바로 서북 일대의 배치가 아직 끝나지 않았고, 해삼위 항구가 겨울이 오면 굳게 얼어붙어 길이 막히는 것은 말할 것도 없고, 겸하여 국내의 내란이 끝나지 않았으며 재정도 곤란하기 때문이다.

밖으로는 수사(水師)가 영국만 못한데다가 영국이 서쪽에서 꺼리면서 러시아를 견제하고 있고, 육지로는 토이기를 막아야 할 형편인데 토이기가 정말 뒤로부터 공격해 온다면 러시아는 군사를 동원하는 데 수개월이 걸려야 할 것이다.

한번 남보다 뒤떨어지게 되면 이전의 공적도 다 헛일이 될 것이므로 러시아가 경솔히 행동하지 못하는 것은 당연하다. 그러나 러시아가 결국 한번은 야욕을 채우려고 하는 것도 사실이다. 자체 방어도 못하겠는데 어떻게 남을 원조해줄 수 있겠는가?"

어떤 사람이 또 "구주에서 원조를 받을 계책이 없다면 아주의 일본밖에 없지 않은가?"라고 하므로 이렇게 대답하였다.

"이것은 더욱 저속한 논의다. 일본은 영토가 조선과 비슷한 나라인데, 서법(西法)을 적용하여 공리(功利)만 강조함으로써 겉으로는 강한 것 같지만 안은 비었으며 당쟁이 번갈아 일어나 자기 자신도 돌볼 겨를이 없는데 어느 틈에 남을 돕겠는가? 뿐만 아니라 본성이 교활하여 이익만을 노리므로 일본과는 화친관계는 맺을 수 있어도 의거할 수는 없다."

어떤 사람이 또 "그렇다면 조선이 중국과의 관계를 버리는 것은 나라를 위하는 것이 아니다"라고 하므로 이렇게 대답하였다.

"조선은 본래 중국에 속해 있었는데 지금 중국을 버리고 다른 데로 향하려 한다면 이것은 어린아이가 자기 부모에게서 떨어져서 다른 사람의 보살핌을 받으려는 것과 같은 것이다.

그뿐 아니라 조선이 중국에 의지하면 유리한 점이 여섯 가지가 있다.

중(中), 한(韓)은 인접하여 있고 수륙(水陸)이 서로 잇닿아 있으므로 천진, 연대, 여순, 오송(吳淞)의 군함이 하루 이틀이면 각 항구에 와 닿을 수 있으며 봉천, 길림(吉林), 훈춘(琿春)의 육군은 10일이면 한성(漢城)에 와 닿을 수 있다. 아침에 떠나 저녁에 와 닿을 수 있으므로 유사시에 마음대로 통할 수 있으니 그 역량을 믿을 만하다. 이것이 첫째로 유리한 점이다.

중국은 천하를 한 집안처럼 여기고 변방의 나라들을 한 몸처럼 대하기 때문에 한번 변란이 생기면 즉시로 평정한다. 장수를 임명하고 군사를 출동시키는 데 군비를 아끼지 않으며 물자 공급도 요구하지 않는 것은 임오년(1882)과 갑신년

(1884)에 이미 실천한 사실이 있으니 그 은혜를 믿을 수 있다. 이것이 둘째로 유리한 점이다.

중국은 큰 나라로서 작은 나라를 보살핌에 있어서 지극히 어질게 대하고 의리를 다한다. 그러므로 다른 나라를 중국의 군현으로 만들지 않고 그 지역에서 조세를 받지 않으며, 다만 입술과 이의 관계를 든든히 하여 인민이 편안하기만을 바랄 뿐이다. 겉으로는 복속된다는 명색을 띠지만 안으로는 실제 영토를 소유하고 있으므로 자자손손이 무궁토록 보전될 것이니 그 심정을 믿을 수 있을 것이다. 이것이 셋째로 유리한 점이다.

중국이 조선을 돌보아준 지 이미 수백 년이 되었으므로 상하가 다 같이 의뢰하고 신하와 백성이 기꺼이 따른다. 만일 구장(舊章)을 성심으로 따른다면 온 나라가 편안히 지내게 되고 정령(政令)도 쉽게 시행될 것이니 그 혜택을 믿을 수 있을 것이다. 이것이 넷째로 유리한 점이다.

강대한 이웃나라들이 주위에서 염탐하면서 각자 자기의 욕망을 채우려고 노리고 있지만, 만약에 중국과 조선이 굳게 결합되어 틈을 이용할 수 없다는 것을 보게 되고 조선은 오직 중국에 의지해 있고 중국은 곧 조선을 돕는다는 것을 알게 된다면, 호랑이와 같은 야망도 저절로 사그라질 것이며 누에처럼 먹어 들어가려는 마음도 없어질 것이니 그 위력을 믿을 수 있을 것이다. 이것이 다섯째로 유리한 점이다.

중국은 조선을 믿어 의심하지 않으며 조선이 중국을 굳게 믿게 된다면 내란도 일어나지 않고 외부의 침략도 두려울 것이 없을 것이니, 이런 때에 정령을 바로잡고 어질고 능력 있는 사람들을 등용하여 생각을 가다듬어 정사를 잘하면 나라의 부강을 점차 이룩할 것이니 그 계기를 믿을 수 있을 것이다. 이것이 여섯째로 유리한 점이다.

조선이 중국을 배반하면 네 가지 해로운 점이 있다.

옛날부터 좋은 관계를 맺은 사람을 생각하지 않고 새로운 사람과 관계를 맺는다면 친하던 사람은 점차 멀어질 것이며 멀어지면 반드시 의심을 사게 된다. 멀어진 사람을 친하려고 하면 반드시 의심을 사게 되는 것이다. 멀어진 사람을 친하려고 하면 할수록 더욱 꺼려하게 되는 것이다. 의심과 꺼림이 생기면 화가 즉시에 일어날 수 있다. 이것이 첫째로 해로운 점이다.

중국을 배반하고 자주를 하자면 형세로 보아 반드시 구주의 나라들을 끌어들여 원조를 받게 될 것인데, 구주의 나라들은 본성이 잔인하여 남을 침략할 것을 꾀하는데 많은 선물과 달콤한 말로 백방으로 회유하여 틈을 타서 들어와서는 반드시 먼저 그 이권을 빼앗고 그 다음에는 중요한 지역을 점령할 것이다. 이것이 둘째로 해로운 점이다.

중국은 조선과 아주 가까이에 있는데 조선이 하루아침에 다른 나라의 소유가 된다면 결코 좋게 여길 수 없는 것이다. 그러므로 수륙으로 동시에 진출하여 재빨리 남보다 먼저 상륙하여 잠깐 사이에 대병력이 경내를 뒤덮으며 비록 구주에 구원해줄 군사가 있다 하더라도 사태가 급하게 되어 그것을 기다릴 사이도 없이 조선은 벌써 망하게 될 것이다. 이것이 셋째로 해로운 점이다.

조선에서 지금 붕당이 일어나고 있고 반란도 계속되고 있는데, 만약에 한번 중국을 배반하게 되면 상하가 서로 의심하고 사람들의 마음도 이탈하고 배반하여 중국에서 군사를 일으켜 죄상을 따지기도 전에 내란이 일어날 것이다. 이것이 넷째로 해로운 점이다.

유리한 점은 저렇고 해로운 점이 이러하니 굳이 지혜로운 사람이 아니라도 판단할 수 있을 것이다."

어떤 사람이 "그렇기는 하나 중국의 강대함은 구주만 못하니 조선이 구주를 끌어들여 자기를 보위한다 해도 중국에서는 기필코 따지지는 못할 것이다. 월남과 면전(緬甸: 버마)에서 있었던 일을 보지 않았는가?"라고 말하므로 이렇게 대답하였다.

"절대로 그렇지 않다. 월남과 면전은 먼 바닷가에 외따로 있지만 조선은 중국의 바로 옆에 있다. 북쪽으로는 (청의) 발상지인 성경(盛京: 심양)과 아주 가깝고 서쪽으로는 천진과 연대(烟臺)의 요충지로 견제하고 있어서 조선이 없으면 동쪽 성벽이 없는 것과 같으므로 중국으로서는 군사를 동원하지 않을 수 없는 것이다. 그렇기 때문에 버마가 (영국의 보호령이 된 것은) 허용하고 월남에 대해서는 좀 늦출 수 있었지만 조선은 결코 놓칠 수 없다.

조선이 만일 중국을 배반한다면 중국은 필연코 재빨리 군사를 동원하여 신속히 와서 점령하는 것을 상책으로 삼을 것이다. 그때 가서 구주에서도 군사를 동원하여 승부를 다투게 되는지 꼭 알 수는 없지만, 나그네와 주인의 형세는 이미 결정되었으므로 중국은 편안히 앉아 멀리서 오는 피로한 적들을 맞게 될 것이며, 또 구주가 어떻게 군사를 모두 동원하여 동쪽으로 오면서 그 배후를 고려하지 않을 수 있겠는가?

중국의 군사력이 비록 구주만 못하지만 정병이 30만 명이고 전선(戰船)도 100여 척이 되며 매년 조세수입도 6천만 석이나 되므로 만약 일부 부대를 출동시켜 조선을 점령하려고 한다면 돌로 달걀을 깨듯이 쉬울 것이다."

어떤 사람이 비웃으면서 "공의 말과 같다면 이것은 조선이 중국을 몹시 두려워한다는 말인데, 중국도 조선이 중국을 두려워하듯이 오히려 구주를 두려워하는데 어떻게 구주를 방비할 수 있겠는가?"라고 말하므로 이렇게 대답하였다.

"이것은 또한 그렇지 않다. 중국은 영토가 넓고 백성들이 많으며 나라 안은 태평하다. 그래서 군사를 모두 동원하여 사람들을 죽여 (그 시체가) 들판에 차게 하는 것을 좋아하지 않는다. 이것은 어진 사람의 마음으로 백성들을 편안하게 하려는 것이지 구주를 두려워하는 것이 아니라는 것은 프랑스와의 전란에서도 찾아볼 수 있다.

조선이 중국을 두려워하는 것은 옳지만 구주를 두려워할 필요가 없는 것은 무엇 때문인가?

조선은 병든 나라이므로 서양인이 전력을 다하여 차지하려고 한다. 그러나 중국이 반드시 대병력으로 도와줄 것이니 그들이 군사를 오래도록 동원하고 군량을 소비하여 (조선을) 얻어도 그 손실을 보상할 수 없을 것이며 더구나 꼭 (조선을) 얻을 수도 없지 않은가?

조선이 만약 밖으로 예의를 다하여 외교하고 안으로 중국의 원조를 받는다면 다른 나라 사람들이 함부로 속이고 업신여기지 못할 것이다. 해마다 일어나는·일을 놓고 보더라도 모두 중국 사람들이 스스로 손을 쓴 것이지 어찌 다른 사람들이 억지로 시켜서 한 것이겠는가?"

어떤 사람이 "만약 그렇다면 조선은 끝내 자주(自主)할 가망이 없겠구나"라고 말하므로 이렇게 대답하였다.

"이것이 웬 말인가? 조선은 자기 나라를 스스로 통치하고 자기 백성들을 스스로 거느리며 각 나라들과 조약을 맺으니 자주한다고 할 수 있다. 다만 중국의 관할을 받는 데 지나지 않는 것이다.

만일 남의 신하가 되지 않는 것을 자주라고 한다면 이것은 문자 상의 체면이나 유지하는 것이지 종묘사직이 망하는 것은 돌아보지 않는 것이다. 헛된 이름을 사려다가 화를 당하게 될 것이며 아침에 황제라고 칭하다가 저녁에 파멸할 것이니 어느 것이 성공하는 계책이고 어느 것이 실패하는 계책인지는 명확히 알 수 있다.

가령 조선이 백성이 많고 나라가 부유하며 정예한 병사가 수십만이 되어 아주에서 강대한 나라라고 불리면서 자립을 도모하려고 한다면 혹시 기대를 가질 수도 있겠지만, 지금은 상하가 단합되지 않았으며 나라는 쇠약하고 백성들은 빈곤하다. 만약 지극히 가깝고도 강대하며 어질고 공정한 하나의 나라를 찾아서 비호를 받으려 한다면 중국을 제쳐놓고 어느 나라를 따르겠는가?

삼가 중국에 의지하여 자존을 도모한다 해도 오히려 다른 걱정거리가 있을 텐데 하물며 다른 나라에 의지해서야 말할 나위가 있겠는가?"라고 하니, 어떤 사람이 이 말을 다 듣고 나서 훤히 깨닫고 말하기를 "공의 말은 참으로 눈을 뜨게 해주고

귀를 열어주었으니 약도 침도 이만은 못하다" 하였다.

원세개에게 한러 밀약 추진을 알려서 입장이 난처해진 민영익은 8월 말 거금을 가지고 상해를 거쳐 홍콩으로 망명 갔다. (1883년 초부터 윤선초상국의 기선이 상해와 인천 사이를 정기운항했다. 1884년에는 인천–나가사키 항로와 인천–연대 항로가 열렸다. 일본의 미쓰비시 기선회사도 1883년 11월부터 인천에 들어왔다.)

9월에 이홍장은 한러 밀약설 문제로 천진에 온 데니와 회담하면서 조선 영토 보존을 위해서는 러시아와 합의가 필요함을 깨달았다. 조선 정부가 거문도 사건 해결을 위해 러시아에 군함을 파견해줄 것을 요청했다는 사실을 알게 된 이홍장은 데니에게 청 주재 러시아 대리공사 라디겐스키를 만나 러시아가 조선 중립을 위해 협정을 맺을 의사가 있는지를 타진하도록 요구했다.

9월 25일 이홍장은 도문강 국경 문제를 논의하러 천진에 온 라디겐스키와 회담했다. 라디겐스키는 러시아가 거문도나 조선의 다른 지역을 침범할 뜻이 없음을 보장한다고 말했다. 러시아는 이를 서면으로 보증해달라고 요구했으나 라디겐스키는 거절했다. 27일 2차 회담에서 이홍장과 라디겐스키는 각서교환 방식으로 청과 러시아가 조선 영토를 침범하지 않는다고 합의했다.

10월 1일 라디겐스키가 러시아의 각서 초고를 전했는데, 이홍장은 번잡하다며 간명한 각서를 요구했다. 10월 6일 라디겐스키가 두 번째 각서를 보냈는데, 이 각서에는 러시아가 조선 내정에 간섭하고자 하는 의향이 드러나 있다. 그 내용은 다음과 같다.

첫째, 러시아와 중국 양국은 서로 오해할 일이 없도록 조선의 모든 상황을 이후에도 변함없이 이전이나 또는 현재 방법대로 처리한다. 모든 정책변경은 조선의 현 상황에 장애가 되거나 또 다른 문제를 일으킬 수 있으므로 러시아와 중국 두 나라의 안정을 바라는 뜻에 부합하지 않는다.

둘째, 러시아는 평화의 담보 외에 결코 다른 뜻이 없을 뿐 아니라 조선 영토를 침범하지 않을 것이다. 그러므로 중국 역시 그러한 일을 해서는 안 된다.

셋째, 금후에 만일 뜻밖의 예상하지 못한 일이 일어나 조선의 현재 상황에 큰 영향을 미치거나 조선에서의 러시아 이익에 차질이 생기면 어쩔 수 없이 조선의 현재 상황을 바꾸어야 할 것이다. 그때는 러시아와 중국 두 나라, 두 나라의 정부, 두 나라의 조선 주재 고관이 공동으로 상의하고 결정해야 한다.

10월 11일 청 조정은 이홍장에게 칙령을 내렸다. 러시아 공사와 상의하여 각서 초고를 수정하는 데서 한 자 한 자 따져가며 상세히 하라는 것이었다. 14일 청 조정은 각서 내용에 더욱 신중하라는 내용의 칙령을 내렸다. 이 칙령에는 조선을 러시아에 잃게 되지나 않을까 우려하는 청 정부의 심중이 잘 드러나 있다.

오늘 군기대신이 순친왕에게 올린 편지에 따르면, 중국과 러시아는 조선 문제로 약정을 하는데 러시아가 다른 뜻을 품고 있을까 두렵다고 하였다. 만약 이 때문에 러시아의 견제를 받는다면 오히려 약정하지 않는 것이 나을 것이다.

러시아가 조선을 침범하지 않는 것은 당연한 일이다. 어찌 우리 상국을 그들과 같은 자리에 놓고 말할 수 있겠는가. 물론 견제할 수 있다면 약정할 수 있다. (조선에) 군현을 설치하고 감국하는 것은 본래 하고자 하지 않았거니와 실시할 수도 없어 이번과 같은 책문 조항 역시 이루어질 수 없다. 거문도를 얻음은 일시적인 허명이지만 이로써 이후 조선 전체를 잃는 큰 국면에 처한다면 우리에게는 설상가상이며 이는 (국제) 공론에 부친다고 해도 다를 바가 없다. 프랑스가 베트남을, 중국이 버마를, 일본이 유구를 침입한 것도 다 러시아로부터 질책을 받았다. 중국은 이처럼 다사다난한 시기에 (베트남, 버마, 유구 등) 망한 나라를 다시 일으켜 세우는 일에 힘이 미치지 못하기도 했지만 그래도 아직 수치를 느끼지 않고 있다. 만약 러시아와 약정하여 터무니없는 날조가 우리로부터 발단되어 결국 그들의 함정에 빠져 속국을 멸망하게 한다면 어찌 후세의 웃음거리가 되지 않겠는가.

각서에는 대체로 조선은 중국의 속국인 까닭에 주도면밀하게 보호해주어야 한다는 말을 몇 마디만 적고, 진실로 명예에 저촉되지 않으면 결코 다른 말을 쓰지 말아야 할 것이다. 또한 러시아는 조선과 통상하고 화목하게 지내며 침략할 마음이 없다는 등의 말을 적어놓는 것이 좋을 것이다. 명목으로 국경을 정하는 일은 아직도 분명한 느낌이라는 등의 말은 그 논의가 적중, 정확해야 한다. 이홍장은 거듭 심의·고려해 결정하여 후환을 없애야 할 것이다.

이홍장은 칙령에 씌어진 지시대로 라디겐스키와 각서 개정을 상의했지만 러시아 정부는 응하지 않았다. 10월 24일 5차 회담이 열렸는데 라디겐스키는 본국 정부의 전보를 전했다.

러시아와 중국 두 나라는 조선의 실질적인 안정을 바라며, 오해를 불러일으킬 일이 없도록 조선의 현 상황을 바꾸지 않을 것과 영원히 조선 영토를 침범하지 않을 것을 약정하는 바이다.

총리아문은 이것을 근거로 주청 영국 공사 월섬(John Walsham)에게 각서를 보내 영국군의 거문도 철수를 요구했다. 12월 24일 월섬은 총리아문을 찾아와 영국 정부의 전보를 전하면서 즉시 거문도에서 철수하겠다고 말했다. 그리고 조선 외아문에 보내는 조회문을 전달해 달라고 부탁했다.

베트남이 프랑스의 식민지가 되고 이어 미얀마가 영국의 식민지가 된 사실은 조선에도 알려졌다. 그러므로 위기의식이 팽배해야 마땅한 상황이었음에도 조선에서는 국정의 문란과 왕실의 낭비풍조가 여전했다. 기기국(機器局) 위원 조희연(趙羲淵, 1856~1915)이 1886년 10월 상해를 방문했는데, 그때 윤치호를 여러 차례 만나 조선의 사정을 전했다. 윤치호는 11월 19일자 일기에 이를 기록했다.

궐내에서는 세창양행(世昌洋行)을 통해 서양 잡화를 무수히 사들여 빚을 매우 크게 졌고, 동궁이 별도로 여러 무용한 물건을 사들여 빚진 바가 또한 적지 않으며, 금년 8월경에는 세창양행 상인이 외아문으로 가서 빚 갚기를 몹시 독촉하고 우리 정부에 인천세관을 저당 잡힐 것을 강청하였다. 그때의 대리독판 서상우는 대답할 말이 없어 병을 핑계대고 쥐가 도망치듯 숨어버리고 감히 나와 말을 하지 못했기 때문에 외아문이 텅 비었다 한다. 한심스럽고 한심스럽다.

김 씨(金永爕)가 말하기를 "우리나라의 가련한 형세는 가히 세계에서 비할 바가 없다. 전일에는 안남(安南: 베트남), 면국(緬國: 버마) 등이 있었으나 이제 두 나라가 멸망한 까닭에 천하에 다시 우리나라와 비교할 데가 없다"고 하였다. 이어 말하기를 "김옥균, 홍영식의 난은 본래 나쁜 뜻에서 일으킨 것이 아니다"라고 하였다. 조 씨가 말하기를 "김옥균과 홍영식은 모두 유능한 인사로 그 뜻과 재주를 펼 수 없는 까닭에 목숨을 버려가며 만일의 일을 도모했을 뿐이니, 그 본심은 용서할 수 있다"고 하였다.

나라 일이 이와 같이 급히 망해가는 터에 운태(芸峀: 민영익)는 가히 할 수 있는 처지에 있으면서도 외국에 나와서 구차히 자신만 살찌우고 있다. 스스로 절약과 검소를 일컬으면서도 움직일 때마다 엄청난 은전을 써버리며, 공연히 나라 일이 낭패됨을 개탄하면서도 학교를 세워 인재를 기르고, 어진 선비를 등용하여 바깥 인심을 수람하고, 사졸을 길러 왕실을 보호하는 것이 급한 일임을 알지 못하니 어찌 어리석다 하지 않겠는가.

인천항의 개항과 함께 조선에 가장 먼저 들어온 서양의 회사는 영국의 이화양행이었다. 이화양행은 1883년에 인천에 출장소를 세웠다. 1884년 5월에는 독일의 세창양행, 1885년에는 미국 상인 타운센드(W. D. Townsend)의 타운선상회(陀雲仙商會, Townsend & Co.)가 각각 조선에 진출했다. 이밖에 영국계 상사로 1896년 들어온 함능가양행(咸陵加洋行, Holme Ringer & Co.)과 1906년에 들어온 광창양행(廣昌洋行, W. G. Bennet & Co.) 등이 있었다.

　세창양행(世昌洋行, H. C. E. Meyer & Co.)은 독일 함부르크의 상인 에두아르트 마이어(H. C. Eduard Meyer)와 볼터(Carl A. Wolter)가 합작으로 인천에 설립한 마이어 상사의 현지법인이었다. 마이어는 1841년 함부르크의 상인 집안에서 태어나 뉘른베르크 교외의 장난감 수출업체에서 상인 수업을 받았다. 18세에 중국으로 이주해 1863년 동생과 함께 홍콩에서 조그만 무역업체를 세워 운영하며 자본을 축적했다. 32세가 되던 해인 1873년에 천진에서 마이어 상사(E. Meyer & Co.)를 설립했다. 사업 초기에 마이어 상사는 영국산 섬유 제품과 독일산 잡화를 동아시아에 판매했고, 중국산 면화와 담뱃잎을 유럽에 수출했다. 마이어 상사는 성장을 거듭해 함부르크, 런던, 홍콩, 인천, 천진, 한구(漢口) 등에도 지사를 설립했다.

　세창양행은 묄렌도르프의 중재로 조선에 진출했다. 묄렌도르프는 조선을 근대화시키기 위해 차관도입, 농업개혁, 물류시스템 정비, 광산개발 등 다양한 사업을 추진했는데 그 대부분을 세창양행이 대행했다. 마이어는 주로 함부르크에 거주하면서 유럽-동아시아간 무역을 총괄했고, 세창양행의 경영은 볼터가 인천에 거주하면서 주도했다. 사업 초기에 세창양행은 독일산 바늘, 염료, 금계랍(金鷄蠟: 염산키니네), 영국산 면제품을 수입했고, 조선의 소가죽, 쌀, 콩, 홍삼, 금 등을 수출했다. 독일제 '세창바늘'은 아무리 오래 써도 부러지지도 녹슬지도 않는 마술과도 같은 바늘로 조선 아낙네들 사이에서 큰 인기를 모았다. 해열진통제인 금계랍은 학질 치료에 탁월한 효험을 보이면서 만병통치약으로 알려져 선풍적인 인기를 끌었다.

　조선에 온 대부분의 외국인들이 경험한 것처럼 세창양행의 사주인 볼터도 사업 초기에는 조선의 통화제도 탓에 어려움을 겪었다. 1달러는 엽전 500닢(엽전 100닢이 1냥)과 교환됐는데, 200달러어치만 판매해도 엽전 10만 닢이 2피트 가까이 수북이 쌓였다. 금괴 역시 불순물이 많이 섞여 있어서 신뢰하기 어려웠다. 이 때문에 볼터는 소매 거래에서 곡물이나 쇠가죽 등과의 물물교환을 선호했다.

　개항 초기에 조선에 진출한 세창양행은 일본 상인의 활동이 미미한 가운데 사업을 펼쳐 거의 독점적인 위치를 차지했다. 세창양행의 주요 수입원은 조선 정부를 상대로 한 대규모 이권사업이었다. 1885년 세창양행은 묄렌도르프의 주선으로 조선 정부와 기선 임대계약을 체결했다. 그 내용은 세창양행이 조선 정부를 대신해 상해, 부산, 인천, 목포 등을 왕복하며 세미(稅米)를 운송하는 것이었다. 세창양행은 5%의 운항수수료와 이윤의 절반을 얻었다.

세창양행은 묄렌도르프가 주도하는 전환국에 독일산 조폐기계를 납품했고, 관련 기술자 초빙에도 관여했다. 전환국에 초빙된 디트리히트(C. Diedricht), 크라우스(F. Kraus), 리트(C. Riedt) 등 3명의 독일인 기술자는 모두 세창양행이 소개한 사람들이었다. 1885년 가을 묄렌도르프가 물러난 이후 크라우스가 전환국 총판 자리를 물려받았으므로 세창양행은 조선 정부를 상대로 한 사업에서 별다른 타격을 입지 않았다.

1886년 세창양행은 자체 자금 2만 파운드를 조선 정부에 차관으로 제공하고 매년 3만 섬의 세미를 운송할 권리를 획득했다. 관세를 담보로 설정한데다가 매년 10%의 이자를 받기로 했으므로 세미 운송권은 덤이었다.

세창양행은 조선 정부에 연리 12%의 고리로 차관을 제공하고 독일 기선 2척의 구매를 대행했다. 조선 정부 소유가 된 조양(朝陽)호와 창룡(蒼龍)호라는 두 기선의 운항 역시 세창양행이 대행했다. 세창양행이 자체 자금으로 사서 자체적으로 운항하는 기선 사업에 대해 조선 정부가 빚을 지고 명의도 빌려준 셈이었다.

세창양행은 해운업에도 진출해 홍삼의 독점 수출권을 확보하려고 했으나 원세개의 방해로 실패했다. 세창양행은 인천을 거점으로 하여 경성은 물론 외국에까지 상권을 개척한 결과 홍콩, 상해, 천진 등에도 거래처를 두었으며, 1900년대 중반까지 활발하게 활동했다.

세창양행이 1886년 2월 22일자 〈한성주보(漢城週報)〉에 실은 회사 소개문이 한국 최초의 근대적 광고다. 광고의 제목은 '덕상 세창양행 고백(德商 世昌洋行 告白)'이었다. 여기서 '고백'은 광고를 뜻하는 한자어다. 이를 계기로 신문에 광고가 정기적으로 게재되기 시작했다. 세창양행은 광고를 통해 일반인들에게 신뢰와 믿음을 주는 좋은 회사라는 인식을 확산시켜 나갔다.

세창양행의 공동 사주 볼터는 1885년에서 1907년까지 22년간 조선에서 사업을 하면서 2남6녀를 낳아 길렀고, 서울과 인천에서 많은 토지를 소유했다. 볼터는 '제물포의 왕'이라 불릴 정도로 막강한 경제력을 과시했다. 그는 1898년에 설립된 덕어학교(德語學校)에 재정지원을 했고, 1899년 독일 하인리히 황태자의 방한을 주선하기도 했다.

볼터는 1900년에는 한독 관계에 기여한 공로를 인정받아 독일 정부로부터 훈장을 받았다. 1907년 볼터는 마이어와의 동업관계를 청산하고 세창양행을 단독으로 경영하기 시작했다. 이때 세창양행이라는 한국어 명칭은 그대로 유지됐지만, 영문 표기는 E. Meyer & Co.에서 Carl Wolter & Co.로 바뀌었다.

그 해 볼터는 건강이 나빠져 세창양행 경영을 독일인 지배인에게 맡기고 독일로 귀국했고, 1916년 독일에서 사망했다. 세창양행은 1차 세계대전 이후 독일인들이 출자한 자본이 동결되어 타격을 입었지만, 1950년 한국전쟁 발발로 한국에서 완전히 철수할 때까지 명맥은 유지했다.

주미 전권공사 파견과 소환

1887년 2월 27일 영국 해군은 거문도에서 철수했다. 이홍장의 중재로 영국군이 거문도에서 철수하자 조선의 종주국으로서 청의 위상은 더욱 높아졌고, 이에 고무된 원세개는 조선의 내정과 외교에 더욱 적극적으로 간섭했다. 원세개는 조선 정계에서 개화파나 개화파에 동조하는 인물들을 축출하는 데 힘써 조선의 근대화를 막으려 했다.

3월 31일 딘스모어(Hugh A. Dinsmore)가 3대 조선 주재 미국 공사로 서울에 도착했다. 딘스모어는 아칸소(Arkansas) 주에서 변호사로 활동하던 인물로 외교관 경력은 없었다. 딘스모어는 4월 13일 이재황을 예방했는데, 곧바로 청이 조선의 외교기관인 외아문을 절대적으로 통제하고 있음을 간파했다. 5월 딘스모어는 친청파로 알려진 외아문 독판 김윤식과 면담했다. 이 자리에서 그는 조선의 독립의지를 가늠해보려고 했다.

딘스모어: 미국은 조선을 독립왕국으로 대우하지만, 조선이 청에게 통치받기를 희망하면 반대할 수 없을 것입니다.

김윤식: 조선은 청의 통치를 바라지 않소. 조선은 진정한 독립왕국이나 약소국이므로 청에 자문과 지원을 요청하는 것이오.

딘스모어: 청의 황제가 조선 왕의 황제입니까?

김윤식: 그게 무슨 말이오? 조선인에게는 조선의 왕이 있고 청국인에게는 청의 황제가 있는 것이오. 조선의 왕과 청의 황제는 동등한 신분인데 청 황제가 큰 나라를 가졌으므로 더 큰 권력을 행사하는 것뿐이오.

6월 하순 딘스모어는 청이 조선을 서서히 병합하려 하고 있으며 청에 대처하기에는 조선 정부가 너무나 미약하다고 미국 정부에 보고했다.

데니는 이홍장이 그를 조선에 천거한 의도와 달리, 조선이 청의 내정간섭에서 벗어나도록 도우려 했다. 데니는 이재황에게 수교한 여러 나라에 공사를 파견하면 상대국도 격이 높은 사절을 조선에 보내 주재시킬 것이며 그들이 청을 견제해줄 것이라고 설득했다.

이에 이재황은 1887년 7월 내무부 협판 민영준을 주일 관리대신(辦理大臣)으로, 내무부 주사 김가진(金嘉鎭)을 주일 참찬관으로 임명하여 파견했다. 청은 별다른 이의를 제기하지 않았다. 용기를 얻은 이재황은 8월 18일(음력 6월 29일) 협판내무부사 박정양을 주미 전권공사로, 역시 협판내무부사 심상학을 유럽 5개국(영국, 독일, 러시아, 이탈리아, 프랑스) 주재 전권공사로 임명했다.

전교하기를,

"영국, 독일, 러시아, 이탈리아, 프랑스 5개 나라와 차례로 조약을 체결하여 우의가 점차 두터워지고 있으니 관리를 특파하고 그 나라 수도에 주재시키는 조치를 취하지 않을 수 없다. 협판내무부사 심상학을 전권대신으로 파견하여 영국, 독일, 러시아, 이탈리아, 프랑스의 수도에 가서 편의에 따라 주재하고 겸하여 공사의 직무를 처리하도록 하라."

하였다. 또 하교하기를,

"미국과는 제일 먼저 화친을 맺고 상호 관리를 초빙한 지 1년 정도 된다. 그러나 우리나라에서는 아직도 수도에 주재시킬 사신을 파견하지 못했으니 실상 결함으로 된다. 협판내무부사 박정양을 전권대신으로 특파하여 미국에 가서 수도에 주재하면서 공사의 직무를 처리하도록 하라."

하였다.

《고종실록》 24년 6월 29일

박정양의 부임을 위한 사절단이 그를 비롯해 참찬관 이완용(李完用), 이

등서기관 이하영(李夏榮), 삼등서기관 이상재, 번역관 이채연(李采淵) 등 모두 10명으로 구성됐고, 알렌이 참판관으로서 이들을 인솔했다.

원세개는 조선이 스스로 독립국임을 과시하기 위해 박정양을 미국에 전권공사로 파견하는 것을 막으려 했다. 원세개가 조선 정부가 주미 전권공사를 임명했음을 이홍장에게 보고하자 이홍장은 전권공사 파견을 막으라고 훈령했다. 또한 전권대신을 미국에 파견하면 선전포고하겠다고 협박하는 전문까지 조선 조정에 보냈다. 그래도 알렌과 데니의 권유에 조선 국왕은 공사 파견을 강행했다.

알렌은 9월 22일 저녁 조선 국왕을 알현한 뒤 23일 서울을 떠나 제물포에 도착했다. 박정양과는 남대문 밖에서 만나 제물포로 동행하기로 했으나 그가 나타나지 않자 먼저 제물포로 갔다. 박정양이 나타나지 않은 것은 조선 국왕이 그를 소환했기 때문이다. 마지막 순간에 원세개가 이재황에게 공갈 협박한 것이었다.

24일 조선 주재 미국 공사 딘스모어(Hugh A. Dinsmore)가 나가사키에서 미국 군함 오마하(Omaha) 호를 타고 제물포에 도착했다. 박정양 일행을 오마하 호에 태워 미국으로 보내려고 한 것이었다. 그런데 제물포에 도착하여 그간의 사정을 알게 되자 딘스모어는 크게 분노했다. 27일 딘스모어는 주미 조선 공사 파견에 반대하는 원세개의 주장을 반박하는 내용의 글을 보냈다. 그 내용은 대략 다음과 같다.

(1) 조선 정부는 선자후파(先咨後派: 먼저 청에 자문을 구하고 나중에 파견)한 것은 아니지만 박정양의 전권공사 임명 사실을 청에 통고했다.

(2) 조미조약에서 두 나라는 공사 파견을 보장하고 있는 바, 이제 와서 공사 파견을 반대하는 것은 조미조약 체결 정신에 위배된다.

(3) 조선이 주일 전권공사를 파견할 때는 아무런 반대가 없었는데 유독 주미

공사 파견을 문제 삼는 것은 외교적 차별대우이다.

9월 30일 이재황은 알렌에게 미국 공사와 러시아 공사가 여전히 조선의 전권공사 파견을 지지하고 있는지의 여부를 타진해 달라고 요청했다. 10월 1일 알렌은 딘스모어와 베베르를 만나 의사를 타진했는데 모두 만난을 무릅쓰고라도 조선이 전권공사를 미국에 파견해야 한다고 말했다.

이즈음 일본 어선 6척이 제주도 모슬포(摹瑟浦)에 와서 그 선원들이 약탈하고 살인하는 만행을 저질렀다. 전라감사 이헌직(李憲稙)과 제주목사 심원택(沈遠澤)이 이를 보고하는 장계를 올렸다. 내용은 대략 다음과 같다.

> 가파도(加波島)에서 전복을 따던 일본 배 6척이 모슬포에 와서 정박하고 일본 선원들이 제멋대로 상륙하여 촌락에 뛰어들어 와서는 닭과 돼지를 약탈했고, 칼을 빼들고 집주인 이만송(李晩松)을 쳐서 그 자리에서 죽게 했으며, 모슬포 백성인 김성만(金成萬), 정종무(鄭宗武), 이흥복(李興福) 등을 구타했습니다. 그 배에 탔던 40여 명이 달려 나와 모슬포의 기찰장(譏察將) 문재욱(文在旭)을 위협하여 강제로 화해의 증표를 받아내고 돌아갔습니다.

10월 3일 의정부에서 이 사건을 국왕에게 아뢰고는 이렇게 건의했다. "닭과 돼지를 노략질한 것도 지극히 도리에 어긋나는 것인데 칼을 뽑아들고 사람을 찔렀으니 이 얼마나 고약한 버릇입니까. 목숨을 배상하는 문제는 원래 공법(公法)에 있으니 교섭아문(交涉衙門)으로 하여금 일본 공사와 협상하여 빨리 합당하게 마무리 짓도록 하는 것이 어떻겠습니까?" 해안을 방어할 필요성을 느낀 이재황은 딘스모어에게 국방 문제에 대해 논의할 장교의 파병을 부탁했다.

10월 6일 베이어드(Thomas F. Bayard) 미국 국무장관이 청 주재 미국 공사 던비(Charles Harvey Denby)에게 청에 항의하라는 훈령을 보냈다. 다음날 던비 공사는 청 정부에 조선의 전권공사 미국 파견을 방해하는 것은 조미조약을 무시하는 처사라고 공식 비난했다.

데니도 천진으로 가서 이홍장과 담판했다. 데니는 "만약 청이 조약문에 명시돼 있는 공사 교환 조항을 무시한다면 조선의 대외조약은 아무 쓸모도 없게 된다"고 강조했다. 이홍장은 미국 정부의 항의에 물러섰는데, 데니에게 전권공사가 아닌 판리공사를 파견하여 조선에 대한 청의 종주권을 존중하는 방향으로 처리해줄 것을 요구했다.

10월 30일 미군 대령 찰스 롱(Charles Chaillé-Long, 1842~1917)이 조선 총영사 겸 미국 공사관 서기관으로 조선에 왔다. 찰스 롱은 북군으로 남북전쟁에 참전했으며 게티스버그 전투에도 참전했다. 1870년 중령으로 이집트에 파견되어 찰스 고든 휘하에서 근무하며 여러 차례 아프리카를 탐험했다. 1877년 미국으로 돌아와 컬럼비아 로스쿨을 졸업했다.

11월 8일 딘스모어는 주선 주재 각국 공사들의 회의에서 원세개를 공개 비난했다.

9일(음력 9월 24일) 이홍장은 영약삼단(另約三端: 별도의 약정 셋)을 준수·이행한다는 조건으로 조선의 주미 전권공사 파견을 용인했다. 영약삼단의 내용은 다음과 같다.

(1) 조선 공사는 미국에 도착해 청국 공사의 안내로 국무성을 방문할 것.
(2) 조선 공사는 청국 공사보다 낮은 자리에 앉을 것.
(3) 외교교섭을 해야 할 큰 일이 있으면 청국 공사와 협의한 후 처리할 것.

미국이 조선의 전권공사 파견을 적극 도운 것은 그것이 자국의 위신에 관계된 일이기 때문이었다. 외교관도 파견하지 못하는 국가는 독립국이라고 할 수 없는데 조선이 청의 압력에 굴복해 미국에 전권공사를 파견하지 못한다면 미국은 독립국이 아닌 '괴뢰국가'와 조약을 체결한 것이 되는 셈이었다.

11월 12일 박정양 일행은 서울을 떠나 16일 제물포에서 오마하 호를 타고 나가사키로 향했다. 먼저 출발한 알렌은 이재황의 지시에 따라 나가사키를 거쳐 홍콩으로 가서 민영익으로부터 주미 공사관 개설에 필요한 비용 2만 달러를 받아 들고 18일 나가사키로 돌아왔다. 민영익은 처첩을 거느리고 홍콩의 빅토리아 호텔 스위트룸에 거주하며 호화롭게 살고 있었다. (민영익은 조선 국왕 부부의 밀령에 따라 홍콩상하이은행에 거액을 예치해 두었다.)

박정양 일행이 19일 나가사키에 도착하자 알렌은 그들 가운데 박정양, 이완용, 이채연, 이종하(李鐘夏) 네 명은 홍콩행 여객선 표를 구입했다. 21일 박정양 등 네 명은 홍콩에 있는 민영익을 만나기 위해 독일 우편선 제너럴 베르더(General Werder) 호를 타고 출항했다. 알렌은 조선 사신단 가운데 나머지 6명과 더불어 25일 요코하마에 도착했다.

12월 8일 박정양 등 4명은 요코하마에 도착해 알렌 일행과 합류했다. 12월 10일 조선 사신단은 오셔닉(Oceanic) 호를 타고 요코하마를 출항해 21일 호놀룰루에, 28일에는 샌프란시스코에 도착했다. 승객 가운데 천연두 환자가 있어 하선이 지연되어 1888년 1월 1일 상륙했다. 조선 사신단은 미국 서부에서 가장 큰 호텔인 팰리스 호텔(Palace Hotel)에 체류했는데 엘리베이터를 처음 타고 공포를 느껴 이용을 거부했다. 알렌이 그 작동원리를 설명해주었으나 조선 사신 일행은 계단만 이용했다. 1888년 1월 4일 대륙횡단 철도를 타고 1월 9일 수도 워싱턴에 도착했다. 10일 알렌은 이완용, 이채연을 동반하여 미국 국무성을 방문하고 신임장 제정 일자를 13일로 정했다.

이때 주미 청국 공사 장음환(張蔭桓)이 박정양을 찾아와 조선 공사는 청 공사관을 방문해 자신의 안내를 받아야 한다고 재촉했다. 박정양은 처음에는 이에 따르려 했으나 알렌이 결사반대해 따르지 않았다.

1월 17일 박정양 일행은 클리블런드(Stephen Grover Cleveland) 대통령을 예방하고 국서를 전달했다. 국서의 내용은 다음과 같다.

대조선국 대군주는 대아미리가합중국 대백리 새천덕(大伯理 璽天德: 대통령)께 글월을 올리압.

짐은 본국과 귀국 간에 최초로 조약을 체결하게 되어 영광으로 생각하고 있으며, 이래 우의가 독후(篤厚)하여 사절이 왕래한 지 여러 해가 되었습니다. 양국 간에 화호 및 상무가 날로 증진되고 있는 바, 이같은 관계가 계속 유지되기를 간망하는 바입니다. 이에 짐은 신애(信愛)하는 종이품 협판내무부사 박정양을 전권대신에 임명하여 귀국에 파견해 귀국 경도(京都: 수도)에 주차하게 하고자 하니 교섭사를 타판(妥辦)하기 바랍니다.

짐이 알기로 본 대신은 충성스럽고 근실하며 매사에 꼼꼼하고 자세하므로 그 직책을 능히 감당할 수 있을 것이며, 본 국서를 휴대하고 그곳에 가서 친히 국서를 봉정할 터이니 바라건대 대백리 새천덕께서도 이 사람을 성실하게 신임하고 종우접대(從優接待)하시기 바라며, 아울러 그는 수시로 입관하여 짐의 충곡(衷曲)을 대신 아뢸 것입니다.

더욱 상호 친목하여 승평을 함께 누리고 대백리 새천덕의 홍희(鴻禧: 큰 복)가 무량(無量)하기를 축원하는 바입니다.

1월 26일 알렌은 셰리던(Sheridan) 장군을 만났는데, 그는 국무성의 훈령에 따라 조선에 파견할 군사교관 3명을 선발했다고 말했다. 조선은 1883년 푸트 공사가 부임한 이래 그를 통해 미국에 군사교관 파견을 여러 차례 요청했는데, 이것이 드디어 이루어진 것이었다. 교관 3인은 다이(William McEntyre Dye), 커민스(Edmund H. Cummins), 리(John G. Lee)였다. (다이는 1853년 웨스트포인트 육군사관학교를 졸업했고, 남북전쟁 때 아이오와 주의 제20의용군대장으로 용맹을 떨쳤다. 전쟁이 끝나고 육군의 역할이 줄어들자 소령으로 자원 제대하고 잠시 농업에 종사했다. 1873년부터 5년간 이집트의 오스만투르크 총독이 거느린 군부대의 참모차장으로 근무했다. 1878년 귀국한 뒤 1883~1886년 워싱턴 시의 시경 총경으로 일했다.)

박정양은 1월 27일 휘트니(William Collins Whitney) 해군장관 집에서 열린 환영연에 참석했는데, 미국의 파티 문화에 일종의 문화충격을 받았다. 알렌은 그의 일기에서 이에 대해 다음과 같이 서술했다.

박 공사는 환영연에서 여인들이 거의 옷을 걸치지 않고 다니는 것을 처음으로 보고 크게 충격을 받은 듯, 이렇게 노출이 심한 여인들을 쳐다보아도 괜찮은지를 내게 물었다. 이브닝 드레스의 긴 옷자락을 끌고 다니는 여인 한 사람이 추위에 몸을 떠는 것을 보고 그는 자신의 두루마기를 벗어서 그녀를 목에서부터 감싸서 따뜻하게 해주면 어떻겠느냐고 물었다. 우리 조선 사절단은 가장 먼저 도착해서 가장 먼저 자리를 떴다.

주미 청 공사 장음환은 본국에 조선 공사가 영약삼단을 위배했음을 알렸다. 이에 원세개는 박정양에게 영약삼단 준수를 촉구하는 훈령을 내릴 것을 조선 국왕에게 요구했다. 이홍장은 영약삼단 불이행은 청의 종주권을 부인하는 행위로 간주하여 원세개에게 박정양 소환을 명령했다.

6월 서울에서는 유괴된 아이들이 외국인에게 팔린다는 소문이 널리 퍼졌다. 조선인 사이에서는 미국 선교사 학교에서 아이를 구매하고 있으며, 이 때문에 폭동이 일어나 정동에 거주하는 미국인을 습격할 것이라는 설이 유포됐다. 이에 미국, 러시아, 프랑스의 공사는 본국에 연락하여 자국 군사를 서울에 진입시켰다.

6월 19일 이재황은 유괴범을 체포하라고 엄명했다.

전교하기를,

"요즘 민간에서 아이를 잃어버리는 일 때문에 여리(閭里)에서 놀라고 소란스러운 데, 이보다 심각한 일은 없다. 이미 여러 번 신칙하는 하교(下敎)가 있었는데 아직도 근인(根因)의 진범이 적발되어 붙잡히지 않아 동요가 점점 커지고 있으니 어찌 한심하지 않겠는가?

형조, 한성부와 좌우 포도청에서 기한을 정해놓고 염탐해 붙잡아서 철저히 파헤치고 법률을 분명히 보이도록 하라. 그리고 백성 가운데 진범을 직접 잡아들이는 자가 있으면 절대로 사적으로 죽이지 말고 곧바로 법사(法司)에 보고하도록 하여 그 진범에게 신속히 사형을 시행하고, 체포한 사람에게는 큰 상을 주어라. 혹시 뜬소문이 나돌아 민간(民間)을 소란하게 만드는 것은 반드시 조화를 부리는 놈이 있어서 그럴 것이다. 이와 같이 음흉하고 사특한 무리는 확실히 염탐하여 체포해야 할 대상에 속하니, 이 또한 같은 원칙에서 형벌을 시행하도록 하라.

곧바로 형조, 한성부 양사와 좌우 포도청으로 하여금 한문과 언문으로 베껴서 상세히 현록(懸錄)하여 방곡(坊曲)에 내걸도록 분부하라."

하였다.

《고종실록》 25년 5월 10일

프랑스 공사 플랑시(Victor Collin de Plancy)는 이 소문이 1870년 천진 교안 때의 소문과 비슷하다는 점으로 미루어 원세개가 어린이 납치설을 계기로 조선인이 소요를 일으키도록 유도하고 질서유지를 명분으로 청군을 서울에 파병하려 한다고 보았다. 딘스모어도 6월 25일 다음과 같이 미국 국무성에 보고했다.

한국인은 대개 외국인을 존중하고 친절한데, 특히 미국인은 한국인의 환대를 받고 있습니다. 미국인은 언제든 도시를 밤낮으로 자유로이 활보하며 나 자신도 수행원 없이 자주 산보합니다. 서울에서 멀고 인적이 드문 곳을 산보하더라도 가벼운 모욕도 받지 않고 극진한 친절과 존경을 받습니다. … 이번 사건은 1870년 6월의 천진 사건과 비슷합니다. 원세개가 정치적 목적으로 사주한 것 같습니다.

6월 27일 이재황은 딘스모어를 불러 미군의 진주는 적절하며 미군은 정의롭게 행동했다고 말했다.

원세개의 거듭된 강요에 조선 국왕은 11월 박정양에게 소환령을 내렸다. 박정양은 부임 10개월 만인 1888년 11월 19일 워싱턴을 떠나 귀국길에 올랐다. 같은 달 이완용은 주미 공사관 참찬관으로 임명되어 다시 미국으로 떠났다(이완용은 신병으로 1888년 5월 귀국). 12월 미국에 도착한 이완용은 주미 대리공사로 임명됐다. 12월 19일 요코하마에 도착한 박정양은 원세개의 문책을 두려워하여 주일 조선 공사관에 머물다가 1889년 4월 11일에야 부산에 도착했고 5월에 서울로 들어왔다. 원세개는 박정양을 청 황제와 조선 국왕의 명을 위반한 죄인으로 규정하고 그에 따른 처벌을 조선 국왕에게 요구했다. 이재황이 데니에게 자문을 구하니 데니는 박정양을 처벌하면 조선이 독립국이 아니며, 조선과 수교한 나라들이 조선 사절을 받아들이지 않을 것이라며 처벌에 반대했다. 이홍장과 원세개의 태도가 누그러지자 이재황은 8월 20일(음력 7월 24일) 박정양을 소견하여 미국에 대해 많은 것을 물었다.

이재황: 그 나라 면적이 일본에 비하여 몇 배나 되는가?

박정양: 면적은 우리나라에서 거리를 재는 법으로 계산하면 동서가 8550리, 남북이 4800리입니다. 이것은 세계지도를 보고 안 것이고, 그 나라 사람을 만날 때마다 들어보니 강역(疆域)의 넓이는 아세아주의 중국이나 구주(歐洲)의 아라사보다 작지 않다고 했습니다.

이재황: 그 나라에 주재해 있을 때 대통령이 접대하는 절차는 어떠했으며, 접견할 때마다 악수로 인사를 하던가?

박정양: 그들이 접대하는 절차는 기타 각 나라들과 같았으며 극히 친절했습니다. 서양 풍속에서는 악수하는 것을 접견할 때의 항상 되는 예절로 여기기 때문에 신도 그 나라에 들어가서는 그 인사법을 따라 악수로 인사를 했습니다.

이재황: 그 나라는 매우 부강하다고 하는데 과연 그렇던가?

박정양: 그 나라가 부강하다는 것은 비단 금이나 은이 풍부하다거나 무기가 정예하다는 것뿐만이 아닙니다. 그것은 전적으로 내부를 정비하고 실리에 힘쓰는 데 있으며, 재정은 항구세(관세)를 가장 기본으로 하고, 그 다음은 담배와 술에 대한 세금이고, 또 그 다음은 지조(地租: 토지세)이며, 기타 잡세도 적지 않다고 합니다. 근년에 한 해의 수입은 거의 3억 7140만 원이 넘고 한 해의 지출은 2억 6790만 원이니, 지출과 수입을 대비할 때 남는 것이 4분의 1이나 됩니다. 때문에 어떤 사람들은 각 항구에 들어오는 물건에 대한 세를 줄이자고 논의하기도 하고, 또 어떤 사람들은 각 항구에 들어오는 물건에 대한 세를 줄인다면 다른 나라에서 명주, 비단, 도구 같은 물건의 수입이 날로 증가하여 들어오고 그에 따라 값이 싸지면 백성들은 사서 쓰기를 좋아하고 만들려고 하지 않을 것이니 백성들이 자연 게을러지고 나라가 빈약하게 될 것이라고 합니다. 그리하여 세를 줄이자는 논의는 결국 시행되지 못했으니, 그 나라가 부유해진 이유를 이미 알 만하고, 재정을 넉넉하게 하는 방법도 이를 미루어 알 수 있습니다.

대개 그 나라 재정의 원천이 이와 같은데도 오히려 비용을 절약하고 낭비하지 않기 때문에 날로 부유하여 각국의 으뜸이 되었으니, 그 나라가 부유하게 된 요점은 전적으로 비용을 절약하는 데 있고, 비용을 절약하는 요점은 전적으로 규모(規模: 본보기가 될 만한 제도)에 달려 있습니다. 그 나라의 규모가 주도면밀하여 일단 정한 규정이 있으면 사람들이 감히 어기지 못합니다.

이재황: 그 나라의 규모가 매우 주도면밀하다고 했는데 과연 어떠한가?

박정양: 관리로 말하면 나랏일을 자기 집안일과 같이 여기고 각각 자기 직책의 정해진 규정을 지키고 한마음으로 게을리 하지 않으며, 백성으로 말하면 사농공

상이 각각 자기 일에 종사합니다. 전국을 통계해도 놀고먹는 백성이 드물기 때문에 재정이 이로 인하여 부유하고, 규모가 이로 인하여 주도면밀한 것입니다.

이재황: 그 나라가 다른 나라에 비해 가장 부유한 것은 실로 규모가 주도면밀한 데 원인이 있겠지만, 인심이 순박하기도 각국에서 첫째라고 하는데 과연 그러한가?

박정양: 각국의 인심을 다 알 수는 없으나, 미국은 독립한 지 100여 년에 불과하여 토지가 아직 개간하지 않은 곳이 많으므로 전적으로 백성들을 모집하는 일에 힘쓰고 있습니다. 그리고 교육에 대한 문제를 나라의 큰 정사로 삼기 때문에 인심이 자연 순박합니다.

이재황: 그 나라에 주재하고 있을 때 어느 나라 공사와 가장 친밀했는가?

박정양: 공사들의 교섭에서는 서로 좋게 지내기에 힘쓰기 때문에 별로 친소(親疎)의 차이가 없었습니다만, 우리나라와 조약을 맺은 나라의 공사와 더욱 친밀하게 지냈습니다.

이재황: 일본 사람들은 각국에 왕래하면서 좋은 제도를 많이 모방하여 법률을 고치기까지 하였다는데 과연 그런가?

박정양: 일본 사람들이 각국에 왕래하면서 정치와 법률에서 단점을 버리고 장점을 취하여 모방한 것이 많습니다.

이재황: 미국이 재정이 풍부하고 제도가 주밀하다는 것은 정말 소문대로이다. 그런데 전적으로 농사일에 힘을 쓴다고 하는데 과연 그렇던가?

박정양: 농사만이 아닙니다. 사농공상이 각각 자기 일에 힘쓰고 있는데, 미국의 남쪽 지방에서는 농사에 가장 힘쓰고 있습니다.

이재황: 미국은 나라를 세운 지 얼마 되지 않는데 그 정치제도가 이러하고 사농공상이 모두 자기 일을 잘하고 있으니 영국보다 우세할 것 같다. 그런데 영국은 상업만을 위주로 한다고 하던데 과연 그러한가?

박정양: 영국은 땅이 좁고 인구가 많아서 무역에만 의존하기 때문에 자연 상인이 많으니 당연한 일입니다.

이재황: 그 나라에서는 항구세를 많은 경우 100분의 5를 받는다고 하는데 과연 그러한가?

박정양: 미국의 항구세는 수출세를 낮게 하여 주민들이 생산에 힘쓰도록 장려하고, 수입세를 높여 외국 물품이 백성들의 돈을 거둬 내가는 것을 억제하고 있습니다. 그래서 혹 100분의 5도 받고 혹 100분의 10도 받는데, 그것은 물품에 따라서 백성들에게 유리한 것은 세를 가볍게 하여 들여오도록 하고 백성에게 해로운 것은 세를 무겁게 하여 막아 버립니다. 명주, 비단, 담배, 술 같은 것들은 관세가 원가보다 높은 것이 있으므로 다른 나라에서 처음 오는 상인들은 가끔 세금이 원가에 맞먹는다고 말합니다.

이재황: 그 나라는 면적이 그렇게 넓고 백성들의 집도 크고 화려하지만 대통령의 관청은 별로 화려하지 않다고 하던데 과연 그러한가?

박정양: 대통령의 관청은 백성들의 개인집과 구별이 없으며 부유한 백성들의 집에 비교하면 도리어 미치지 못할 정도로 매우 검소합니다. 그러나 개인집과 다른 것은 건물을 전부 흰 칠을 했기 때문에 나라 사람들이 '백옥(白屋)'이라고 합니다.

이재황: 그 나라는 남쪽으로 지리(智利: 칠레)와 파서(巴西: 브라질)를 이웃하고 북쪽으로 영국, 아라사 등에 속한 땅과 경계를 하고 있는데 이것이 북미국(北美國)인가?

박정양: 남북의 경계는 과연 전하의 하교와 같은데, 비록 북미합중국(北美合衆國)이라고 부르지만 아미리가(阿美利加: 아메리카) 주 전체를 놓고 말한다면 미국은 그 복판을 차지하고 있습니다.

이재황: 그 나라는 해군, 육군의 제도가 그다지 정비되지 못하였다고 하는데 과연 그러하며, 또 상비병(常備兵), 예비병(豫備兵), 후비병(後備兵)이 있는가?

박정양: 그 나라에 상비 육군은 3만 명에 불과한데 각 진영에 배치했으며, 현재 화성돈(華盛頓: 워싱턴)에 주둔하여 있는 군사는 몇 백 명에 불과합니다. 그 나라

의 크기에 비하여 군사를 보면 그리 많지 않지만, 그 밖에 또 민병(民兵)이라고 부르는 것이 각 지방, 각 촌락에 있고 군사학교가 있어서 백성들에게 훈련하고 가르치는데 정부에서 군량을 대주지 않아도 나라에 변란이 있을 때마다 천만 명의 정예병을 즉시 동원시킬 수 있습니다. 이것이 이른바 '군사를 백성에 부속시킨다'라고 하는 것인데, 나라를 위하는 마음은 관리나 백성이나 차이가 없습니다.

이재황: 군사학교는 공립인가, 사립인가?

박정양: 공립도 있고 사립도 있습니다.

이재황: 오가는 길에 단향산(檀香山, 호놀룰루)이 있다고 하던데 그것은 어떤 곳인가?

박정양: 그것은 포규국(布哇國: 하와이 왕국)에 속하는 섬입니다.(1778년 하와이 제도를 방문한 영국의 탐험가 제임스 쿡은 항해 후원자인 샌드위치 백작의 이름을 따서 그곳에 샌드위치 제도라는 이름을 붙였다. 이 이름이 1890년대 중반까지 널리 쓰였다.)

이재황: 포규국은 작은 나라이다. 오가는 길에 과연 두루 보았겠는데, 그 면적은 얼마나 되던가?

박정양: 포규는 바로 태평양 가운데 있는데 여러 섬이 모여 한 나라를 이룬 것으로서 유구국이나 우리나라 제주(濟州)에 비교하여도 많이 크지 않을 것 같습니다. 신이 미국으로 갈 때 배가 그 경계에 닿았으나 밤이 깊어서 육지에 내리지 못하여 자세히 보지 못했습니다. 그런데 항구와 수도는 매우 영락되어 있었습니다. 40년 전에 천연두가 유행하여 사람들이 많이 죽었기 때문에 근래에 구라파, 아시아 등 각 주(洲)의 백성들을 모집하여 겨우 모양을 갖추었다고 합니다.

이재황: 포규는 일개 섬나라인데 미국과 영국이 그전에 서로 분쟁한 일이 있었다고 하니 무슨 까닭이었는가?

박정양: 영국에서 포규를 병탄(竝呑)하려고 하므로 포규는 그 침략에 견딜 수 없어 미국에 속하기를 원했으니 그것은 대체로 영토가 가깝기 때문이었을 것입

니다. 그러나 미국은 본래 남의 땅에 욕심이 없기 때문에 속국이 되겠다는 그 나라의 소원을 승인하지 않고 그대로 자주 독립하게 하여 지금까지 보호하고 있습니다.

이재황: 우리나라에 주재하는 미국 공사 단시모(丹時謨: Dinsmore)는 이미 체직(遞職)되었지만 새로 임명된 공사도 곧 그만두려고 한다는데 무슨 까닭인지 모르겠다. 그리고 단시모의 말을 들어보면 우리나라에서 새 공사를 파견한 후에 미국에서도 새 공사가 파견되어 온다고 하는데 과연 그런가?

박정양: 미국은 자체의 실력을 기르는 데만 힘쓰고 외교는 부차적인 일로 여기기 때문에 사신으로 나가는 사람들의 봉급이 서양 여러 나라들에 비하여 좀 적습니다. 혹 원하지 않는 사람도 있습니다. 이는 민주국이기 때문에 사람들이 각각 자유로운 권리를 가지고 있는 만큼 정부에서 강요할 수 없습니다. 우리나라에 새 공사를 파견하는 문제에 대해서는 단시모의 말이 이상할 것이 없습니다. 어느 나라를 막론하고 다른 나라에 사신을 내보내는 것은 다 다른 나라의 사신이 자기 나라에 와서 주재하기를 원하기 때문이며, 또 등급이 높은 관리를 원하는 것은 다른 나라가 자기 나라를 우대하기를 요구하기 때문입니다. 이것은 물론 요즘 각각의 외교의 일반적인 추세입니다.

이재황: 다른 나라에 오가면서 오늘에 이르기까지 노고는 비록 많았지만 각국 사람들의 말을 들을 때마다 사신의 임무를 잘 처리했다고 하니 이것은 다행한 일이다.

박정양: 사신으로 가는 의리가 중한데 어떻게 감히 노고에 대하여 말하겠습니까? 학식이 부족하여 자연 잘못하는 일이 많았으니 황송하여 주달할 바가 없습니다.

이재황은 주변국과 서양의 사정에 대해 관심이 많았다. 조선 왕조의 운명이 국제정세에 의해 결정될 수 있음을 잘 알고 있었기 때문이었다. 그러나 내부 개혁으로 부국강병을 이룩할 생각은 전혀 없었고, 오직 조선에 은혜를 베풀 수 있는 강대국이 존재할 것으로 믿고 그런 나라를 찾기만 했다. 그런 유력 후보국이 미국과 러시아였다. 그런데 이러한 이재황의 사고방식은 특이할 것이 없는 것으로, 조선의 거의 모든 역대 국왕에게서도 찾아볼 수 있다.

1888~1889년에 대흉년으로 많은 농민이 생계를 잃고 농촌을 떠나 도시로 흘러들었다.

10월 17일(음력 9월 23일) 이재황은 딘스모어와 미국 아시아전대 제독 벨크냅(George E. Belknap)을 접견했다. 1890년 1월에는 미국 아시아전대 소속 군함이 조선 연안에서 포사격 훈련을 했다. 이는 모두 딘스모어가 주선한 일이었다. 딘스모어는 이러한 조치가 미국이 조선을 보호한다는 증거이며 미국 해병은 조선 국왕의 지시를 따를 것이므로 청을 두려워할 필요가 없다고 했다.

프랑스 공사 플랑시는 미국 공사의 반청 입장은 조선을 합병하거나 보호국으로 삼을 의도가 없는 미국 정부의 정책으로 볼 때 기이한 일이며, 미국 장교의 조선 국왕 알현도 그 의도를 이해하기 어렵다고 프랑스 정부에 보고했다. 플랑시는 러시아에 힘을 실어주려는 것이 미국의 의도라고 해석하고, 미국과 러시아 공사의 조선 지원은 조선을 고립시킬 것이라고 판단했다.

박정양 소환은 조선이 괴뢰국가임을 입증한 일이었다. 이후 원세개는 더욱 방자해져 조선 조정의 정식 회의 때 상좌(上座) 두 자리를 마련하도록 하여 그중 하나에는 조선 대신이 앉게 하고 다른 하나에는 자신이 앉아 회의를 주도했다.

그래도 미국에 공사를 파견하는 일은 성공했으나, 유럽에는 공사 파견도 하지 못했다. 처음으로 유럽 5개국 전권공사로 임명된 심상학은 원세개를 두려워하여 칭병하며 거절했고, 새로 임명된 조신희(趙臣熙)는 홍콩에 머물며 청의 눈치를 보다가 부임 독촉에도 불구하고 병을 핑계로 1890년 2월 귀국했다.

이재황은 조신희를 귀양보냈다. 또 협판내무부사 박제순(朴齊純)을 새로 임명했으나, 그도 원세개의 압력으로 인해 출국도 하지 못했다.

데니는 1888년 8월 《청한론(淸韓論, China and Korea)》이라는 소책자를 만들어 배포했다. 여기서 그는 조선은 '중국의 속국이라기보다 중국에 조공을 바치는 나라(a tributary rather than a vassal state)' 일 뿐이며, 이런 조공관계는 '주권과 자주권(sovereign and independent rights)' 에 영향을 조금도 미치지 않으며 미칠 수도 없다고 주장했다. 또한 데니는 이 책자에서 원세개의 무례함을 문제 삼고 그가 외교관의 특권을 악용하여 조선의 인삼을 청으로 대량 밀수했고, 조선의 광물자원 개발을 방해했으며, 조선 국왕을 폐위시키려는 음모를 꾸몄음을 폭로하면서 그를 '외교의 무법자(diplomatic outlaw)' 라고 비난했다. 데니는 원세개를 '조선에서 추방되어 마땅한 자' 라고 규탄하면서 이홍장에게 원세개를 소환할 것을 요구했다.

데니의 《청한론》이 발표되자 이홍장의 개인비서로 일하고 있던 묄렌도르프가 즉각 이를 반박하는 글을 썼다. 묄렌도르프는 조선으로 돌아가기를 열망했으므로 이홍장에 대한 충성의 표시로 '조선은 청의 속국' 임을 주장하는 논문을 영어로 발표했다. 그는 조선을 '잘 기어 다니지도 못하는, 중국의 어린 아이' 로 비유하며, 자립할 때까지는 중국의 보호가 절실히 필요한 나라라고 주장했다. (이홍장은 곧 묄렌도르프를 서울로 보냈으나, 그는 조선 조정의 냉대를 받고 청으로 돌아갔다. 묄렌도르프는 1889년 상해에서 해관의 통계국장으로 일하다가 영파(寧波)로 좌천되어 갔다가 1901년 4월 그곳에서 사망했다.)

1888년 가을 원세개의 임기가 만료되었으나 이홍장은 이재황의 소환 요청에도 불구하고 원세개를 유임시켰다. 1889년에도 이재황은 이홍장에게 원세개를 소환해줄 것을 요청했으나 이홍장은 거절했다.

1889년 2월 데니는 외교고문 직을 사퇴하고 귀국했다. 이홍장은 계속 조선 정부에 데니를 사직시키라고 압력을 가했으나 데니와 이재황이 거부하여 뜻을 이루지 못했었다. 그러나 데니는 계속 봉급을 받지 못하자 "사직하면 청이 보상한다"는 이홍장의 제안을 받아들였다. 조선의 자주독립을 위해 애쓰던 데니에게 약속한 봉급마저 지불하지 못할 정도로 이재황의 국정 운영은 허술하고 부패했다.1890년 5월 말 딘스모어는 임기를 마치고 귀국했다. 이재황은 딘스모어를 외교고문으로 고빙하려고 했으나 미국 국무성이 반대하여 뜻을 이루지 못했다(딘스모어는 1892년 11월 민주당 소속으로 하원의원에 당선됐다. 이에 주미공사 서리 이채연이 그에게 축하전보를 보냈다).

원세개의 후원에 힘입어 청나라 상인들이 조선에서 급속히 세력을 확장했다. 이에 대응하여 조선 상인들이 청나라 상인들을 구타하고 그들의 점포에 방화·투석하는 식으로 저항했다. 이에 원세개는 서울 곳곳에 흩어진 청 상인들을 남대문과 동대문 부근 및 현재의 탑골공원 맞은편 등에 집결시켜 '차이나타운'을 형성하게 했다. 1890년에는 조선 상인들이 청 상인과 일본 상인들을 축출하려고 시장을 닫는 동맹파업까지 벌였다.

딘스모어의 후임으로 온 조선 주재 미국 공사 허드(Augustine Heard)는 1890년 청의 간섭으로 조선의 발전이 저지되고 있다고 평가했다. 이에 대한 그의 글을 옮기면 다음과 같다.

중국 정치가들의 능력과 수완은 인정하나, 중국이 무력으로 성공하는 것은 곧 '외국과 조약을 체결하고 외교사절을 교환할 수 있는 독립국으로서의 조선의 멸망'을 의미하는 것이므로 묵과할 수 없다. … 조선은 중국에 의해 억압되고 발전이 저해되는 한 번영이 불가능하다. 이 억압의 손을 배제함으로써만 조선의 개혁과 발전이 가능할 것이다.

일본과 청은 문호개방 이후 근대화 추진을 담당할 인력이 거의 없어 외국인 고문을 많이 채용했다. 조선 역시 정치, 외교, 군사, 교육, 산업 등 전 분야에 걸쳐 근대적 지식을 갖춘 외국인을 채용하는 일이 절실했다. 조선 정부는 주로 미국인을 고문, 군사교관, 교사, 기술자로 초빙했다.

외교와 법률 분야의 고문으로는 데니, 그레이트하우스(Clarence R. Greathouse), 르장드르(Charles W. LeGendre, 李仙得) 등 모두 미국인을 채용했다. 1890년 초에 외교고문 데니가 청의 압력으로 임기를 연장하지 못하고 물러났는데, 조선 정부는 후임으로 딘스모어의 추천을 받아 르장드르를 고용했다. 르장드르는 본래 프랑스인이었다가 미국으로 귀화한 인물로 청 하문(廈門) 영사, 일본 외무성 고문을 역임했다. 그는 조선 정부의 의뢰로 일본과 상해에 파견되어 구미 열강으로부터 200만 달러의 차관을 얻기 위한 교섭을 벌였으나 청의 방해로 실패했다. 그레이트하우스는 1890년에 법률고문으로 초빙됐다. 그는 법률가로서 일본 요코하마 총영사로 근무하다가 일본 외무성의 추천으로 조선에 왔다. 조선에서 르장드르와 그레이트하우스는 내무부 협판에 임명되어 오스트리아, 헝가리와 통상조약을 체결하고 일본이 제기한 제주도 어로 문제 등을 절충하는 일을 했다.

해관 총세무사로는 미국인 메릴, 독일인 셰니케(J. F. Schaenicke), 미국인 모건(F. A. Morgan), 영국인 브라운(John McLeavy Brown)이 임명됐다. 메릴은 조선 해관을 청국 해관의 일부로 개편하여 운영하라는 이홍장의 훈령을 비교적 충실히 이행했다. 그는 조선 해관에 관한 분기별 보고서를 청국 해관의 〈무역총책〉에 합쳐 간행함으로써 조선 해관을 청국 해관의 지부로 인식되게 했다. 그럼에도 그는 원세개와의 불화로 1889년에 사임하고 귀국했다. 후임으로 셰니케와 모건이 총세무사 서리로 활동했고, 1893년에는 브라운이 총세무사로 임명됐다.

군사교관으로는 미국 국무성이 선발한 다이, 커민스, 리와 딘스모어 공사가 추천한 닌스테드(F. H. Neinstead)가 1888년 4월 조선에 도착했다. 커민스는 미국 남북전쟁 때 남부 연방군 소령으로 참전한 경력이 있다. 의사인 리는 필라델피아 검시사무소의 전속 의사였다. 닌스테드는 미국 해군에 사병으로 근무한 경력이 있고, 고베 소재 미국 영사관의 부영사 겸 통역관으로 일하다가 발탁됐다.

이들은 조선의 사관학교인 연무공원(鍊武公院)의 교관이 됐다. 연무공원은 양반 출신을 생도로 뽑았는데, 조선의 문화풍토가 무(武)를 천시하는데다가 조선 정부가 봉급도 제대로 지급하지 않아 성과를 거두기 어려웠다.

1889년 가을 조선 정부는 다이의 동의를 얻어, 조선을 비판하고 업무를 게을리 한 커민스와 리를 해고했다. 1890년 조선 국왕은 다이에게 병조참판, 닌스테드에게 병조참의 직함을 주었다. 다이와 닌스테드는 연무공원 생도 160명과 궁성수비대 1200명을 훈련시키는 과중한 업무를 맡았는데 성과를 보여주지 못했다. 1893년 닌스테드가 사임하여 연무공원은 껍데기만 남았다가 1894년 폐교됐다. 조선과 일본의 사관학교 운영 성과는 하늘과 땅 차이였다.

교사로는 미국에서 헐버트(Homer Bezaleel Hulbert), 길모어(George William Gilmore), 벙커(D. Z. Bunker)가 초빙됐다. 1884년 9월 조선 국왕이 푸트 공사에게 직접 교사 4인 초빙을 의뢰했다. 푸트의 요청을 받은 미국 정부의 교육국장 이튼(J. Eaton)은 외국에 교사로 파견할 사람으로는 신앙심이 두터운 신학생이 적합하다고 보아 뉴욕 시의 유니온 신학교에서 파견할 사람을 구했다. 그 결과로 헐버트, 모어, 번(H. E. Bourne) 3인이 선발됐으나 갑신정변으로 인해 파견절차가 중단됐고, 1885년 중반부터 다시 교섭이 이루어져 1886년 7월 4일 헐버트, 길모어, 벙커 3인이 조선에 입국하게 됐다. 헐버트는 다트머스 대학, 길모어는 프린스턴 대학, 벙커는 오버린 대학을 각각 졸업한 뒤 유니온 신학교를 다니고 있었다.

조선 정부는 1886년 봄부터 서양식 교육을 실시할 고등교육기관으로 육영공원(育英公院) 설립을 추진했다. 헐버트 등은 정부 관리들과 더불어 학교운영 원칙인 '육영공원 설학절목(設學節目)'을 만들었다. 육영공원은 현직 문무관료 중에서 선발된 학생을 수용하는 좌원(左院)과 15~20세 양반자제 중에서 선발된 학생을 수용하는 우원(右院)의 두 반을 두었다. 미국 교사들은 미국에서 가져온 교육용 자료를 토대로 교과서로 만들어 수학, 자연과학, 역사, 정치학 등을 가르쳤다.

교사들은 열심히 가르쳤으나 민응식, 민종묵, 민병석 등 호조와 선혜청을 장악하고 있던 민 씨들이 육영공원의 운영비를 횡령한 탓에 봉급(미국 금화 125달러)도 제대로 지급받지 못했고, 학생들도 대체로 태만했다(육영공원에서 성적이 우수했던 이완용은 1887년 주미 공사단의 일원이 됐다). 결국 1889년 길모어가 사직하고 미국으로 돌아갔고, 1891년 헐버트가 사임했다(헐버트는 조선에 남아 선교사업을 계속했다). 1894년에는 벙커마저 배재학당 교장으로 떠나자 육영공원은 폐교되고 말았다.

조선 정부는 또한 광산을 개발하여 재정을 확충하려고 미국의 광산 기술자를 초빙했다. 1888년 말 피어스(Aillerd Ide Pierce)가 주미 조선 공사관 참찬관 알렌의 주선으로 조선에 와 내무부 광무국의 광산감독에 임명됐다. 그는 탐사작업을 벌여 평안도 운산금광의 매장량이 많은 것을 발견했다. 피어스의 이런 보고에 조선 정부는 미국에서 채굴기기를 구입하면서 광산기사 5명을 초빙했다. 그러나 민 씨 척족의 공금 횡령으로 예산이 모자라 광무국은 스코트(John T. Scott)와 하비(Eugene Harvey) 2인만 채용했고, 광산 채굴에 필요한 예산을 확보하지 못하자 스코트와 하비도 해임했다.

조선 정부는 근대화를 위해 외국인 고문관 및 기술자를 초빙했지만 성과가 미미했다. 가장 큰 원인은 만연한 부정부패로 재정이 허약하여 장기적 계획 아래 다수의 유능한 외국인 고문을 초빙하고 대우해주지 못한 데 있었다(민 씨들은 모든 정부 부처의 예산을 횡령했고 연무공원, 육영공원, 제중원의 운영비도 횡령의 대상으로 삼았다).

이에 비해 일본은 명치유신 이후 약 30년간 기업과 정부에서 외국인 전문가 1만 8천 명을 고빙하여 근대화에 놀라운 성과를 거두었다. 일본 정부는 1868년에서 1900년 사이 농업, 의학, 건설, 건축, 군사 분야의 전문가로 영국인 4353명, 프랑스인 1578명, 독일인 1223명, 미국인 1213명을 고빙했다(한때 일본 정부 예산의 3분의 1이 외국인 전문가의 보수로 지출됐다). "제군들, 야망을 품게(Boys, be ambitious)!"라는 말을 남긴 윌리엄 클라크(William Smith Clarke, 1826~1886)도 초빙되어 1876년 일본에 왔다. 당시 주미 일본 공사였던 모리 아리노리는 일본의 근대적 농업 발전을 위해 농업대학 설립이 필요하다고 보고 미국 농무성에 전문가를 추천해 달라고 의뢰했다. 독일 괴팅겐 대학에서 화학과 식물학을 전공하여 1852년 화학 박사학위를 받은 클라크는 애머스트 대학에서 1867년까지 교수로 지냈다. 그동안 농업 교육에 큰 관심을 가져 매사추세츠 농과대학 설립에 공헌하고 1867년 학장이 됐다. 클라크는 일본의 신개척지인 북해도에 미국의 교육 시스템을 그대로 옮겨 사포로 농대(현재의 홋카이도 대학)를 세웠다. 또한 북해도 개척사 장관 구로다 기요타카가 북해도를 개척하는 데 폭넓은 조언을 했다. 8개월간의 체류를 마치고 1877년 4월 16일 이임 당시 배웅 나온 1기생 16명에게 한 말이 바로 "제군들, 야망을 품게!"였다. 이후 이 말은 일본 교육계에서 가장 많이 인용되는 말이 됐다.

후발국의 근대화에는 선진국 전문가의 도움이 꼭 필요하다. 러시아의 근대화를 주도한 표트르 대제는 프로이센 장교를 초빙해 포술을 가르치게 했고, 프랑스 건축가에게 건물을 짓게 했다. 프로이센의 프리드리히 2세는 프랑스에서 세무 전문가를 초청해 그 도움으로 간접세를 도입하여 국가 재정을 확충했다. 또한 폴란드 상인에게 교역과 국영 견직 공장을 맡겨 프랑스 제품과 경쟁하게 했고, 폴란드의 유대인 상인들을 불러들여 그들에게 무역권과 은행 사업권을 내줬다. 프로이센은 개신교 국가임에도 가톨릭 국가 스페인으로부터 학식 높은 예수회 수도사들을 초청해 교육을 맡겼다. 프로이센은 이러한 개방성을 바탕으로 강대국으로 성장해 독일 통일을 주도했다.

참고문헌

자료

《甲申日錄》《尹致昊日記》《朝鮮策略》《梅泉野錄》《高宗實錄》《純宗實錄》

단행본

강성학, 《시베리아 횡단 열차와 사무라이》, 고려대 출판부, 1999
姜在彦, 《韓國近代史硏究》, 청아출판사, 1982
高柄翊, 《東亞交涉史의 硏究》, 서울대학교 출판부, 1970
具汰列, 《한국 국제관계사연구》 I II, 역사비평사, 1995
金容九, 《世界外交史》(상·하), 서울대학교 출판부, 1989
金容九, 《임오군란과 갑신정변》, 도서출판 원, 2004
金容九, 《거문도와 블라디보스토크》, 서강대학교출판부, 2009
金容德, 《日本近代史를 보는 눈》, 지식산업사, 1991
金鍾圓, 《근세 동아시아관계사 연구》, 혜안, 1999
金宗炫, 《近代日本經濟史》, 비봉출판사, 1991
김학준, 《서양인들이 관찰한 후기 조선》, 서강대학교출판부, 2010
金翰奎, 《한중관계사》 II, 아르케, 1999
閔斗基, 《中國近代史論》 I, 지식산업사, 1976
閔斗基, 《中國近代史論》 II, 지식산업사, 1981
閔斗基, 《中國近代改革運動의 硏究》, 일조각, 1985
閔斗基, 《중국의 共和革命》, 지식산업사, 1999
박은숙, 《갑신정변 연구》, 역사비평사, 2005
劉仁善, 《베트남史》, 民音社, 1984
李光麟·愼鏞廈 편저, 《史料로 본 韓國文化史(근대편)》, 일지사, 1984
李萬烈, 《韓國史年表》, 역민사, 1996
李成茂, 《조선왕조사》 2, 동방미디어, 1998
李陽子, 《朝鮮에서의 袁世凱》, 신지서원, 2002
李庭植, 《구한말의 개혁·독립투사 서재필》, 서울대학교출판부, 2003
임계순, 《淸史》, 신서원, 2000
최덕수, 《개항과 朝日관계》, 고려대학교출판부, 2004

崔文衡,《한국을 둘러싼 제국주의 열강의 각축》, 지식산업사, 2001

崔文衡,《러일전쟁과 일본의 한국병합》, 지식산업사, 2004

崔文衡,《명성황후 시해의 진실을 밝힌다》, 지식산업사, 2006

崔文衡,《러시아의 남하와 일본의 한국침략》, 지식산업사, 2007

崔韶子,《東西文化交流史研究》, 三英社, 1987

崔韶子,《명·청시대 중한관계사연구》, 이화여자대학교 출판부, 1997

하정식,《태평천국과 조선왕조》, 지식산업사, 2008

韓沽劤·李成茂 편저,《史料로 본 韓國文化史(조선후기편)》, 일지사, 1985

한일역사공동연구위원회 한국측위원회,《근현대 한일관계 연표》, 경인문화사, 2006

小島晉治·丸山松幸,《中國近現代史》, 지식산업사, 1988

Andrew Malozemoff,《Russian Far Eastern Policy 1881~1904》, University of California Press, Berkeley and Los Angeles, 1958

Peter Duus,《日本近代史》, 지식산업사, 1991

Phil Billingsley,《中國의 土匪文化》, 일조각, 1996

연구논문

姜昌一,〈동학농민전쟁과 일본의 동향〉, 韓國史論 41·42, 1999

高東煥,〈조선후기 서울의 도시구조 변화와 도시문화〉,《역사와 도시》, 2000

高承濟,〈沿海州 移民史 研究(1853~1945年)〉, 국사관논총 제11집, 1990

具良根,〈中日에 對한 韓國人의 傳統的 觀念 研究〉, 東洋史學研究 제59집, 1997

金基赫,〈開港을 둘러싼 國際政治〉,《韓國史 市民講座 7집》, 1990

金培喆,〈'教案' 과 義和團〉,《講座 中國史 VI》, 1989

金誠贊,〈제1·2차 中英戰爭〉,《講座 中國史 V》, 지식산업사, 1989

金洋植,〈開港 이후 火賊의 活動과 志向〉, 韓國史研究 84, 1993

金容德,〈東아시아에서의 日本의 近代化〉,《講座 中國史 VII》, 지식산업사, 1989

金元洙,〈龍岩浦事件과 日本의 對應〉,《露日戰爭前後 日本의 韓國侵略》, 일조각, 1986

金鍾健,〈1897년 獨逸의 膠州灣 占領과 그 影響〉, 慶北史學 제19집, 1996

金春善,〈조선후기 한인의 만주로의 '犯越'과 정착과정〉, 백산학보 제51호, 1998

柳永益,〈全琫準 義擧論〉,《韓國史學論叢》이기백 선생 고희기념 한국사학논총, 1994

朴銀淑,〈개항기(1876~1894) 漢城府 하층민의 저항운동과 그 성격〉, 韓國史研究 105, 1999

朴赫淳,〈洋務運動의 性格〉,《講座 中國史 V》, 지식산업사, 1989

반병률,〈한국인의 러시아 이주사〉,《韓國史 市民講座 28집》, 2001

방선주,〈한국인의 미국 이주〉,《韓國史 市民講座 28집》, 2001

宋炳基,〈衛正斥邪運動〉,《韓國史 市民講座 7집》, 1990

申相溶,〈英日同盟과 日本의 韓國侵略〉,《露日戰爭前後 日本의 韓國侵略》, 일조각, 1986

尹惠英, 〈袁世凱(1859～1916)와 辛亥革命〉, 《歷史와 人間의 對應》, 고병익 선생 회갑기념 사학논 총, 1984

연갑수, 〈19세기 중엽 朝淸間 交易品의 변화〉, 韓國史論 41 · 42합본, 1999

尹惠英, 〈變法運動과 立憲運動〉, 《講座 中國史 VI》, 1989

이민원, 〈19세기말 러시아 군사교관단의 활동과 역할〉, 軍史 44, 2001

李培鎔, 〈列强의 利權侵奪과 朝鮮의 對應〉, 《韓國史 市民講座 7집》, 1990

李塤相, 〈李震興과 李明九〉, 《韓國史 市民講座 8집》, 1991

李泰鎭, 〈國際貿易의 성행〉, 《韓國史 市民講座 9집》, 1991

李泰鎭, 〈근대 한국은 과연 '은둔국' 이었던가?〉, 韓國史論 41 · 42합본, 1999

鄭尙秀, 〈독일 제국주의와 교주만 점령 1897년/98년〉, 歷史學報 제 194집, 2007

鄭昌烈, 〈露日戰爭에 대한 韓國人의 對應〉, 《露日戰爭前後 日本의 韓國侵略》, 일조각, 1986

車瓊愛, 〈1900년 前後 列强의 對中國政策〉, 東洋史學研究 제 62집, 1998

崔文衡, 〈露日戰爭前後 美國의 東아시아政策과 日本의 韓國侵略〉, 《露日戰爭前後 日本의 韓國侵 略》, 일조각, 1986

崔永浩, 〈甲申政變論〉, 《韓國史 市民講座 7집》, 1990

崔熙在, 〈中華帝國秩序의 動搖〉, 《講座 中國史 V》, 지식산업사, 1989

表敎烈, 〈제1 · 2차 中英戰爭〉, 《講座 中國史 V》, 지식산업사, 1989